Die kaufmännische
Erfolgs-Rechnung.

(Gewinn- und Verlust-Rechnung.)

Analytische Darstellung ihrer Faktoren bei Handels-, Industrie- und Bankunternehmungen nach handelstechnischen und rechtlichen Gesichtspunkten.

Von

Dr. Gustav Müller,

Magdeburg.

Berlin.

Verlag von Julius Springer.

1915.

ISBN-13:978-3-642-90131-7 e-ISBN-13:978-3-642-91988-6
DOI: 10.1007/978-3-642-91988-6

Softcover reprint of the hardcover 1st edition 1915

Vorwort.

An Büchern über die kaufmännische Bilanz ist schon seit langem kein Mangel mehr. Dagegen fehlte es bisher an einer geschlossenen Darstellung der kaufmännischen Erfolgs-Rechnung; jener Rechnung, deren Ergebnisse dem Kaufmann naturgemäß besonders am Herzen liegen.

Aufgabe des vorliegenden Werks ist nun, die Lehre von der kaufmännischen Erfolgs-Rechnung in einer den praktischen und wissenschaftlichen Interessen zugleich dienenden Form darzubieten. Dem Buch kommen zugute Erfahrungen aus fünfzehnjähriger kaufmännischer Tätigkeit, deren größere Hälfte auf eine selbständige Revisions- und Sachverständigen-Praxis entfällt.

Schon vor Jahren habe ich (im Anschluß an die im Auftrag der Handelskammer zu Magdeburg von mir gehaltenen fachwissenschaftlichen Vorträge) mit dem Aufbau dieser Arbeit begonnen; infolge starker beruflicher Inanspruchnahme konnte ich sie jedoch erst jetzt zu Ende führen.

Die Gliederung des Stoffs in vier Kapitel ist in der Einleitung begründet worden. An dieser Stelle sei mir gestattet, über die Art der Bearbeitung das Folgende zu sagen:

Das erste Kapitel über die Erfolgs-Kontierung ist, wie schon die Bezeichnung erkennen läßt, vorwiegend buchhaltungs- und bilanztechnischen, hin und wieder auch rechtlichen Inhalts. Behandelt sind die bei der Kontierung der Erfolgsposten vorkommenden Fälle, soweit deren Besprechung an geeigneten Stellen der anderen Kapitel nicht ratsamer erschienen ist. Wo es darauf ankommt, sind durch die Größe der Unternehmungen bedingte Verschiedenheiten hervorgehoben worden. Bei allen buchhalterischen Erörterungen habe ich mich von zwiefachem Ziel leiten lassen: wo irgend angängig, zu buchhalterischem Denken anzuregen und (wie auch sonst in dem Buch) den Stoff nach streng systematischen Gesichtspunkten zu entwickeln. Ein gewisser Grad buchhalterischen Wissens muß für das allseitige Verständnis vorausgesetzt werden.

Im zweiten Kapitel ist der Umsatz als Erfolgsfaktor, also in des Wortes kaufmännischer Bedeutung, und nach so verschiedenen

Richtungen wohl zum erstenmal gewürdigt worden. Die Darstellung ist teils buchhaltungstechnischer, teils allgemein wirtschaftswissenschaftlicher, teils rechtlicher Natur. Berücksichtigt sind die Verhältnisse bei Handels- und Bank-Unternehmungen; und zwar sowohl in bezug auf den Klein-, wie auch auf den Großbetrieb.

Gegenstand des dritten Kapitels ist die Lehre von der Bewertung der Vermögens-Gegenstände. Im Einklang mit dem Thema des vorliegenden Buchs wird die bilanzielle Bewertung hier bewußt und fast ausschließlich besprochen unter dem für die Praxis der Bilanzierung regelmäßig maßgebenden Gesichtspunkt der bilanzmäßigen Erfolgs-Ermittlung. Wie im Wesen der Bewertungslehre liegt, können bilanzrechtliche Erörterungen dabei nicht umgangen werden. Immerhin glaube ich, betonen zu sollen, daß ich auch in diesem Kapitel auf die handelstechnische (insbesondere auf die buchhaltungs- und bilanztechnische, daneben aber auch auf die rechnerische) Seite besondern Wert gelegt habe.

Überwiegend rechtlicher Natur sind, ja, müssen ihrer Aufgabe nach sein die Ausführungen über die Erfolgs-Verteilung im vierten Kapitel. Soweit es möglich war, sind die Dinge aber auch hierbei vom handelstechnischen Standpunkt aus beleuchtet. Wie im dritten Kapitel, ist die Bearbeitung des Stoffs auch im vierten auf sämtliche Gesellschaftsformen einschließlich der eingetragenen Genossenschaften bezogen worden.

Nach allem zeigt sich, daß die mit diesem Buch dargestellte Lehre von der kaufmännischen Erfolgs-Rechnung eine in erster Linie handelstechnische und zwar vornehmlich betriebstechnische Arbeit ist. Daß die Handelstechnik jedoch in gewissem, als notwendig erkannten Umfang der Ergänzung nach der juristischen Seite hin bedurfte, ist in der Natur des Themas begründet. Die als weitere Ergänzung an den einschlägigen Stellen mitgeteilten zahlreichen Gerichts-Entscheidungen werden besonders den Praktikern willkommen sein.

Der Firma Julius Springer danke ich für das dem Verlag meiner Arbeit entgegengebrachte Interesse und wünsche, daß dem Buch beschieden sei, Vielen Anregung und praktischen Nutzen zu bringen.

Kalkberge (Mark), im Juli 1914.

Der Verfasser.

Inhaltsverzeichnis.

I. Umsatz im Waren-Verkehr.

Zitierte Literatur.

Baumer, Moritz: Über Reingewinn, Gewinn-Vortrag und Tantieme-Berechnung bei Aktien-Gesellschaften (1902).

Behrend, Martin: Magdeburger Großkaufleute (1906).

Berliner, Manfred: Buchhaltungs- und Bilanzen-Lehre. II. Bd. von des Verfassers Schwierige Fälle und Allgemeine Lehrsätze der kaufmännischen Buchhaltung 1. bzw. 3. Auflage von 1911 (I. Bd. nach 2. Auflage von 1902 zitiert).

Calmes, Albert: Der Fabrik-Betrieb (1908).

Cosack, Konrad: Lehrbuch des Handelsrechts [noch nach der 5. Auflage (1900) zitiert].

Denkschrift zum neuen H.G.B.

Ehrenberg, Richard: s. unter: Thünen-Archiv.

Fischer, R.: Die Bilanzwerte, was sie sind, und was sie nicht sind. I. Teil (1905) und II. Teil (1908).

Fischer, R.: Über die Grundlagen der Bilanzwerte (1909). (Vom vorstehenden Werk beim Zitieren durch den Zusatz „Grundlagen“ unterschieden.)

Fuisting, B.: Die preußischen direkten Steuern. I. Bd. Kommentar zum Einkommensteuer-Gesetz in der Fassung vom 19. Juni 1906. 7. Auflage (1907).

v. Gautsch, J.: Erläuterungen über die Aufstellung einer Bankbilanz mit besonderer Berücksichtigung des Transitorischen Kontos. Wien 1884.

Gerstner, Paul: Bilanz-Analyse (1912).

Grull, Werner: Die Inventur (1911).

Heinzerling, W.: Prüfung und Kritik einer Bilanz (1908).

Jahresberichte des Vereins der Wiener Handelsakademie.

Kaufmann, Emil: Handelsrechtliche Rechtsprechung.

Knappe, Otto: Die Bilanzen der Aktien-Gesellschaften. (Noch nach der 1. Aufl. vom Jahr 1903 zitiert; inzwischen 2. Aufl. erschienen.)

Kovero, Ilmari: Die Bewertung der Vermögens-Gegenstände in den Jahresbilanzen der privaten Unternehmungen mit besonderer Berücksichtigung der nicht realisierten Verluste und Gewinne (1912).

Lehmann-Ring: Kommentar zum Handels-Gesetzbuch (1902).

Leitner, Friedrich: Grundriß der Buchhaltung und Bilanz-Kunde. I. Bd. (1909) und II. Bd. (1911).

Leitner, Friedrich: Die Selbstkosten-Berechnung industrieller Betriebe (1908). (Zitiert mit dem Zusatz: „Selbstkosten-Berechnung“.)

Maatz, Richard: Die kaufmännische Bilanz und das steuerbare Einkommen. 4. Auflage (1907).

Makower, H.: Handels-Gesetzbuch mit Kommentar. 12. Auflage (1898).

Mitteilungen des Frankfurter Bezirks-Vereins Deutscher Ingenieure.

Müller, Gustav: Handwerkzeug und Handwerksmaschine. Ein wirtschaftswissenschaftlicher Vergleich (1906).

Nicklisch, H.: Allgemeine kaufmännische Betriebslehre. I. Bd. (1912).
Parisius-Crüger (Gen.-Ges.), Ludolf Parisius und Hans Crüger: Das Reichsgesetz, betreffend die Erwerbs- und Wirtschaftsgenossenschaften. 6. Auflage (1908).
Parisius-Crüger (Ges.-Ges.), Ludolf Parisius und Hans Crüger: Das Reichsgesetz, betreffend die Gesellschaften mit beschränkter Haftung. 5. Auflage (1911).
Passow, Richard: Die Bilanzen der privaten Unternehmungen (1910).
Pinner, Albert: Das deutsche Aktienrecht (1899).
Pohle, Gustav Wilhelm: Probleme aus dem Leben eines industriellen Großbetriebs (Rostocker Dissertation) (1905).
Preische, Eugen: Gewinn-Vortrag und Tantieme-Berechnung (1902).
Rehm, Hermann: Die Bilanzen der Aktien-Gesellschaften, Gesellschaften m. b. H. usw. (1903). (Inzwischen II. Auflage erschienen.)
Reisch und Kreibig, Richard Reisch und Josef Klemens Kreibig: Bilanz und Steuer. I. Bd. 2. Auflage (1907).
Roscher, Wilhelm: Nationalökonomik des Handels und Gewerbfleißes. 7. Auflage (1899).
Scheller, Karl: Die Berechnung der Tantieme für Vorstand und Aufsichtsrat von Aktien-Gesellschaften (1908).
Schiff, Emil: Die Wertminderungen an Betriebs-Anlagen in wirtschaftlicher, rechtlicher und rechnerischer Beziehung (1909).
Schönwandt, Detlev: Bilanzunwahrheit (ohne Jahr).
Schulte, A.: Die theoretischen und praktischen Grundlagen der Buchführung (1902).
Simon, Hermann Veit: Die Bilanzen der Aktien-Gesellschaften und der Kommandit-Gesellschaften auf Aktien. 3. Auflage (1899).
Simon, Hermann Veit: Betrachtungen über Bilanzen und Geschäfts-Berichte der Aktien-Gesellschaften aus Anlaß neuerer Vorgänge. 2. Auflage (1906). (Zitiert mit dem Zusatz: „Betrachtungen".)
Soll und Haben: Monatsschrift für Buchführung, Handelsrecht und kaufmännisches Rechnen. I. Jahrg. (1902), nur Nr. 1—6 erschienen.
Staub, Hermann: Kommentar zum Handels-Gesetzbuch. 8. Auflage (1906).
Staub-Hachenburg, Hermann Staub und Max Hachenburg: Kommentar zum Gesetz, betreffend die Gesellschaften mit beschränkter Haftung. 4. Auflage (1913).
Stern, Robert: Buchhaltungs-Lexikon (1904). (2. Auflage im Erscheinen.)
Stern, Robert: Die kaufmännische Bilanz (1907). (Vom vorstehenden Werk beim Zitieren durch den Zusatz: „Bilanz" unterschieden.)
Thünen-Archiv. Organ für exakte Wirtschafts-Forschung. Herausgeber: Professor Dr. Richard Ehrenberg, Rostock.
Uhl, Gustav: Die Arbeiten des Verlegers (ohne Jahr).
Veröffentlichungen des Deutschen Verbandes für das kaufmännische Unterrichtswesen.
Vintzelberg, Johs.: Finanzierung und Bilanz. 2. Auflage (1906).
Vorträge des Verbandes Deutscher-Bücherrevisoren.
Weyrich, L.: Bilanz-Kritik (1912).

Zeitschriften.

Bankarchiv. Zeitschrift für Bank- und Börsenwesen.
Deutsche Handelsschullehrer-Zeitung.
G. m. b. H.-Zeitschrift.

Goldschmidts Zeitschrift für das gesamte Handelsrecht.
Organisation. Zeitschrift für praktische Geschäftsführung, Reklame und Plakatkunst.
Plutus. Kritische Wochenschrift für Volkswirtschaft und Finanzwesen.
Rundschau für G. m. b. H.
Die Sparkasse (Organ des Deutschen Sparkassen-Verbandes).
Technik und Wirtschaft. Monatsschrift des Vereins Deutscher Ingenieure.
Volkswirtschaftliche Blätter.
Zeitschrift für Aktiengesellschaften und für Gesellschaften mit beschränkter Haftung.
Zeitschrift für das gesamte Aktienwesen.
Zeitschrift für Buchhaltung. Beilage: „Der Buchrevisor".
Zeitschrift für handelswissenschaftliche Forschung.
Zeitschrift für Handels-Wissenschaft und Handels-Praxis.
Zeitschrift für das gesamte kaufmännische Unterrichtswesen.
Außerdem: Zeitungen, Statuten und Geschäfts-Berichte.

Abkürzungen.

A. d. O. L. G. Dr. = Annalen des Königlich Sächsischen Oberlandesgerichts Dresden.
A. f. gew. R. = Archiv für gewerbliche Rechtspflege.
A.G. = Aktien-Gesellschaft.
Bayer. Z. = Zeitschrift für Rechtspflege in Bayern.
B.G.B. = Bürgerliches Gesetzbuch vom 18. August 1896.
Bl. f. R. i. B. d. K. = Blätter für Rechtspflege im Bezirk des Kammergerichts.
Braunschw. Z. = Zeitschrift für Rechtspflege im Herzogtum Braunschweig.
Centralbl. = Centralblatt für freiwillige Gerichtsbarkeit v. Lobe. (Auch mit der Abkürzung: Z. Bl. F. G. bezeichnet.)
D.J.Z. = Deutsche Juristen-Zeitung.
E. = Entscheidung des Kgl. Preuß. Oberverwaltungsgerichts.
E.G. = Einkommensteuergesetz vom 24. Juni 1891 in der Fassung vom 19. Juni 1906.
E. in St. = Entscheidung des Kgl. Preuß. Oberverwaltungsgerichts in Staatssteuersachen.
Els. Loth. Z. = Juristische Zeitschrift für das Reichsland Elsaß-Lothringen.
Gen.-Ges. = Gesetz, betr. die Erwerbs- und Wirtschafts-Genossenschaften vom 1. Mai 1889.
Ges.-Ges. = Gesetz, betr. die Gesellschaften mit beschränkter Haftung vom 20. April 1892.
Gew.G. = Gewerbe-Gericht und die gleichnamige Zeitschrift.
G. m. b. H. = Gesellschaft mit beschränkter Haftung.
Hans. G.Z. = Hanseatische Gerichts-Zeitung.
Hess. Rspr. = Hessische Rechtsprechung.
H.G.B. = Handels-Gesetzbuch vom 10. Mai 1897.
H.K. = Handelskammer.
Holdheim = Holdheims Monatsschrift für Handelsrecht usw.
J.W. = Juristische Wochenschrift.
K.A.G. = Kommandit-Aktiengesellschaft.
K f. H. = Kammer für Handelssachen.
K.G. = Entscheidung des Kammergerichts.
K.G. (mit Ortsangabe) = Kaufmannsgericht.
K.O. = Konkurs-Ordnung vom 10. Februar 1877, nebst der Novelle vom 17. Mai 1898.
Komm.-Ges. = Kommandit-Gesellschaft.
L.G. = Entscheidung des Landgerichts.
L. Z. = Leipziger Zeitschrift für Handels-, Konkurs- und Versicherungsrecht.
Off. Hges. = Offene Handelsgesellschaft.
O.L.G. = Entscheidung des Oberlandesgerichts.
Pos. M.Schr. = Juristische Monatsschrift für Posen, West- und Ostpreußen.

Recht = Das Recht, Rundschau für den Deutschen Juristenstand.
R.G. = Entscheidung des Reichsgerichts.
R.G. = Entscheidungen des Reichsgerichts in Zivilsachen.
R.G.Str. = Entscheidungen des Reichsgerichts in Strafsachen.
R.O.H.G. = Entscheidung des Reichs-Oberhandelsgerichts.
R.O.L.G. = Die Rechtsprechung der Oberlandesgerichte, herausgegeben von Mugdan und Falkmann.
Sächs. Arch. Rpfl. = Sächsisches Archiv für Rechtspflege. (Sächs. A. = Sächsisches Archiv für bürgerliches Recht und Prozeß.)
Seuff. A. = Seufferts Archiv.
U. = Urteil des Oberverwaltungsgerichts.
W.O. = Allgemeine Deutsche Wechselordnung.
Z. A. G. oder Z. f. A. = Zeitschrift für Aktiengesellschaften und für Gesellschaften mit beschränkter Haftung.
Z. Bl. F. G. = Zentralblatt für freiwillige Gerichtsbarkeit von Lobe. (Auch mit der Abkürzung: Centralbl. bezeichnet.)
Z. f. B. = Zeitschrift für Buchhaltung.
Z. f. hw. F. = Zeitschrift für handelswissenschaftliche Forschung.
Z. f. Hw. u. Hp. = Zeitschrift für Handelswissenschaft und Handelspraxis.
Z.H.R. = Goldschmidts Zeitschrift für das gesamte Handelsrecht.

Berichtigungen und Ergänzungen.

Seite 144 ist die Fußnote wie folgt zu ergänzen: Außerdem des Verfassers Ausführungen über alte Bilanzen der Firma Morgenstern & Co. im Buch von Dr. Martin Behrend über „Magdeburger Großkaufleute" (1906) S. 160ff.

„ 179 Zeile 5 v. u.: Statt Tauschwert-„Änderungen" muß es Tauschwert-„Steigerung" heißen.

„ 180 „ 16 v. o.: Statt der Worte „dafür erzielten" ist zu lesen: hinter jenem Buchwert zurückbleibenden.

„ 347 „ 11 v. u.: Das Wort „jährlichen" hat fortzufallen.

„ 372 „ 24 v. o.: Das Wort „selbst" ist zu streichen.

„ 372 „ 25 und 26 v. o.: Die Worte „womit entgeltlicher oder unentgeltlicher Erwerb gemeint sein kann" müssen wegfallen.

„ 399 „ 10 v. u.: Statt 338 muß es 388 heißen.

Einleitung.

Vor einigen Jahren erhielt ich vom Aufsichtsrat einer industriellen Unternehmung den Auftrag, die Ursachen eines aus der letzten Bilanz dieser Gesellschaft unerwartet offenbar gewordenen Verlustes von 153 800 M aufzuklären.

Jener Auftrag konnte nur auf die Analyse des Fabrikationskonto-Saldos bezogen werden. Denn im übrigen war der bilanzmäßige Erfolgs-Nachweis (die Gewinn- und Verlust-Rechnung) hinreichend spezialisiert, um den Aufsichtsrat von der Hilfe eines Beirats unabhängig zu machen.

Als Ergebnis meiner Arbeit konnte ich mitteilen, daß folgende, den erwähnten Verlust verursachende Posten dem Fabrikations-Konto des letzten Geschäftsjahrs zur Last gefallen waren (in runden Zahlen):

I. Verluste durch				
a) Retouren auf Lieferungen				
1) aus den Vorjahren		8 700 M		
2) aus dem letzten Bilanzjahr.		12 100 „	20 800 M	
b) Nachlässe auf Lieferungen				
1) aus den Vorjahren (infolge technischer Mängel)		14 400 M		
2) aus dem letzten Bilanzjahr				
2a) infolge technischer Mängel .	12 100 M			
2b) infolge finanzieller Schwierigkeiten . . .	16 300 „	28 400 „	42 800 „	63 600 M
II. Unterbewertung der Fabrikations-Bestände				
a) bei den aus den Vorjahren stammenden Beständen im Vergleich zur frühern Bewertung			11 800 M	
Transport:			11 800 M	63 600 M

Transport:	11 800 M	63 600 M
b) bei den im letzten Bilanzjahr hergestellten Beständen infolge Ansatzes unter den Herstellungs-Kosten	20 100 ,,	31 900 ,,
III. Versuchskosten im Interesse späterer Herstellung neuer Typen		15 300 ,,
IV. Abschreibungen uneinbringlicher und Rückstellungen auf zweifelhaft gewordene Forderungen (diese statt über Delkredere-Konto über Fabrikations-Konto geführt),		
a) die schon in früheren Jahren verloren oder doch mindestens zweifelhaft waren	12 700 M	
b) die erst im letzten Bilanzjahr der Abschreibung oder Rückstellung bedürftig geworden sind	5 900 ,,	18 600 ,,
V. Ausfall als Folge des Absatzes eines Teils der Fabrikate unter den Selbstkosten		24 400 ,,
zusammen:		153 800 M.

Im übrigen hatten die in den Gutschriften auf dem Fabrikations-Konto steckenden Brutto-Gewinne (positiven Roherfolge) aus den Absatz-Erlösen gerade genügt, um die Selbstkosten der Unternehmung (vgl. S. 207) zu decken.

Ich stelle dieses Beispiel den weiteren Ausführungen voran, weil es gut geeignet ist, über die den Gesamterfolg einer Unternehmung beeinflussenden Faktoren Aufschluß zu geben.

Arten der Erfolgs-Faktoren. Eine Gruppierung jener Faktoren nach unterscheidenden Merkmalen läßt erkennen die Beeinflussung des Gesamterfolgs der Unternehmung durch Verluste (negative Roherfolge) aus:

a) realisierten Umsätzen
  1) des letzten Bilanzjahrs (vgl. Ia 2, Ib 2, V);
  2) der früheren Jahre (vgl. Ia 1, Ib 1);

b) unrealisierten Bewertungs-Unterschieden (vgl. IIa und b);

c) Aufwand und Abschreibungen
  1) zugunsten früherer Jahre (vgl. IVa);
  2) für das Betriebsjahr (vgl. IVb);
  3) zugunsten späterer Jahre (vgl. III).

Diesen grundlegenden Ergebnissen braucht nur andeutungsweise hinzugefügt zu werden, daß die aus Umsätzen resultierenden Roherfolge selbstverständlich regelmäßig nicht negativer, sondern — dem Zweck des Umsatzes entsprechend — positiver Natur, also nicht Verluste, sondern Gewinne sind, wie dies auch auf unrealisierte Bewertungs-Unterschiede in Gestalt unrealisierter Konjunkturen-Gewinne oft zutrifft und dann nach § 40 Abs. 2 H.G.B. bilanziell verwertet werden kann.

Als Hauptvertreter des Aufwands der Unternehmung, zu dem vorstehend auch die Abschreibungen und Rückstellungen auf Forderungen gerechnet sind, haben zu gelten die Handlungs-Unkosten und in Fabrik-Betrieben außerdem die allgemeinen Fabrikations-Kosten. Daneben gehören zum Aufwand im weitern Sinne auch die Abschreibungen auf Betriebs-Gegenstände und Immaterialgüter. Im großen und ganzen bilden den Gesamtaufwand der Unternehmung alle für deren Zwecke vorzunehmenden oder (wie etwa die Zinsen auf eigenes Geschäfts-Vermögen) nur rechnungsmäßig anzusetzenden Ausgaben; außerdem Abbuchungen und Rückstellungen. Nur angedeutet zu werden braucht, daß die der Erfolgs-Rechnung eines Betriebsjahrs zur Last fallenden Aufwands-Posten zugunsten früherer Jahre nachgeholt oder zugunsten späterer vorweggenommen sein können, wie die oben unter IVa und III mitgeteilten Fälle erweisen. Man denke in diesem Zusammenhang beispielsweise noch an Steuern, die zu Lasten verlustreicher Geschäftsjahre als Folge voraufgegangener gewinnbringender Jahre zu zahlen sind, oder an freiwillige Abschreibungen, die zu Lasten ertragreicher Jahre im Interesse künftiger Jahre vorweggenommen werden.

Zwei, für die Beeinflussung des bilanziellen Gesamterfolgs zuweilen wichtig werdende Faktoren sind der eingangs wiedergegebenen Verlust-Analyse noch anzuschließen: die irregulären Erfolgs-Posten und die Gewinn-Verteilung.

Für irreguläre Erfolgs-Posten bot das Fabrikations-Konto der oben erwähnten Gesellschaft ein Beispiel insofern, als im Haben dieses Kontos eine aus der Kasse des Verbandes der Unternehmer jenes Fabrikationszweigs empfangene Streikentschädigung von erheblichem Betrage verbucht war (der Streik hatte übrigens den Umsatz und infolgedessen die Selbstkosten derart ungünstig beeinflußt, daß — trotz der Streikentschädigung — der Gesamterlös aus dem Absatz um die oben genannten 24 400 M hinter den Selbstkosten zurückgeblieben war). Zu den irregulären Erfolgs-Posten sind beispielshalber noch zu rechnen: Lotterie-Gewinne, Beteiligungs-Erträgnisse, Erfolge (Gewinne oder Verluste) aus Effekten-Spekulationen u. dgl. Näheres hierüber wird im vierten Abschnitt des ersten Kapitels der vorliegenden Arbeit gesagt werden.

Hinsichtlich der Beziehung zwischen Gesamterfolg und Gewinn-Verteilung verweise ich zunächst auf Ib 2 der obigen Verlust-Analyse, wo unter 2b von mir festgestellt worden ist, daß der Kundschaft gewährte Nachlässe im Betrage von 16 300 M auf finanzielle Schwierigkeiten der Unternehmung zurückgeführt werden müssen. Diese finanziellen Schwierigkeiten hatte ich, wie folgt, aufklären können: in den Vorjahren war in bedeutendem Umfang falsch bilanziert worden, weil große Posten Kommissionswaren, die später unverkauft zurückkamen, zu vollen Verkaufspreisen bewertet, weil ferner sehr nennenswerte Provisions-Beträge den Vertretern nicht gutgeschrieben worden waren, da man fälschlich geglaubt hatte, jene Provisions-Gutschriften erst nach dem Eingang der Zahlungen auf die ausgeführten Vertreter-Kommissionen vornehmen zu müssen, ohne vorher wenigstens die erforderlichen Rückstellungen zu Lasten des Lieferungsjahrs zu besorgen. Infolge dieser Umstände war für das Vorjahr eine viel zu hohe Dividende ausgeschüttet worden, die bei der ohnehin gespannten geldlichen Situation der Gesellschaft den Bankkredit bis zur Erschöpfung beansprucht hatte, weshalb das mit dem beregten Gesamtverlust von 153 800 M abschließende Nachjahr mit außerordentlichen finanziellen Schwierigkeiten belastet war. Denn da der Bankier statt der Gewährung weitern Kredits auf Abdeckung des in Anspruch genommenen drang, bewilligte die Leitung der Gesellschaft allen zu sofortiger Barzahlung vor Ablauf des gewährten Ziels bereiten Kunden sehr verlockende Nachlässe, die sich nach meinen Untersuchungen auf nicht weniger als die eingangs angeführten 16 300 M beliefen.

Hiernach darf der Kausalzusammenhang zwischen Gewinn-Verteilung und Gesamterfolg wirtschaftlicher Unternehmungen als erbracht gelten. Ergänzend sei nur noch bemerkt, daß die Gewinn-Verteilung den Gesamterfolg des Nachjahrs nicht allein ungünstig, sondern auch günstig zu beeinflussen vermag. Dann nämlich, wenn zugunsten stiller Reserven eher weniger als zuviel Gewinn verteilt werden soll, wenn somit die zurückgehaltenen Gewinn-Beträge für die Liquidität des Nachjahrs nutzbar gemacht werden können.

Da der Gesamterfolg einer Unternehmung nicht bloß im Gewinnfall, sondern, wie bei Personal-Gesellschaften und Genossenschaften (wenn schon dort nur buchmäßig), auch im Verlustfall verteilt wird, soll im folgenden nicht von Gewinn-Verteilung, sondern von Erfolgs-Verteilung gesprochen werden.

Erfolgs-Analyse. Nunmehr gelangen wir zu nachstehender Analyse der Erfolgs-Rechnung, wobei im Sinn der doppischen Gewinn- und Verlust-Rechnung die Belastungs-Posten links, die Gutschrifts-Posten rechts ausgewiesen werden sollen:

Erfolgs-Rechnung.

Etwaiger Verlust-Vortrag.

I. Gesamt-Aufwand (samt Abschreibungen und Rückstellungen):
   a) für das Betriebsjahr;
   b) zugunsten früherer oder späterer Jahre (einschließlich der transitorischen Vorträge).

II. Negative Roherfolge aus:
   a) realisierten Umsätzen
      1) früherer Jahre,
      2) des Betriebsjahrs;
   b) unrealisierten Bewertungs-Unterschieden (meist Konjunktur-Anteil)
      1) im Vergleich zur Bewertung für das Vorjahr,
      2) im Vergleich zu den im Betriebsjahr entstandenen Anschaffungs- oder Herstellungs- Kosten;
   c) irregulären Geschäfts-Vorgängen;
   d) unberechtigter Gewinn-Verteilung auf Grund von Überbewertungen irgend welcher Art.

Etwaiger Gewinn-Vortrag.

I. Für das Betriebsjahr transitorisch vorgetragene Aufwands-Posten.

II. Positive Roherfolge aus:
   a) realisierten Umsätzen
      1) früherer Jahre (allerdings nur selten),
      2) des Betriebsjahrs (naturgemäß weitaus überwiegende Regel);
   b) unrealisierten Bewertungs-Unterschieden (meist Konjunktur-Anteil)
      1) im Vergleich zur Bewertung für das Vorjahr,
      2) im Vergleich zu den im Betriebsjahr entstandenen Anschaffungs- oder Herstellungs-Kosten;
   c) irregulären Geschäfts-Vorgängen;
   d) Gewinn-Beträgen, die auf Grund von Unterbewertungen zurückgehalten, also unverteilt geblieben waren.

Diese Systematik läßt den wirtschaftlichen Gesamterfolg als ein Gemisch sehr verschiedenartiger Erfolgs-Faktoren erkennen.

Gliederung des Stoffs. Ohne weiteres erhellt aus der vorstehenden Analyse der Erfolgs-Rechnung die Bedeutung des Umsatzes, der Bewertung und der Erfolgs-Verteilung für den Gesamterfolg wirtschaftlicher Unternehmungen. Der Besprechung dieser Faktoren stelle ich voran ein Kapitel über Erfolgs-Kontierung.

Demnach gliedere ich den in diesem Werke zu behandelnden Stoff in vier Kapitel:

I. Erfolgs-Kontierung.
II. Umsatz.

III. Bewertung.

IV. Erfolgs-Verteilung.

Abgrenzung des Stoffgebiets. Gleich an dieser Stelle sei vorweg bemerkt, daß der Inhalt dieses Buchs sich nur auf reine[1]) Handelsgeschäfte (Anschaffung zum Zweck des Verkaufs mit Gewinn), außerdem auf Fabrikations-Geschäfte (Herstellung zu demselben Zweck) und auf Bank-Unternehmungen (mit Ausschluß der Hypotheken- und Noten-Banken) bezieht.

Versicherungs- und Verkehrs - Unternehmungen (Eisenbahnen, Straßenbahnen, Schiffahrt, Spedition) bleiben sonach, ebenso wie Bergwerks- und Terrain-Gesellschaften, außer Betracht.

Der Kleinhandel (im nationalökonomischen Sinne) soll neben dem Großhandel (im selben Sinne) an den geeigneten Stellen zur erforderlichen Geltung kommen.

Soweit in diesem Buche von Bilanzen die Rede ist, sind die ordentlichen Jahresbilanzen gemeint; andernfalls habe ich immer ausdrücklich betont, an welche der sonstigen Bilanzarten zu denken ist.

---

[1]) „Unter Handel verstehen wir das gewerbsmäßig betriebene Kaufen zum Wiederverkauf: also scharf unterschieden sowohl von den Veräußerungs-Geschäften der bloßen Produzenten, wie von den Erwerbs-Geschäften der bloßen Konsumenten." Roscher S. 73.

I. Kapitel.

Erfolgs-Kontierung.

1. Abschnitt.

Arten der Erfolgs-Berechnung.

Buchführungsrechtliche Vorschriften. Um den Erfolg kaufmännischer Unternehmungen zu berechnen, kann man sich verschiedener Methoden bedienen. Die Verschiedenheit wird verursacht durch Art und Umfang der Betriebe, womit zusammenhängen die buchhalterischen Verhältnisse, die ihrerseits wieder von den in Frage kommenden buchführungsrechtlichen Vorschriften beeinflußt werden.

So sind Minderkaufleute nach § 4 Abs. 1 H.G.B. unter anderm auch davon befreit, die in den §§ 38 bis 47 H.G.B. enthaltenen Bestimmungen über die Handelsbücher zu beobachten. Im Konkursfall ist der Minderkaufmann demnach strafbar weder wegen unterlassener ordnungsmäßiger Buchführung nach §§ 239 Ziff. 3 und 240 Ziff. 3 K.O., noch wegen unterlassener Bilanzierung seines Vermögens nach § 240 Ziff. 4 desselben Gesetzes. Die von Minderkaufleuten freiwillig geführten Bücher (und demgemäß auch die auf Grund ordnungsmäßiger Inventarien von Minderkaufleuten etwa aufgestellten Bilanzen) haben nach Staub[1]) die gleiche Beweiskraft wie die von Vollkaufleuten geführten. Es entscheidet hier, wie dort, lediglich das freie Überzeugungsprinzip der Zivilprozeß-Ordnung.

Vollkaufleute, d. h. Kaufleute, deren Firma nach §§ 1, 2 oder 3 H.G.B. ins Handelsregister eingetragen worden ist, ferner Handelsgesellschaften,[2]) auf die nach § 6 Abs. 1 H.G.B. die für die Vollkaufleute geltenden Vorschriften, also auch die buchführungs- und bilanzrechtlichen Bestimmungen, Anwendung finden, sind dagegen zur Befolgung der Vorschriften über die Handelsbücher verpflichtet. Be-

---

[1]) Staub S. 74, Anmkg. 25 zu § 4.

[2]) Der Vollständigkeit halber sei darauf hingewiesen, daß Genossenschaften nach § 17 des Genossenschafts-Gesetzes vom 20. Mai 1898 nicht als Handelsgesellschaften, sondern als Vollkaufleute gelten, soweit jenes Gesetz nichts Abweichendes bestimmt.

kanntlich sind diese Vorschriften aber nur als leges imperfectae anzusehen, weil ihre Nichtbefolgung nach §§ 239 Ziff. 3 und 4, sowie 240 Ziff. 3 und 4 K.O. nur im Konkursfall bestraft wird.

Nach diesen Vorbemerkungen wird verständlich, daß die Art der Erfolgs-Berechnung im Geschäftsleben von wirtschaftlichen und rechtlichen Einflüssen stark abhängig ist. Je einfacher und kleiner der Betrieb ist, und je größere Freiheit ihm deshalb in Rücksicht auf seine bescheidene Bedeutung für die Interessen der Gläubiger und der Öffentlichkeit bezüglich der Rechnungs- und Vermögens-Kontrolle eingeräumt wird, um so primitiver wird sich regelmäßig auch die Art der Erfolgs-Berechnung gestalten; und umgekehrt.

Hauptarten der Erfolgs-Ermittlung. Nach der Art der Gewinnung von Erfolgs-Resultaten ist zu unterscheiden zwischen der bilanzmäßigen und der nicht bilanzmäßigen Erfolgs-Ermittlung. Jede dieser beiden Hauptarten zerfällt in zwei Unterarten. Die bilanzmäßige Erfolgs-Ermittlung kann nämlich geschehen entweder auf Grund der einfachen oder der doppelten Buchführung. Die nicht bilanzmäßigen Erfolgs-Ermittlungs-Methoden sind diejenige der Schätzung nach dem Umsatz und die andre der Gegenüberstellung von Betriebs-Einnahmen und Ausgaben.

Daß die bilanzmäßige Erfolgs-Ermittlung (bei ordnungsmäßiger Buchführung und wahrer Bilanzierung!) im Vergleich zu den nicht bilanzmäßigen Methoden zuverlässigere Ergebnisse liefert, wird sich aus den folgenden Ausführungen über die nicht bilanzmäßigen Methoden ergeben. Ob von den letztgenannten Methoden die Erfolgs-Ermittlung nach dem Umsatz oder diejenige nach den Betriebs-Einnahmen den Vorzug verdient, kann nur von Fall zu Fall beurteilt werden. Worauf es dabei ankommt, soll nunmehr zunächst gezeigt werden.

Erfolgs-Ermittlung nach dem Umsatz. Besonders in Kleinhandels-Betrieben geringen Umfangs berechnet man den Erfolg häufig nach dem Umsatz. Voraussetzung dafür ist, daß die Buchführung zu einer, wenigstens annähernden Umsatz-Feststellung und zur Aufwands-Berechnung ausreicht.

Bei der Ermittlung des Reinerfolgs nach dem Umsatz ist der Reinerfolg gleich dem Produkt aus 1% des Netto-Umsatzes und dem Prozentsatz, der für Ort und Branche sich erfahrungsmäßig aus dem Verhältnis des Netto-Umsatzes zum Roherfolge ergibt; abzüglich des den Gesamtaufwand ausmachenden Betrages.

Beispiel: ein Krämer, der mit 10000,— M Netto-Umsatz und 950,— M Gesamtaufwand arbeitet, hätte demnach — bei der Annahme eines 25% vom Netto-Umsatz betragenden Roherfolgs — als Reinertrag $\frac{10\,000,\text{— M} \times 25}{100}$ ·/. 950,— M = 1550,— M zu betrachten.

Kritik dieser Methode. Dem ersten Blick erscheint die Erfolgs-Berechnung nach dem Umsatz sehr vorteilhaft. Der unzweifelhafte Vorteil der Methode liegt aber nur in der Bequemlichkeit. Die Zuverlässigkeit der so gewonnenen Resultate ist dagegen in allererster Linie abhängig davon, inwieweit der für den Roherfolg (Brutto-Nutzen) angenommene Prozentsatz der Wahrheit nahe kommt. Je mehr Artikel mit verschiedenem Brutto-Nutzen und von einander abweichenden Absatz-Möglichkeiten geführt werden, um so ungenauer wird die Schätzung des Roherfolgs-Prozenzsatzes ausfallen.

Daneben sind ferner bei solcher schematischen Berechnungsweise nicht zu erfassen die Eigentümlichkeiten eines bestimmten Betriebs (z. B. ungünstige Beschaffenheit der Lagerräume, die schnelles Verderben der Waren fördert, mangelndes Talent zu vorteilhaftem Einkaufen, das Verhältnis des beanspruchten zum gegebenen Kredit, das die Höhe des erforderlichen Betriebs-Kapitals bestimmt, und so weiter). Man kann der Erfolgs-Berechnung nach dem Umsatz aus diesen Grüden nur cum grano salis das Wort reden; und zwar, wie eingangs schon hervorgehoben, dann nur für Kleinhandels-Betriebe geringen Umfangs, die aus irgendeinem Grunde darauf angewiesen sind.

Deshalb sagt Fuisting (S. 231) in Bezug auf diese Art der Erfolgs-Berechnung für Steuerzwecke mit Recht:

„In den meisten Fällen wird sich, wenigstens wenn es sich um stärkere Abweichungen von den Angaben des Steuerpflichtigen handelt, die Zuziehung von Sachverständigen nicht umgehen lassen; alsdann wird es sich aber empfehlen, den Sachverständigen nach Möglichkeit schon bei der Erhebung des Buchbeweises über die Höhe des Umsatzes und der Werbungs-Kosten zuzuziehen, damit er sich durch Beteiligung an der Befragung des Steuerpflichtigen die Kenntnis der für die Höhe der Gewinn-Prozente maßgebenden Umstände beschaffen kann.“

Nach Fuisting dürfen ferner zur Erfolgs-Berechnung für bestimmte Branchen und bestimmte Orte benutzte Umsatz-Prozente nur herangezogen werden für gleichartige Geschäfte, die an demselben Orte bestehen, da die Roherfolge von Ort zu Ort sehr verschiedenen Einflüssen unterliegen können. Ein darauf bezügliches Urteil des Oberverwaltungs-Gerichts findet der Leser am Schluß des ersten, über den Umsatz im Waren-Verkehr handelnden Abschnitts im folgenden Kapitel.

Erfolgs-Ermittlung nach Einnahmen und Ausgaben. Außer der Erfolgs-Berechnung nach Umsatz-Prozenten bedienen Minderkaufleute sich nicht selten der andern, gleichfalls nicht bilanzmäßigen Berechnungsweise, die in der Gegenüberstellung von Betriebs-Einnahmen und Betriebs-Ausgaben besteht.

Kritik dieser Methode. Diese Berechnungsart wird regelmäßig zu ganz falschen Ergebnissen führen, weil für eine bestimmte Rechnungs-Periode (Geschäftsjahr)

1. Einnahmen aus Verkäufen in Ansatz kommen, während die entsprechenden Ausgaben, d. h. die Einkaufs- oder Anschaffungs-Kosten, einer frühern Periode zur Last gefallen sind;
2. Ausgaben für Einkäufe von Waren entstanden sind, die erst in einer spätern Periode abgesetzt werden, wofür also erst später die Einnahmen zur Anrechnung kommen können;
3. Verkaufs-Beträge von Waren, die auf Kredit verkauft sind und erst im Laufe einer folgenden Periode von der Kundschaft bezahlt werden, in den Einnahmen der Verkaufs-Periode nicht erscheinen können;
4. Einkaufs-Beträge von Waren, die auf Kredit angeschafft sind und erst nach Ablauf der Einkaufs-Periode bezahlt werden, in den Ausgaben der Einkaufs-Periode nicht zur Geltung kommen können;
5. der Kasse-Schlußbestand der Vorperiode zu den Einnahmen gerechnet werden muß, wenn die Erfolgs-Berechnung durch Zuschlag der Einnahmen und Abzug der Ausgaben den Kasse-Schlußbestand der in Betracht kommenden Periode richtig enthalten soll;
6. Abschreibungen auf Betriebs-Gegenstände und Immaterialgüter durch die Barausgaben als solche nicht ohne weiteres zum Ausdruck kommen. Um diese Wirkung für die Erfolgs-Rechnung zu erreichen, sind die aus dem Vorjahr stammenden Schlußwerte solcher Konten den Ausgaben, die Schlußwerte des letzten Jahrs hingegen den Einnahmen hinzuzusetzen;
7. bereits entstandene, am Schluß der Periode aber noch nicht bezahlte Aufwand-Posten einschließlich der Zinsen aller Art (transitorische Passiva) unter den Kasse-Ausgaben fehlen, während zugunsten der folgenden Periode vorausbezahlte Aufwand-Posten (transitorische Aktiva) unter die Einnahmen der hier beregten Periode zu setzen wären, um ihre, diese Periode zu Unrecht belastende Wirkung aufzuheben;
8. dem Lager zum Selbstverbrauch (Haushalt) entnommene, jedoch unbezahlt gebliebene Waren in den Einnahmen nicht enthalten sind. Sinngemäß gilt dies auch für die baren Privat-Entnahmen und für den Mietwert der im eigenen Hause für gewerbliche oder private Zwecke selbstbenutzten Räumlichkeiten; für gewerbliche Zwecke jedoch nur, wenn derselbe Betrag als Unkosten-Posten auch unter den Ausgaben steht;
9. angeschaffte oder selbst hergestellte Betriebs-Gegenstände, einschließlich der Verbesserungen oder Erweiterungen, die dem Betriebe dauernd zu dienen bestimmt sind, mit den gesamten geschuldeten oder bezahlten

Anschaffungs- oder Herstellungs-Kosten dem Bezugsjahr als Ausgabe-Posten zur Last fallen, wenn diese Kosten unter Abzug der auf das Bezugsjahr entfallenden Abschreibung den Einnahmen nicht zugesetzt werden.

Korrektur dieser Methode. Hiernach wären zur Erzielung eines richtigen Erfolgs-Resultats hinzuzufügen:

I. den Bareinnahmen:

a) die am Schluß des in Betracht kommenden Jahrs vorhandenen
 Warenwerte,
 Außenstände,
 Utensilienwerte,
 Immobilienwerte,
 Immaterialwerte;

b) die Werte etwaiger Neuanschaffungen, Verbesserungen oder Erweiterungen für den Betrieb unter Abzug der auf das Bezugsjahr entfallenden Abschreibungen, soweit die Anschaffungs- oder Herstellungs-Kosten unter den Ausgaben des Bezugsjahrs bereits verrechnet sind;

c) der Mietwert selbst benutzter Räume im eigenen Hause mit dem oben unter 8 gemachten Vorbehalt; außerdem der Wert der für den Hausgebrauch entnommenen, nicht bar bezahlten Waren und der baren Privat-Entnahmen;

d) die am Schluß des Vorjahrs vorhanden gewesenen
 Schulden,
 Kassebestandwerte;

e) die transitorischen Aktiva;

II. den Barausgaben:

a) die am Schluß des in Betracht kommenden Jahrs vorhandenen Schulden;

b) die am Schluß des Vorjahrs vorhanden gewesenen
 Warenwerte,
 Außenstände,
 Utensilienwerte,
 Immobilienwerte,
 Immaterialwerte;

c) die transitorischen Passiva.

Selbstverständlich werden sich bei weniger einfacher Geschäftslage noch andere Korrektur-Notwendigkeiten der bloßen Einnahme- und Ausgabe-Rechnung für die Erfolgs-Feststellung ergeben. Für unsere Zwecke genügt, die hauptsächlich vorkommenden Fälle herangezogen zu haben.

Bei der Durchsicht der vorstehend von mir angeführten Erfolgs-Korrekturposten wird dem Fachmann auffallen, daß — abgesehen von dem Mietwert im eigenen Hause benutzter Räumlichkeiten, von baren

Privat-Entnahmen und von Waren-Entnahmen für den Hausverbrauch — nur reine Aktiva- und Passiva-Posten der Vermögens-Nettobilanz als Erfolgs-Korrekturen in Frage kommen.

Dieses Ergebnis kann nicht überraschen. Denn tatsächlich kommen wir bei der, für die Zwecke zutreffender Erfolgs-Ermittlung notwendigen Ergänzung der baren Einnahme- und Ausgabe-Posten zu einer regelrechten Verschmelzung der uns im Rahmen der Doppelbuchhaltung entgegentretenden Vermögens- und Erfolgs-Bilanz (Netto-Bilanz nebst der Gewinn- und Verlust-Rechnung). Ein formeller Unterschied liegt nur darin, daß die *baren* Einnahmen und Ausgaben als solche in der Erfolgs-Rechnung erscheinen, während dies in der *doppischen* Erfolgsrechnung *nicht* der Fall ist, weil dort nicht die *Kasse*-Posten als solche, sondern deren *Gegen*posten (Erfolgs-Posten) zur Verrechnung gelangen, während die Verrechnung der Kasse-Posten in der Vermögens-Nettobilanz zum zahlenmäßigen Ausdruck kommt. Daraus erklärt sich, daß die positiven Roherfolge in der doppischen Erfolgs-Rechnung rechts, in der Einnahme- und Ausgabe-Rechnung dagegen links stehen; umgekehrt die negativen Roherfolge und die Aufwand-Posten. Ich nenne eine derartig vervollständigte Einnahme- und Ausgabe-Rechnung *kombinierte* Erfolgs-Rechnung.

Die kombinierte Erfolgs-Rechnung. Eine *kombinierte* Erfolgs-Rechnung würde bei Zugrundelegung einfacher Betriebs-Verhältnisse nach allem etwa folgendes Aussehen haben:

Einnahme-Seite.	Ausgabe-Seite.
A. *Bareinnahmen*: Von der Kundschaft empfangene Zahlungen. Barlosungen aus dem Detailgeschäft. Empfangene Mieten. B. *Erfolgs-Korrekturen*: a) durch *Erfolgs-Posten*: Mietwert im eigenen Hause benutzter Räumlichkeiten. Wert der für den Haushalt entnommenen Waren. Rückbuchung der Privat-Entnahmen. Rückbuchung des um die Abschreibung zu kürzenden Werts der in diesem Jahr vorgekommenen Neuan-	A. *Barausgaben*: An die Lieferanten geleistete Zahlungen. Unkosten aller Art (Aufwand) einschließlich der Zinsen und Reparaturen. Privat-Entnahmen. Ausgaben für Neuanschaffungen, Erweiterungen und Verbesserungen. B. *Erfolgs-Korrekturen*: a) durch *Erfolgs-Posten*: Transitorische Passiva. b) durch *Bestand-Posten*: Waren, Außenstände, Utensilien, Immobilien, Immaterialgüter vom Schluß des Vorjahrs.

Einnahme-Seite.	Ausgabe-Seite.
schaffungen, Erweiterungen oder Verbesserungen, soweit sie im Bezugsjahr bezahlt, oder soweit sie unter den nachstehend aufgeführten Utensilien- oder Immobilien-Bestandwerten nicht schon verrechnet sind. Transitorische Aktiva. b) durch Bestand-Posten: Waren, Außenstände, Utensilien, Immobilien, Immaterialgüter vom Schluß dieses Jahrs. Kasse-Bestandwerte u. Schulden vom Schluß des Vorjahrs	Schulden vom Schluß dieses Jahrs.

Aus dieser Übersicht wird hinreichend erkennbar, daß der Weg, auf dem man vermöge der kombinierten Erfolgs-Rechnung schließlich zum richtigen Erfolgs-Ergebnis gelangt, sehr umständlich ist, und daß er mancherlei Schwierigkeiten entgegenstellt.

Den vorstehenden Ausführungen seien folgende Entscheidungen des Preußischen Oberverwaltungs-Gerichts (aus Fuisting S. 224) hinzugefügt:

Steuer-Entscheidungen hierüber. „Die bei Beginn und am Ende eines Geschäftsjahrs vorhandenen Warenvorräte, Forderungen und Schulden müssen nicht nur bei Berechnung des Geschäftsgewinns auf Grund kaufmännischer Bilanzen, sondern auch bei Ermittlung desselben durch Gegenüberstellung der Betriebseinnahmen und Betriebsausgaben grundsätzlich berücksichtigt werden (E. in St. IX. 95ff., 104)."

„Nach der Natur der Sache kann aber diese Berücksichtigung bei denjenigen Betrieben unterbleiben, bei denen der Bestand der Warenvorräte, wie der Forderungen und Schulden am Schlusse der einzelnen Wirtschaftsjahre, wie z. B. bei den meisten kleineren Betrieben, erfahrungsgemäß wesentlichen Schwankungen nicht zu unterliegen pflegt (E. in St. II. 341)."

Der auf die Begünstigung der „kleineren" Betriebe hinauslaufenden zweiten Entscheidung ist besonders unter der Voraussetzung relativ gleich bleibender Bestand-Verhältnisse zuzustimmen.

Demgegenüber ist nun der für die vollkaufmännisch betriebenen Unternehmungen gesetzlich vorgeschriebene Weg der bilanzmäßigen Erfolgs-Ermittlung der weitaus bequemere und regelmäßig auch zuverlässigere.

Arten der bilanzmäßigen Erfolgs-Ermittlung. Die bilanzmäßige Erfolgs-Ermittlung kann sich vollziehen entweder auf Grund der einfachen oder der doppelten Buchführung. Daraus ergibt sich zunächst, daß die Erfolgs-Ermittlung sein kann:

a) summarisch (regelmäßig nach der einfachen Buchführung);

b) spezialisiert (regelmäßig nach der doppelten Buchführung).

Dieser Unterschied ist vom Standpunkt des Gesamterfolgs belanglos, hat also in der Hauptsache nur formale Bedeutung.

Mängel der Erfolgs-Ermittlung nach einfacher Buchführung. Dagegen können folgende Umstände materiell bedeutsam werden: erstens die Tatsache, daß die Kontierung bei der einfachen Buchführung nicht selten nur unvollständig ist, weil für gewisse, für die Bilanz wichtige Bestandteile des Vermögens, die mit der Kasse- oder Memorial-Buchführung vielleicht nur gelegentlich ihrer Entstehung zu tun hatten (z. B. Betriebs-Gegenstände und Immaterialgüter), keine Konten eingerichtet sind; sodann zweitens die andre Tatsache, daß die einfache Buchführung infolge ihres, mit dem letzten Satze schon angedeuteten Torso-Charakters keine relative Garantie für die Richtigkeit der Forderungs- und Schuld-Saldi zu bieten vermag, wie dies bei der Doppelbuchhaltung dank ihrer prinzipiellen Systematik und der damit verbundenen Zwangläufigkeit von Posten und Gegenposten der Fall ist.

Unstreitig wird natürlich auch die nur nach der einfachen Buchführung vorgenommene bilanzmäßige Erfolgs-Ermittlung den nicht bilanzmäßigen Methoden dann vorzuziehen sein, wenn die einfache Buchführung derart vollständig angelegt und gewissenhaft durchgeführt ist, daß sie Bilanz-Resultate gewährleistet, die mehr oder minder unvollständige Buchungsnotizen nicht leisten können. Soweit die nicht bilanzmäßige Erfolgs-Berechnung nur durch Gegenüberstellung von Betriebs-Einnahmen und Betriebs-Ausgaben, also ohne Berücksichtigung der Bestände, geschieht, steht sie — wenn nicht etwa zufällig Bestände weder für den Anfang, noch für den Schluß der Geschäfts-Periode in Frage kommen — a priori weit zurück hinter der bilanzmäßigen Erfolgs-Ermittlung auf Grund der ordnungsmäßigen, auf Inventarien und Bilanzen sich stützenden einfachen Buchführung, was nicht weiter begründet zu werden braucht. Darauf muß jedoch noch hingewiesen werden, daß auch die nichtbilanzmäßige Erfolgs-Ermittlung sehr oft nach buchmäßigen Notizen geschieht, die sehr wohl als „einfache" Buchführung angesprochen werden könnten, wenn sie von einer Bilanz ausgegangen wären und in solche periodisch münden würden.

Vorzüge der Doppelbuchführung. Ist nun auch die Möglichkeit vorhanden, daß die nach der einfachen Buchführung durchgeführte bilanzmäßige Erfolgs-Ermittlung zu falschen Ergebnissen führt, so schrumpft solche Möglichkeit auf ein Minimum zusammen bei der bilanzmäßigen Erfolgs-Ermittlung nach der Doppelbuchführung.

Bei dieser Buchhaltungsart, die, streng genommen, als die Buchhaltung schlechthin gelten könnte, fallen die oben mitgeteilten Mängel der einfachen Buchhaltung fort. Denn nach doppischen Prinzipien verlangt die Doppelbuchhaltung unerbittlich und ausnahmslos zum Posten den Gegenposten. Zwar ergeben sich auch im Rahmen der einfachen Buchhaltung oft Posten und Gegenposten; nicht aber liegt bei jener Buchhaltung die Notwendigkeit vor, sämtliche Posten in solchem Gegenseitigkeitsverhältnis zu einander zu verrechnen. Eine derartige Notwendigkeit würde die einfache Buchhaltung zur doppelten machen.

Jene zwangläufige doppische Buchungs-Methode bietet Gewähr dafür, daß auf den Hauptbuch-Sachkonten, als den Grundlagen und Kontrollorganen für die Bilanz-Posten, die Vermögenslage vollständig und — richtige Buchungen vorausgesetzt — auch buchmäßig richtig dargestellt ist. Ich sage ausdrücklich: „buchmäßig" richtig. Denn die materielle Richtigkeit der gesamten Vermögenslage kann auch die Doppelbuchhaltung nicht bei allen Bestand-Kontensalden verbürgen, sondern nur bei denjenigen, die als „Soll"-Bestände mit den für das Inventarium ermittelten „Ist"-Beständen übereinstimmen müssen. Insoweit dies — wie regelmäßig z. B. beim Warenlagerwert — nicht zutrifft, liefert die Doppelbuchhaltung nur die Saldi für die Erfolgs-Ermittlung auf den bezüglichen Konten; für die Ermittlung des Vermögenswerts ist sie dagegen in diesen Fällen nicht geeignet. Vielmehr sind dann ausschlaggebend die Ergebnisse der Inventur-Aufnahme.

Demnach ist daran festzuhalten, daß auch bei der bilanzmäßigen Erfolgs-Ermittlung auf Grund der Doppelbuchhaltung die materielle Richtigkeit des Inventariums von ausschlaggebender Bedeutung ist.

Hiernach liegt der Hauptvorzug der doppelten gegenüber der einfachen Buchhaltung darin, daß jene eine Kontrolle der Vermögens-Bestandteile prinzipiell und nach systematischen Grundsätzen ermöglicht, während diese eine nur lückenhafte und mehr oder minder willkürliche derartige Kontrolle gestattet. Dieser, der Doppelbuchhaltung gebührende Vorzug kann und wird oft materielle Bedeutung erlangen insofern, als Fehler im Inventarium, z. B. in den Debitoren- und Kreditoren-, den Wechsel- und Akzept-Bestandzahlen, durch den Vergleich jener Zahlen mit den ihnen entsprechenden Hauptbuch-Salden offenbar werden.

Neben der materiellen Bedeutung, die der Doppelbuchhaltung für die Kontrolle der meisten Bilanz-Posten zukommt, ist ihr noch ein Vorzug mehr formalen Charakters eigen: die Spezialisation der Erfolgs-Rechnung nach Maßgabe der Kontierung, d. h. die mehr oder minder detaillierte Gewinn- und Verlust-Rechnung.

In welchem Umfang die Erfolgs-Posten aus der doppelten Buchhaltung heraus ohne weiteres spezialisiert werden können, richtet sich danach, in welchem Maße die Erfolgs-Konten nach Abteilungen und Unterabteilungen gegliedert sind. Kein Fachmann wird bestreiten, daß beispielsweise der Geschäftsaufwand ausschließlich der Abschreibungen auf einem allgemeinen Aufwand-Konto, daß ferner sämtliche Abschreibungen auf einem „Abschreibungs"-Konto gesammelt, und daß die Salden dieser Konten für den Jahresschluß auf Gewinn- und Verlust-Konto übertragen werden könnten, ohne die Ordnungsmäßigkeit der Buchführung dadurch aufzuheben. Denn mit der Gesamtzahl für den Aufwand zuzüglich derjenigen für die Abschreibungen im Soll, dagegen mit der Rohgewinnzahl im Haben des Gewinn- und Verlust-Kontos ist die Erfolgs-Rechnung zweifellos hinreichend spezialisiert. Diese Erfolgs-Faktoren lassen sich jedoch auch aus der einfachen Buchhaltung gewinnen. Und zwar auf folgende Weise:

Wege zur Erfolgs-Rechnung bei einfacher Buchführung. Aus dem Vergleich des Reinvermögens nach der vorletzten mit demjenigen nach der letzten Bilanz resultiert unter Hinzurechnung etwaiger Privat-Entnahmen im Gewinnfall der Reingewinn der in Frage kommenden Geschäfts-Periode. Rechnet man zum Reingewinn den Aufwand einschließlich der Abschreibungen und Rückstellungen, so ergibt sich der Rohgewinn, der im Warengeschäft mit dem Gewinn an Waren identisch zu sein pflegt. (Im Verlustfall ist bei allen diesen Berechnungen abzuziehen anstatt hinzuzurechnen.) Zu beachten ist dabei jedoch in jedem Fall bei einfacher Buchhaltung, ob außerordentlicher, nicht im Wege des regulären Geschäfts-Betriebs verdienter Vermögens-Zuwachs vom Betriebs-Roherfolge zu sondern ist.

Die Feststellung des Aufwands kann bei einfacher Buchhaltung auf mehrfache Weise geschehen. Nämlich entweder durch nachträgliches Ausziehen der Aufwandzahlen aus den Grundbüchern und deren gesonderte Zusammenstellung und Berechnung; oder durch Sammeln der Aufwand-Einzelposten in Sonderspalten, die in den Grundbüchern anzubringen sind. Die so gesammelten Aufwand-Posten können, wie die nachträglich ausgezogenen, auf irgend eine zweckmäßige Weise gesondert zusammengestellt und berechnet werden, wenn man sie nicht auf ein spezielles Aufwand-Konto periodisch (etwa monatlich) übertragen und dort für bilanzielle Zwecke addieren will.

Als ein mit Nutzen verwendbares Verfahren, das jedoch nur anwendbar ist, wenn der Betrieb die Vereinigung von Kasse und Memorial in einem Buch gestattet, sei folgendes erwähnt: die Kasse-Posten laufen zusammen mit den Memorial-Posten in chronologischer Reihenfolge durch ein Kasse-Memorial. Um trotz dieser Verquickung aus dem Kasse-Memorial stets den Kasse-Soll-Bestand durch einfaches Saldoziehen ermitteln zu können, ist erforderlich, die Memorial-Posten im Kasse-Memorial nach doppischen Grundsätzen, also im Soll und im Haben gleichzeitig, unter Anrufung der Konten und Gegenkonten zu verbuchen. Ist beispielsweise ein Lieferant für ein ihm gegebenes eigenes Akzept zu belasten, so wird die Sollseite des Kasse-Memorials unter Anrufung des Lieferanten-Kontos für den Betrag belastet, die Habenseite hingegen unter Anrufung der Akzepte-Kontos dafür erkannt. Vom Soll des Kasse-Memorials ist der Posten ins Soll des Lieferanten-Kontos, vom Haben des Kasse-Memorials dagegen ins Haben des Akzepte-Kontos zu übertragen.

Die Aussonderung der Memorial-Posten, etwa in besondrer Spalte, ist bei diesem Verfahren demnach nicht nötig, weil die Kontrolle des Kasse-Status zufolge der doppischen Verbuchung der Memorial-Posten im Kasse-Memorial nicht gestört wird.

Aus einem andern Grunde sind jedoch im Kasse-Memorial Nebenspalten erforderlich: um darin nämlich die Aufwand-Posten auszuwerfen. Unabhängig davon, ob diese Posten Kasse- oder Memorial-Posten sind, ob also der Aufwand sogleich bezahlt oder auf Kredit geschehen ist, werden sämtliche Aufwand-Posten in der Nebenspalte ausgeworfen, am Monatsschluß addiert und zum Zweck der Kasse-Bestand-Ermittlung der Hauptspalte als Monats-Gesamtsumme zugeführt. Die Monats-Gesamtsummen können auf einem Zettel vermerkt und dort addiert werden. Die Addition der monatlichen Aufwand-Gesamtsummen ergibt dann leicht den Gesamtbetrag des Aufwands während der Geschäfts-Periode. Somit ist nicht erforderlich, im Hauptbuch der einfachen Buchhaltung ein Sachkonto für den Aufwand zu errichten. Damit wird auch dem Einwand vorgebeugt, die einfache Buchhaltung werde durch die geschilderte Einrichtung des Kasse-Memorials zur Doppelbuchhaltung. Wohl wird durch die doppische Verbuchung der Memorial-Posten im Kasse-Memorial ein Schritt in dieser Richtung getan. Von der Doppelbuchhaltung kann im vorliegenden Fall dennoch nicht gesprochen werden, solange nicht sämtliche Grundbuchungen ihren Weg über die Hauptbuch-Konten genommen haben.

Nichts steht im Wege, die Zahl der Nebenspalten im Kasse-Memorial in dem Maße zu erhöhen, als man den Aufwand, etwa unter Ausscheidung von Zinsen, Steuern u. dgl., in der Erfolgs-Rechnung zu spezialisieren wünscht. Immerhin wird die Zahl der Nebenspalten sich in sehr bescheidenen Grenzen halten, weil die einfache Buchhaltung naturgemäß nur für leicht übersehbare Geschäfts-Betriebe geringen Umfangs praktische Verwendung finden wird.

Hier sollte nur gezeigt werden, daß die Spezialisation der Erfolgs-Rechnung in Gestalt des Gewinn- und Verlust-Kontos nicht allein bei doppelter, sondern daß sie sehr wohl auch bei einfacher Buchführung erreichbar ist, ohne daß der Charakter der einfachen Buchhaltung dadurch verloren zu gehen braucht.

Kein gesetzlicher Zwang zur Doppelbuchführung für Kapital-Gesellschaften. Demnach bin ich der Ansicht, daß nicht unbedingt die Doppelbuchhaltung gesetzliches Erfordernis ist, wenn im § 260 Abs. 2 von den Aktien- und Kommandit-Aktien-Gesellschaften, ferner im § 41 Abs. 2 Ges.-Ges. von den Gesellschaften mit beschränkter Haftung neben der Bilanz eine Gewinn- und Verlust-Rechnung verlangt wird, und wenn im Gen.-Ges. § 48 Abs. 2 neben der Bilanz noch „eine den Gewinn und Verlust des Jahrs zusammenstellende Berechnung (Jahresrechnung)" vorgeschrieben steht.

Nach § 38 Abs. 1 H.G.B. ist dem Kaufmann und damit (nach § 6 Abs. 1 H.G.B.) auch den Handelsgesellschaften freigestellt, in welcher Weise die Buchführung gehandhabt werden soll. Vorgeschrieben ist nur, daß die Grundsätze ordnungsmäßiger Buchführung anzuwenden sind. Diese Grundsätze können durch einfache oder durch doppelte Buchführung zur Geltung gebracht werden. Da nun nach dem oben Dargelegten als erwiesen angesehen werden darf, daß den auf die Gewinn- und Verlust-Rechnung zu beziehenden Gesetzes-Vorschriften auch durch die einfache Buchführung entsprochen werden kann, so ist kein Grund ersichtlich, warum Aktien- und Kommandit-Aktien-Gesellschaften, Genossenschaften und Gesellschaften mit beschränkter Haftung — im Gegensatz zu den Einzelkaufleuten und Personal-Gesellschaften — prinzipiell zur Doppelbuchführung verpflichtet sein sollen, wie dies von manchen Autoren angenommen wird.[1])

Wohlverstanden: hierbei handelt es sich nur um die prinzipielle Entscheidung; auf die tatsächliche Seite der Sache wird noch eingegangen werden.

Bei der Wahl der für einen bestimmten Betrieb geeigneten Buchführung sind zu erwägen vor allem die organisatorischen und Branche-

---

[1]) Für Aktien- und Kommandit-Aktien-Gesellschaften fordern die Doppelbuchhaltung:

Rehm S. 156 zu § 61 I. Simon S. 72ff. Staub S. 209 letzter Satz und S. 811 Anmerkg. 5 zu § 239. Knappe S. 22—23 (inzwischen II. Aufl. erschienen). Beigel gegen Schmalenbach in: Zeitschrift für das gesamte Aktienwesen, XVIII. S. 179ff. und in: Der „Buchrevisor" (Beiblatt zur Z. f. B.) VIII. S. 17ff.

Beigel wendet sich gegen einen von Schmalenbach in dessen Z. f. hw. F. I. S. 41—45 veröffentlichten Artikel, worin dargelegt wird, warum die Doppelbuchhaltung als gesetzliches Erfordernis für Aktien-Gesellschaften nicht unbedingt gelten könne.

Verhältnisse, denen die Buchführung anzupassen ist. Solche Anpassung ist nicht selten eine schwierige Aufgabe, deren zweckmäßige Lösung sich jedoch sehr gut bezahlt macht. Viel zu oft wird leider noch immer die Buchführung eingerichtet von Leuten, denen weder die hinreichende Vielseitigkeit der praktischen Erfahrung, noch genügende Kenntnisse der zwar theoretischen, aber dennoch praktisch bedeutsamen Grundlagen der Buchführung zur Verfügung stehen. Beide Bedingungen müssen aber erfüllt sein, wenn die Buchführung nach dem Prinzip des kleinsten Mittels funktionieren, also mit nach Möglichkeit geringem Arbeitsaufwand alle erforderliche Übersicht und Sicherheit für Richtigkeit bieten soll.

Da den Kaufleuten und Handelsgesellschaften die Wahl der Methode und der Form der Buchführung gesetzlich freigestellt ist, sollte in jedem Fall sorgsam geprüft werden, ob nicht eine einfache Buchführung mit zweckmäßiger Kontierung und Skontrierung die zu leistende Aufgabe bequemer als eine Doppelbuchführung erfüllt. Wird aus kontrolltechnischen Gründen, oder in Rücksicht auf den Betriebs-Umfang die Doppelbuchhaltung gewählt, so ist dabei darauf zu achten, daß eine für den besondern Fall zweckmäßige Form (italienisch, deutsch, französisch, „amerikanisch", Kombination u. dgl.) zur Anwendung kommt.

Nochmals sei betont, daß nicht die juristische Form der kaufmännischen Unternehmung, sondern ausschließlich ihre betriebstechnische Organisation und ihr Umfang maßgebend sind für die Frage, ob einfache oder doppelte Buchführung zu wählen sei. Während z. B. Einzelunternehmungen und Personalgesellschaften nach Umsatz und Artikelzahl sehr bedeutenden Umfang haben und sehr kompliziert sein können, kann das Gegenteil z. B. bei Aktien-Gesellschaften und Genossenschaften der Fall sein. Die letztgenannten beiden Unternehmungsformen werden dann mit der einfachen Buchführung auskommen, die erstgenannten werden der Doppelbuchführung bedürfen.

Gründe für die Doppelbuchführung. Gewisse Branchen werden auch bei bescheidenem Umfang zweckmäßig mit der Doppelbuchhaltung ausgestattet werden. Beispielsweise Bankunternehmungen deshalb, weil im Bankbetriebe das kontrolltechnische Moment als Hauptvorzug der Doppelbuchhaltung in Rücksicht auf die im Bankverkehr erforderliche besondere Präzision bei der Geschäftsgebarung von ausschlaggebender Bedeutung ist.

Mit allen vorstehenden Ausführungen dürfte bewiesen sein, daß die Ansicht, die Kapital-Gesellschaften (A. G., K. A. G., G. m. b. H.) bedürfen prinzipiell der doppelten Buchführung, nicht haltbar ist, daß es also nicht anginge, den Vorstand einer Aktien-Gesellschaft oder die Geschäftsführer einer G. m. b. H. im Konkursfall wegen einfachen Bankrotts schon deshalb zu bestrafen, weil statt der Doppelbuchhaltung nur einfache Buchhaltung vorliegt, falls diese ordnungsmäßig ist und den Bedürfnissen des Betriebs nachweislich genügt hat. Selbstverständlich kann und soll keineswegs behauptet werden, daß Kapital-Gesellschaften nun wirklich gut daran tun würden, statt der doppelten die einfache Buchhaltung einzuführen. Vielmehr lehrt die Erfahrung, daß in den weitaus meisten Fällen für die Kapital-Gesellschaften die Doppelbuchhaltung aus den oben genannten Gründen geboten ist. Bei kleinen Genossenschaften hingegen ist häufig die einfache Buchhaltung mehr als die Doppelbuchhaltung am Platze. Keinesfalls gilt dies jedoch für größere Kredit-Genossenschaften mit bankmäßigem Betriebe. Denn der Bankbetrieb hat — wie schon gesagt wurde — an dem kontrolltechnischen Wert der Doppelbuchhaltung besonderes Interesse. Dazu kommt außerdem noch ein andres Moment: im Bankverkehr stammt der Roherfolg aus sehr verschiedenen Quellen (Zinsen, Provisionen, Konsortial-, Effekten-, Beteiligungs-Erfolge usw.); im Gegensatz zum Waren-Verkehr, wo meist ein Warenkonto zum Nachweis des gesamten Roherfolgs ausreicht, erscheint mir für den Bankbetrieb die Spezialisation des Roherfolgs nach seinen Quellen notwendig, wenn der Charakter der Ordnungsmäßigkeit der Buchführung gewahrt bleiben soll. Für die den Bankverkehr pflegenden Kapital-Gesellschaften und größeren Genossenschaften ist die Doppelbuchhaltung demnach als unerläßliche Bedingung anzusehen, weil die einfache Buchhaltung weder die im Bankbetriebe ständig wünschenswerte Kontrolle, noch die Spezialisation des Roherfolgs in zweckmäßiger Weise ermöglicht.

Reichsgerichts-Entscheidungen über Bilanz-Aufstellung und Unterschrift. Geschlossen sei dieser Abschnitt mit zwei Reichsgerichts-Entscheidungen, die der „Handelsrechtlichen Rechtsprechung" von Kaufmann entnommen sind:

„Wenn auch von einem Kaufmann nicht unter allen Umständen verlangt werden kann, daß er seine Bücher persönlich führe, so hat er doch bei der vom Gesetz vorgeschriebenen Bilanzziehung persönlich mitzuwirken. Er hat die Bilanz zu unterzeichnen, gleichviel wie es mit seiner kaufmännischen Ausbildung und seiner Fähigkeit zur Buchführung im übrigen beschaffen ist. **R. G.** 17. 5. 07. Recht 07, 780."[1])

„Ein Gewerbetreibender, welcher sein Unternehmen derartig vergrößert, daß es aus einem minderkaufmännischen zu einem vollkaufmännischen Geschäftsbetriebe wird, ist verpflichtet, in diesem Zeitpunkt eine Eröffnungsbilanz zu errichten, selbst wenn er den gesetzlichen Vorschriften über Buchführung und Bilanzziehung bisher freiwillig entsprochen hat. **R. G.** 28. 4. 08. Bayer. Z. 08, 290. Bank-Archiv 7, 367. D. J. Z. 08, 875. J. W. 08, 603.[18]"[2])

---

[1] & [2]) Kaufmann VIII. S. 32. IX. S. 31.

2. Abschnitt.

Konten-Theoretisches.

Praktische Bedeutung der Konten-Theorien. Kaum auf einem andern Wissensgebiet ist die theoretische Erkenntnis praktisch in dem Maße nützlich, wie auf dem der Buchhaltungs-Lehre. Der praktische Nutzen der Buchhaltungs- oder Konten-Theorien zeigt sich nicht allein bei der Vermittlung buchhalterischen Verständnisses durch den Lehrer; er kommt vor allem auch bei der angewandten Buchhaltung im Geschäftsleben zur Geltung. Dort kann ein theoretisch gut geschulter Buchhalter oder Sachverständiger den Wert solchen Wissens täglich erproben, wenn es sich um die Lösung von buchtechnischen Aufgaben handelt, die über den Rahmen des Alltäglichen hinausragen. Denn mit hinreichender Erfahrung gepaarte theoretische Schulung schärft den Blick für das Wesentliche und erleichtert dadurch in hohem Maße die Entwirrung auch der kompliziertesten buchhalterischen Verhältnisse.

Über die Konten-Theorien besteht eine umfangreiche Literatur, teils in Form von Artikeln in Fachzeitschriften,[1]) teils in Lehrbüchern über die Buchhaltung.[2]) Im Lauf der letzten Jahre sind besonders die Zweireihen-Theorie, die Einkontenreihen-Theorie und die Zweikontenreihen-Theorie Gegenstand ausführlicher nud teilweise vergleichender Erörterungen gewesen.[3]) Darauf soll hier nur verwiesen, jedoch soll auf Einzelheiten nicht eingegangen werden.

Im Wesen theoretischer Erörterungen liegt, daß sie der persönlichen Überzeugung ihres Verfassers Ausdruck geben, daß sie also stets mehr oder weniger subjektiven Charakter haben. Maßgebend für die Ergebnisse theoretischer Erwägungen sind nicht zuletzt Standpunkt und Methode, womit man an die Lösung des Problems herantritt. Für die Beurteilung der Konten-Theorien der kaufmännischen doppelten Buchhaltung, die hier nur in Betracht kommt, ist demgemäß immer von Wichtigkeit die Frage, ob vorwiegend oder ausschließlich wirtschaftliche, ob juristische oder etwa in erster Linie pädagogische

[1]) Vgl. insbesondere die während der letzten zwanzig Jahre in der Z. f. B. erschienenen bezüglichen Artikel. Auch die Zeitschrift für das gesamte kaufmännische Unterrichtswesen bringt Artikel kontentheoretischen Inhalts.

[2]) Eine gute Literatur-Übersicht über das vorstehende Thema gibt Leitner (Grundriß) I. S. 118—126.

[3]) Vgl. z. B. Z. f. B. 1908: S. 25, 73, 78, 169, 217, 264ff. 1909: S. 140, 145, 161, 170, 198, 217, 241, 244ff. 1910: S. 7, 31, 49, 105, 135, 246ff. 1912: S. 169, 193ff. Z. f. Hw. u. Hp. I. S. 233, 313ff. II. S. 343, 375ff. III. S. 9ff. V. S. 99ff.

Gesichtspunkte für die theoretische Konstruktion maßgebend waren, und ob die Darstellung mathematischen Charakter hat, oder ob sie auf anderm Wege versucht wurde.

An dieser Stelle sollen Vorzüge oder Mängel der bestehenden Konten-Theorien nicht besprochen werden. Nur soviel sei hier gesagt: jede der bestehenden Konten-Theorien hat von ihrem Standpunkt ihre Berechtigung und für die praktische Nutzanwendung ihre mehr oder weniger große Bedeutung. Je nach Standpunkt und Darstellungs-Methode erscheinen verwandte Gedanken in verschiedener Form; und so ergänzen die verschiedenen Konten-Theorien einander, wenn man sie vergleichend betrachtet. In den fogenden Ausführungen wird ausgegangen von dem in der Doppelbuchhaltung herrschenden Dualismus. Im Zusammenhang damit soll die buchhalterische Bedeutung verschiedener Wertkategorien zur Geltung kommen. Zunächst ist das Wichtigste über die Bilanzen zu sagen.

Bilanzen.

Bilanz-Begriff. Die kaufmännische Bilanz präsentiert sich uns vom buchtechnischen Standpunkt als kontoförmige Gegenüberstellung der Aktiva und der Passiva dergestalt, daß der rechnungsmäßige Wertunterschied zwischen beiden Seiten zum Ausgleich auf die kleinere Seite gesetzt wird. Dieser Wertunterschied ist identisch mit dem Geschäfts-Gesamtvermögen, wenn er als rechnungsmäßiger Ausgleich für den Überschuß der Aktiva- über die Passivawerte auf der Passiva-Seite erscheint; er ist aufzufassen als Geschäfts-Gesamtschuld, wenn er als rechnungsmäßiger Ausgleich für den Überschuß der Passiva- über die Aktivawerte auf der Aktiva-Seite eingesetzt wird. Getroffen wird hiermit auch die Möglichkeit, daß nur Aktiva oder nur Passiva vorhanden sind. Von der Zusammengehörigkeit der bilanzmäßigen Erfolgs-, Reserve- und Grund- oder Stamm-Kapital-Posten bei den Kapital-Gesellschaften kann hier abgesehen werden.

Bilanz-Inhalt. Auf der Bilanz-Aktiva-Seite können vorkommen:

I. Materiell greifbarer Besitz (Veräußerungs- und Betriebs-Gegenstände).

II. Forderungsrechte aus Betriebs-Umsätzen (Debitoren, Bankguthaben u. dgl.).

III. Andere Forderungsrechte (Darlehns-Forderungen, Rechte aus Beteiligungen, Grundkapitals-Rückstände usw.).

IV. Immaterialgüter (Firmen-, Patent-, Marken-, Urheber-Rechte u. a.).

V. Passiva-Wertkorrekturen (z. B. Disagio).

VI. Positive Erfolgs-Korrekturen (Transitorische Aktiva).

In der Bilanz-Passiva-Seite können enthalten sein:

I. Schulden aus Betriebs-Umsätzen (Kreditoren einschließlich der eigenen Akzepte).

II. Kapital-Schulden (z. B. Hypotheken-, Anleihe- und Darlehns-Schulden).

III. Andere Verbindlichkeiten (z. B. Verpflichtungen aus Wohlfahrts-Fonds, noch unerhobene Dividenden usw.).

IV. Aktiva-Wertkorrekturen (Abschreibungen, Erneuerungs-Rückstellungen, unechte Reserven u. dgl.).

V. Negative Erfolgs-Korrekturen (Transitorische Passiva).

Je nach der Vermögenslage ist entweder auf der Aktiva- oder auf der Passiva-Seite zu den vorstehenden Gruppen noch der rechnungsmäßige Wertausgleichs-Posten als summarischer Ausdruck für die Geschäfts-Gesamtschuld oder für das Geschäfts-Gesamtvermögen zu denken (daß dieser Wertausgleich im Fall echter Reserven, unverteilter Gewinne oder einer Unterbilanz durch mehrere Posten repräsentiert werden muß, deute ich nur an). Hiernach sei gleich an dieser Stelle festgestellt, daß die bilanzielle Kontierung teils auf materieller, teils auf rein rechnerischer Grundlage beruht.

Jede ordnungsmäßige Buchhaltung muß von einer Bilanz ausgehen und periodisch in solche münden.

Bilanzarten. Man hat zwischen Eröffnungs- und Schlußbilanzen zu unterscheiden.

Als Eröffnungs-Bilanz ist anzusehen jede erste Bilanz einer neu gegründeten oder etwa nur vom juristischen oder vom wirtschaftlichen Standpunkte neu gestalteten Unternehmung (im Fall der Umwandlung von einer Gesellschaftsform in eine andre, oder beim Übergang der Unternehmung vom Einzelunternehmer an eine Gesellschaft und umgekehrt).

Dagegen sind Schlußbilanzen im handelsrechtlichen Sinn alle der Eröffnungs-Bilanz periodisch — und zwar für einen Zeitraum von höchstens je zwölf Monaten — folgenden Bilanzen.

Aufgaben der Bilanzen. Die Eröffnungs-Bilanz hat die Aufgabe, die Zusammensetzung und den Gesamtwert des ursprünglich vorhandenen Geschäfts-Vermögens oder die Höhe der statt eines Geschäfts-Vermögens etwa vorhandenen Geschäftsschuld und deren Grundlagen ersichtlich zu machen. (Der Fall, daß eine Unternehmung mit einer Geschäftsschuld begonnen wird, hat praktische Bedeutung.)

Noch ein Weiteres leistet jede Schlußbilanz: indem sie nämlich — wie die Eröffnungs-Bilanz — den Vermögens-Status erkennen läßt, gibt sie gleichzeitig Aufschluß über den gesamten Reinerfolg der durch sie geschlossenen Geschäfts-Periode.

Diese beiden Aufgaben hängen sonach, buchtechnisch genommen, innig zusammen. Im Geschäftsleben ist bei der Bilanzierung zwar regelmäßig das Interesse an der Erfolgs-Ermittlung stärker als an der Feststellung des Vermögens-Status.[1]) Zuweilen jedoch, z. B. bei Auseinandersetzungen mit Gesellschaftern, überwiegt das Interesse an der Höhe des Vermögens-Saldos. Praktisch bedeutsam ist solcher Unterschied der Interessen insofern nicht, als in dem Maße, wie der Reinerfolg wächst, sich auch das Geschäfts-Vermögen mehrt oder sich die Geschäftsschuld mindert und umgekehrt. Darin jedoch liegt große praktische Bedeutung, daß Unterbewertungen im Interesse beabsichtigter Erfolgs-Verkleinerung oder Überbewertungen aus dem entgegengesetzten Grunde die objektive Feststellung der Vermögenslage vereiteln.

Dualismus.

Wesen des Dualismus. In der Doppelbuchhaltung wird der für die Bilanzen als solche, somit in erster Linie auch für die Eröffnungs-Bilanzen oben bereits festgestellte Dualismus zwischen der Kontierung auf materieller und derjenigen auf rein rechnerischer Grundlage zum Ausgangspunkt und zur Richtschnur für die gesamte buchmäßige Entwicklung gemacht.

Vermögens-Teilkonten Das weitaus wichtigere Element in diesem Dualismus ist die Kontierung auf materieller Grundlage, weil diese sich auf die Vermögens-Bewegung bezieht. Die der Verrechnung der Vermögens-Bewegung dienenden Konten nenne ich Vermögens-Teilkonten.

Zwar beziehen die Vermögens-Teilkonten sich sowohl auf Vermögensteile positiven (Aktiva), wie auch auf solche negativen Charakters (Passiva). Trotzdem werden sie buchhalterisch gleichartig behandelt. Denn jede auf ihnen zum Ausdruck kommende Mehrung des Geschäfts-Gesamtvermögens oder jede Minderung der Geschäfts-Gesamtschuld wird auf der linken Konto-Seite belastet, jede Minderung des Geschäfts-Gesamtvermögens oder jede Mehrung der Geschäfts-Gesamtschuld dagegen auf der rechten Konto-Seite gutgeschrieben.

Die Vermögens-Mehrung ist in ihrer wirtschaftlichen Wirkung eben der Schulden-Minderung, die Schulden-Mehrung in gleicher Hinsicht der Vermögens-Minderung vergleichbar.

Geschäfts-Vorgänge. Die Vermögens-Teilkonten, haben — wie oben gesagt wurde — die Aufgabe, die Verrechnung der Vermögens-Bewegung, also der dieser Bewegung zugrunde liegenden Geschäfts-Vorgänge zu ermöglichen.

---

[1]) Dieser Meinung sind auch: Passow S. 118. Reisch i. Bank-Archiv IX. Nr. 24 S. 371. Schmalenbach i. Z. f. hw. F. V. S. 379ff.

Die Geschäfts-Vorgänge verursachen entweder nur Änderungen der Vermögens-Struktur, ohne den Gesamtwert des Vermögens zu beeinflussen (z. B. Einkäufe, Zahlungen oder Überweisungen zur Regulierung von Verbindlichkeiten), oder sie führen Veränderungen des Vermögens-Gesamtwerts herbei und involvieren dann in deren Höhe Erfolge.

Für diesen Fall kommen in Frage:

a) Geschäfts-Vorgänge, die den Roherfolg nicht in jedem Einzelfall unmittelbar erkennen lassen, weshalb auch buchhalterisch die Erfolgs-Ermittlung nur periodisch und summarisch sich vollzieht. Hauptbeispiel: Erfolge aus Betriebs-Umsätzen.

b) Geschäfts-Vorgänge, die den Roherfolg in jedem Einzelfall unmittelbar ausweisen, wobei die Buchung deshalb nicht periodisch-summarisch, sondern von Fall zu Fall, also spezialisiert geschieht (Regel bei irregulären Erfolgen).

c) Geschäfts-Vorgänge, die zwar zunächst als Betriebs-Ausgaben (Aufwand) vom Standpunkt der Vermögenslage negativen Charakter haben, die aber den Betriebs-Gesamterfolg ermöglichen, sich somit darin ersetzen sollen. Inwieweit dies gelingt, hängt ab von der Höhe der unter a) und b) in den vorstehenden beiden Absätzen charakterisierten Roherfolge. Die Beziehung ist außerdem meist nur annähernd feststellbar, weil ein Kausalzusammenhang zwischen Aufwand und Roherfolg wohl vermutet, jedoch zahlenmäßig meist nicht bewiesen werden kann.

d) Geschäftsvorgänge, die Abschreibungen zur Folge haben.

Wie ein Geschäfts-Vorgang den Vermögens-Status auch beeinflussen mag: durch Roherfolge, Aufwand und Abschreibungen materiell, oder nur bezüglich der Struktur des Vermögensstandes formal — immer wird er in erster Linie auf den Vermögens-Teilkonten zum buchhalterischen Ausdruck kommen. Die Buchung auf den Vermögens-Teilkonten ist die primäre. Mit ihr begnügt man sich regelmäßig in der einfachen Buchhaltung.

Da die bilanzmäßige Behandlung der Vermögenslage schon bei der Eröffnung der Unternehmung als dualistisch sich erwiesen hat, so muß logischerweise auch die buchhalterische Verarbeitung der Geschäfts-Vorgänge nach dualistischem Grundsatz geschehen, um am Schluß jeder Geschäfts-Periode zu erreichen, daß die Differenz zwischen den Aktiva- und Passivawerten auf der Gegenseite genauen Ausgleich findet in dem rechnungsmäßig und summarisch ausgewiesenen Geschäfts-Gesamtvermögen oder in der Geschäfts-Gesamtschuld, worin der gleichfalls rechnungsmäßige Reinerfolg der Geschäfts-Periode dann ebenso enthalten ist, wie der effektiv realisierte in den Aktiva- oder Passivawerten steckt.

Mit anderen Worten: im Gegensatz zur oben dargelegten kontomäßigen Behandlung der effektiven Vermögensteile auf den Vermögens-Teilkonten müssen rechts verbucht werden alle rechnungsmäßigen oder summarischen Gesamt-Vermögensposten (Haben-Saldi der Kapital-Konten) und sämtliche Erfolgsposten, die als nur rechnungsmäßiger Ausdruck für die in den effektiven Vermögensteilen steckenden Geschäfts-Vermögensmehrungen oder Geschäfts-Schuldminderungen (Gewinne) anzusehen sind. Links werden demgemäß die rechnungsmäßigen Gesamt-Schuldposten (Soll-Saldi der Kapital-Konten) und die Erfolgsposten verbucht, die als nur rechnungsmäßiger Ausdruck für die in den effektiven Vermögensteilen steckenden Geschäfts-Vermögensminderungen oder Geschäfts-Schuldmehrungen (Verluste) zu gelten haben. Da die Erfolgs-Kontierung Roherfolge und Aufwand umfaßt, so stehen bei dieser rechts die positiven Roherfolge (Gewinne), links dagegen die negativen Roherfolge (Verluste) und der Betriebs-Aufwand.

In der prinzipiellen Durchführung dieses buchmäßigen Dualismus unterscheidet die Doppelbuchhaltung sich von der einfachen Buchhaltung, bei der jener Dualismus höchstens als Torso zur Anwendung kommt.

Wertkategorien.

Wertarten. Für die kaufmännische Buchführung unterscheide ich zwischen Nennwerten, Buchwerten und Inventurwerten.

Zahlenmäßig genau bestimmte und darauf angegebene Nennwerte sind gewissen Sachgütern eigen. Beispiele: Deutsche Münzen, Banknoten, Kassenscheine, Mark-Wechsel und Schecks; außerdem andere Wertpapiere in Markwährung.

Vom Standpunkt der Buchführung sind Nennwert-Sachgüter jedoch nur solche, die auch nach Nennwerten ausschließlich gewertet oder gehandelt werden. Demnach gehören nach Kurswerten gehandelte Effekten nicht zu den Nennwert-Sachgütern im buchtechnischen Sinne; hingegen nimmt beispielsweise der Diskont bei Mark-Wechseln diesen den Nennwert-Charakter nicht ohne weiteres.

Nennwert-Kontrollkonten und Inventur-Erfolgskonten. Die buchmäßige Kontierung und Skontrierung der Bewegung von Sachgütern mit Nennwerten kann verschieden gestaltet werden. Entweder so, daß jeder sich im Laufe des Besitzes von Nennwert-Sachgütern oder bei deren Veräußerung herausstellende Gewinn oder Verlust sogleich dem bezüglichen Nennwert-Konto oder Skontro zugeschlagen oder abgeschlagen wird. Dann muß der buchmäßig ausgewiesene Saldo sich mit dem jeweilig vorhandenen Effektivbestande decken. Mithin ist dann die Kontierung oder Skontrierung das Kontrollmittel für den Effektiv-Bestand an Nennwerten (Nennwert-Kontrolle). Das buchmäßige „Soll“ muß sich unter dieser Voraussetzung mit dem materiellen „Ist“ decken. Oder die Nennwert-Sachgüter werden so kontiert und skontriert, daß die Gewinne oder Verluste nicht in jedem Einzelfall dem Nennwert-Konto oder Skontro zugeschrieben oder abgeschrieben werden, sondern daß dies nur periodisch und summarisch geschieht, indem der Gesamt-Nennwert für das Konto oder Skontro durch die Inventur-Aufnahme ermittelt wird.

Der in den Aktiven oder Passiven steckende Erfolg tritt dann als buchmäßiger Überschuß oder als buchmäßiges Manko in die Erscheinung und wird mittelst des in Frage kommenden Erfolgs-Kontos verrechnet. Der Erfolg wird demnach abhängig von der Inventur-Aufnahme (Inventur-Erfolg). Daß in dem „Inventur-Erfolg“ realisierte Erfolge aus Umsätzen und unrealisierte aus Bewertungs-Unterschieden oft mit einander gemischt sind, ist auf S. 5 schon gesagt worden.

Ob ein Nennwert-Konto als Nennwert-Kontrollkonto oder als Inventur-Erfolgskonto geführt wird, steht im Belieben des Kontoführers. Prinzipielle Stellungnahme von vornherein ist nicht erforderlich, vielmehr kann jederzeit der eine in den andern Modus überführt werden, was buchführungskundigen Lesern gegenüber nicht begründet zu werden braucht. Es gibt also weder Nennwert-Kontrollkonten, noch Inventur-Erfolgskonten katexochen; sondern in erster Linie das praktische Bedürfnis entscheidet, ob ein sich auf Nennwert-Sachgüter beziehendes Konto als Kontrollkonto oder als Inventur-Erfolgskonto geführt werden soll. Beim Kasse-Konto wird aus naheliegendem Grunde die Führung als Kontrollkonto bei ordnungsmäßiger Kassen-Verwaltung auch in den größten Bankbetrieben unschwer durchführbar sein. Beim Wechsel-Konto beispielsweise wird die Führung als Kontrollkonto sich um so schwerer verwirklichen lassen, je größer die mit Diskontspesen verbundene Wechsel-Bewegung ist. In einem kleinen Waren- oder Fabrikations-Geschäfte, wo vielleicht nur wenige Wechsel vorkommen, wird die Führung des Wechselkontos als Kontrollkonto leicht möglich, im großen Bankbetriebe hingegen wird dies undurchführbar sein; dort wird das Wechsel-Konto als Inventur-Erfolgskonto geführt werden müssen, weil eine jedesmalige separate Diskont-Verrechnung eine enorme Mehrarbeit bedeuten würde.

Während bei der die Nennwert-Sachgüter betreffenden Buchführung die Inventur-Erfolgskontierung vom praktischen Standpunkt nur in gewissen Fällen unabweisbares Bedürfnis ist, trifft dies stets zu bei denjenigen Sachgütern, die keinen feststehenden Nennwert, sondern nur schwankenden Inventurwert haben, falls der Umsatz in diesen Gütern erheblich ist. Denn dann ist wiederum die separate Erfolgs-Verrechnung im Einzelfall praktisch undurchführbar; also muß das

Konto als Inventur-Erfolgskonto geführt werden. Das Prototyp hierfür ist das Waren-Konto; im Bankverkehr gehören z. B. Effekten- und Sorten-Konten in diese Kategorie.

Dem ist noch hinzuzufügen, daß auch das Transitorische Konto zu den Inventur-Erfolgskonten zu zählen ist. Allerdings nimmt dieses Konto insofern eine Sonderstellung ein, als sein Inhalt nicht auf Umsatz-Vorgängen, sondern auf Korrekturen der Erfolgs-Rechnungsposten beruht, die zu Bilanzzwecken im Wege der Inventur ermittelt werden, und die auf die Erfolgs-Rechnung entweder mehrend (positiv) oder mindernd (negativ) wirken können. Im ersten Fall erscheinen sie in der Bilanz als Aktiva-, im zweiten als Passiva-Posten. Auch wenn solche transitorischen Erfolgs-Korrekturen nicht über ein Transitorisches Konto geleitet, sondern wenn sie unmittelbar auf den bezüglichen rechnungsmäßigen Erfolgs-Konten bilanziert und als Saldi vorgetragen werden, ist ihr Einfluß auf Bilanz und Erfolgs-Rechnung derselbe wie im Fall des Transitorischen Kontos, an dessen Stelle dann eben das den Bilanz-Vortrag aufweisende rechnungsmäßige Erfolgs-Konto zum Inventur-Erfolgskonto wird, weil es nunmehr nicht allein der rechnungsmäßigen Erfolgs-Feststellung, sondern ebenso der bilanzmäßigen Feststellung der materiellen Vermögenslage zu dienen bestimmt ist.

Ich unterscheide demnach:

Nennwert-Kontrollkonten über Bewegungen der Sachgüter mit festen Nennwerten, mit daraus etwa entstammender, unmittelbar, also separat geschehender Erfolgs-Verrechnung im Einzelfall.

Inventur-Erfolgskonten über:

a) Bewegungen der Sachgüter mit festen Nennwerten; b) Bewegungen der Sachgüter mit schwankenden Inventurwerten.	Mit daraus entstandener periodischer und summarischer Erfolgs-Verrechnung.

c) Transitorische Erfolgs-Korrekturen für Bilanzzwecke.

Sowohl in bezug auf Nennwert-Sachgüter, wie auch auf spezifische Inventurwert-Sachgüter hat die Inventur-Aufnahme als solche unabhängig von den Konten-Ergebnissen zu geschehen. Denn auch die Tatsache der Kontrollfähigkeit durch Nennwert-Kontrollkonten befreit den ordentlichen Kaufmann nicht von der Pflicht, jene buchmäßig unmittelbar kontrollierbaren Bestandwerte auch körperlich zu erfassen, d. h. sie zu „inventieren“ und zu bewerten, um sich von der Übereinstimmung des materiellen „Ist“ mit dem buchmäßigen „Soll“ zu überzeugen.

Buchwert-Nachweiskonten. Andern Charakters sind nun die Werte derjenigen Vermögensteile, die nur buchmäßigen Ursprungs sind, wo mithin ein körperlicher Wertnachweis nicht möglich ist, sondern wo das buchmäßige Resultat die Stelle des körperlichen Wertnachweises vertreten muß. Gegenüber solchen Vermögenswerten hat die Buchführung nach innen ausschließlich die Aufgabe des Wertnachweises; nach außen kann sich zu dieser Aufgabe die Kontrollfunktion gesellen, wenn es sich etwa darum handelt, die Saldi der von uns für Schuldner oder Gläubiger geführten Personen-Konten mit den Salden der von jenen Geschäftsfreunden für uns geführten Konten zu vergleichen. Die Kontrollfunktion steht jedoch nach der internen Aufgabe der Buchhaltung, den Saldo richtig nachzuweisen. Wollte man dies nicht anerkennen, so müßte man zugeben, daß die eigene Buchhaltung in erster Linie von der Zuverlässigkeit der fremden, damit korrespondierenden Buchhaltungen abhängig wäre, was mit dem Erfordernis der Ordnungsmäßigkeit oder der kaufmännischen Sorgfalt nicht vereinbar sein würde.

Konten, auf denen derartige Wertbewegungen zum buchhalterischen Ausdruck kommen, nenne ich Buchwert-Nachweiskonten, weil auf ihnen der Buchwert durch Saldierung jederzeit nachgewiesen werden kann.

Zu den Buchwert-Nachweiskonten gehören beispielshalber: Debitoren- und Kreditoren- einschließlich der Akzepte-Konten; außerdem Konten über sonstige Forderungen und Schulden.

Damit ist jedoch das Gebiet der Buchwert-Nachweiskonten noch nicht hinreichend umschrieben. Zu dieser Konten-Kategorie sind nämlich noch zu zählen alle Konten, die sich beziehen auf nicht zum Umsatz, sondern zu dauerndem Gebrauch bestimmte und deshalb der Abnutzung unterliegende Vermögensteile (Betriebs-Gegenstände) und auf Immaterialgüter (Urheber-, Patent-, Firmen-Rechte und dergleichen).

Charakteristisch für die aktiven Buchwert-Nachweiskonten sind die Abschreibungen. Diese geschehen regelmäßig periodisch bei Betriebs-Gegenständen und Immaterialgütern, weil sie sich dort meist gleichmäßig über die von der Abschreibung getroffene Geschäfts-Periode verteilen; sie entstehen unregelmäßig, werden jedoch trotzdem oft ebenfalls nur periodisch gebucht bei ausstehenden Forderungen.

Die Abschreibungen auf Betriebs-Gegenstände und Immaterialgüter sind ihrem Umfang nach meist im voraus bestimmbar, diejenigen auf ausstehende Forderungen sind dies dagegen meist nicht. (Von mehr oder minder stetigen echten Reserven auf ausstehende Forderungen ist hier abzusehen.)

Demnach ergibt sich zwischen Buchwert-Nachweiskonten und der daraus abzuleitenden rechnungsmäßigen Erfolgs-Kontierung folgender Zusammenhang:

Buchwert-Nachweiskonten über:

a) Forderungen und Schulden mit meist nicht im voraus bestimmbaren, entweder unmittelbar oder periodisch erfolgenden Abschreibungen;

b) Betriebs-Gegenstände und Immaterialgüter mit meist im voraus bestimmbaren und regelmäßig periodisch geschehenden Abschreibungen.

Soviel über die Gruppierung der Vermögens-Teilkonten oder über die Kontierung auf materieller Grundlage. Im Zusammenhang damit ist auch schon der Aufbau der rechnungsmäßigen Erfolgs-Kontierung gezeigt worden. Hierzu soll nochmals erwähnt werden, daß in der Erfolgs-Rechnung — wie die Übersicht über die Geschäfts-Vorgänge (S. 25) erkennen läßt und wie auch in der Einleitung (S. 5) bereits dargelegt ist — enthalten sein können:

a) direkt aus der Umsatz-Bewegung oder aus unrealisierten Bewertungs-Unterschieden stammende positive oder negative reguläre Roherfolge;

b) nicht den eigentlichen Betriebs-Umsätzen entstammende, mithin irreguläre positive oder negative Roherfolge;

c) vom rein buchtechnischen Standpunkt ausschließlich negative, den Betrieb ermöglichende Aufwand-Posten.

Zusammenstellung der kontentheoretischen Ergebnisse. Die Ergebnisse aller vorstehenden Ausführungen sollen schließlich in der folgenden Übersicht zusammengestellt werden:

Kontierung

auf materieller Grundlage:	auf rein rechnerischer Grundlage:
Mehrungen links,[1]) Minderungen rechts.	Minderungen links, Mehrungen rechts. Provisorische Buchungen auf den Erfolgs-Verrechnungskonten als Hilfs- oder Unterkonten für das Gewinn- & Verlust-Konto. Links: negative Roherfolge + Betriebs-Aufwand. Rechts: positive Roherfolge. Erfolgs-Elemente: a) Reguläre Roherfolge,

[1]) Beck unterscheidet deshalb zwischen Rechtskonten und Linkskonten (vgl. darüber in „Technik und Wirtschaft" I. 3., 4. und 5. Heft). Ebenso: Schulte S. 4.

Buchung der Geschäfts-Vorgänge auf Vermögens-Teilkonten:

I. Nennwert - Kontrollkonten. Gegenstand: Sachgüter mit festen Nennwerten.

II. Inventur - Erfolgskonten. Gegenstand:
a) Sachgüter mit festen Nennwerten,
b) Sachgüter mit schwankenden Inventurwerten,
c) Transitorische Erfolgs-Korrekturen für Bilanzzwecke.

III. Buchwert - Nachweiskonten. Gegenstand:
a) Forderungen und Schulden,
b) Betriebs-Gegenstände,
c) Immaterialgüter.

Darstellung des jeweiligen Vermögens-Zustandes:

A. Spezifizierte Darstellung auf materieller Grundlage durch die Bilanz.

Quellen: Saldi der Vermögens-Teilkonten.

b) Irreguläre Roherfolge,
c) Aufwand-Posten.

Quellen für die Roherfolgs-Verrechnung:

I. Nennwert - Kontrollkonten, unmittelbare, also separate Verrechnung der aus diesen Konten etwa resultierenden Erfolge.

II. Inventur - Erfolgskonten,
1) periodische und summarische Erfolgs-Verrechnung aus Umsatz-Vorgängen und unrealisierten Bewertungs-Unterschieden,
2) periodische Erfolgs-Korrekturen bei transitorischer Bilanzierung.

III. Buchwert - Nachweiskonten,
1) periodisch oder unmittelbar geschehende, meist nicht vorausbestimmbare Abschreibungen auf zweifelhafte oder uneinbringliche Forderungen;
2) regelmäßig periodisch geschehende, meist vorausbestimmbare Abschreibungen auf Betriebs-Gegenstände und Immaterialgüter.

B. Summarische Darstellung auf rein rechnerischer Grundlage durch das

Kapital-Konto (bei Kapital-Gesellschaften zuzüglich echter Reserven und unverteilter Gewinne oder abzüglich Unterbilanz).

Quellen für das Kapital-Konto: Bilanz und Gewinn- und Verlust-Konto.

Die vorstehende Übersicht läßt deutlich erkennen den Dualismus, der bezüglich der Kontierung auf materiell-spezifizierter und derjenigen auf rein rechnerisch-summarischer Grundlage in der Doppelbuchhaltung besteht; sie beweist ferner die Bedeutung der Wert-Kategorien für das theoretische Verstehen und Durchdringen der Buchhaltung, das ich durch die vorstehenden Ausführungen zu fördern suchte (vgl. zu diesem Abschnitt meine Veröffentlichung in d. Z. f. B. XX. S. 111 und 128 ff.).

Ausführlichkeit der Erfolgs-Nachweise.

Im Anschluß an die vorstehenden kontentheoretischen Darlegungen sei noch gedacht der Frage, inwieweit die zur Bilanz-Veröffentlichung verpflichteten Unternehmungen die aus der Buchführung im einzelnen erkennbar werdenden Erfolgs-Posten für die zu veröffentlichende Gewinn- und Verlust-Rechnung zusammenzufassen, das Gewinn- und Verlust-Konto also gleichsam zu komprimieren berechtigt sind.

Grundsätzliches. Unzweifelhaft dürfen derartige Zusammenfassungen für den zu veröffentlichenden Erfolgs-Nachweis (Gewinn- und Verlust-Rechnung) an sich mit Recht vorgenommen werden. Jedoch ist zu beachten, daß Klarheit und Wahrheit der Erfolgs-Übersicht durch die Zusammenfassungen nicht leiden dürfen. Demnach dürfen nur einander wesensverwandte Posten zusammengezogen werden. So findet man beispielsweise für die zu veröffentlichende Gewinn- und Verlust-Rechnung einer Bankunternehmung die Salden nachstehender Konten an das Konto für Gewinne und Verluste aus Effekten, Konsortial- und dauernden Beteiligungen ausgeschüttet:

Ertrags-Konto aus Konsortial-Beteiligungen,
Ertrags-Konto aus dauernden Beteiligungen,
Ertrags-Konto aus Effekten.

Haben nun etwa die Konsortial-Beteiligungen Verluste, die dauernden Beteiligungen und Effekten-Geschäfte Gewinne gebracht, so werden diese verschiedenen Erfolge auf dem der Öffentlichkeit präsentierten Konto für Gewinne und Verluste aus Effekten, Konsortial- und dauernden Beteiligungen nicht im einzelnen, sondern saldiert ausgewiesen. Daß aber die Ergebnisse dreier Geschäftsarten in jenem einen Saldo verrechnet sind, kommt in der Konto-Bezeichnung unzweideutig zum Ausdruck.

Hieraus ist weiter abzuleiten die Forderung, daß die kontenmäßige Bezeichnung der in einem Posten ausgewiesenen Erfolgsarten eine vollständige sei. Im vorstehend angeführten Beispiel würde somit eine Verschleierung der Erfolgs-Übersicht vorliegen, wollte man in dieser nicht von Gewinnen und Verlusten aus Effekten, Konsortial-

und dauernden Beteiligungen, sondern etwa nur von solchen aus reinen Effekten-Geschäften reden.

Nun werden im Geschäftsleben oft überschritten die im Interesse klarer Erfolgs-Ausweise für zusammengezogene Erfolgs-Posten vorstehend festgestellten beiden Hauptforderungen: Verwandtschaft der zu vereinigenden Posten und klarer kontomäßiger Ausdruck der Vereinigung.

Erlaubte Überschreitungen der Hauptgrundsätze. Solche Überschreitungen geschehen jedoch meist nur und sind dann entschuldbar, wenn es sich um die Vereinigung verhältnismäßig kleiner Erfolgs-Beträge handelt, die man aus irgend einem Grunde öffentlich nicht zeigen zu sollen oder zu brauchen glaubt, und die man deshalb mit einem dazu geeignet scheinenden größern Erfolgs-Saldo zusammenfaßt. Ich denke dabei z. B. an die Zusammenfassung des Erlöses aus Reparatur-Arbeiten mit dem Erlöse aus der Neufabrikation oder an die Vereinigung der Überschüsse aus Schrankfächer-Vermietungen, aus dem Coupons-, dem Sorten- und dem Ausland-Wechsel-Konto mit dem Saldo des Provisions-Kontos, der ich in Bankbetrieben sehr häufig begegnet bin. Banken, bei denen etwa der Ausland-Wechselverkehr hohe Roherfolgszahlen ergibt, werden diese nicht dem Provisions-Konto, sondern dem Wechsel-Konto zuführen, oder sie (wie die Diskonto-Gesellschaft) in der Erfolgs-Rechnung auch öffentlich separat (als Kurswechsel-Ertrag) angeben.

Aufwand-Spezialisation. Wie die Ertrags-Posten, kann man auch die Aufwand-Posten für die Veröffentlichung der Erfolgs-Rechnung zusammenfassen. Allerdings wird man auch hier auf die Verwandtschaft der Posten zu achten haben. So ist beispielsweise durchaus statthaft, in der Buchführung etwa getrennt behandelte Gehälter, Geschirr-Kosten und dergleichen für die zu veröffentlichende Erfolgs-Rechnung mit dem Unkosten-Kontosaldo zusammengefaßt zu bilanzieren.

Unerlaubte Aufrechnungen. Unbedingt unstatthaft wäre hingegen das mir in der Bilanz-Praxis schon vorgekommene Verfahren, besonders geartete Aufwand-Posten (z. B. Kapitalzinsen) in den Unkosten aufgehen zu lassen, oder sie gar vom Brutto-Ertrag, etwa an Waren, in Abzug zu bringen, um sie auf diese Weise zu kaschieren.

Bei solchem Kompensieren negativer Erfolgs-Posten gegen positive braucht der negative Posten keineswegs immer ein Aufwand-Saldo zu sein. Denn nichts steht, rechnerisch genommen, im Wege, auch die Salden zweier dem Erwerb unmittelbar dienenden Tätigkeits-Gebiete der Firma von einander zu subtrahieren, wenn die eine Tätigkeit Gewinn, die andre Verlust gebracht hat. Daß dieses Verfahren als Bilanz-Erfolgs-Verschleierung schlimmsten Grades anzusehen ist, versteht sich von selbst. Nichtsdestoweniger kommen auch derartige Verschleierungen vor. So entsinne ich mich, bei einer inzwischen aufgelösten Bankfirma einmal festgestellt zu haben, daß in der Erfolgs-Rechnung des an Effekten-Spekulationsverlusten reichen Jahrs 1907 über 40 000 M vom Überschuß des Zinsenkontos heruntergenommen worden waren, um den Verlust auf dem Effekten-Konto in einen (wenn auch nur kleinen) Gewinn zu verwandeln.

Erlaubte Aufrechnungen. Unter einer bestimmten Voraussetzung ist erlaubt, Aufwand-Posten von den Brutto-Gewinn- (Roherfolgs-) Posten in Abzug zu bringen. Dann nämlich, wenn die Aufwand-Posten die Voraussetzung für die Brutto-Gewinne haben bilden helfen. Dies trifft beispielsweise zu auf Frachten und Zölle, deren Beträge man von dem Brutto-Gewinnsaldo des Waren-Kontos, oder auf Materialien- und Löhne-Posten, die man vom Brutto-Gewinnsaldo des Fabrikations-Kontos absetzen darf und auch oft abzusetzen pflegt. Dabei kann man sich dreier Methoden der bilanziellen Darstellung bedienen.

Methoden der Bruttogewinn-Ausweise. Angenommen, einem *Bruttogewinn an Waren* von rund 180 000 M stehen gegenüber 25 000 M Frachten und 8000 M Zölle, so könnte die Erfolgs-Rechnung in bezug auf diese drei Posten lauten:

I.	Frachten	25000 M	Waren-Rohgewinn		180000 M	
	Zölle	8000 „				
II.			Waren-Rohgewinn		180000 M	
			·/. Frachten	25000 M		
			Zölle	8000 M	33000 M	147000 M
III.			Waren-Gewinn			147000 M

Als klarste Darstellung zu bevorzugen ist die mittlere, bei der Frachten und Zölle vom Waren-Bruttogewinn in der Vorkolonne der Haben-Seite zum Abzug gebracht werden. Am wenigsten verrät die letzte Art der Erfolgs-Bilanzierung, weil sie über den am Waren-Umsatz beteiligten Aufwand nichts erkennen läßt.

Ganz analog verhält es sich mit den Möglichkeiten, den *Fabrikations-Gewinn* auszuweisen, wobei an Stelle der Frachten und Zölle die Löhne und Materialien zu denken sind. Daß die *Materialien-Konten* als vollgültige Inventur-Erfolgskonten zu führen sind, sollte man kaum zu erwähnen brauchen. Dennoch ist dies nötig, weil man zuweilen leider feststellen muß, daß die Materialien-Bestände auf dem Fabrikations-Konto bilanziert und vorgetragen werden, während auf dem Materialien-Konto selbst nur die Materialien-Anschaffungen und Retouren der jeweiligen Bilanz-Periode erscheinen, was ganz schiefe und statistisch unbrauchbare Ergebnisse auf dem Materialien- und ebenso auf dem Fabrikations-Konto zur Folge hat, wenn der Saldo des derart kurios geführten Materialien-Kontos in der Erfolgs-Rechnung als selbständiger Posten erscheint. Die Folge solcher mangelhaften Kontoführung wird praktisch nur dann unwirksam, wenn der statistisch und kalkulatorisch wertlose Saldo des geschilderten Materialien-Kontos auf das Fabrikations-Konto übertragen wird, mithin für die Erfolgs-Rechnung dort gleich zum Abzug gelangt. Selbstverständlich tut man besser, Materialien-Konten dieser Art von vornherein zu vermeiden.

Resümee. Die vorstehenden Mitteilungen zur Sache lehren, daß Posten für die zu veröffentlichende Erfolgs-Rechnung in großem Umfang zusammengefaßt werden können, und daß es sehr wohl korrekt zugegangen sein kann, wenn als schließliches Ergebnis der Zusammenfassungen in der Erfolgs-Rechnung auf der Aufwandseite etwa nur Unkosten, Zinsen und Abschreibungen, auf der Ertragsseite nur die Ergebnisse der Erfolgs-Quellen sichtbar gemacht werden. Die Erfolgs-Quellen pflegen besonders im Bankverkehr verschiedenen Ursprungs zu sein (Zinsen, Provisionen, Kurs-, Konsortial-Erfolge usf.); in Warenhandels- und Fabrikations-Betrieben dagegen kommt regelmäßig nur eine Quelle (Waren- oder Fabrikate-Umsatz) in Betracht. Daß übrigens die im vierten Abschnitt dieses Kapitels besprochenen irregulären Erfolgs-Posten bei einiger zahlenmäßiger Bedeutung gesondert auszuweisen sind, um die Betriebs-Rentabilität nicht zu verschleiern, ist ohne weiteres klar. Näheres darüber wolle der Leser an genannter Stelle ersehen.

Schließlich ist zu beachten, daß „die Veröffentlichung so zu erfolgen hat, wie sie beschlossen ist“ (Staub S. 912, Anmerkg. 1 zu § 265 und Rehm S. 801 VIII B); also so detailliert oder so konzentriert, wie die Generalversammlung sie genehmigt hat.

Entscheidungen über Folgen bei fehlender Erfolgs-Rechnung. Für den vorstehenden Abschnitt von Interesse sind außerdem noch folgende, bei Kaufmann (XII. S. 751) mitgeteilte Entscheidungen:

„Wegen des Fehlens der Gewinn- und Verlustrechnung allein kann der Bilanzgenehmigungs-Beschluß nicht angefochten werden, da sie keinen Teil der Bilanz, sondern eine von ihr verschiedene selbständige Aufstellung bildet. O.L.G. Düsseldorf 25. 4. 10. R.O.L.G. 22, 17; Z.A.G. 18, 114; Recht 11 Nr. 1217.“

„Der Geschäftsführer einer G. m. b. H. ist nicht deshalb strafbar, weil er niemals eine Gewinn- und Verlustrechnung aufgemacht hat. Denn wenn ihm auch durch § 41 Abs. 2 Ges.-Ges. zur Pflicht gemacht ist, in den ersten drei Monaten des Geschäftsjahrs nicht bloß die Bilanz für das verflossene Geschäftsjahr, sondern auch eine Gewinn- und Verlustrechnung aufzustellen, so ist doch nach K.O. § 240 Ziff. 4 nur die Unterlassung der Bilanzziehung unter Strafe gestellt. Das Fortlassen der Gewinn- und Verlustrechnung ist auch nicht gleichbedeutend mit einer unordentlichen Buchführung Z.A.G. 18, 12.“

3. Abschnitt.

Unterbilanz und Überschuldung.

Begriffliches. Im Geschäftsleben wird das Wort „Unterbilanz" in doppeltem Sinne gebraucht.

Einmal in bezug auf den aus einer bestimmten Geschäfts-Periode resultierenden Reinerfolg einer Unternehmung. Ist dieser Reinerfolg nämlich negativer Natur, also mit einem Reinverlust identisch, so sagt man, das Unternehmen habe mit Unterbilanz gearbeitet (Unterbilanz in der Gewinn- und Verlust-Rechnung). Dasselbe gilt auch für den Gesamtverlust mehrerer Geschäfts-Perioden. Unter gewissen, im nächsten Absatz zu erläuternden Umständen kann dann schon Überschuldung vorliegen, wenn solche nicht gar schon durch den ersten Verlust allein bewirkt ist.

Man sagt nicht selten aber auch, ein Unternehmen arbeite mit Unterbilanz, wenn damit ausgedrückt werden soll, das Unternehmen sei überschuldet, d. h. die Aktiva decken nicht mehr die Passiva [Unterbilanz in der Netto- (Vermögens-) Bilanz]. Als Passiva haben — worauf hier gleich hingewiesen sein mag — im Gegensatz zur handelsgesetzlichen Terminologie[1]) allein die Schulden an Dritte und etwa auf der Passiva-Seite vorhandene transitorische Erfolgs-Korrekturen, ferner auf Aktivawerte zu beziehende Abzugs-Posten (z. B. Delkredere- und Erneuerungsfonds-Konten) zu gelten. Denn Kapital und echte Reserve-Posten der Passiva-Bilanzseite sind — wie im voraufgegangenen Abschnitt gezeigt worden ist — rein rechnungsmäßige und summarische Bilanz-Posten; sie haben als rein kontenmäßige Gegenposten zu den materiell vorhandenen Aktivawerten bei den Kapital-Gesellschaften insbesondere den Zweck, die Verteilung von Aktivawerten bis zur Höhe des eigenen rechnungsmäßigen Gesamtbetrags auszuschließen.

Von besonderm Interesse sind Überschuldung und Unterbilanz für Kapital-Gesellschaften (A.G., K.A.G., G. m. b. H.) und für eingetragene Genossenschaften. Diesen Unternehmungsformen widmen wir die folgenden Ausführungen:

Für A.G. und K.A.G. gilt § 240 H.G.B.:

§ 240 H.G.B. Erreicht der Verlust (die Unterbilanz! Der Verfasser), der sich bei der Aufstellung der Jahresbilanz oder einer Zwischenbilanz ergibt, die Hälfte des Grundkapitals, so hat der Vorstand unverzüglich die Generalversammlung zu berufen und dieser davon Anzeige zu machen.

Sobald Zahlungsunfähigkeit der Gesellschaft eintritt, hat der Vorstand die Eröffnung des Konkurses zu beantragen; dasselbe gilt, wenn sich bei der Auf-

---

[1]) Vgl. dagegen Rehm S. 176, III. A und B 1. Knappe S. 63.

stellung der Jahresbilanz oder einer Zwischenbilanz ergibt, daß das Vermögen nicht mehr die Schulden (Passiva im oben begründeten Sinne! Der Verfasser) deckt (Überschuldung! Der Verfasser). (Vgl. hiermit § 207 K.O.)

Hieraus folgt zunächst, daß auch bei der A.G. und K.A.G. der Konkurs durch die Zahlungsunfähigkeit herbeigeführt wird. Darin besteht somit kein Unterschied zwischen der A.G. sowie der K.A.G. einerseits und der Einzelunternehmung, stillen Gesellschaft, Off. Hges. und Komm.-Ges. anderseits.

Bemerkenswert sind hingegen für die A.G. und K.A.G. die Fälle:

1. wonach die Generalversammlung berufen werden muß, wenn der bilanzmäßige Verlust die Hälfte des Grundkapitals erreicht;
2. wonach Konkurs-Eröffnung zu beantragen ist, wenn sich bilanzmäßig Überschuldung ergibt.

Bilanz-Beispiele für § 240 H.G.B. Beispiele für bilanzmäßigen Nachweis von Unterbilanz und Überschuldung, wobei der Einfachheit halber sämtliche Aktiva in einer Summe, sämtliche Passiva im oben dargelegten Sinne gleichfalls in einem Gesamtbetrage aufgeführt sind, und wobei als Gesellschafts-Kapitalposten allein das sogenannte Grundkapital in Betracht kommen möge, da die gesetzlichen Reserve-Posten nach § 262 H.G.B. als auf den bilanzmäßigen Verlust bereits verrechnet gelten sollen, und da freiwillige Reserven nicht vorhanden sind:

I. Unterbilanz in Form eines, die Höhe des Grundkapitals nicht erreichenden Betriebs-Verlustes:

Aktiva	1 460 000,— M	Passiva.	200 000,— M
Verlust	140 000,— ,,	Grundkapital . .	1 400 000,— ,,
	1 600 000,— M		1 600 000,— M

Hier erreicht der Verlust gerade den zehnten Teil des rechnungsmäßigen Eigenkapitals bei mehr als siebenfacher Überdeckung der Passiva durch die Aktiva. Also Unterbilanz ohne Überschuldung! Der Betriebs-Verlust (Betriebs-Verlust hier als bilanzmäßiger Gesamt-Reinverlust verstanden) oder mehrere einander folgende Betriebs-Verluste müssen — wie aus obigem Beispiel zu schließen ist — mindestens die Höhe des Grundkapitals und der etwa noch nicht aufgelösten echten Reserven überschreiten, bevor die Passiva-Gesamtwerte die Aktiva-Gesamtwerte übersteigen, bevor also von Überschuldung gesprochen werden kann.

Zu bemerken ist sonach: die Überschuldung ist ohne Unterbilanz nicht denkbar, weil jene von dieser erst verursacht wird; wohl aber ist Unterbilanz ohne gleichzeitige Überschuldung möglich, wie obiges Beispiel I erweist. Würde in jenem Beispiel der

Verlustposten mit 1 400 000 M gerade den Betrag des Grundkapitals ausmachen, so wäre — wie schon angedeutet worden ist — die Grenze erreicht, mit deren Überschreiten die Unterbilanz die Überschuldung herbeiführen würde:

II. Unterbilanz in Gestalt eines, der Höhe des Grundkapitals gerade gleichenden Gesamt-Betriebsverlustes (Passiva und Grundkapital wie im ersten Beispiel):

Aktiva	200 000,— M	Passiva	200 000,— M
Verlust	1 400 000,— „	Grundkapital . .	1 400 000,— „
	1 600 000,— M		1 600 000,— M

III. Unterbilanz mit unveränderten Beträgen für Passiva und Grundkapital, jedoch in Form einer Überschuldung (§ 240 Abs. 2 H.G.B.):

Aktiva	125 000,— M	Passiva	200 000,— M
Verlust	1 475 000,— „	Grundkapital . .	1 400 000,— „
	1 600 000,— M		1 600 000,— M

IV. Unterbilanz, bei der als Beispiel für § 240 Abs. 1 H.G.B. als Mindesthöhe des Betriebs-Verlustes die Hälfte des Grundkapitals angenommen werden soll. (Passiva und Grundkapital wie in I—III):

Aktiva	900 000,— M	Passiva	200 000,— M
Verlust	700 000,— „	Grundkapital . .	1 400 000,— „
	1 600 000,— M		1 600 000,— M

Aus dem letzten Beispiel folgt als Ergänzung des Beispiels II, daß der Verlust des halben Grundkapitals die Überschuldung noch nicht herbeiführt. Denn den 200 000 M Passiven stehen immer noch nicht weniger als 900 000 M Aktiven gegenüber. Dieser Aktiven-Überschuß von 700 000 M ist ohne weiteres als richtig zu erkennen, weil er eben den bilanziellen Gegenposten für die noch nicht verlorene, 700 000 M betragende Hälfte des Grundkapitals bildet.

Anrechnung der Reserven. In allen vorstehenden vier Beispielen hat — wie eingangs schon hervorgehoben wurde — die gesetzliche oder Zwangs-Reserve als auf die Unterbilanz oder auf den bilanzmäßigen Verlust bereits verrechnet zu gelten. Im Anschluß daran ist noch zu gedenken der Möglichkeit, daß auf Grund statutarischer Bestimmungen oder durch Generalversammlungs-Beschluß gebildete, freiwillige echte Reserve-Konten vorhanden sind. Ein gesetzlicher Zwang, auch freiwillige Reserven zur Minderung von bilanzmäßigen Verlusten zu benutzen, besteht nicht; vielmehr kann über die Verwendung freiwilliger Reserven, die statutarisch gebildet wurden, durch statutarische Bestimmung, über die Verwendung durch Generalversammlungs-Beschluß geschaffener durch einfachen Generalversammlungs-Beschluß auch wieder frei verfügt werden. Praktisch wird allerdings immer bedeutsam bleiben, daß (nach § 215 Abs. 1 H.G.B.) unter die Aktionäre nur verteilt werden darf, was sich nach der jährlichen Bilanz als Reingewinn ergibt. Solange mithin Unterbilanz oder gar auch Überschuldung besteht, wird der materielle Gegenwert auch freiwillig gebildeter Reserve-Konten nicht verteilt werden dürfen, und solange eine Verteilung nicht statthaft ist, wird die Auflösung oder Umwandlung freiwillig geschaffener Reserve-Konten eine materielle Änderung der Vermögenslage nicht herbeiführen können, weil es sich bei der Umwandlung oder Auflösung ohne Verteilung nur um rein buchtechnische Vorgänge handelt.

Gezeichnetes, nicht eingezahltes Grundkapital. Der Vollständigkeit halber soll nicht unerwähnt bleiben, daß im § 240 Abs. 1 H.G.B. mit dem „Grundkapital" naturgemäß der gezeichnete, nicht also der etwa erst teilweise eingezahlte Grundkapitals-Betrag gemeint ist.

Einfluß der Bewertung. Ob und inwieweit Unterbilanz oder Überschuldung vorliegen, wird nicht zuletzt bedingt durch die Grundsätze, nach denen man die Vermögens-Gegenstände bewertet.

Für A.G. und K.A.G. gelten bekanntlich neben den Vorschriften des § 40 H.G.B. die Bewertungs-Vorschriften des § 261 Z. 1—3 H.G.B. Diese Vorschriften haben — im Gegensatz zu dem im § 40 Abs. 2 H.G.B. ausgesprochenen Bewertungs-Grundsatz — den Zweck, unrealisierte Gewinne bei der Erfolgs-Berechnung auszuschließen.

Der Liquidations-Standpunkt. Bei der Entscheidung der Frage, ob eine Unterbilanz in mindestens halber Höhe des Grundkapitals, oder ob etwa gar Überschuldung vorliegt, kommt es darauf an, die Vermögenslage unter dem Gesichtspunkt der Liquidation der Gesellschaft zu betrachten, weil einerseits diese die Folge der Konkurs-Eröffnung wäre, und weil anderseits die Konkurs-Eröffnung nach § 240 Abs. 2 H.G.B. als Folge einer bei der A.G. oder K.A.G. festgestellten Überschuldung zu gelten hätte. Dem Liquidations-Gedanken werden nun aber die Bewertungs-Vorschriften des § 261 H.G.B. nicht gerecht, weil in ihnen die Anschaffungs- oder Herstellungs-Kosten die Höchstgrenze für den Wertansatz bilden.

Solche Wertsteigerungen müssen jedoch unbedingt bei der Bilanzierung berücksichtigt werden, wenn die Bilanz den Zweck hat, nachzuweisen, ob das halbe Grundkapital tatsächlich verloren ist, oder ob bereits eine tatsächliche Überschuldung vorliegt, d. h. eine solche, die sich auch bei der Liquidation der Gesellschaft effektiv herausstellen würde.

Für die Fälle des § 240 H.G.B. müssen die Bilanz-Ansätze deshalb statt nach § 261 H.G.B. nach § 40 H.G.B. vorgenommen werden.[1]) Jedoch nicht ausnahmslos. Denn da während der Entscheidung der Frage, ob Überschuldung oder Verlust in mindestens halber Höhe der Grundkapitals-Ziffer vorliegt, davon ausgegangen werden muß, daß das Unternehmen zunächst noch besteht, dürfen nur diejenigen Wertsteigerungen bilanziert werden, die auch während der Existenz der Unternehmung realisiert werden können; dagegen nicht ebenso diejenigen, die erst im Laufe des Liquidations- oder Konkurs-Verfahrens realisierbar werden würden.

Während des Bestehens der Unternehmung können normalerweise nur realisiert werden Veräußerungs-Gegenstände. Das sind alle zum Zwecke der Veräußerung angeschafften oder hergestellten Vermögens-Gegenstände. Betriebs-Gegenstände hingegen werden normalerweise während der Existenz des Betriebs nicht veräußert werden können, weil sie eben zur Aufrechterhaltung des Betriebs diesem dauernd gewidmet bleiben müssen. Für Veräußerungs-Gegenstände der A.G. und K.A.G. gelten die Bilanz-Vorschriften des § 261 Ziff. 1 und 2 H.G.B., für Betriebs-Gegenstände der A.G. und K.A.G. gilt Ziffer 3 desselben Paragraphen.

Bei der Bilanzierung für die Ermittlungszwecke im Sinne des § 240 H.G.B. sind demnach die Veräußerungs-Gegenstände nach § 40 H.G.B. zu bewerten. Die Betriebs-Gegenstände hingegen nach § 261 Ziff. 3; jedoch mit der Maßgabe, daß der Tauschwert zu bilanzieren ist, falls dieser unter dem jeweiligen Buchwert steht. Die durch § 261 Ziff. 3 H.G.B. gestattete Höherbewertung hat in bezug auf § 240 H.G.B. also wegzufallen (vgl. die bezüglichen Ausführungen über § 261 Z. 3 H.G.B. im III. Kapitel unter I C).[2])

---

[1]) So auch Staub S. 813—814, Anmerkg. 2 zu § 240 und die dort angegebene Literatur.

[2]) **Gerstners Irrtum.** Diesem Standpunkt, der auch mit meiner bezüglichen Veröffentlichung in der „Organisation" (13. Jahrg. 1911. Hefte 11 und 12) zum Ausdruck gekommen war, hat Dr. Paul Gerstner in seinem Buche: Bilanz-Analyse. 1912. S. 21 und 22 „entschieden entgegentreten" zu müssen geglaubt. Da Gerstner meinem Artikel richtig entnommen und deshalb mit Be-

Ergibt sich nun eine in dieser Weise festgestellte Überschuldung bei der A.G. oder K.A.G. [bei der übrigens das Grundkapital mit dem Kommandit - Aktien - Kapital (oder dem Kommanditisten-Kapital) wesensgleich ist, und bei der — nach § 325 Ziff. 2 und 8 H.G.B. — die

---

rechtigung erwähnt hat, daß ich mich mit der von ihm bestrittenen Ansicht „auf Staub stütze", so richtet sein Widerspruch sich in erster Linie gegen Staub.

Gerstners Widerspruch kann ich als berechtigt **nicht** anerkennen; teils, weil der Genannte seine gegnerische Meinung nicht begründet, **sondern** lediglich behauptet, daß für die Aufstellung der Jahresbilanz oder einer Zwischenbilanz nach § 240 H.G.B. nur die Bewertungs-Vorschriften des § 261 H.G.B. in Frage kommen; teils, weil meine Ansicht sich im wesentlichen beispielsweise deckt mit derjenigen nachgenannter Autoren, deren Anführung ich in dem sonst durch eifriges Zitieren besonders bemerkenswerten Gerstnerschen Buche vermisse. So sagen:

Berliner S. 101: „Der Liquidations-Bilanz ähnlich ist die im § 240 H.G.B. erwähnte Zwischenbilanz, das ist eine zu außergewöhnlicher Zeit aufgestellte Bilanz, nach welcher beurteilt werden soll, ob die Hälfte des Grundkapitals einer Aktien-Gesellschaft durch Verlust aufgezehrt ist, oder gar das Vermögen nicht mehr die Schulden deckt, dann soll die Generalversammlung berufen bzw. der Konkurs beantragt werden. Wenn da Gegenstände vorhanden sind, die nach Vorschrift des § 261 in der jährlichen Bilanz zu niedrig bewertet waren, so müssen solche in dieser Zwischenbilanz zum wahren Werte angesetzt werden. — Es würde z. B. widersinnig sein, dabei ein Grundstück, das bisher zum Anschaffungspreise von 100000 M bilanziert worden war, auch nur zu diesem Werte einzusetzen, obwohl es jetzt einen Wert von 500000 M hat. Die Vermögenslage kann sich dadurch so wesentlich anders darstellen, daß zu Befürchtungen kein Anlaß vorliegt, und es würde gradezu eine Täuschung der Aktionäre oder Gläubiger bedeuten, wollte man nur 100000 M einsetzen."

Cosack S. 658: „Ob im Sinne der Regeln b und c (nämlich für Jahres- und Zwischen-Bilanz nach § 240 H.G.B. Der Verfasser) Verlust vorhanden ist, wird nach den gewöhnlichen bilanzrechtlichen Regeln, nicht nach den besonderen Regeln aktienrechtlicher Bilanzierung beurteilt. Gesetzt z. B., daß bei einem Grundkapital von 90000 der Erwerbspreis der dem Verein gehörigen Wertpapiere 200000, der Schlußpreis 350000 ausmacht, während die übrigen Aktiva 400000, die Schulden 700000 betragen, so ist nach aktienrechtlichen Regeln der Verein überschuldet, also für den Konkurs reif. Nach gewöhnlicher Bilanzierung erfreut sich der Verein dagegen eines überschießenden Aktiv-Vermögens von 50000, hat also noch nicht einmal die Hälfte des Grundkapitals verloren."

Knappe S. 68: „Die Bilanz, wie sie für den Ernstfall einer in den Bereich der Betrachtung sich stellenden Liquidation in Frage zu ziehen ist, ist eine andere als die gewöhnliche Jahresbilanz, die im Hinblick auf das Fortbestehen des Geschäfts gemacht ist.

Dieser Gedanke liegt auch der Wortfassung des neuen § 240 H.G.B. zu Grunde, wo es nicht mehr heißt: aus der Jahresbilanz, sondern bei Aufstellung der Jahresbilanz sich ergebender Verlust usw.

Nach § 299, 2 bleiben ferner die §§ 261/2 für die Liquidationsbilanz außer Anwendung.

Die Wertansätze einer solchen bei Gefahr des Zusammenbruchs ins Auge zu fassenden Liquidations-Bilanz werden teils höher, teils niedriger sein als die der gewöhnlichen Jahresbilanz. Der Wert selbsterhaltener Patente z. B. wird im

Pflichten des A.G.-Vorstands aus § 240 die Komplementare treffen], so hat, wie es im § 240 H.G.B. für die A.G. heißt, der Vorstand die Eröffnung des Konkurses zu beantragen. Darüber führt Staub ergänzend aus:

„Der Konkurs-Antrag kann nicht nur vom Vorstande gestellt werden, sondern auch von den Gläubigern der Gesellschaft, vom Einzelaktionär dann, wenn er wirklicher Gläubiger ist, z. B. wegen eines fälligen Dividenden-

---

Wirklichkeitswerte über den bilanzwahren Kostenwert hinausgehen; bis auf 1 M herabgeschriebene Betriebsgegenstände des § 261, 3 werden ebenfalls zu ihrem höheren Wirklichkeitswerte erscheinen, die stille Reserve wird — vorher latent gewesenes Kapital — an die Oberfläche treten, das Vermögen vermehren (nominell) und das Gespenst der Überschuldung eventl. vertreiben. Andererseits werden nicht wenige Werte niedriger angesetzt werden müssen, weil es das Schicksal einer Notlage ist, ausgebeutet zu werden."

Passow S. 257—258: „Wie wir gesehen haben, wird eine nach den besonderen Bewertungsvorschriften des § 261 aufgestellte Bilanz in vielen Fällen ein nicht ganz zutreffendes Bild von der Höhe des Aktiv-Vermögens ergeben, da einzelne Vermögens-Gegenstände infolge gesetzlicher Bestimmung zu niedrig angesetzt sind.

In der Tat wird man annehmen müssen, daß die besonderen Bewertungsvorschriften für die Entscheidung, ob gemäß § 240 H.G.B. eine Generalversammlung zu berufen oder Konkurseröffnung zu beantragen ist, nicht maßgebend sind, da das Gesetz nicht von dem Verlust, der sich aus der Bilanz, sondern von dem Verlust, der sich „bei" Aufstellung der Bilanz ergibt, spricht."

Rehm S. 105—106: „Demgemäß hat § 261 Ziff. 3 auch nicht für die antizipierte Liquidations-Bilanz des § 240 II Geltung. Nur für die antizipierte Liquidations-Bilanz des § 240 I gilt nicht das Liquidationsrecht in seiner ganzen Strenge. Die Auflösung steht hier in weiterer Ferne. Die Vorschrift ist nur im Interesse der Aktionäre, nicht der Gläubiger gegeben. § 261 Ziff. 1 und 2 sind nicht anwendbar, wohl aber § 261 Ziff. 3 und im übrigen müssen die Gebrauchs-Gegenstände der allgemeinen Norm des § 40 entsprechend nach ihrem besonderen Gebrauchswert angesetzt werden."

Simon S. 337 und 469: „Daß die vorstehend vertretene Auffassung zutreffend ist, beweist Art. 240 Abs. 2. Hiernach muß der Vorstand einer Aktien-Gesellschaft die Eröffnung des Konkurses beantragen, „„wenn aus der Jahresbilanz oder einer im Laufe des Geschäftsjahres aufgestellten Bilanz sich ergibt, daß das Vermögen nicht mehr die Schulden deckt.""

Nehmen wir den Fall, daß eine Aktiengesellschaft, welche 100000 M Grundkapital und 50000 M Schulden hat, als einziges Aktivum einen Posten Aktien besitzt, welcher der Gesellschaft 20000 M kostet, nach dem Tageskurse aber mit 90000 M zu bewerten ist. Würde man annehmen, daß die gedachte Bestimmung den Wertansatz in der Bilanz als solchen trifft, so müßte der Vorstand in einem solchen Falle die Konkurseröffnung beantragen. Das wäre aber ein völlig ungereimtes Ergebnis . . ."

Hieraus ist unanfechtbar ersichtlich, daß die meisten vorgenannten Autoren noch weiter als ich von der Gerstnerschen Ansicht abweichen, da sie in bezug auf § 240 H. G. B. sogar die Betriebs-Gegenstände vom Liquidations-Standpunkt aus bewertet wissen wollen.

Anspruchs (vgl. Anmerkg. 12 zu § 213). Der Antrag kann nicht von der Generalversammlung oder dem Aufsichtsrat gestellt werden, diese können aber auf den Vorstand wirken, daß er den Antrag stelle. Der Aufsichtsrat hat darüber zu wachen, daß der Vorstand ihn pflichtgemäß stelle. Ferner ist aber gemäß § 208 K.O jedes Mitglied des Vorstands und jeder Liquidator zum Antrage berechtigt, nicht aber der Prokurist (Goldstein 729). Wird der Antrag nicht von sämtlichen Vorstands-Mitgliedern oder sämtlichen Liquidatoren gestellt, so muß Zahlungsunfähigkeit oder Überschuldung glaubhaft gemacht werden (§ 208 Abs. 2 K.O.)".[1])

Sinngemäß ist bei der Anwendung dieses Zusatzes auf die K.A.G. an die Stelle des Aktionärs der Kommanditist zu setzen. Daß die Komplementare der K.A.G. hierbei dem A.G.-Vorstande gleichzustellen sind, ist oben schon durch § 325 H.G.B. belegt worden.

§§ 49 Abs. 3 und 63 Ges.-Ges. Die bisher in bezug auf die Überschuldung bei der A.G. und K.A.G. gemachten Mitteilungen gelten mutatis mutandis auch für die G. m. b. H.

Nach § 63 Ges.-Ges. findet auch bei dieser Gesellschaftsform das Konkurs-Verfahren nicht allein bei Zahlungsunfähigkeit, sondern ebenso schon im Fall der Überschuldung statt. Nach Ges.-Ges. § 64 haben die Geschäftsführer der G. m. b. H. in jedem der beiden Fälle die Eröffnung des Konkurses zu beantragen.

Nach § 42 desselben Gesetzes sind Veräußerungs-Gegenstände ohnehin nach § 40 H.G.B. zu bilanzieren; für Betriebs-Gegenstände gelten denen des § 261 Ziff. 3 H.G.B. analoge Vorschriften. In den nach jenem § 42 aufgestellten Bilanzen der G. m. b. H. ist mithin den oben für die A.G. und K.A.G. dargelegten, für die Ermittlung der Überschuldung zu fordernden Bewertungs-Grundsätzen schon genügt.

Nach § 49 Abs. 3 Ges.-Ges. endlich muß — analog § 240 Abs. 1 H.G.B. — auch bei der G. m. b. H. unverzüglich die Versammlung der Gesellschafter berufen werden, wenn bilanzmäßig sich ergibt, daß die Hälfte des Stammkapitals verloren ist.

Bezügliche Vorschriften für Genossenschaften m. u. H. und m. u. Nachschußpflicht. Besondere Verhältnisse herrschen bei den eingetragenen Genossenschaften, für die in Betracht kommen die Bestimmungen des Reichsgesetzes, betreffend die Erwerbs- und Wirtschafts-Genossenschaften vom 1. Mai 1889 mit Novelle vom 12. August 1896 in der Fassung der Bekanntmachung vom 20. Mai 1898. Künftig kurz als Gen.-Ges. bezeichnet.

Nach § 99 Abs. 1 Gen.-Ges. hat der Vorstand die Eröffnung des Konkursverfahrens zu beantragen, sobald die Zahlungsunfähigkeit eintritt. Nach demselben Paragraphen ist die Überschuldung nur

---

[1]) Staub S. 816, Anmerkg. 15 zu § 240.

dann Konkursgrund, wenn sie sich bei oder nach Auflösung der Genossenschaft bilanzmäßig ergibt.

Der skizzierte Inhalt des § 99 Abs. 1 gilt nicht ausnahmslos. Vielmehr bestehen folgende Sonderbestimmungen im Gen.-Ges.:

Für Genossenschaften mit unbeschränkter Haftpflicht ist im § 121 Abs. 1 vorgeschrieben, der Vorstand habe die Generalversammlung zu berufen zur Beschlußfassung darüber, ob die Genossenschaft aufgelöst werden soll, sobald sich bei der Geschäftsführung ergebe, daß „das Vermögen der Genossenschaft einschließlich des Reservefonds und der Geschäfts-Guthaben zur Deckung der Schulden nicht ausreiche", das heißt bilanztechnisch gesprochen: sobald Überschuldung bilanzmäßig festgestellt ist. Zwar ist im Gesetz nicht von bilanzmäßiger Feststellung der Überschuldung, sondern nur davon die Rede, daß die Überschuldung sich „bei der Geschäftsführung" ergebe. Dennoch wird man aber von bilanzmäßiger Feststellung sprechen müssen, weil ein andrer Modus nur der einer für diesen Zweck unzulänglichen Schätzung sein könnte.

Das im vorstehenden Absatz über die Pflicht zur Berufung der Generalversammlung auf Grund bestehender Überschuldung bei Genossenschaften mit unbeschränkter Haftpflicht Gesagte gilt nach § 126 des Gen.-Ges. auch für Genossenschaften mit unbeschränkter Nachschußpflicht.

Geschäfts-Guthaben und Geschäfts-Anteil. Im § 121 Abs. 1 wird das rechnungsmäßige Eigenkapital der Genossenschaft gegliedert in „Geschäfts-Guthaben" und Reservefonds (echte Reserven! Der Verfasser). Der Begriff des „Geschäfts-Guthabens", der für alle Arten von Genossenschaften charakteristisch ist (vgl. § 7 Ziff. 2 des Gen.-Ges.), möge hier im Zusammenhang mit den anderen beiden spezifisch genossenschaftlichen Ausdrücken: „Geschäfts-Anteil" und „Haftsumme" erläutert werden; und zwar nur in den Grundzügen, da näheres Eingehen darauf nicht zum Thema gehört.

Mit Geschäfts-Anteil ist stets gemeint der Höchstbetrag der nach dem Statut zulässigen Mitglieder-Einlagen. Geschäfts-Guthaben heißen die auf die Geschäfts-Anteile jeweilig geleisteten Werte. Diese Werte können bestehen aus baren Einzahlungen oder an deren Stelle etwa aus Banküberweisungen u. dgl. (jedoch nicht aus Sacheinlagen), ferner aus zugeschriebenen Dividenden; sie können gemindert werden durch abzuschreibende Verlust-Anteile.

Die Höhe der Geschäfts-Anteile kann statutarisch beliebig normiert werden; sie müssen aber für alle Genossen gleich hoch sein. Die Einzahlungen auf jeden Geschäfts-Anteil müssen „bis zu einem Gesamtbetrage von mindestens einem Zehnteile des Geschäfts-Anteils nach Betrag und Zeit" statutarisch ebenfalls bestimmt sein.

Die Geschäfts-Guthaben nennt man auch „Mitglieder-Guthaben"; in den Genossenschafts-Bilanzen erscheinen sie oft unter dieser oder unter der Bezeichnung „Stammkapital". Sind die Geschäfts-Guthaben durch Einzahlung oder auch durch Dividenden-Gutschriften sämtlich auf der Höhe des für den Geschäfts-Anteil normierten Betrags angelangt, sind also sämtliche Geschäfts-Anteile voll eingezahlt, so sind die Geschäfts-Guthaben mit den Geschäfts-Anteilen identisch, d. h. das Stammkapital- oder Mitglieder-Guthaben-Konto wäre einem Geschäfts-Anteil-Konto gleichzuachten.

Soviel in diesem Zusammenhang über Geschäfts-Guthaben und Geschäfts-Anteil.

Haftsumme. Während jene beiden Begriffe für alle drei Arten von Genossenschaften (mit unbeschränkter Haftpflicht, mit unbeschränkter Nachschußpflicht und mit beschränkter Haftpflicht) praktische Bedeutung haben, hat der Begriff „Haftsumme" diese Bedeutung nur für die Genossenschaften mit beschränkter Haftpflicht, weil bei Genossenschaften mit unbeschränkter Haftpflicht neben der Genossenschaft die einzelnen Genossen (nach § 122 Abs. 1 Gen.-Ges.) „solidarisch und mit ihrem ganzen Vermögen den Konkurs-Gläubigern" für deren bei der Schlußverteilung erlittenen Forderungs-Ausfälle verhaftet sind, und weil bei Genossenschaften mit unbeschränkter Nachschußpflicht solche solidarische Haftung der einzelnen Genossen im Interesse der Konkurs-Gläubiger (nach § 128 Abs. 1 Gen.-Ges.) ebenfalls besteht. Hier allerdings (nach § 127 beregten Gesetzes) nicht unmittelbar gegenüber auch den Konkurs-Gläubigern, also direkt, sondern nur mittelbar gegenüber der Genossenschaft selbst, mithin indirekt.

Die beiden Hauptbestimmungen über die Haftsumme bei Genossenschaften mit beschränkter Haftpflicht sind im § 131 des Gen.-Ges. enthalten. Danach darf die Haftsumme für die einzelnen Genossen nicht niedriger als der Geschäfts-Anteil sein; sie ist bei der Errichtung der Genossenschaft statutarisch zu bestimmen, kann jedoch im Laufe der Geschäfts-Entwicklung im Sinne des genannten § 131 abgeändert werden.

Damit, daß die Haftsumme nicht niedriger als der Geschäfts-Anteil festgesetzt werden darf, ist implicite zweierlei gesagt: erstens, daß die Haftsumme eine vom Geschäfts-Anteil absolut unabhängige Größe ist. Im Konkurse der Genossenschaft mit beschränkter Haftpflicht müssen die Genossen demnach zunächst ihre Geschäfts- oder Mitglieder-Guthaben zum Zwecke der Befriedigung der bei der Schlußverteilung berücksichtigten Forderungen der Konkurs-Gläubiger zur Verfügung stellen. Außerdem aber müssen sie, soweit die Befriedigung der bezeichneten Konkurs-Gläubigerforderungen dies bedingt

Nachschüsse leisten, und zwar je nach Bedarf, höchstens jedoch bis zum Betrage der statutarisch bestimmten Haftsumme (vgl. auch § 105 des Gen.-Ges.). Dies muß besonders betont werden, weil man oft der falschen Ansicht begegnet, die Haftsumme sei wesensgleich mit dem Gesamtbetrag der Haftung überhaupt. Wie falsch diese Ansicht ist, zeigt sich beispielsweise in dem Fall, daß der Geschäfts-Anteil von z. B. 200 M voll eingezahlt ist, und daß die Haftsumme auf den doppelten Betrag des Geschäfts-Anteils, also auf 400 M lautet. Dann wären nicht allein die 200 M Geschäfts-Anteil verloren, sondern im Bedarfsfall müßte außerdem noch ein Nachschuß bis zur ganzen Höhe der Haftsumme, also im Betrage von 400 M, geleistet werden. Der Gesamt-Haftbetrag jedes Genossen beliefe sich mithin für je einen Geschäfts-Anteil von 200 M auf (200 M + 400 M =) 600 M. Aus § 131 Gen.-Ges. folgt zweitens, daß die Haftsumme zwar nicht niedriger als der Geschäfts-Anteil sein darf, daß sie im übrigen aber beliebig hoch statutarisch normiert werden kann, ohne jedesmal ein Vielfaches des Geschäfts-Anteils ausmachen zu müssen.

Aus §§ 121 und 126 des Gen.-Ges. ist uns die Bedeutung der Unterbilanz in Form der Überschuldung für Genossenschaften mit unbeschränkter Haftpflicht und für diejenigen mit unbeschränkter Nachschußpflicht bereits bekannt geworden.

Sondervorschrift für Genossenschaften m. b. H. Für Genossenschaften mit beschränkter Haftpflicht gilt die, vom Inhalt der §§ 121 und 126 Gen.-Ges. abweichende bezügliche Bestimmung des § 140 Gen.-Ges. folgenden Wortlauts:

„Das Konkurs-Verfahren findet bei bestehender Genossenschaft außer dem Falle der Zahlungsunfähigkeit in dem Falle der Überschuldung statt, sofern diese ein Vierteil des Betrags der Haftsummen aller Genossen übersteigt. Der Vorstand hat, wenn eine solche Überschuldung sich aus der Jahresbilanz oder aus einer im Laufe des Jahres aufgestellten Bilanz ergibt, die Eröffnung des Konkurs-Verfahrens zu beantragen. Die Vorschriften des § 99 Abs. 2, 3, § 100 finden entsprechende Anwendung."

Unter Bezugnahme auf die in diesem Abschnitt gegebenen Erläuterungen über die Bedeutung der Haftsumme für die Mitglieder der Genossenschaften mit beschränkter Haftpflicht darf gesagt werden, daß die Bestimmung des § 140 Gen.-Ges. nicht die Überschuldung schlechthin, d. h. nicht die Überschuldung als solche für die Anmeldung des Konkurs-Verfahrens entscheidend sein läßt, sondern daß die Überschuldung als den Konkursfall bei Genossenschaften mit beschränkter Haftung begründender Faktor in Beziehung gebracht wird zu der außerhalb des bilanzmäßigen Vermögens-Status bestehenden Bestimmung über die Haftpflicht der Genossen für den Konkursfall. Die im Konkurs-Verfahren erst auflebende Haftpflicht der Genossen ist somit gleichzeitig insofern Voraussetzung für die Konkurs-Eröffnung, als diese bei Genossenschaften mit beschränkter Haftpflicht neben dem Fall der Zahlungsunfähigkeit nur stattfinden soll, wenn die Überschuldung ein Viertel der Haftsummen aller Genossen übersteigt.

Bilanz-Beispiele für § 140 Gen.-Ges. Dafür ein Beispiel: eine Genossenschaft mit beschränkter Haftung, die aus 40 Genossen mit je einem voll eingezahlten Geschäfts-Anteil von 300,— M bestehen, deren Stammkapital demnach 12 000,— M betragen mag, zeige folgende Bilanz, bei der hier — wie in den anderen Beispielen — die Aktiva und die echten Passiva nur summarisch in je einem Posten aufgeführt werden sollen, und wobei die echten Reserven als zur Deckung der Unterbilanz buchmäßig bereits verwendet gelten mögen:

Aktiva	16 500,— M	Stammkapital . . .	12 000,— M
Verlust	13 500,— „	Passiva	18 000,— „
	30 000,— M		30 000,— M

Ergebnis dieser Bilanz: Die Überschuldung beläuft sich auf (16 500,— M gegen 18 000,— M) 1500,— M. Das ist der achte Teil des Stammkapitals. Folgerichtig beläuft der Gesamtverlust, d. h. die Unterbilanz aus der Gewinn- und Verlust-Rechnung, sich auf (12 000,— M + 1500,— M =) 13 500,— M, wie sie die Bilanz ausweist.

Angenommen, die Haftsumme betrage — wie der Geschäfts-Anteil — 300,— M pro Anteil, also 12 000,— M insgesamt, so würde die Überschuldung von 1500,— M auch der Haftsumme gegenüber ein Achtel ausmachen. Da nach § 140 Gen.-Ges. die Überschuldung ein Viertel der Gesamt-Haftsumme mindestens betragen muß, bevor sie die Konkurs-Eröffnung veranlassen darf, so wäre nach obiger Bilanz die Genossenschaft auf Grund der Überschuldung noch nicht reif für den Konkurs; sie wäre dies noch weniger, wenn die Haftsumme statt 300,— M etwa 400,— M oder gar das Doppelte des Geschäfts-Anteils, also 600,— M betragen würde. Denn mit steigender Haftsumme und gleichbleibender absoluter Höhe der Überschuldung verringert sich der prozentuale Anteil der Überschuldung an der Haftsumme.

Eine hinter der Höhe des Geschäfts-Anteils zurückbleibende Haftsumme kann nicht in Frage kommen, weil — wie wir wissen — nach § 131 Abs. 1 des Genossenschafts-Gesetzes die Haftsumme mindestens so hoch wie der Geschäfts-Anteil sein muß.

Die oben für die A.G. gemachte Feststellung, daß eine Überschuldung erst möglich wird, wenn der bilanzmäßige Gesamt-Verlust den

Betrag des rechnungsmäßigen Eigenkapitals (Gesellschafts-Kapital-Konto zuzüglich etwa noch nicht aufgelöster echter Reserve-Konten) zu überschreiten beginnt: diese Feststellung gilt auch für die Genossenschaften mit der Maßgabe, daß als Gesellschafts-Kapitalkonto hier das Mitgliederguthaben- oder Stammkapital-Konto zu gelten hat.

Hieraus folgt, daß die nach § 140 Gen.-Ges. für die Konkurs-Eröffnung bei Genossenschaften mit beschränkter Haftpflicht geforderte Überschuldung in Höhe von wenigstens einem Viertel der Haftsumme aller Genossen frühstens dann gegeben sein kann, wenn der bilanzmäßige Gesamtverlust den fünfviertelfachen Betrag des Stammkapitals zu übersteigen beginnt, wobei — wie nach allem darüber Gesagten leicht einzusehen ist — allerdings angenommen werden muß, daß erstens sämtliche Geschäfts-Anteile voll eingezahlt sind, und daß ferner die Gesamthaftsumme gerade gleich der Gesamtsumme aller Geschäfts-Anteile, also nicht höher als diese ist.

Dieser Fall kommt in der folgenden Gegenüberstellung zum Ausdruck, wo 120 Geschäfts-Anteile, die mit je 400,— M voll eingezahlt sind, als Stammkapital in Höhe von (400,— M mal 120 =) 48 000,— M figurieren, zu welchem Betrage eine gleich hohe Gesamt-Haftsumme gedacht werden möge:

Aktiva	14,400,— M	Stammkapital . . .	48,000,— M
Verlust	64,100,— ,,	Passiva	30,500,— ,,
	78,500,— M		78,500,— M

Da die Gesamt-Haftsumme gleich dem Stammkapital 48 000,— M beträgt und die Überschuldung sich auf (14 400,— M gegen 30 500,— M =) 16 100,— M beläuft, so ist die Überschuldung um 4100,— M höher als der vierte Teil der Gesamt-Haftsumme, der sich auf nur (48 000,— M : 4 =) 12 000 M stellt. Demnach wäre die Eröffnung des Konkurs-Verfahrens zu beantragen.

Der Gedanke, die Überschuldung in Beziehung zur gesamten Haftsumme für die Frage der Konkurs-Eröffnung entscheidend werden zu lassen, findet seine Rechtfertigung vor allem in dem Streben, den Genossenschafts-Gläubigern gegenüber die Hapftpflicht der Genossen in möglichst großem Umfange noch nutzbar werden zu lassen. Sehr wichtig ist natürlich auch hier, die Veräußerungs-Gegenstände nach § 40 H.G.B. zu bewerten, um die Höhe der Überschuldung nach Möglichkeit vom Liquidations-Standpunkte feststellen zu können.

Danach ist der Bedeutung der Überschuldung auch für den Genossenschafts-Konkurs an dieser Stelle nichts mehr hinzuzufügen.

Zusammenfassend muß noch hingewiesen werden auf das Verhältnis zwischen Zahlungsunfähigkeit und Überschuldung.

Zahlungsunfähigkeit. In erster Linie — für die Einzelunternehmungen und Personal-Gesellschaften ausschließlich — ist die Zahlungsunfähigkeit entscheidend für die Eröffnung des Konkurs-Verfahrens. Bei Kapital-Gesellschaften durchweg und bei Genossenschaften unter bestimmten Voraussetzungen kann auch die Überschuldung den Konkurs bedingen, wie im einzelnen in diesem Abschnitt dargelegt worden ist. (Vgl. auch K.O. §§ 102, 207, 209.)

Nach § 102 Abs. 2 K.O. ist Zahlungsunfähigkeit insbesondere anzunehmen, wenn Zahlungs-Einstellung erfolgt ist. Gemeint kann hier nur eine allgemeine und definitive Zahlungs-Einstellung sein. Eine nur vorübergehend eintretende Zahlungs-Stockung ist demnach nicht als den Konkurs herbeiführende Zahlungs-Einstellung zu erachten. Als unbedingt vorhanden wird die Zahlungsunfähigkeit anzunehmen sein, wenn der Schuldner öffentlich oder ausdrücklich erklärt, seine Zahlungen endgültig einstellen zu müssen. Deshalb hat das Reichsgericht kürzlich mit Recht entschieden, daß eine Bank nicht schon zahlungsunfähig im konkursrechtlichen Sinne, also zur Konkurs-Anmeldung nicht schon verpflichtet sei, wenn sie einem plötzlichen Gläubiger-Ansturm (Run) nicht sofort mit hinreichenden flüssigen Mitteln begegnen könne. Wie lange die Unterbrechung der Auszahlungen dauern dürfe, sei eine nach den Umständen zu beantwortende Tatfrage. Selbst eine Erklärung gegenüber der Gesamtgläubigerschaft, man habe die Kasse geschlossen, um zu liquidieren und zahle einstweilen nicht mehr, um Bevorzugungen zu vermeiden, lasse die Deutung zu, man vertage die Zahlung nur auf eine kurze Zeit und bitte um Geduld nicht wegen jetzt bestehender Zahlungsunfähigkeit, sondern um eine Fortdauer des Ansturms und eine von diesem zu befürchtende künftige Zahlungsunfähigkeit zu vermeiden.

Worauf die Zahlungsunfähigkeit sich gründet, muß die genaue Analyse eines ordnungsmäßig aufgestellten, also hinreichend spezifizierten und auf sachgemäßer Bewertung beruhenden Inventar-Verzeichnisses erkennen lassen. Daraus muß durch zweckentsprechende Gegenüberstellung der Besitz- und Schuld-Posten beweisbar sein, warum und ob auf immer oder voraussichtlich auf wie lange Zeit fälligen Schulden durch Realisierung des Besitzes keine ausreichende Deckung geschaffen werden kann.

Liquidität. Eine hervorragende Rolle für die Erklärung der Zahlungsunfähigkeit spielt die bilanzielle Liquidität oder das Verhältnis der sofort und ohne Verlust in Geld oder Geldäquivalente umsetzbaren Vermögensteile (liquider Besitz) zu den sofort fälligen Schulden. Wichtig ist sodann das Verhältnis der nur mehr oder minder schwer realisierbaren Vermögensteile oder des illiquiden Besitzes zu den allmählich oder später fällig werdenden Verbindlichkeiten. Hierbei ist die Gruppierung und Gegenüberstellung der Posten und Gegenposten nach Maßgabe ihrer Realisierbarkeit oder ihrer Fälligkeit vorzunehmen.

Unter der Voraussetzung, daß die Aktiva zu Realisierungswerten angenommen sind, kann man sagen, daß eine bilanzmäßig etwa bestehende Überschuldung früher oder später zur Zahlungsunfähigkeit führen muß, wenn nicht inzwischen durch Gewinne, Schenkungen, Kapital-Erhöhungen oder dgl. die Überschuldung aufgehoben wird. Für den Fall, daß dies nicht geschieht, daß also die Überschuldung bestehen bleibt, oder etwa noch zunimmt, braucht die Zahlungsunfähigkeit sich dennoch nicht sofort zu zeigen; ja, es braucht nicht einmal sogleich zu Zahlungs-Stockungen zu kommen, wenn nämlich ein günstiges Liquiditäts-Verhältnis vorliegt, wenn also beispielsweise der Hauptteil der Verbindlichkeiten aus langlaufenden Akzepten und erst später kündbaren Hypotheken besteht, während sofort fällige Kreditoren-Posten vielleicht aus dem Bankguthaben, dem Wechsel- und Kasse-Bestande glatt Deckung zu erhalten vermögen. Umgekehrt kann ein nicht überschuldetes, sondern noch mit eigenem Vermögen arbeitendes Unternehmen in Zahlungs-Schwierigkeiten oder Zahlungs-Stockungen geraten, wenn durch unzweckmäßige Geschäfts-Politik oder etwa durch Absatz-Stockung das Verhältnis der liquiden zugunsten der illiquiden Mittel, z. B. halbfertiger und Fertig-Fabrikate, sich so stark verschiebt, daß die Deckung fälliger Verbindlichkeiten aus eigenen liquiden Mitteln nicht rechtzeitig möglich wird. Setzt man wiederum voraus, daß die Aktiva zu Realisierungswerten angenommen sind, so darf man sagen, letzten Endes werde eine definitive Zahlungsunfähigkeit sich auch bei ungünstiger Liquidität durch umsichtige Geschäfts-Politik meist vermeiden lassen, solange keine Überschuldung vorhanden ist. Im Rahmen dieses Abschnitts mögen die vorstehenden Ausführungen genügen, um die Beziehungen zwischen Zahlungsunfähigkeit, Überschuldung und bilanzieller Liquidität zu zeigen.[1])

Vorschlag zur Bilanz-Terminologie. Zum Schluß sei gestattet, auf einen zwar an sich nur formalen Umstand hinzuweisen, der jedoch für die Bilanz-Lektüre praktisch bedeutsam ist.

---

[1]) Ausführliche Darlegungen über die hier nicht im Vordergrunde stehende bilanzielle Liquidität findet der Leser bei: Stern, Bilanz, S. 5—16.

Bekanntlich hat die handelsrechtliche Terminologie das Wesen der rein rechnungsmäßigen Bilanz-Posten (Grundkapitals-Ziffer und Beträge der echten Reserven) dadurch unklar bezeichnet, daß (vgl. § 261 Ziff. 5 H.G.B., Bankgesetz § 8, Ges.-Ges. § 42 Ziff. 4) vorgeschrieben wird, jene rein rechnungsmäßigen Posten seien „unter die Passiva aufzunehmen".

Dadurch wird der Anschein erweckt, als seien jene, die Höhe des in der Unternehmung verwendeten Eigenkapitals ausdrückenden, rein zahlenmäßigen Posten echte Passiva, also im Laufe des Geschäfts-Betriebs entstandene Schulden an außerhalb der Unternehmung stehende Dritte. Daß die Kapitalzahlen, sowie die Zahlen für die echten Reserven und die Reingewinne tatsächlich nur als der saldomäßige Ausdruck für den Überschuß der Aktiva- über die Passivawerte anzusehen sind, daß demgemäß der auf der Aktiva-Seite der Bilanzen von Kapital-Gesellschaften erscheinende Verlust-Saldo als Korrektur- oder Abzugs-Posten zu den Eigenkapitalszahlen der Passiva-Seite gleichfalls nur rein rechnungsmäßige Bedeutung hat, daß es sich bei ihm also nur um ein „Pseudo-Aktivum" handelt, braucht nicht wiederholt eingehend begründet zu werden. Auch die auf der Passiva-Seite der Bilanzen von Kapital-Gesellschaften erscheinenden Gewinn-Saldi sind rechnungsmäßige Posten oder „Pseudo-Passiva" so lange, als sie auf Grund rechtsgültiger Verteilungs-Beschlüsse nicht Verwendung zu finden haben. Insoweit die Verteilung wirkliche oder echte Schuld-Verhältnisse schafft, wie dies beispielshalber bei den auf Grund rechtsgültiger Gewinnverteilungs-Beschlüsse entstandenen Dividenden- und Tantieme-Ansprüchen zutrifft — insoweit wandelt der ursprünglich rein rechnungsmäßige Gewinn-Ausweis sich in echte Schuldposten von materieller Bedeutung.

Die Tatsache, daß es sich in jeder kaufmännischen Bilanz einerseits um Wertangaben für effektive Aktiva und effektive Passiva, anderseits dagegen um rein rechnungsmäßige oder balanzierende Posten handelt, würde — im Hinblick auf Klarheit und leichte Lesbarkeit der Bilanz auch für Laien — am besten dadurch zum bilanzmäßigen Ausdruck kommen, daß man von den effektiven, ohnehin ohne den Zusatz „Konto" in der Bilanz (also nicht das Bilanz-Konto, sondern die Bilanz als solche ist hier gemeint!) auszuweisenden, materiell vorhandenen Besitz- und Schuldenwerten die rein rechnungsmäßigen und deshalb nur rein kontomäßigen Ausgleichswerte scharf scheidet, indem man diesen letztgenannten den Zusatz „Konto" prinzipiell zuteil werden läßt. Hieraus ergibt sich ferner als zweckmäßig, die beiden Bilanz-Seiten mit Aktiva-Seite und Passiva-Seite zu überschreiben. Die auf der Passiva-Seite stehenden Abschreibungs-Korrektur-Posten und dgl. sind, im Gegensatz zu echten Reserven, ohne den Zusatz „Konto“ zu bilanzieren, weil sie als die Aktivawerte mindernde Posten unbedingt und unmittelbar materiellen Charakter haben und deshalb zu den Passiven zu zählen sind.

Bei Reserve-Posten, die sowohl echte wie auch unechte Reserven einschließen, was z. B. bei zu hohen Abschreibungen zutrifft, wo die berechtigte Rückstellung als unechte, die nicht unbedingt erforderliche Abschreibung hingegen im selben Posten als echte Reserve enthalten ist — bei solchen „gemischten“ Reserve-Posten würde dem Gesellschafts-Vorstande — wenn das Geschäfts-Interesse dies gebietet — freizustellen sein, wie er verfahren, ob er „gemischte“ Reserve-Posten getrennt, oder ob er sie ungetrennt bilanzieren will.

Bilanz-Beispiel. Ein einfaches Bilanz-Beispiel möge den vorstehend begründeten Vorschlag veranschaulichen:

Aktiva-**Seite** **Bilanz** Passiva-**Seite**

Aktiva		Passiva	
Kasse	1 563,50 M	Aktienkapital-**Konto**	100 000,— M
Wechsel	8 790,— „	Reservefonds-**Konto**	10 000,— „
Bankguthaben	36 985,60 „	Kreditoren	47 395,80 „
Debitoren	53 469,20 „	Akzepte	25 000,— „
Vorräte	52 118,70 „	Hypotheken-Schulden	50 000,— „
Maschinen & Werkzeuge	11 916,— „	Rückstellung für Maschinen-Erneuerung	1 916,— „
Mobilien	2 650,— „	Abschreibungen auf Mobilien & Immobilien	2 765,— „
Immobilien	85 000,— „	Noch unerhobene Dividende	750,— „
Vorauszahlungen	2 598,— „	Gewinn- & Verlust-**Konto,** Reingewinn pro 19..:	17 264,20 „
	255 091,— M		255 091,— M

Nach rechtsgültig beschlossener Gewinn-Verteilung, wonach $12^1/_2$% Dividende verteilt, 2158,— M Tantiemen gezahlt, 1500,— M dem Reservefonds-Konto zugeführt und 1106,20 M auf neue Rechnung vorgetragen werden mögen, würde vorstehende Bilanz aussehen wie folgt:

Aktiva-**Seite**	**Bilanz**		Passiva-**Seite**		
Kasse	1 563,50	M	Aktienkapital-**Konto**	100 000,—	M
Wechsel	8 790,—	„	Reservefonds-**Konto**	11 500,—	„
Bankguthaben . .	36 985,60	„	Kreditoren	47 395,80	„
Debitoren	53 469,20	„	Akzepte	25 000,—	„
Vorräte	52 118,70	„	Hypotheken-Schulden	50 000,—	„
Maschinen u. Werkzeuge . . .	11 916,—	„	Rückstellung für Maschinen - Erneuerung . . .	1 916,—	„
Mobilien	2 650,—	„	Abschreibungen auf Mobilien & Immobilien . .	2 765,—	„
Immobilien . . .	85 000,—	„	Noch unerhobene Dividende . . .	750,—	„
Vorauszahlungen .	2 598,—	„	Pro 19.. auszuschüttende Dividende	12 500,—	„
			Tantiemen	2 158,—	„
			Gewinn- & Verlust-**Konto,** Vortrag auf neue Rechnung: . . .	1 106,20	„
	255 091,—	M		255 091,—	M

4. Abschnitt.

Außerordentliche Erfolgs-Verrechnung.

Begriff und Einteilung der irregulären Erfolgs-Posten. Ordentliche Veränderungen der Vermögenslage eines Unternehmens werden durch reguläre Betriebs-Erfolge, außerordentliche durch irreguläre Erfolge verursacht.

Außerordentliche Veränderungen der Höhe des Geschäfts-Vermögens können beispielsweise herbeigeführt werden:

1. durch nicht gewerbsmäßige Vorgänge ohne Gegenleistung:

Lotterie-Gewinne oder Verluste der Bezugskosten für Lose, die bei der Ziehung nicht „herausgekommen“ sind („Nieten“);

Schenkungen, Erbschaft, Diebstahl, Unterschlagung, Betrug, ungedeckter Feuer-Schade, Maschinenbruch, Verderben, Beeinflussung von Grundstückswerten durch Konjunkturwechsel usw.;

2. durch nicht gewerbsmäßige Vorgänge auf Grund von Leistung und Gegenleistung:

Im Gegensatz zu den regulären Betriebs-Umsätzen der Veräußerungs-Gegenstände.

a) Veräußerungen von Betriebs-Gegenständen oder deren Teilen (Maschinen, Mobilien, Immobilien, Pferden, Wagen u. dgl.);

b) Veräußerungen von Rechten (z. B. Patentrechten; jedoch nicht bei Patentverwertungs-Gesellschaften, wo solche Veräußerungen als Betriebs-Umsätze anzusehen sind); Effekten-Spekulationen bei reinen Handels- und Industrie-Unternehmungen u. a. m.;

c) Beteiligungen, Bewirtschaftung der für geschäftliche Zwecke nicht voll ausgenutzten Geschäfts-Grundstücke, Vermietung überschüssiger Motorenkräfte usw.

3. durch interne Verwertungs-Vorgänge. Beispiele: Nutzbarmachung von Teilen gewisser Betriebs-Gegenstände zur Verbesserung anderer Betriebs-Gegenstände oder auch nur anderer Teile desselben Betriebs-Gegenstands (interne Verwertung). Solche Fälle sind beispielshalber gegeben, wenn alte Regale zur Herstellung neuer Verwendung finden, oder noch brauchbare Teile alter Maschinen als Ersatzteile für neue derselben Art herangezogen werden; ferner, wenn auf dem Grundstück eines Zement- und Kalk-Werks lagernder Abraum-Kies zur Pflasterung des Hofes dieses Grundstücks verwendet wird, oder wenn etwa eigene Abbruchs-Materialien zum Bau eines neuen eigenen Gebäudes benutzt werden (vgl. das unten folgende Buchungs-Beispiel) usw.

NB.: Unrealisierte Änderungen der Werte von Vermögensteilen, ferner Agio-Gewinne bei Überpari-Emissionen und Zuzahlungen gegen Vorzugs-Rechte scheiden hier aus.

Verbuchung irregulärer Erfolgs-Posten bei Einzelunternehmungen. Wie sind nun solche außerordentlichen Vorgänge im Rahmen der Doppelbuchhaltung zu buchen?

Soviel erhellt dem ersten Blick: für den Einzel-Unternehmer macht es bezüglich der Höhe des Geschäfts-Vermögens keinen Unterschied, ob jene Vorgänge mit den Roherfolgen aus Betriebs-Umsätzen zunächst über Gewinn- und Verlust-Konto geführt, oder ob sie als nicht dem regulären Betriebe entstammende Vermögens-Änderungen sogleich über Kapital-Konto verbucht werden. Die Höhe des in der Gewinn- und Verlust-Rechnung ausgewiesenen Reinerfolgs ist dagegen unmittelbar davon abhängig, ob die durch irreguläre Erfolge herbeigeführten außerordentlichen Vermögens-Änderungen über Gewinn- und Verlust-Konto laufen oder nicht.

Liegt dem Kaufmann an einer unter allen Umständen vollständigen Darstellung der gesamten Erfolgs-Bewegung in der Gewinn- und Verlust-Rechnung, so wird er sich dafür entscheiden, auch die irregulären Erfolge über Gewinn- und Verlust-Konto zu führen; dann wird er aber unbedingt gut daran tun, den Charakter der irregulären Erfolge auf dem Gewinn- und Verlust-Konto dadurch eindeutig zum Ausdruck zu bringen, daß er sie vorher auf Unterkonten verbucht, die über die Quelle des Roherfolgs keinen Zweifel lassen.

Gründe für gesonderten Ausweis irregulärer Erfolgs-Posten. Diese quellenmäßige Unterscheidung der irregulären Erfolge ist erforderlich,

a) um einkommensteuerfreie irreguläre Erfolgs-Posten von den der Einkommensteuer unterliegenden übrigen Erfolgs-Posten leicht trennen zu können;

b) um gegebenenfalls den Reinerfolg aus regulären Betriebs-Umsätzen von dem aus außerordentlichen Quellen stammenden irregulären Erfolg jederzeit scheiden zu können.

Steuerliches Interesse. Zu a: steuerrechtliche Einzelheiten systematisch zu erörtern, ist hier nicht der Ort. (In dieser Beziehung geben reiche Belehrung die Werke von Fuisting und Maatz).[1]) Hier soll nur im großen und ganzen gezeigt werden, daß irreguläre Erfolgs-Posten zur Einkommensteuer verschiedenartige Stellung einnehmen. So sind nicht gewerbsmäßig und ohne Gegenleistung erzielte irreguläre Gewinne, wie Lotterie-Gewinne, Schenkungen u. dgl. (siehe unter Nr. 1 der oben gegebenen Zusammenstellung), regelmäßig einkommensteuerfrei. Die an derselben Stelle genannten, im Geschäfts-Betriebe entstandenen irregulären Verluste (durch Diebstahl, Unterschlagung, Betrug u. a.) sind vom steuertechnischen Standpunkt abzugsfähige, d. h. die Steuerpflicht mindernde Posten. Dagegen sind regelmäßig einkommensteuerpflichtig die unter Nr. 2 jener Gruppierung aufgeführten Erfolge aus Beteiligungen, außerberuflichen Bewirtschaftungen und Spekulationen, ferner aus Veräußerungen von Betriebs-Gegenständen und Rechten, soweit sie positiver Natur (Gewinne) sind. Wie die positiven Erfolge aus den unter Nr. 1 bezeichneten Vorgängen ohne Gegenleistung, so sind auch interne Verwertungs-Vorgänge nach Nr. 3 der Gruppierung als reiner Vermögens-Zuwachs einkommensteuerfrei.

Rentabilitäts-Interesse. Zu b: die Scheidung des bilanzmäßigen Gesamterfolgs in reguläre und irreguläre Erfolge ist nicht allein

---

[1]) Vgl. bei Maatz zu obigem Thema z. B. S. 102—103 und 252.

von Bedeutung für etwa an den Reinerfolg vom Kaufmann selbst zu knüpfende Berechnungen. Solche Scheidung kann auch besonders wichtig werden, wenn ein auf das Unternehmen reflektierender Käufer Gewißheit darüber wünscht, ob und inwieweit der bilanzmäßig ausgewiesene Reinerfolg tatsächlich auf reguläre Betriebs-Umsätze zurückzuführen ist. Mit gutem Gewissen und ohne rechtliche Folgen (z. B. Anfechtbarkeit des Kaufvertrags wegen arglistiger Täuschung nach B.G.B. § 123) befürchten zu müssen, wird jene Auskunft mühelos nur gegeben werden können, wenn die über Gewinn- und Verlust-Konto geführten irregulären Erfolgs-Posten als solche nicht mit regulären Erfolgs-Posten verquickt, sondern besonders kontiert sind. Denn dann ist nicht nur sofort sichtbar, ob irreguläre Erfolgs-Posten in Frage kommen, sondern gegebenenfalls kann auch ohne weiteres der quellenmäßige Ursprung solcher Posten aus der Gewinn- und Verlust-Rechnung unmittelbar abgelesen werden.

Ergebnis: der Einzelkaufmann wird im Hinblick auf die Steuer-Veranlagung, wie auch auf den Vorteil detaillierter Rentabilitäts-Nachweise im Fall des Geschäfts-Verkaufs immer gut daran tun, neben den regulären Erfolgs-Posten auch die irregulären über Gewinn- und Verlust-Konto laufen zu lassen; er wird jedoch streng darauf achten müssen, daß die irregulären Erfolgs-Posten separat kontiert, also schon auf Grund des Konto-Titels als solche erkennbar werden.

Verbuchung interner Verwertungs-Vorgänge. Im Anschluß an dieses Ergebnis teile ich noch mit ein Buchungs-Beispiel, das zeigen möge, wie man bei der Verbuchung irregulärer Erfolge nicht verfahren soll. Das Beispiel entstammt der Buchführung einer in Konkurs geratenen industriellen Einzelunternehmung:

Zwei Schuldner
an Waren-Konto:
Gebäude-Konto,
für Neubauten und Meliorationen selbst gelieferte, aus dem Abbruch einer alten Ofenruine stammende Bausteine . . . . 700,— M
Grundstücks-Konto,
für die zur Pflasterung des Hofes selbst gelieferten Kiesfuhren . . . . 1200,— „
1900,— M

Das Beispiel fällt, als „interne Verwertungs-Vorgänge“ betreffend, unter Nr. 3 unserer oben gegebenen Zusammenstellung irregulärer Erfolge. Anstatt jene beiden Verwertungs-Vorgänge entweder gleich auf dem Kapital-Konto mit erscheinen zu lassen, oder sie auf dem Gewinn- und Verlust-Konto — wenn sie darüber geleitet werden sollten — wenigstens als Gutschriften zu Lasten des Grundstücks- und des Gebäude-Kontos unter Anrufung dieser Konten zu kennzeichnen, waren beide Vorgänge dem Waren-Konto gutgebracht worden, so daß das Waren-Konto am Jahresschluss zu Unrecht einen um jene 1900,— M zu hohen Brutto-Gewinn auswies, wodurch ein um die 1900,— M ebenfalls zu Unrecht erhöhter Gesamt-Reinerfolg „bewiesen" werden konnte. Derartige buchhalterische Manipulationen sind schon an sich verwerflich; sie sollten aber unbedingt rechtliche Folgen begründen, wenn sie dazu benutzt werden, Geschäfts-Käufern gegenüber Reingewinne aus Betriebs-Umsätzen vorzutäuschen, obgleich de facto Betriebs-Verluste entstanden sind. Besonders sollte dies immer geschehen, wenn — wie im vorstehend mitgeteilten Beispiel, außer dem übrigens in jenem Fall noch andere ähnliche Buchungen vorlagen — die Netto-(Vermögens-)Bilanz beglaubigt ist, so daß der auf das Geschäft reflektierende Käufer anzunehmen berechtigt sein darf, auch die Gewinn- und Verlust-Rechnung sei ein getreues Spiegelbild der Rentabilitäts-Faktoren.

Der Erwähnung bedarf noch, daß interne Verwertungs-Vorgänge oft besondere Buchungs-Posten nicht erfordern, sondern indirekt im Ertrage der Unternehmung dadurch zum Ausdruck kommen werden, daß — dank der internen Verwertungsmöglichkeit — Reparatur-Kosten oder dgl. erspart werden konnten. Soweit — wie z. B. im obigen Fall — Erhöhungen der Bilanzwerte durch interne Verwertungs-Vorgänge bewirkt sind, werden solche besonders gebucht werden müssen.

Ausschluß irregulärer Erfolge von der Gewinn-Beteiligung. Wie sind nun irreguläre Erfolge zu buchen, wenn die Unternehmung gesellschaftlich organisiert ist?

Hier spielt außer den schon bei der Einzelunternehmung angegebenen Momenten — Erfolgs-Spezialisation im Interesse leichter und zuverlässiger Steuer-Deklaration und für den Fall des Verkaufs der Unternehmung — noch ein drittes Moment hinein: nämlich etwa bestehende vertragliche Bestimmungen, wonach bestimmte Gesellschafter bei Personal- oder diesen verwandten Gesellschaften oder bestimmte Direktions- oder Aufsichtsrats-Mitglieder bei Kapital-Gesellschaften von der Teilnahme an bestimmten regulären oder irregulären Erfolgen ausgeschlossen bleiben sollen. Allerdings kommen solche Vertrags-Bestimmungen nur selten vor. Immerhin muß in diesem Zusammenhang auf die Möglichkeit ihres Vorkommens hingewiesen werden. Den günstigsten Boden finden derartige Vertrags-Bestimmungen noch bei der Stillen Gesellschaft, wo die Gewinn-Beteiligung des „Stillen" zuweilen zweckmäßig auf die regulären Geschäfts-Erfolge beschränkt wird.

Verbuchung irregulärer Erfolgs-Posten bei Personal-Gesellschaften. Wie bei der Einzelunternehmung, so wird nach der vorstehenden Andeutung auch bei der Stillen Gesellschaft, der off. Hges. und der Komm.-Ges. empfehlenswert sein, aus den genannten drei Gründen auch sämtliche irregulären Erfolgs-Posten über Gewinn- und Verlust-Konto zu leiten; ja, bei jenen Gesellschaften wird dies im Interesse bequemer und sicherer Erfolgs-Verteilung noch mehr als bei den Einzelunternehmungen geboten sein; und zwar, ganz besonders dann, wenn für die Erfolgs-Verteilung besondere interne Vereinbarungen zu beachten sind. Die scharfe quellenmäßige Scheidung der regulären und irregulären Erfolgs-Posten auf dem Gewinn- und Verlust-Konto gewinnt dann naturgemäß noch an materieller Bedeutung.

Verbuchung derselben Posten bei Kapital-Gesellschaften. Bei den genannten drei Gesellschaftsformen besteht nun immer noch die buchtechnische Möglichkeit, irreguläre Erfolge sofort direkt über die dafür in Frage kommenden Kapital-Konten zu verteilen, ohne sie also das Gewinn- und Verlust-Konto berühren zu lassen. Eine Möglichkeit, von der jedoch aus den oben dargelegten Gründen regelmäßig kein Gebrauch gemacht werden sollte. Diese Möglichkeit der direkten Buchung irregulärer Erfolge auf den Kapital-Konten entfällt, wenn Kapital-Konten mit persönlichem Charakter überhaupt nicht (A. G. und G. m. b. H.) oder nur teilweise (Komplementare der K. A. G.) geführt werden können, weil das feste Grund- oder Stammkapital der Gesellschaft summarisch auf einem Kollektiv-Kapitalkonto erscheint. Die durch die Geschäfts-Erfolge hervorgebrachten Veränderungen der Vermögenslage müssen dann auf Komplement-Konten des Kapital-Kontos zur buchmäßigen Verrechnung kommen. Solche Konten sind das Gewinn- und Verlust-Konto nebst dessen Unterkonten, sowie die echten Reserve-Konten. Das Gewinn- und Verlust-Konto ist das Mittel für die Spezialisation des Gesamterfolgs und für die buchmäßigen Vorträge der Erfolgs-Reste (Gewinn- oder Verlust-Vorträge). Die echten Reserve-Konten haben die Aufgabe, unverteilt gebliebene Gewinn-Beträge irgend welcher Art bis zur früher oder später nötig werdenden Verwendung zu den Aktivawerten in rechnerischen Gegensatz zu bringen, um deren Verteilung insoweit während ihrer (der echten Reserve-Konten) Lebensdauer auszuschließen.

Abgesehen von den Fällen des § 262 Ziff. 2 und 3 H.G.B. (Agio bei Überpari-Emissionen und Zuzahlungen gegen Gewährung von Vorzugsrechten) werden die echten Reserve-Konten erst aus den bilanzmäßigen Reingewinnen gespeist. Demnach ist das Gewinn- und Verlust-

Konto das Sammel-Konto nicht bloß für die regulären, sondern ebenso für sämtliche irregulären Erfolgs-Posten. Denn für die laufende Geschäftsführung kommen weder die echten Reserve-Konten, noch kommt das Grund- oder Stamm-Kapitalkonto als stabile Größe dafür in Frage.

Veröffentlichung irregulärer Erfolgs-Posten. Wenn nun auch aus steuerrechtlichen und verwaltungstechnischen Gründen bei den Kapital-Gesellschaften (A. G., K. A. G., G. m. b. H.) und eingetragenen Genossenschaften eine genaue Kennzeichnung der irregulären Erfolge als ebenso wünschenswert wie bei den Einzelunternehmungen und Personal-Gesellschaften angesehen werden muß, so soll damit jedoch nicht gesagt sein, daß die nach §§ 263, 265 und 325 Ziff. 3 H.G.B. der Generalversammlung mit der Bilanz vorzulegende und nach erfolgter Genehmigung mit letztgenannter zu veröffentlichende Gewinn- und Verlust-Rechnung in eben der Ausführlichkeit vorgelegt und veröffentlicht werden muß, wie sie in der Buchführung der Gesellschaft vorliegt. (Vgl. für Genossenschaften Gen.-Ges. §§ 33 Abs. 2 und 48 Abs. 2, für G. m. b. H. Ges.-Ges. §§ 41 Abs. 4 und 46 Ziff. 1.) Vielmehr sind bei der Gewinn- und Verlust-Rechnung, wie auch bei der Bilanz, im Geschäfts-Interesse liegende und mit dem Charakter ordnungsmäßiger Buchführung vereinbare Zusammenfassungen von Einzelposten zweifellos erlaubt. Man vergleiche hierzu die bezüglichen Ausführungen auf S. 33. Das dort über die Zusammenfassung der Aufwand-Posten Gesagte ist sinngemäß auch auf die Verschmelzung irregulärer Erfolgs-Posten mit anderen Posten dieser Art oder mit regulären Erfolgs-Posten anzuwenden, sofern nicht erhebliche Beträge in Frage kommen, und sofern die Quellen, aus denen die für die Veröffentlichung mit einander zu verschmelzenden Erfolgs-Posten entstammen, nicht grundverschiedenen Charakters sind. Hiernach ist in der Praxis des Geschäftslebens über Zusammenfassungen und Kürzungen der beregten Art von Fall zu Fall zu entscheiden.

Notwendigkeit gesetzlicher Vorschriften über gesonderten Ausweis irregulärer Erfolgs-Posten. Sowohl das Aktien-, wie auch das G. m. b. H.-Gesetz sollten ergänzt werden durch eine Vorschrift, wonach irreguläre Erfolge (und zwar ganz gleich, ob es sich um Gewinne oder Verluste dieser Art handelt) in der Gewinn- und Verlust-Rechnung als solche kenntlich zu machen und im Geschäfts-Bericht zu erwähnen sind. Denn niemand wird bestreiten können, daß Gesellschafts-Gläubiger und Aktionäre zu falschen Schlüssen über die reine Betriebs-Rentabilität der sie interessierenden Gesellschaften kommen müssen, wenn irreguläre Gewinne dazu benutzt werden, Betriebs-Verluste kleiner oder Betriebs-Gewinne größer erscheinen zu lassen, oder gar Betriebs-Verluste in Betriebs-Gewinne zu verwandeln. Besonders schwer können solche Erfolgs-Verschleierungen den Aktionär treffen, wenn er infolge dieser Unklarheiten die Betriebs-Rentabilität falsch beurteilt, daraufhin Aktien gekauft hatte und dann Kursverluste erleidet, wenn die künftigen, durch irreguläre Gewinne nicht aufgebesserten Betriebs-Erfolge den Erwartungen nicht entsprechen.[1])

Verwendung irregulärer Gewinne bei Kapital-Gesellschaften. Von erheblichem materiellen Interesse ist die Frage nach der Verwendung besonders großer irregulärer Erfolge bei A. G. und K. A. G., mit deren Erörterung dieser Abschnitt geschlossen werden mag.

Werden die Aktien an der Börse gehandelt, so können große irreguläre Gewinne die Kurs-Gestaltung des Papiers außerordentlich beeinflussen.

Nach §§ 213 und 320 Abs. 3 H.G.B. haben Aktionäre und Kommanditisten Anspruch auf den Reingewinn, soweit dieser nicht nach dem Gesetz oder dem Gesellschafts-Vertrage (Statut) von der Verteilung ausgeschlossen ist.

Eine gesetzliche Beschränkung der Gewinn-Verteilung ist durch § 262 Ziff. 1 H.G.B. (Dotierung des Zwangs-Reservefonds) gegeben. Auch § 261 H.G.B. kann als Beschränkung der Gewinn-Verteilung gelten, wenn man die darin enthaltenen Bewertungs-Vorschriften so auffassen will.

Soweit nun Gesetzes-Vorschriften der Gewinn-Verteilung nicht entgegenstehen, kann diese statutarisch beliebig beeinflußt werden, und zwar gleich im ersten Statut oder später durch Statuten-Änderungen. Nach § 260 Abs. 1 H.G.B. beschließt die Generalversammlung auch über die Gewinn-Verteilung. Demnach kann die Generalversammlung als dritter Faktor die Gewinn-Verteilung erweitern oder beschränken; allerdings nur insoweit, als Gesetz oder Statut dem nicht entgegenstehen. Beschließt die Generalversammlung entgegen den statutarischen und Gesetzes-Vorschriften beispielsweise zu hohe oder zu niedrige Abschreibungen, echte Reserven oder Gewinn-Vorträge, so sind solche Beschlüsse im Klagewege anfechtbar nach § 271 Abs. 3 Satz 2 durch eine Minderheit von Aktionären, deren Anteile den zwanzigsten Teil des Grundkapitals erreichen. Verfügt ein Aktionär allein bereits über einen solchen Aktien-Besitz, so vermag er demnach als Einzelperson die Minderheit bereits zu repräsentieren.

---

[1]) In dieser Beziehung stimme ich völlig überein mit Buchwald, dessen börsenkritische Bemerkungen in der „Welt am Montag" vom 26. Mai 1913 mir noch nachträglich zur Kenntnis gekommen sind.

Große irreguläre realisierte Gewinne, die das eigentliche Betriebs-Ergebnis wesentlich beeinflussen, werden mithin unter Umständen bei A. G. und K. A. G. gegen den Willen der Minderheit nicht in Reserve gestellt werden können, sondern werden eventuell sogleich verteilt werden müssen, wenn statutarische oder Gesetzes-Bestimmungen der sofortigen ganzen oder teilweisen Verteilung nicht entgegenstehen.

Praktische Bedeutung bekommt dieser Fall nicht selten, wenn bedeutende Gewinne aus Grundstücks- und Gebäude-Verkäufen entstanden sind.

Beispiele dafür. Beispiele dafür boten während der letzten Jahre die „Sarotti"-Schokoladen- & Kakao-Industrie-A. G., ferner der Berliner Spediteur-Verein A. G.

Erstgenannte Gesellschaft hatte bei ihrem Grundstücks-Verkauf einen den Buchwert um 708 678,05 M überschreitenden Gewinn erzielt und diesen Gewinn verwendet zum größern Teil zur Erhöhung der Abschreibungen, die gegen die Abschreibungen des Vorjahrs um 492 704,02 M gesteigert wurden, sowie außerdem zur Bildung von Delkredere- und Talon-Steuer-Reservekonten in der Gesamthöhe von 65 000,— M. Der dann von dem irregulären Gewinn aus dem Grundstücks-Verkauf noch verbliebene Gewinn-Rest von 150 974,03 M ist mit nur 55 864,33 M als Dividende- und Tantieme-Zuschlag zur Verteilung gelangt, wenn man bedenkt, daß der Gewinn-Vortrag für das folgende Jahr mit 131 789,34 M den aus dem Vorjahr übernommenen Gewinn-Vortrag in Höhe von 36 679,64 M um 95 109,70 M überstieg. Der irreguläre Gewinn ist sonach nur zu einem sehr kleinen Teil den s. Zt. dividendenberechtigten Aktionären zugeflossen, dagegen in der Hauptsache zur wirtschaftlichen Stärkung der Gesellschaft für die Zukunft reserviert worden, soweit die vervierfachten Abschreibungen nicht technischen Bedürfnissen entsprachen, was von Außenstehenden nicht beurteilt werden kann.

Der Berliner Spediteur-Verein weist in seiner Gewinn- und Verlust-Rechnung pro 31. Dezember 1908 auf dem Grundstücks-Verkaufs-Konto einen Überschuß von 341 645,80 M aus; in derjenigen pro 31. Dezember 1909 einen solchen von 582 809,31 M. Einschließlich der Gewinn-Vorträge aus den Vorjahren beliefen die zur Verteilung gelangenden Reingewinne bei 106 949,71 M Abschreibungen für 1908 und bei 107 223,03 M desgleichen für 1909 sich auf 325 381,87 M pro 1908 und 600 721,37 M pro 1909.

Nach den beiden Geschäfts-Berichten lautet der Gewinn-Verteilungs-Vorschlag für das Jahr

1908:

a) 5 % für den Reservefonds	16 176,99 M
b) 10 % Tantieme für die Direktion und Beamte	32 353,98 „
c) 5 % Dividende auf 1 080 000 M Vorzugs-Aktien	54 000,— „
d) 6 % Dividende auf 478 200 M Stamm-Aktien	28 692,— „
e) 10 % Tantieme für den Aufsichtsrat . .	19 231,69 „
f) 11 % Superdividende auf 1 080 000 M VorzugsAktien	118 800,— „
g) 11 % Superdividende auf 478 200 M Stamm-Aktien	52 602,— „
Gewinn-Vortrag für 1909	3 525,21 „
	325 381,87 M

1909:

a) zur Komplettierung des statutenmäßigen Reservefonds	19 974,13 M
b) 10 % Tantieme für die Direktion und Beamte	59 719,61 „
c) 5 % Dividende auf 1 080 000 M Vorzugs-Aktien	54 000,— „
d) 6 % Dividende auf 478 200 M Stamm-Aktien	28 692,— „
e) 10 % Tantieme für den Aufsichtsrat von 434 810,42 M	43 481,04 „
f) 25 % Superdividende auf 1 080 000 M Vorzugs-Aktien	270 000,— „
g) 25 % Superdividende auf 478 200 M Stamm-Aktien	119 550,— „
Gewinn-Vortrag für 1910	5 304,59 „
	600 721,37 M

Der für 1908 zur Verfügung stehende bilanzmäßige Gewinn von 325 381,87 M blieb hinter dem Überschuß aus dem Grundstücks-Verkauf jenes Jahrs in Höhe von 341 645,80 M mit rund 16 000,— M oder um annähernd denselben Betrag zurück, um den der für 1909 zur Verfügung stehende bilanzmäßige Gewinn von 600 721,37 M den aus dem Grundstücks-Verkauf für jenes Jahr resultierenden Überschuß in Höhe von 582 809,31 M überstieg.

In der Hauptsache sind die aus dem Grundstücks-Verkauf stammenden Überschüsse beim Spediteur-Verein demnach sogleich zur Verteilung gelangt.

Diese Maßnahme wird verständlich, wenn man in Rücksicht zieht, daß dem Spediteur-Verein nach Erledigung des Grundstücks-Verkaufs und nach Beschaffung eines billigern Ersatz-Grundstücks rund eine Million Mark zur anderweitigen Verfügung frei geworden waren. Diese Million ist nach dem Beschluß der außerordentlichen Generalversammlung vom Dezember 1910 nicht an die Aktionäre zurückgezahlt, sondern in vierprozentigen Staatspapieren angelegt worden, die vom Speditions-Geschäft getrennt verwaltet werden sollen. (Vgl. über diesen Abschnitt des Verfassers Ausführungen in der Z. f. B. XX. S. 269ff.)

---

5. Abschnitt.

Geschäfts- und Privat-Erfolgs-Verrechnung.

Für den Kaufmann handelt es sich häufig nicht allein um die Feststellung des aus der Bewegung des Geschäfts-Vermögens stammenden Erfolgs, sondern nicht selten ist auch der aus der Verwertung des etwa vorhandenen Privat-Vermögens stammende Erfolg zu berechnen.

Wesen und Arten des Geschäfts-Vermögens. Im Wesen des Geschäfts-Vermögens liegt, daß es „werbenden“ Charakter hat, d. h., daß es als Produktiv-Vermögen der Erlangung von positiven Geschäfts-Erfolgen gewidmet ist. Dies gilt sowohl für das dem Erwerb mehr oder weniger unmittelbar dienende „umlaufende“ Kapital oder Umsatz-Geschäftsvermögen (Veräußerungs-Gegenstände), wie auch für das mehr oder minder mittelbar dem Erwerbszweck dienstbar gemachte „stehende“ Kapital oder Gebrauchs-Geschäftsvermögen (Betriebs-Gegenstände).

Wesen und Arten des Privat-Vermögens. Dagegen ist das Privat-Vermögen durchaus nicht ausschließlich für den Erwerbszweck bestimmt; vielmehr dient es in erster Linie der Befriedigung der Wohnungs-, Kleidungs-, Nahrungs-, Repräsentations- und Bildungs-Bedürfnisse der wirtschaftenden Persönlichkeit und seiner Angehörigen und steht insoweit als Konsumtiv- oder Gebrauchs-Privatvermögen im Gegensatz zum Produktiv- oder Erwerbs-Privatvermögen.

Vom Standpunkt der Berechnung positiver Erfolge scheidet sonach das regelmäßig dem Entwertungs- oder Verbrauchs-Prozeß unterliegende Konsumtiv-Privatvermögen (z. B. Villa zum eigenen Wohnungs-Bedarf, Kleidung, Wäsche, Möbel, Haus- und Küchen-Geräte, Schmuck, Privat-Fuhrpark, Privat-Bibliothek usw.) von vornherein aus, weil hierbei nur negative Erfolgs-Posten in Form von Abschreibungen in Betracht kommen können. Derartige Abschreibungen werden aus naheliegenden Gründen subjektiver Natur immer außerordentlich schwanken und deshalb sehr schwer auch nur einigermaßen zutreffend zu bemessen sein.

Vergleich beider Vermögensarten. Von den Abschreibungen auf Gegenstände des Anlage- oder Gebrauchs-Geschäftsvermögens oder der Betriebs-Gegenstände unterscheiden die Abschreibungen auf Gegenstände des Konsumtiv-Privatvermögens sich in doppelter Beziehung: erstens ist der Maßstab für die Abschreibungs-Höhe bei Betriebs-Gegenständen mit größerer Sicherheit und Stetigkeit zu gewinnen, als dies — wie gesagt — bei den Gegenständen des Konsumtiv-Privatvermögens möglich ist. Sodann aber stehen die Abschreibungen auf Betriebs-Gegenstände in der Gewinn- und Verlust-Rechnung des Kaufmanns stets in unzweifelhafter, wenn auch zahlenmäßig meist nicht nachweisbarer Beziehung zu den positiven Roherfolgen der Unternehmung, während zwischen den positiven oder negativen Roherfolgen des Produktiv-Privatvermögens einschließlich der Privat-Schulden (z. B. aus Privat-Hypotheken, aus vermieteten Privat-Grundstücken, aus Privat-Darlehen, aus privaten Börsenspekulationen u. dgl.) und den Abschreibungen auf Teile des Konsumtiv-Privatvermögens irgend ein Kausalzusammenhang meist nicht vorhanden ist.

Der Einwand, das Konsumtiv-Privatvermögen sei Voraussetzung dafür, daß der Kaufmann sich kleide, daß er wohne usw., daß er also seinem Beruf nachgehen könne — dieser Einwand wäre nicht stichhaltig. Denn alle derartige, durch das Konsumtiv-Privatvermögen gedeckten Existenz-Bedürfnisse sind nicht die Folge der Ausübung des kaufmännischen Berufs als solchen, sondern müssen im Fall jedes andern Berufs gleichfalls befriedigt werden. Im übrigen steht nichts im Wege, Teile des Konsumtiv-Privatvermögens, die, wie etwa Automobile, vorwiegend den geschäftlichen Interessen dienstbar gemacht werden, unter den Betriebs-Gegenständen des Geschäfts-Vermögens zu bilanzieren.

Zu betonen ist noch, daß auch die Deckung der reinen Haushaltungs-Ausgaben zu Lasten des Konsumtiv-Privatvermögens geschieht. Denn die für diesen Bedarf dem Geschäfts-Vermögen entnommenen Gelder und etwa auch Waren sind im Augenblick der Entnahme aus dem Geschäfts-Vermögen bis zur Verausgabung oder bis zum Verbrauch als Konsumtiv-Privatvermögen zu denken. Daß jene Entnahmen nicht zu Lasten des Geschäfts-Erfolgs geschehen, folgt aus der Tatsache, daß sie bei der steuerlichen Berechnung des geschäftlichen Erfolgs nicht abzugsfähig sind. Zu bedenken ist auch, daß jene Entnahmen oft unabhängig davon geschehen müssen, ob ein Geschäfts-Gewinn überhaupt erzielt wird.

Vergleichs-Ergebnis. Aus allem bisher darüber Gesagten kann man schließen, daß eine Verquickung der privaten mit der geschäftlichen Erfolgs-Verrechnung in den Handelsbüchern des Kaufmanns zu verwerfen ist. Denn mit dieser Verquickung würden völlig verschieden geartete Erfolgs-Elemente durcheinander geworfen und damit würde die erforderliche Übersicht über die Rentabilität der Geschäfts-Vorgänge sehr erschwert werden. Im Fall unlauterer Absichten wäre mit solcher Vermischung unter Umständen willkommene Gelegenheit geboten, den Geschäfts-Erfolg durch zweckentsprechende Verbindung mit privaten Erfolgs-Elementen nach oben oder nach unten zu fälschen.

Wenn demnach vom Kaufmann verlangt werden muß, er möge die Privat-Erfolgsverrechnung aus den Handelsbüchern herauslassen, so soll damit nicht gesagt sein, daß über die Rentabilität des Privat-Vermögens buchmäßiger Aufschluß zu entbehren sei. Im Gegenteil: eine ordnungsmäßige Privat-Buchführung ist unbedingt zu empfehlen; ja, bei der Anlage und Verwaltung bedeutenden Privat-Vermögens unerläßlich. Nur sollen die Handelsbücher damit nicht beschwert werden.

Wirtschaftliche Vermischung beider Vermögensarten. Allerdings ist eine restlose Trennung zwischen Geschäfts- und Privat-Vermögen für die kaufmännische oder Geschäfts-Buchführung meist nicht möglich. Nämlich insofern nicht, als regelmäßig unvermeidbar ist, daß dem Geschäfts-Vermögen Teile des Privat-Vermögens zur geschäftlichen Verwendung, oder daß dem Privat-Vermögen Teile des Geschäfts-Vermögens zur privaten Verwendung zugeführt werden müssen.

Hierbei ist zu unterscheiden zwischen den Privat-Entnahmen für Zwecke des Existenz-Bedarfs im weitesten Sinne, also für die Stärkung des Konsumtiv-Privatvermögens (meist in Form von Bargeld und gegebenenfalls auch in Waren) und den reinen Kapital-Bewegungen, mittelst deren geschäftliche Gelder etwa für die Gewährung privater Darlehen, Hypotheken usw., kurz für die Stärkung des Produktiv-Privatvermögens vom Geschäft zur Verfügung gestellt werden, oder mittelst deren — umgekehrt — Teile des Produktiv-Privatvermögens realisiert werden, um zur Stärkung des Geschäfts-Vermögens Verwendung zu finden.

Zur Deckung seines Existenz-Bedarfs im weitesten Sinne, also zum Zweck der für erforderlich erachteten Stärkung des Konsumtiv-Privatvermögens, kann der Produktiv-Privatvermögen besitzende Kaufmann mehrere Wege einschlagen: entweder entzieht er die Deckung jenes Existenz-Bedarfs ausschließlich dem Geschäft, oder er verwendet den Ertrag seines Produktiv-Privatvermögens dazu, falls dieser Ertrag dafür ausreicht, oder er zieht sowohl den letztgenannten Ertrag, wie auch geschäftliche Mittel zur Deckung heran, wenn nicht gar noch Erlöse aus der Veräußerung von Gegenständen des Konsumtiv-Privatvermömögens in Frage kommen.

Zweckmäßige Dreiteilung des Privat-Kontos. Soweit nun geschäftliche Mittel zur Deckung des privaten Existenz-Bedarfs benutzt werden, pflegt man sie im Rahmen der Geschäfts-Buchführung über ein Privat-Konto zu führen. Empfehlenswert ist, neben diesem Privat-Konto ein Haushaltungs-Konto einzurichten, auf dem die für die Zwecke des Haushalts einschließlich der Erholung aus dem Geschäft entnommenen Gelder oder Waren zur Verbuchung gelangen, so daß demnach im Soll des Privat-Kontos, das nunmehr Privat-Gebrauchsvermögen-Konto heißen möge, zur buchmäßigen Verrechnung kommen alle nicht für den Haushalt verbrauchten, sondern für die Anschaffung von Konsumtiv-Privatvermögensteilen zum mehr oder minder dauernden Gebrauch (z. B. von Möbeln, Kleidung, Privat-Fuhrwerk, Büchern, Schmuck u. a.) verwendeten Beträge. Dieses Privat-Gebrauchsvermögens-Konto ist dagegen zu erkennen für den Erlös von etwa veräußerten Konsumtiv-Privatvermögensteilen, sofern dieser Erlös der Geschäfts-Kasse zugeführt wird.

Zum Unterschied vom Privat-Gebrauchsvermögens-Konto ist außerdem ein Privat-Erwerbsvermögens-Konto einzurichten für den Fall, daß dem Geschäfts-Vermögen aus dem werbenden oder Produktiv-Privatvermögen frei gewordene Beträge zugeführt werden, oder daß — umgekehrt — aus dem Geschäfts-Vermögen Beträge dem Produktiv-Privatvermögen zufließen. Für die erstgenannten Posten wäre das Privat-Erwerbsvermögens-Konto zu erkennen, für die letzterwähnten hingegen zu belasten.

Abschluß der Privat-Konten. Diese drei Konten: Haushaltungs-Konto, Privat-Gebrauchsvermögens-Konto und Privat-Erwerbsvermögens-Konto haben mit der Zusammensetzung und Höhe der Geschäfts-Erfolgsposten nicht zu schaffen; sie dürfen deshalb nicht über Gewinn- und Verlust-Konto, sondern müssen direkt über Kapital-Konto zum Abschluß gebracht werden.

Vorteile der Dreiteilung des Privat-Kontos. Verfährt man in der oben geschilderten Weise, so erreicht man folgenden Vorteil: man ist jederzeit in der Lage, sich genauen Überblick darüber zu verschaffen, inwieweit das Geschäfts-Vermögen durch Entnahmen für Haushaltungs-Bedürfnisse, ferner für Anschaffungen privater Gebrauchs-Gegenstände und außerdem durch Zuführungen zum werbenden Privat-Vermögen geschmälert worden ist, oder in welchem Umfang das Geschäfts-Vermögen durch Erlös aus der Veräußerung privater Gebrauchs-Gegenstände oder durch Zuführungen aus dem werbenden Privat-Vermögen Zuwachs erhalten hat. Denn die Buchführung läßt ohne weiteres die *Verteilung* der *Privat-Entnahmen* erkennen.

Zahlenmäßiges Beispiel für die Dreiteilung. Die Vorzüge der vorstehend begründeten buchmäßigen scharfen *Scheidung* der *Privat-Entnahmen* aus dem Geschäft und der Zuführungen aus privaten Mitteln gegenüber der leider landläufigen *Zusammenfassung* auf *einem Privat-Konto* werden besonders klar, wenn man sich ein zahlenmäßiges Beispiel vergegenwärtigt. Ich wähle zu dem Zweck das Privat-Konto aus der mir vorgelegten Buchführung eines Gemeinschuldners. Jenes im Hauptbuch der Doppelbuchhaltung geführte Privat-Konto zeigte beispielsweise für 1906 einen Debet-Saldo von 8899,15 M, der ordnungsmäßig auf das Kapital-Konto übertragen worden war. Es wäre ein bedenklicher Irrtum gewesen, wenn man diesen Saldo etwa dem im vorliegenden Fall auf seine Höhe besonders zu prüfenden Privat-Aufwand hätte gleichsetzen wollen. Denn die Auflösung des Saldos in seine Hauptbestandteile ergab folgendes Resultat:

Entnahmen	*Privat-Konto*		*Zuführungen*
Für Haushalt und Erholung . . .	5 358,60 M	Durch Beköstigung für drei bei freier Station Angestellte . . (zu Lasten des Handlungs-Unkostenkontos verrechnet!)	2 175,— M
Für Anschaffung von Privat-Mobiliar, Kleidung, Büchern und Schmuck . . .	4 895,55 „	Durch Privat-Gespann-Verkauf .	980,— „
Für Gewährung einer zweitstelligen Hypothek an A. K.	4 500,— „	Durch Darlehn-Rückzahlung von K. W.	2 700,— „
Entnahmen:	14 754,15 M		
Zuführungen:	5 855,— „		
Mehr-Entnahme:	8 899,15 M	Zuführungen:	5 855,— M

Im Sinne der oben gemachten Ausführungen hätten sich an Stelle jenes *einen* Privat-Kontos folgende drei Konten ergeben:

Haushaltungs-Konto			
Entnahmen	5 358,60 M	Zuführungen . . .	2 175,— M
		Saldo auf Kapital-Konto	3 183,60 „
	5 358,60 M		5 358,60 M

Privat-Gebrauchsvermögens-Konto

Entnahmen	4 895,55 M	Zuführungen . . .	980,— M
		Saldo auf Kapital-Konto	3 915,55 ,,
	4 895,55 M		4 895,55 M

Privat-Erwerbsvermögens-Konto

Entnahmen	4 500,00 M	Zuführungen. . .	2 700,— M
		Saldo auf Kapital-Konto	1 800,— ,,
	4 500,— M		4 500,— M

Kapital-Konto-Soll (nur in bezug auf die hier in Betracht kommenden drei Posten)

Vom Haushaltungs-Konto . .	3 183,60 M	
Vom Privat-Gebrauchsvermögens-Konto . .	3 915,55 ,,	
Vom Privat-Erwerbsvermögens-Konto . .	1 800,— ,,	
zusammen:	8 899,15 M	

Soviel über die Dreiteilung der Beziehungen zwischen Geschäfts- und Privat-Vermögen. Der Erwähnung bedarf noch, daß diese Dreiteilung auch in der Privat-Buchführung beobachtet werden muß, weil deren Konten mit den gleichartigen Konten in der Geschäfts-Buchführung selbstverständlich zu korrespondieren haben. Wer die Dreiteilung im Rahmen der Geschäfts-Buchführung nicht wünscht, braucht sie nur in der Privat-Buchführung durchzuführen, wenn er bezügliche Aufzeichnungen in einem für diesen Zweck tabellarisch eingerichteten Nebenbuch nicht vorzieht.

Buchtechnische Beziehungen zwischen Geschäfts- und Privat-Buchführung. Wenn wir nun auch aus wirtschaftlichen und buchtechnischen Gründen zu der Ansicht gelangt sind, daß die Privat-Erfolgsverrechnung nur insoweit zu der Geschäfts-Erfolgsverrechnung in Beziehung treten darf, als Verschiebungen zwischen dem Privat-Vermögen und dem Geschäfts-Vermögen stattfinden, während die Verrechnung der Erfolge aus der Bewegung des Privat-Vermögens von der Geschäfts-Buchführung unbedingt getrennt zu geschehen hat, so entsteht nunmehr doch noch die mit dem vorliegenden Thema zusammenhängende Frage, ob nach §39 H.G.B. die Privat-Vermögensteile in der Geschäfts-Bilanz des Kaufmanns zu erscheinen haben.

Diese Frage zerfällt bei genauerer Betrachtung in drei Unterfragen:

1. Ist aus dem Wortlaut der §§ 38 und 39 H.G.B. unzweifelhaft zu schließen, daß der Kaufmann auch sein Privat-Vermögen „nach den Grundsätzen ordnungsmäßiger Buchführung ersichtlich zu machen" und zu bilanzieren verpflichtet ist?
2. Hat — wenn die vorstehende erste Unterfrage bejaht werden muß — die ordnungsmäßige Privat-Buchführung im Rahmen der Geschäfts-Buchführung zu geschehen, oder darf die Privat-Buchführung von der Geschäfts-Buchführung getrennt durchgeführt werden?
3. Ist — in Analogie zur zweiten Unterfrage — demnach die Bilanz über das Privat-Vermögen im Rahmen der Bilanz über das Geschäfts-Vermögen zur Darstellung zu bringen, oder ist das Privat-Vermögen gesondert zu bilanzieren?

Den diesen Fragen voraufgegangenen Darlegungen dieses Abschnitts ist bezüglich der ersten beiden Unterfragen zu entnehmen, daß der Kaufmann regelmäßig gut daran tun wird, auch über sein Privat-Vermögen ordnungsmäßig Buch zu führen, daß er aber aus buchtechnischen und wirtschaftlichen Gründen unter allen Umständen eine Verquickung der Privat- und Geschäfts-Buchführung — abgesehen von den in beiden Buchführungen etwa mit einander korrespondierenden Privat-Konten — zu vermeiden haben wird.

Ein Zwang, eine ordnungsmäßige Privat-Buchführung einzurichten und sie im Rahmen der Geschäfts-Buchführung durchzuführen, wird hiermit also verneint. Dieser Standpunkt deckt sich zweifellos mit dem Wortlaut der gesetzlichen Vorschrift des § 38 H.G.B., worin ausdrücklich und eindeutig ausgesprochen ist, daß nur die „Handelsgeschäfte" nach den Grundsätzen ordnungsmäßiger Buchführung ersichtlich zu machen seien. Die ordnungsmäßige Privat-Buchführung ist somit dem Belieben oder dem Bedürfnis des Kaufmanns anheimgestellt; sie hat innerhalb der Geschäfts-Buchführung mithin auch nach dem Gesetzestexte keine Stätte.

Bilanzierung des Privat-Vermögens. Hieraus darf geschlossen werden, daß eine gesetzliche Pflicht zur Bilanzierung des Privat-Vermögens nicht bestehen kann, weil solche Vorschrift einen Widerspruch zu der oben festgestellten Tatsache einschließen würde, daß im Handels-Gesetzbuch eine Privat-Buchführung vom Kaufmann nicht verlangt wird. Wo aber eine Privat-Buchführung kein gesetzliches Erfordernis ist, kann auch eine gesetzliche Pflicht zur Bilanzierung des Privat-Vermögens nicht konstruiert werden. Das wäre unlogisch und vor allem auch ein vom buchtechnischen Standpunkt unlösbarer Widerspruch, weil eine ordnungsmäßige Buchführung als conditio sine qua non für jede ordnungsmäßige Bilanzierung gelten muß.

Diesem Ergebnis steht nicht entgegen der Wortlaut des § 39 Abs. 1 H.G.B., wonach der Kaufmann „seine Grundstücke, seine Forderungen und Schulden, den Betrag seines baren Geldes und seine sonstigen Vermögens-Gegenstände" zu inventarisieren und zu bilanzieren hat. Denn es ist ein Fehlschluß, aus dem Zusatz: „seine sonstigen Vermögens-Gegenstände" herauslesen müssen zu glauben, daß darunter auch die Privat-Vermögensteile zu begreifen seien. Daß die handelsgesetzlichen Buchführungs- und Bilanz-Vorschriften den Kaufmann als Unternehmer, nicht aber auch als Privat-Person treffen sollen, sagt § 38 H.G.B., der die Vorschriften des Buchführungsrechts einleitende Paragraph, mit dankenswerter Deutlichkeit. Nach allem bisher in diesem Abschnitt Ausgeführten ergibt sich, daß auch § 39 H.G.B. in diesem Sinne auszulegen, daß also eine gesetzliche Vorschrift für die Bilanzierung des Privat-Vermögens im Zusammenhang mit der Geschäfts-Bilanz nicht erkennbar ist.

Der reichsgerichtliche Standpunkt. Auf dem Boden aller vorstehenden Ausführungen steht jedoch das Reichsgericht nur teilweise. In der am 10. Januar 1908 gefällten Entscheidung des zweiten Strafsenats wird nämlich zwar ausdrücklich anerkannt, daß Handelsbücher im „engern" Sinn, womit offenbar die Grundbücher gemeint sind, über das im nicht vollkaufmännisch betriebenen Gewerbe arbeitende Vermögen, also auch über die Bewegung des Privat-Vermögens, nicht geführt zu werden brauchen. Trotzdem aber verlangt das Reichsgericht mit derselben Entscheidung, daß in den Handelsbüchern im „weitern" Sinn, wozu wohl Hauptbücher, Inventar- und Bilanzbücher gerechnet werden sollen, die Lage des Gesamtvermögens, also einschließlich des nicht im vollkaufmännisch geführten Gewerbe-Betrieb etwa steckenden Vermögens und des Privat-Vermögens, ersichtlich gemacht werden müsse. Es genüge jedoch, wenn das keinem gewerblichen Betriebe dienende Vermögen in der Inventur und in der Bilanz als Teil der Handels-Buchführung ohne Eingehen auf Einzelheiten nach wirtschaftlichen Gesamtbegriffen mit Wertangabe angeführt werde. Scharfe Grenzen lassen sich in dieser Hinsicht nicht ziehen.

Das Reichsgericht verlangt also vom Kaufmann die Bilanzierung des Privat-Vermögens im Zusammenhang mit der Geschäfts-Bilanz, ohne die als Grundlage für eine zuverlässige Bilanzierung des Privat-Vermögens erforderliche ordnungsmäßige Privat-Buchführung gleichfalls zur Pflicht zu machen.

Auf Grund der reichsgerichtlichen Entscheidung, die Bilanz auch über das Privat-Vermögen im Zusammenhang mit der Geschäfts-Bilanz oder im unmittelbaren Anschluß daran aufzustellen, besteht für den Kaufmann bis auf weiteres die Pflicht, dieser Forderung des Reichsgerichts nachzukommen. Ein Beispiel dafür, wie dies zweckmäßig geschehen kann, findet der Leser in der Z. f. Hw. u. Hp. I. S. 42—43.

Entwicklung der Streitfrage. Die im Anschluß an unser Thema der Erfolgs-Verrechnung vorstehend erörterte Frage nach der Pflicht zur Bilanzierung des Privat-Vermögens ist zuerst angeschnitten worden durch den Verband Deutscher Bücher-Revisoren, der auf seinem zweiten Verbandstage im Jahr 1906 in einer Resolution zum Ausdruck brachte, daß die herrschende juristische Auffassung, das Privat-Vermögen gehöre in die Bilanz des Einzelkaufmanns, im Gegensatz zur kaufmännischen Praxis stehe.

Es war das Verdienst des Professors Robert Stern in Leipzig, die Diskussion über diese Frage — und zwar zugunsten der kaufmännischen Praxis — in der Nummer 653 des Berliner Tageblatts vom 24. Dezember 1906 eröffnet zu haben. Seiner Ansicht, wie auch der gleichfalls zugunsten der kaufmännischen Praxis lautenden Meinung Professor Rehms in Straßburg (vgl. in Nummer 3 der Zeitschrift „Das Recht" vom 10. Februar 1907 und in der Z. f. Hw. u. Hp. I. S. 1ff.) entsprechen die obigen Darlegungen über die streitige Frage. Bemerkenswert ist schließlich noch das Referat des beeidigten Bücher-Revisors Jacobi-Leipzig, der gelegentlich der dritten Tagung des Verbands Deutscher Bücher-Revisoren im September 1907 einen Überblick über die inzwischen in der Streitfrage veröffentlichte Literatur gab, worauf hier verwiesen sei, und der im Anschluß an sein erstes, auf der zweiten Tagung des genannten Verbands im Jahr 1906 gehaltenes Referat die ganze Frage nochmals nach verschiedenen Gesichtspunkten beleuchtete (vgl. die vom Revisoren-Verband herausgegebenen Vorträge). Der von Jacobi angezogenen Literatur sind noch hinzuzufügen die in der Z. f. B. XVII. von Stern (S. 128ff.), Wilhelm (S. 145ff.) und Beigel (S. 247ff. und 280ff.) veröffentlichten Artikel. Schließlich bietet eine erschöpfende Behandlung der Frage der von Stern während der Ausschuß-Sitzung des Deutschen Verbands für das kaufmännische Unterrichtswesen im Mai 1907 erstattete Bericht. (Vgl. S. 50ff. im Band 37 der Veröffentlichungen jenes Verbands.)

Begrenzte Bedeutung der Streitfrage. Im Anschluß an den Überblick über die Entwicklung der beregten Frage, der mir im Interesse derjenigen nötig schien, die sich darüber noch näher unterrichten wollen, sei noch darauf hingewiesen, daß die Streitfrage nur für den Einzelkaufmann von Interesse ist. Denn an dem Privat-Vermögen der Gesellschafter einer offenen Handels-Gesellschaft und der Komplementare bei Kommandit-Gesellschaften und Kommandit-Aktiengesellschaften haben die Gesellschafts-Gläubiger zwar intensives Interesse. Nach § 209 der Konkurs-Ordnung soll jedoch über das Gesellschafts Vermögen ein selbständiges Konkurs-Verfahren stattfinden. Demgemäß unterliegt das Privat-Vermögen der persönlich haftenden Gesellschafter einem gesonderten Konkurs-Verfahren. Diese Tatsache und die anderen, oben schon erörterten Gründe rechtfertigen hier ganz besonders die Übung, das Privat-Vermögen der persönlich haftenden Gesellschafter in den Gesellschafts-Bilanzen nicht zum Ausdruck zu bringen. Für die Gläubiger der Kapital-Gesellschaften (A. G., K. A. G., G. m. b. H.) kommt im Konkursfall nur das Grund- oder Stammkapital in Betracht. Das Privat-Vermögen der Aktionäre oder der G. m. b. H.-Gesellschafter hat deshalb mit der Buchführung und Bilanzierung der Kapital-Gesellschaften nicht zu schaffen. Auch für die Buchführung und Bilanzierung der eingetragenen Genossenschaften kommt das Privat-Vermögen der Genossen nicht in Frage. Nicht nur, weil eine gegenteilige Bestimmung praktisch regelmäßig undurchführbar wäre, sondern weil z. B. §§ 105, 106, 109, 111, 113, 114, 115, 122, 123, 124, 125, 128, 129, 130, 141 des Gen.-Ges. die Privat-Vermögen der Genossen als im Konkursfall selbständig zu behandelnde Größen erkennen lassen.

---

6. Abschnitt.

Privat- und Betriebs-Konsumtion als Abschluß-Posten.

In vielen Geschäften, besonders in solchen der Nahrungsmittel- und Bekleidungs-Branche ist es möglich und deshalb üblich, zum Privat-Verbrauch oder zum Betrieb (besonders für etwa bei „freier Station" beschäftigte Angestellte) benötigte Waren dem eigenen Lager zu entnehmen.

Im Interesse richtiger Erfolgs-Ermittlung müssen derartige Waren-Entnahmen buchhalterische Berücksichtigung finden. Denn wenn diese unterbliebe, würde der Reingewinn um den Wert der entnommenen Waren zu niedrig oder der Reinverlust um jenen Betrag zu hoch ausfallen.

Zahlenmäßige Feststellung und Trennung beider Konsumtionen. Zweckmäßig stellt man die Gesamthöhe — nach Privat- und Betriebs-Konsumtion getrennt — folgendermaßen fest: man führt ein Nebenbuch mit zwei Spalten, deren eine die auf den Privat-Konsum, die andre die auf den Betriebs-Konsum entfallenden Beträge der Entnahmen aufnimmt. Jede Entnahme wird in diesem Nebenbuch sofort nach Gegenstand und Betrag notiert.

Verschiedenartiger Einfluß auf die Erfolgs-Rechnung. Periodisch — monatlich oder am Jahresschluß — werden die sich ergebenden beiden Summen dem Waren-Konto gutgeschrieben, dem Privat- und dem Unkosten-Konto anteilig belastet. Die Wertsumme der Entnahmen für die Betriebs-Konsumtion bleibt demnach ohne materielle Wirkung auf den Reinerfolg, weil die Belastung des Unkosten-Kontos die Gutschrift auf dem Waren-Konto aufhebt.[1]) Erreicht wird mit der Verbuchung dieses Postens lediglich, daß auf dem Unkosten-Konto der richtige Aufwand-Saldo, auf dem Waren-Konto der zutreffende Rohgewinn an Waren erscheint. Hingegen bedeutet die Gutschrift des Werts der Privat-Konsumtion auf dem Waren-Konto eine Mehrung des Roherfolgs der Unternehmung, weil der im Soll des Privat-Kontos liegende Gegenposten über Kapital-Konto verrechnet wird, mithin die Mehrung des Gewinns aus Waren-Umsätzen nicht aufhebt.

Folge für einfache Buchführung, kombinierte Erfolgs-Rechnung und Erfolgs-Ermittlung nach dem Umsatz. Bei einfacher Buchführung ist deshalb erforderlich, dem aus dem Vergleich der letzten beiden Kapital-Salden gewonnenen Reinerfolg den Betrag der Privat-Konsumtion im Fall des Reingewinns hinzuzusetzen, im Fall des Reinverlustes abzuziehen. Der Betrag der Betriebs-Konsumtion bleibt dagegen aus dem oben dargelegten Grund bei der Erfolgs-Ermittlung nach einfacher Buchführung unberücksichtigt. Bei der kombinierten Erfolgs-Berechnung ist der Betrag der Konsumtionen den Betriebs-Einnahmen hinzuzufügen. (Vgl. S. 10 und 12.) Im Fall der Erfolgs-Ermittlung nach dem Umsatz (vgl. darüber S. 8 ff.) darf der Wert der gesamten Privat- und Betriebs-Konsumtion nicht schon der Prozent-Berechnung mit zugrunde gelegt, sondern erst nach erfolgtem Abzug des Betriebs-Aufwands dem Resultat hinzugerechnet werden. Denn andernfalls käme statt des Gesamtwerts der Privat- und Betriebs-Konsumtion nur der nach Maßgabe des angenommenen Gewinn-Prozentsatzes darauf entfallende Betrag zur Anrechnung.

---

[1]) Diesen Umstand übersieht Oberbach, wenn er in seinen, mir nach der Vollendung dieses Abschnitts bekannt gewordenen Ausführungen in der Z. f. Hw. u. Hp. IV. S. 271 ff. meint, der Fiskus würde ein schlechtes Geschäft machen, wenn auch die Entnahmen für die Angestellten zu Verkaufswerten verbucht würden (vgl. auch die Zuschriften zu jenem Artikel auf S. 310 ff., 339 ff. und 407 des genannten Jahrgangs der Z. f. Hw. & Hp.).

Buchmäßige Bedeutungslosigkeit, ob Belastung oder Bezahlung der Entnahmen. Sowohl für die Vermögenslage, wie für die Rentabilität der Unternehmung kommt es auf dasselbe hinaus, ob der Unternehmer die Waren der Form wegen aus seiner Privatkasse, die als aus der Geschäfts-Kasse gespeist zu denken ist, an die Geschäfts-Kasse bezahlt, oder ob er sie seinem Privat-Konto belastet. Denn im Fall der bloßen buchmäßigen Verrechnung wäre das Privat-Konto für den Wert der Privat-Konsumtion zu belasten, das Waren-Konto zu erkennen. Im Fall der Bezahlung der selbstverbrauchten Waren durch den Chef an die Geschäfts-Kasse wäre zunächst das Waren-Konto gleichfalls zu erkennen, dagegen die Kasse zu belasten. Da jedoch die Privat-Kasse jene Gelder vorher aus der Geschäfts-Kasse empfangen hätte, wobei das Privat-Konto belastet, die Geschäfts-Kasse dagegen entlastet worden wäre, so bliebe — da die beiden Buchungen im Soll und Haben der Kasse einander aufheben — wiederum übrig die Belastung des Privat-Kontos und die Entlastung des Waren-Kontos. Die Wirkung der beiden Verfahren ist mithin sowohl in bezug auf den Erfolg, wie auch auf das Vermögen als die gleiche erwiesen.

Bedeutung der Bewertung für die Privat-Konsumtion. Danach gewinnt die Frage nach der Höhe der Bewertung von Entnahmen für den Selbstverbrauch vom eigenen Lager praktische Bedeutung nur für die Privat-Konsumtion, weil für die Betriebs-Konsumtion eine Über- oder Unterbewertung zugunsten oder zuungunsten des Waren-Kontos durch die zu hohe oder zu niedrige Belastung des Unkosten-Kontos aufgehoben werden würde. Dennoch hat man bei ordnungsmäßiger Buchführung auch die Betriebs-Konsumtion zu verbuchen.

Anschaffungs- und Herstellungs-Kosten als Wertansatz. Vom Standpunkt praktisch geschulten Denkens wird man geneigt sein, den Selbstverbrauch dem eigenen Lager entnommener Waren mit den Anschaffungs- oder Herstellungs-Kosten anzurechnen. Würde man nicht so, sondern zu Verkaufspreisen bewerten, so würde man auf dem Waren-Konto Gewinne schaffen, die nicht realisiert, sondern ausschließlich rechnerischer Natur wären, weil die Spannung zwischen Anschaffungs- oder Herstellungs-Kosten und Veräußerungspreisen der Unternehmung nicht von Dritten bezahlt, vielmehr rein buchmäßig nur vom Unternehmer selber verrechnet worden wäre.

Irrtümlicher Standpunkt des Preußischen Oberverwaltungs-Gerichts. Den Standpunkt, wonach die zur Privat-Konsumtion entnommenen Waren mit den Anschaffungs- oder Herstellungs-Kosten anzurechnen sind, hat das Preußische Oberverwaltungs-Gericht in Staatssteuersachen mit seiner Entscheidung in Band VI S. 126 nicht vertreten, sondern ausdrücklich den ortsüblichen Veräußerungspreis als den anzusetzenden erklärt. Diese Entscheidung wird von Fuisting (S. 228 und 229) als von seiner Ansicht abweichend bezeichnet. Richtig ist also auch nach Fuisting die oben von mir begründete Meinung, die Privat-Konsumtion in Höhe der Anschaffungs- oder Herstellungs-Kosten zur Verrechnung zu bringen. Mit Recht weist Fuisting darauf hin, daß die durch den Selbstverbrauch von Waren des eigenen Lagers erzielte Ersparnis von Ausgaben niemals Ertrag und Einkommen bilden könne.

---

7. Abschnitt.

Abschluß-Differenzen als Erfolgs-Faktoren.

Allgemeines.

Das Kollationieren. Auch der tüchtigste Buchhalter ist nicht gegen Irrtümer gefeit, woraus folgt, daß Buchungsfehler auch in der besten Buchführung vorkommen können. Zum Wesen einer ordnungsmäßig gehandhabten Buchführung gehört das Vergleichen (Kollationieren) der Grundbuchungen mit den Belegen einerseits und der Kontokorrent- und Hauptbuch-Buchungen mit den Grundbuchungen anderseits, soweit diese letztgenannte Arbeit vermöge des modernen Durchschreib-Verfahrens auf Konten-Karten oder infolge der Führung von Kontroll-Konten oder dgl. nicht überflüssig wird. Je nach der Sachlage kann und wird man natürlich auch beispielsweise die Kontokorrent-Posten direkt mit den Belegen vergleichen. Ein näheres Eingehen auf die Ausgestaltung des Kollationierens, neben dem auch das Nachrechnen von Wichtigkeit ist, gehört jedoch nicht zur Aufgabe dieser Erörterungen. Erwähnt mag nur noch werden, daß zuverlässiges Kollationieren um so wichtiger wird, von je größerer Bedeutung die buchtechnische Genauigkeit für den Betrieb ist. In dieser Hinsicht ist bemerkenswert die Unerläßlichkeit prompten Kollationierens für den Bankbetrieb.

Die Zahl der in der Buchführung zur Zeit des Bücher-Abschlusses steckenden Differenzen oder „Unstimmigkeiten" ist ein guter Maßstab für die Handhabung der Buchführung. Sind die Differenzen auf unterlassenes Kollationieren zurückzuführen, so muß dieses nachgeholt werden. Stecken aber trotz bereits vorgenommenen Kollationierens Differenzen in den Büchern, so ist damit bewiesen, daß die Bedeutung des Kollationierens unterschätzt worden ist, was leicht die Wiederholung der ganzen Arbeit zur Folge haben kann. Es kommt also weniger darauf an, daß kollationiert worden ist, als vielmehr darauf, wie dies geschehen ist. Das ist in Strafprozessen wegen ordnungswidriger Buchführung auch Verteidigern entgegenzuhalten, die im Interesse des Angeklagten, auch wenn die Buchführung von Buchungs-Differenzen wimmelt, etwa besonders darauf hinweisen zu müssen glauben, daß Zeugen die Tatsache, es sei kollationiert worden, erhärtet hätten.

Buchungs-Differenzen sind entweder nur formaler oder auch materieller Natur.

Als materiell bedeutsame Differenzen gelten in diesem Zusammenhang alle diejenigen Fehler, zufolge deren Besitz- und Schuldposten buchmäßig falsch dargestellt werden.

Besondere Bedeutung bekommen Buchungs-Differenzen zur Zeit des Bücher-Abschlusses. Die Behandlung oder Erledigung solcher Abschluß-Differenzen und ihre Stellung zur Erfolgs-Berechnung ist Gegenstand der folgenden Untersuchungen.

Differenz-Möglichkeiten. Zu gedenken ist zunächst der Roh- oder Probe-Bilanz, die in Gemeinschaft mit den Inventar-Posten bekanntlich Voraussetzung für den Bücherabschluß ist.

Die Rohbilanz kann rechnerisch stimmen, und trotzdem können Fehler von materieller Bedeutung in der Buchführung enthalten sein. Wenn nämlich Buchungen entweder doppelt übertragen oder gänzlich unterlassen, oder Konten-Verwechslungen vorgekommen, oder beide Konten-Seiten je einer Buchung verwechselt worden sind usw. Alle diese Auslassungen oder Übertragungsfehler werden materiell bedeutsam jedoch erst dann, wenn effektive Vermögens- oder Schuldposten damit zusammenhängen, während nur formale Bedeutung vorliegt, wenn die fehlerhafte Buchung sich ausschließlich auf Posten der Erfolgs-Verrechnung bezieht.

Beispiele für deren Wirkung. Beispiele aus dem Geschäftsleben:

A. 1. Nur formale Bedeutung durch Unterlassung oder durch doppeltes Übertragen einer Buchung: Gehälter-Konto an Unkosten-Konto, Übertrag 250,—M;

2. materielle Bedeutung aus denselben Gründen: Haus-Konto an Baumaterialien-Konto, am eigenen Hause verwendete, dem eigenen Baumaterialien-Lager entnommene Bau-Artikel 1785,— M.

B. 1. Nur formale Bedeutung durch Konten-Verwechslung: statt des Dekort- und Skonto-Kontos ist das Waren-Konto zugunsten verschiedener Debitoren mit 169,73 M belastet worden:

2. materielle Bedeutung aus demselben Grunde: statt des Haus-Ertrags-Kontos ist das Haus-Konto für die Miete auf Geschäftsräume im eigenen Hause zu Lasten des Unkosten-Kontos mit 2000 M erkannt worden.

C. 1. Nur formale Bedeutung durch Verwechslung der beiden Konten-Seiten: anstatt das Effekten-Konto für den Übertrag der an Wertpapieren verdienten Provisionen mit 5689,65 M zu belasten und das Provisions-Konto dafür zu erkennen, ist umgekehrt verfahren worden;

2. materielle Bedeutung aus demselben Grunde: anstatt bei der Einlösung eines eigenen Akzepts über 2500 M durch die N.-Bank deren Konto zu erkennen und das Akzepte-Konto zu belasten, ist umgekehrt gebucht worden.

Aus diesen Beispielen geht des weitern hervor, daß gewisse, beim Kollationieren etwa übersehene Buchungsfehler beim Bücherabschluß nicht unbedingt gemerkt werden müssen. Soweit derartige unbemerkt gebliebene Buchungsfehler nicht die Bilanz, sondern die Erfolgs-Rechnung betreffen, sind sie materiell unbedeutsam. Materielle Bedeutung bekommen sie erst, wenn Bilanz-Posten dadurch falsch werden.

Wahrscheinlichkeiten der Entdeckung. Ob beim Kollationieren übersehene Auslassungen oder Buchungsfehler beim Bücherabschluß bemerkt werden müssen, hängt in erster Linie davon ab, ob der Fehler oder die Auslassung durch die effektive Bestand-Kontrolle (wie sie durchweg die Nennwert-Kontrollkonten und regelmäßig auch die zu den Buchwert-Nachweiskonten zu rechnenden Debitoren- und Kreditoren-Konten ermöglichen) zur Erscheinung kommen. Jedoch auch dann werden übersehene Buchungsfehler dem aufmerksamen Buchhalter auffallen, wenn zwar (wie bei Betriebs-Gegenständen und Immaterialgütern) durch die effektive Bestand-Kontrolle eine Wertkontrolle nicht möglich ist, oder wenn es sich gar nur um Posten der Erfolgs-Rechnung handelt, wenn aber der Posten-Umsatz auf dem falsch geführten Konto so wenig umfangreich ist, oder wenn der falsch gebuchte oder der zu buchen unterlassene Posten so bedeutenden Einfluß auf das betroffene Konto ausübt, daß die offenbare Unrichtigkeit des Konto-Ergebnisses beim Abschluß bemerkt werden muß.

Danach darf man — in bezug auf die obigen Beispiele — annehmen, daß die beim Kollationieren übersehenen Differenzen

a) voraussichtlich nicht bemerkt werden würden im Fall A 1 (bei größerm Betriebe mit mehrfachem Personal-Wechsel); A 2 (wenn das Haus-Konto in jenem Jahr größern Posten-Zuwachs erhalten hat); B 1 (wäre ziemlich sicher unbemerkt geblieben, wenn es sich auf dem Dekort- und Skonto-Konto um einen größern Umsatz gehandelt haben würde);

b) mit mehr oder weniger großer Sicherheit bemerkt werden würden im Fall B 2 (weil das Haus-Ertragskonto dem ersten Blick lückenhaft erscheinen und weil der Posten im Haben des Haus-Kontos auffallen müßte); C 1 (weil der Debet-Posten im Provisions-Konto und dagegen das etwaige Fehlen von Kredit-Posten auf diesem Konto stutzig machen würde); C 2 (weil der Auszug der N.-Bank das Versehen an den Tag bringen, außerdem der Saldo des Akzepte-Kontos mit dem Ergebnis des Akzepte-Skontro-Auszugs nicht übereinstimmen würde).

Pflicht der Aufklärung. Daß Differenzen — wenn die Zeit es irgend gestattet — noch vor der definitiven Aufstellung der Bilanz aufgeklärt werden müssen, folgt aus dem Wesen ordnungsmäßiger Buchführung. Besondere Verantwortung haben in dieser Hinsicht die zur Veröffentlichung ihrer Bilanzen gesetzlich verpflichteten Aktien-Gesellschaften, Kommandit-Aktiengesellschaften, Bankgeschäfte betreibenden Gesellschaften mit beschränkter Haftung und eingetragenen Genossenschaften. Dagegen steht im Belieben der Einzelkaufleute, der Gesellschafter offener Handels-Gesellschaften und — im Fall des Einverständnisses der Kommanditisten — auch der Komplementare von Kommandit-Gesellschaften, wie sie nicht allzu große Abschluß-Differenzen erledigen wollen.

Bei Geschäften kleinen und mittlern Umfangs ist das Aufklären der Abschluß-Differenzen Einzelkaufleuten und Personal-Gesellschaften selbst bei materiell wenig bedeutsamen Beträgen mindestens zu empfehlen, weil es — bei der nicht zu bedeutenden Zahl der zu kollationierenden oder nachzurechnenden Einzelposten — nicht zu große Arbeit verursacht. Von den zur Bilanz-Veröffentlichung verpflichteten Kapital-Gesellschaften und eingetragenen Genossenschaften ist dagegen die Klarstellung der Abschluß-Differenzen auch unter der Voraussetzung nur relativ geringen Geschäfts-Umfangs und kleiner Differenz-Beträge unbedingt zu verlangen. Teils in Rücksicht auf die den Aktionären, Gesellschaftern oder Genossen fehlende Gelegenheit, den Geschäftsgang zu überwachen; teils deshalb, weil auch hinter zahlenmäßig nur unbedeutenden Abschluß-Differenzen nicht selten größere Differenzen verborgen sind, die durch andere kompensiert werden, und deren Feststellung eventuell Veranlassung dazu geben kann, einen oberflächlichen oder moralisch unzuverlässigen Angestellten zu entlassen, bevor er Gelegenheit findet, größern Schaden anzurichten. Daß große Abschluß-Differenzen unter allen Umständen von jedem ordentlichen Kaufmann, welcher Art von Unternehmung er auch vorstehen mag, zur Aufklärung gebracht werden müssen, bedarf keiner weitern Begründung.

Wie aus meinen kontentheoretischen Ausführungen im zweiten Abschnitt dieses Kapitels hervorgeht, kommt materielle Bedeutung nur den Vermögens-Teilkonten zu, von denen ich an genannter Stelle drei Hauptgruppen: Nennwert-Kontrollkonten, Buchwert-Nachweiskonten und Inventur-Erfolgskonten unterschieden habe. Mit den nachstehenden Ausführungen soll gezeigt werden, wie auf jenen Konten liegende Abschluß-Differenzen buchmäßige Erledigung finden.

Kasse-Differenzen.

Bei ordnungsmäßiger effektiver Bestand-Kontrolle können Abschluß-Differenzen auf den Nennwert-Kontrollkonten der materiellen Richtigkeit der Bilanz nicht gefährlich werden, weil die Differenz zwischen dem Saldo eines Nennwert-Kontrollkontos und dem Gesamtwert der effektiv vorhandenen bezüglichen Nennwert-Sachgüter sich bei jener Kontrolle zeigen muß. Die in der geschäftlichen Praxis hauptsächlich vorkommenden Methoden der Erledigung von Abschluß-Differenzen sollen am Kasse-Konto, als dem regelmäßig wichtigsten Vertreter der Nennwert-Kontrollkonten, dargestellt werden.

Kasse-Mankos. Am Jahresschluß wird ein Kasse-Manko festgestellt, da der Kasse-Effektivbestand sich dem buchmäßigen Soll gegenüber als zu klein erweist.

Dessen Ursachen. Hierfür sind zwei Ursachen denkbar: entweder liegt die Differenz im Kasse-Buch und der Effektiv-Bestand stimmt, oder umgekehrt. Ergeben Prüfungen der Belege, Kollationieren und Nachrechnen, daß die gesamte Differenz im Kassebuch steckt, so ist dieses und im Zusammenhang damit das Kasse-Konto im Hauptbuch in Ordnung zu bringen, womit die Differenz getilgt wird. Anders aber, wenn das Kassebuch oder Kasse-Konto sich als fehlerfrei geführt erweist, was nach peinlich genauer Nachprüfung um so sicherer angenommen werden darf, wenn die Kontokorrent-Probe stimmt, und wenn Differenzen auf anderen, mit dem Kasse-Konto etwa korrespondierenden Vermögens-Teilkonten nicht festgestellt worden sind. Dann darf vermutet werden, daß der Kassierer das Manko verschuldet hat.

Mankogelder. Deckt nun der Kassierer das Manko aus eigenen Mitteln oder aus ihm zu solchem Zweck zur Verfügung gestellten Mankogeldern, die in großen Unternehmungen, besonders in Bankbetrieben, oft gewährt werden, so ist die Differenz damit ebenfalls aus der Welt geschafft. Geschieht solche Deckung nicht, so können verschiedene Buchungs-Methoden zur definitiven oder provisorischen buchhalterischen Beseitigung des Mankos führen.

Definitive Manko-Abbuchung. Man kann das Kasse-Manko im Wege der reinen Erfolgs-Verrechnung definitiv zu Lasten des Entstehungsjahrs abbuchen, wird dann allerdings in zu veröffentlichenden Gewinn- und Verlust-Rechnungen nicht das Kasse-Konto, sondern ein der reinen Erfolgs-Verrechnung dienendes Unter- oder Hilfskonto des Gewinn- und Verlust-Kontos in dessen Soll erscheinen, den Manko-Posten also im Kassebuch über jenes Hilfskonto (z. B. Unkosten-, Provisions-Konto oder dgl.) laufen lassen. Buchungssatz: Unkosten-Konto an Kasse-Konto. Zur definitiven Abbuchung des Mankos sollte man sich entschließen, wenn es sich um einen, im Vergleich zur Größe des bilanzmäßigen Reinerfolgs nur unbedeutenden Posten handelt, und wenn außerdem auf Grund aller Nachprüfungen und in Rücksicht auf die offenbare Richtigkeit der übrigen, zum Kasse-Konto in Beziehung stehenden Vermögens-Teilkonten eine spätere Aufklärung des Mankos als unwahrscheinlich erachtet werden darf.

Wird nun ein im Entstehungsjahr gleich voll abgebuchtes Kasse-Manko später dennoch aufgeklärt, so kommt der nachträglich aufgeklärte Betrag dem Jahr der Aufklärung zugute.

Das Kasse-Differenzkonto. Will man das Kasse-Manko nicht gleich definitiv abbuchen, so kann man sich zur provisorischen Übernahme des Manko-Betrags in die folgende Geschäfts-Periode eines Kasse-Differenzkontos bedienen.

Dann würde der Buchungssatz zu lauten haben: Kasse-Differenzkonto an Kasse-Konto. Das Kasse-Differenzkonto wäre mittelst des Bilanz-Kontos abzuschließen und vorzutragen. Demnach würde das Kasse-Differenzkonto auf der Aktiva-Seite der Bilanz erscheinen.

Findet die Aufklärung des Kasse Mankos innerhalb der dem Entstehungsjahr folgenden Geschäfts-Periode nicht statt, so wird man meist spätestens am Schluß dieser Periode das Kasse-Differenzkonto zu Lasten des Gewinn- und Verlust-Kontos oder eines seiner Unter- oder Hilfskonten aufzulösen haben, falls nicht auch dann noch begründete Aussicht vorhanden ist, das Kasse-Manko aufzuklären.

Sofern man die Aufklärung des Manko-Betrags nicht mit hinreichend begründeter Sicherheit erwarten darf, werden besonders die Kapital-Gesellschaften und eingetragenen Genossenschaften gut daran tun, die definitive Abschreibung des ungedeckten Kasse-Mankos zu Lasten der Erfolgs-Rechnung des Entstehungsjahrs vorzunehmen.

Das Kassedifferenz-Reservekonto. Will man — im Fall der Hinübernahme des Kasse-Mankos in die nächste Geschäfts-Periode — vermeiden, daß das Manko mittelst des Kasse-Differenzkontos ausschließlich unter den Aktiven der Bilanz erscheint, so kann man dem Kassedifferenz-Aktivkonto ein Kassedifferenzreserve-Passivkonto gegenüberstellen.

Über die Beziehungen dieser beiden Konten zu einander und über ihr Verhältnis zur Erfolgs-Rechnung ist zu sagen:

1. das Kassedifferenz-Reservekonto muß zunächst zu Lasten des Gewinn- und Verlust-Kontos oder eines seiner Hilfskonten im Lauf des Entstehungsjahrs des Kasse-Mankos gebildet werden. Buchungssatz: Gewinn- und Verlust-Konto (oder Unkosten-Konto oder dgl.) an Kassedifferenz-Reservekonto. Dieser Buchung gegenüber steht die andre, aus den vorstehenden Darlegungen bekannte: Kasse-Differenzkonto an Kasse-Konto. Wirkung dieser beiden Buchungen: in der Bilanz heben das Kasse-Differenz- und das Kassedifferenz-Reservekonto einander auf. Aus den beiden Buchungssätzen ist deshalb der eine herauszuschälen: Gewinn- und Verlust-Konto an Kasse-Konto. Zunächst ist mithin das Ergebnis dasselbe, als sei das Manko sogleich zu Lasten des Entstehungsjahrs abgeschrieben worden;
2. nun stehen für die nächste Geschäfts-Periode die beiden Konten: Bilanz-Differenzkonto (Aktivum) und Bilanzdifferenz-Reservekonto (Passivum) noch offen. Beide Konten kommen in dieser Periode zum Abschluß. Denn: angenommen, das Manko bliebe unaufgeklärt, dann sind die beiden offen stehenden Konten auszugleichen durch die Buchung: Kassedifferenz-Reservekonto an Kasse-Differenzkonto. Der im Entstehungsjahr des Mankos zugunsten des Kassedifferenz-Reservekontos und zu Lasten der Erfolgs-Rechnung abgebuchte Manko-Betrag wäre jenem Jahr demnach mit Recht zur Last gefallen und für das nächste Jahr, in dem mangels erfolgter Aufklärung des Mankos der Ausgleich beider noch offenen Konten stattgefunden hat, wäre das Kasse-Manko materiell bedeutungslos geblieben.

Möglichkeiten und buchmäßige Wirkungen der Manko-Aufklärung im Nachjahr. Wird dagegen das Kasse-Manko in dem seiner Entstehung folgenden Jahr aufgeklärt, so müssen auch dann zwar die beiden, vom Vorjahr übernommenen und zunächst noch offenen Konten beglichen werden. Zu bemerken wäre aber hierbei, daß — im Gegensatz zum Fall der Nicht-Aufklärung des Kasse-Mankos — der Ausgleich der noch offenen beiden Konten in gewissen Fällen mit Wirkung auf die Erfolgs-Rechnung des Aufklärungsjahrs geschehen würde. Im wesentlichen können für die Aufklärung des Kasse-Mankos folgende vier Möglichkeiten in Betracht kommen, wodurch die buchhalterische Erledigung des Mankos verschieden beeinflußt wird:

a) Der Kassierer kommt im folgenden Jahr aus irgend einem Grunde zu der Überzeugung, oder es kann ihm vielleicht nachgewiesen werden, daß er das Manko durch Irrtum beim Geldwechseln oder dergleichen verschuldet hat. Der Kassierer legt daraufhin den Manko-Betrag nachträglich in die Kasse. Buchungen: Kasse-Konto an Kasse-Differenzkonto und Kassedifferenz-Reservekonto an Gewinn- und Verlust-Konto (oder Unkosten-Konto oder dgl.). Hiermit werden die beiden Bilanz-Konten beglichen und die Erfolgs-Rechnung wird erkannt, während dagegen die Erfolgs-Rechnung des Vorjahrs für denselben Manko-Betrag belastet worden war. Das Endergebnis läuft also auf folgendes hinaus: die Erfolgs-Rechnung des Manko-Entstehungsjahrs ist für das damals nicht aufgeklärte Kasse-Manko belastet, diejenige des Manko-Aufklärungsjahrs hingegen ist für den der Kasse auf Grund der Aufklärung zugeführten Betrag erkannt worden. Ebenso läge die Sache, wenn das Kasse-Manko im Entstehungsjahr sofort voll abgebucht worden wäre. Denn dann wäre wiederum die Erfolgs-Rechnung jenes Jahrs zugunsten der Kasse zu belasten, die Erfolgs-Rechnung des Aufklärungsjahrs hingegen zu Lasten der Kasse für den ersetzten Manko-Betrag zu erkennen gewesen. Beide Wirkungen sind nicht wünschenswert. Denn erstens stand am Schluß des Jahrs der Manko-Entstehung noch gar nicht fest, daß der Manko-Betrag als verloren zu erachten sei, und sodann wird die Erfolgs-Rechnung des Jahrs der Aufklärung für den der Kasse zugeführten Manko-Betrag zu Unrecht insofern erkannt, als jene Zuführung für dieses Jahr als kein eigentlicher Erfolgs-Posten, sondern als reine Vermögens-Vermehrung anzusehen ist.

Vorzuziehen ist im vorliegenden Fall demnach die Ausschaltung des Kassedifferenz-Reservekontos unter Beschränkung auf das Kasse-Differenzkonto allein. Denn dieses würde im Entstehungsjahr für den Manko-Betrag zugunsten der Kasse belastet, im Aufklärungsjahr hingegen zu Lasten der Kasse erkannt (also Ausschaltung der Erfolgs-Rechnung und den Vorgängen entsprechende buchhalterische Darstellung).

b) Es stellt sich heraus, daß im Vorjahr eine zu Lasten des Unkosten-Kontos zu verbuchende Gehalts-Zahlung im Haben der Kasse nicht gebucht, und daß dadurch das Kasse-Manko hervorgerufen worden ist. Buchungen: Unkosten-Konto an Kasse-Differenzkonto und Kassedifferenz-Reservekonto an Gewinn- und Verlust-Konto (oder Unkosten-Konto oder dgl.). Wirkung: mit der ersten Buchung wird das Unkosten-Konto, also die Erfolgs-Rechnung des Aufklärungsjahrs, für den im Vorjahr übersehenen Manko-Betrag nachträglich belastet. Da jedoch die Erfolgs-Rechnung des Vorjahrs zugunsten des damit eröffneten Kassedifferenz-Reservekontos schon einmal für den Manko-Betrag belastet worden war, so wird die im Aufklärungsjahr zugunsten des Kasse-Differenzkontos nachträglich nochmals geschehene Belastung des Unkosten-Kontos, also der Erfolgs-Rechnung für das Aufklärungsjahr, dadurch aufgehoben, daß diese Erfolgs-Rechnung zu Lasten des Kassedifferenz-Reservekontos für den Manko-Betrag erkannt wird. Im Aufklärungsjahr werden also die beiden aus dem Entstehungsjahr übernommenen Bilanz-Posten beglichen und die beiden, die Erfolgs-Rechnung des Aufklärungsjahrs betreffenden Posten heben einander auf. Die Buchführung dieses Jahrs wird also durch diese Art der buchhalterischen Manko-Erledigung materiell nicht berührt. Das ist gut. Denn durch die Errichtung des Kassedifferenz-Reservekontos im Entstehungsjahr des Mankos ist die Erfolgs-Rechnung jenes Jahrs für den Manko-Betrag belastet worden, womit im vorliegenden Fall — wenn auch naturgemäß unbewußt — das Richtige getroffen worden war, weil sich später herausgestellt hat, daß das Manko tatsächlich auf die Unterlassung einer die Erfolgs-Rechnung betreffenden Buchung zurückzuführen ist. Unter Ausschaltung des Kassedifferenz-Reservekontos wäre man in diesem Fall zum selben Resultat gekommen, wenn das Manko zu Lasten der Erfolgs-Rechnung des Entstehungsjahrs sogleich voll abgebucht worden wäre. Die Hinübernahme des Manko-Betrags ins folgende Jahr vermöge des Kasse-Differenzkontos allein hätte bei der hier beregten Art der spätern Manko-Aufklärung ein ganz falsches Bild ergeben, weil das Jahr der Manko-Entstehung durch die uns schon bekannte Buchung: Kasse-Differenzkonto an Kasse-Konto materiell zu Unrecht unberührt geblieben, dagegen das Manko-Aufklärungsjahr durch die dann notwendig gewordene Buchung: Unkosten-Konto an Kasse-Differenzkonto zu Unrecht belastet worden wäre;

c) Ein drittes Resultat der Manko-Aufklärung kann darin liegen, daß übersehen worden ist, einen Gläubiger für eine ihm aus der Kasse geleistete Zahlung zu belasten, weil diese Zahlung im Haben des Kassebuchs oder Kasse-Kontos fehlte, wodurch eben das Kasse-Manko hervorgerufen worden ist. Im Vergleich zum voraufgegangenen Aufklärungsfall b ist hier statt der Erfolgs-Rechnung die Rechnung über die Ver-

6*

mögensteile zu belasten versäumt worden. Bei Einschaltung des Kassedifferenz-Reservekontos im Manko-Entstehungsjahr würden die beiden Buchungen im Manko-Aufklärungsjahr dann lauten: N. N. an Kasse-Differenzkonto und Kassedifferenz-Reservekonto an Gewinn- und Verlust-Konto oder eines von dessen Unter-Konten. Wirkung: unter Aufhebung der beiden aus dem Manko-Entstehungsjahr übernommenen Bilanz-Konten ergibt sich die Belastung des N. N. zugunsten der Erfolgs-Rechnung des Manko-Aufklärungsjahrs, wobei die oben wiederholt erwähnte Belastung der Erfolgs-Rechnung des Manko-Entstehungsjahrs zu beachten bleibt. Die Wirkung dieser Buchungs-Methode ist also dieselbe, als sei das Manko im Jahr seiner Entstehung zu Lasten der Erfolgs-Rechnung voll abgebucht und als sei infolgedessen zur Zeit der Aufklärung gebucht worden: N. N. an Gewinn- und Verlust-Konto oder dgl. Diesen beiden Buchungs-Methoden ist hiernach vorzuziehen die andre, allein durch das Kasse-Differenzkonto zu bewirkende, wobei die Buchungssätze bekanntlich lauten: Kasse-Differenzkonto an Kasse-Konto im Manko-Entstehungsjahr und N. N. an Kasse-Differenzkonto im Jahr der Manko-Aufklärung, wobei also im jetzt besprochenen Fall der Manko-Aufklärung die Erfolgs-Rechnung der beiden Jahre außer Betracht bleibt, indem das Kasse-Differenzkonto im Manko-Entstehungsjahr provisorisch an die Stelle des N. N. tritt, zu dessen Lasten es nach erfolgter Manko-Aufklärung beglichen wird;

d) Schließlich ist noch zu gedenken der Möglichkeit, das Kasse-Manko könne darin seinen Grund haben, daß eine von einem Schuldner geleistete Zahlung der Kasse versehentlich zweimal belastet, und demgemäß dem Schuldner auf dessen Konto oder — wenn der Gegenposten in einem Sach konto, z. B. dem Waren-Konto, liegt — dem in Frage kommenden andern Konto auch zweimal gutgebracht worden ist (die doppelte Gutschrift auf einem Kontokorrent-Konto wird übrigens eher, als solche auf einem Sachkonto bemerkt werden). Ohne weiteres liegt klar, daß die Buchungen in allen drei Fällen (Kasse-Differenzkonto allein, oder mit Kassedifferenz-Reservekonto, oder bei sofortiger völliger Abbuchung des Kasse-Mankos im Entstehungsjahr) dieselben sein müssen wie die unter c erwähnten; und zwar deshalb, weil weder vom wirtschaftlichen noch vom buchtechnischen Standpunkt ein Unterschied darin besteht, ob ein Schuldner für eine ihm doppelt gutgebrachte, aber nur einmal von ihm geleistete Zahlung, oder ob ein Gläubiger für eine an ihn geleistete, jedoch bisher ungebucht gebliebene Zahlung nachträglich zu belasten ist.

Hieraus folgt, daß auch im Fall d das Kasse-Manko am besten durch das Kasse-Differenzkonto buchmäßige Erledigung fände. Wäre aber die im Kasse-Eingang irrtümlich doppelt gebuchte Zahlung nicht über das Konto-Korrent-Konto, sondern sogleich über ein mit der Erfolgs-Verrechnung zusammenhängendes Inventur-Erfolgskonto (beispielsweise über das Waren-Konto) geführt worden, so kämen die oben unter b mitgeteilten Ausgleichs-Buchungen in Frage, weil es, buchhalterisch und wirtschaftlich genommen, keinen Unterschied macht, ob ein Erfolgs-Posten zugunsten der Kasse ungebucht geblieben oder ob er zu Lasten der Kasse einmal zu Unrecht gebucht worden ist. Die oben unter b gemachten Ausführungen treffen mithin auch auf den vorstehend angenommenen Fall zu.

Die über das Kasse-Manko gegebenen Erläuterungen sind dazu bestimmt, dem Leser einen Überblick über die Verbuchungs-Möglichkeiten und deren Wirkungen zu geben. Für welche Art von Buchung man sich zweckmäßig entscheidet, ist nicht zuletzt nach der Höhe des Manko-Betrags und nach der Wahrscheinlichkeit seiner Aufklärung zu beurteilen.

Kasse-Überschüsse. Statt eines Kasse-Mankos wird ein Kasse-Überschuß festgestellt, da der Kasse-Effektivbestand sich gegenüber dem buchmäßigen Soll als um jenen Betrag zu groß erweist.

Die buchhalterische Behandlung des Kasse-Überschusses gestaltet sich einfacher als diejenige des Kasse-Mankos. Das wird verständlich, wenn man sich den wesentlichen Unterschied zwischen beiden Kasse-Differenzen klar macht. Das Kasse-Manko verursacht — wenn seine Abbuchung nicht noch im Jahr seiner Entstehung geschieht — eine Belastung oder einen Verlust künftiger Jahre unter der Voraussetzung, daß es unaufgeklärt oder ungedeckt bleibt. Sofern mit der Aufklärung oder nachträglichen Deckung des Kasse-Mankos nicht sicher zu rechnen ist, wird man deshalb von Fall zu Fall zu erwägen haben, ob und auf welchem buchhalterischen Wege man das Manko ins nächste Jahr übernehmen soll. Über Art und Wirkung solcher Buchungen ist in den vorstehenden Darlegungen bereits ausführlich gesprochen worden. Im Gegensatz zum Kasse-Manko bedeutet der Kasse-Überschuß bis zu seiner Aufklärung einen Gewinn. Im Augenblick der Aufklärung hört der Kasse-Überschuß zu existieren auf. Da nun in erster Reihe damit gerechnet werden muß, daß Kasse-Überschüsse auf ungebucht gebliebene Kasse-Einzahlungen und auf demzufolge gleichfalls nicht gebuchte bezügliche Gutschriften auf

Kontokorrent-Konten zurückzuführen sind, ergibt sich daraus für jeden sorgfältig disponierenden Kaufmann die Pflicht, Kasse-Überschüsse nicht etwa zugunsten des Entstehungsjahrs gleich abzubuchen, sondern sie unbedingt in Reserve zu stellen.

Jedoch mit einer Einschränkung: handelt es sich nämlich nur um Bargeschäfte ohne jede Kontokorrent-Buchführung, so wird man Kasse-Überschüsse sogleich im Entstehungsjahr zugunsten der Erfolgs-Rechnung dieses Jahrs abbuchen dürfen (Kasse-Konto an Gewinn- und Verlust-Konto oder dessen Unterkonten), weil dann Personenkonten-Gutschriften als Gegenposten unterbliebener Kasse-Belastungen nicht in Betracht kommen.

Reserve-Stellungen von Kasse-Überschüssen zugunsten späterer Jahre können geschehen mittelst des Buchungssatzes: Kasse-Konto an Kasse-Differenzkonto. Das Kasse-Differenzkonto wird dann unter den Passiven vorgetragen und im Fall der spätern Aufklärung zugunsten des etwa in Frage kommenden Kontokorrent-Kontos, auf dem die in Betracht kommende Einzahlung früher ungebucht geblieben war, zum Ausgleich belastet. Ist ein Kasse-Überschuß nach Jahren noch unaufgeklärt, und ist die Aufklärung dann nicht mehr zu erwarten, so wird das Kasse-Differenzkonto zugunsten der Erfolgs-Rechnung jenes Jahrs zum Ausgleich belastet.

Konto „Namenlos". Selbstverständlich steht nichts im Wege, dem Vortrags-Konto für Kasse-Überschüsse — zur Unterscheidung vom Kasse-Differenzkonto für Kasse-Mankos — einen andern Namen zu geben. So bin ich beispielsweise in einem Bankinstitut mehrere Jahre hindurch einem Konto „Namenlos" begegnet. Diese Bezeichnung war gewählt worden, weil der Kassierer, als am Abend gelegentlich der Bestand-Aufnahme der Überschuß festgestellt worden war, die Differenz zwar sofort in einem bestimmten Posten von der genauen Höhe des Überschuß-Betrags vermutete (der sich auch tatsächlich als ungebucht herausstellte), ohne jedoch den Namen des ihm persönlich unbekannten Einzahlers noch im Gedächtnis zu haben. Merkwürdigerweise hat jener Einzahler seinen Anspruch bisher nicht geltend gemacht, so daß nunmehr das Konto „Namenlos" zugunsten der Erfolgs-Rechnung beglichen worden ist.

Kontenmäßige Scheidung von Überschüssen und Mankos. Will man Vortrags-Buchungen für Kasse-Mankos von solchen für Kasse-Überschüsse scharf scheiden, so ist empfehlenswert, das Differenz-Konto für jene Kasse-Mankokonto, dasjenige für diese Kasse-Überschußkonto zu nennen. Wenn in den vorstehenden Mitteilungen die Verbuchung der Kasse-Mankos immer mit Bezug auf Einzelfälle dargestellt ist, so muß darauf hingewiesen werden, daß diese Darstellungsart gewählt wurde, um das Verständnis nicht zu erschweren. In der

Praxis großer Unternehmungen, besonders der Bankbetriebe, wo Kasse-Mankos im Lauf eines Jahrs öfter vorkommen, werden sie natürlich auf einem Kassedifferenz- oder ähnlich heißenden Konto gesammelt, und am Jahresschluß wird über die materielle und buchmäßige Behandlung des Saldos dieses Kontos von der Direktion oder dem Buchhalterei-Vorsteher entschieden. Nicht selten werden auch Kasse-Mankos zusammen mit Kasse-Überschüssen auf einem Kasse-Differenzkonto verbucht. Daß dies in nur sehr bedingtem Umfang ratsam ist, bedarf nach allem bisher darüber Gesagten keiner Begründung. Unbemerkt mag nicht bleiben, daß die Kasse-Differenz- oder ihnen verwandte Konten sowohl als Sachkonten, wie auch als Personen-Konten behandelt und in den Bilanzen — besonders der zur öffentlichen Rechnungslegung verpflichteten Unternehmungen — je nach der Sachlage unter den Debitoren oder unter den Kreditoren verrechnet werden.

Kasse-Mankoreservekonto. Schließlich bedarf der Erwähnung die in großen Betrieben nicht selten anzutreffende Übung, für Kasse-Mankos von vornherein einen der Erfahrung entsprechenden Betrag in Form einer Kasse-Mankoreserve zur Verfügung zu stellen, aus der die periodische Deckung unaufgeklärt gebliebener Mankos bewirkt wird, und der zur Auffüllung von Jahr zu Jahr neue Beträge zugeführt werden. Buchung bei der Bildung der Reserve: Gewinn- und Verlust-Konto oder dessen Hilfskonto an Kasse-Mankoreservekonto. Buchung bei der Verwendung der Reserve: Kasse-Mankoreservekonto an Kasse-Konto.

Differenzen auf anderen Nennwert-Kontrollkonten. Mutatis mutandis sind die über Kasse-Differenzen gemachten Darlegungen auch auf andere Nennwert-Kontrollkonten angehende Differenzen zu beziehen. Praktische Bedeutung werden Differenz-Buchungen auf Nennwert-Kontrollkonten mit Skontro-Kontrolle, wozu z. B. Wechsel-, Effekten- und Coupons-Konten gehören können, bei ordnungsmäßiger Buchführung kaum bekommen, weil in diesen Konten steckende Differenzen an der Hand der Skontri aufzuklären sind. Um Differenzen auf diesen Konten vorzubeugen, ist eine, je nach dem Umfang des Betriebs oder der Zahl der Buchungs-Posten mehr oder minder häufige Abstimmung der Effektivbestände mit dem buchmäßigen Soll dringend zu empfehlen.

Kontokorrent-Differenzen.

In bezug auf die S. 29 besprochenen Buchwert-Nachweiskonten gewinnen Abschluß-Differenzen regelmäßig Bedeutung nur für Forderungen und Schulden der Unternehmung. Denn sowohl auf den Konten der Betriebs-Gegenstände, wie auch auf denjenigen der Immaterialgüter sind etwa festgestellte Abschluß-Differenzen in Anbetracht der meist nur sehr geringen Umsätze auf diesen Konten leicht aufklärbar.

Kontrollfunktion des Kontokorrent-Kontos. Voraussetzung dafür, daß in den Debitoren oder Kreditoren steckende Abschluß-Differenzen bemerkt werden, ist die Möglichkeit der Kontrolle in dieser Richtung. Diese Möglichkeit ist gegeben in der Führung eines Kontos, auf dem sämtliche, über die Debitoren- und Kreditoren-Einzelkonten gebuchten Vorträge und Umsatz-Posten gesammelt werden. Solches Konto heißt Kontokorrent-Konto.

Das Kontokorrent-Konto ist als Hauptbuch-Konto — im Gegensatz zu den Debitoren- und Kreditoren-Einzelkonten, die „lebende" oder Personen-Konten sind — Sachkonto oder „totes" Konto. Es ist ein Summen- oder Sammelkonto und deshalb ohne Text, rein zahlenmäßig führbar; es ist also Gegenstand ausschließlich unpersönlicher Verrechnung zu dem Zweck, eine rechnerische Kontrolle dahin zu gewähren, ob der Gesamtbetrag der nach den Personenkonten jeweilig festzustellenden Schuldner- und Gläubiger-Salden richtig ist. Dieser Umstand charakterisiert das Kontokorrent-Konto als hervorragendes Kontrollmittel für den Bücherabschluß.

Fehlerquellen. Zeigt sich nun bei der Abstimmung des Kontokorrentkonto-Saldos mit dem sich zwischen der Gesamtsumme aller Debitoren- und der aller Kreditoren-Salden ergebenden Unterschied (Kontokorrentprobe) keine Übereinstimmung jenes Saldos mit diesem Unterschied, so können die Ursachen hierfür sehr verschiedener Art sein. Ist die Differenz durch nur einen Fehler verursacht, so kann er entweder im Hauptbuch-Kontokorrentkonto, oder in einem der Personen-Konten, oder im Debitoren- oder im Kreditoren-Auszug, oder schließlich in einem der Grundbücher liegen. Bei mehreren Fehlern können mehr oder weniger alle vier Quellen in Betracht kommen.

Kontokorrent-Differenzen können herbeigeführt sein:

A. Auf den Personen-Konten:

1. durch Posten-Verbuchung auf der Soll-Seite anstatt auf der Haben-Seite oder umgekehrt;
2. durch Unterlassung von Buchungen, sofern nicht zufällig die im Soll fehlenden Buchungen den im Haben fehlenden zahlenmäßig gleichen;
3. durch Luftbuchungen; das sind solche Buchungen, die nicht in den Grundbüchern stehen und infolgedessen auch nicht auf das Kontokorrent-Konto im Hauptbuch gelangt sind, die übrigens, soweit es sich nicht um harmlose Storno-Buchungen ohne Grundbuchung handelt, nicht selten dolosen Charakter

haben (hieraus folgt übrigens auch die Notwendigkeit, Storno-Buchungen unbedingt immer erst in den Grundbüchern zu bilden und sie von dort aus ordnungsmäßig zu übertragen);

4. durch unrichtige Übertragung der Zahlen aus den Grundbüchern;
5. durch Transportfehler, Additionsfehler oder falsche Saldierung.

B. Auf dem Kontokorrent-Konto im Hauptbuch:

Hierfür gelten die vorstehend angeführten Möglichkeiten; jedoch überwiegend wohl mit Ausnahme von Nr. 3, weil das Hauptbuch-Kontokorrentkonto als Sachkonto im Gegensatz zu den Personen-Konten ohne weiteres zu dolosen Buchungen nicht reizt. Berührt wird das Hauptbuch-Kontokorrentkonto im gedachten Fall, wenn bei umsichtiger Konto-Fälschung sein Saldo durch weitere Luftbuchungen mit dem Debitoren- und Kreditoren-Gesamtsaldo in Einklang gebracht wird.

Das Kontokorrent-Konto im Hauptbuch kann trotz doloser Luftbuchungen auf Personen-Konten von solchen Buchungen unberührt bleiben, und dennoch kann eine stimmende Kontokorrentprobe erzielt werden, wenn nämlich die dolosen Buchungen auf Personen-Konten als Posten und Gegenposten vorkommen, sich demnach also in ihrer Wirkung auf die Kontokorrentprobe ausgleichen. Diesem Fall bin ich in einem Bankgeschäft begegnet, wo zwei über ihre Kräfte spekulativ engagierte Prokuristen ihre Konten-Salden um sehr bedeutende Beträge dadurch kleiner erscheinen ließen, daß sie zu Lasten zweier Großbanken, auf deren Konten die geschobenen Beträge trotz ihrer Erheblichkeit nicht auffallenden Einfluß üben konnten, Überträge vorgenommen hatten. Diese Überträge waren Luftbuchungen und bewiesen somit eine schwerwiegende Lücke in der Organisation der Buchhaltung.

C. Im Debitoren- oder im Kreditoren-Auszug:

1. durch Einstellen von Kreditsalden unter den Debitoren oder umgekehrt;
2. durch unterbliebenes Einstellen von Debet- oder Kredit-Salden, falls nicht zufällig die Auslassungen in beiden Auszügen einander ausgleichen;
3. durch unrichtige Salden-Übernahme aus den Personen-Konten;
4. durch Transportfehler oder falsche Addition der Auszüge.

D. In den Grundbüchern:

durch Additions- oder Transportfehler oder durch Irrtümer beim Abschreiben von Zahlen aus den Belegen, falls nach diesen auch auf die Personen-Konten direkt übertragen und der Fehler beim nachträglichen Vergleichen der Konten- mit den Grundbücher-Zahlen übersehen wird.

Pflicht zur Fehler-Aufklärung. Ist nun bei der Kontokorrentprobe eine Differenz festgestellt worden, wird sie vom Standpunkt ordnungsmäßiger Buchführung gesucht werden müssen. Ist die Differenz nur klein, beispielsweise unter zwanzig Mark, bei größeren Unternehmungen auch wohl bis zu hundert Mark, ist außerdem auf Grund der gesamten Organisation und der Zuverlässigkeit des Personals von der Geschäftsleitung mit gutem Recht zu vermuten, daß die Differenz ungleich wahrscheinlicher auf entschuldbare Buchungsfehler, als auf ungesetzliche Handlungen zurückzuführen ist, hat schließlich längeres Kollationieren noch nicht zur Aufklärung geführt, so wird — ohne die Ordnungsmäßigkeit der Buchführung zu zerstören — die Kontokorrent-Differenz abgebucht oder in Reserve gestellt werden dürfen. Unbedenklich kann dies bei Einzelunternehmungen und Personal-Gesellschaften geschehen. Prinzipiell vermieden werden sollte es jedoch bei Kapital-Gesellschaften, vor allem bei Aktien-Gesellschaften, weil im Wesen jener Gesellschaftsformen liegt, daß die mit Kapital Beteiligten regelmäßig keinen kontrollierenden Einfluß auf die Geschäftsführung haben und deshalb den zu veröffentlichenden Bilanzen vertrauen müssen. Ganz besonders Banken und Bankiers haben auf lückenlose Klärung von Kontokorrent-Differenzen zu halten.

Selbst kleine Differenzen aufzuklären, ist unbedingt empfehlenswert, weil nicht selten hinter dem kleinen Betrag weit größere Fehler oder dolose Buchungen stecken, die durch andere Fehlbuchungen wieder kompensiert sind. Ist mir doch vor einiger Zeit passiert, daß eine Kontokorrent-Differenz von 186,90 M auf nicht weniger als 27 Fehlern beruhte, und daß sich bei der Aufklärung Spannungen bis zu 5700 M ergaben.

Zahlenmäßige Angaben dafür, wann die Ordnungsmäßigkeit der Buchführung durch unaufgeklärte Kontokorrent-Differenzen gestört wird, lassen sich nicht machen; vielmehr ist von Fall zu Fall unter Würdigung der gesamten Sachlage zu entscheiden.

Fehler-Vorbeugungsmittel. Besonders die Buchführung der Kapital-Gesellschaften ist deshalb so zu organisieren, daß Kontokorrent-Differenzen zur Abschlußzeit verhütet werden können, weil Vorbeugen zweckmäßiger als zeitlich im voraus oft nicht zu bemessendes Suchen ist. Die Technik der den Kontokorrent-Differenzen vorbeugenden Mittel zu beschreiben, gehört nicht zum Thema dieses Buchs. Ich möchte jedoch nicht unterlassen, den Leser darauf hinzuweisen, daß in der Z. f. hw. F. wiederholt bezügliche Einrichtungen beschrieben worden sind.

Orientierend will ich kurz nur erwähnen, daß in erster Linie gewissenhaftes Kollationieren als Vorbeugungsmittel zu nennen ist.

Querzahlen als Additions-Kontrollmittel. Um Additionsfehler (besonders in den Grundbüchern) zu vermeiden, empfiehlt sich die Anwendung von Probezahlen. Als solche genügen nach meinen zahlreichen praktischen Versuchen auch schon die Querzahlen, wobei die Querzahl „neun" oder deren Vielfaches immer fortgelassen werden kann.[1]) (Das unten gegebene Beispiel soll nur das praktische Verständnis vermitteln; auf die mathematische Begründung muß in diesem Zusammenhang verzichtet werden.)

---

[1]) Beispiel:

	zu addieren sind:		Querzahlen dazu mit Außerachtlassung der „neun" und deren Vielfachen:
	4 125,90	M	21
	316,80	„	—
	27,30	„	12
	1 218,60	„	—
zusammen:	5 688,60	M	Summe der Querzahlen: 33
Querzahl der Summe:	33		

Hätte man die in diesem Beispiel sich zweimal mit „achtzehn" ergebenden Vielfachen von „neun" als Querzahlen mit aufgeführt, so hätte die Summe der Querzahlen sich von 33 auf 33 + 18 + 18 = 69 gesteigert. Dann hätte die Summe der Querzahlen sich mit der auf 33 lautenden Querzahl der Summe der addierten Posten nicht gedeckt. Dieser Fall kann auch sonst vorkommen; er ist aber kein Beweis gegen die Regel, weil in solchen Fällen die Querzahlen der Querzahlen zu nehmen sind. Diese ergeben im vorliegenden Fall für 69 = 15 und für 33 = 6. Die Querzahl von 15 ist ebenfalls = 6. Also stimmt das Resultat auch hiernach.

Würden zufällig einmal sämtliche Querzahlen der zu addierenden Beträge auf „neun" oder deren Vielfaches lauten, würden also sämtliche Querzahlen ungeschrieben bleiben, so läge der Beweis für die Richtigkeit der Rechnung darin, daß die Querzahl der Summe der addierten Beträge auf „neun" oder deren Vielfaches hinauskommen müßte.

Man kann die Querzahl-Methode auch anwenden, ohne die Querzahlen selbst hinzuschreiben. Man addiert dann einfach die einzelnen Ziffern der zu addierenden Zahlen in der Reihenfolge von links nach rechts fortlaufend durch. Dabei läßt man das Resultat sofort fallen und rechnet von neuem weiter, sobald die Zahl neun oder deren Vielfaches herauskommt. Sehen wir uns daraufhin unsere vorstehend addierten Zahlen an. Bei deren Durchaddieren würde die Ziffernfolge sein: 4 + 1 + 2 + 5 + 9 + 0 + 3 + 1 + 6 + 8 + 0 + 2 + 7 + 3 + 0 + 1 + 2 + 1 + 8. Bis hierher würde sich die Zahl 63 als Quersumme ergeben. Da 63 ein Vielfaches von 9 ist, würde dieses Resultat fallen gelassen und von neuem weiter addiert werden. Zufällig kommen bei dem vorstehenden kleinen Additions-Beispiel nur noch die beiden Ziffern 6 und 0 in Frage. Deren Quersumme ist 6. Dieses Resultat deckt sich mit der durch reguläre Addition oben von mir ermittelten Querzahl 33. Denn deren Querzahl ist ebenfalls (3 + 3 =) 6.

Hiermit glaube ich die Bequemlichkeit und Sicherheit der Querzahl-Methode

Diese Querzahl-Methode hat im Vergleich zu anderen Probezahlen-Berechnungen den Vorzug größter Einfachheit.

Kontokorrent-Kontrollbücher. Will man das Kollationieren sparen, oder doch im Bedarfsfall wesentlich abgrenzen oder einschränken, kann man sämtliche Personen-Konten rein zahlenmäßig, also ohne Text, in Kontrollbüchern führen. Man ist dann in der Lage, Saldo für Saldo mit dem Kontrollbuch abzustimmen, beschränkt das Kollationieren mithin auf die meist nur seltenen Fälle der Nichtübereinstimmung der Salden und kann außerdem auf das Kontokorrent-Konto im Hauptbuch, dessen Kontrollfunktion das Kontrollbuch übernimmt, verzichten.

Kontokorrentkonto-Zerlegung. Zu dem Zweck, den Differenz-Bezirk im Interesse der schnellern und leichtern Auffindung des Fehlers nach Möglichkeit zu begrenzen, gehen große Unternehmungen oft dazu über, das Hauptbuch-Kontokorrentkonto in verschiedene Abteilungen zu zerlegen und getrennte Kontokorrentbücher oder Büchergruppen nach diesen zu führen. Besonders ausgebildet ist dieses Verfahren im Bankbetrieb, wo das Kontokorrent-Konto beispielshalber an Abteilungen aufweist: Kontokorrent-Konten als provisionspflichtige Konten im Gegensatz zu provisionsfreien Scheck- und Depositen-Konten; ferner Nostro- und Ausland-Bankkonten, Konten für Deutsche Loro-Banken und Bankiers. Im Warengeschäft gliedert man die Konten oft in solche für Stadt- und auswärtige Kundschaft; ferner für Lieferanten. Oder man trennt nach Anfangsbuchstaben der Namen: A—E, F—N, O—R, S—Z oder ähnlich.

Was ist nun über die Wirkung der Kontokorrent-Differenzen auf den Reinerfolg zu sagen?[1])

Diese Frage muß verschieden beantwortet werden danach, ob der Debitoren- und Kreditoren-Auszug richtig ist, die Differenz also im Hauptbuch-Kontokorrentkonto liegt, oder ob der umgekehrte Fall vorliegt, oder ob endlich die Differenz auf beide Quellen zurückzuführen ist.

---

hinreichend erwiesen zu haben. Der Leser wird sich ihrer ohne besondere Vorübung bedienen können.

Nur darauf sei ausdrücklich noch hingewiesen, daß Probezahl-Methoden mit unbedingter Sicherheit nur angewendet werden dürfen unter der Bedingung, daß die voraddierten Summen richtig hingeschrieben sind, daß also nicht etwa an Stelle des mit Bleistift zunächst hingeschriebenen Resultats von beispielsweise 3819,15 M mit Tinte 3189,15 M ausgefüllt werden. Dieser Irrtum wäre durch die Probezahl-, also auch durch die Querzahl-Methode nicht feststellbar, weil die Querzahl des Additions-Resultats durch das irrtümliche Umkehren der Ziffern 8 und 1 nicht beeinflußt werden würde.

[1]) Vgl. zu diesem Thema auch die Artikel über „Bilanzdifferenz-Konto" in der Z. f. Hw. u. Hp. I. S. 118ff., II. S. 43ff.; ferner in der Z. f. B. 08 S. 222, 246, 279ff., 09 S. 17, 22ff. („Buchrevisor") 150, 203, 212ff.

Selbstverständlich wird man ohne weiteres nicht wissen, wo die Differenz steckt.

Wird diese vor dem Bücherabschluß nicht mehr aufgeklärt, so wird man regelmäßig die Debitoren- und Kreditoren-Salden in den Auszügen aus den Kontokorrentbüchern als richtig ansehen und mit deren Gesamtsaldo den damit nicht übereinstimmenden Saldo des Kontokorrent-Kontos im Hauptbuch in Einklang bringen.

Um unsere Frage zu beantworten, müssen wir von gewissen Annahmen ausgehen.

Differenz-Möglichkeiten.

I. Angenommen, die Debitoren- und Kreditoren-Auszüge seien richtig, die Differenz stecke also im Hauptbuch-Konto korrentkonto.

Fall a: der Kontokorrent-Saldo im Hauptbuch ist zu Unrecht höher als der Unterschied aller Debitoren- und Kreditoren-Salden.

Fall b: der Kontokorrent-Saldo im Hauptbuch ist zu Unrecht niedriger als der Unterschied aller Debitoren- und Kreditoren-Salden.

II. Angenommen, der Kontokorrent-Saldo im Hauptbuch wäre richtig, die Differenz stecke also im Debitoren- oder im Kreditoren-Auszug.

Fall a: der Unterschied aller Debitoren- und Kreditoren-Salden ist zu Unrecht höher als der Kontokorrent-Saldo im Hauptbuch.

Fall b: der Unterschied aller Debitoren- und Kreditoren-Salden ist zu Unrecht niedriger als der Kontokorrent-Saldo im Hauptbuch.

Differenz-Buchungen. Möglichkeiten des buchmäßigen Fortschaffens der im Entstehungsjahr nicht aufgeklärten Kontokorrent-Differenz:

A. Durch unmittelbares vollständiges Fortbuchen im Entstehungsjahr (Buchungssatz: Kontokorrent-Konto an Unkosten-Konto oder umgekehrt. Statt des Unkosten-Kontos etwa Provisions-Konto oder direkt Gewinn- und Verlust-Konto).

B. Durch Vortrag auf einem Kontokorrent-Differenzkonto (Buchungssatz: Kontokorrent-Konto an Kontokorrent-Differenzkonto oder umgekehrt).

C. Durch den unter B genannten Vortrag bei gleichzeitiger Zurückstellung auf einem Kontokorrentdifferenz-Reservekonto.

Deren Wirkungen auf den Reinerfolg. Wirkungen auf den Reinerfolg:

In den Fällen der Annahmen Ia und Ib:

1. bei Buchungsmethode A: zeigt das Hauptbuch-Kontokorrentkonto einen zu Unrecht zu hohen oder zu niedrigen Debetsaldo oder Kreditsaldo, so wird mit dem endgültigen und vollständigen Fortbuchen in jedem Fall das Richtige getroffen, weil ja das Kontokorrent-Konto im Hauptbuch nach der hier zugrunde liegenden Annahme falsch, mithin mit Recht zu Lasten oder zugunsten der Erfolgs-Rechnung des Jahrs der Entstehung der Differenz richtigzustellen ist;
2. bei Buchungsmethode B: der Vortrag der Differenz wäre im vorliegenden Fall verfehlt, weil er den Forderungs- oder den Schuld-Überschuß zu Unrecht ins folgende Jahr schleppen würde. Denn das Kontokorrent-Konto im Hauptbuch ist im Jahr der Entstehung der Differenz richtig zu stellen;
3. bei Buchungsmethode C: hierzu gilt das unter Nr. 2 Gesagte.

In den Fällen der Annahmen IIa und IIb:

1. bei Buchungsmethode A: hierbei würde die Erfolgs-Rechnung des Entstehungsjahrs im Fall des ungerechtfertigten Debitoren-Überschusses oder des Kreditoren-Mankos zu Unrecht erkannt, im Fall des ungerechtfertigten Kreditoren-Überschusses oder des Debitoren-Mankos zu Unrecht belastet worden sein;
2. bei Buchungsmethode B: der Vortrag der Differenz ist in diesen Fällen am Platze, weil dadurch der Reinerfolg des Entstehungsjahrs unbeeinflußt bleibt und im Nachjahr das Kontokorrent-Differenzkonto zugunsten oder zu Lasten des auf den Debitoren- oder Kreditoren-Konten inzwischen aufgeklärten Differenz-Betrags ausgeglichen wird, ohne den Reinerfolg des Nachjahrs zu berühren. Soweit jedoch die Aufklärung der Differenz auch im Laufe des Nachjahrs nicht gelingt, würde sie über ein Erfolgs-Konto abzubuchen sein. Für den Fall eines ungerechtfertigten Debitoren-Überschusses oder eines Kreditoren-Mankos in den Konto-Korrent-Auszügen würde dann eine Erhöhung des Reinerfolgs zugunsten des Nachjahrs eintreten; für den Fall eines ungerechtfertigten Kreditoren-Überschusses oder eines Debitoren-Mankos jedoch eine Minderung des Reinerfolgs. Um der letztgenannten Möglichkeit vorzubeugen, empfiehlt sich die Anwendung des Kontokorrent-Differenzreserve-Kontos.

3. bei Buchungsmethode C: mit dieser Methode würde — wie schon angedeutet wurde — im Fall der vorliegenden Annahme das Richtige getroffen, wenn im Vergleich zum richtigen Kontokorrentkonto-Saldo der Überschuß der Kreditoren- über die Debitoren-Salden zu Unrecht zu groß oder derjenige der Debitoren- über die Kreditoren-Salden zu Unrecht zu klein ist. Dann würde im Entstehungsjahr der Differenz zweckmäßig gebucht werden: Kontokorrent- Differenzkonto an Kontokorrent-Konto und: (irgend ein geeignetes) Erfolgs-Konto an Kontokorrentdifferenz-Reservekonto. Im Nachjahr lauten die Buchungen dann für den Fall, daß die Differenz nicht aufgeklärt wird: Kontokorrentdifferenz-Reservekonto an Kontokorrent-Differenzkonto. Die Erfolgs-Rechnung des Nachjahrs bleibt somit unbeeinflußt. Soweit die Differenz im Nachjahr aufgeklärt wird, lauten die Buchungen: von der Aufklärung betroffene Personen-Konten (entweder zu hohe Kreditoren- oder zu niedrige Debitoren-Konten) an Kontokorrent-Differenzkonto und: Kontokorrentdifferenz-Reservekonto an Erfolgs-Konto. Im Fall der Differenz-Aufklärung im Nachjahr wandelt im vorliegenden Fall die vorsichtshalber zu Lasten des Entstehungsjahrs gebildete Verlust-Reserve zugunsten des Nachjahrs sich also in einen Gewinn.

Hiermit sind die Möglichkeiten der buchmäßigen Verrechnung von Kontokorrent-Differenzen und ihre Wirkungen auf den geschäftlichen Reinerfolg besprochen, soweit jene Differenzen entweder nur im Kontokorrent-Konto des Hauptbuchs oder nur auf den Personen-Konten zu suchen sind. Nicht selten werden Kontokorrent-Differenzen aber auf beide Quellen zurückzuführen sein. Die von Fall zu Fall sehr verschiedenen Wirkungen derartig zusammengesetzter Differenzen auf den bilanziellen Erfolg der Unternehmung wird der Leser auf Grund der vorstehenden Ausführungen leicht selbst ermessen können.

Nachdem nunmehr die auf den Nennwert-Kontrollkonten und auf den Buchwert-Nachweiskonten vorkommenden Abschluß-Differenzen besprochen sind, wäre noch derjenigen auf den Inventur-Erfolgskonten zu gedenken. (Vgl. über das Wesen dieser Konten meine Ausführungen auf S. 27 und 28.)

Abschluß-Differenzen auf Inventur-Erfolgskonten.

Skontri als Kontrollmittel. Im Wesen der Inventur-Erfolgskonten liegt, daß der auf sie bezügliche, durch die Inventuraufnahme festzustellende Bestand buchmäßig nur kontrolliert werden kann, wenn neben der Kontierung eine Skontrierung nach Mengen oder Werten oder nach beiden Gesichtspunkten einherläuft.

Dies ist beispielsweise bei Wechseln der Fall, wenn das Wechsel-Konto nicht als Nennwert-Kontrollkonto, sondern als Inventur-Erfolgskonto geführt wird. Dann ist bei ordnungsmäßiger Buchhaltung im Interesse der Bestand-Kontrolle die Führung eines Wechsel-Skontros erforderlich, wenn man nicht die tabellarische Anordnung des Wechsel-Memorials zur Anwendung bringt, woraus Bestand- und Erfolgszahlen getrennt entnommen werden können.

Für den Waren-Bestand ist die Bestand-Kontrolle durch Skontrierung in nur relativ wenigen Fällen möglich. Dann nämlich, wenn einfache Verhältnisse die Kontrolle erleichtern. Insbesondere, wenn nur wenige Artikel geführt und diese nur in Original-Packungen weiter veräußert werden. Allerdings ist in manchen Handelszweigen (beispielshalber im Verlagsbuchhandel) die Skontrierung für einen ordnungsmäßigen Betrieb unentbehrlich.

Bei den meisten Inventur-Erfolgskonten, z. B. bei Wechsel-, Effekten-, Sorten- und Kupons-Konten wird man den Effektivbestand mit dem aus dem Skontro resultierenden Sollbestand genau abstimmen, etwa vorhandene Differenzen also nach dem Skontro, dem Konto-Korrent und sonstigen Quellen aufklären. Das ist vom Standpunkt ordnungsmäßiger Buchführung unerläßlich.

Falsche Waren-Bestandwerte (seien diese in unrichtigen Quantitäten, in unzutreffender Bewertung oder in falscher Ausrechnung begründet) sind in der Bilanzpraxis nicht eben selten; sie drücken den Reinerfolg der Periode ihrer Entstehung zugunsten des Nachjahr-Ergebnisses oder umgekehrt; sie werden mithin nach Maßgabe der spätern Realisierung zwar immer korrigiert, haben aber regelmäßig einen zeitlich verschiebenden Einfluß auf die Ergebnisse der daran beteiligten Geschäfts-Perioden.

---

8. Abschnitt.

Transitorische und Antizipations-Posten.

Wesen dieser Posten. Transitorische oder Antizipations-Posten entstehen dadurch, daß Beträge der Erfolgs-Rechnung (und zwar regelmäßig mittelst Vortrags über Bilanz-Konto) in Vermögensteile verwandelt werden, um im Nachjahr ganz oder teilweise wieder in die Erfolgs-Rechnung zurückzukehren.

Sowohl in der bilanzrechtlichen, wie auch in der steuerrechtlichen und buchführungstechnischen Literatur ist die Bilanzierung der transitorischen und Antizipations-Posten vielfach besprochen worden.[1])

[1]) Aus der Literatur über transitorische Posten nenne ich nur: Kitt: Über transitorische Verbuchungen (vgl. 11. Jahresbericht des Vereins der Wiener

Oft handelt es sich dabei nur um die buchhalterische Behandlung bestimmter Vorgänge dieser Art. Soweit Bearbeitungen des ganzen Gebiets vorliegen, zeigen sich mehrfach auseinandergehende Auffassungen.

Gruppierung der Hauptfälle. Die hauptsächlich vorkommenden Fälle rubriziere ich nach folgenden Gesichtspunkten:[1])

Transitorische Aktiva = im Bilanzjahr bezahlte oder dem Gläubiger gutgeschriebene Verbindlichkeiten, deren Regulierung dem folgenden Jahr (Nachjahr) oder mehreren Nachjahren obgelegen hätte oder obliegt, weshalb sie zu Lasten des Nachjahrs vorgetragen werden müssen (z. B. gegebene Lohn-, Provisions- oder Gehalts-Vorschüsse, vorausbezahlte Prämien,[2]) Zinsen und Mieten, noch unverbrauchte Materialien usw.).

Transitorische Passiva = im Bilanzjahr bezahlt erhaltene oder dem Schuldner belastete Leistungen, die erst dem Nachjahr oder mehreren Nachjahren zustehen, weil erst dann die Gegenleistungen zu erbringen sind [z. B. im voraus empfangene Zahlungen auf Abonnements, Passage-Billette, „überhobene" Zinsen („Antizipando"-Zinsen) u. a. m.].

Aktiv-Antizipationen = im Bilanzjahr ganz oder teilweise entstandene Forderungen, die aus irgend einem Grunde jedoch erst im Nachjahr oder später zur endgültigen Abrechnung oder Bezahlung gelangen oder gelangen können (z. B. bereits gemachte, aber noch nicht zur Abrechnung gelangte Gewinne an Beteiligungen oder dgl., Forderungen aus halbfertigen Lieferungen,[3]) im Bilanzjahr verdiente, im Nachjahr aber erst zur Verrechnung oder Bezahlung kommende Lagergelder, Zinsen, Mieten, Pachten u. dgl.).

Passiv-Antizipationen = im Bilanzjahr ganz oder teilweise entstandene Verbindlichkeiten, die aus irgend einem Grunde jedoch erst im Nachjahr oder später endgültig abgerechnet oder bezahlt werden oder werden können [z. B. vom Gläu-

---

Handelsakademie 1883, S. 99ff. und Gautsch: Erläuterungen über die Aufstellung einer Bankbilanz mit besonderer Berücksichtigung des Transitorischen Kontos. Wien 1884. Ein sehr instruktives Beispiel aus der Zeitungsverlags-Branche s. i. Z. f. B. XXI. S. 94 und 95.

[1]) Vgl. Oberbach: Theorie und Praxis der sogenannten transitorischen Posten in Nr. 44 und 46 der Deutschen Handelsschullehrer-Zeitung 1908.

[2]) Ein die Übersicht über vorausbezahlte Prämien ermöglichendes tabellarisches Schema s. i. Z. f. hw. F. IV. S. 351ff.

[3]) Vgl. die Diskussion zu solchem Fall in der Z. f. hw. F. V. S. 108ff.

Vgl. Kaufmann IV. S. 346: „Die Bewertung noch nicht ausgeführter Aufträge in der Bilanz. Keine Anteilnahme des infolge Verkaufs seines Anteils ausscheidenden Gesellschafters an dem Nutzen dieser Lieferungs-Verträge. Z. f. A. X. S. 36."

biger gestundete Zinsen, Mieten, Pachten, Steuern, Versicherungsprämien und Schaden-Reserven aller Art, Verbindlichkeiten aus empfangenen, jedoch am Bilanztage erst teilweise fertigen Lieferungen, bereits eingetretene, aber noch nicht zur Abrechnung gelangte Verluste an Beteiligungen, Rückstellungen (beispielsweise infolge erhobener Qualitäts-Einreden) fraglich gewordener Teile von Gewinnen an Lieferungen (Waren-Konto an Antizipations-Konto) usw.].

Direkte und indirekte Vortrags-Buchungen. Buchtechnisch genommen, sind alle transitorischen und Antizipations-Buchungen Vortrags-Buchungen. Als solche können sie zwiefach ausgeführt werden. Nämlich entweder durch unmittelbaren Vortrag auf dem betroffenen Konto zu Lasten oder zugunsten des Bilanz-Kontos (direkte Methode), oder durch mittelbaren Vortrag mit Hilfe eines zwischen dem betroffenen und dem Bilanz-Konto eingeschalteten Kontos (indirekte Methode).

Zweckmäßige Anwendung beider Methoden. Wird von der transitorischen oder Antizipations-Buchung nur ein Konto betroffen, so wird man — schon im Interesse möglicher Vereinfachung — dem unmittelbaren Bilanzvortrag den Vorzug geben. Natürlich kann man den Weg des unmittelbaren Vortrags auch wählen, wenn mehrere Konten davon betroffen werden. Zweckmäßig erscheint mir dies aber keineswegs, weil in der Bilanz dann mit der Zahl derartiger Vortragsposten naturgemäß auch die Zahl der (dem Betrage nach gerade bei transitorischen und Antizipations-Posten oft nur verhältnismäßig unbedeutenden) Einzelposten steigt. Angebracht ist vielmehr bei größerer Zahl verschiedenartiger Vortragsposten die indirekte Methode, also die Errichtung eines Sammelkontos, auf dem die Überträge von den betroffenen Konten Aufnahme finden und dessen (alle Vortragsposten einschließender) Saldo über Bilanz-Konto zum Vortrag gelangt.

Verschiedene Bezeichnung des Sammelkontos. Solches Sammelkonto (das als Zwischenkonto natürlich auch benutzt werden darf und kann, wenn nur ein transitorischer oder Antizipations-Vortrag in Frage kommt) wird sehr verschieden genannt. Am meisten begegnen folgende Bezeichnungen: Transitorisches Konto, Konto a nuovo, Übergangs-Konto, Durchgangs- oder Durchlaufendes Konto, Interims-Konto, Vortrags-Konto, Antizipations-Konto, Konto transitorischer Summen.

Bilanzmäßige Verrechnung der Sammelkonten. Derartige Sammelkonten werden in den zu veröffentlichenden Bilanzen der Kapital-Gesellschaften meist — je nach dem Charakter des Saldos — entweder unter den Debitoren oder unter den Kreditoren eingestellt und dort verrechnet. Für unzulässig, wie Gerstner S. 126 tut, kann man die Saldierung auf einem Sammelkonto verrechneter, aktiver und passiver transitorischer oder Antizipations-Posten und die Bilanzierung des Saldos keineswegs halten. Denn die Ordnungsmäßigkeit der Buchführung bleibt damit durchaus gewahrt, weil ja jeder Posten des Sammelkontos aus den Grundbüchern zweifelsfrei nachweisbar ist. Hiermit ist natürlich keineswegs gesagt, daß die Trennung des Sammelkontos in zwei Konten: ein Aktiv- und ein Passiv-Sammelkonto, nicht (besonders bei größeren Beträgen auf beiden Seiten) im Interesse leichter Übersicht empfehlenswert sein kann. Daß der Revisor das Sammelkonto auf die Zusammensetzung des Saldos gewissenhaft zu prüfen hat, ist für einen einigermaßen erfahrenen Sachverständigen selbstverständlich. Auch die Einstellung des Sammelkonto-Saldos unter den Debitoren oder Kreditoren ist an sich nicht strafbar; wenn aber relativ bedeutende Beträge auf dem Sammelkonto gegeneinander aufgerechnet sind, mindestens nicht wünschenswert, weil dadurch der Überblick über die Liquidität sehr gestört oder gar gänzlich vereitelt werden kann.

In erster Linie ist bei der Frage, ob oder inwieweit transitorische oder Antizipations-Posten unter den Debitoren oder Kreditoren auch ohne bezüglichen Zusatz, also nach außen völlig mit den regulären Forderungen und Schulden verschmolzen, bilanziert werden dürfen, zu berücksichtigen, in welchem Verhältnis die Beträge der transitorischen und Antizipations-Posten sowohl zu den Gesamtbeträgen der Forderungen an Debitoren oder der Schulden an Kreditoren, sowie zum bilanzmäßig ausgewiesenen Reinerfolg der Unternehmung stehen. Zahlenmäßig läßt jenes Verhältnis sich nicht angeben noch begrenzen, vielmehr und am sichersten ist es im Verantwortlichkeitsgefühl des ehrbaren Kaufmanns begründet. Aus dem Empfinden heraus, daß beispielsweise der transitorische Wechsel-Diskont und die überhobenen transitorischen Zinsen im Vergleich zu Debitoren oder Kreditoren nur minimale, im Vergleich zum Reinerfolg regelmäßig nicht sehr erhebliche Beträge ausmachen, pflegen die Banken derartige Vortragsposten unter den Debitoren beziehungsweise Kreditoren zu bilanzieren.

Strafbarkeit ungerechtfertigter Aktivierung. Strafbar kann aber die Einstellung des Sammelkonto-Saldos unter den Debitoren oder Kreditoren werden, wenn das Sammelkonto zur Verrechnung nicht bilanzfähiger Gegenstände mit der Absicht der Täuschung benutzt wird, wenn beispielsweise bedeutende Ausgaben für als unfruchtbar erwiesene Reklame mittelst des beregten Sammelkontos zum Jahresschluß widerrechtlich aktiviert werden zu dem Zweck, den geschäftlichen Erfolg des Bilanzjahrs günstiger erscheinen zu lassen (vgl. § 314 Ziff. 1 H.G.B.).

Vortrags-Buchungen in der Bilanz-Praxis. Im großen und ganzen ist über die Bilanzierung transitorischer und Antizipations-Posten zu sagen: Die Neigung, derartige Posten bilanziell zu berücksichtigen, wenn es sich nicht um nennenswerte Beträge handelt, scheint nach meinen Erfahrungen nicht nur nicht größer, sondern eher kleiner zu werden Daß bedeutende transitorische oder Antizipations-Beträge oder solche, deren Höhe von Jahr zu Jahr wechselt, bei denen also kein Ausgleich zwischen den Jahren stattfindet, bei soliden Unternehmungen ordnungsmäßig bilanziert und regelmäßig sogar als Sonderposten in den Bilanzen ausgewiesen werden, ist anzuerkennen. So werden als Sonderposten beispielsweise ausgewiesen auf der Passiva-Seite: Fällige Steuern (Schultheiß). Gestundete Brausteuer (Schultheiß). Assekuranz-Vorträge (Hansa). Talonsteuer-Vortrag (Hansa). Pendente Reisen und interne Abrechnungs-Konten (Hapag). Vorträge für unerledigte Schäden und Havarien, Prämien für schwebende Risikos (Lloyd). Vorausbezahlte Passagen (Lloyd). Forderungen der Schiffswerften gegen noch zu liefernde Dampfer (Lloyd). Kontraktgemäß später zu zahlende Baugelder (Hapag). Im folgenden Jahr zu verrechnender Zuschuß des Reichs (Lloyd). Zoll- und Steuer-Kredit (Jasmatzi). Uneingelöste Coupons und Gutscheine (Jasmatzi). (Auf gleicher Stufe stehen die von Detail-Geschäften ausgegebenen Rabatt-Marken.) Überträge auf das nächste Jahr für noch nicht verdiente Prämien (Prämienüberträge) und für angemeldete, aber noch nicht bezahlte Schäden (Schadenreserve), noch zu zahlende gesetzliche Abgaben, Provisionen, vor Jahresschluß bewilligte, aber noch nicht zur Zahlung gelangte Gratifikationen (Magdeburger Feuerversicherungs-Gesellschaft). Auf der Aktiva-Seite: Vorträge für laufende Reisen und Havarie-Auslagen (Hansa). Fällige Zinsen (Schultheiß). Vorausbezahlte Mieten (Schultheiß). Auf Speditions- und Lagergütern haftende Barauslagen (Berliner Spediteur-Verein). Materialien-Bestände der Schmiede, Stellmacherei und Sattlerei (Berliner Spediteur-Verein). Vorausbezahlte Versicherungs-Prämien (Oberschlesische Eisen-Industrie). Lagerbestände an Materialien und Kohlen in auswärtigen Häfen (Lloyd). Ausrüstungen für laufende Reisen (Lloyd). Kohlen in Hamburg und auswärtigen Häfen (Hapag). Im folgenden Jahr zu verrechnende Feuerversicherungs-Prämien (Hapag). Im folgenden Jahr fällige Zinsen, soweit sie anteilig auf das laufende Jahr treffen, ausstehende Hypothekenzinsen, Mieten, Reisevorschüsse (Magdeburger Feuerversicherungs-Gesellschaft). Steuerzeichen-Konto (Jasmatzi). Konto für Vorauszahlungen (Jasmatzi) und dergleichen mehr.

Diese Beispiele mögen genügen. In allen vorstehenden Fällen

kommen Tausende, teils sogar Hunderttausende oder Millionen Mark in Frage. Angesichts solcher, im Vergleich zum Reinerfolg sehr erheblicher Beträge ist deren bilanzielle Berücksichtigung unbedingt erforderlich. Vor allem, soweit es sich um Passivposten handelt, weil diese Beträge, wenn sie bilanziell außer Betracht blieben, zur Verteilung zu hoher Dividenden Veranlassung geben würden; umgekehrt bei nicht bilanzierten Aktiv-Vortragsposten. In Rücksicht auf ihre erhebliche materielle Bedeutung würde es als unstatthaft gelten müssen, wollte man derartige transitorische oder Antizipations-Posten unter den Debitoren oder Kreditoren ohne jeden bezüglichen Hinweis einstellen.

Allgemein kann man in der Bilanz-Praxis beobachten, daß gut fundierte, rentable Unternehmungen auf die Bilanzierung transitorischer und Antizipations-Posten, die nicht von nennenswerter Bedeutung sind, keinen Wert legen. Dieser Standpunkt ist ungefährlich im Hinblick auf Vortragsposten aktiven Charakters, deren Fortfall eine Unterbewertung darstellt; sodann aber auch im Hinblick auf solche Vortragsposten, die jährlich in gleicher oder doch ungefähr gleicher Höhe wiederkehren, sich mithin zwischen den Jahren ausgleichen. Was will es z. B. besagen, wenn in einem Bankinstitut, dessen Reinerfolg in die Hunderttausende oder Millionen geht, die Mieten aus einigen Filialgebäuden nicht sämtlich noch im Bilanzjahr, sondern für das letzte Viertel dieses Jahrs erst im Januar des Nachjahrs bezahlt und verbucht werden, ohne daß eine Antizipations-Buchung zugunsten des Bilanzjahrs stattgefunden hat. Ganz abgesehen davon, daß die meist nur unerheblichen Beträge dieser Art im Vergleich zur Höhe des Reinerfolgs keine Rolle spielen, ist, für den Fall, daß zum Schluß des Nachjahrs dieselbe Erscheinung sich wiederholt, außerdem noch ein Ausgleich zwischen den Jahren gegeben, so daß auch die Steuer-Behörde nicht zu kurz kommt, wenn der Antizipations-Posten die Steuerpflicht nicht etwa gerade um eine Stufe erhöht hätte.

Kleinliche Vortrags-Buchungen. Derartige Posten, zu denen etwa noch vorausbezahlte Feuerversicherungs-Prämien, noch unverbrauchte Schreib- und Reklame-Materialien, noch nicht abgerechnete Verbindlichkeiten aus Feuerung und Beleuchtung usw. gehören, sind soliden größeren Unternehmungen zu kleinlich, um sie zum Gegenstand besonderer Vortragsbuchungen zu machen. Dagegen kann man oft beobachten, daß Inhaber oder Leiter von Unternehmungen bei unbefriedigenden Bilanz-Ergebnissen alles Mögliche und Unmögliche transitorisch bilanziert wissen wollen, um nur ein einigermaßen zufriedenstellendes Ergebnis herauszurechnen. So fand ich einmal auf dem Unkosten-Konto die schon zur Hälfte ausgenutzten Geschäftsbücher zum halben Anschaffungswert vorgetragen. Ein andermal waren mehrere Tausend, auf der eigenen Schreibmaschine im voraus hergestellte Offerten zum Papierpreise zuzüglich der Bearbeitungs-Kosten bewertet und transitorisch bilanziert worden. Die Bearbeitungs-Kosten waren unverhältnismäßig hoch angesetzt worden, weil die Offerten angeblich vom s. Zt. nicht hinreichend beschäftigten Prokuristen geschrieben worden waren! Man ersieht aus diesen Beispielen, wohin es führt, wenn die Geschäftsleitung nicht den Mut hat, die Sachlage bilanziell wahr darzustellen. Im Anschluß hieran sei übrigens bemerkt, daß für die transitorische Bilanzierung der über Unkosten-Konto im Bilanzjahr verbuchten Materialien nur solche in Frage kommen dürfen, die mit dem vollen Gebrauchswert ins Nachjahr übergehen und dann auch bestimmt zweckmäßige Verwendung finden können. Im Bilanzjahr verausgabte Reklame-Kosten dürfen dem Nachjahr durch transitorische Buchung anteilig nur dann angelastet werden, wenn (wie u. U. in der Fahrrad-Branche) nach der Erfahrung mit Sicherheit angenommen werden darf, daß die Reklame erst dem Nachjahr in dem oder dem Umfang zugute kommen wird. Zu empfehlen sind solche transitorischen Bilanzierungen jedoch prinzipiell nicht.[1])

Für mittlere und kleine Unternehmungen ist zu raten, transitorische und Antizipations-Buchungen jahraus, jahrein nach der jeweilig vorhandenen Sachlage vorzunehmen. Gelingt es, diese Sachlage immer gleich zu gestalten, also dafür zu sorgen, daß von Jahr zu Jahr dieselben Vortragsposten in Frage kommen, was meist durchaus möglich und deshalb anzustreben ist, so kann man auf die Vortrags-Bilanzierung verzichten, weil die Vortragswerte zwischen den Jahren sich ausgleichen.

Praktisches Beispiel einer Vortrags-Buchung. Schließlich diene als Beispiel für eine Vortrags-Buchung noch folgender Fall, der gleichzeitig erkennen lehrt, in welchem Maße die Doppelbuchhaltung in ihren Wirkungen von den wirtschaftlichen Vorgängen abhängig ist.

Im Sommer 1907 hatte der Inhaber eines Zeitschriften-Verlags an dem von ihm teilweise bewohnten Grundstück zugunsten des Besitzers für eigene Rechnung bauliche Veränderungen vornehmen lassen. Der Wirt hat dem Verleger vom 1. Oktober 1907 bis zum 31. Dezember 1915 als Gegenleistung freies Wohnen, freie Feuerung und Beleuchtung zu

[1]) Aktien-Gesellschaften, Kommandit-Aktiengesellschaften und Gesellschaften mit beschränkter Haftung dürfen (nach § 261 Ziff. 4, § 320 Abs. 3 H.G.B. und § 42 Ziff. 2 Ges.-Ges.) Verwaltungs- und Organisations-Kosten, zu denen auch die Reklame-Kosten gehören, nicht als Aktiva in die Bilanz einsetzen, also nicht transitorisch bilanzieren. (Über einschränkende Auffassung dieser Vorschrift vgl. Rehm S. 184, 189, 260ff. und Simon S. 163—164.) Dagegen ist dies den Einzelkaufleuten, offenen Handels-Gesellschaften, Kommanditgesellschaften und stillen Gesellschaften nicht verboten, wobei allerdings vorausgesetzt ist, daß die transitorischen Vorträge sich im Sinne der obigen Ausführungen nach § 39 H.G.B. rechtfertigen lassen.

gewähren. Der Verleger hatte im September 1907 für die Baukosten insgesamt 14 755,95 M bezahlt, die über Unkosten-Konto verbucht worden waren. Da eine Amortisations-Dauer von $8^1/_4$ Jahren in Betracht kommt, entfallen auf jedes (vom 1. Oktober bis zum 30. September laufende) Geschäftsjahr 1788,60 M. Denn: 8.1788,60 M = 14 308,80 M (für die Zeit vom 1. Oktober 1907 bis zum 30. September 1915) zuzüglich (1788,60 M : 4 =) 447,15 M (für die Zeit vom 1. Oktober 1915 bis zum 31. Dezember 1915) ergibt zusammen 14 755,95 M. Demgemäß sind auch für das Geschäftsjahr 1911/12 = 1788,60 M transitorisch bilanziert worden.

Um die Baukosten nicht auf dem Unkosten-Konto Jahr für Jahr vortragen zu müssen, sind sie schon unterm 30. September 1907 vom Unkosten-Konto auf ein Transitorisches Konto übertragen und jährlich durch die Abschreibung von 1788,60 M gemindert worden, so daß zum 30. September 1911, dem hier in Rede stehenden Bilanz-Termin, noch 7601,55 M auf dem Transitorischen Konto aus der beregten Vorauszahlung vorgetragen standen.

Mancher wird zweifeln, ob die vorstehend mitgeteilte Berechnung vollständig, ob nicht etwa im Jahr 1907 übersehen worden ist, den für den Wirt verauslagten Baukosten die bis zum 31. Dezember 1915 auflaufenden Zinsen und Zinseszinsen hinzuzurechnen. Denn tatsächlich kosten Miete, Feuerung und Beleuchtung den Verleger jährlich nicht 1788,60 M, sondern infolge der Zinsenverluste an den Baukosten rund halbmal so viel. Da es sich jedoch nicht um bezahlten, also von außen wirkenden, sondern um entgangenen, nur nach innen (intern) wirksamen Zinsenaufwand handelt, ist ein materieller Einfluß solcher Zinsen-Verluste auf die Vermögens-Rechnung buchmäßig zwar darstellbar, in Wirklichkeit aber nicht greifbar. Denn nur tatsächliche Vorgänge, nicht dagegen Reflexionen, können die buchmäßige Vermögens-Rechnung endgültig beeinflussen.

Näheres hierüber soll im folgenden Abschnitt (S. 113) bei der Besprechung interner Zinsenposten gesagt werden.

Darstellung des Transitorischen Kontos. Die Betrachtungen über transitorische und Antizipations-Posten beende ich mit der buchtechnischen Darstellung der pro 30. September 1909 bei dem oben erwähnten Zeitschriften-Verlag vorgekommenen transitorischen Posten, die — um die Konstruktion des transitorischen Kontos zu zeigen — anstatt auf den einzelnen Quellen-Konten direkt über Bilanz-Konto vorgetragen zu werden, indirekt über das transitorische Konto zum Vortrag kommen mögen. Von der Wiedergabe der Grundbuchungen darf ich absehen. Die auf den heranzuziehenden Konten vorhandenen Verkehrs-Buchungen bringe ich nur summarisch; die Gewinn- und Verlust-Buchungen lasse ich fort. Es handelt sich um folgende Posten:

a) die oben beregte Vorauszahlung auf Miete, Feuerung und Beleuchtung steht unterm 1. Oktober 08 mit 12 967,35 M im Soll des Transitorischen Kontos vorgetragen; unterm 30. September 09 sind 1788,60 M darauf abzuschreiben (vgl. die Berechnungen auf S. 103) (Unkosten-Konto an Transitorisches Konto).

b) Als Weihnachts-Gratifikationen pro 09/10 anzurechnende, vor dem 1. Oktober 09 für Angestellte bezahlte Lebensversicherungs-Prämien: 537,22 M (Transitorisches Konto an Unkosten-Konto).

c) Bei verschiedenen Auskunfteien bezahlte, von ihr noch zu erfüllende Auskunfts-Abonnements: 199,98 M (Transitorisches Konto an Unkosten-Konto).

d) Vorausbezahlte Redaktions-Honorare: 2100,— M (Transitorisches Konto an Redaktions-Konto).

e) Vorausbezahlte Reisespesen: 675,— M (Transitorisches Konto an Reise-Konto).

f) Vorausbezahlte Provisionen: 1200,— M (Transitorisches Konto an Provisions-Konto).

g) Geschuldete Redaktions-Honorare: 1975,— M (Redaktions-Konto an Transitorisches Konto).

Transitorisches Konto.

1908			1909		
1. Okt.	An Bilanz-Kto. .	12 967,35 M	30. Sept.	Per Unkosten-Kto.	1 788,60 M
1909			30. „	„ Redaktions-Kto.	1 975,— „
30. Sept.	„ Unkosten-Kto.	537,22 „	30. „	„ Bilanz-Kto. .	13 915,95 „
30. „	„ dasselbe . .	199,98 „			
30. „	„ Redaktions-Kto.	2 100,— „			
30. „	„ Reise-Kto. .	675,— „			
30. „	„ Provisions-Kto.	1 200,— „			
		17 679,55 M			17 679,55 M
1909					
1. Okt.	An Bilanz-Kto. .	13 915,95 M			

Unkosten-Konto.

1909			1909		
. . .	An	19 625,10 M	30. Sept.	Per Transitorisches Konto	537,22 M
30. Sept.	„ Transitorisches Konto	1 788,60 „	30. „	„ dasselbe . . .	199,98 „

Redaktions-Konto.

1909	1909
. . . An . . . . . . 8967,95 M	30. Sept. Per Transitorisches Konto 2100,— M
30. Sept. „ Transitorisches Konto 1975,— „	

Provisions-Konto.

1909	1909
. . . An . . . . 6393,15 M	30. Sept. Per Transitorisches Konto 1200,— M

Reise-Konto.

1909	1909
. . . An . . . . 4113,60 M	30. Sept. Per Transitorisches Konto 675,— M

Unterm 1. Oktober 09 werden die Überträge vom Unkosten-, Redaktions-, Provisions- und Reise-Konto auf diese Konten vom Transitorischen Konto zurückübertragen, so daß dann auf dem Transitorischen Konto nur die um die Abschreibung von 1788,60 M geminderte Vorauszahlung auf Miete, Feuerung und Beleuchtung mit noch (12 967,35 M ·/. 1788,60 M =) 11 178,75 M für weitere Abschreibungen vorgetragen bleibt.

Vom buchtechnischen Standpunkt zwar zu den Bilanz-Vortragsposten gehörige schwebende Engagements und erst teilweise ausgeführte Aufträge finden im dritten, über die Bewertung handelnden Kapitel Berücksichtigung. Zinsen betreffende transitorische und Antizipations-Buchungen sind im nächsten Abschnitt gewürdigt.

---

9. Abschnitt.

Zinsen als Erfolgs-Faktoren.

Buchungs-Beispiele. Unter den Abschluß-Buchungen eines mittlern Bankinstituts findet man u. a. folgende Buchungen (die Zahlen sind sämtlich in ungefähr gleichem Verhältnis zur Wirklichkeit verändert worden):

1. Konsortial-Konto
 an Zinsen-Konto:
 Pro II. Semester 1910 auf die einzelnen Beteiligungs-Konten entfallende Debetzinsen lt. Staffel nach den Konsortial-Konten . . . . 18 506,34 M.

2. Zinsen-Konto
   an Konsortial-Konto:
   Pro II. Semester 1910 auf die einzelnen Beteiligungs-Konten entfallende Kreditzinsen lt. Staffel nach den Konsortial-Konten . . . . 686,67 M.
3. Unkosten-Konto
   n Zinsen-Konto:
   4 % Jahreszinsen auf den Buchwert des Grundstücks für das II. Sem. 1910 lt. Anlage . . . . 6317,85 M.
   (N.B.: Auf der Anlage sind die Einzelposten des Grundstücks-Kontos nach den Entstehungs-Daten in Form einer Staffel verzinst. Danach ergibt sich vorstehendes Resultat.)
4. Zwei Debitoren
   an Zinsen-Konto:
   — Zinsen auf eigene Bestände pro II. Semester 1910 lt. Anlagen —:
   Effekten-Konto E. R. (eigener Rechnung) 45 780,94 M
   Sorten-Konto . . . . 318,70 M.
   (N.B.: In beiden Fällen staffelförmige Verzinsung sämtlicher Posten der beiden Hauptbuch-Konten nach Entstehungsdaten. Daß diese Zinsenberechnung bei der Fülle der Posten sehr zeitraubend ist, leuchtet ein.)
5. Zinsen-Konto
   an Wechsel-Konto-Inland (oder: Markwechsel-Konto):
   Transitorische Zinsen auf den Wechsel-Bestand pro 31. Dezember 1910 lt. Anlage . . . . 56 718,11 M.
6. Zinsen-Vortrags-Konto
   an Zinsen-Konto:
   Vortrag der nach anl. Aufstllg. 1910 von uns bezahlten, jedoch mit folgendem Betrage erst 1911 fälligen Ultimozinsen . . . . 23 875,— M.
7. Zinsen-Konto
   an Zinsen-Vortragskonto:
   Vortrag der nach anl. Aufstllg. 1910 von uns vereinnahmten, jedoch mit folgendem Betrage erst 1911 fällig werdenden Ultimozinsen . . . . 7850,95 M.
8. Banken- und Bankiers-Konto
   an Zinsen-Konto:
   4 % Zinsen auf unsere Kommandit-Beteiligungen einschl. Agio. . . . . 93 690,— M.
9. Zinsen-Vortrags-Konto
   an Zinsen-Konto:
   Übertrag auf neue Rechnung im Jahr 1910 bezahlter, das

Jahr 1911 betreffender Zinsen von Entnahmen auf uns lt. Anlage . . . . 59 841,— M.

N.B.: Die Entnahmen waren den Ausstellern ohne Abzug von Diskont, Wert per Verfall, kreditiert worden. Von der Bank sind diese ihre Akzepte verkauft oder am 31. 12. 1910 unter Abzug von Diskont bis zum Fälligkeitstage in den Wechsel-Bestand aufgenommen worden. In beiden Fällen hat die Bank den Diskont für die Laufzeit der Abschnitte vom 31. 12. 1910 bis zu deren Fälligkeit bereits zu Lasten des Jahres 1910 verbucht. Da diese Zinsbeträge das Jahr 1911 betreffen, so bedeutet deren Verbuchung im alten Jahr eine stille Zinsenreserve für 1911, deren Betrag auf der Anlage nachgewiesen ist. Mit vorstehender Buchung ist jene Reserve zugunsten des Jahrs 1910 ordnungsmäßig storniert und zu Lasten des Nachjahrs unterm 1. Januar 1911 vorgetragen worden, wo sie dann bei gleichzeitiger Gutschrift auf dem aufzulösenden Zinsen-Vortragskonto ins Soll des Zinsenkontos übergeht, dem somit die im Jahr 1910 vorweg vergüteten Diskont-Beträge gerechtfertigterweise zur Last fallen.

Charakterisierung dieser Buchungen. Bei den vorstehenden neun Abschluß-Zinsenbuchungen handelt es sich in den Fällen 5, 6, 7 und 9 um transitorische Buchungen, deren Wesen im achten Abschnitt dieses Kapitels dargelegt ist.

Bei den Buchungen 6, 7 und 9 repräsentiert das Zinsen-Vortragskonto das transitorische Konto. Denn es wird über Bilanz-Konto vorgetragen, und zu Anfang des Nachjahrs werden seine Posten den Gegenkonten, in den vorgenannten Beispielen sämtlich dem Zinsen-Konto, wieder zugeführt.

Bei der Buchung 5 ist allein aus dem Buchungssatz auf den transitorischen Charakter der Buchung noch nicht zu schließen. Erst der Buchungstext gibt da die Aufklärung. Zu dieser Buchung und zu den dieselbe Wirkung hervorbringenden anderen Buchungs-Möglichkeiten sei bemerkt:

Verschiedene Methoden der transitorischen Diskont-Bilanzierung. In Bankbetrieben, besonders in mittleren und großen Instituten, kann das Wechsel-Konto nicht als Nennwert-Kontrollkonto, sondern muß als Inventur-Erfolgskonto geführt werden (vgl. die kontentheoretischen Erörterungen auf S. 26 ff.). Daraus folgt, daß nach dem Einsetzen des zu bilanzierenden Wechsel-Schlußbestandwerts der dann auf dem Wechsel-Konto noch verbleibende Saldo ein Diskont-(Zinsen-) Saldo sein muß. Dieser Saldo, der regelmäßig natürlich ein Gewinn-Saldo ist, wird vom Wechsel-Konto auf Zinsen- (oder Diskont-) Konto übertragen. Der bilanzierte Wechsel-Bestand gelangt zum Vortrag auf dem Wechsel-Konto, das durch den Übertrag auf Zinsen-Konto bilanziert.

Diskontiert man nun die am Bilanz-Termin im Portefeuille vorhandenen Wechsel auf diesen Tag (was bei den stets bedeutenden Wechsel-Beständen der Bankunternehmungen im Interesse richtiger Bewertung unumgänglich ist), so bewirkt man damit zweierlei: man kürzt die Vermögens-Rechnung und gleichzeitig die Erfolgs-Rechnung um den Wechsel-Diskont. Diese doppelte Wirkung ist in der vorgenannten Buchung 5: Zinsen-Konto an Wechsel-Konto-Inland unmittelbar erkennbar. Dagegen kommt in diesem Buchungssatz der Vortrags- (transitorische) Charakter nicht zum Ausdruck. Trotzdem liegt eine transitorische Buchung vor. Denn wenn im Nachjahr die Abschluß-Korrekturbuchung des Vorjahrs nicht durch die Gegenbuchung: Wechsel-Konto-Inland an Zinsenkonto storniert werden würde, wäre im Nachjahr weder ein stimmendes Wechsel-Konto, noch, im Zusammenhang damit, ein richtiges Zinsenkonto zu erzielen.

Dieselbe Doppelwirkung, Vermögen und Erfolg um den transitorischen Diskont zu kürzen, würde jedoch auch herbeigeführt werden durch eine andre Buchung: Zinsen-Konto an Transitorisches (oder Vortrags-) Zinsen-Konto. Im Vergleich zur ersten Buchung würde hier an Stelle des Wechsel-Kontos-Inland das Transitorische Zinsen-Konto zum Gläubiger des Zinsen-Kontos. Während demnach im Fall der ersten Buchung der Wechsel-Bestand um den transitorischen Diskont gekürzt in der Bilanz erscheint, geschieht solche Kürzung im Fall der zweiten Buchung nicht. Vielmehr kommt da die Diskont-Kürzung auf der Gegenseite durch Bilanzierung des transitorischen Zinsenkontos unter den Passiven bilanzmäßig zum Ausdruck. Daß der transitorische Diskont, wenn ihm im Soll des transitorischen Zinsenkontos andere, ihn mindernde oder gar überdeckende Posten gegenüberstehen, unter den Passiven um erstgenannte Gegenposten gemindert oder im letztgedachten Fall der Überdeckung gar als in den Aktiven subtraktiv verrechneter Abzugsposten unter den Passiven überhaupt nicht erscheint, ist vom Standpunkt der materiellen Richtigkeit der Bilanz unerheblich. Formell, also im Interesse der Bilanz-Klarheit, liegt allerdings, den Wechsel-Diskont als Gegenposten zum Wechsel-Aktivbestand auf der Passiva-Seite der Bilanz als gesonderten, seinem Wesen nach gekennzeichneten Posten zu verrechnen, wenn man ihn nicht, wie bei der ersten Buchung, gleich am Wechsel-Aktivbestande in Abzug bringt.

Eine dritte Möglichkeit, den transitorischen Wechsel-Diskont buchmäßig zu verrechnen, ist gegeben mit dem Buchungssatz: Wechsel-Konto-Inland an Transitorisches Zinsenkonto. Während aus den voraufgegangenen beiden Buchungen die Kürzung der Erfolgs-Rechnung durch Belastung des Zinsenkontos unmittelbar zu erkennen war, ist dieser Umstand aus der vorstehenden dritten Buchung ohne weiteres nicht ersichtlich. Eine Analyse der Wirkungen dieser Buchung lehrt aber, daß mit ihr tatsächlich derselbe Erfolg wie mit den beiden anderen Buchungen erzielt wird. Denn: indem ich das Wechsel-Konto zugunsten des transitorischen Zinsenkontos mit dem transitorischen Wechsel-Diskont belaste, bewirke ich zweierlei: ich mindere den im Haben des Wechsel-Kontos zu bilanzierenden Wechsel-Schlußbestandwert um den im Soll belasteten transitorischen Diskont und dadurch gleichzeitig den sich auf dem Wechsel-Konto zugunsten des Zinsenkontos ergebenden Diskont-Gewinn, der um den transitorischen Diskont höher ausfallen würde, wenn dieser nicht im Soll des Wechsel-Kontos verbucht wäre. Während nun beim Vorliegen der zweiten Buchung (Zinsen an Transitorische Zinsen) im Nachjahr das Zinsen-Konto zu Lasten des Transitorischen Zinsen-Kontos erkannt und dieses damit beglichen wird, ist im Fall der dritten Buchung (Wechsel an Transitorische Zinsen) das Wechsel-Konto im Nachjahr zu Lasten des Transitorischen Zinsen-Kontos zu erkennen, das dadurch auch hier mit Bezug auf den Wechsel-Diskont zum Ausgleich kommt, während die Gutschrift auf dem Wechsel-Konto zur nächsten Bilanz dem Zinsenkonto als Diskont-Gewinn zufließt. Mithin bei allen drei Buchungs-Methoden, trotz ihrer dem ersten Blick auffälligen Verschiedenheit, dennoch stets dieselben Wirkungs-Ergebnisse auf die Vermögens- und auf die Erfolgs-Rechnung! Durch eine derartig vergleichende Gegenüberstellung verschiedener Buchungs-Methoden hoffe ich, dem Leser für geeignete Fälle Anregung zu ähnlichen Betrachtungen zu geben. Die Resultate solcher Analysen und Vergleiche schärfen das Urteil darüber, welche Art der Buchung im konkreten Fall am besten zur Anwendung zu bringen ist.

Kritik dieser Methoden. Will man entscheiden, welche der drei Buchungsformen zur transitorischen Verbuchung des Wechsel-Diskonts am besten sich eignet, so muß man ohne weiteres der ersten (Zinsen an Wechsel) den Vorzug geben, weil bei ihr der Weg ein direkter ist, indem das (andernfalls erst den Mittler spielende) Transitorische Konto entbehrt werden kann. Die bei dieser Buchung scheinbar bestehende Gefahr, die Rückbuchung (Wechsel an Zinsen) könnte im Nachjahr etwa übersehen werden, ist aus dem oben schon angeführten Grunde nicht nennenswert. Gesetzt aber, die Rückbuchung im Nachjahr würde wirklich übersehen, und es fände (was bei Bankunternehmungen aber ausgeschlossen ist) keine ordnungsmäßige Abstimmung des Wechsel-Kontos statt, so würde die Tatsache, daß der transitorische Wechsel-Diskont des Vorjahrs im Soll des Nachjahr-Wechselkontos fehlt, für das Zinsen-Konto automatisch dieselbe Wirkung haben, als sei die beregte Buchung nicht vergessen worden. Denn da die Soll-Seite des Wechsel-Kontos dann eine in Höhe des versehentlich nicht zurückgebuchten Wechsel-Diskonts zu kleine Summe zeigt, muß — unter der Voraussetzung, daß der bilanzierte Wechsel-Schlußbestandwert richtig ist — der sich im Soll ergebende, als Diskont-Gewinn anzusehende Ausgleichs-Übertrag auf Zinsenkonto um den versehentlich auf dem Wechsel-Konto unbelastet gebliebenen transitorischen Diskont-Vortrag aus dem Vorjahr höher erscheinen. Der vom Soll des Wechsel-Kontos ins Haben des Zinsenkontos auszuführende Übertrag des Diskont-Gewinns ist dann infolgedessen um denselben Betrag zu hoch, um den dieselbe Seite des Zinsenkontos zufolge der unterbliebenen Rückbuchung des transitorischen Diskonts zu wenig erkannt worden war. Der mit Recht automatisch zu nennende Ausgleich des Unterlassens ist hiermit erwiesen.

Hingegen unterscheiden die zweite (Zinsen an Transitorische Zinsen) und die dritte (Wechsel an Transitorische Zinsen) Buchung von der ersten sich durch die indirekte Führung des transitorischen Wechsel-Diskonts über ein besonderes Transitorisches Konto. Materiell sind beide indirekten Buchungen sowohl untereinander, wie auch im Vergleich zur ersten Buchung von gleicher endgültiger Wirkung auf Vermögen und Erfolg. Auf das Vermögen, weil die Beeinflussung der Passiva-Seite der Bilanz durch die Bilanzierung des Transitorischen Zinsenkontos in beiden Fällen die gleiche ist; auf den Erfolg, weil es — in Analogie zu den an der ersten Buchungs-Methode erwiesenen Tatsachen — keinen Unterschied macht, ob unmittelbar das Zinsenkonto oder zunächst das Wechsel-Konto für den transitorischen Diskont belastet wird. Denn letzten Endes kommt für das Zinsenkonto beides auf dasselbe hinaus.

Diese Darlegungen gelten, wie oben gesagt, für den Fall, daß das Wechsel-Konto als Inventur-Erfolgskonto geführt wird; ist es dagegen als Nennwert-Kontrollkonto eingerichtet, was bei Bankunternehmungen jedoch regelmäßig nicht durchführbar ist, so wird mancher der zweiten Art der transitorischen Bilanzierung des Wechsel-Diskonts (Zinsenkonto an Transitorisches Zinsenkonto) den Vorzug geben wollen, da die erstgenannte Form (Zinsenkonto an Wechsel-Konto) und ebenso die dritte (Wechsel-Konto an Transitorisches Zinsenkonto) durch die Belastung oder Gutschrift des transitorischen Diskonts das Nennwert-Kontrollkonto vorübergehend in ein Inventur-Erfolgskonto verwandeln würden. Wen das nicht stört, der mag der (auch hier einfachsten) ersten Buchungsart (Zinsenkonto an Wechsel-Konto) auch auf dem als Nennwert-Kontrollkonto geführten Wechsel-Konto den Vorrang lassen. Um so mehr, als der Nennwert-Kontrollcharakter des Wechsel-Kontos durch die Rückbuchung des transitorischen Diskonts zu Beginn des Nachjahrs sogleich wieder hergestellt werden kann.

Nachdem nunmehr die Buchung 5 und ihre Abarten gewürdigt sind, ist den mit den Buchungen 6, 7 und 9 gegebenen weiteren transitorischen Zinsenposten vom buchtechnischen Standpunkt nichts mehr hinzuzufügen. Jene Buchungen habe ich nur der Vollständigkeit halber mitgeteilt, um zu zeigen, welche Bedeutung transitorische Zinsenposten gerade für die Bankbilanzen haben. Daß alle jene Vortragsposten in den veröffentlichten Bankbilanzen meist unter den Debitoren oder Kreditoren mit enthalten sind, also nicht gesondert bilanziert werden, bedarf nur der Andeutung.

Interne Zinsenposten mit materieller Wirkung als Bilanz-Korrekturposten. Der Besprechung bedürfen nun noch die Buchungen 1, 2, 4 und 8. Diese Buchungen sollen feststellen helfen, welche Ergebnisse sich auf dem Konsortial-, dem Effekten-, Sorten- und auf den Beteiligungs-Konten zeigen, wenn man deren Erfolge ansieht unter dem Gesichtspunkt, daß die zu jenen Geschäftszweigen benötigten Kapitalien bei mündelsicherer Anlage eine vierprozentige Verzinsung gewährt haben würden, oder daß, wie im Fall 2, die dabei in Anspruch genommenen fremden Kapitalien solche Verzinsung verlangt hätten. Allen diesen vier Abschluß-Zinsenbuchungen ist gemeinsam die rein interne Wirksamkeit. Denn nach außen werden dadurch weder neue Forderungen, noch neue Verbindlichkeiten begründet, sondern in allen vier Fällen liegt die materielle Wirkung nur darin, daß ausschließlich innerhalb der Unternehmung eine Verschiebung von Elementen der Erfolgs-Rechnung zugunsten oder zu Lasten der Vermögens-Rechnung stattfindet, indem der Reinerfolg in gleichem Maße wie das Vermögen wächst oder abnimmt. Durch jene internen Buchungen vindiziert die Unternehmung Erfolge, die als solche in den zugrunde liegenden Geschäftszweigen nicht gesondert zum Ausdruck kommen, vielmehr als in den sich nach geschehener Abwicklung ergebenden Gesamterfolgen enthalten gedacht werden müssen, weil eben das in jenen Geschäftszweigen angelegte Kapital bei mündelsicherer, das Geschäfts-Risiko ausschließender Anlage vier Prozent Zinsen gebracht haben würde. Durch die Buchungen 1, 2, 4 und 8 wird somit für jedes Jahr die in dem Geschäftszweig tätige Kapital-Anlage zu dem landesüblichen Zinsfuß (vgl. § 246 B.G.B.) verzinst. Die sich danach noch ergebenden Gewinne repräsentieren mithin nur noch Arbeits-Rente und Risiko-Prämie. Die nach der Kapital-Verzinsung etwa entstehenden Verluste sind Arbeits- und Risiko-Verluste. Soweit die vorweg gebuchte Kapital-Verzinsung aus dem Gewinn gedeckt werden kann, sind die auf dem Geschäftszweig ruhenden Kapitalzinsen eben verdient worden.

Hiernach wird verständlich, weshalb derartige Bilanz-Korrekturposten im Interesse einer nach Möglichkeit richtigen Bilanz liegen. Da seinem Wesen nach kein Betrieb präziser zu bilanzieren veranlaßt ist, als der Bankbetrieb, so erklärt sich leicht, warum die vorstehend besprochenen Bilanz-Korrekturen gerade in Bankunternehmungen (nicht zuletzt auch zum Zweck gerechter Dividenden-Verteilung) Bedeutung erlangen.[1])

Interne Zinsenposten ohne materielle Wirkung. Eine rein interne Wirkung hat schließlich auch Buchung 3 (Unkosten an Zinsen: für Verzinsung des Grundstücks-Kontos). Bei dieser Buchung steht aber nicht die Vermögens-Rechnung mit der Erfolgs-Rechnung in Wechselwirkung sondern es handelt sich um einen Übertrag ausschließlich im Rahmen der Erfolgs-Rechnung. Somit fehlt dieser Buchung die materielle Wirkung auf die Vermögens-Rechnung. Solche Wirkung auch im vorliegenden Fall herbeiführen, also etwa die auf die Posten des Grundstücks-Kontos entfallenden Zinsen dem Grundstückswert, mithin der Vermögens-Rechnung zuschlagen zu wollen, wäre selbstverständlich unzulässig und bei doloser Absicht einer Bilanz-Fälschung gleichzuachten.

Würde man statt der Verzinsung des Grundstücks-Kontos etwa den Mietwert des Grundstücks oder der Gebäude (Unkosten-Konto an Hausertrags- oder Grundstücksertrags-Konto) buchen, so wäre die buchtechnische und (abgesehen vom etwaigen Unterschied der Beträge) auch die wirtschaftliche Wirkung dieselbe wie bei Buchung 3. Vom steuertechnischen Standpunkt seien hierzu die Ausführungen von Maatz S. 178—179 wiedergegeben:

„Der Mietwert von Wohnung und Laden des Geschäftsinhabers erscheint als Nutzung auf Grundstücks- (ertrags-) Konto-Haben, ersterer gutgeschrieben durch Kapital-Konto (oder das durch dieses oder durch Gewinn- und Verlust-Konto abgeschlossene Haushaltungs-Unkostenkonto), der Laden-Mietwert aber gutgeschrieben durch Handlungs-Unkostenkonto; dieser ist somit im Gewinn- und Verlust-Kontodebet gebucht. Beide treten andererseits auf Gewinn- und Verlustkonto-Haben als Gewinn in dem einheitlichen Grundstücks-Gewinn auf. Der Laden-Mietwert und der etwa auch über Gewinn- und Verlust-Konto statt Kapital-Konto gegangene Wohnungs-Mietwert berühren den bilanzmäßigen Gewinn nicht; Gewinn und Verlust heben einander auf. Bezüglich des Ladenmietwerts entspricht dies insofern den steuergesetzlichen Vorschriften, als der

---

[1]) Lesenswerte Mitteilungen zu diesem Thema enthält der Artikel: „Die Rolle des Zinses auf den Konten der Bankbilanz“ von K. von Speyr-Basel im Bank-Archiv IX. S. 12ff.

Mietwert von Geschäftsräumen im eigenen Hause weder als Grundeinkommen noch als gewerbliche Betriebs-Ausgabe zu behandeln ist; erscheint er als jenes in den Büchern, muß er auch als diese gebucht werden. Wird nun das vom Laden-Mietwert mitgebildete Grundstücks-Ergebnis, Gewinn, Verlust (oder keines von beiden), aus dem Bilanz-Gewinn ausgesondert und einer besondern steuerlichen Behandlung unterworfen (wobei, wie hier bemerkt sei, nach obigem der Laden-Mietwert gestrichen wird), so muß dieser zur Wiederherstellung des bisher vorhandenen Gleichgewichts dem bereinigten Bilanz-Gewinn zugerechnet werden."

Hiernach sei noch gedacht des auf S. 103 gegebenen Beispiels einer sich auf mehrere Jahre erstreckenden transitorischen Buchung.

Bei jenem Beispiel liegt nah der Gedanke, die in den $8\frac{1}{4}$ Jahren auflaufenden Tausende von Mark Zinsen und Zinseszinsen am Schluß des Entstehungsjahrs durch eine Antizipations-Buchung zu aktivieren und diesen Posten im Lauf der $8^1/_4$ Jahre betragenden Nutzungs-Dauer anteilig abzuschreiben. Das wäre buchtechnisch durchführbar. Denn die Erfolgs-Rechnungen jedes der in Betracht kommenden Jahre würden um die Zinsen-Verluste gekürzt und damit steuerliche Effekte erzielt, wenn man das Geschäfts-Vermögen buchmäßig um die in Rede stehenden Zinsen vermehren (Zinsen- oder Unkosten-Konto an Kapital-Konto) und die so aktivierten Zinsen zu Lasten der in Betracht kommenden Jahre anteilig abschreiben würde (Gewinn- und Verlust-Konto an Zinsen- oder Unkosten-Konto). Diese Buchungen hätten aber Einfluß nur auf die Erfolgs-Rechnung, nicht dagegen auf die Vermögens-Rechnung. Allerdings würde mit der grundlegenden Buchung (Zinsen oder Unkosten an Kapital) das Geschäfts-Vermögen um die transitorisch vorzutragenden Zinsen, rechnerisch genommen, zunächst vermehrt. Aber eben nur rechnerisch. Denn die Wirkung der Buchung (Zinsen an Kapital) ist eine rein interne, weil ein Gläubiger-Anspruch auf die Zinsen nach außen nicht entsteht. Die nur rechnerische Vermögens-Mehrung ist außerdem nicht von Dauer. Denn jede Kürzung des transitorischen Zinsen-Vortrags schließt eine gleich hohe Kürzung des Geschäfts-Vermögens insofern ein, als der dem Kapital-Konto zuzuführende Erfolgs-Gesamtsaldo um die Zinsen-Abschreibung gedrückt wird, was für jenes Konto entgangenen Gewinn bedeutet.

So zeigt sich demnach als wichtiges Ergebnis, daß die Doppelbuchhaltung materielle Wirkungen letzten Endes nur soweit widerspiegelt, wie tatsächliche Vorgänge von materieller Bedeutung, nicht aber bloße Reflexionen dies rechtfertigen.

Manchem mag die ausführliche Erörterung der vorstehend von mir behandelten Frage überflüssig erscheinen. Größere Erfahrung lehrt jedoch erkennen, wie der hier beregten verwandte Reflexionen den Kaufmann nicht selten dazu zwingen, Buchungen vorzunehmen, deren Wirkung im konkreten Fall verkannt wird, und denen sich dann — wenn sich herausstellt, daß im Endergebnis das erwartete Resultat ausbleibt, oder etwa statt dessen eine gegenteilige Wirkung erzielt wird — weitere Buchungen anschließen, die den Fehler aufheben und die vermeintlich berechtigte Erwartung nunmehr erfüllen sollen. Auf diese Weise wird mit den sonderbarsten Buchungen herumexperimentiert und die Sachlage oft derartig verworren, daß selbst Sachverständige sich geradezu hineinbohren müssen, um die Angelegenheit buchtechnisch klar und richtig zu stellen. Besonders häufig wird von solchen Experimenten das Kapital-Konto im Geheimbuch getroffen. Existiert dann, was oft vorkommt, kein Geheim-Memorial, aus dem die Grundbuchungen, also die Gegenposten, leicht erkennbar werden, handelt es sich gar um zusammengesetzte Posten, und ist der Chef verstorben, so resultiert als notwendige Folge eine unverhältnismäßig zeitraubende Aufklärungs-Arbeit.

Verzinsung des eigenen Kapitals. Im Zusammenhang hiermit sei noch eingegangen auf die von vielen Kaufleuten geübte buchmäßige Verzinsung des Kapital-Kontos (Kapitalzinsen-Konto an Kapital-Konto). Mit dieser Buchung wird die Erfolgs-Rechnung um die Zinsen des eigenen Geschäfts-Vermögens gekürzt. Der Jahresgewinn enthält dann nur noch die Arbeits-Rente und den Unternehmer-Gewinn. Ergibt sich nach dem Abzug der Kapital-Verzinsung (Kapital-Rente) statt eines Betriebs-Gewinns ein Betriebs-Verlust, so hat der Betrieb dem Unternehmer eben weder die volle landesübliche Verzinsung des darin angelegten Kapitals, noch eine Vergütung für seine Arbeit, noch für sein Risiko als selbständiger Unternehmer gebracht. Zu bedenken ist bei der in Rede stehenden Verzinsung des eigenen Geschäfts-Vermögens, daß der an der Erfolgs-Rechnung dafür gekürzte Betrag dem Kapital-Konto, also der Vermögens-Rechnung, zuwächst, daß also auch in diesem Fall eine interne Zinsenbuchung ohne materielle Wirkung vorliegt.

Steuerliche Behandlung der Verzinsung eigenen Kapitals. Selbstverständlich sind — vom Standpunkt der Besteuerung des gewerblichen Einkommens — die vorweg gebuchten Zinsen des eigenen Geschäfts-Kapitals dem danach verbliebenen Gewinn-Betrage als nicht abzugsfähiger Posten hinzuzurechnen.

Darüber sagt Maatz S. 151:

„Vereinigt sich im Gewerbe die Arbeit des Unternehmers mit der Benutzung eigenen Kapitals, so hat er neben dem Arbeitslohn für seine mindestens leitende Tätigkeit und außer dem Unternehmer-Gewinn, den jeder andre hätte, d. h. einer Risikoprämie, auch noch die Verzinsung seines Kapitals, oder richtiger, er spart die Zinsausgabe für das sonst benötigte fremde Kapital. Wollte er sie vom Gewinn kürzen, so müßte er sie mindestens als Kapital-Einkommen versteuern (wenn jemand seinem preußischen Geschäft Gelder aus seinem in einem andern Bundesstaate betriebenen vorstreckt, so kann er die Zinsen abziehen); das Ergebnis bliebe also dasselbe (nur bei der Gewerbesteuer nicht); auch ist es schwer zu bestimmen, wie hoch sich das Kapital im Gewerbe verzinst, d. h. anderseits, wie hoch der reine Unternehmer-Gewinn zu bemessen ist. Dieser und der Kapitalzins werden somit ungesondert als Gewerbe-Einkommen vom Gesetz, § 13 Abs. 2 Ziff. 1, besteuert."

Buchmäßige Durchführung der Kapital-Verzinsungen nicht empfehlenswert. Um die wirkliche Rentabilität des Betriebs, vom Standpunkt der Unternehmer-Tätigkeit aus angesehen, zu erkennen, muß man die Zinsen des eigenen Geschäfts-Kapitals unzweifelhaft in Abzug bringen. Dies in der oben von mir mitgeteilten, oft üblichen Art buchtechnisch jedoch auch durchzuführen, ist nicht empfehlenswert, weil die Größe des in der Unternehmung beschäftigten eigenen Kapitals im Lauf der Betriebs-Periode unaufhörlich wechselt, die Verzinsung hingegen nur auf den jeweiligen buchmäßigen Kapital-Saldo oder auf den Durchschnitt der letzten Kapital-Salden bezogen werden kann (vgl. hierüber die Ausführungen unter I 4 im II. Kapitel). Außerdem wirken zur Erzielung geschäftlicher Erfolge viele, von der Höhe des Geschäfts-Vermögens ganz unabhängige Momente (Konjunktur, Modewechsel, Kaufkraft, Absatzfähigkeit usw.) zusammen. Um demnach die Betriebserfolgs-Gesamtzahlen der einzelnen Jahre besser mit einander vergleichen zu können, wird man gut tun, die Verzinsung des eigenen Geschäfts-Vermögens buchtechnisch nicht durchzuführen, sich vielmehr darauf zu beschränken, den Zinsenabzug lediglich im Wege einer speziellen Nebenrechnung vorzunehmen.

---

10. Abschnitt.

Geheim-Erfolgsberechnung.

Viele Kaufleute legen Wert darauf, die Bedeutung bestimmter Zahlen ihrer Buchführung vor ihrem Personal geheimzuhalten. Nicht allein bei Einzelkaufleuten, nein, auch bei Handelsgesellschaften begegnet man in dieser Richtung verwirklichten Bestrebungen. Das Mittel dazu ist die Geheimbuchführung.

Berechtigung der Geheimbuchführung. Gegen die Geheimbuchführung an sich ist keineswegs etwas einzuwenden, wenn sie nach den Grundsätzen ordnungsmäßiger Buchführung gehandhabt und nicht etwa dazu benutzt werden soll, irgendwelchen Interessenten die Vermögenslage oder die Ertragsfähigkeit falsch darzustellen. Ohne weiteres wird man Einzelkaufleuten und Personal-Gesellschaften das Recht einräumen, den Erfolg und gewisse Vermögensteile betreffende Zahlen der

Kenntnis des Personals zu entziehen. Vom rechtlichen und buchtechnischen Standpunkt ist dabei nur zu fordern, daß die Geheimbuchführung ausschließlich derartig berechtigten Zwecken diene, und daß sie sich als korrekt geführte Ergänzung der vom Personal gehandhabten Geschäfts-Buchführung erweise.[1])

Einschränkung dieser Berechtigung. Normalerweise hat das Interesse an geheimer Buchführung zu entfallen bei den zu öffentlicher Rechnungslegung verpflichteten Kapital-Gesellschaften; nämlich bei den Aktien- und Kommanditaktien-Gesellschaften, bei den Bankgeschäfte betreibenden Gesellschaften mit beschränkter Haftung (nach § 41 Abs. 4 Ges.-Ges.) und bei den eingetragenen Genossenschaften. Denn vom Vorstand dieser Gesellschaften geheim geführte Bücher ständen im Widerspruch zur gesetzlichen Verpflichtung zu öffentlicher Rechnungslegung. Damit ist aber nicht etwa gesagt, daß auch die Abschlußbuchungen und die spezialisierte Bilanz mit der Gewinn- und Verlust-Rechnung, deren Veröffentlichung meist in gekürzter Form geschieht, nicht wenigstens insoweit geheim gehalten werden, als sie nur in die Hände der Direktion, des sie fertigenden Buchhalterei-Vorstehers und wohl auch noch des Hauptbuchführers, sowie schließlich des Revisors gelangen, und als sie unter besonderm Verschluß gehalten werden.

Die Sekretariate. Selbstverständlich ist gerade bei Kapital-Gesellschaften, besonders bei großen Aktiengesellschaften, nicht selten erhebliches Interesse daran vorhanden, dem Personal und der Konkurrenz bestimmte Vorgänge auch der laufenden Geschäftsführung (Verträge aller Art, besonders bedeutsame oder besonders geartete Geschäfte, Bezugs- und Lieferungs-Bedingungen u. dgl.) nicht offenbar werden zu lassen. Der Erreichung dieses Zwecks dienen die (namentlich bei Banken) immer mehr in Aufnahme kommenden Sekretariate.

Deren Organisation. Die gesamte, großenteils auch für die Buchhaltung wichtige, geheim zu haltende Korrespondenz, einschließlich aller damit zusammenhängenden Urkunden, gelangt nach erfolgter Kenntnisnahme durch die Direktion in das Sekretariat, wo sie aufbewahrt wird. Die Aufbewahrung geschieht zweckmäßig in starken blauen Aktendeckeln, die zur Aufnahme der Schriftstücke mit Aktenfalzen versehen sind. An jedem Deckel hängt ein Aktenschwanz aus weißem Karton, der eine schwarze, den Inhalt kennzeichnende Aufschrift trägt.

---

[1]) Unter Geschäfts-Buchführung verstehe ich in diesem Abschnitt die „offene“, vom Personal gehandhabte Buchführung für das „laufende“ Geschäft im Gegensatz zur Geheimbuchführung des Chefs. Dieser Gegensatz dient hier nur als Unterscheidungs-Merkmal. Praktisch besteht er nicht, weil die Geheimbuchführung als Korrelat der Geschäftsbuchführung zu gelten hat.

Je ein Deckel umschließt entweder die geheim zu haltende Korrespondenz mit einer bestimmten Firma oder alle auf ein bestimmtes Geschäftsobjekt (Hypothek, Emission u. dgl.) zu beziehende Schriftstücke und Urkunden. Also Gruppierung nach persönlichen oder sachlichen Gesichtspunkten.

Alle für die Buchhaltung in Frage kommenden Tatsachen werden aus den Original-Schriftstücken des Sekretariats auf Buchungs-Belege übertragen. Diese Buchungs-Belege nehmen durch die Hand des Buchhalterei-Vorstehers ihren Weg in die Buchhalterei. Der Text auf den Buchungs-Belegen ist so knapp bemessen, daß er zum Verständnis der Buchung hinreicht, ohne erkennen zu lassen, was durch das Sekretariat verborgen werden soll. Die Belege sind von der Direktion und dem Buchhalterei-Vorsteher zu visieren. Nicht visierte Belege dürfen nicht gebucht werden. Die Buchung hat die Nummer des Buchungs-Belags zu enthalten. Vom Buchungs-Belag aus ist der Revisor in der Lage, auf die Sekretariats-Korrespondenz zurückzugreifen.

Diese korrekte Art der sekreten Behandlung von Buchungsunterlagen ist in jeder Hinsicht gerechtfertigt und unbedenklich.

Geheimbuch mit Monats-Umsatzposten. Nach diesen Darlegungen über die sekrete Behandlung buchmäßiger Unterlagen bei Kapital-Gesellschaften bespreche ich die bei Einzelkaufleuten und Personal-Gesellschaften hauptsächlich vorkommenden Arten der eigentlichen Geheimbuchführung.

Eine Art der Geheimbuchführung, die als in erster Linie berechtigte gelten darf, besteht im wesentlichen darin, daß — immer Doppelbuchhaltung vorausgesetzt! — der Chef das Hauptbuch allein führt. In diesem Fall gibt es im Rahmen der Geschäfts-Buchführung von systematischen Büchern mithin nur die Kasse, die sonstigen Grundbücher und die Kontokorrentbücher. Nur die Kontokorrentbücher werden mit Saldo-Vorträgen geführt. Sonst enthält die Geschäfts-Buchführung jedoch bloß die Umsätze aus der „laufenden" Geschäfts-Bewegung. Die Bilanz-Vorträge für die Sachkonten sind nur aus den Konten des vom Chef geheim geführten Hauptbuchs ersichtlich. Monatlich sammelt der Buchhalter die Umsatz-Posten der Geschäfts-Buchführung in einem Sammeljournal nach einer der bekannten Methoden. Der Chef baut die geheimen Hauptbuch-Konten auf Grund der Bilanz-Vorträge nach dem Sammeljournal auf. Das Sammeljournal ist somit Vorbuch zum geheim geführten Hauptbuch. Das Hauptbuch heißt deshalb auch Geheimbuch. Da die Geheimbuch-Konten vom Chef nur mit summarischen Zahlen aus dem Sammeljournal gespeist werden, für manche Konten, z. B. Provisions-, Zinsen-, Hausertrags-, Unkosten- und andere Konten, jedoch Interesse an detailliertem textlichen Nachweis über die Zusammensetzung besteht so läßt der Chef den Buchhalter derartige Geheimbuch-Konten im Kontokorrentbuch Posten für Posten nochmals spezialisiert führen. Die so im Kontokorrentbuch geführten Sachkonten haben demnach nicht als systematische Konten, sondern ausschließlich als die Zusammensetzung der bezüglichen Geheimbuch-Konten ausweisende Hilfskonten zu gelten.

Die Verbindung des Geheimbuchs mit der Geschäfts-Buchführung vermittelt also das Sammeljournal. Die sich auf Grund der Bilanz-Vorträge im Geheimbuch, der Überträge der Umsatz-Posten aus dem Sammeljournal und des Inventariums für das Geheimbuch ergebenden Abschluß-Posten nimmt das vom Chef zu führende Geheim-Memorial auf, woraus sie auf die Konten des Geheimbuchs übertragen werden, worauf die Geheimbuch-Konten abschlußreif sind.

Der Erwähnung bedarf kaum, daß der Chef die Ergebnisse der Warenlager-Aufnahme geheim hält. Die Abstimmung der Bestände auf Nennwert-Kontrollkonten, z. B. der Kasse, wird periodisch an der Hand des mit einer Bestand-Kolonne geführten Kassebuchs und der für andere Nennwert-Sachgüter geführten Skontri vorgenommen. Allein auf Grund der systematischen Bücher der Geschäfts-Buchführung ist dies nicht möglich, weil die Bilanz-Vorträge nur aus dem Geheimbuch ersichtlich sind.

Konten, deren Bewegung in der Geschäfts-Buchführung nur zahlenmäßig erkennbar, textlich aber verborgen bleiben soll, wie beispielshalber Kapital-Konten, Darlehns-Konten, Hypotheken-Konten, Privatzinsen-Konten usw., werden in dieser mit dem Anruf: Geheimbuch-Konto gebucht. Im Sammeljournal rubriziert der Buchhalter diese Posten gleichfalls unter Geheimbuch-Konto. Der sie von dort ins Geheimbuch übernehmende Chef hat für die richtige Verteilung dieser Posten auf die in Betracht kommenden Konten des Geheimbuchs zu sorgen.

Geheimbelege und Buchungs-Belege. Um die Nachprüfung dieser Verteilung dem Revisor zu ermöglichen, ist erforderlich, in jedem Fall der Verbuchung eines in der Geschäfts-Buchführung über Geheimbuch-Konto laufenden und dort naturgemäß nur zahlenmäßig verbuchten Postens einen Belag zu schreiben, der über Datum, Gegenstand und Betrag des Postens Aufschluß gibt. Diese, den Sekretariats-Belegen wesensgleichen Belege sind in einer besondern Mappe als Geheimbelege alphabetisch oder chronologisch zu ordnen und vom Chef unter Verschluß zu halten. Der Geschäfts-Buchhaltung ist die Art der Verbuchung auf einem einfachen, sich auf die Angaben des Betrags und des Kontos beschränkenden Belag (Buchungs-Belag) anzugeben. Angenommen, Karl Kraft habe auf das Grundstück des Chefs eine Hypothek von 30 000 M gegeben, deren Betrag Kraft zugunsten des Kontos des Chefs bei der Diskontobank eingezahlt hat, und die der Chef zur Verstärkung der geschäftlichen Betriebsmittel verwenden will.

Dann hätte der Chef zunächst einen Geheimbelag folgenden Inhalts zu schreiben:

Diskontobank
an Hypotheken-Konto,

Karl Kraft überwies den Gegenwert der ihm zu Lasten meines Grundstücks eingetragenen erststelligen Hypothek an die Diskontobank: 30 000 M.

Dieser Belag, der die Nummer 116 bekommen haben möge, würde der Mappe für Geheimbelege eingereiht und dadurch dem Einblick des Personals entzogen werden. Der Buchhalter hätte danach einen Buchungsbelag folgenden Inhalts zu empfangen:

Diskontobank
an Geheimbuch-Konto,

Überweisung laut Geheimbelags Nr. 116 = 30 000 M.

Dementsprechend bucht der Buchhalter im Memorial. Will der Chef vermeiden, daß der Buchhalter die Gutschrift der von Kraft geleisteten Zahlung im Bankauszuge zu Gesicht bekommt, so steht ihm frei, den Bankauszug mit dem Bankkonto in der Geschäfts-Buchführung selbst abzustimmen und dann den Auszug unter Verschluß zu nehmen.

Bei der Übernahme der Umsatzzahlen auf die Geheimbuch-Konten hat der Chef, sofern ihm ihre Bedeutung nicht im Gedächtnis ist, nur nötig, die Geheimbelege heranzuziehen, um im hier beregten Fall sofort zu erkennen, daß die 30 000 M dem Hypotheken-Konto gutzubringen sind. Der Revisor ermittelt aus dem Belag für die Geschäfts-Buchführung ohne weiteres die Nummer des Geheimbelags, worauf er in der Lage ist, die Geheimbuchung auf dem Hypotheken-Konto als ordnungsmäßig festzustellen.

Die eingehende Darlegung der Belags-Kontrolle schien mir angebracht, weil ich in dieser Hinsicht nicht selten bedenklichen Lücken begegnet bin. Besonders störend werden diese Mängel empfunden, wenn der Chef verstorben ist und außer ihm über die Geheimbuchungen niemand Auskunft zu geben vermag.

Mit der vorstehend geschilderten Art der Geheimbuchführung wird erreicht, daß dem Personal der Stand gewisser Konten und die Höhe des Reinerfolgs verschlossen bleibt.

Geheimbuch mit Jahres-Umsatzposten. Diese Wirkung ist jedoch auch zu erzielen wenn statt der monatlichen Übernahme der Umsatz-Postensummen ins Geheimbuch nur die Jahres-Umsatzzahlen der ganzen Bilanz-Periode, also für Soll und Haben jedes Kontos höchstens je eine Zahl, auf die Geheimbuch-Konten gelangen. Die rechnerische Wirkung auf den Abschluß ist dann naturgemäß dieselbe als seien sämtliche Umsatz-Posten aller Monate auf die Geheimbuch-Konten übertragen worden. Die Arbeit ist in diesem Fall für den Chef kleiner, weil er auf jeder Geheimbuch-Kontoseite nicht maximal zwölf, sondern nur einen Posten zu buchen hat. Der Buchhalter jedoch ist hierbei genötigt die Hauptbuch-Konten im Rahmen der Geschäfts-Buchführung zu führen. Allerdings ohne Vorträge, weil diese im Geheimbuch des Chefs enthalten sind.

Variationen. Gewiß kann man auch anders verfahren. Inwieweit man den von mir geschilderten Geheimbuch-Typus zweckmäßig modifiziert, richtet sich nach den Aufgaben, die man der Geheimbuchführung zuweist.

Geheimbehandlung nur bestimmter Konten. Will man z. B. nur erreichen, daß dem Personal lediglich die Höhe des Reinerfolgs und im Zusammenhang damit der Betrag des jeweiligen Kapitalkonto-Saldos vorenthalten bleibt, so kann man sich — das Warengeschäft als zugrunde gelegt gedacht — darauf beschränken, Kapital-Konto, Bilanz-Konto, Gewinn- und Verlust-Konto und Waren-Konto geheim zu führen. Der Buchhalter hat in diesem Fall sämtliche Hauptbuch-Konten des „laufenden" Geschäftsverkehrs zu führen und abzuschließen. Etwa vorkommende Kapitalkonto-Posten laufen in der Geschäfts-Buchführung über Geheimbuch-Konto. Das Waren-Konto führt der Buchhalter ohne Bilanz-Vortragsbestand und ohne Bilanz-Schlußbestand. Der Chef übernimmt den Saldo des nur nach Umsatz-Posten vom Buchhalter geführten Waren-Kontos in sein Geheimbuch, worin er vermöge dieses Saldos, sowie des gleichfalls geheim zu haltenden Waren-Anfangs- und Schluß-Bestandwerts den Brutto-Gewinn an Waren berechnet.

Der Buchhalter bucht also — wenn beispielsweise der Haben-Saldo auf dem Waren-Konto 90 000,— M beträgt —: Waren-Konto an Geheimbuch-Konto 90 000,— M. Der Chef bucht dagegen im Geheim-Memorial: Hauptbuch-Konto an Waren-Konto 90 000, — M und überträgt aus dem Geheim-Memorial auf das Waren-Konto im Geheimbuch.

Nur das Waren-Konto, das Kapital-Konto, das Gewinn- und Verlust-Konto und schließlich das Bilanz-Konto stehen bei der hier beregten Art von Geheimbuchführung somit im Geheimbuch. Dagegen werden die übrigen, in der Geschäfts-Buchführung offen geführten Vermögens-Teilkonten und Erfolgs-Konten dort schon vom Buchhalter auch zum Abschluß gebracht. Nur die das Waren-, Kapital-, Gewinn- und Verlust- und Bilanz-Konto betreffenden Übernahme- und Abschluß-Posten laufen demnach durch das Geheim-Memorial. Der Chef baut Bilanz und Erfolgs-Rechnung mithin aus zwei

Quellen auf: in der Hauptsache aus der Geschäfts-Buchführung und nur in bezug auf die vorgenannten Konten aus der Geheimbuchführung.

Zu gedenken ist noch des Privat-Kontos des Chefs. Führt der Chef das Privat-Konto im Geheimbuch, so haben Buchhalter und Kassierer mittelst dieses Kontos geschehende Entnahmen oder Zuführungen in der Geschäfts-Buchführung (bei Wahrung der oben von mir geschilderten doppelseitigen Belags-Kontrolle) unter Anrufung des Geheimbuch-Kontos zu buchen. Der Chef hat dafür zu sorgen, daß der Privatkonto-Saldo durch eine Geheim-Memorialbuchung auf das Kapital-Konto des Geheimbuchs übertragen, das Privat-Konto im Geheimbuch also ausgeglichen wird. Wird das Privat-Konto in der Geschäfts-Buchführung, also offen, geführt, so hat der Buchhalter es unter Anrufung des Geheimbuch-Kontos abzuschließen. Durch eine Geheim-Memorialbuchung hat auch in diesem Fall der Chef den Privatkonto-Saldo auf das Kapital-Konto im Geheimbuch zu übertragen.

Schlußübersicht. Nach den vorstehenden Ausführungen sind folgende Hauptarten der Geheimbuchführung zu unterscheiden:

I. Sämtliche Sachkonten („tote" Konten) werden im Geheimbuch geführt. Die Bilanz-Vorträge stehen also ebenfalls nur im Geheimbuch (Geheimhaltung der Höhe des Reinerfolgs und bestimmter Konten).

Art a: sämtliche Sachkonten werden in den Grundbüchern der Geschäfts-Buchführung offen geführt, also unter ihrem wahren Namen angerufen.

Art b: bestimmte Sachkonten (z. B. Kapital-, Hypotheken-, Darlehns-, Privatzinsen- u. dgl. Konten) werden auch schon in der Geschäfts-Buchführung über Geheimbuch-Konto geleitet, wobei die Kontrolle der richtigen Aufteilung des Geheimbuch-Kontos vom Chef geschriebene Belege vermitteln. Derart, daß aus dem Belag für die Geschäfts-Buchführung die Nummer des Geheimbelags ersichtlich wird, und daß die Aufteilung des Geheimbuch-Kontos der Geschäfts-Buchführung auf die in Betracht kommenden Konten des Geheimbuchs nach den Geheimbelegen kontrolliert werden kann.

II. Nur bestimmte Sachkonten werden im Geheimbuch geführt. Deren Posten laufen in der Geschäfts-Buchführung gemeinsam über Geheimbuch-Konto. Bei der Aufstellung der Bilanz, wie auch der Erfolgs-Rechnung stützt der Chef sich sonach teils auf die Sachkonten der Geschäfts-Buchführung, teils auf diejenigen der Geheimbuchführung (Wirkung wie oben bei I).

Für die buchhalterische Geheimbehandlung können sehr viele Geschäfts-Vorgänge in Frage kommen. Neben den Zwecken der oben bereits angeführten Verheimlichung von eigenem Kapital, Hypotheken, Darlehen und deren Zinsen wird die Geheimbuchhaltung häufig nutzbar gemacht, um die Höhe eigener Akzepte, der Tantiemen, der Abschreibungen, der aus Geschäftsmitteln etwa unternommenen Spekulationen, etwaiger Lotterie-Gewinne, etwaiger Beteiligungen u. a. m. dem Personal vorzuenthalten.

Fingierte Zahlen. Zuweilen wird bei der Eröffnungs-Bilanz dem Buchhalter vom Chef die Gesamtsumme aller geheim zu behandelnden Aktiva und diejenige aller geheimen Passiva für das Geheimbuch-Konto der Geschäfts-Buchführung um einen bestimmten, oft bedeutenden Betrag zu hoch oder zu niedrig angegeben; angeblich, um dem Personal die Möglichkeit zu nehmen, daß es die Geheimbuchungen richtig zu deuten vermag. Das für das Geheimbuch-Konto der Geschäfts-Buchführung fingierte Plus oder Minus wird in der Geheimbuchführung vom Chef über ein zu diesem Zweck dort eingerichtetes fingiertes Konto im Soll und im Haben zum Ausgleich gegenübergestellt und an und per Bilanz-Konto so lange vorgetragen, wie das erdichtete Plus oder Minus im Geheimbuch-Konto der Geschäfts-Buchführung bestehen bleibt. Das fingierte Konto der Geheimbuchführung heißt Konto finto oder Ausgleichs-Konto, fiktives Konto oder ähnlich.

Dieser Modus ist verwerflich. Denn einem intelligenten Buchhalter gegenüber wird mit solchen Mätzchen nicht mehr als mit der Geheimbuchführung auf Grund richtiger Zahlen erreicht: gewinnt er nämlich durch irgend welche Umstände, die sich vielfach ergeben, weil sie trotz großer Aufmerksamkeit nicht immer vermieden werden können, Unterlagen für die sekret behandelten Zahlen, so wird ihn auf die Dauer auch die fingierte Zahl nicht unbedingt irreführen. Last but not least aber sollte man prinzipiell vermeiden, im Rahmen ordnungsmäßiger Buchführung mit fingierten Zahlen zu arbeiten. Wo nicht gelingt, den Buchhalter vermöge einer sich von vornherein auf richtigen Zahlen aufbauenden Geheimbuchführung über die geheim zu haltenden Posten im unklaren zu lassen, haben nach meinem Empfinden auch fingierte Zahlen ihren Zweck verfehlt.[1])

---

[1]) Literatur über Geheimbuchführung: Stern, Buchhaltungs-Lexikon-Artikel: Geheimbuchhaltung und die dort angegebene Literatur. Ferner: Reisch & Kreibig S. 199ff. Kitt: Vom Geheimbuche (vgl. 11. Jahresbericht des Vereins der Wiener Handelsakademie 1883, S. 122ff.). Beigel: Geheimbuchhaltung in „Soll und Haben" I. S. 65ff. Berliner (Schwierige Fälle) II. S. 31 und 156ff.

II. Kapitel.

Umsatz.

Begriffliches.

Definition. Ganz allgemein betrachtet ist Umsatz als Erfolgs-Faktor jede zum Zweck eines wirtschaftlichen Ergebnisses herbeigeführte Veränderung des Wertes und der Zusammensetzung eines Vermögens.

Umsatzarten. Der Umsatz-Begriff wird in sehr verschiedener Bedeutung gebraucht. So spricht man vom Umsatz, den man im Geschäftsverkehr mit einem bestimmten Kunden erzielt hat. In diesem Fall findet der Umsatz-Begriff Anwendung auf ein einzelnes Personen-Konto, worauf eben jener Verkehr zum buchhalterischen Ausdruck kommt. Aber nicht allein die Personen-Konten haben ihren Umsatz. Auch den Bewegungen auf den Sachkonten wird der Umsatz-Begriff beigelegt, und zwar besonders im Bankverkehr.

Gesamt-Umsatz. Als Grundlage für die Berechnung der Gesamt-Umsätze,[1]) die bekanntermaßen Anhalt für die Prüfung der Rentabilität und der Entwicklungs-Möglichkeiten zu bieten vermögen, ist zu nehmen dasjenige Konto, auf dem die aus der Betriebs-Tätigkeit erzielten Roherfolge zur Verrechnung kommen. Dieses Konto ist im Waren-Geschäft das Waren-Konto. Nicht selten kommen mehrere Konten für die Umsatz-Berechnung in Frage. Beispielsweise

---

[1]) Ich weise ausdrücklich darauf hin, daß in diesem Buch zum Gesamt-Umsatz als einem Erfolgs-Faktor nur die der Erfolgserzielung unmittelbar dienenden Umsätze gerechnet werden. Nur in diesem Sinn pflegt der Kaufmann das Wort „Umsatz" praktisch zu verwerten. Vorwiegend theoretische Bedeutung bekommt dagegen der Begriff des Gesamt-Umsatzes, wenn man ihn nicht als Erfolgs-Faktor betrachtet, sondern ihn auf die gesamte Vermögens-Bewegung bezieht. In letztgenannter Richtung kann der Begriff des Gesamt-Umsatzes sich für Untersuchungen privatwirtschaftlichen Charakters brauchbar erweisen. Über die Umsatz-Berechnung in diesem Sinne findet der Leser Näheres in dem inzwischen erschienenen Buch von Nicklisch über Betriebslehre.

können für verschiedene Warengattungen mehrere Waren-Konten geführt werden. In Bankbetrieben haben neben anderen Konten Anteil am Brutto-Gewinn: Wechsel-, Effekten-, Konsortial- und Kontokorrent-Konten. Im Brauerei-Betriebe kommen neben dem Bierkonto etwa für Nebenprodukte geführte Konten in Frage. Bei einer Kohlen fördernden und verarbeitenden Gesellschaft werden zur Umsatz-Berechnung etwa Kohlen-, Koks- und Briketts-Konten herangezogen werden müssen. Und so fort.

Um Mißdeutungen vorzubeugen, sei darauf hingewiesen, daß der Umsatz-Begriff hier — wenn nicht andres bemerkt ist — als Gesamt-Umsatz in der oben erläuterten Bedeutung aufzufassen ist.

Für die Zwecke dieses Buchs haben wir zu unterscheiden zwischen Umsätzen im Warenhandel (einschließlich des Fabrikations-Geschäfts) und im Bankverkehr.

Der Waren-Umsatz. Die Umsätze im Warenhandel sind der preis- und geldmäßige Ausdruck für den „Absatz", als den zahlenmäßigen Ausdruck für die Mengen-Angabe der versandten Waren. Der Umsatz ist mithin das Korrelat des Absatzes.

Der bankmäßige Umsatz. Im Bankverkehr sind die Umsätze der zahlenmäßige Ausdruck für die Geld- und Kredit-Bewegung zum Zweck der Gewinnerzielung.

Beide Umsatzarten sollen nunmehr teils vom buchtechnischen Standpunkt, teils unter Würdigung ihres Verhältnisses zum Erfolge der Unternehmung besprochen werden.

I. Umsatz im Waren-Verkehr.

1. Allgemeines.

Umsatz-Bedeutung beim Besitzwechsel. Für die Beurteilung des Werts eines Waren- oder Fabrikations-Geschäfts sind Größe und Entwicklung der Umsätze von ausschlaggebender Bedeutung. Besonders bei Geschäfts-Veräußerungen pflegt deshalb der Käufer sich vom Verkäufer über die Umsatz-Bewegung eingehend informieren zu lassen.

Für den Praktiker von Interesse sind in diesem Zusammenhang einige gerichtliche Entscheidungen.

Gerichts-Entscheidungen hierüber. „Wie bei einem Hause das Mieterträgnis, so ist bei gewerblichen Unternehmungen und insbesondere bei Wirtschaften der erzielte Jahresumsatz, auch wenn es sich um den Umsatz nur eines Jahres handelt, zu den Eigenschaften der Sache zu rechnen. **R.G.** 31. 3. 09. Recht 09 Nr. 2100."[1])

[1]) Kaufmann X. 275.

„Der Kauf eines Geschäfts kann wegen Irrtums über die Höhe des erzielten Umsatzes gemäß B.G.B. § 119 Abs. 2 angefochten werden. Wandelung ist ausgeschlossen, da ein Mangel des gekauften Gegenstandes im Sinne des B.G.B. § 459 nicht vorliegt. O.L.G. Hamburg 29. 9. 08. Hans. G.Z. 09, Hptbl. 33."[1])

„Das Berufungsgericht ist im Einklang mit der Rechtsprechung des erkennenden Senats davon ausgegangen, der Umsatz eines Geschäfts stelle nach der Verkehrsauffassung eine wesentliche Eigenschaft dar, die für die Wertschätzung des Geschäfts von Wichtigkeit und für den Käufer regelmäßig von bestimmendem Einflusse sowohl für den Kaufabschluß als auch für die Höhe des Kaufpreises sei. **R.G.** 25. 6. 07. L.Z. 07, 651. — O.L.G. Colmar 24. 10. 07. Recht 07, 1317."[2])

„Bei Nichteintreffen der Zusicherungen des Verkäufers über die Höhe des Waren-Umsatzes steht in analoger Anwendung des B.G.B. §§ 459, 433 dem Käufer nach seiner Wahl sowohl das Wandelungs-, als auch unter den Voraussetzungen des B.G.B. § 123 ein Anfechtungsrecht zu, wogegen ein Irrtum über Gewährsmängel dem Irrenden kein Anfechtungsrecht, sondern bloß die Ansprüche aus § 459 gewährt. Der praktische Unterschied zwischen jenen beiden Rechtsbehelfen besteht darin, daß bei der Wandelung die Auseinandersetzung der Parteien sich nach den Bestimmungen über den Rücktritt vom Vertrage richtet, sie also gegenseitig das Empfangene zurückzuerstatten haben, während bei der Anfechtung wegen arglistiger Täuschung die Bestimmungen über ungerechtfertigte Bereicherung Platz greifen. O.L.G. Colmar 24. 10. 07. Recht 07, 1317."[3])

„Die Erträgnisse von Ausflugslokalen hängen wesentlich von Witterungsverhältnissen, der Güte der Bewirtschaftung, der Gunst des Publikums und anderen Zufälligkeiten ab. In der Angabe des Bierumsatzes eines einzigen Jahres kann daher nicht die Zusicherung einer Eigenschaft des Grundstücks gefunden werden. Die wissentlich falsche Angabe des Bierumsatzes verpflichtet den Verkäufer aber zum Schadenersatz unter dem Gesichtspunkte des Betruges. O.L.G. Dresden 3. 4. 08. Sächs. Arch. Rpfl. 08, 560."[4])

„Hat der Verkäufer einer Gastwirtschaft bewußt unwahr den Bierumsatz auf 500 hl jährlich angegeben, obwohl er nur 125 hl betrug, so ist die Anwendung des B.G.B. § 123 nicht ausgeschlossen, wenn der Käufer noch vor dem Vertrags-Abschlusse infolge einer Mitteilung des Brauerei-Direktors über den Bierumsatz der letzten drei Monate die Täuschung hätte erkennen können oder müssen. **R.G.** 23. 9. 08. Recht 08, 616 Beil. 2."[5])

„Äußerungen, die bei dem Verkauf einer Wirtschaft von dem Verkäufer über den bisherigen Bierabsatz gemacht werden, enthalten die Zusicherung einer Eigenschaft im Sinne des B.G.B. § 459 nur dann, wenn sie die Bedeutung haben, daß für einen bestimmten Bierumsatz Gewähr geleistet werden soll. Sind jene Äußerungen für den Entschluß des Käufers, zu den vereinbarten Bedingungen zu kaufen, ohne Einfluß gewesen, so kann auch von einem Betrug keine Rede sein. **R.G.** 11. 5. 07. Recht 07, 764."[6])

Außerdem verdient Erwähnung eine Entscheidung, die über die Bedeutung des Irrtums bei Zusicherungen von Umsatzzahlen näheres aussagt:

„Der Irrtum macht die Zusicherung nicht unwirksam. Wer eine rechtsgeschäftliche Zusicherung erteilt, nimmt die Gefahr des Irrtums auf sich. Das Wesen der Zusicherung besteht ja gerade darin, daß der Zusichernde die Richtigkeit der Zusicherung gewährleistet. Er muß deshalb für sie einstehen und, wenn

---

Kaufmann [1]) X. 217. [2]) VIII. 188. [3]) VIII. 193. [4]) X. 276. [5]) X. 222. [6]) VIII. 250.

die Zusicherung sich als unrichtig erweist, für die Folgen aufkommen, gleichviel, ob er die Unrichtigkeit gekannt oder die Zusicherug im guten Glauben an ihre Richtigkeit erteilt hat. O.L.G. München 21. 6. 07. Recht 07, 971."[1])

Wert richtiger Umsatz-Berechnungen. Aus diesen Entscheidungen wird erkennbar, daß bewußt oder unbewußt falsche Meinungen eines Kaufmanns über die Höhe seines Geschäfts-Umsatzes leicht bedenkliche Folgen haben können. Aus diesem Grunde erscheint mir wünschenswert, vor allem zu erörtern, welche Gesichtspunkte für eine, in jeder Hinsicht haltbare Umsatz-Berechnung aus der Buchhaltung heraus zur Geltung kommen müssen, und mit wie verschiedenen buchtechnischen Voraussetzungen für die Umsatz-Berechnung in der Praxis des Geschäftslebens gerechnet werden muß. Bei der außerordentlichen Fülle der praktisch möglichen Kombinationen von Buchführungsformen ist eine erschöpfende Darstellung aller denkbaren Voraussetzungen natürlich ausgeschlossen. Vielmehr muß es hier darauf ankommen, die wichtigsten Möglichkeiten zu erörtern und damit den Weg für richtige Umsatz-Berechnungen zu weisen.

2. Umsatz-Berechnung im Kleinhandel.

Barumsatz. Am einfachsten gestaltet die Umsatz-Berechnung in Kleinhandels-Betrieben[2]) sich bei strikte durchgeführtem Prinzip sofortiger Barzahlung.

In diesem Fall ist der Umsatz identisch mit der Gesamtsumme aller Kasse-Einnahmen aus Verkäufen. Die Verkaufs-Beträge mindernde Abzugsposten kommen in nur gegen Kasse verkaufenden Kleinhandels-Unternehmungen kaum in Frage, weil der Käufer mit der Bezahlung der Ware deren befriedigende Beschaffenheit anerkennt, und weil — wenn Beanstandungen dennoch nachträglich geltend gemacht werden — entweder ein gleichartiger, fehlerfreier oder ein etwa gewünschter andrer Gegenstand geliefert, einmal gezahltes Kaufgeld dagegen regelmäßig nicht zurückgegeben wird.

Buchmäßige Ermittlung des Barumsatzes. Bei einfacher Buchführung wird man den Barumsatz nach dem Kassebuch berechnen müssen, falls kein Waren-Konto geführt wird. Ist ein Waren-Konto vorhanden, und will man den Umsatz aus dessen Haben-Seite ermitteln, so sind aus dem Einkaufs-Verkehr stammende etwaige Gegenposten auszuscheiden. Welcher Art diese Gegenposten sein können, und mit

---

[1]) Kaufmann VIII. 250.

[2]) Unter Kleinhandel verstehe ich (im nationalökonomischen Sinne) den direkten Absatz an die Konsumenten. Demnach gehören auch Warenhäuser und Versand-Geschäfte in die Kategorie der Kleinhandels-Unternehmungen. Die Umsatz-Höhe hat also mit dem Wesen des Kleinhandels nicht zu tun.

welchen Mitteln man sie auf dem Waren-Konto leicht erkennbar zu machen oder von den Verkaufs-Posten zu trennen vermag, werde ich noch darlegen.

Umsatz-Ermittlung bei Bar- und Kredit-Verkehr. Mehr Aufmerksamkeit erfordert die Umsatz-Berechnung für Kleinhandels-Geschäfte, die teils gegen bar, teils auf Kredit verkaufen.

Hier muß der Jahresumsatz aus mehreren Quellen ermittelt werden. Denn die Kredit-Verkäufe kommen hier oft in ganz verschiedener Weise zum buchmäßigen Ausdruck. Entweder läßt man die geborgten Posten („Restanten") sämtlich durch die Kladde (auch Strazze oder Restanten-Kladde genannt) laufen; oder man führt neben der Restanten-Kladde, in der dann die voraussichtlich nur einmal oder doch wahrscheinlich sehr unregelmäßig borgende Kundschaft belastet wird, besondere kleine Kontobücher für „laufend" kaufende und periodisch (wöchentlich, monatlich, viertel- oder halbjährlich) bezahlende Kundschaft (Monats-Kunden). Die Eintragungen in diese Kontobücher werden sogleich bei jedem Einkauf vorgenommen. Die Kontobücher sind somit immer à jour; sie sind in erster Linie für die Kundschaft bestimmt. Für die eigene Buchhaltung führt der Kleinhändler entweder Konto-Gegenbücher, oder er belastet die periodisch zu bezahlenden Posten im Hauptbuch auf besonderen Konten.

Barumsatz-Korrekturen. Die Tatsache, daß Waren auch auf Kredit verkauft werden, schließt die Umsatz-Berechnung allein auf Grund der Kasseführung aus. Denn zur zutreffenden Umsatz-Feststellung sind dann den Kasse-Einnahmen hinzuzufügen diejenigen Kredit-Verkäufe, die in der Umsatz-Periode geschehen sind, aber erst später bezahlt werden, weil diese Beträge nicht in der Kasseführung der Umsatz-Periode, sondern erst in der spätern Kasseführung erscheinen. Dagegen sind von den Kasse-Eingängen in Abzug zu bringen Kredit-Verkäufe, die zwar im Laufe der Umsatz-Periode bezahlt sind, jedoch schon vorher geschehen waren.

Je nach der Organisation der Buchhaltung sind mithin in Kleinhandels-Unternehmungen, die gegen bar und auf Kredit verkaufen, folgende Punkte bei der Umsatz-Feststellung in Betracht zu ziehen:

Losungsbuch. In erster Linie sind — einfache Buchhaltung mit nur Kasse- und Personen-Konten vorausgesetzt — sämtliche Barlosungen (auch kurz Losungen genannt), d. h. die Beträge der an den einzelnen Tagen der Umsatz-Periode im Detail-Geschäft erzielten Einnahmen, aus dem Kassebuch herauszuziehen und zu addieren. Empfehlenswert ist die Führung eines Losungsbuchs, in dem an jedem Abend der Losungsbetrag notiert wird. Die Buchung im Kassebuch wird hierdurch nicht berührt. Das Losungsbuch wird zweckmäßig mit doppelten Zahlenkolonnen geführt. In der Vorkolonne werden die Tages-Einnahmen, in der Hauptkolonne die Monats-Gesamtbeträge ausgeworfen. Die Monatssummen sind am Jahresschluß zu addieren, um den Gesamtbetrag aller Losungen zu erhalten. Dieses als Beibuch zu führende Losungsbuch bietet somit jederzeit die Möglichkeit, sich über die Entwicklung der Losungen während der einzelnen Wochen oder Monate und außerdem über den Losungs-Gesamtbetrag einer Umsatz-Periode klar zu werden.

Restanten. Die aus dem Kassebuch oder dem etwa geführten Losungsbuch festgestellte Gesamtlosung schließt nun aber — wie oben schon angedeutet wurde — ein auch alle Zahlungen, die auf Forderungen aus früheren Umsatz-Perioden geleistet sind, wobei demnach angenommen wird, daß derartige Restanten-Zahlungen der Laden-Kasse zufließen. Insoweit ist nunmehr die Jahres-Gesamtlosung zu hoch ermittelt. Denn die Restanten-Zahlungen auf vorjährige Borgschulden haben mit der andern Umsatz-Periode nicht zu schaffen; um sie muß also die Gesamtlosung gekürzt werden.

Restanten-Kladde und Restanten-Liste. Wo die Zahl der Restanten noch immer erheblich ist, wird man bestrebt sein müssen, sich auf einfache Art Überblick über diese Posten zu schaffen. Am besten geschieht dies durch Anlage von Restanten-Verzeichnissen, die zur Aufstellung eines ordnungsmäßigen Inventariums ohnehin benötigt werden. Die einen Auszug aus der Restanten-Kladde darstellenden Restanten-Listen legt man — für jedes Jahr gesondert — zweckmäßig alphabetisch an, indem man die Namen der in der Restanten-Kladde an den Jahresschlüssen offen stehenden Schuldner nach der Zeit der Entstehung der Posten unter dem in jedem Fall in Betracht kommenden Anfangsbuchstaben aufführt. Die Tatsache der Bezahlung in den folgenden Umsatz-Perioden bringt man dann zum Ausdruck, indem man vor den bezahlten Posten das Datum der Zahlung nach Tag und Jahreszahl mit farbiger Tinte vermerkt. Da die Restanten-Listen für die einzelnen Jahre regelmäßig mehrere Jahre im Gebrauch sein werden, ehe sämtliche Zahlungen darauf geleistet sind, oder ehe die Gewißheit des Verlustes zweifelhafter Posten feststeht, empfiehlt es sich, für die verschiedenen Jahre, in denen Zahlungen auf eine Liste geleistet werden, nach Möglichkeit verschiedenfarbige Tinten für das Beisetzen der Zahlungs-Daten zu verwenden. Will man verschiedene Tinten vermeiden, so kann man die Zahlungen jedes Jahrs in je einer besondern Spalte vermerken, muß dann somit so viele Spalten anlegen, wie die letzte Regulierung Jahre beansprucht.

Nach allem trägt die Restanten-Liste den Charakter eines Kontos pro diversi.

Umsatzkorrektur-Abzüge. Die bei der Umsatz-Berechnung in Abzug zu bringenden, auf Restanten-Saldi früherer Jahre im letzten Jahr geleisteten Zahlungen sind aus den Restanten-Listen jener Jahre ohne weiteres zu ermitteln.

Umsatzkorrektur-Zuschläge. Im Gegensatz zu diesen Abzügen kommen nun noch Zuschläge zu den Barlosungen in Frage, wenn der Umsatz korrekt berechnet werden soll. Wie schon gesagt wurde, beziehen diese Zuschläge sich auf alle in der Umsatz-Periode ausgeführten Kredit-Verkäufe, die jedoch erst in einer der folgenden Umsatz-Perioden bezahlt werden. Als derartige Zuschlags-Posten sind anzusehen:

die im Lauf der Umsatz-Periode entstandenen, an deren Schluß noch unbezahlten Forderungen an Restanten.

Deren Feststellung ist mit der Herstellung der Restantenliste des letzten Umsatzjahrs ohne weiteres gegeben.

Weitere Zuschlags-Posten sind:

die an Monats-Kunden und etwaige „Engros"-Kundschaft (Wiederverkäufer) während der Umsatz-Periode abgesetzten Warenwerte, soweit sie am Perioden-Schluß noch unbezahlt, oder soweit die darauf geleisteten Zahlungen nicht zur Barlosung gerechnet worden sind.

Der Umsatz-Zuschlag für die Verkäufe an die Monats- und „Engros"-Kunden muß nach den Konto-Gegenbüchern der Monats-Kundschaft oder nach den Personen-Konten berechnet werden, falls nicht Verkaufsbücher solche Feststellung gestatten. Dabei ist zu beachten, ob die während der Umsatz-Periode auf derartige Lieferungen geleisteten Zahlungen zur Barlosung gerechnet worden sind. Ist das geschehen, so dürfen folgerichtig nur die in den Konto-Gegenbüchern oder auf den Personen-Konten noch ungedeckt stehenden, aus der fraglichen Umsatz-Periode stammenden Verkaufs-Posten zur Umsatz-Zuschlagsberechnung herangezogen werden. Da solche Auszüge aus den Konten oder Konto-Gegenbüchern aber sehr umständlich wären, empfiehlt es sich, die Zahlungen der Monats- oder Engros-Kundschaft in der Kasse von den Losungen getrennt, etwa in besondrer Spalte, auszuwerfen. Der Umsatz wäre in diesem Fall gleich den Barlosungen zuzüglich der Konti-Belastungen für Lieferungen aus dem letzten Jahr abzüglich der Zahlungen auf vorjährige Lieferungen.

Das wäre zu sagen über die Umsatz-Berechnung in Kleinhandels-Unternehmungen mit Bar- und Kredit-Verkäufen, deren buchhalterische Darstellung mittelst einfacher Buchhaltung ohne Waren-Konto geschieht.

Wert des Waren-Kontos für die Umsatz-Berechnung. Die Umsatz-Berechnung wird einfacher, wenn ordnungsmäßig geführte Waren-Konten vorhanden sind. Denn dann laufen sowohl die

Laden-Losungen, wie auch die Umsätze mit der Kredit heischenden Monats- und „Engros"-Kundschaft über Waren-Konto.

Zuschläge und Abzüge bei dieser Methode. Gewiß wird aber auch die nach dem Waren-Konto stattfindende Umsatz-Berechnung der uns schon bekannt gewordenen Korrektur-Posten bedürfen.

Am Schluß der Umsatz-Periode werden also dem Waren-Konto zuzuschlagen sein: alle Posten der für diese Periode aufzustellenden Restanten Liste, weil diese am Jahresschluß noch unbezahlten Kladden-(Restanten-)Posten der Umsatz-Periode im Haben des Waren-Kontos noch fehlen.

Dagegen müssen subtrahiert werden: alle während der Umsatz-Periode geleisteten Zahlungen auf Posten aller früheren Restanten-Listen, weil diese als Teile der Barlosungen zu Unrecht über das Waren-Konto der Umsatz-Periode gelaufen sind.

Diese auf das Waren-Konto bei einfacher Buchhaltung zu beziehenden Bemerkungen gelten auch für das im Rahmen der Doppelbuchhaltung geführte Waren-Konto.

Das Restanten-Konto. Bei doppelter Buchhaltung wird man zweckmäßig ein Restanten Konto als Unterabteilung des Kontokorrent-Kontos im Hauptbuch führen. Dieses Restanten-Konto wird am Jahresschluß zugunsten des Waren-Kontos für alle aus dem letzten Jahr stammenden Restanten-Salden belastet und für alle auf Restanten-Salden früherer Jahre gezahlten Beträge zu Lasten des Kasse-Kontos erkannt, so daß sich aus dem Restanten-Konto — in Übereinstimmung mit den Gesamtsalden sämtlicher Restanten-Listen — der jeweilige Restanten-Gesamtsaldo für die Bilanz ergibt.

Für die Umsatz-Berechnung im Kleinhandel kommen außer den angeführten Abzugs- und Zuschlags-Posten noch andere, wie Differenzen, Storni, Retouren, Fastagen u. dgl., in Frage, die jedoch erst bei der Besprechung der Umsatz-Berechnung im Großhandel gewürdigt werden sollen, für den sie von größerer Bedeutung sind.

Hindernisse korrekter Umsatz-Berechnungen im Kleinhandel. Hier sollte zunächst auf die Besonderheiten der Umsatz-Berechnung im Kleinhandel hingewiesen werden. Wenn dies manchem vielleicht zu ausführlich geschehen ist, darf als Grund dafür angeführt werden, einmal die durchaus ungleichartige Auffassung vom Wesen des Umsatzes, der man im Kleinhandel vielfach begegnet, und zu der das Nebeneinander von Bar- und Kredit-Geschäften, von Restanten-, Monats- und Händler-Kundschaft leicht Veranlassung gibt; und sodann die Tatsache, daß die Buchführung in Kleinhandels-Unternehmungen häufig im argen liegt. Diese von mir nicht selten beobachtete Tatsache ist nicht zuletzt zurückzuführen auf die intensive Arbeitsvereinigung, zu der die Detaillisten regelmäßig gezwungen sind. Deren Sorge ist auf ihnen wichtigere und näher liegende Dinge, wie beispielsweise den persönlichen Verkehr mit der Kundschaft, die Einkaufs-Dispositionen und das Kassewesen, gerichtet. Der Prinzipal wird sich demgemäß auf die seines Erachtens notwendigsten buchhalterischen Arbeiten beschränken, an deren Erledigung das Laden-Personal in seiner freien Zeit mitwirkt. Zur hinreichenden Beschäftigung eines ausschließlich buchhalterisch tätigen Angestellten ist der Umfang der buchhalterischen Arbeiten oft zu klein. Die für den Vollkaufmann gesetzlich vorgeschriebenen Inventarisierungen und Bilanzierungen können von den Detaillisten oft beim besten Willen nicht geleistet werden. Zur Inanspruchnahme des § 39 Abs. 3 H.G.B. fühlen deshalb gerade sie sich in erster Reihe gedrungen.

Aus allen diesen Gründen und besonders in den Fällen, wo Bilanzen selten oder niemals aufgestellt worden sind, wird gerade in Kleinhandels-Unternehmungen dem Umsatz die Rolle eines Maßstabs für den Geschäftswert zuerteilt.

Scheingründe für die Gleichsetzung von Umsatz und Bareinnahmen. Zu den vorstehenden Ausführungen sei schließlich noch eines Einwands gedacht, den Anhänger der Gewohnheit, den Umsatz nach den Kasse-Eingängen zu berechnen, erheben könnten, indem sie geltend machen, den im Lauf der Umsatz-Periode kreditierten, jedoch erst nachher bezahlten Verkaufs-Posten, die also bei der Gleichsetzung von Umsatz und Einnahme nicht berücksichtigt würden, ständen gegenüber diejenigen Verkäufe, die in der voraufgegangenen Umsatz-Periode ausgeführt, aber erst in der, der Umsatz-Berechnung jeweilig zugrunde zu legenden Periode bezahlt sind. Es fände also zwischen den Jahren ein Ausgleich statt, und deshalb könnte die Kasse-Einnahme getrost als Maßstab für den Umsatz der auch auf Kredit verkaufenden Waren-Geschäfte gelten.

Bedenken dagegen. Dieser Einwand erscheint im ersten Augenblick plausibel. Bei näherer Betrachtung spricht indessen mancherlei gegen seine Berechtigung.

Zunächst ist keineswegs die Regel, daß die Kredit-Inanspruchnahme in den einzelnen Jahren derartig sich gleicht, um für sie einen Ausgleich zwischen den Jahren annehmen zu dürfen. Vielmehr ist die Gesamthöhe der Kredit-Inanspruchnahme abhängig von der allgemeinen Wirtschaftslage, von der Zunahme oder Abnahme der Abnehmerzahl und last but not least von der „Bonität“ hinzugekommener oder abgesprungener Kunden.

Aber noch etwas andres spricht gegen die Berechnung des Umsatzes nach den Kasse-Eingängen. Wer so verfährt, wird der eben besprochenen Fehlerquelle eine neue, eventuell beträchtliche hinzufügen für den Fall, daß Ausfälle an Forderungen eingetreten sind. Diese

Verluste können als unbezahlte Verkäufe in der Kasse natürlich nicht zum Ausdruck kommen. Der nach der Kasseführung berechnete Umsatz wird mithin um jene Beträge zu niedrig, und alle an die Umsatzzahl geknüpften Erwägungen und Berechnungen werden insoweit falsch.

Es soll keineswegs geleugnet werden, daß zuweilen in der Praxis alle Bedingungen gegeben sind, die eine Berechnung der Umsätze nach den Kasse-Einnahmen gestatten. Ich glaube aber schon mit den bisherigen Darlegungen bewiesen zu haben, daß Momente, die leicht erhebliche materielle Bedeutung erlangen können, unbedingt gegen die allseitige Berechtigung dieser Art Umsatz-Feststellung sprechen. Besonders dann, wenn der Umsatz zur Grundlage von Rechtshandlungen (Geschäftsverkauf, Provisions-Feststellungen, die Umsatzhöhe tangierende Prozesse u. dgl.) gemacht werden soll, dürfte die Umsatzhöhe nicht den Kasse-Einnahmen gleichgesetzt werden können. Umsoweniger, wenn nicht die Umsatzhöhe einer fortlaufenden Kette von Umsatz-Perioden, sondern nur diejenige eines Jahrs oder gewisser, von einander getrennt liegender Jahre ermittelt werden muß. Dann könnte die Umsatz-Berechnung nach der Kasseführung in bezug auf Kredit gebende Waren-Geschäfte leicht unangenehme Folgen haben. Es sei denn, daß die so errechneten Umsätze ausdrücklich als Einnahmen bezeichnet werden.

3. Umsatz-Berechnung im Großhandel.

Begriffliches. Hiernach soll die Umsatz-Berechnung im Großhandel beleuchtet werden, wobei unter Großhandel der Absatz an Wiederverkäufer und Weiterverarbeiter verstanden werden soll. Wie der oben gegebene volkswirtschaftliche Begriff des Kleinhandels, nimmt auch die vorstehende, für den Großhandel geltende Definition auf die Größe und den Umsatz der Unternehmungen keine Rücksicht.

Nicht selten sind Kleinhandels- und Großhandels-Geschäfte in einer Unternehmung vereinigt. Oft handelt es sich bei dieser Vereinigung um Großhandel mit den am Orte der Unternehmung oder doch in dessen Nähe ansässigen Händlern. Außerdem kommt dabei häufig auch Großhandel in Form des Absatzes an Hausierer in Frage.

Derartiger Vereinigungen verschiedener Handels-Tätigkeit innerhalb einer Unternehmung ist gelegentlich der Besprechung der Umsatz-Ermittlung für Kleinhandels-Geschäfte schon gedacht worden.

Da im Rahmen dieser Arbeit nicht alle in der geschäftlichen Praxis möglichen oder vorkommenden Kombinationen und Abstufungen berücksichtigt werden können, soll nunmehr die Umsatz-Berechnung nur noch bezogen werden auf Großhandels-Unternehmungen in Gestalt reiner Handelsgeschäfte und Fabrikgeschäfte mit örtlich ausgedehnter Kundschaft. Den Betrachtungen soll die Doppel-Buchhaltung zugrundegelegt werden.[1])

Voraussetzung, Vorteil und Nachteil indirekter Verbuchung der Barverkäufe. Vorausgesetzt wird, daß nicht allein auf Kredit expedierte, sondern ebenso vom Lager durch die Kundschaft persönlich entnommene und etwa auch sogleich bezahlte Waren über die Kontokorrent-Konten der Käufer geführt werden, wobei die Kasse also nicht direkt zugunsten des Waren-Kontos, sondern indirekt zugunsten des Kontokorrent-Kontos belastet wird.

Dieses Verfahren bietet doppelten Vorteil: erstens wird die Gesamt-Umsatzberechnung für die Unternehmung auf Grund nur eines Kontos, des Waren-Kontos, ermöglicht; sodann läßt das Kontokorrent-Konto jedes Kunden den mit ihm gemachten Umsatz lückenlos erkennen, was nicht möglich wäre, wenn gegen sofortige Barzahlung vom Lager entnommene Posten durch die Kasse gleich zugunsten des Waren-Kontos verbucht werden würden. Denn damit würde das Kontokorrent-Konto des Käufers ausgeschaltet. Mit der Heranziehung des Kontokorrent-Kontos für die Verbuchung sofort bar bezahlter Waren-Entnahmen ist allerdings eine Vermehrung der buchhalterischen Arbeit verbunden, weil neben der Kasse-Belastung (Kasse an Kontokorrent) noch nötig werden: die Verbuchung des Rechnungs-Betrags im Memorial oder im Verkaufsbuch (Kontokorrent an Waren) und außerdem die dazu gehörigen beiden Übertragungen aufs Kontokorrent-Konto, während andernfalls die Buchung: Kasse an Waren genügen würde. Immerhin wird diese Mehrarbeit gerechtfertigt durch den Vorteil, auf den einzelnen Personen-Konten und auf dem Waren-Konto eine stets vollständige Umsatz-Übersicht zu haben, was die zutreffende Beurteilung der Bedeutung des Kunden erleichtert.

Aber trotz indirekter Verbuchung der Barverkäufe sprechen dennoch verschiedene Gründe gegen die Möglichkeit, aus der Haben-Seite des Waren-Kontos allein und ohne weiteres den Umsatz zu berechnen.

Einfluß der Grundbücherführung auf die Umsatz-Berechnung. Zunächst ist nämlich jedesmal zu prüfen, nach welcher buchhalterischen Methode die Grundbücher geführt und wie die Übertragungen aus ihnen gehandhabt werden. Nur andeutungsweise braucht an dieser Stelle daran erinnert zu werden, wie verschieden das Waren-Konto im Hauptbuch aussieht; je nachdem, ob es die Posten aus einem Sammeljournal oder direkt aus den einzelnen Grundbüchern empfängt. Daß die Monats-Posten aus Sammel- oder aus Tabellen-Journalen für

[1]) Die folgenden Ausführungen über „Umsatz-Berechnung mit geteiltem Waren-Konto“ habe ich gekürzt in der Z. f. Hw. u. Hp. IV. S. 300ff. vorweg veröffentlicht.

das Haben des Waren-Kontos außer den eigentlichen Verkaufs-Posten noch mancherlei andere Posten enthalten, daß dagegen bei unmittelbarer Übertragung aus den Grundbüchern ins Hauptbuch die Verkaufs-Posten von den übrigen leicht zu scheiden sind, wenn Verkaufsbücher geführt werden, ist bekannt.

Aber selbst, wenn die Gesamtsumme der Verkaufs-Rechnungsbeträge für eine Umsatz-Periode festgestellt ist, wird man regelmäßig noch andere Posten addieren oder subtrahieren müssen, um zu einem richtigen Umsatz-Ergebnis zu gelangen.

Die Umsatz-Berechnung störende Posten. So erscheinen auf der Haben-Seite des Waren-Kontos die Beträge für Abzüge aller Art, die an Lieferanten-Rechnungen gekürzt werden, falls sie nicht über Dekort- und Skonto-Konto laufen. Ferner werden im Haben des Waren-Kontos verbucht Retouren an Lieferanten. Weder die Abzüge, noch die Lieferanten-Retouren gehören als solche zum Umsatz-Ergebnis. Wohl aber ist dies der Fall bei Buchungen, die infolge nachträglich in den Verkaufs-Rechnungen festgestellter Rechenfehler vorgenommen werden müssen, wenn die Rechnungs-Beträge infolge der Fehler zu niedrig gelautet haben. Last but not least ist der Storni- und Umbuchungs-Posten zu gedenken, die auf der Haben-Seite des Waren-Kontos leicht von Bedeutung werden können.

Jedoch auch auf der Sollseite des Waren-Kontos kommen oft Posten vor, die bei der Umsatz-Berechnung berücksichtigt werden müssen.

Dahin gehören z. B. gewisse, im folgenden noch zu präzisierende Abzüge, sodann von der Kundschaft empfangene Retouren, ferner auch hier Storni- und Umbuchungs-Posten, Verkaufsrechnungen betreffende Fehler-Korrekturen, schließlich noch Rückvergütungen von solchen Auslagen, die in den Verkaufs-Rechnungen mit belastet worden waren.

Je nach Art der Führung des Waren-Kontos wird die Berücksichtigung solcher Posten bei der Umsatz-Berechnung sich verschieden gestalten. Wünschenswert, ja, bei manchen, zahlenmäßig bedeutenden Posten unerläßlich wird solche Berücksichtigung jedoch unter allen Umständen, wenn man den Umsatz korrekt berechnen will.

Besonders gilt dies von den Retouren- und den Storni-Posten.

Kunden-Retouren. Auf der Sollseite des Waren-Kontos stehen die von der Kundschaft gemachten Rücksendungen von Waren, Emballagen und Fastagen (Kunden-Retouren). Soweit die Fastagen und Emballagen in den Verkaufs-Rechnungen belastet waren, mindern sie, wenn sie von der Kundschaft zurückgesandt werden, den Umsatz in der zurückvergüteten Werthöhe. Von gleicher Wirkung auf den Umsatz sind von der Kundschaft zurückgesandte Waren (auch Retourwaren oder, nicht weniger häßlich, „Rückwaren“ genannt).

Die Differenz zwischen den der Kundschaft bei der Lieferung belasteten Emballagen- und Fastagen-Beträgen und den ihr bei der Rücksendung vergüteten Beträgen ist Überschuß oder Ertrag, der in den Verkaufsrechnungs-Beträgen der Haben-Seite des Waren-Kontos als Umsatz-Anteil zur Geltung kommt. Sofern für zurückgesandte Waren geringere Preise als die bei der Lieferung berechneten vergütet werden, gilt das gleiche auch für die retournierten Waren.

Gründe für Kunden-Retouren. Nach der Art der verkauften Artikel richtet sich der Umfang, den die zurückgesandten Waren durchschnittlich oder etwa zu bestimmten Jahreszeiten annehmen. So werden dem Verderben leicht ausgesetzte Waren zu erheblichen Retouren Veranlassung geben können. Man denke beispielsweise an Konserven, die — nach minderwertiger Ernte oder als Folge technischer Mängel beim Zubereitungs-Verfahren — nicht selten zu außerordentlich umfangreichen Rücksendungen zwingen. Andere Waren, wie etwa Kurzwaren, werden zurückgesandt, weil sie in Maß, Form oder Qualität nicht nach „Aufgabe" geliefert sind. Auch über das bestellte Quantum hinaus gesandte und berechnete Ware wird oft zurückgegeben.

Die Rücksendungen von Emballagen und Fastagen sind gleichfalls von der Art der darin beförderten Artikel in erster Linie abhängig. Weiter aber auch davon, ob und gegebenenfalls zu welchen Bedingungen sie gutgeschrieben werden. In Kisten oder Fässern zu verladendes Stückgut wird Emballagen- oder Fastagen-Retouren reichlich zur Folge haben. Unverpackt oder in Originalpaketen wagenladungsweise versandte Waren werden solche Retouren ausschließen. Die Vergütung franko zurückgesandter Emballagen und Fastagen in voller Höhe der in Rechnung belasteten Beträge wird stärkern Anreiz zu Retouren bieten, als die Gutschrift von nur Bruchteilen der berechneten Preise. Maßgebend für den Entschluß zu Fastagen- und Emballagen-Retouren wird neben der Frage nach der Höhe der dafür zu erwartenden Gutschrift in nicht letzter Linie auch die andre nach deren Verhältnis zur Höhe der bei der Rücksendung entstehenden Transport-Spesen, sowie endlich auch danach sein, mit welchem Nutzen die Fastagen und Emballagen sich etwa am eigenen Platze unter Ersparung der Frachtspesen verwerten lassen.

Aus allen diesen, hier nur der Andeutung bedürftigen Momenten folgt zur Genüge, daß der Umfang von Kunden-Retouren nach Branche und Geschäftsführung sehr stark schwanken, daß also die Berücksichtigung solcher Retouren bei der Umsatz-Berechnung verschiedene materielle Bedeutung haben wird.

Kunden-Retouren aus vorjährigen Lieferungen. Sehr oft werden nicht nur Waren, sondern vor allem Emballagen und Fastagen erst nach dem Ablauf derjenigen Umsatz-Periode retourniert werden, innerhalb deren sie der Kundschaft geliefert oder berechnet worden sind. Dann werden mithin vom Brutto-Umsatz aus Verkäufen eines Jahrs Retouren-Posten, die sich auf Lieferungen aus früheren Jahren beziehen, in Abzug gebracht. Streng genommen müßten demnach die einzelnen Retouren gegenüber dem Brutto-Umsatz des Jahrs, in dem die Lieferungen stattgefunden haben, verrechnet werden. Das wäre jedoch praktisch kaum durchführbar, weil damit eine zeitraubende Arbeit verbunden sein würde, mit der das Ziel zu teuer erkauft werden müßte. Theoretisch denkbar ist diese genaue Retouren-Verteilung außerdem nur unter der Bedingung, daß der Umsatz eines Jahrs erst nach Verlauf längerer Zeit unter genauer Verteilung der Kunden-Retouren berechnet werden soll. Denn eine frühere derartige Berechnung ist schon deshalb ausgeschlossen, weil der Umfang der noch zu erwartenden Retouren nicht vorausgesehen werden kann. Regelmäßig wird dieses Moment ohnehin kaum nennenswerte Bedeutung haben. Besonders dann nicht, wenn mit einer gewissen Gleichmäßigkeit der Brutto-Umsätze sich auch eine solche der Kunden Retouren verbindet. Dann kann ein Ausgleich zwischen den Jahren angenommen, der Abzug auf Kunden-Retouren also in bezug auf das Jahr der Retouren-Buchung vorgenommen werden. Selbstverständlich kann und wird es Ausnahmefälle geben, wo eine nach Möglichkeit genaue Verrechnung der Kunden-Retouren im Verhältnis zu den einzelnen Jahres-Umsätzen angezeigt ist. Das ist beispielsweise in der Konservenbranche denkbar, wenn beträchtliche Teile des Gesamt-Absatzes wegen Bombierens der Dosen von den Abnehmern zurückgegeben werden, und wenn die Verbuchung solcher Rücksendungen erst in dem der Lieferung folgenden Geschäftsjahr vorgenommen zu werden vermag.

Die der Kundschaft für zurückgesandte Emballagen und Fastagen vergüteten Beträge waren entweder in den Verkaufs-Rechnungen besonders berechnet, also im Brutto-Umsatz enthalten, oder sie waren in den Verkaufs-Rechnungen nicht besonders angesetzt.

Beziehung der Emballage-Konditionen zum Umsatz. Der letztgenannte Fall ist stets gegeben, wenn die Verkaufs-Kondition auf „frei oder franko Emballage“ gelautet hat. Mit dieser Kondition ist entweder verbunden die Abmachung, daß Emballagen und Fastagen nicht zurückgenommen werden, oder daß die Zurücknahme zu einem angemessenen Preise erfolgt, dessen Höhe prozentualiter ausgedrückt werden kann, wenn der Wert in der Rechnung außerhalb der Zahlen-Kolonne vermerkt wird.

Auf den ersten Blick könnte man versucht sein, zu glauben, daß in den Verkaufs-Rechnungen nicht berechnete Emballagen und Fastagen bei ihrer etwaigen Rücksendung durch die Kundschaft vom Brutto-

Umsatz nicht abgesetzt werden dürfen. Dieser Schluß wäre unzutreffend, weil er auf der falschen Voraussetzung beruhen würde, nicht besonders berechnete Emballagen und Fastagen ständen in keiner Beziehung zum Brutto-Umsatz. Diese Voraussetzung wäre deshalb falsch, weil der Lieferant die Emballagen und Fastagen selbstverständlich im Warenpreise zum Ausdruck bringen muß, wenn er sie nicht verschenken will. Daß die Preise der Verpackungsmittel oft nicht besonders in Ansatz gebracht, daß dagegen die Waren-Verkaufspreise entsprechend höher kalkuliert werden, kann aus geschäftspolitischen Interessen oder Branche-Gewohnheiten geschehen.

Müssen sonach bei präziser Umsatz-Berechnung scheinbar unberechnete Emballagen und Fastagen im Fall ihrer Rücksendung mit den dafür vergüteten Werten dem Brutto-Umsatz entgegengesetzt werden, so ist dies um so mehr nötig bei denjenigen zurückgesandten Verpackungs-Retouren, die in den Verkaufs-Rechnungen besonders berechnet worden waren. Werden diese zum vollen Faktura-Ansatz vergütet, so findet insoweit Minderung des Umsatzes statt; werden sie dagegen zu Bruchteilen des Fakturenpreises (oft zwei Drittel des Fakturenpreises, wenn nicht Schadhaftigkeit weitere Abzüge gestattet) zurückgenommen, dann ist — worauf schon hingewiesen wurde — der zurückvergütete Betrag, als Umsatz-Minderung, der auf der Haben-Seite effektiv verbleibende Überschuß-Rest dagegen als Gewinn und zugleich als Umsatz-Anteil anzusehen. Als Umsatz-Anteil aus dem Grunde, weil der aus der Retouren-Vergütung fließende Gewinn als Zuwachs zu dem beim Verkauf berechneten Warenpreise gedacht werden muß. Denn tatsächlich war der Waren-Absatz Voraussetzung für die Möglichkeit des Gewinns aus den Retouren.

Retourenbücher. Um sich über die Gesamthöhe der Kunden-Retouren stets genaue Rechenschaft geben zu können, ist empfehlenswert die Führung von Nebenbüchern, die man als Retouren-Bücher, Retouren-Kladden, Fastagen-Bücher oder ähnlich bezeichnet. Diese Retouren-Bücher werden, der Art des Geschäfts-Betriebs entsprechend, verschieden eingerichtet. Regelmäßig werden sie jedoch Übereinstimmnug mit der Führung des Einkaufsbuchs zeigen. Aus diesen Nebenbüchern wird periodisch ins Memorial übertragen mit dem Buchungssatz: Waren-Konto an Kontokorrent-Konto (Kunden- oder Debitoren-Konto). Man kann das Retourenbuch natürlich auch sogleich zum Grundbuch erheben, indem man ihm den erforderlichen Buchungssatz voranstellt. Von dem dann Retouren-Memorial, Retouren-Journal oder ähnlich heißenden Retourenbuch überträgt man periodisch ins Sammeljournal oder — wenn solches nicht geführt wird — direkt ins Hauptbuch. Wird ein Retourenbuch nicht geführt, sondern laufen die Retouren-Posten mit den übrigen Memorial-

Posten durcheinander, so empfiehlt sich die Einrichtung eines Retourwaren-Kontos im Hauptbuch, worüber die Kunden-Retouren geleitet werden, und dessen Saldo periodisch auf das noch zu erörternde Umsatz-Konto übertragen wird.

Kommissionswaren. Daß zurückgesandte Kommissionsware von den Kunden-Retouren zu scheiden ist, bedarf nur der Andeutung.

Statistische Verwertung der Kunden-Retouren. Schließlich sei nochmals darauf hingewiesen, daß nicht selten die Kundenretouren-Gesamtbeträge im Verhältnis zum Brutto-Umsatz kaum nennenswert sind. Wenn die Organisation der Buchführung die genaue und bequeme Feststellung der bezüglichen Beträge gestattet, sollte man sie bei der Umsatz-Berechnung immerhin mit veranschlagen; sei es auch nur in Form der folgenden Gegenüberstellung, deren Zahlen der Buchführung einer Landesprodukten-Großhandlung entnommen sind:

	1900	1901	1902	1903	1904	1905
Umsätze aus Verkäufen:	821 863,43	870 345,76	760 472,29	825 132,67	958 784,45	900 941,19
Dagegen						
Retournierte Waren:	14 032,96	12 461,24	13 376,44	15 565,56	13 853,63	15 058,52
Retournierte Emballagen und Fastagen:	2 441,15	2 718,85	2 533,25	2 519,35	2 198,90	1 900,50

Umsatz-Ermittlung mit oder ohne Kunden-Retouren. Die Frage nach dem Verhältnis zwischen Umsatz und Kunden-Retouren kann zwiefach beantwortet werden. Geht man von dem Standpunkt aus, der Umsatz als der geldmäßige Ausdruck des Absatzes sei allein dem Gesamtwert der Verkäufe gleichzusetzen, weil danach die Absatzfähigkeit der Waren, also die Entwicklung und voraussichtliche Entwicklungsfähigkeit der Unternehmung zu beurteilen wäre, so wird man geneigt sein, den Umsatz ohne Rücksicht auf Kunden-Retouren zu berechnen.

Diese Auffassung läßt aber außer acht, daß die Kundschaft — soweit die Verkaufsbedingungen dem nicht entgegenstehen — in der Lage ist, die mit ihr erzielten Umsätze durch berechtigte Retouren zu mindern.

Unbedingt wird man die Kundenretouren-Beträge bei der Umsatz-Berechnung in Abzug bringen müssen, wenn man die Umsatzzahlen in Beziehung zu den Geschäfts-Unkosten setzen will. Dann wirken die Retouren doppelt auf das Ergebnis. Einmal verringern sie als Abzugs-Posten den Umsatz, und sodann sind auf den kleinern Umsatz erhöhte Unkosten zu beziehen, weil die Bearbeitung der Kunden-Retouren, wie z. B. in bedeutenden Kurzwaren-Handlungen, zu dem Zweck ausschließlich oder teilweise anzustellendes Personal erforderlich macht.

Auch beim Vergleich des Brutto-Gewinns an Waren mit dem Gesamt-Umsatz wird man die Kunden-Retouren bei der Umsatz-Berechnung absetzen müssen, weil sie als Sollposten des Waren-Kontos den Brutto-Gewinn an Waren mindern.

Storni-Posten. Neben den Kunden-Retouren können für die Umsatz-Berechnung bedeutungsvoll werden die Storni-Posten.

Begriff. Als Storno-Posten bezeichnet man jede Buchung, die den Zweck hat, in der Buchführung festgestellte Übertragungs- und Rechenfehler aufzuheben.

Die Technik des Stornierens auf Grund aller denkbaren praktischen Fälle darzulegen, gehört hier nicht zum Thema.[1])

Storni als Umsatz-Abzugsposten. In diesem Zusammenhang ist nur hervorzuheben, daß Storni-Buchungen, die über die Haben-Seite des Waren-Kontos geführt werden, den Umsatz zu Unrecht erhöhen, bei der Umsatz-Berechnung also ausgeschieden werden müssen, und daß im Soll des Waren-Kontos stehende Storni-Posten vom Umsatz der Haben-Seite insoweit zu subtrahieren sind, als sie Gegenbuchungen für dort zu Unrecht gebuchte Verkaufsrechnungs-Beträge darstellen.

Übertrags- oder Umbuchungen. Auch die Übertrags- oder Umbuchungen können auf die Haben-Seite des Waren-Kontos vermehrend einwirken. Vorzugsweise werden Provisions-Umbuchungen solche Vergrößerung der Warenkonto-Habenseite herbeiführen. Beispielsweise dann, wenn für eigene Agenten-Tätigkeit empfangene Provisionen vom Haben des Provisions-Kontos aus irgend einem Grunde ins Haben des Waren-Kontos übertragen würden; oder wenn solcher Übertrag sich bezöge auf Provisionen, die unsere Agenten von uns empfangen hätten, und die bisher dem Waren-Konto zur Last geschrieben waren, von dem sie aber ins Soll des Unkosten- oder des Provisions-Kontos übernommen werden sollen.

Bunte Buchungen. Beide Arten Provisions-Posten müßten bei der Umsatz-Berechnung ausgeschieden werden.

Um Storni, Umbuchungen, Kunden-Retouren und andere, noch zu nennende Postenarten, die den Brutto-Umsatz mindern, auf dem Waren-Konto leicht zu erkennen, kann man sie dort mit verschiedenfarbigen Tinten buchen. Solche bunten Buchungs-Posten werden

---

[1]) Näheres darüber findet der Leser in der Z. f. hw. F. III. S. 537—540. Ferner bei Stern (Buchhaltungs-Lexikon): Artikel „Fehlerverbesserung in der Buchhaltung“ und „Storno“. Außerdem in der Rundschau für G. m. b. H. 1910. Nr. 3, S. 107—110.

in den Grundbüchern und Kontokorrentbüchern zur Charakterisierung der genannten Postenarten unzweifelhaft sehr nützlich sein. Auf den Hauptbuch-Konten, also auch auf dem Waren-Konto, werden bunte Buchungen jedoch nur anwendbar sein, wenn sie aus den Grundbüchern direkt dahin übertragen werden. Wird dagegen aus dem Sammeljournal ins Hauptbuch übertragen, so gehen die Einzelposten in den Gesamtsummen auf und können mithin auf den Hauptbuch-Konten nicht besonders gekennzeichnet werden.

Umsatz-Berechnung mit geteiltem Waren-Konto. Als zweckmäßiges Mittel, den Netto-Umsatz korrekt und ohne Schwierigkeit zu berechnen, ist die an sich öfter geübte Teilung des Waren-Kontos nach folgenden Gesichtspunkten zu empfehlen:

Das Umsatz-Konto. Man zweige vom Waren-Konto ab ein andres Hauptbuch-Konto, das den Namen „Umsatz-Konto" führen möge. Auf diesem Umsatz-Konto verbuche man in erster Linie alle Verkäufe. Außerdem leite man darüber alle Posten, die man als umsatzmindernd oder umsatzmehrend erachtet wissen will. Wie in den vorstehenden Ausführungen wiederholt gesagt worden ist, wird man manche Postenarten, z. B. Kunden-Retouren, in besonderen Fällen nicht unbedingt in Beziehung zum Umsatz zu setzen brauchen. Bei andrer Sachlage wird man dies aber tun müssen. Vor allem kommt es bei der Verteilung der Posten darauf an, welchem Zweck die Umsatz-Berechnung vornehmlich dienen soll.

Am Schluß jeder Umsatz-Periode ist der Saldo des Umsatz-Kontos auf das Waren-Konto zu übertragen, das dadurch vollständig wird, weil ihm vorher nur diejenigen Posten zuerteilt worden sind, die mit der Umsatz-Berechnung nicht zu schaffen haben.

Schema des geteilten Waren-Kontos. Unter Berücksichtigung der bisher dargelegten Anschauungen und der noch anzuführenden weiteren Gründe wäre die Verteilung der Posten über Waren-Konto und Umsatz-Konto etwa in folgender Zusammenstellung, mit der auf absolute Vollständigkeit kein Anspruch gemacht werden soll, durchzuführen:

Soll — Waren-Konto — Haben

Soll	Haben
Warenlager-Vortragswert.	Abzüge aller Art an Lieferanten-Rechnungen einschl. Skonto-Abzüge, falls kein Dekort- und Skonto-Konto geführt wird.
Beträge der Lieferanten-Rechnungen.	Rücksendungen an Lieferanten in Form von Waren, Fastagen und Emballagen (Lieferanten-Retouren).
Den Lieferanten aus Differenzen in den Einkaufs-Rechnungen zustehende Gutschriften.	

Soll	Haben
Waren-Konto	
Kursdifferenzen aus Devisen-Regulierungen.	Differenzen aus Einkaufs-Rechnungen zu Lasten der Lieferanten.
Gegebene Provisionen.	Kursdifferenzen aus Devisen-Regulierungen.
Abzüge der Kundschaft in Gestalt von: 1) Vergütung auf Schwund, 2) desgl. auf Leckage, 3) Dekorten, 4) Skonti und Porti. N.B.: 3 und 4 nur über Waren-Konto, wenn ein besondres Dekort- und Skonto-Konto nicht geführt wird.	Empfangene Provisionen.
Bei Kunden- oder Lieferanten-Retouren entstandene Spesen.	Erlös aus Emballagen- & Fastagen-Verkäufen im Gegensatz zum Erlös aus Waren-Verkäufen (Brutto-Umsatz).
Bei Einkäufen und Verkäufen auf Grund entsprechender Konditionen selbst zu tragende: 1. Emballagen- & Fastagen-Kosten, 2. Transport-Kosten aller Art einschl. Versicherungs-Kosten, 3. Zoll- und Steuer-Kosten, soweit solche Kosten von den Lieferanten nicht aus irgend einem Grunde verauslagt und deshalb bereits in den Endbeträgen der Einkaufs-Rechnungen enthalten sind.	Storni von Lieferanten-Rechnungs-Beträgen.
Storni und Umbuchungen, soweit sie den Umsatz nicht beeinflussen.	Andere Storni und Umbuchungen, soweit sie den Umsatz nicht beeinflussen.
Lagerspesen.	Saldo-Übertrag vom Umsatz-Konto.
Absatzorganisations-Kosten.	Wert des Warenlagers am Bilanztage.
Abschreibungen.	

Brutto-Gewinn oder Verlust.

Soll	Umsatz-Konto Haben
Abzüge der Kundschaft in Gestalt von: 1. Preisdifferenzen, 2. Gewichts-Differenzen, 3. Rabatt, 4. zu Unrecht belasteten Frachtspesen, Emballagen- und Fastagen-Beträgen, 5. sonstigen, der Kundschaft auf Grund von Rechenfehlern u. dgl. zustehenden Gutschriften.	Beträge der Verkaufs-Rechnungen (Brutto-Umsatz).
Von der Kundschaft empfangene Rücksendungen (Kunden-Retouren) in Form von: 1. Waren, 2. Emballagen und Fastagen.	Den Brutto-Umsatz zu Recht erhöhende Storni und Umbuchungen.
Den Brutto-Umsatz zu Recht mindernde Storni und Umbuchungen.	Der Kundschaft auf Grund von Rechenfehlern oder sonstigen Differenzen in den Verkaufs-Rechnungen nachträglich zu belastende Beträge.
Rückvergütungen von etwa für die Kundschaft verauslagten Transport-, Versicherungs-, Zoll-, Steuer- und ähnlichen Kosten, weil diese in den Verkaufs-Rechnungen zunächst belastet sind, zufolge der Rückvergütung von seiten der Kundschaft dieser jedoch wieder gutgeschrieben werden müssen, womit eine entsprechende Umsatz-Minderung einhergeht.	
Saldo-Übertrag auf Waren-Konto.	

Den Umsatz nicht berührende Abzüge. Ergänzende Bemerkungen zu der Verteilung sind nur noch nötig in Bezug auf die im Soll des Umsatz-Kontos und des Waren-Kontos spezifizierten Abzüge. Daß Abzüge der Kundschaft auf Schwund, Leckage, Dekorte, Skonti und Porti nicht dem Umsatz-Konto, sondern — falls Dekorte, Skonti und Porti nicht über Spezial-Konten geführt werden — sogleich dem

Waren-Konto zu belasten sind, wird verständlich, wenn man bedenkt, daß alle diese Abzüge keinerlei Beziehung haben zu den berechneten Verkaufspreisen, aus deren Multiplikation mit den Absatz-Quantitäten der Umsatz sich ergibt. Um irrigen Auffassungen vorzubeugen, betone ich, daß unter Dekort hier nicht etwa berechtigte Rabatt- oder Preisabzüge, sondern mehr oder weniger willkürliche, z. B. zum Zweck des Rechnungs-Ausgleichs vorgenommene Abzüge gemeint sind.

Umsatzmindernde Abzüge. Umsatzmindernd wirken dagegen die zunächst auf dem Umsatz-Konto zu verbuchenden Abzüge, als deren Vertreter ich in der Verteilungs-Übersicht genannt habe: Preis- und Gewichts-Differenzen, Rabatt, Rechenfehler u. dgl., der Kundschaft zu Unrecht belastete Frachtspesen, Emballagen- und Fastagen-Beträge.

In allen diesen Fällen ist die Tatsache der Umsatz-Minderung evident: Preisdifferenzen, Rabatte und Rechenfehler beziehen sich auf ganz bestimmte Einzelbeträge in den Verkaufs-Rechnungen, die insoweit zu hohe Umsatz-Anteile liefern. Rechenfehler oder sonstige Differenzen können bekanntermaßen auch umgekehrt, nämlich umsatzerhöhend wirken, wenn sie der Kundschaft zur Last fallen; sie erscheinen dann im Haben des Umsatz-Kontos, wo sie in der vorstehenden Übersicht verzeichnet sind. Daß ferner Frachtspesen, Emballagen- und Fastagen-Beträge, die in den Verkaufsrechnungs-Summen, also auch im Brutto-Umsatz liegen, von diesem zu kürzen sind, wenn sie — zufolge unberechtigter Anrechnung — der Kundschaft wieder gutgebracht werden müssen, ist selbstverständlich.

Auch die Gewichts-Differenzen mindern den Umsatz. Gemeint sind hier mit Gewichts-Differenzen zu ungunsten der Kundschaft diejenigen Beträge, die sich auf Irrtümer bei der Gewichts-Feststellung oder bei der Fakturierung der festgestellten Gewichte gründen, so daß um diese Beträge der Rechnungs-Betrag und damit der Umsatz zu hoch wird. Mit der Gutschrift derartiger Differenz-Beträge ist demgemäß die Umsatz-Minderung gegeben. Diese Gewichts-Differenzbeträge stehen im Gegensatz zu den aus Leckagen und Schwund resultierenden Posten, die zum Umsatz keine Beziehung haben, und die deshalb gleich über Waren-Konto zu verbuchen sind.

Schließlich sei noch erwähnt, daß mehrere Umsatz-Konten der vorbesprochenen Art ohne Schwierigkeiten geführt werden können, wenn es darauf ankommt, den Netto-Umsatz nach Artikel-Gattungen nachzuweisen. Den verschiedenen Umsatz-Konten gegenüber genügt nur ein, sämtliche Umsatz-Kontensaldi aufnehmendes Waren-Konto, wenn nicht auch die Rohgewinne nach Waren-Gattungen getrennt berechnet werden sollen, was jedoch meist zweckmäßig sein wird, so daß dann zu jedem Waren-Konto ein Umsatz-Konto gehört.

4. Der Umsatz als Vergleichs-Maßstab.

Die aus der Umsatz-Berechnung gewonnenen Resultate werden immer häufiger in Beziehung gesetzt zu anderen Faktoren der Unternehmung. Die aus solchen Vergleichs-Berechnungen gewonnenen Prozentzahlen oder Indexzahlen geben bei zweckmäßiger statistischer Verwertung interessante Aufschlüsse über Wert und Werdegang kaufmännischer Unternehmungen.

Es gehört nicht zur Aufgabe dieser Untersuchungen, derartige Vergleichs-Berechnungen selbst vorzunehmen. Vielmehr soll hier nur ein Überblick über die Gesichtspunkte gegeben werden, nach denen jene Vergleiche angestellt werden können. Im Anschluß daran soll die Bedingtheit der Vergleichs-Ergebnisse gezeigt werden.[1])

Vergleichsmöglichkeiten. Kapital, Gesamterfolg und Erfolgs-Faktoren können beispielsweise zum Umsatz in Vergleich gesetzt werden. Und zwar kann man das Kapital als Reinvermögen (Besitz minus Schulden), oder nur das Betriebs-Kapital, oder den Warenlagerwert oder dgl. auf den Umsatz beziehen.

Umsatz-Schnelligkeit. Besonders lehrreich ist die Division des Gesamt-Umsatzes durch den Warenlagerwert. Der Quotient aus dieser Rechnung ist gleichzusetzen der Umsatz-Schnelligkeit. Denn er läßt erkennen, wie oft das gesamte Waren-Lager im Lauf der Umsatz-Periode zum Zweck der Gewinnerzielung umgesetzt worden ist.

Die Häufigkeit des Umsatzes auf die Zahl der die Umsatz-Periode ausmachenden Tage bezogen, ergibt den Zeitraum, innerhalb dessen der Warenlagerwert je einmal umgesetzt worden ist. Beispiel: Gesamt-Umsatz innerhalb eines Jahrs: 125 000 M. Wert des Waren-Lagers: 25 000 M. Demnach Umsatz-Schnelligkeit: (125 000 M : 25 000 M =) 5, d. h. fünfmal im Jahr oder je einmal in (365 : 5 =) 73 Tagen ist der Waren-Lagerwert umgesetzt worden.

Aus folgenden Gründen müssen solche Resultate aber sehr cum grano salis betrachtet werden:

Durchschnittscharakter der Resultate. Vor allem hat man sich gegenwärtig zu halten, daß der Wert des Waren-Lagers regelmäßig ein auf nur zwei Zahlen beruhender Durchschnittswert sein wird: nämlich das arithmetische Mittel aus dem Wert des Waren-Lagers zu Beginn und aus dem am Ende der Umsatz-Periode. Einigermaßen

---

[1]) Über solche Vergleichs-Berechnungen handeln z. B.: Ehlers: Kreditgenossenschaftliche Probleme. (Veröffentlicht im „Thünen-Archiv" von Professor Richard Ehrenberg. I. S. 775ff.) Pohle: Probleme aus dem Leben eines industriellen Großbetriebs. (Rostocker Dissertation) (1905) S. 55ff. Schär: Eine Bilanzstudie. (Veröffentlicht in der Z. f. hw. F. IV. S. 476ff.) Heinzerling: Prüfung und Kritik einer Bilanz (1908) S. 9ff. Vintzelberg: Finanzierung und Bilanz (1906) S. 7—9.

zuverlässig könnte die Umsatz-Schnelligkeit jedoch nur berechnet werden, wenn die Warenlagerwerte jedes Tags der Umsatz-Periode bekannt sein und rechnerische Verwertung finden können würden.

Das ist im Waren-Handel natürlich ausgeschlossen. Es sei denn, daß es sich um vielleicht nur einen Spezialartikel handelt, dessen Lagerwert in wenigen Minuten festgestellt und berechnet werden kann. Öfter wird im Warenhandel schon möglich sein die monatliche Feststellung des Lagerwerts, der im Bankverkehr im großen und ganzen die monatliche Feststellung der Bestände entspricht. In solchen Fällen kann bei der Berechnung der Umsatz-Schnelligkeit schon das arithmetische Mittel aus dreizehn Bestandwerten (Anfangsbestand zuzüglich der zwölf Endbestände) zugrunde gelegt werden.

Lager-Dauer im einzelnen. Aber auch bei genauester Berechnung der Umsatz-Schnelligkeit muß man sich stets vergegenwärtigen, daß die Resultate fast immer nur Durchschnitts-Resultate auch insofern sein können, als die Lager-Dauer der einzelnen Artikel nach Branche und Art des Geschäfts außerordentlich verschieden zu sein pflegt. Das in unentbehrlichen Nahrungsmitteln angelegte Kapital wird beispielsweise öfter, als das in entbehrlichen Schmuck-Gegenständen ruhende umgesetzt werden. Kostbare Qualitäten desselben Gegenstands werden im allgemeinen langsamern Absatz als wohlfeile finden. Daß Lage des Geschäfts und soziale Zusammensetzung der Kundschaft in diesen Richtungen einflußreiche Faktoren sind, braucht nicht weiter begründet zu werden.

Einfluß der Wertansätze. Bei der Berechnung der Umsatz-Schnelligkeit ist außerdem zu beachten, daß die Feststellung der zugrunde zu legenden Umsatzhöhe sich danach zu richten hat, inwieweit bei Wahrung der gesetzlichen Bewertungs-Vorschriften die Bilanz-Ansätze sich am Bilanztage mehr den im Laufe der Umsatz-Periode gezahlten Einkaufspreisen oder den im gleichen Zeitraum erzielten Verkaufspreisen nähern. Dies wird abhängen davon, ob nach § 40 oder § 261 H.G.B. zu bilanzieren ist und demnach auch davon, welcher Art die Konjunktur-Schwankungen sind, die für die Bewertungshöhe etwa maßgebend werden. Auch hier wird es in der unendlich mannigfaltigen Praxis Fälle geben, die einen auch nur annähernd klaren Überblick über diese Frage vereiteln. Würde es sich im großen und ganzen bei der bilanziellen Bewertung um die während der Umsatz-Periode erzielten Verkaufspreise handeln, so könnte der nach den Verkaufs-Erlösen berechnete Umsatz zur Berechnung der Umsatz-Schnelligkeit herangezogen werden. Neigen hingegen die in Betracht kommenden Bewertungssätze mehr zu den gezahlten Einkaufspreisen, so ist logisch und rechnerisch richtig, den nach den erzielten Verkaufspreisen berechneten Umsatz verhältnismäßig gekürzt für die Berechnung der Umsatz-

Schnelligkeit in Anschlag zu bringen. Da eine genaue Berechnung dieser Umsatz-Kürzung selbstverständlich unmöglich ist, wird der sachkundige Kaufmann sich mit einer annähernden Schätzung begnügen können. Angenommen, die Bilanz-Ansätze entsprechen gerade den während der Umsatz-Periode gezahlten und stabil gebliebenen Einkaufspreisen, so wird vom Gesamt-Umsatz der auf dem Waren-Konto ausgewiesene Brutto-Gewinn abgezogen werden können, um eine relativ zutreffende Parallele zwischen Waren-Bewertung und Umsatzhöhe zum Zweck der Berechnung der Umsatz-Schnelligkeit zu gewinnen.

Umsatz und Brutto-Gewinn. Unter den Möglichkeiten, die Umsatzzahlen mit den Erfolgszahlen zu vergleichen, ist besonders hervorzuheben die Gegenüberstellung von Umsatz und Brutto-Gewinn, wie er sich auf dem Waren-Konto ergibt.

Bedingtheit der Resultate. Beträgt der Umsatz 250 000 M und der Brutto-Gewinn 50 000 M, so sind während der Umsatz-Periode 20 % vom Umsatz brutto verdient worden. Diese Rechnung ist wiederum nur eine Durchschnitts-Rechnung; und zwar um so mehr, je mehr verschiedenartige Artikel gehandelt werden. Die 20 % Bruttogewinn am Umsatz können Umsatz-Einzelgewinne sehr verschiedener Höhe einschließen; sie sind außerdem wesentlich abhängig von der Umsatz-Schnelligkeit der einzelnen Waren. So können 20 % Bruttogewinn für einen bestimmten Teil des Betriebs-Kapitals sich ergeben; entweder, weil Warenarten, die mit 5 % Bruttogewinn gehandelt werden, während der Umsatz-Periode viermal umgesetzt sind, oder weil bei anderen Waren, die 20 % Bruttonutzen abwerfen, ein nur einmaliger Umsatz des darin angelegten Kapitals stattgefunden hat. Diese Unterschiede sind oft noch weit größer. In Kurzwaren-Geschäften zum Beispiel sind Artikel am Lager, die täglich, und andere, die nur nach Jahren einmal zum Absatz gelangen.

Kalkulatorischer Einfluß der Umsatz-Schnelligkeit. Ohne weiteres ist klar, daß eine Ware mit um so geringerm Gewinn-Aufschlag verkauft werden kann, je öfter dieser Gewinn mit demselben Kapital erlangbar ist, je öfter also die Ware innerhalb der Umsatz-Periode umgesetzt wird. Hieraus folgt die Bestätigung der bekannten Tatsache, daß die Gewinn-Zuschläge im einzelnen mit steigender Umsatz-Schnelligkeit sinken, daß sie also umgekehrt proportional zum Umsatz sich verhalten dürfen. Bei scharfen Preiskämpfen ist mithin die Konkurrenzfähigkeit einer Handels-Unternehmung davon abhängig, inwieweit es gelingt, die Umsatz-Schnelligkeit der umstrittenen Ware zu steigern, wobei allerdings darauf geachtet werden muß, daß der gesteigerte Absatz an zahlungsfähige Käufer geschieht, weil andernfalls die mit der Steigerung der Umsatz-Schnelligkeit erreichten Vorteile durch Verluste an Zinsen- und Forderungsausfällen leicht ins Gegenteil verwandelt werden können.

Umsatz-Schnelligkeit und Unkosten. Soll die gesteigerte Umsatz-Schnelligkeit von Nutzen sein, so ist außerdem erforderlich, daß die Steigerung nicht auf Kosten des Unkosten-Kontos geschieht, sich vielmehr bei ungefähr gleichbleibenden Unkosten vollzieht. Auf Kosten des Unkosten-Kontos, also mit Hilfe der Personal- und Reklame-Vermehrung, darf die Umsatz-Schnelligkeit dagegen unbedenklich gesteigert werden, wenn es sich nicht darum handelt, unter dem Druck der Konkurrenz verminderte Gewinn-Zuschläge durch gesteigerte Umsatz-Schnelligkeit zu potenzieren; sondern, wenn die Steigerung der Umsatz-Schnelligkeit sich bezieht auf Waren, die ohne Minderung der Konkurrenzfähigkeit Gewinn-Zuschläge von solcher Höhe gestatten, daß die mit der Umsatz-Steigerung verbundene Unkosten-Zunahme reichlich wieder hereingebracht wird. Diese Voraussetzung wird um so mehr erfüllt sein, je weniger Konkurrenz, dank natürlicher oder gesetzlich geschaffener Monopole, zu fürchten ist. Charakteristische Beispiele hierfür sind die für patentierte oder sonst geschützte Artikel oft verausgabten riesigen Reklame-Summen, die sich in den mit Hilfe der Reklame erzielten Brutto-Gewinnen vielfach ersetzen.

Umsatz und Aufwand-Einzelposten. Hiermit ist implicite schon angedeutet, daß auch das Verhältnis zwischen Umsatz und einzelnen Aufwand-Posten für die Rentabilität einer Unternehmung wichtig sein kann.

So ist empfehlenswert, sich darüber klar zu werden, mit welchen Unkosten-Quoten bestimmte Umsatz-Quoten erreicht worden sind, welche Provisions-Beträge an Agenten oder andere Vertreter im Vergleich zu den von diesen erzielten Umsätzen gezahlt werden müssen, welche Zinsen auf das für die Zwecke des Umsatzes benötigte Leihkapital entstanden sind, wie hoch Skonti- und Dekort-Abzüge und wie hoch die zweifelhaft und uneinbringlich gewordenen Forderungen im Verhältnis zum Umsatz zu veranschlagen sind. Und so fort. Alle diese Berechnungen können auch auf den Rohgewinn bezogen werden, der ja als der zahlenmäßige Gesamtausdruck für die an den Einzelumsätzen verbliebenen Brutto-Überschüsse anzusehen ist.

Derartige Vergleiche sind — je nach Art und Umfang des Geschäfts — verschieden zu gestalten. So können beispielsweise die Unkosten spezialisiert, besonderer Wert kann auf die Parallele zwischen Umsatz und Vertriebs-Kosten gelegt werden. Bei weitverzweigten Unternehmungen werden die oben geschilderten Vergleiche interessante Aufschlüsse über die Rentabilitätsverhältnisse bei der Zentrale und den Filialen gewähren.

5. Umsatz-Statistik.[1])

Mit der wirtschaftlichen Bedeutung einer Unternehmung wächst die Notwendigkeit, alle Vergleichs-Ergebnisse systematisch-statistisch zu verarbeiten, um sie zur Grundlage für geschäftliche Dispositionen zu machen.

Derartige Statistiken könnten — wenn sie für nationalökonomische Untersuchungen im erforderlichen Umfang zur Verfügung gestellt und branchenweise verarbeitet werden würden — die wirtschaftswissenschaftliche Erkenntnis außerordentlich bereichern.

Objekte der Umsatz-Statistik. Die Statistik kann mit Nutzen auch dazu verwendet werden, Entwicklung und Zusammensetzung des Umsatzes darzulegen. Dabei kann unterschieden werden zwischen der Umsatz-Statistik nach Absatzgebieten, nach Kunden und nach Artikeln.

Für Anlage und Ausgestaltung der Statistik sind Art und Umfang des Geschäfts in erster Linie maßgebend.[2]) Der organisatorisch begabte Kaufmann wird die Umsatz-Statistik dem Bedürfnis seines Geschäfts-Betriebs unschwer anpassen können.

Statistische Ermittlung der Beständigkeit alter und der Gewinnung neuer Kunden. Einige umsatzstatistische Beispiele will ich anführen.

Bei kleinen und mittelgroßen Betrieben bin ich mit Nutzen oft folgendermaßen verfahren:

Während des Durchsehens der Kontokorrent-Konten werden die einzelnen Konten daraufhin angesehen,

1. ob die Verbindung neu ist, d. h. ob in den Vorjahren noch keine Bezüge stattgefunden haben;
2. wie hoch der Netto-Umsatz des zu prüfenden letzten Jahrs gewesen ist;
3. ob im Vergleich zum Netto-Umsatz des letzten Jahrs der Netto-Umsatz des voraufgegangenen Umsatzjahrs größer oder kleiner war. (Der sehr seltene Fall, daß die Netto-Umsätze der beiden letzten Umsatz-Perioden einander genau gleichen, mag hier außer Betracht bleiben.)

Die mit neu erworbener Kundschaft erzielten Umsätze werden von den auf den Konten älterer Kunden ermittelten Umsätzen gesondert

---

[1]) Vgl. meine Veröffentlichung über die Umsatz-Statistik in der Z. f. hw. F. V. S. 322ff. Von dort hat die Redaktion der G. m. b. H.-Zeitschrift jenen Artikel übernommen (vgl. VI. S. 307ff. der G. m. b. H.-Zeitschrift).

[2]) In der Z. f. Hw. u. Hp. III. S. 125—128 ist die Organisation der Umsatz-Statistik eines Fabrikationsgeschäfts dargestellt. Auch die Darstellung der Organisation des Verkaufsbureaus einer Maschinenfabrik im selben Jahrgang (S. 244 bis 248) jener Zeitschrift berührt in einigen Punkten die Umsatz-Statistik.

notiert. Diese letztgenannten Umsätze werden außerdem danach gesondert, ob der Umsatz in jedem Einzelfall gegenüber dem voraufgegangenen Umsatz zurückgegangen oder gestiegen ist. So erhält man drei Kolonnen. Die Gesamtsumme dieser drei Kolonnen-Summen muß dem sich aus dem Waren-Konto ergebenden Gesamt-Nettoumsatz gleichen. Rechnet man bei der Feststellung der Einzelumsätze auf den Kontokorrent-Konten der Schnelligkeit halber mit annähernden runden Zahlen, so wird sich natürlich zwischen der Gesamtsumme der drei Kolonnen-Summen und dem Warenkonto-Umsatz eine, wenn auch relativ unbeträchtliche Differenz ergeben. Darauf kommt es jedoch nicht an. Der Zweck der eben beschriebenen statistischen Erhebung, die rein zahlenmäßig, also ohne Namen- und Orts-Angaben geschieht, ist vielmehr der, nachzuweisen, inwieweit die alte Kundschaft in ihrer Gesamtheit treu geblieben ist, inwieweit der Umsatz mit ihr im letzten Jahr mehr oder weniger als in der vorletzten Umsatz-Periode betragen hat, und in welchem Umfang neue Kundschaft gewonnen, oder doch zunächst wenigstens zum einmaligen Kauf veranlaßt worden ist.

Alles dies kommt in vier Zahlen zum prägnanten Ausdruck. Das von mir z. B. in einem mittelgroßen Fabrikations-Geschäft für den 30. Juni 1910 ermittelte Ergebnis lautet danach:

Gesamt-Umsatz pro 1909/10: 113 932,65 M. Davon entfallen auf die Kundschaft, die

a) mehr als in der vorletzten Umsatz-Periode gekauft hat	68 303,75 M
b) weniger als in der vorletzten Umsatz-Periode gekauft hat	28 355,80 ,,
c) neu hinzugetreten ist	17 273,10 ,,
wie oben:	113 932,65 M.

Wie leicht einzusehen ist, werden derartige Umsatz-Ergebnisse für die Beurteilung einer Unternehmung um so wertvoller, je mehr Umsatz-Perioden in dieser Weise miteinander verglichen werden können.

Man kann diese Art der statistischen Erhebung im Bedarfsfall leicht erweitern. Beispielsweise wird man oft gut daran tun, bei der Durchsicht der Kontokorrent-Konten die Umsatzzahlen der voraufgegangenen Umsatz-Periode für diejenige Konten zu notieren, deren Inhaber während der zu untersuchenden letzten Umsatz-Periode überhaupt nicht gekauft haben. Oft wird auch erwünscht sein, zu erfahren, in welchem Umfang besonders bedeutungsvolle Verbindungen an den der drei vorbenannten Umsatz-Kategorien beteiligt waren. Und so weiter. Alle derartige Aufschlüsse lassen sich bei der Durchsicht der Kontokorrent-Konten unschwer gewinnen.

Außer diesem Beispiel der generellen Art der Umsatz-Statistik gebe ich nunmehr noch ein andres, dem ich in einer bedeutenden Handlung für technische Bedarfsartikel begegnet bin.

Umsatz-Karten. Zum Zweck der Umsatz-Ermittlung wird für jeden Kunden je eine Karte benutzt, auf der die jeweilig erreichten Jahres-Umsätze fortlaufend notiert werden.

Deren Gruppierung. Am Ende jedes Jahrs werden die ausgefüllten Karten nach der Höhe der erzielten Umsätze geordnet, so daß die Karte desjenigen Kunden, der am meisten gekauft hat, obenauf liegt. In besonderen Listen werden dann die Namen der Kunden in dieser Reihenfolge eingetragen. Und zwar werden die Umsätze der vier oder fünf letzten Jahre nebeneinander notiert. Die Liste wird abteilungsweise geführt. Derart: erstens Kunden, die einen Jahresumsatz von mehr als 10 000 M haben; dann 5000 bis 10 000 M, 3000 bis 5000 M, 2000 bis 3000 M, 1000 bis 2000 M, 500 bis 1000 M und schließlich Kunden unter 500 M.

Statistische Verwertbarkeit der Umsatz-Karten. Die Zahl der Kunden und die Kunden-Umsätze jeder Abteilung werden für sich addiert, und man erhält demnach nicht allein eine Übersicht darüber, wie die Bezüge des einzelnen Kunden sich in den letzten Jahren verändert haben, sondern man sieht auch, wie in jeder Kunden-Gruppe oder in jeder Abteilung die Zahl der Kunden, sowie der gesamte Umsatz mit ihnen sich verschoben hat. Da auch im vorliegenden Fall besonderer Wert darauf gelegt wird, recht viele Kunden mit großen Umsätzen zu haben, so bietet die Liste in dieser Richtung wertvollen Anhalt für die Feststellung, wer besonders poussiert werden muß.

Kontrolle der Kunden-Beständigkeit. Neben dieser, in jedem Jahr neu zu leistenden Arbeit, die im übrigen nach einmaliger Anfertigung der Umsatz-Karten nicht bedeutend ist, wird nun noch eine besondere statistische Untersuchung vorgenommen zum Zweck des Nachweises, inwieweit die Kundschaft treu und konservativ ist. Als Grundlage für diese Statistik ist das Jahr 1905 gewählt und die gesamte Kundschaft nach den im Jahr 1905 erzielten Umsätzen im Sinne der vorstehenden Beschreibung geordnet worden. Links von diesen Umsatzzahlen sind die mit denselben Kunden während der Jahre 1901 bis 1904 gemachten Umsätze, rechts davon die Umsätze der Jahre 1906 bis 1909 eingetragen. Demnach bietet sich ein Überblick, wieviel dieselben Kunden jeder Abteilung, die im Jahr 1905 gekauft haben, in den vier Jahren vorher und auch in den vier Jahren nachher jährlich bezogen haben. Gerade diese Statistik ist nicht nur interessant, sondern sie ist auch besonders wertvoll im Hinblick darauf, daß man bei etwaigem Verkauf des Geschäfts, bei Aufnahme eines Teilhabers oder bei Umwandlung der Unternehmung in eine Gesellschaft dem Reflektanten etwa nachzuweisen vermag, daß der Umsatz stabil geblieben, und daß demnach auch künftig auf Umsatz-Resultate bisherigen Umfangs gerechnet werden kann.

Verschieden gefärbte Umsatz-Karten. Neben diesen Umsatz-Übersichten, die sich auf sämtliche Industrien beziehen, mit denen die in Rede stehende Firma handelt, verschafft der Prinzipal sich auch noch Überblick über die mit bestimmten Industriezweigen gemachten Geschäfte. Zu dem Zweck werden für die Kunden der verschiedenen Industriezweige Umsatz-Karten verschiedener Farben in Gebrauch genommen: für Zucker-Fabriken z. B. weiße, für Braunkohlenwerke rote, für Kaliwerke grüne Karten usw.

Deren Gruppierung. Nachdem nun die oben beschriebene Arbeit des Ordnens sämtlicher Karten nach den Umsätzen geleistet ist, und nachdem die Umsatz-Listen angelegt sind, werden die Umsatz-Karten nach den verschiedenen Farben geordnet. Da — wie wir wissen — die Karten bereits nach der Höhe der Umsätze sortiert sind, brauchen sie nur noch nach Farben heraussortiert und in besonderen Stößen gesammelt zu werden, um Größe und Abstufung der mit den Kunden aus bestimmten Industrien gemachten Umsätze sofort klar zu erkennen.

Aus den Ergebnissen dieser statistischen Übersicht kann man sich Anhalt dafür verschaffen, welche Artikel man einem bestimmten Kunden, als dem Vertreter einer bestimmten Industrie mit bestimmtem Bedarfscharakter, anbieten und welche Preise man im Einzelfall dafür verlangen soll.

Gewinn-Bedeutung einzelner Kunden. Mit den bisher besprochenen Arbeiten ist die Statistik jener Unternehmung noch nicht vollständig geschildert. Es wird nämlich noch ein andrer Weg beschritten mit der Absicht, den Wert einzelner Kunden nach ihren Beiträgen zum Bruttogewinn zu ermitteln. Und zwar aus folgendem Grunde: Es kommt — wie in vielen Branchen, so auch in der hier herangezogenen — nicht selten vor, daß mit manchen Kunden sehr große Umsätze erzielt werden, die aber doch einen nur kleinen Gewinn übrig lassen, daß dagegen aus den mit anderen Kunden gemachten, viel niedrigeren Umsätzen erheblich höherer Nutzen resultiert, der entweder auf die Art der abgesetzten Artikel, oder auf die Bewilligung besonders hoher Preise, oder auf diese beiden Umstände gemeinsam zurückzuführen ist.

Verwertung der Kommissions-Laufzettel. Um nun den gedachten Zweck zu erreichen, läßt der Prinzipal auf den Kommissions-Laufzetteln hinter den bestellten Posten deren auf Grund der Einkaufs-Fakturen berechneten Einkaufswert vermerken. Nachdem dann die Kommissions-Laufzettel ausgeführt und die Verkaufs-Rechnungen über die expedierten Waren ausgeschrieben sind, werden auf den Kommissions-Laufzetteln neben den vorher berechneten Einkaufswerten auch die Beträge der Verkaufs-Rechnungen notiert, und zwar zum Unterschied mit roter Tinte.

Diese Kommissions-Zettel, die das Jahr hindurch nach der Kommissions-Nummer, also chronologisch, aufbewahrt sind, werden am Jahresschluß alphabetisch sortiert, so daß dann sämtliche Kommissions-Zettel eines Kunden aus dem ganzen Jahr zusammenliegen. Werden nunmehr die roten Zahlen (Verkaufswerte) auf den Zetteln eines Kunden addiert, und wird die Summe der schwarzen Zahlen (Einkaufswerte) davon subtrahiert, so ist die Differenz identisch mit dem Brutto-Gewinn, der dem Kunden zu verdanken ist. Um diese Arbeit nicht zu groß werden zu lassen, wird sie nur bei solchen Abnehmern durchgeführt, die in der angedeuteten Richtung besonderes Interesse bieten.

Rentabilität der Reise-Tätigkeit. Diese Art Gewinn-Analyse kann zuweilen auch angebracht sein, um festzustellen, ob die Tätigkeit eines Reisenden rentabel ist. Setzt man die durch die Tätigkeit des Vertreters nachweislich erzielten Brutto-Gewinne den durch die Reise-Tätigkeit verursachten Unkosten gegenüber, so kann man sich ein Bild von der Rentabilität der Reise-Tätigkeit machen. Vor voreiligen Schlüssen ist hierbei jedoch zu warnen. Oft wird z. B. die endgültige Beurteilung der Rentabilität erst nach längerer Arbeit des Reisenden möglich sein. Durchführbar ist außerdem solche Statistik ohne unverhältnismäßig große Arbeit bloß dann, wenn es sich um nur wenige Stückartikel-Posten handelt.

Aus den vorstehenden Beispielen, die das Thema nicht erschöpfen, vielmehr nur Anregung geben sollen, darf geschlossen werden, daß eine, in jeder Beziehung zweckmäßige Umsatz-Statistik der Eigenart des Betriebs von Fall zu Fall angepaßt werden muß. Die Umsatz-Statistik ist um so leichter durchführbar und kann deshalb um so mehr Gesichtspunkte berücksichtigen, je einfacher der Betrieb ist, d. h. je größere Lieferungs-Posten weniger Artikel an verhältnismäßig wenige Kunden in Frage kommen. Im umgekehrten Fall wird man sich an einfacheren statistischen Ergebnissen genügen lassen müssen, wenn nicht ein unverhältnismäßig großer Arbeits-Aufwand für eindringende statistische Untersuchungen aus Zweckmäßigkeitsgründen dennoch gerechtfertigt ist.

Wert graphischer Darstellungen. Den vorstehenden Ausführungen über die Organisation der Umsatz-Statistik sei schließlich noch hinzugefügt, daß oft die graphische Darstellung nützliche Verwendung finden kann, um das leicht verwirrende Zahlenmaterial dem ersten Blick anschaulich zu machen. Wie die graphische Darstellung im Einzelfall anzulegen ist, ergibt sich am besten aus der jeweiligen Sachlage.

6. Umsatz-Provision.

Deren Wesen. Das Wesen der Umsatz-Provision besteht darin, daß sie vom Provisionsberechtigten gefordert werden kann ohne Rücksicht darauf, ob die provisionspflichtigen Lieferungen bereits bezahlt worden sind.

Abarten. Die Umsatz-Provision ist nur eine der im Geschäftsleben gebräuchlichen vielfachen Arten der Provisions-Berechnung. Das ergibt sich schon aus § 88 H.G.B., wo ausdrücklich die freie Vereinbarung über die Entstehung des Provisions-Anspruchs als in erster Linie entscheidend erwähnt wird. So ist die Provision nicht selten erst zu fordern, nachdem oder insoweit die Zahlungen für die in Frage kommenden Lieferungen geleistet sind. Dann ist also der Umsatz nur in dem Umfange provisionspflichtig, als nicht Verluste an Debitoren auf ihn entfallen. Es kommt auch vor, daß dem Agenten eine Minimalprovision zugebilligt wird; unabhängig davon, ob er einen diesem Provisions-Betrage entsprechenden Umsatz erreicht. Oder der Agent übernimmt Gewähr für einen Minimalumsatz, mit dem erst sein Provisions-Anspruch beginnt. Nicht immer ist nur der durch die Tätigkeit des Agenten unmittelbar herbeigeführte Umsatz (indirekte Geschäfte) provisionspflichtig, wie es § 88 H.G.B. ausspricht. Oft kommt daneben auch der ohne seine Mitwirkung in seinem Bezirk erzielte Umsatz (direkte Geschäfte) für die Provisions-Berechnung in Frage (Bezirks-Agent nach § 89 H.G.B.).

Berechnungsweise. Die Provision ist vom Netto-Betrage der provisionspflichtigen Umsätze zu fordern.

„Dekorts und Skonti kommen bei der Berechnung der Provision in Abzug. (Berliner Ältesten bei Dove-Apt 52.) Das gleiche gilt von der Fracht und von Zöllen, wenn der Prinzipal sie zu zahlen hat; auch sie kommen in Abzug, da sie den Kaufpreis mindern.“[1])

Daß solcher Abzug bei der Berechnung der Agenten-Provision in der Praxis vorgenommen wird, entspricht dem gerechtfertigten Gedanken von der Identität der Interessen bei Geschäftsherren und Agenten, die den Ertrag gemeinsam erarbeiten.

Berücksichtigung von Retouren, Nachlaß, Vergleich und Stundung. „Hinsichtlich der Retouren ist zu unterscheiden, ob die Voraussetzungen des (§ 88) Abs. 2 (H.G.B.) vorliegen oder nicht. Es sind dieselben Gesichtspunkte maßgebend, wie wenn die Ausführung zu diesem Teil unterblieben wäre. Ähnliches gilt für einen Nachlaß.“[2])

„Zu einem Nachlaß am Kaufpreise ist der Geschäftsherr berechtigt, wenn dies dem Geschäftsinteresse und dem nach der Sachlage verständigen Ermessen entspricht (O.L.G. Hamburg in O.L.G.R. 6, 7), da das Interesse beider, die auf

---

[1]) Staub S. 373; Anmerkg. 13 zu § 88.

[2]) Ebenda.

gemeinschaftlich zu erzielenden Gewinn hinarbeiten, identisch ist. Ähnliche Grundsätze müssen für den Vergleich, auch wenn er das Geschäft und seine Ausführung betrifft, sowie für eine Stundung gelten, selbst wenn die gestundete Forderung nachher uneinziehbar wird. Liegt aber die gedachte Voraussetzung nicht vor, so gehen Nachlaß, Vergleich und Stundung den Agenten nicht an; seine Provision wird in solchem Falle trotz Stundung sofort fällig."[1])

„Die Beweislast, daß Umstände vorliegen, die trotz unterbliebener Ausführung die Provisionspflicht begründen, hat der Agent (zust. O.L.G. Hamburg in D.J.Z. 02, 156). Man muß hierbei überall davon ausgehen, daß der Prinzipal nicht ohne triftigen Grund die Ausführung unterlassen oder verhindern wird. Hat der Prinzipal nicht ausgeführt, hat er Stundung erteilt, hat er sich über den Kaufpreis verglichen, so ist in allen diesen Fällen der Agent beweispflichtig, daß alles dies ohne wichtigen Grund in der Person des Kunden geschehen ist (ebenso für den Fall des Vergleichs R.G. im Sächs. Arch. Rpfl. 8, 448). Das O.L.G. Dresden (in O.L.G.R. 7, 150), sonst grundsätzlich auf unserm Standpunkt, verteilt im Falle von Retouren die Beweislast dahin, daß der Geschäftsherr Aufschluß über den Grund der Retournierung geben muß. Mit Recht; denn erst dadurch kommt der Agent in die Lage, die Wichtigkeit des Grundes, aus dem der Geschäftsherr nicht auf der Abnahme der Ware bestand, zu erwägen und eventuell zu widerlegen."[2])

Schließlich möge in diesem Zusammenhang noch folgende Entscheidung Platz finden:

Entscheidung über Recht des commis interessé auf Buchauszug. „Auch der mit Umsatz-Provision angestellte Handlungs-Gehilfe kann einen Buchauszug über alle provisionspflichtigen Geschäfte verlangen. K.G. Hamburg 5. 11. 07. Gew.G. 14, 226."[3])

7. Umsatz-Verschleierungen.

Die Umsatz-Gesamtsumme kann mit verschiedenen Mitteln verschleiert werden.

Verschleierung im Waren-Konto. Ist der Gesamt-Umsatz nur nach der Haben-Seite des Waren-Kontos berechnet, so kann die Umsatzzahl zu hoch sein, weil sie beispielsweise folgende, etwa absichtlich herbeigeführte Posten einschließt:

a) Storni;

b) Überträge von Posten, die fälschlich zunächst dem Waren-Konto gutgebracht, sodann jedoch zur Richtigstellung ins Haben des zu Recht in Frage kommenden andern Kontos übertragen worden sind;

c) Kommissionswaren-Posten, die — da sie vorerst keinen definitiven Absatz bedeuten — nicht auf das (auch oft noch „General"-Warenkonto genannte) Waren-Konto, sondern vorläufig auf ein Kommissionswaren-Konto gehören (vgl. S. 248 bis 249);

d) Einnahmen oder Forderungen aus Verkäufen von

---

1) Staub S. 371; Anmerkg. 7.

2) Staub S. 372; Anmerkg. 12.

3) Kaufmann X. 41.

Gegenständen (z. B. von Anlage- oder Betriebs-Gegenständen), die vom Standpunkt der Unternehmung nicht als Waren-Verkäufe, sondern als irreguläre Umsätze anzusehen sind (vgl. hierüber S. 53ff.);

e) Lieferanten-Retouren.

Verschleierung im Kontokorrent-Konto. Alle diese und andere Posten können auch den vom Soll des Kontokorrent-Kontos im Hauptbuch aufgezeigten Umsatz verschleiern, soweit die Gegenposten über dieses Konto laufen.

Wird der Umsatz mit dem Soll des Kontokorrent-Kontos identifiziert, so hat der Interessent sich vor allem zu überzeugen, ob nicht etwa auch Lieferanten- und Bankkonten im Kontokorrent-Konto enthalten sind. Daß dieser Hinweis praktisch bedeutsam werden kann, hat mich ein Fall gelehrt, wo einem in geschäftlichen Dingen nicht unerfahrenen Reflektanten der Jahresumsatz mit rund 200 000,— M nach der Sollseite des Kontokorrent-Kontos „bewiesen" worden war, während sich bei näherer Prüfung herausstellte, daß von jener Summe nicht weniger als rund 85 000,— M auf die Bankverbindung entfielen, daß also tatsächlich nur ein Umsatz von ungefähr 115 000,— M erzielt worden war. Das Waren-Konto ließ jene Verschmelzung von Kontokorrent- und Bankkonto nicht ohne weiteres erkennen, weil in seinem Haben große irreguläre Umsatz-Posten verrechnet waren.

Alle im vorstehenden angedeuteten Umsatz-Verschleierungen können selbstverständlich nur oberflächlicher oder nicht sachverständiger Betrachtung der Dinge standhalten. Eindringender sachverständiger Prüfung gegenüber wird die Wahrheit auch der kompliziertesten Verhältnisse nicht lange verborgen werden können. Besonders aktuell wird die Umsatz-Verschleierung meist dann, wenn es sich im Streitfall darum handelt, einen bestimmten Umsatz aus den Büchern nachzuweisen; oder wenn der Umsatz zur Grundlage für die Beurteilung der Rentabilität gemacht werden muß, weil Inventarien und Bilanzen nicht vorhanden sind.

Steuer-Entscheidung über Umsatz-Erfolgsprozente. Im Anschluß hieran mag noch gedacht werden der Stellung, die vom Oberverwaltungs-Gericht gegenüber der Erfolgs-Berechnung nach dem Umsatz eingenommen wird (vgl. darüber auch S. 9):

„Es ist unzulässig, für alle Gewerbetreibende eines bestimmten Zweiges ohne Rücksichtnahme auf die individuellen Verhältnisse des einzelnen Betriebs einen gleichmäßigen Prozentsatz des Umsatzes als Gewinn festzusetzen. Derartige allgemeine Prozentsätze können den durchschnittlich für eine größere Anzahl von Gewerbetreibenden und für längere Zeiträume berechneten Gewinn mehr oder weniger zutreffend wiedergeben und insoweit als Anhaltspunkte für die Schätzung im Einzelfall unbedenklich benutzt werden.

Jede derartige Durchschnitts-Berechnung beruht aber auf der Vergleichung einer größeren Anzahl von Betrieben für längere Zeiträume, während sowohl innerhalb des Kreises dieser Betriebe, als auch von einem Jahre zum andern, starke Schwankungen stattfinden können. Bei der Anwendung solcher Durchschnittssätze bedarf es hiernach, um das allein steuerpflichtige individuelle Einkommen des einzelnen Gewerbetreibenden für die maßgebende Periode richtig zu treffen, der Berücksichtigung der individuellen Verhältnisse während dieses Zeitraums, so daß je nach dem Grade der Schwankungen mehr oder weniger zahlreiche und starke Abweichungen von dem Durchschnittssatze notwendig werden. Ohne Berücksichtigung der individuellen Verhältnisse würde die Anwendung allgemeiner Durchschnittssätze zu einer, mit der Absicht des E.G. nicht vereinbaren, rein mechanischen Schätzungsweise führen, hiermit würde nicht das individuelle Einkommen des einzelnen Gewerbetreibenden während der maßgebenden Periode, sondern ein fingiertes oder ein solches Einkommen getroffen werden, das unter gewissen Voraussetzungen vielleicht erzielt werden könnte (U. vom 3. Oktober 1896)."[1])

II. Umsatz im Bankverkehr.

1. Allgemeines.

Wesen und Besonderheiten. Im Bankverkehr beruhen die Umsätze auf der Verwertung eigenen und fremden Kapitals zur Befriedigung von Kredit-Bedürfnissen.

Die auf die Kasse-Bewegung und die buchmäßigen Überweisungen und Vergütungen zu beziehenden Einzelumsätze, die im Betriebe der Kredit- und Effektenbanken der Zahl nach überwiegen, werden den Kommittenten regelmäßig ohne Rohgewinn-Zuschlag belastet. Die Rohgewinn-Berechnung und Belastung geschieht in bezug auf diese Posten periodisch und, infolge der dabei stattfindenden Zusammenfassung der Einzelposten, summarisch. Sofort wird der Rohgewinn-Zuschlag dagegen in jedem Einzelfall teilweise oder vollständig sehr oft berechnet und belastet bei Umsätzen, die den Absatzcharakter erkennen lassen (z. B. bei Effekten-Kommissionsgeschäften und Wechsel-Diskontierungen), oder die zu besonders vereinbarten Provisions- oder Zins-Bedingungen zustande kommen (beispielsweise bei Akzept-, Aval- und Rembours-Geschäften, bei Ultimogeldgewährungen usw.).

Arten bankmäßiger Umsatz-Roherfolge. Die mittelst der Umsätze im Betriebe der hier in Rede stehenden Kredit- und Effektenbanken erzielten Roherfolge sind sehr verschiedener Art. Vornehmlich kommen in Frage:

1. Provisionen aller Art als Vergütung für Arbeitsleistung und Risiko; abzüglich der selbst zu vergütenden Provisionen.

[1]) Fuisting S. 231.

2. Überschüsse der zu fordernden über die zu gewährenden Zinsen oder Diskonte (dieser Überschuß ist zurückzuführen teils auf die Spannung zwischen den für die Kapital-Nutzung jeweilig geltenden Debet- und Kredit-Zinssätzen; teils auf die im Gegensatz zur Valutierung der Gutschrifts-Posten meist um einen oder mehrere Tage frühere Valutierung der Belastungs-Posten. Die für die Zeit solcher Valuta-Unterschiede von den Kommittenten zu zahlenden Debetzinsen sind bei sehr großen Summen oft schon im Einzelfall nennenswert. Für den Gesamt-Umsatz jedoch erreichen sie eine zweifellos beträchtliche Höhe).
3. Kurs-Erfolge.
4. Konsortial-Erfolge.
5. Beteiligungs-Erfolge.
6. Außerordentliche Gewinne (z. B. Prämienlos-Gewinne, verfallene Dividenden u. dgl.).

Je nach der gesamten wirtschaftlichen Konjunktur und nach den Geschäfts-Grundsätzen werden alle oder nur bestimmte der vorgenannten Faktoren am Rohgewinn des Bankbetriebs mit mehr oder minder großen Beträgen beteiligt sein.

2. Grenzen der Vergleichs-Tauglichkeit.

Umsatz und Roherfolg. Nach dem bisher darüber Gesagten ist leicht einzusehen, daß Schlüsse aus Gegenüberstellungen der Gesamt-Umsätze und der Roherfolge — in Rücksicht auf deren vielseitige Zusammensetzung — im Bankverkehr von nur sehr bedingtem Werte sind. Ja, selbst Vergleiche zwischen den Umsätzen auf einzelnen Hauptbuch-Konten mit den darauf erzielten Roherfolgen werden sichere Schlüsse im Bankverkehr meist nicht gestatten. Von vornherein sind solche Vergleiche unmöglich, wenn das zur Verfügung stehende Material nicht genügend spezialisiert ist. In dieser Hinsicht stehen geschäftliche Interessen der Kritiklust und auch dem wissenschaftlichen Bedürfnis regelmäßig sehr schroff gegenüber. So sind die häufig nur summarischen Angaben von Zins- und Provisions-Gewinnen wertlos für Vergleiche mit den Umsätzen auf den Gegenkonten, weil die Verteilung jener Roherträge auf die einzelnen Konten nicht mitgeteilt wird. Aber auch, wenn dies geschähe, könnten Vergleiche der Ertrags- und Umsatzzahlen zwischen den Jahren zu keinen sicheren Schlüssen führen, wenn man nicht alle Umstände kennt, die am Zustandekommen des Enderfolgs beteiligt waren.

So kann ein verhältnismäßig kleiner Umsatz auf dem Effekten-Konto einen im Vergleich dazu beträchtlichen Ertrag gebracht haben, der etwa auf realisierte Kursgewinne an eigenen Effekten zurückgeführt werden muß. Ein andermal kann der Gewinn auf Effekten-Konto bei bedeutend gestiegenen Umsätzen stark gesunken sein, weil das Effekten-Kommissionsgeschäft überwog, während an den Beständen der eigenen Effekten Kursverluste zu konstatieren waren.

Ganz unzuverlässig können auch Vergleiche der Umsatz- mit den Gewinnzahlen auf dem Konsortial-Konto sein, wenn — was oft geschieht — die endgültige Abrechnung erst in einer spätern Umsatz-Periode stattfindet, wenn also die am Schluß einer Periode ausgewiesenen Konsortial-Gewinne sich auf Umsätze früherer Perioden beziehen!

Ein andres Beispiel: die auf dem Kontokorrent-Konto erzielten Zins- und Provisions-Gewinne werden sich zu den Umsatz-Summen zwischen den Jahren ganz verschieden verhalten; je nachdem, welche Entwicklung das Verhältnis zwischen Debitoren- und Kreditoren-Salden genommen hat, welche Verwertung freie Gelder finden konnten, oder welche Wege zur Erlangung fehlender Gelder beschritten werden mußten. Mit dem allgemeinen Geldstand und mit den jeweiligen Dispositionsbedürfnissen der Bankunternehmung hängt ferner eng zusammen die Höhe des Ertrags aus Wechsel-Geschäften. Hier können hohe Erträge bei relativ niedrigen Umsätzen erzielt werden, wenn die zu hohen Zinssätzen diskontierten Wechsel nicht weiter begeben, sondern bis zur Fälligkeit im Portefeuille zurückgehalten werden. Umgekehrt wird der Gewinn am Wechsel-Diskontgeschäft zugunsten steigenden Umsatzes sinken, wenn häufig Wechsel weiterbegeben (rediskontiert) werden müssen zu höheren Sätzen als zu denen sie hereingenommen worden sind. Zu beachten ist hierbei — wie in vielen anderen Fällen —, daß die mit solchen Opfern frei gemachten Gelder für andere Geschäfte um so rentablere Verwendung finden werden, so daß im Hinblick auf den Brutto-Gesamterfolg ein Ausgleich stattfindet.

Allenfalls ließen sich mit Nutzen noch Vergleiche zwischen den Gesamt-Umsätzen und den Gesamt-Bruttogewinnen der Haben-Seite des Gewinn- und Verlustkontos einerseits und dem Gesamt-Betriebsaufwand der Sollseite dieses Kontos anderseits ziehen. Alle diese Resultate sind jedoch sehr vorsichtig zu beurteilen. Man denke beispielshalber nur an den oben schon erwähnten Fall, daß im Gesamt-Bruttogewinn große Konsortial-Gewinne liegen, während die mit diesen Gewinnen zusammenhängenden Umsätze bereits einer frühern Umsatz-Periode angehören.

Darf demnach als festgestellt angesehen werden, daß im Bankbetriebe viele und wichtige Momente gegen die Möglichkeit sprechen, aus Vergleichen der einzelnen Umsatzzahlen verschiedener Jahre mit den Erfolgszahlen haltbare Schlüsse zu ziehen, so soll doch nicht unerwähnt bleiben, daß einige Konten solche Vergleichsmöglichkeiten gewähren; und zwar sind dies solche, auf denen die Bewegungen sich mit einem gewissen Gleichmaß und meist ohne nennenswertes spekulatives Risiko widerspiegeln. Dahin gehören z. B. die Coupons-, Sorten- und Devisen-Konten. Im Vergleich zum Ganzen sind diese Konten jedoch von nur untergeordneter Bedeutung.

Einzel-Umsätze und Gesamt-Umsatz. Auch die Umsätze auf den einzelnen Konten kann man zum Vergleich heranziehen, um so die Zusammensetzung des Gesamt-Umsatzes zu zeigen und Vergleiche der Entwicklung der Einzel-Umsätze zwischen den Jahren zu ermöglichen, wie es in den Geschäfts-Berichten der Aktien- und Genossenschafts-Banken geschieht. Solche Vergleiche können nützlich sein für die Prüfung von Einflüssen, die man nach der allgemeinen Wirtschaftslage während einer Umsatz-Periode in bezug auf die Entwicklung der einzelnen Zweige des Bankbetriebs erwartet hatte. Lokale oder sonstige spezielle, für eine bestimmte Bank-Unternehmung bedeutsame Vorgänge dürfen bei solchen Parallelen nicht übersehen werden.

Umsatz-Schnelligkeit. Recht lehrreich können sich Vergleiche zwischen den Gesamt-Umsätzen und den Eigenkapitalien (Gesellschafts-Kapital und Reserven) gestalten. Aus ihnen ist die Umsatz-Schnelligkeit (vgl. darüber auch S. **144**ff.) herzuleiten (Division des Eigenkapital-Betrags in den Umsatz-Betrag).

Bei solchen Berechnungen ist jedoch immer eine ebenmäßige Entwicklung der die Umsatz-Berechnung störenden Storni und Überträge vorauszusetzen. Soweit solche Voraussetzung nicht zutrifft, leidet die Zuverlässigkeit der Vergleichs-Resultate.

3. Storni und Überträge.

Soweit nun den Umsatzzahlen des Bankverkehrs irgendwelche Bedeutung beigelegt werden soll und kann, ist natürlich vorauszusetzen, daß diese Zahlen richtig sind, daß sie also nur Beträge einschließen, die zur Gewinnbildung irgendwie in Beziehung stehen. Das ist aber nicht immer der Fall.

Deren bankbuchhalterische Bedeutung. Ausnahmen dieser Art sind nämlich die Storni-Posten und die Überträge. Deren Umfang und zahlenmäßige Bedeutung wächst naturgemäß mit der Größe des Betriebs. Je mehr Buchungsmaterial, um so mehr Irrtümer beim Übertragen und demzufolge um so mehr Storni-Posten, mit deren Feststellung und Kontrolle in großen Bankunternehmungen zuweilen ganze Revisions-Abteilungen beschäftigt sind.

Storni und Überträge spielen in der Bankbuchhaltung aus mancherlei Gründen eine ganz besonders wichtige Rolle.

Storni-Buchungen werden z. B. erforderlich bei der großen Zahl von irrtümlich falsch ausgeführten Buchungen, die durch die Storni-Buchungen aufgehoben und durch Neubuchungen richtiggestellt werden müssen; sie sind ferner nicht zu umgehen, wenn — was im Verkehr mit anderen Bankunternehmungen nicht selten geschieht — bereits gebuchte „Aufgaben" von den letztgenannten Geschäftsfreunden widerrufen werden, wobei dann — wenn keine Neu-Aufgabe erfolgt — nur storniert, nicht aber auch von neuem gebucht wird.

Überträge werden nötig, wenn Posten von einem Sachkonto auf ein andres oder von einem Personen-Konto eines Kommittenten auf ein andres Konto desselben Kommittenten übertragen werden sollen.[1])

---

[1]) **Wesen und Unterschiede der Begriffe: Storno, Übertrag, Vergütung, Überweisung.** An dieser Stelle sei eingeschaltet, daß die Fachausdrücke: Storno, Übertrag und Vergütung oder Überweisung in der Praxis der Bankbuchhaltung nicht selten verwechselt werden. So heißt der Text oft: Storno, obgleich ein Übertrag vorliegt, und von Überträgen ist die Rede, obwohl es sich um Überweisungen oder Vergütungen handelt. Durch derartig falsche Textformulierungen werden die Buchungen oft schwer verständlich. Deshalb ist auf zutreffende textliche Begründung der Buchungssätze zu achten. Die Unterscheidung der drei Postenarten ist zweckmäßig nach folgenden Gesichtspunkten vorzunehmen: Stornieren ist ausschließlich identisch mit dem Aufheben einer Buchung durch Umkehrung des Buchungssatzes. Dagegen ist als Übertrag anzusehen jede Belastung oder Gutschrift auf einem, ausschließlich der internen Verrechnung dienenden Sachkonto, der eine Gutschrift oder Belastung auf einem andern Sachkonto als Gegenposten entspricht. Als Übertrag hat außerdem zu gelten jede Belastung oder Gutschrift auf dem Personen-Konto eines Geschäftsfreundes, der eine Gutschrift oder Belastung auf einem andern, für denselben Geschäftsfreund geführten Konto als Gegenposten gegenübersteht. Ein Übertrag ist sonach nur denkbar innerhalb der internen Verrechnung durch die Sachkonten (z. B.: Effektenkonto an Zinsenkonto: Übertrag der Effektenzinsen) oder in bezug auf mindestens zwei, für denselben Geschäftsfreund geführten Personen-Konten (z. B.: Zuckerraffinerie X — „Laufendes" Konto an Dieselbe — Akzepte-Konto: Übertrag). Treten dagegen die Konten verschiedener Inhaber in der Bankbuchhaltung zu einander in Verrechnung, so handelt es sich nicht um Überträge, sondern um Vergütungen, die man als Überweisungen vornehmlich dann bezeichnet, wenn Banken- oder Bankier-Konten an den Vergütungen beteiligt sind (z. B.: Kraft & Nölle an Ernst Möller: Vergütung. — Rabattgesellschaft „Deutschland" an Unionbank: Überweisung an Verband der Kolonialwarenhändler in Z.). Von hervorragender Bedeutung sind die Giro-Überweisungen durch die Deutsche Reichsbank. Die Vergütung beschränkt sich — in Übereinstimmung mit dem Übertrag — nicht auf die Verrechnung zwischen Personen-Konten; sie kann vielmehr auch auf Sachkonten vorkommen. Hierbei besteht ein Unterschied zwischen Vergütung und Übertrag jedoch darin, daß bei diesem — wenn er sich auf Sachkonten überhaupt bezieht — nur Sachkonten zueinander in Beziehung treten können, während die Vergütung — sofern ein Sachkonto hineinspielt — nur zwischen Sachkonto einerseits und Personen-Konto anderseits vorkommen kann. Beispiel: Unkosten-Konto an Elektrizitätswerk, hier: Vergütung für Stromverbrauch im Januar 1911.

Provisionierung und Verzinsung. Ohne weiteres ist klar, daß Storno-Posten weder verzinst noch provisioniert werden dürfen. Dies geschieht vielmehr nur mit den im Anschluß an die Stornierung etwa noch vorzunehmenden Buchungen. Liegen Storno-Posten und Gegenposten in derselben Umsatz-Periode, so bleiben sie bei der Zinsberechnung außer Betracht. Wird ein Posten aber erst in der folgenden oder überhaupt in einer andern Abschluß-Periode storniert, so sind die dem zu stornierenden Posten früher belasteten oder gutgebrachten Zinsen in der neuen Periode zum frühern Zinssatze — also unabhängig vom inzwischen etwa gestiegenen oder gesunkenen Satze — genau zurückzurechnen. Tatsächlich werden Stornierungen von Sollposten der frühern Abschluß-Periode nicht selten zum niedrigern Zinssatz für Habenposten zurückgerechnet, wenn der Kunde gerade Kreditor ist. Eine dem Stornoposten etwa folgende, den Vorgang richtigstellende Buchung ist neu zu verzinsen. Der Storno-Posten der neuen Abschluß-Periode ist als bloßes buchtechnisches Mittel ebenso provisionsfrei, wie er es auch ist, wenn er dem zu stornierenden Posten in derselben Periode gegenübersteht. Eine der Stornierung folgende Richtigstellung des stornierten Postens ist gleichfalls provisionsfrei, weil der Betrag des stornierten Postens entweder in der größern Seite dieser Umsatz-Periode, oder zufolge der Verkleinerung des Saldo-Vortrags, für die nächste Periode bereits provisioniert worden ist. Wird aber ein Posten aus dem Vorjahr erst im neuen Jahr storniert, obgleich das Vorjahr noch nicht abgeschlossen ist, und bleibt der Posten für das Vorjahr dann provisionsfrei, so ist die Richtigstellung im neuen Jahr für diesen Fall allerdings zu provisionieren. Für Storni von Frankoposten ist die Provisionsfreiheit selbstverständlich.

Mutatis mutandis gilt das über die Storniposten Gesagte auch für die Überträge.

Hiernach ist erwiesen, daß Storni-Posten und Überträge auf den Ertrag von Bankunternehmungen keinerlei Einfluß haben können, und daraus folgt die Notwendigkeit, solche Posten bei der Umsatz-Berechnung auszuscheiden unter dem für dieses Buch geltenden Gesichtspunkt, daß als Umsatz jedenfalls nur tatsächliche, auf geschäftlichen Erfolg gerichtete Vorgänge angesprochen werden sollen.

Quantitatives Verhältnis zum Umsatz. Die Zahl der Stornierungen in Bankbetrieben ist durchschnittlich sehr bedeutend. Nicht minder erheblich können die Beträge der stornierten Posten ins Gewicht fallen. Oben wurde schon angedeutet, daß mit der Größe der Bankbetriebe die Zahl der Storni-Buchungen zu wachsen pflegt. Man kann annehmen, daß dieses Wachstum sowohl der Zahl der Buchungen, als den Beträgen nach relativ und absolut um so stärker wird, je größere Bankunternehmungen man daraufhin betrachtet. Und zwar teils infolge des riesigen Umfang annehmenden Buchungsmaterials und der verhältnismäßig häufigen Personal-Bewegungen; teils zufolge der Tatsache, daß mit steigender Bedeutung der Bankfirma auch die Beträge der Buchungs-Posten wachsen. Unter Berücksichtigung dieser Momente vergegenwärtige man sich die Wahrscheinlichkeit des Vorkommens von Storni-Posten und Überträgen im Betriebe einer kleinen, unter einfachen Geschäftsverhältnissen mit altgedienten wenigen Beamten arbeitenden Kredit-Genossenschaft und im Vergleich dazu diejenige bei den Provinzbanken und schließlich bei den Großbanken.

Praktische Beispiele. Wie absolut gewaltige Beträge im Lauf einer Umsatz-Periode bei großen Bankunternehmungen storniert und übertragen werden, wird schon verständlich, wenn man sich nur wenige Veranlassungsmöglichkeiten vorstellt, wobei der Unzahl kleiner und der sich auf nur einige Tausend Mark belaufenden mittelgroßen Stornierungen und Überträge gar nicht gedacht werden soll. So ergeben sich beispielsweise im Betriebe einer mittlern Aktienbank an größeren Storni-Posten und Überträgen für einen Tag: Gebr. P. Konto ordinario an Dieselben Akzepte-Konto: Übertrag 1 500 000,— M. D.-Bank Konto nostro an Dieselbe Separat-Konto nostro: Übertrag 2 500 000,— M. M. & Co. Separat-Konto an N.-Bank Separat-Konto: Storno Ultimogeld 2 000 000,— M. Das sind nur einige bemerkenswerte Storni und Überträge in der Gesamthöhe von sechs Millionen Mark an einem Tage. Dazu kommen noch die vielen kleinen Überträge und Storni. Oft ist ein Irrtum mit einem Storno-Posten nicht erledigt worden, weil dabei ein neuer Fehler unterlaufen ist, der die Stornierung des Storno-Postens erfordert. So kann es kommen und ist schon passiert, daß man schließlich beim „Storno des stornierten Storno-Postens“ angelangt war, bevor die endgültige Richtigstellung der Angelegenheit erreicht werden konnte. Selbstverständlich soll mit diesen Ausführungen weder gesagt werden, daß Storni und Überträge, die übrigens oft auf Veranlassung der Geschäftsfreunde geschehen, zu vermeiden wären, oder daß sie weniger vorkommen sollten. Es liegt eben im Wesen eines modernen großen Bankbetriebs, daß derartige Buchungen in mehr oder minder großer Zahl täglich vorkommen müssen. Daß sie nach Möglichkeit vermieden werden, ist um so mehr selbstverständlich, als alle Beteiligten nur Arbeit davon haben. Es soll auch mit den genannten Beispielen nicht behauptet werden, daß nun täglich in die Millionen gehende Stornierungen und Überträge vorgenommen werden müssen. Sehr oft ist dies aber der Fall.

Aussonderung. Man wird nach dem Mitgeteilten der Ansicht sein dürfen, daß die Umsatzzahlen der Bankunternehmungen regelmäßig viel zu hoch erscheinen, weil Storni und Überträge nicht außer Berechnung geblieben sind. Solche Auseinanderrechnung wäre jedoch nur möglich, wenn in einem Nebenbuch ausschließlich die Beträge der genannten Postenarten notiert würden. Die Gesamtsumme dieser Beträge gäbe dann den Betrag, der vom Umsatz zu subtrahieren wäre, wobei angenommen wird, daß die Umsatz-Berechnung auf nur eine Seite des Hauptbuchs bezogen worden ist. Diese Notizen würden vielfach recht interessante Resultate liefern. Dennoch wird man in der Praxis auf eine derartig genaue Berechnung des bankmäßigen Umsatzes verzichten können, weil kalkulatorische Erwägungen, die im Waren-Handel an den Vergleich des Umsatzes mit anderen Faktoren geknüpft werden, im Bankverkehr kaum in Frage kommen dürften.

Ausschaltung der Umsatz-Beeinflussung. Unter der Voraussetzung, daß der bankmäßige Umsatz immer nach den gleichen Prinzipien berechnet wird, und daß die Berechnung störende Storni und Überträge im Verhältnis zu den Umsatz-Gesamtzahlen wachsen, ihr Einfluß auf den Umsatz also ungefähr derselbe bleibt, unter dieser Voraussetzung geben die Gesamt-Umsatzzahlen der einzelnen Jahre Anhalt für die Beurteilung der Geschäfts-Entwicklung.

4. Methoden der bankmäßigen Umsatz-Berechnung.

In bezug auf die Art der Berechnung des bankmäßigen Gesamt-Umsatzes zeigen sich prinzipielle Verschiedenheiten. Besonders, wenn man auch genossenschaftlich organisierte Bankunternehmungen in die Betrachtung hineinzieht.

Berechnungsweisen bei Kredit-Genossenschaften. So hat für die Kredit-Genossenschaften Ehlers[1]) festgestellt, daß der Umsatz berechnet wird:

1. nach beiden Seiten des Hauptbuchs (also Debet und Kredit der Geschäfts-Übersicht);
2. durch Summierung beider Hauptbuch-Seiten unter Fortlassung der Kassekonto-Umsätze, aber unter Einstellung des Kasse-Anfangs- und Endbestands;
3. durch Verfahren wie nach Nr. 2; jedoch unter Ausschaltung auch der Kasse-Bestände;
4. durch Addition der Bewegungen auf allen Konten von einer Seite des Hauptbuchs unter Ausscheidung der Bestände.

Berechnungsweise bei Aktienbanken. Mit Recht gibt Ehlers in ausführlicher Begründung dem letztgenannten Verfahren den Vorzug. Dieses Verfahren ist nah verwandt einem andern, von Ehlers nicht berücksichtigten, das in den Geschäfts-Berichten der Aktienbanken mehr und mehr zur Geltung kommt. Danach wird der Gesamt-Umsatz zwar auch von einer Seite des Hauptbuchs berechnet. Dabei werden

[1]) s. Fußnote S. 144.

aber neben den eigentlichen Umsatz-Bewegungen in die Rechnung hineingezogen auch sämtliche Bestände-Posten, die auf der in Frage kommenden Hauptbuch-Seite stehen. Wird also der Umsatz nach der Sollseite der Hauptbuch-Konten berechnet, so sind außer der Umsatz-Bewegung auf dieser Seite im Rechnungs-Resultat enthalten sämtliche aktiven Bilanzvorträge, mit denen die Umsatz-Periode auf den einzelnen Hauptbuch-Konten eingeleitet worden ist, und außerdem die zum Konto-Ausgleich einzusetzenden passiven Schlußsalden, z. B. der Schlußsaldo des Akzepte-Kontos. Geschieht die Berechnung nach der Haben-Seite, dann liegen außer der Umsatz-Bewegung auf dieser Seite die passiven Bilanzvorträge, also auch diejenigen des Kapital-Kontos, der Reserve-Konten und des Gewinn- und Verlust-Kontos im Umsatz. Daneben aber auch noch die zum Konto-Ausgleich einzusetzenden aktiven Schlußsalden.

Unerwähnt mag nicht bleiben, daß manche Banken (z. B. die Württembergische Bankanstalt und die Württembergische Vereinsbank) den Umsatz von einer Seite des Hauptbuchs nur in bezug auf bestimmte Konten (Kasse, Kontokorrent, Wechsel und Effekten) berechnen. Ein Verfahren, das sich dem unter Nr. 8 dieses Abschnitts von mir vorgeschlagenen in mancher Hinsicht nähert.

5. Bankbuchhalterische Umsatz-Elemente.

Umsatz-Bedeutung der Sollseite. Zwar ist das Umsatz-Gesamtresultat bei beiden Berechnungsweisen dasselbe, weil beide Hauptbuch-Seiten nach dem doppischen Gesetz von Posten und Gegenposten stets bilanzieren müssen. Man wird aber geneigt sein, sich die Umsatz-Berechnung als von der Sollseite der Hauptbuch-Konten erfolgt zu denken, weil man sich unwillkürlich erinnert, daß die Überschüsse aus den im Bankbetriebe erzielten Umsätzen hauptsächlich doch den Belastungs-Posten im Soll der Bankbuchhaltung zu verdanken sind, wenn dabei auch keineswegs verkannt werden wird die Bedeutung, die den Haben-Posten zukommt. Einerseits als Voraussetzung für die Sollposten insofern, als mit genommenem Kredit die Möglichkeit der das Eigen-Vermögen überschreitenden Kreditgewährung an die Kundschaft erst geschaffen wird und anderseits insoweit, als auch viele Haben-Posten auf den Sachkonten die Gegenposten zu Sollposten auf den Personen-Konten bilden.

Hiermit ist schon gesagt, nach welchen Gesichtspunkten die Gesamt-Umsätze im Bankbetriebe streng genommen berechnet werden müßten, wobei — in Analogie zur Umsatz-Bedeutung im Waren-Geschäft — als Umsätze die unmittelbar ertraggebenden Vermögens-Bewegungen angesehen werden.

Im Bankbetriebe sind an der Ertragsbildung in erster Reihe beteiligt die Kapital-Bewegungen, die auf den Kontokorrent-Konten als Belastungs-Posten erscheinen.

Umsatz-Bedeutung der Kontokorrent-Konten, Scheck- und Depositen-Konten. Unter Kontokorrent-Konten werden hier verstanden alle diejenigen Personen-Konten, deren Inhaber regelmäßig, meist sogar ausschließlich, Schuldner der Bankunternehmung sind, woraus die Provisions-Pflichtigkeit und die Möglichkeit der Erzielung von Zinsen-Überschüssen sich ergibt. Im Gegensatz zu diesen Kontokorrent-Konten stehen die Scheck- und Depositen-Konten, deren Inhaber zu den Gläubigern der Bankfirma zählen, weshalb diese Konten provisionsfrei gehalten werden müssen, weil sie kein Kredit-Risiko einschließen, sondern — im Gegenteil — der Bankunternehmung Geld- und Kreditmittel zur Verfügung stellen, die zusammen mit dem Eigenkapital der Firma zur Befriedigung der an diese gestellten Geld- und Kreditansprüche Verwendung finden.

Parallele zum Waren-Ein- und Verkauf. Demgemäß können die Belastungen auf den Kontokorrent-Konten des Bankverkehrs mutatis mutandis den der Kundschaft im Waren-Verkehr belasteten Verkäufen, die Gutschriften auf den Scheck- und Depositen-Konten dagegen den auf den Konten der Lieferanten im Waren-Verkehr gutgebrachten Einkaufs-Beträgen verglichen werden.

Umsatz-Bedeutung der Kasse-Posten. Der gesamte Brutto-Umsatz, der im Waren-Verkehr auf die Gesamtsummen der Verkaufs-Beträge zu beziehen ist, wäre danach im Bankverkehr gleich der Gesamtsumme aller den Kontokorrent-Konten zur Last gesetzten Posten, wenn sämtliche provisionspflichtige und Zinsenüberschüsse liefernde Kapital-Bewegungen auf den Kontokorrent-Konten zum Ausdruck kämen, und wenn Rohgewinne nur an den Sollposten erzielt würden. Beides ist jedoch in dem auf einer außerordentlich mannigfaltigen Verwertung der Geld- und Kreditmittel beruhenden Bankbetriebe nicht der Fall. Man denke nur an die Unzahl durch die Kasse verrechneter provisionspflichtiger und Zinsenüberschüsse bringender Effekten- und Rimessen-Posten, oder an die ebenfalls im Kasse-Verkehr vorkommenden Coupons- und Sorten-Posten, die sämtlich kein Kontokorrent-Konto berühren.

Avale- und Ultimogelder-Prolongationen. Man denke ferner an die Aval-Provisionen, die etwa durch die Kasse beglichen oder über Kontokorrent-Konto belastet werden, ohne daß die prolongierten Avalsummen auf den Kontokorrent-Konten erscheinen, weil man sich oft mit Prolongations-Vermerken im Avalbuch begnügt. Man gedenke der auf Ultimogeld-Prolongationen im Kontokorrent belasteten Zinsen, ohne daß die Ultimogeld-Beträge auf den Kontokorrent-Konten kreditiert und neu belastet werden, weil man sich in diesen Fällen nicht selten mit Vermerken an den Kontenköpfen begnügt.

Umsatz-Bedeutung der Haben-Posten. Hinzuweisen ist noch darauf, daß im Bankverkehr Roherträge auch die Kontokorrent-Habenposten geben, wenn man sie im Zusammenhang mit den Sollposten betrachtet. Hierzu sei beispielsweise nur erinnert an die Diskont-Provision bei Deckung von Debet-Salden durch Rimessen (vom etwaigen Zinsenüberschuß zwischen Diskontieren und Rediskontieren ganz abgesehen) und an die Zinsenüberschüsse aus der durchschnittlich einen Tag später lautenden Valutierung der Vergütungen im Vergleich zur Valutierung der zu belastenden Gegenposten.

Ergebnis. Nach allem Dargelegten darf gesagt werden, daß zwar der Schwerpunkt für die Erzielung von Roherträgen im Bankbetriebe regelmäßig in den Kontokorrent-Konten gelegen ist, daß jedoch auch die Scheck- und Depositen-Konten am Rohertrage unmittelbar beteiligt zu sein pflegen (mittelbar sind dies jene Konten als buchmäßiger Ausdruck für einen wesentlichen Teil der Kapital-Beschaffung ohne weiteres), daß schließlich auch die Sachkonten (in der Praxis meist „tote" Konten genannt) am Rohertrage erheblichen Anteil haben können. Die Beziehungen zwischen den verschiedenen Kontengruppen sind in bezug auf ihre Beteiligung am Erfolg aber derart innige und zugleich schwankende, daß eine genaue Feststellung der Erfolge schaffenden Umsätze als praktisch unmöglich angesehen werden muß.

6. Fehlerquellen der schematischen Umsatz-Berechnung.

Man hat sich deshalb dazu verstehen müssen, die Umsatz-Berechnung im Bankverkehr schematisch vorzunehmen. Wie verschieden dabei zu Werke gegangen wird, ist bereits dargelegt worden.

Hier soll nur noch gezeigt werden, welche Fehlerquellen ein schematisches Verfahren einschließt. Ich wähle dazu die von den Aktienbanken meist geübte Methode der Berechnung des Gesamt-Umsatzes nach einer Seite des Hauptbuchs unter Einrechnung der auf dieser Seite stehenden Saldi.

Ursachen zu hoher Umsatz-Ausweise. Jene schematische Umsatz-Berechnung enthält beispielsweise zu Unrecht:

1. Die Abschluß-Salden. Also bei der Berechnung nach der Sollseite die Haben-Salden, bei der Berechnung nach der Haben-Seite die Sollsalden.
2. Die Posten des Kapital-Kontos und der Reserve-Konten.
3. Storni und Überträge aller Art.
4. Sachkonten-Posten, die sich nicht unmittelbar auf den Erwerb, sondern auf geschäftlichen Aufwand beziehen (z. B. Reklame-Kosten, Gehälter, Tantiemen, Pensionsversicherungs-Posten, sonstige Unkosten; außerdem Steuern).

5. Sämtliche Abschluß-Posten, die zum Zweck der Bilanzierung erforderlich sind; außerdem Gewinn-Verteilungsposten der Vorperiode.

Im Umsatz fehlende Posten. So gewiß jene Berechnung des bankmäßigen Gesamt-Umsatzes einerseits viele Posten zu Unrecht enthält, so wahrscheinlich werden anderseits bedeutende Beträge darin fehlen, wobei bloß an die nicht gebuchten, sondern nur notierten Prolongationen von Avalen und Geldern auf feste Termine nochmals erinnert sei.

7. Umsatz und Umschlag.

Terminologisches. Manche Praktiker gebrauchen an Stelle des Wortes: „Umsatz" die Bezeichnung: „Umschlag" in ihren Berichts-Übersichten. Will man den „Umschlag" im Vergleich zum „Umsatz" als den weitern Begriff ansehen, so ist dies zu billigen, weil es sich bei der üblichen bankmäßigen Umsatz-Berechnung in Wirklichkeit handelt um die zahlenmäßige Feststellung des Gesamt-Umschlags aller Sollposten in Haben-Posten oder umgekehrt. Unabhängig davon, ob dieser Umschlag als Folge der auf Erfolg gerichteten Geschäfts-Tätigkeit, oder ob er als Folge organisatorischer Maßnahmen oder rein buchtechnischer Vorgänge zu betrachten ist.

8. Zutreffende Ermittlung bankmäßiger Gesamt-Umsätze — ein Vorschlag.

Nur Kontokorrent- und Zug um Zug-Barposten. Meines Erachtens würde man dem Wesen des bankmäßigen Umsatzes durch folgende Berechnungsweise am nächsten kommen: man addiere sämtliche während der Bilanz-Periode über Kontokorrent-Konten aller Art (reine Kontokorrent-, Scheck-, Depositen-, Banken-, Konsortial- u. dgl. Konten) gelaufenen Posten sowohl der Sollseiten, wie auch der Haben-Seiten und schlage dieser Summe diejenige aller Posten hinzu, die im Soll und Haben der Kassebücher auf den für Erwerbszwecke geführten Sachkonten aus Zug um Zug-Bargeschäften im Bilanzjahr entstanden sind. Zu diesen Sachkonten gehören z. B.: Wechsel-, Effekten-, Coupons-, Sorten-, Provisions- und Zinsen-Konten. Nicht dagegen z. B.: Unkosten-, Dividenden-, und Tantieme-Konten. Damit würden wirklich nur die dem Erwerbe dienenden Umsatz-Bewegungen erfaßt. Storni und Überträge sind natürlich auch hierbei störende Faktoren, wenn man sie nicht ausschaltet.

Berechnungs-Technik. Die Berechnungs-Technik im einzelnen ist nicht schwierig: die im Hauptbuch als tote (Sach-) Konten geführten wenigen Kontokorrent-Sammelkonten (einschließlich der für Scheck-,

Depositen-, Banken- und Konsortial-Konten bestehenden Sammelkonten) weisen die Soll- und Haben-Bewegungen ohne weiteres aus. In der Kasse wären die Zahlen für die nicht über Kontokorrent-Konten zu buchenden, Ertrag bringenden Zug um Zug-Geschäfte (Wechsel-Diskontierungen gegen bar, Effekten-Bargeschäfte usw.) in einer Vorkolonne auszuwerfen, um ihre Gesamtsummen im Soll und Haben für jeden Tag festzustellen und zum Zweck der Umsatz-Berechnung in einem Nebenbüchlein zu notieren. Für den Schluß jedes Tags wären die Endsummen der beiden Vorkolonnen in den Hauptkolonnen der Soll- und Haben-Seite einzustellen, um den Kasse-Bestand in der Hauptkolonne der Haben-Seite zum Ausgleich einsetzen zu können. Der Bestand-Vortrag hat danach in der Hauptkolonne der Sollseite zu geschehen. Die Übertragung der Kasse-Posten auf die Personen-Konten der Kontokorrentbücher würde demnach ausschließlich aus den Hauptkolonnen zu erfolgen haben, weil die Vorkolonnen ausschließlich die Zahlen der nicht auf Personen-Konten gehörigen Bargeschäfte enthalten.

Sonach hätte diese Art von Umsatz-Berechnung zu erfolgen teils durch Entnahme der Soll- und Haben-Gesamtsummen (jedoch unter Ausschluß der Eingangs- und Schluß-Salden!!) aus den im Hauptbuch geführten Kontokorrent-Sachkonten (einschließlich des Scheck-, Depositen-, Banken- und Konsortial-Kontos), teils durch Summieren der täglich dem Soll und Haben des Kassebuchs aus dessen Vorkolonnen zu entnehmenden Endzahlen aus den nicht über Personen-Konten zu führenden, weil Zug um Zug sich erledigenden Bargeschäften.

Durchführbarkeit. Irgendwelche praktische Schwierigkeiten stehen der Durchführung dieser Umsatz-Berechnung nicht im Wege. Die Vorkolonnen in den Kassebüchern ermöglichen außerdem nebenher die zahlenmäßige Feststellung des Anteils der Zug um Zug-Geschäfte am Kasse-Gesamtverkehr.

III. Kapitel.

Bewertung.

Allgemeines.

Auf die Ermittlung des Reinerfolgs wirtschaftlicher Unternehmungen sind die Grundsätze für die Bewertung der Vermögensteile von bedeutendem Einfluß.

Grundlagen der Bewertungs-Lehre. Die Lehre von der Bewertung beruht in erster Linie auf handelsgesetzlichen Vorschriften. Diese Vorschriften sind teils eindeutig, teils sind sie oder müssen sie allgemeiner Natur sein, weil die Fülle der praktisch möglichen Fälle die eindeutige Formulierung des Gesetzestextes vereitelt. Dann müssen nicht selten Recht, Buchhaltungstechnik und kaufmännische Erfahrung zusammenwirken, um zu haltbarer Auslegung des Gesetzestextes zu gelangen. Jedem Sachverständigen ist bekannt, in wie außerordentlich reichem Maße die geschäftliche Praxis Veranlassung zu bilanzrechtlichen Erörterungen gibt.

Literatur. Besonders in den letzten zehn Jahren ist die Literatur über die kaufmännischen Bilanzen stark angewachsen. Neben den Veröffentlichungen vorwiegend juristischen Charakters sind während der letzten Jahre auch solche mehr handelswissenschaftlicher Richtung erschienen. Meiner Auffassung entgegenstehende oder in besonders wichtigen Fragen zustimmende Ansichten anderer Autoren werde ich zitieren.

Einteilung. Die Bewertung der Bilanz-Aktiva und Passiva scheide ich in direkte und indirekte. Deren Besprechung schicke ich Bemerkungen über die Aufnahme-Technik in ihrer Bedeutung als Bewertungs-Faktor voraus.

Die Aufnahme-Technik als Bewertungs-Faktor.

Das Inventarium. Voraussetzung für die Richtigkeit des vom Gesetzgeber mit § 39 H.G.B. geforderten Inventariums ist, daß nicht zu wenig, noch zu viel aufgenommen („inventiert“) wird, und daß alle aufgenommenen Vermögensteile richtig bewertet und berechnet werden.

Der Leser wolle sich erinnern, daß ich in meinen kontentheoretischen Ausführungen (vgl. S. 26 ff.) zwischen Nennwerten, Buchwerten und Inventurwerten unterschieden habe.

Nennwerte-Kontrolle. Von diesen drei Wert-Kategorien ermöglichen die Nennwerte (z. B. Kasse, Wechsel, Effekten) die leichteste und sicherste Aufnahme der Bestände, weil die Quantitäten in den Werten der einzelnen Stücke ohne weiteres zum Ausdruck kommen, und weil außerdem die Richtigkeit der mit der Aufnahme festgestellten Gesamtsumme jener Werte kontrolliert werden kann durch den Saldo des bezüglichen Hauptbuch-Kontos (wenn dieses als Nennwert-Kontrollkonto geführt wird) oder durch die neben dem Konto geführten Skontri (z. B. Wechsel-Skontro, Effekten-Skontro).

Buchwerte-Nachweis. Wenn auch nicht, wie die Nennwerte, ihrem Wesen nach, so gewähren bei der Doppelbuchhaltung die Buchwerte eine gewisse Möglichkeit der Kontrolle dank des doppischen Prinzips, wonach bei der Rohbilanz die Gesamtsumme aller Sollposten gleich sein muß der Gesamtsumme aller Haben-Posten. Allerdings können allein durch die Rohbilanz Konten-Verwechslungen, einander aufhebende Rechenfehler u. dgl. nicht bemerkt werden. Sind beispielsweise Beträge, die auf Maschinen-Konto gehören, versehentlich dem Mobilien-Konto belastet worden, so wird die formelle Richtigkeit der Rohbilanz keineswegs gestört. Die Verwechslung kann dann (wenn nicht etwa schon die Höhe der Beträge auf dem Mobilien-Konto als unwahrscheinlich auffällt) nur bei sorgfältigem Kollationieren gemerkt werden. Im Interesse richtiger Feststellung der Buchwerte ist somit genaues Kollationieren der Buchwert-Nachweiskonten unerläßlich. Dies gilt auch für die zu den Buchwert-Nachweiskonten zu rechnenden Kontokorrent-Konten, weil eine stimmende Kontokorrent-Probe (vgl. darüber S. 88 ff.) nicht ausschließt, daß auf einzelnen Personen-Konten oder auf dem Kontokorrent-Konto im Hauptbuch irgend welche der möglichen Fehler vorhanden sind.

Inventurwerte-Aufnahme. Sind demnach bei der Aufnahme der Vermögens-Bestände Unrichtigkeiten in bezug auf Nennwerte regelmäßig ohne weiteres gänzlich, in bezug auf Buchwerte bei sorgfältigem Kollationieren ebenfalls zu vermeiden, so trifft dies nicht zu für die Inventurwerte, die über Inventur-Erfolgskonten verrechnet werden. Für diese Werte, als deren Hauptvertreter in Handel und Industrie Waren und Fabrikations-Vorräte, im Bankverkehr Wechsel und Effekten zu gelten haben, ist eine möglichst rationelle Aufnahme- und Berechnungs-Technik sehr bedeutsam. Denn weder können diese Vermögensteile aus ihrem Wesen heraus, wie die Nennwerte, noch (abgesehen von den relativ seltenen Fällen allumfassender Waren-Skontrierung) durch die Buchführung, wie die Buchwerte, quantitativ kontrolliert werden.

Ein zweckmäßiges Aufnahme-Verfahren. Als eine, sowohl in bezug auf die Vollständigkeit der Aufnahme, wie auch auf die Möglichkeit zuverlässiger rechnerischer Kontrolle brauchbare Methode der Lager-Aufnahme habe ich folgende erkannt und oft erprobt:

Auf je einer starken Pappe-Unterlage sind die Kopfleisten einer bestimmten Anzahl liniierter Konzeptblätter mit Doppelkolonnen durch Draht aneinandergeheftet. Derart, daß die Blätter an der perforierten Trennungslinie von den Kopfleisten leicht getrennt werden können. Die zu je einer Unterlage gehörigen Blätter werden (am besten an den unteren rechten Ecken) mit fortlaufenden Nummern versehen. Jedoch so, daß immer zwei einander folgende Blätter dieselbe Nummer tragen. Liegen also fünfzig Blätter auf der Unterlage, so laufen die Nummern bis fünfundzwanzig. Zum Schreiben wird Kopierstift benutzt. Zwischen das mit dem Kopierstift unmittelbar zu beschreibende Originalblatt und das folgende, die gleiche Nummer tragende Blatt wird stets ein Blaubogen gelegt. Der Blaubogen ermöglicht das Durchschreiben des Original-Textes auf das nächste, seiner Nummer nach mit dem Originalblatt übereinstimmende Blatt. Man bekommt mithin von einem Block mit fünfzig Blättern fünfundzwanzig Originalblätter und ebensoviele Kopien. Bereits bei der Lager-Aufnahme feststehende Preise schreibt man auf dem Original gleich mit nieder und erhält sie damit gleichzeitig auch auf der Kopie. Die später festzusetzenden Preise setzt man dann mit Tinte auf den Originalen und auf den Kopien gesondert bei. Danach berechnet eine Partei die auf den Originalen, die andre die auf den Kopien stehenden Posten. Die Posten eines jeden Blatts werden für sich addiert, also nicht transportiert, um nicht etwa gemachte Fehler bis ans Ende durchzuschleppen. Erst nach völlig beendeter Addition werden die Summen der einzelnen Blätter addiert, um das Gesamt-Resultat festzustellen. Erst dann treten die beiden Rechen-Parteien zum Vergleich des Gesamt-Resultats zusammen. Stimmt dieses, so darf mit Berechtigung vermutet werden, daß die Aufnahme fehlerlos berechnet ist, weil kaum angenommen zu werden braucht, daß beide Parteien etwa dieselben Rechenfehler gemacht haben. Stimmt das Gesamt-Resultat nicht, so kann mit Leichtigkeit ermittelt werden, wo die von einander abweichenden Einzel-Resultate stecken, und auf wessen Seite die Fehler liegen. Die gesamten Rechen-Arbeiten sind mit Tinte auszuführen.

Vorteile dieses Aufnahme- und Berechnungs-Verfahrens:

1. Durch eine Niederschrift wird außer dem Original sofort eine mit dem Original zwangläufig übereinstimmende Abschrift hergestellt. Abschreiben des Originals und beim Abschreiben entstehende Fehler bleiben demgemäß außer allem Betracht.
2. Rechenfehler irgend welcher Art sind — im Gegensatz zu

dem oft wertlosen Nachrechnen — absolut unwahrscheinlich.

Berücksichtigung der Lagerbewegungen während der Aufnahme. Um eine zuverlässige Aufnahme der Lager-Vorräte zu erreichen, ist außerdem zu beachten eine Anzahl mehr oder weniger wichtiger Punkte, die sich auf die Veränderungen des Lagers während der Aufnahmezeit beziehen.

Ich stelle die in Betracht kommenden Hauptmomente im folgenden zusammen und beziehe die Zusammenstellung auf den in dieser Hinsicht besondere Aufmerksamkeit erfordernden Sortiments-Buchhandel (die folgenden Mitteilungen kann man leicht auch auf das Waren- oder Fabrikations-Geschäft beziehen, wenn man an Stelle von „Werke" „Waren" oder „Fabrikations-Bestände", statt „Remittenden" „Retouren", „Rückwaren" oder ähnlich liest).

Die Veränderungen des Vermögensstandes während der Lager-Aufnahme und während des Abschlusses der Kunden- und Verleger-Konten finden Berücksichtigung wie folgt:

Dem aufzunehmenden Lager-Bestande werden hinzugeschrieben alle

1. am Ende der Inventur noch nicht retournierte oder noch nicht fest abgenommene Ansichts- oder Auswahl-Sendungen, soweit sie vor dem Versand noch nicht aufgenommen worden waren;
2. Werke, die während der Lager-Aufnahme beim Buchbinder liegen, soweit sie fürs Lager bestimmt, also noch nicht verkauft und dem Käufer belastet oder von ihm bezahlt sind;
3. Werke, die während der Inventur zum Inkasso in den Händen des Ausgehers sind, sofern die bezüglichen Beträge nicht unter den Debitoren in den Bilanz-Aktiven figurieren, oder soweit diese Werke nicht etwa erst nach dem Bilanztage angeschafft oder dem Verleger gutgebracht sind;
4. am Ende der Inventur in Leipzig noch uneingelöst lagernde Barremittenden, die sich auf vor dem Bilanztage angeschaffte Werke beziehen;
5. nach dem Bilanztage gegen bar oder auf Ziel verkaufte, zur Zeit des Verkaufs jedoch noch nicht aufgenommene, aber vor dem Bilanztage angeschaffte und dem Verleger gutgebrachte Werke;
6. vor dem Ablauf des Bilanztags während der Inventur-Aufnahme in Kommission, in feste Rechnung oder gegen bar eingehende Werke, soweit sie auch vor dem Bilanztage noch fakturiert und demgemäß dem Verleger mit Wirkung bis zum Ende des Bilanztags noch gutgeschrieben werden. Geschieht die Fakturierung erst nach dem Bilanztage, so sind

die entsprechenden Waren — was korrekt ist — bei der Inventur dennoch aufzunehmen. Man hat dann also die Fakturen vor oder doch mindestens auf den Bilanztag zurückzudatieren und den Verleger mit Wirkung bis zum Ende des Bilanztags dafür zu erkennen. Am Bilanztage noch unterwegs befindliche Sendungen müßten demnach, falls ihre Faktura bereits vor dem Bilanztage datiert ist, falls der Betrag also vor dem Bilanztage schon gutgeschrieben werden sollte, in die Inventur-Aufnahme einbezogen werden, obgleich die Ware noch nicht eingetroffen ist. Da das aber inkorrekt wäre, so ist ratsam, die am Bilanztage unterwegs befindlichen, jedoch auf Grund der Faktura vorher schon zu kreditierenden Waren nicht aufzunehmen, dann jedoch die in Frage kommenden Fakturen gleichzeitig auf einen der nächsten Tage nach dem Bilanztage umzudatieren, also auch erst nachher zu buchen. Am Bilanztage unterwegs befindliche Sendungen, die erst nach diesem berechnet und gebucht werden, haben mit der Inventur-Aufnahme selbstverständlich nicht zu tun.

Remittenden an die Verleger sind während der Inventur nach Möglichkeit zu vermeiden, müßten aber andernfalls nach den oben gegebenen Direktiven zu- oder abgeschrieben und belastet werden. Auch Bücher-Bezüge sind während der Inventur auf das unbedingt Notwendige zu beschränken.

Dagegen muß von der Lageraufnahme abgeschrieben werden: jedes vor dem Bilanztage aufgenommene Werk, das bis zum Ablauf jenes Tags gegen bar oder auf Ziel fest verkauft und dem Kunden belastet wird.

Für die nach den vorstehenden Darlegungen in bezug auf das Lager-Inventarium nötig werdenden Abschreibungen und Zuschreibungen werden während des Lagersturzes zwei kleine Beibücher geführt, nach deren Ergebnissen die inventierten Bestände zu berichtigen sind.

Transitorische Inventarposten. Besonderer Beachtung bedürfen vielfach die transitorischen Posten (vgl. S. 96 ff.). Um diese Posten richtig und vollständig zu bilanzieren, ist empfehlenswert, ein Notizbüchlein zu führen, worin sie für die Inventur gesammelt werden.

Während der Aufnahme in Verlust geratene Vermögens-Gegenstände. Schließlich sei noch erwähnt, daß Vermögens-Gegenstände (z. B. Waren, Mobilien u. dgl.), die bis zur Inventur-Aufnahme (etwa durch Diebstahl, Feuer, Verderben, Unfall oder andere Umstände) in Verlust geraten sind, am Bilanztage aber noch vorhanden waren, trotzdem mit inventarisiert („inventiert“) werden dürfen, ja, nach der Gesetzes-Vorschrift, wonach der Vermögensstand am Bilanztage für die Aufnahme maßgebend ist, sogar mit inventarisiert werden sollen. Dennoch wird ein vorsichtiger Kaufmann derartige Verluste regelmäßig lieber gleich noch dem alten Jahr zur Last fallen, also diesem die inzwischen verlorenen Sachen nicht mehr zugute kommen lassen, um sie nicht von vornherein als Verluste des neuen Jahrs ansehen zu müssen. Diese Art von Unterbewertung muß privatrechtlich als erlaubt gelten, öffentlichrechtlich ist sie es allerdings nach §§ 39 und 40 H.G.B. aus dem vorstehend angedeuteten Grunde nicht. Daß Vermögens-Gegenstände, die am Bilanztage schon fehlten, deren Fehlen aber erst später bemerkt wurde, nicht mit inventarisiert werden dürfen, ist selbstverständlich.

Direkte Bewertung (Wertansätze).

I. Allgemeines über den Wertansatz.

In diesem und im folgenden Abschnitt soll erörtert werden, welche Grundsätze und gesetzlichen Vorschriften bei der Bewertung der aufgenommenen („inventierten“) Vermögens-Gegenstände besonders zu beachten sind. Dem Zweck dieses Buchs entsprechend, kann es sich nur um die Bewertungs-Grundsätze und Vorschriften für die regulären Jahresbilanzen handeln. Denn nur diese dienen in erster Linie der Erfolgs-Ermittlung. Liquidations- und Konkurs-Bilanzen, deren Zweck auf die Vermögens-Feststellung hinausläuft, haben in diesem Abschnitt außer Betracht zu bleiben.

Arten der Bewertung. Ich unterscheide bei der Lehre von der Bewertung zwischen direkter und indirekter Bewertung. Die direkte Bewertung ist gleichbedeutend mit dem unmittelbaren Ansatz der Werte oder Preise, weshalb dafür auch die Bezeichnung: unmittelbare Bewertung am Platze ist. Die indirekte Bewertung beziehe ich demgegenüber auf die Abschreibungen (Wertabzüge) und verwende, da im Gegensatz zum unmittelbaren Wert-Ansatz die Abschreibungen durch Subtraktion erst mittelbar wirksam werden, hierfür auch den Ausdruck: mittelbare Bewertung.[1])

A. Der Streit um die Grundfrage der Bewertung.

Bei dem die Bewertungs-Lehre durchziehenden Streit der Meinungen handelt es sich um die Frage, von welchem Gesichtspunkt aus die der kaufmännischen Unternehmung dienstbaren Vermögensteile zu bewerten sind.

---

[1]) Berliner (S. 85) unterscheidet zwischen positiver und negativer Bewertung.

Veranlassung zu diesem Streit hat die sehr extensiver Auslegung fähige Fassung des § 40 Abs. 2 H.G.B. gegeben, wonach „bei der Aufstellung des Inventars und der Bilanz sämtliche Vermögens-Gegenstände und Schulden nach dem Werte anzusetzen sind, der ihnen in dem Zeitpunkt beizulegen ist, für den die Aufstellung stattfindet."

Nach welchen Gesichtspunkten ist dieser Wert im Einzelfall nun aber festzustellen?

Gegenwärtiger Stand der Frage. Folgende Schriftsteller mögen in dieser Frage zu Worte kommen:

Rehm (S. 60): „Als Bemessungsgrundlage hat zu dienen der Veräußerungs- und der Gebrauchswert, den die Gegenstände für jeden (daher sogenannter objektiver Wert) verständigen Besitzer eines solchen Geschäfts haben (Geschäftswert)."

„Trotz Verschiedenheit in der Terminologie kann dies als die gemeine Meinung, auch als die Simons, der das, was wir Geschäftswert nennen, als individuellen, d. h. Geschäftsinhaberwert bezeichnet, angesehen werden."

Simon (S. 304ff.): „Nun ist es aber für den Kaufmann, der sich ein Bild von seiner Vermögenslage machen will, völlig gleichgültig, welchen Wert eine Sache, die er besitzt, in der Hand eines andern hat, welchen Verkaufswert sie hat, wenn er die Sache dauernd zum Geschäftsbetrieb bestimmt hat, oder welchen Gebrauchswert eine Sache hat, die er zur Veräußerung erworben hat. Verändert der Kaufmann die Bestimmung des Gegenstands, so ändert sich für diesen hierdurch die Wertgrundlage." „Hiernach können wir den Wert, der für die Bilanz maßgebend sein muß, als den individuellen Wert bezeichnen. Es ist dies der besondre Gebrauchs- oder Verkehrswert. Ob Gebrauchs- oder Verkehrswert maßgeblich, ist Tatfrage und hängt von der Bestimmung des Gegenstands ab."

An einer andern Stelle seines Buchs (S. 359) erklärt Simon ausdrücklich, daß der allgemeine Verkehrswert durch den Marktpreis dargestellt werde, und daß nicht etwa im Gegensatz zu dem aus dem Marktpreis ersichtlichen allgemeinen Verkehrswert ein „innerer oder wirklicher Wert" ausschlaggebend sein könne.

Staub (S. 215; Anmerkg. 2 zu § 40): „Der Wert, den das Reichs-Oberhandelsgericht (in seiner Entscheidung Bd. XII, 19. Der Verfasser) zutreffend zugrunde legt, dürfte zum Unterschiede von den anderen in Frage kommenden Wertbegriffen: dem individuellen Wert einerseits, dem gemeinen Versilberungswert anderseits, passend als der Geschäftswert der Vermögens-Bestandteile bezeichnet werden."

Fischer (S. 141): ... „andere Werte, als der Veräußerungs- und der Selbstkostenwert, lassen sich denkbarerweise nicht heranziehen, und das Gebot der Vorsicht kann dann nur dahin gehen, von den beiden Werten stets den zu wählen, der unter den jeweiligen Verhältnissen der niedrigere ist, also bei Waren und Fabrikaten fast durchgehend den Anschaffungspreis."

Knappe (S. 92): „Gegenüber einer Bilanz, die Aktionären und Gläubigern ein Bild von der Vermögenslage geben soll, nach dem sie ihre Maßnahmen treffen können, empfiehlt es sich, einigermaßen mit der Möglichkeit einer Geschäftsaufgabe zu rechnen, in welchem Falle dann der individuelle Wert, den eine Sache für den bisherigen Geschäftsinhaber hatte, besonders der individuelle Gebrauchswert, gar nicht mehr in Frage kommt, sondern der objektive (Verkaufs-)Wert. Allerdings braucht man in Anbetracht tatsächlichen Fortbestandes des Geschäfts hierin nicht gleich so weit zu gehen, daß man Notpreise, Verschleuderungspreise aufnimmt."

Passow (S. 118 und 123): „Vielmehr verlangt § 40 des H.G.B., daß alle Vermögens-Gegenstände ohne Rücksicht auf ihren Erwerbspreis mit ihrem Veräußerungswert in die Bilanz eingesetzt werden." „Resümierend können wir das in der Praxis für die Bewertung der Aktiven geltende Prinzip (das aber, wie gesagt, nur die Regel bildet, nicht etwa ausnahmslos angewandt wird) so formulieren: Als Wert der Aktiva wird in der Bilanz zunächst der Erwerbspreis eingesetzt. Eintretende Werterhöhungen bleiben unberücksichtigt, bei eintretender Entwertung dagegen werden entsprechende Abschreibungen vorgenommen."

Berliner (S. 92—93): „Einen objektiven Wert gibt es nicht." „Wenn es nun also keinen objektiven Wert gibt, so kann nur ein subjektiver Wert in Frage kommen. Jeder Kaufmann, der die Wertansätze in seinem Inventar und in seiner Bilanz festzustellen hat, ist sich dessen bewußt; allerdings darf die Subjektivität bei Beurteilung des Wertes nicht so weit gehen, daß man einen beliebigen Wert ansetzen dürfte. Der im übrigen sorgfältige Kaufmann erwägt auch hier sorgfältig; er überlegt genau, ob der von ihm gewählte Wertansatz ein angemessener ist, und er beachtet alle Verhältnisse, die auf die Wertbemessung von Einfluß sein könnten, soweit er sie überhaupt in den Kreis seiner Erwägungen zu ziehen vermag."

B. Des Verfassers Stellung zur Grundfrage der Bewertung.

Dem im Bilanzwesen praktisch erfahrenen Leser wird nicht entgangen sein, daß in jeder der vorstehend zitierten Äußerungen der Fachschriftsteller in mehr oder minder großem Umfang Ansichten enthalten sind, die den bei der bilanziellen Bewertung in der geschäftlichen Praxis lebendig werdenden Grundsätzen und Erwägungen entsprechen.

Schon aus der Tatsache der von einander abweichenden Meinungen, deren jede sich auf begründete Ursachen stützt, darf man folgern, daß eine erschöpfende Beantwortung der die Bewertungslehre beherrschenden Grundfrage durch das Aufstellen eines allgemein gültigen Hauptgrundsatzes nicht möglich ist. Implicite folgt dies mehr oder weniger auch aus den weiteren Darlegungen, mit denen die Autoren ihren prinzipiellen Standpunkt in der Bewertungsfrage begleiten.

Der Wertbegriff in § 40 H.G.B. Mit gutem Recht ist der Text des § 40 Abs. 2 H.G.B. freigehalten worden von einer einengenden Auslegung des Wertbegriffs, die mit der Vielgestaltigkeit der Bewertungs-Faktoren nicht wohl vereinbar sein würde.

„Der Wert, der in dem Zeitpunkt beizulegen ist, für den die Aufstellung stattfindet," soll bilanziert werden!

Also der am Abend des Bilanztags beizulegende Wert! Der sogenannte „Zeitwert" oder „Tageswert". (Rehm (S. 57) sagt „Gegenwartswert".)

Diesen Zeitwert für jeden Vermögens-Gegenstand richtig festzustellen, bleibt dem sachverständigen Ermessen des ordentlichen Kaufmanns überlassen.

Bei der Bestimmung des Zeitwerts ist in erster Linie zu unterscheiden, ob er sich auf dem Betriebe dauernd gewidmete Vermögens-Gegenstände (Betriebs-Gegenstände und Immaterialgüter) oder auf zur Veräußerung bestimmte Vermögensteile (Veräußerungs-Gegenstände) bezieht.

Wertbestimmung der Betriebs-Gegenstände. Für Betriebs-Gegenstände, zu denen in diesem Zusammenhang der Einfachheit halber außer den der körperlichen Abnutzung unterliegenden Vermögensteilen (z. B. Gebäuden und Maschinen) auch dem rechtlich begrenzten Zeitablauf unterworfene Vermögensteile (z. B. Patente), ferner sonstige Immaterialgüter (z. B. Geschäftswert) und zu dauernder Anlage bestimmte Effekten gerechnet werden sollen, kann der Zeitwert entweder auf Grund der Buchführung oder, wenn inzwischen eingetretene, den Gebrauchswert oder den Tauschwert beeinflussende besondere Umstände vermuten lassen, daß der Buchwert zu hoch oder zu niedrig ist, durch Taxierung von seiten unparteiischer Sachverständiger ermittelt werden. Am bequemsten und, bei normaler Entwicklung aller in Betracht kommenden Faktoren, auch am zuverlässigsten werden die Zeitwerte der Betriebs-Gegenstände auf Grund ihrer Buchwerte ermittelt. Der Buchwert eines Betriebs-Gegenstands wird gebildet aus den ursprünglichen Anschaffungs- oder Herstellungs-Kosten, zuzüglich der späteren Ausgaben für Neuanschaffungen, Verbesserungen und Erweiterungen; abzüglich der Beträge für körperliche Abnutzung oder bei Immaterialgütern abzüglich der Entwertungen, die verursacht sind durch (infolge rechtlicher und sonstiger Umstände bedingten) Zeitablauf, wobei die Wertminderungen nach Maßgabe der Gebrauchswerts-Minderung so bemessen sein müssen, daß der Wert des Betriebs-Gegenstands auf Null oder (bei körperlicher Abnutzung) doch mindestens auf den etwa noch verbleibenden Altmaterialwert reduziert ist, sobald der Gegenstand für die ihn benutzende Unternehmung den erforderlichen Gebrauchswert vermutlich eingebüßt haben wird. Wesentliches Erfordernis für die richtige Wertbestmmiung der Betriebs-Gegenstände ist demnach vor allem, deren vermutliche Gebrauchs-Dauer einigermaßen zutreffend zu schätzen.

Das individuelle Moment im Gebrauchswert. Ausschlaggebend für den zu bilanzierenden Zeitwert der Betriebs-Gegenstände ist mithin deren buchmäßiger Gebrauchswert, der in der vorstehend angedeuteten Weise auf Grund der Anschaffungs- oder Herstellungs-Kosten und deren periodischen Minderung nach Maßgabe der Gebrauchs-Dauer zum zahlenmäßigen Ausdruck gelangt. Dieser Gebrauchswert hat somit zur Grundlage in bezug auf die Anschaffung oder Herstellung feststehende Kosten, in bezug auf die Gebrauchs-Dauer einen regelmäßig nur schätzungsweise zu veranschlagenden Divisor. Es bedarf nur der

Andeutung, daß der Zeitwert für dieselbe Art von Betriebs-Gegenständen (beispielsweise für einen bestimmten Kraftmaschinen-Typus oder etwa für Werkstatt-Gebäude gleicher Bauart und Größe) bei richtiger Berechnung verschieden groß sein muß, wenn die eine Unternehmung diese Betriebs-Gegenstände billiger als die andre erworben hat und sie außerdem langsamer als die andre abnutzt. Insofern spielt in den an sich objektiven Gebrauchswert ein individuelles Moment hinein.

Unrealisierte Tauschwert-Änderungen der Betriebs-Gegenstände. Außer dem Gebrauchswert kann aber auch — allerdings ungleich seltener — der Tauschwert (Verkehrswert) den Zeitwert der Betriebs-Gegenstände beeinflussen. Ganz abgesehen von der im Kurse zum Ausdruck kommenden Änderung des Tauschwerts von Anlage-Effekten, erinnere ich nur an die Wertsteigerungen von Geschäfts-Grundstücken, z. B. als Folge von Verkehrs-Verbesserungen, oder an die Entwertung von Maschinen, weil neue Typen die weitere Verwertung der bisherigen unwirtschaftlich erscheinen lassen, obgleich deren Gebrauchswert an sich keinerlei Einbuße erlitten hat.

Solche, durch unvorhergesehene Änderungen des Tauschwerts bewirkte Änderungen des Zeitwerts der Betriebs-Gegenstände können, ja, müssen, streng genommen, nach § 40 Abs. 2 H.G.B. unzweifelhaft bilanziert werden. Der erfahrene und gewissenhafte Kaufmann wird dabei aber wohl beachten, ob die Wertänderung leicht oder nur schwer realisiert werden kann, ob sie Gewinn oder Verlust bedeutet, und ob ihr Betrag verhältnismäßig nennenswert ist. Auch ist immer zu bedenken, daß ein außerordentlicher Anlaß und eine dadurch hervorgerufene nennenswerte Wertänderung vorliegen müssen. Denn im großen und ganzen bleibt — besonders in den ersten Jahren — der Tauschwert der meisten Betriebs-Gegenstände (z. B. der Maschinen, Werkzeuge und Utensilien) hinter deren buchmäßigem Gebrauchswert naturgemäß zurück. Umgekehrt kann dies dagegen bei Grundstücken liegen, wenn Verkehrs-Konjunkturen hineinspielen.

Im oben angenommenen Fall der Tauschwert-Steigerung seines Geschäfts-Grundstücks wird der vorsichtige Kaufmann den unrealisierten Wertzuwachs, obgleich er nach dem Wortlaut des Gesetzes zu bilanzieren wäre, buchhalterisch entweder unverwertet lassen, oder er wird ihn — vielleicht im Hinblick auf einen beabsichtigten Verkauf des Grundstücks — durch Sachverständige feststellen lassen, ihn dann aber nicht über Gewinn- und Verlust-Konto, sondern als von der Betriebs-Rentabilität gänzlich unabhängigen reinen Vermögens-Zuwachs gleich direkt über Kapital-Konto verbuchen, um die Übersicht über die Erfolgs-Rechnung nicht zu stören und die Frage der Versteuerung des unrealisierten reinen Vermögens-Zuwachses mit Recht von vornherein auszuschalten. Im Fall des Grundstücks-Verkaufs ist dagegen selbstverständlich, den verdienten, also realisierten Wertzuwachs auf dem Gewinn- und Verlust-Konto zu Lasten des Grundstücks-Kontos zum Ausdruck zu bringen.

Wird man einerseits anerkennen müssen, daß der Kaufmann nur einem Gebot wirtschaftlicher Vorsicht folgt, wenn er unrealisierte Steigerungen des Tauschwerts der Betriebs-Gegenstände trotz des entgegenstehenden Wortlauts des § 40 Abs. 2 H.G.B. nicht bilanziert, so wird man anderseits zugeben, daß dieses selbe Gebot der Vorsicht — diesmal ganz im Einklang mit § 40 Abs. 2 H.G.B. — dazu führen muß, unrealisierte Minderungen des Tauschwerts der Betriebs-Gegenstände bilanziell zum Ausdruck zu bringen, soweit sie außerordentlichen Ursprungs sind und relativ bedeutenden Umfang annehmen. Der Kaufmann muß also nach § 40 Abs. 2 H.G.B. den Bilanzwert seines Geschäfts-Grundstücks hinreichend herabsetzen, wenn besondere Umstände (etwa Verarmung der Gegend und Verkehrs-Rückgang, weil die Industrie in andere Gegenden übersiedelt) dies bedingen. Wir halten hiernach daran fest, daß alle Änderungen des Tauschwerts der Betriebs-Gegenstände nach § 40 Abs. 2 zwar bilanziell erfaßt werden sollen, daß die solide Bilanz-Praxis aber eher dazu neigt, unrealisierte Wertminderungen, als unrealisierte Wertmehrungen zu bilanzieren. Schon die Steuer-Behörde wird verlangen, daß auch die unrealisierte Wertminderung über Kapital-Konto anstatt über Gewinn- und Verlust-Konto verrechnet wird, wo sie sonst vielleicht den ganzen Jahresgewinn absorbieren würde.

Verschiedene buchmäßige Behandlung unrealisierter Tauschwert-Änderungen an Betriebs-Gegenständen. Im zweiten Fall der außerordentlichen Minderung des Tauschwerts seiner Betriebs-Maschine wird der Kaufmann diese Tatsache buchmäßig voraussichtlich unberücksichtigt lassen wollen. Selbstverständlich stände nichts im Wege, die Tauschwert-Minderung durch einen Sachverständigen schätzen zu lassen und den Betrag der Wertminderung der Maschine dem Maschinen-Konto gutzubringen. Handelt es sich um eine außerordentliche Wertminderung, so fordert § 40 Abs. 2 H.G.B. unbedingt eine entsprechende Herabsetzung des Buchwerts. Ob der Gegenposten der Gutschrift auf dem Maschinen-Konto aber zunächst ins Soll des Gewinn- und Verlust-Kontos oder gleich direkt ins Soll des Kapital-Kontos zu übertragen ist, bedarf kurzer Erörterung. Im zuerst behandelten Fall der unrealisierten Tauschwert-Änderungen des Geschäfts-Grundstücks waren wir der Ansicht, den Wertzuwachs gleich dem Kapital-Konto gutzuschreiben, weil für einen unrealisierten, von der Betriebs-Rentabilität ganz unabhängigen reinen Vermögens-Zuwachs auf dem Gewinn- und Verlust-Konto naturgemäß nicht Platz ist. In dem Fall der unrealisierten Tauschwert-Minderung der Betriebs-Maschine ist die Sachlage jedoch insofern eine andre, als mit der Wertminderung eine relative Minderung der Betriebs-Rentabilität einhergeht. Denn die mit der leistungsfähigern Maschine arbeitenden Betriebe derselben Branche sind gegenüber der mit dem ältern Maschinentyp arbeitenden Unternehmung natürlich im Vorteil. Der Kaufmann wird mithin die unrealisierte Minderung des Tauschwerts seiner veralteten Maschine dem Gewinn- und Verlust-Konto belasten (der Leser wolle zu diesen Ausführungen den Inhalt des 4. Abschnitts im I. Kapitel über außerordentliche Erfolgs-Verrechnung S. 53 ff. vergleichen). Ersetzt der Kaufmann seine veraltete Maschine durch eine andre verbesserter Konstruktion, realisiert er somit die außerordentliche Tauschwert-Minderung, so wird der Anschaffungspreis der neuen Maschine dem Maschinen-Konto belastet, der Erlös für die veraltete Maschine diesem Konto gutgebracht, während der Unterschied zwischen dem letzten Buchwert des überholten Typs und dem dafür erzielten Erlös dem Maschinen-Konto gutgebracht, dem Gewinn- und Verlust-Konto hingegen belastet wird. Das Maschinen-Konto trägt dann zunächst nur noch den für die neue Maschine bezahlten Anschaffungswert. Die vor der Anschaffung der neuen Maschine bereits verbuchte Wertminderung der alten gelangt bei der Realisierung der Angelegenheit ohne weiteres mit zur Verrechnung. Ja, aus der Abwicklung kann, rein zahlenmäßig genommen, sogar Gewinn resultieren, insoweit die realisierte Wertminderung etwa hinter dem Betrage zurückbleibt, der für die unrealisierte Wertminderung vorher verbucht worden war.

Zusammenfassung. Zusammenfassend habe ich hiernach über die Bewertung der Betriebs-Gegenstände nach § 40 Abs. 2 H.G.B. zu sagen:

Der Zeitwert der Betriebs-Gegenstände ist in erster Linie identisch mit deren Gebrauchswert. Der Gebrauchswert wird auf Grund des Buchwerts ermittelt. Der jeweilige Buchwert entsteht durch Addition der ursprünglichen Anschaffungs- oder Herstellungs-Kosten und der für Neuanschaffungen, Verbesserungen und Erweiterungen inzwischen gemachten Ausgaben; abzüglich der Beträge für körperliche Abnutzung oder der durch Zeitablauf rechtlicher oder sonstiger Natur verursachten Entwertungen, die nach Maßgabe der Gebrauchswert-Minderung so bemessen sein müssen, daß der Wert des Betriebs-Gegenstands auf Null oder doch mindestens auf den etwa noch verbleibenden Altmaterialwert reduziert ist, sobald der Gegenstand für die ihn benutzende Unternehmung den erforderlichen Gebrauchswert vermutlich eingebüßt haben wird. Inzwischen aus irgend einem nachweisbaren Grunde verursachte, aber am Bilanztage noch nicht realisierte außerordentliche, relativ bedeutende Änderungen des Tauschwerts der Betriebs-Gegenstände dürfen (müssen aber nicht!) auf den Konten der davon betroffenen Betriebs-Gegenstände verbucht werden, soweit der Tauschwert über den Gebrauchswert gestiegen ist. Dagegen müssen sie verbucht werden, wenn der Tauschwert aus außerordentlichen Ursachen nennenswert unter den Gebrauchswert gesunken ist. Die zu diesen Buchungen gehörigen Gegenposten sind — wenn die Tauschwert-Änderung die Betriebs-Rentabilität nicht berührt oder von dieser nicht bedingt ist — über Kapital-Konto, im andern Fall über Gewinn- und Verlust-Konto zu führen. Voraussetzung für die Buchung der Tauschwert-Änderung ist, daß der Betrag der Wertänderung nach sachverständiger Schätzung gewissenhaft vorher festgestellt wird, sofern nicht (wie z. B. bei Anlage-Effekten) Markt- oder Börsenpreise für den Bilanztag vorliegen.

Wertbestimmung der Veräußerungs-Gegenstände. Erwägungen teilweise andrer Art sind in bezug auf die Feststellung des bilanziellen Zeitwerts der Veräußerungs-Gegenstände erforderlich.

Für die Betriebs-Gegenstände habe ich nachgewiesen, daß deren Zeitwert für Gegenstände derselben Art bei verschiedenen Unternehmungen verschieden hoch sein kann. Dies trifft in noch weiterm Umfang auch für Veräußerungs-Gegenstände zu.

Sachliche und persönliche Ursachen für verschiedenen Tauschwert gleichartiger Veräußerungs-Gegenstände. Die Ursachen der verschiedenen Höhe des bilanziellen Zeitwerts von Veräußerungs-Gegenständen derselben Art für verschiedene Unternehmungen sind teils sachlicher (objektiver), teils persönlicher (subjektiver) Natur.

Beispiele für sachliche Ursachen der Wertverschiedenheit in bezug auf gleichartige Waren sind: verschiedene Lage des Veräußerungsorts zum Bezugsort, also verschieden hohe Bezugskosten; infolge verschieden großer Absatz-Fähigkeit die Notwendigkeit verschieden großer Bezüge; zeitlich verschiedener Einkauf und demzufolge bei Konjunktur-Artikeln von einander abweichende Anschaffungspreise; Entwertung bei mangelnder Absatzmöglichkeit an einer Stelle, dagegen größere Nachfrage an einer andern; die Herstellungs-Kosten sind natürlicherweise beim Fabrikanten kleiner als die Anschaffungs-Kosten des von diesem kaufenden Grossisten; der Detaillist kauft teurer vom Grossisten als dieser eingekauft hat, usw.

Als Beispiele für persönliche Ursachen der gleichartige Waren betreffenden Wertverschiedenheit kommen in Frage: verschieden hohe Anschaffungspreise als Folge verschiedener Begabung der Kaufleute für die Einkaufs-Tätigkeit; Überschätzung der (vorstehend schon erwähnten) Absatzfähigkeit durch den Einkäufer; schwacher Absatz und demgemäß Entwertung zufolge mangelnden Verkaufstalents oder schlechter Vertriebs-Organisation, starker Absatz aus entgegengesetzten Gründen u. dgl.

Alle derartige subjektive oder objektive Momente beeinflussen nun zweifellos entweder den Anschaffungs- oder den Veräußerungs-(Tausch-) Wert der Veräußerungs-Gegenstände (Waren) für ein bestimmtes Geschäft, in dessen Sphäre solche Momente wirksam sind.

Praktische Beispiele. Wie verschieden wird beispielsweise der bilanzielle Zeitwert von Spielwaren sein: einerseits für ein weltstädtisches Warenhaus, das diese Waren in großen Mengen aus erster Hand gegen Kasse gekauft hat, und das, dank seiner ausgedehnten Absatzmöglichkeiten, jederzeit in der Lage ist, solches Lager auch nach abgelaufener Saison noch mit Nutzen zu räumen; anderseits für ein ländliches Krämer-Geschäft, dessen Inhaber sich zur selben Zeit mit ganz gleichartigen Sachen in relativ bescheidenem Maße versehen, das in seinem Absatz-Gebiet dafür vorhandene Bedürfnis jedoch dennoch bei weitem überschätzt hat!

Oder: wie verschieden hat zum Beispiel im Herbst und Winter 1911 der Zeitwert der Raffinade und anderer Zuckerarten die Bilanzen beeinflußt. Je nachdem, ob die Bezüge auf der Grundlage vorteilhafter Abschlüsse geschehen waren, oder, infolge Verkennung der großen Konjunktur, loko, d. h. aus der Hand in den Mund, getätigt werden mußten! An diesem Beispiel zeigt sich übrigens noch etwas andres. Angenommen, der mit Zucker zu billigem Preise spekulativ gedeckte Kaufmann habe Ende 1911 seinen billigen Zucker bilanziell zum damals weit höhern Marktpreise bewertet, also mit demselben Preise, zu dem der loko kaufende Geschäftsmann eingekauft und bilanziert hat: dann hätten beide den Zeitwert des § 40 Abs. 2 H.G.B. zum Ansatz gebracht. Dann wäre aber die Tatsache, daß der spekulativ gedeckte Unternehmer weit billiger als der loko kaufende eingekauft und womöglich bei einem Verkaufspreise, der dem Letztgenannten Verlust gebracht hätte, noch mit ansehnlichem Gewinn verkauft hat .... dann wäre diese, für den spekulativ Gedeckten sehr erfreuliche Tatsache wohl in dem Rohgewinn auf seinem Waren-Konto, nicht aber in den bilanzierten Werten der beiden Zucker-Läger, deren Quantitäten als gleich groß gedacht sein mögen, sichtbar geworden. Denn beide Zucker-Läger wären mit demselben Gesamtwert bilanziert, obgleich nur der loko Kaufende diesen Wert als Anschaffungspreis aufzuwenden gezwungen war, während der andre auf Grund seines Abschlusses ungleich billiger bezogen hatte.

Unrealisierte Tauschwert-Änderungen der Veräußerungs-Gegenstände. Durch die Bilanzierung des Ende 1911 als Zeitwert anzusehenden hohen Marktpreises war dem spekulativ Gedeckten ermöglicht worden, einen unrealisierten Konjunktur-Gewinn in der Bilanz zur Geltung zu bringen, während der loko Kaufende, der zu jenem Zeitwert sich kurz vorher hatte decken müssen, nur den Anschaffungspreis zum Ansatz zu bringen vermochte.

Nun lehrt aber die Kenntnis der Bilanz-Praxis, daß der solide Kaufmann dazu neigt, unrealisierte Gewinne nicht zu bilanzieren. Will er dies vermeiden, will er also die über seine Selbstkosten hinaus gestiegenen Marktpreise bilanziell außer Ansatz lassen, so bleiben ihm als sicherer und materiell begründeter Anhalt für die Bewertung die Anschaffungs- oder Herstellungs-Kosten. Werden diese Kosten zu der Bewertung herangezogen, so bleiben unrealisierte Wertsteigerungen außer Ansatz.

Zunächst scheint keinem Zweifel zu unterliegen, daß als Zeitwerte des § 40 Abs. 2 H.G.B. bei börsen- oder marktgängigen Veräußerungs-Gegenständen die Börsen- oder Marktpreise des Bilanztags zu gelten haben. Diese Preise sind jedoch nur Höchstwerte, über die hinaus ein bilanzmäßiger Wertansatz (von besonders zu begründenden Ausnahmefällen abgesehen) nicht zu verantworten sein würde. Der vorsichtige Kaufmann kann und wird sich aber nicht nehmen lassen, zu erwägen, ob und inwieweit die am Bilanztage vorhandenen markt- oder börsengängigen Veräußerungs-Gegenstände im Lauf der folgenden Bilanz-Periode zu den Börsen- oder Marktpreisen des Bilanztags auch wirklich abgesetzt werden können. Danach wird er geneigt sein, die Bilanzierung der Börsen- oder Marktpreise zu wählen für Veräußerungs-Gegenstände, deren Anschaffungs- oder Herstellungs-Kosten über jenen Preisen liegen, wenn die Unterschiede nennenswert sind, und wenn erwartet werden darf, daß die weitere Preisentwicklung jener Waren eher eine rückläufige als eine steigende ist. Sind die Abweichungen zwischen den Anschaffungs- oder Herstellungs-Kosten und den Markt- oder Börsenpreisen jedoch unerheblich, ist außerdem anzunehmen, daß die Markt- oder Börsenpreise die Anschaffungs- oder Herstellungs-Kosten bald wieder eingeholt haben werden, so wird der Kaufmann vorziehen, die Anschaffungs- oder Herstellungs-Kosten zu bilanzieren, weil diese nicht realisierte Wertminderungen in bezug auf die abgelaufene Bilanz-Periode ausschließen. Sind die Börsen- oder Marktpreise für den Bilanztag höher als die Anschaffungs- oder Herstellungs-Kosten der Veräußerungs-Gegenstände, so gestattet, wie gesagt, § 40 Abs. 2 H.G.B. dem Kaufmann, die höheren Preise bilanziell zu verwerten, obgleich sie noch nicht realisierte Wertsteigerungen bergen. Der gewissenhafte Kaufmann wird von diesem Recht, den Tageswert zu bilanzieren, jedoch nur dann Gebrauch machen, wenn es sich erstens um überhaupt bemerkenswerte Wertsteigerungen handelt, und wenn mit guten Gründen vermutet werden darf, daß die in den Markt- oder Börsenpreisen des Bilanztags steckenden Wertsteigerungen demnächst auch tatsächlich realisiert werden können. Andernfalls wird er auch hier die Anschaffungs- oder Herstellungs-Kosten ansetzen, um für die abgelaufene Bilanz-Periode nicht Wertsteigerungen vorwegzunehmen, deren künftige Realisierung mehr oder weniger zweifelhaft erscheint.

Die Anschaffungs- oder Herstellungs-Kosten als Bewertungs-Grundlage. Hiernach geht in der Praxis der bilanziellen Bewertung das Streben dahin, höchstens die Anschaffungs- oder Herstellungs-Kosten zum Ansatz zu bringen. Wenn man bedenkt, daß für die am Bilanztage vorhandenen Veräußerungs-Gegenstände allein die Anschaffungs- oder Herstellungs-Kosten, keineswegs hingegen die Verkaufsmöglichkeiten realisiert sind, muß man jenes Streben als berechtigt anerkennen. (Übrigens sind in die Bilanzen früherer Jahrhunderte lediglich die Einkaufspreise eingesetzt worden.)[1])

Untauglichkeit der Veräußerungspreise zur Bewertungs-Grundlage. Umsomehr ist demnach im Interesse solider Bilanzierung zu bekämpfen die Auslegung des § 40 Abs. 2 H.G.B. dahin, daß unter dem Zeitwert der Veräußerungs-Gegenstände deren Veräußerungswert (Verkaufspreis) zu verstehen sei. (Die Verkaufspreise sind für gleichartige Waren andere, je nachdem, ob die Herstellungs-Kosten des Fabrikanten, die Anschaffungs-Kosten des Grossisten oder diejenigen des Detaillisten in Frage kommen, was in diesem Zusammenhang nochmals hervorgehoben sei.)

Einfluß der Bewertungshöhe auf unrealisierte und realisierte Erfolge. Um zu zeigen, welche materiellen Folgen die verschiedenen Bewertungs-Methoden einerseits für die abzuschließende, anderseits für die folgende Bilanz-Periode haben können, bringe ich nunmehr noch eine Zusammenstellung, in der ich davon ausgehe, daß tausend Zentner einer im Bilanzjahr mit 40 M pro Zentner Anschaffungs-Kosten bezogenen Ware bewertet gedacht sein mögen einmal zum genannten Anschaffungspreis, sodann zu dem am Bilanztage auf 50 M pro Zentner lautenden Marktpreis und schließlich zu dem am Bilanztage im Betrage von 60 M pro Zentner erzielbaren Verkaufspreis. Ich bringe in der Zusammenstellung außerdem zum zahlenmäßigen Ausdruck, wie in allen drei Fällen sich gestalten würden: die dem Bilanzjahr zugute kommenden unrealisierten Bewertungs-Gewinne und die beim Absatz der tausend Zentner im folgenden Jahr (Nachjahr) bei erzielten Erlösen von 65, 55 und 45 M pro Zentner entstehenden Gewinne oder Verluste:

[1]) Vgl. Simon S. 291.

	Bilanzierter Wert	Unrealisierter Bewertungs-Gewinn	Im Nachjahr realisierter Gewinn	Im Nachjahr realisierter Verlust
Bewertung für das Bilanzjahr mit 40,— M Anschaffungs- oder Herstellungs-Kosten. Absatz im Nachjahr zu 65,— M. . . .	40 000,— M	—	25 000,— M	—
Bewertung wie vorstehend. Absatz im Nachjahr zu 55,— M	40 000,— M	—	15 000,— M	—
Bewertung wie vorstehend. Absatz im Nachjahr zu 45,— M	40 000,— M	—	5 000,— M	—
Bewertung für das Bilanzjahr mit 50,— M Marktpreis. Absatz im Nachjahr zu 65,— M.	50 000,— M	10 000,— M	15 000,— M	—
Bewertung wie vorstehend. Absatz im Nachjahr zu 55,— M	50 000,— M	10 000,— M	5 000,— M	—
Bewertung wie vorstehend. Absatz im Nachjahr zu 45,— M	50 000,— M	10 000,— M	—	5 000,— M
Bewertung mit 60,— M erzielbarem Verkaufspreis. Absatz im Nachjahr zu 65,— M	60 000,— M	20 000,— M	5 000,— M	—
Bewertung wie vorstehend. Absatz im Nachjahr zu 55,— M	60 000,— M	20 000,— M	—	5 000,— M
Bewertung wie vorstehend. Absatz im Nachjahr zu 45,— M	60 000,— M	20 000,— M	—	15 000,— M

Aus den Ergebnissen dieser Zusammenstellung folgt unwiderleglich: die Bewertung zu den Anschaffungs- oder Herstellungs-Kosten schließt unrealisierte Bewertungs-Gewinne aus und führt die aus den Verkäufen im Nachjahr über die Bilanz-Bewertung hinaus realisierten Gewinne in voller Höhe dem Nachjahr zu. Dagegen entstehen unrealisierte Bewertungs-Gewinne, und diese werden um so größer, wenn und insoweit über die Anschaffungs- oder Herstellungs-Kosten hinaus bilanziert wird. Wenn und insoweit dies geschieht, werden außerdem die aus den Verkäufen im Nachjahr realisierten Gewinne für jenes Jahr kleiner oder wandeln sich gar in Verluste, weil die dem Nachjahr eigentlich zukommenden Mehrgewinne durch die unrealisierten Bewertungs-Gewinne des Vorjahrs vorweggenommen worden sind. Mutatis mutandis gilt alles dies auch für die Verlustfälle.

Es finden sonach in dem Maße, wie die Wertansätze von den Anschaffungs- oder Herstellungs-Kosten sich entfernen, Verschiebungen der Erfolgs-Ergebnisse zwischen den Jahren statt. Nimmt man die Erfolgs-Beträge der einzelnen Jahre zusammen, so laufen sie natürlich für jeden Bewertungsfall auf dasselbe Resultat hinaus, worüber die vorstehende Zusammenstellung Aufschluß gibt. Addiert man bei den Ergebnissen der Marktpreis- oder der Verkaufspreis-Bewertung die unrealisierten Bewertungs-Gewinne zu den im Nachjahr realisierten Gewinnen, oder subtrahiert man in den drei Verlustfällen die im Nachjahr realisierten Verluste von den unrealisierten Bewertungs-Gewinnen, so ergeben sich für jeden dieser beiden Wertansätze die drei Zahlen, die für die im Fall der Anschaffungs- oder Herstellungskosten-Bewertung im Nachjahr realisierten Gewinne von mir festgestellt worden sind: 25 000,— M, 15 000,— M, 5 000,— M.

Nach allem wird man zu dem Schluß kommen müssen, daß die Bewertung zu den Anschaffungs- oder Herstellungs-Kosten, kaufmännisch genommen, solider als diejenige zu höheren Markt- oder gar Verkaufspreisen ist, weil für das Bilanzjahr unrealisierte Bewertungs-Gewinne außer Ansatz bleiben, und weil dem Nachjahr die während seines Verlaufs wirklich realisierten Erfolge ungekürzt zufallen.[1])

Widerstreitende Bewertungs-Interessen. Alle an hohen Gewinnzahlen interessierte Parteien werden demnach naturgemäß Wert darauf legen, den Zeitwert des § 40 Abs. 2 H.G.B. in dem Sinne ausgelegt zu

[1]) Kovero empfiehlt (S. 167ff.): „Damit die Beträge der nicht realisierten Gewinne und Verluste sowie die Saldi derselben betreffs der einzelnen Vermögens-Gruppen aus dem Inventar ersehen und unter Umständen etwa auch bei den betreffenden Gruppen in der Bilanz angegeben werden könnten, wäre die Berechnung derselben bei jeder Gruppe besonders abzuschließen. Für das ganze Inventar könnte dann eine Rekapitulation vorgenommen werden." Kovero rät dann

sehen, daß Markt- oder gar Verkaufspreise zu bilanzieren sind, sofern diese über die Anschaffungs- oder Herstellungs-Kosten hinausgehen. Solche Interessenten können sein: die Steuer-Behörde,[1]) am Reingewinn beteiligte Angestellte, geschäftsführende Gesellschafter, ausscheidende Gesellschafter und andere; sie alle verdienen während der nächsten Bilanz-Periode die Zinsen auf ihren Anteil an der Erhöhung der Bilanzwerte. Diesen Interessen stehen gegenüber diejenigen der Gläubiger einschließlich der Kredit gewährenden Bankverbindung, ferner der den Kauf des Geschäfts etwa beabsichtigenden Reflektanten und anderer Interessenten, denen allen daran liegen muß, den Status und die Rentabilität der Firma so objektiv wie möglich, also nach Möglichkeit frei von noch nicht realisierten Vermögens- und Erfolgs-Elementen, zu sehen.

Vertragliche Bewertungs-Bestimmungen. Hieraus ist der praktisch bedeutsame Schluß zu ziehen, daß die nach § 40 H.G.B. bilanzierenden Kaufleute gut daran tun werden, in Gesellschafts-Verträgen oder bei Beteiligungen Angestellter am Reingewinn unzweideutig zu vereinbaren, nach welchen Gesichtspunkten besonders die der Konjunktur unterliegenden Veräußerungs-Gegenstände bilanzmäßig bewertet werden sollen.

Berücksichtigung der Wertänderungen zwischen Bilanz- und Bewertungstag. In diesem Zusammenhang ist noch zu gedenken der vom Standpunkt der Bewertungsfrage sehr erheblichen Tatsache, daß der Kaufmann zur Zeit der oft erst mehrere Monate nach dem Bilanztage möglichen Bewertung seiner Vermögens-Gegenstände die weitere Entwicklung der Preise für Konjunktur-Artikel oder die nach dem Bilanztage für solche Artikel erzielten Verkaufspreise für die Bestimmung der in Betracht kommenden Bilanzwerte mit nutzbar machen kann. Allerdings muß dabei immer beachtet werden, daß die Bewertung nach § 40 Abs. 2 H.G.B. sich auf den Bilanztag, nicht aber etwa auf den Tag beziehen darf, an dem, nach Wochen oder Monaten, die Bewertung

---

weiter, die am Bilanztage nicht realisierten Gewinne und Verluste, die auf bald nach der Bilanzierung zum Umsatz gelangende Veräußerungs-Gegenstände entfallen, für das Bilanzjahr durch transitorische Buchungen aufzuheben, mittelst deren Vortrags sie dann erst im Nachjahr zur Wirkung gelangen würden. Die Bilanz würde dann also den Brutto-Warenwert und als Korrektur den Saldo des transitorischen Kontos ausweisen. Die Erfolgs-Rechnung wäre von nicht realisierten Erfolgs-Elementen gereinigt. Ein theoretisch interessanter Vorschlag, dessen praktische Durchführung jedoch u. U. viel Arbeit mit sich bringen würde.

[1]) Bei Fuisting (S. 228) steht, im Einklang mit dem vorstehend angedeuteten Interesse der Steuer-Behörde, der Satz: „Unter diesem (nämlich für die Ermittlung des gewerblichen Einkommens anzusetzenden) Werte der Waren ist nicht der Einkaufspreis, sondern der wirkliche Wert, d. i. der Verkaufswert, zu verstehen.“

vorgenommen wird. Streng genommen sollen also, wenn beispielsweise das Geschäftsjahr mit dem Kalenderjahr identisch ist, die für den 31. Dezember in Frage kommenden Tageswerte für die Bilanz zum Ansatz gebracht werden. Nun sind zwei Fälle denkbar: in der Zeit von Anfang Januar bis zu der vielleicht im März stattfindenden Bewertung der Veräußerungs-Gegenstände hat der Kaufmann an der Entwicklung der Marktpreise oder an den im neuen Jahr erzielten Verkaufspreisen die Erfahrung machen müssen, daß die für den Bilanztag nach § 40 Abs. 2 H.G.B. de jure anzunehmenden Tageswerte — an jenen Erfahrungen gemessen — entweder zu hoch oder zu niedrig sind. Dann wird der sorgfältige Kaufmann die nach den angedeuteten Erfahrungen für den 31. Dezember zu hoch erscheinenden Tageswerte entsprechend niedriger ansetzen, um das neue Jahr nicht von vornherein zugunsten des vergangenen zu belasten. Er wird dagegen die nach den inzwischen gemachten Erfahrungen für den Bilanztag zu niedrig erscheinenden Tageswerte nicht erhöhen, um den Mehrerlös dem neuen Jahr voll zugute kommen zu lassen. Er wird also im ersten Fall bewußt eine Unterbewertung vornehmen, in zweiten aber auf eine Überbewertung verzichten. Beide Maßnahmen sind zu billigen. Wirtschaftlich, weil sie dem kaufmännischen Gebot der Vorsicht entsprechen. Rechtlich, weil mit der Auslegung des § 40 H.G.B. vom kaufmännischen Standpunkt zu rechtfertigende Unterbewertungen vereinbar sind.

„Minderbewertungen (Unterbewertungen) sind vom Standpunkt des öffentlichen Rechts gestattet, vom Standpunkt des privaten Rechts mit Zustimmung der Beteiligten, ohne ihre Zustimmung nicht.“[1])

Allerdings können Unterbewertungen Täuschungs-Absichten dienstbar gemacht werden. Wenn z. B. in die Unternehmung eingebrachte Werte zu niedrig angesetzt werden, um zunächst an Abschreibungen darauf sparen und dementsprechend günstigere Ergebnisse ausweisen zu können; etwa, um neue Teilhaber zu gewinnen, Kapital-Erhöhung oder Aktien-Einführung an der Börse leichter zu gestalten.

Zusammenfassung. Der Inhalt der vorstehenden Ausführungen über die Bewertung der Veräußerungs-Gegenstände nach § 40 H.G.B. ist, zusammengefaßt, folgender:

Sichern und materiell begründeten Anhalt für die Bewertung der Veräußerungs-Gegenstände nach § 40 Abs. 2 H.G.B. bieten deren Anschaffungs- oder Herstellungs-Kosten, weil ihr Ansatz unrealisierte Wertänderungen ausschließt, und weil dem Nachjahr die während dessen Verlaufs wirklich realisierten Erfolge ungekürzt zufallen.

---

[1]) Staub S. 215; Anmerkg. 2 zu § 40.

Keinesfalls sind die Verkaufspreise (abgesehen natürlich von den möglichen Fällen, daß diese sich mit den Markt- oder Börsenpreisen decken) zu bilanzieren. Denn jene Verkaufspreise enthalten (wie zwar auch die Börsen- oder Marktpreise) Vermögens- und Erfolgs-Elemente, die am Bilanztage nicht realisiert sind, die außerdem der öffentlichen, auf effektive Umsätze gestützten Feststellungen ermangeln, die das Wesen der Börsen- oder Marktpreise ausmachen (vgl. hierüber die im nächsten Abschnitt folgenden Ausführungen über den Marktpreis).

Daß Wertminderungen besondern Ursprungs (z. B. Entwertungen durch Saison-Ablauf, Modewechsel, Qualitäts-Mängel, Verderben u. a.) bei der bilanziellen Bewertung der Veräußerungs-Gegenstände nach sachverständigem Ermessen zu berücksichtigen sind, bedarf nur der Andeutung. Auch in diesen Fällen sind Unterbewertungen (etwa durch völliges Abschreiben der nur noch in vermindertem Maße umsatzfähigen Waren) erlaubt, Überbewertungen (d. h. etwa zu hohes oder gar vollgültiges Ansetzen derartiger Warenwerte) dagegen aus dem oben schon genannten Grunde verboten. (Der Vollständigkeit halber sei noch bemerkt, daß den Unterbewertungen der Aktiva, die allein bisher den Ausgangspunkt obiger Darlegungen bildeten, gleichzusetzen sind die Überbewertungen der Schulden der Unternehmung, und daß demgemäß den Überbewertungen der Aktiven die Unterbewertungen der Schulden in der bilanziellen Wirkung entsprechen.)

Börsen- oder sonst marktgängige Waren sind nach folgenden Gesichtspunkten zu bewerten: hat sich bis zum Bewertungstage im Nachjahr eine Änderung der Konjunktur herausgestellt, und sind die Abweichungen der am Bilanztage gültigen Markt- oder Börsenpreise im Vergleich zu den am Bewertungstage gültigen Preisen relativ bedeutend, so hat der Kaufmann — da nach § 40 Abs. 2 H.G.B. die am Bilanztage gültigen Preise zu bilanzieren sind — zwar das Recht, jene bis zum Bewertungstage ihm bekannt gewordenen Preisänderungen bei der Bilanz-Bewertung unbeachtet zu lassen, also die Markt- und Börsenpreise des Bilanztags (Zeitwerte) anzusetzen. Im Interesse einer vorsichtigen Bilanzierung jedoch wird der sorgfältige Kaufmann von diesem Recht in dem Sinne Gebrauch machen, daß er den niedrigern der für eine Marktware einerseits am Bilanztage, anderseits am Bewertungstage gültigen Preise oder geeignetenfalls die Anschaffungs- oder Herstellungs-Kosten bilanziert.

Tabellarische Übersicht. Wie der gewissenhafte Kaufmann in den vier möglichen Fällen nach §40 Abs.2 H.G.B. mithin bewerten wird, möge nachstehende Tabelle ausweisen (wozu ergänzend bemerkt sei, daß bei Kapital-Gesellschaften auch die Generalversammlung bis zum Tage der Bilanz-Feststellung eingetretene Wertänderungen im gesetzlich erlaubten Umfang, also nach Maßgabe der folgenden Tabelle, bilanziell zu berücksichtigen berechtigt ist):

Der Marktpreis stand am Bilanztage

I. über den Anschaffgs.- oder Herstellgs.-Kosten und war bis zum Bewertungstage		II. unter den Anschaffgs.- oder Herstellgs.-Kosten.
a) gesunken:	Dann Bewertung zu Anschaffungs- od. Herstellungs-Kosten; höchstens aber zu gesunkenem Preis, falls dieser noch über den Anschaffgs.-od.Herstellgs.-Kosten.	Dann Bewertung höchstens zum Marktpreis am Bilanztage, wenn nicht zu gesunkenem Preis.
b) gestiegen:	Dann Bewertung höchst. z. Marktpreis am Bilanztage.	Dann Bewertung höchstens zu Anschaffgs.- oder Herstellgs.-Kosten.

Reichsgerichts-Entscheidungen über den Wertansatz. Zur weitern Beleuchtung des vorstehend behandelten Themas dienen noch folgende Gerichts-Entscheidungen:

„Nach H.G.B. § 40 sollen zwar bei Aufnahme des Inventars und der Bilanz sämtliche Vermögensstücke nach dem Wert angesetzt werden, der ihnen zur Zeit der Aufnahme beizulegen ist. Diese Bestimmung ist indes keine absolute Zwangsvorschrift. Dem einzelnen Gesellschafter einer offenen Handelsgesellschaft gibt sie das Recht, zu verlangen, daß die Vermögensstücke der Gesellschaft nach richtiger Schätzung angesetzt werden; sie hindert aber die Gesellschafter nicht, durch besondere Vereinbarung in ihrem Verhältnis untereinander für die Dauer der Gesellschaft die Aktiven unter ihrem wahren Wert zu bewerten. Deshalb ist, wenn es sich im Fall des Ausscheidens oder der Ausschließung eines Gesellschafters um die Ermittlung des Wertes „seines Anteils am Gesellschaftsvermögen“ handelt (B.G.B. § 738), an und für sich keiner der Beteiligten an die zuletzt aufgestellte Bilanz gebunden. **R.G.** 4. 10. 1902. D.J.Z. 1902 S. 547. J.W. 1902 S. 590[14].“[1])

„Weder das alte, noch das neue H.G.B. enthalten ein Verbot, Teile des Gesellschaftsvermögens unter ihrem Werte in die Bilanz einzusetzen oder gänzlich abzuschreiben. Vielmehr ist hierfür die unter den Gesellschaftern getroffene Vereinbarung maßgebend. (Ebenso R.G. 30, 4, 91 in Sächs. Arch. 1, 499.) **R.G.** 15. 5. 07. L. Z. 07, 587. Recht 07, 838. Z. Bl. F. G. 8, 159.“[2])

---

[1]) Kaufmann III. S. 36. [2]) VIII. S. 32.

„Bei Aufstellung einer Gewinnverteilungs-Bilanz dürfen Einzelkaufleute und offene Handelsgesellschaften unbedenklich die zur Weiterveräußerung bestimmten Gegenstände nicht nach dem für den Fall eines Verkaufs möglicherweise zu erzielenden höchsten Werte, sondern nur nach dem völlig zweifellosen Werte ansetzen, während sie die Gebrauchsgegenstände (das Anlagevermögen) nach dem Gebrauchswert ansetzen müssen (Z.Bl. F. G. 5, 802 Nr. 786). **R.G.** 16. 3. 08. Recht 08, 345 Beil. 2. Z. Bl. F. G. 9, 38. Holdheim 08, 126. L. Z. 08, 544. Z. A. G. 15, 279.“[1])

„Feste Bewertungsregeln für die Aufstellung der Bilanz gibt es nicht; viel mehr entscheidet im einzelnen Fall das pflichtmäßige Ermessen der mit der Aufstellung der Bilanz betrauten Organe (vgl. R.O.H.G. 10, 246; Denkschr. z. H.G.B. 46ff.). Unter dem Wertbegriff ist demnach der objektive Wert zu verstehen, den die Gegenstände für das Geschäft haben, nicht der Wert, wie er sich möglicherweise bei einer augenblicklichen Zwangsversilberung stellen würde (vgl. R.G. 43, 127; 15, 122; Bolze Pr. 20 Nr. 574; R.O.H.G. 12, 19; Staub Anmerkg. 3 zu H.G.B. § 40; Goldmann H.G.B. 1, 194; Düringer-Hachenburg H.G.B. 1, 156). O.L.G. Königsberg 14. 12. 07. Pos. M. Schr. 08, 6.“[2])

Nach R.G. in Str. XIII. S. 356 ist unrichtige Wertangabe unter Umständen als unordentliche Buchführung anzusehen.

Bedingtheit der Bilanz-Wahrheit. Nach allen über die bilanzielle Bewertung der Vermögens-Gegenstände bisher gemachten Ausführungen muß man sagen, daß der Begriff der Bilanz-Wahrheit ein nur sehr relativer ist. Die in den vorstehenden Darlegungen mitgeteilten, die Wertfeststellung beeinflussenden Faktoren enthalten im einzelnen eine Fülle von Einflußmöglichkeiten, deren zahlenmäßige Würdigung okjektiv zutreffend jedoch nur selten durchführbar ist. Selbst, wenn alle Einflüsse objektiver und subjektiver Art gewissenhaft berücksichtigt sind, die Bilanz also der Wirklichkeit ziemlich nah kommt, darf nie unbeachtet bleiben, daß solches, die Wertverhältnisse der Unternehmung ausweisende Momentbild doch eben immer nur ein Augenblicksbild ist, dessen Gültigkeit um so schneller schwindet, je schneller und heftiger die Werte der das Gesamtbild zusammensetzenden Teile schwanken.

Über- und Unterbewertungen. Im großen und ganzen darf man sagen: das Streben, die Bilanz-Ergebnisse durch Unterbewertungen zu drücken und damit die wirtschaftliche Grundlage sowie die Liquidität der Unternehmung zu stärken, wird um so größer sein, je rentabler der Betrieb und je solider er geleitet ist. Dagegen wird die Sucht, den Status durch Überbewertungen zu bessern und unrealisierte Gewinne zur bilanziellen Geltung zu bringen, um so krasser hervortreten, je ungünstiger das Betriebs-Ergebnis ausfällt, und je unfähiger oder tantiemesüchtiger die Leitung ist. Neigung zur Unterbewertung ist deshalb (abgesehen von damit verbundenen Täuschungs-Absichten, z. B. bei Auseinandersetzungen) ein Zeichen wirtschaftlicher Stärke, Neigung

---

[1]) Kaufmann IX. S. 32. [2]) IX. S. 33.

zur Überbewertung ein solches wirtschaftlicher oder moralischer Schwäche.

Unterbewertungen, die auch in dem gänzlichen Fortlassen für die Unternehmung weniger wertvoller Vermögensteile bestehen können, sind deshalb unter der Voraussetzung sie hinreichend rechtfertigender Ursachen auch bilanzrechtlich durchaus erlaubt. Überbewertungen hingegen sind, geschäftspolitisch wie bilanzrechtlich genommen, unbedingt unstatthaft. Deshalb bemerkt Rehm S. 78 mit Recht, ein Gesellschafts-Beschluß, der die Überbewertung von Aktiven, die Unterbewertung von Passiven vornimmt oder vorschreibt, könne von Amts wegen gelöscht werden, wenn das öffentliche Interesse es erfordere.

C. § 261 H.G.B.: Wesen und Beziehung zu § 40 H.G.B.

Wie wir dem Inhalt des vorigen Abschnitts entnehmen können, schließt die Bewertung nach § 40 Abs. 2 H.G.B. die Bilanzierung unrealisierter Gewinne keineswegs aus.

Verschiedene Bedeutung unrealisierter Gewinne für die einzelnen Unternehmungsformen. Unrealisierte Gewinne zu bilanzieren, ist so lange unbedenklich, als die Liquidität der Unternehmung und die Sicherheit der Deckung von Gläubiger-Ansprüchen dadurch nicht gemindert oder gefährdet werden. Beide Voraussetzungen treffen ohne weiteres zu auf die Einzelunternehmung und die Personal-Gesellschaften (Offene Handels-Gesellschaft und Kommandit-Gesellschaft). Denn bei der Einzelunternehmung kommen Gewinn-Verteilungen, die unrealisierte Gewinne einschließen könnten, regelmäßig nicht in Frage. Bei den Personal-Gesellschaften ist dies zwar der Fall, bleibt aber auch dort unbedenklich insofern, als die persönlich haftenden Gesellschafter (bei den Komm.-Ges. die Komplementare) den Gläubigern mit ihrem gesamten (d. h. auch mit dem privaten) Vermögen haften, mithin verteilte unrealisierte Gewinn-Beträge den Gesellschafts-Gläubigern nötigenfalls herausgeben müssen.

Hingegen könnten Kapital-Gesellschaften, besonders solche, deren Anteile börsenmäßig gehandelt werden, durch die Verteilung unrealisierter Gewinne in ihrer Liquidität leicht Schaden nehmen, womit die Sicherheit von Ansprüchen der Gesellschafts-Gläubiger in gleichem Maße gemindert werden würde. Denn nach § 217 Abs. 1 Satz 2 H.G.B. ist ein Aktionär in keinem Fall zurückzuzahlen verpflichtet, was er in gutem Glauben als Gewinn-Anteil bezogen hat. An die Aktionäre zur Verteilung gelangte unrealisierte Gewinn-Anteile, die infolge gesunkener Konjunktur von der Gesellschaft später nicht vereinnahmt werden können, sind den Interessen der Gesellschafts-Gläubiger demnach unwiederbringlich verloren.

Zweck der Sondervorschriften des § 261 Ziff. 1. Solchen Möglichkeiten vorzubeugen, ist der Zweck des § 261 H.G.B., dessen Ziffern 1 bis 6 als besondere Maßgaben des § 40 H.G.B. gelten sollen. Inwieweit § 40 neben § 261 ergänzend überhaupt noch in Betracht kommt, wird am Schluß dieses Abschnitts erörtert werden. Uns interessieren in diesem Zusammenhang nur die Ziffern 1 bis 3. Von diesen lautet zunächst Ziffer 1:

Wertpapiere und Waren, die einen Börsen- oder Marktpreis haben, dürfen höchstens zu dem Börsen- oder Marktpreis des Zeitpunktes, für den die Bilanz aufgestellt wird, sofern dieser Preis jedoch den Anschaffungs- oder Herstellungspreis übersteigt, höchstens zu dem letzteren angesetzt werden.

Der Sinn dieser Vorschriften ist klar: Waren mit Börsen- oder Marktpreis sind höchstens mit dem Betrag der Anschaffungs- oder Herstellungs-Kosten zu bewerten, sobald diese von den Börsen- oder Marktpreisen überschritten werden. Da in solchen Fällen „höchstens" die Anschaffungs- oder Herstellungs-Kosten bilanziert werden dürfen, so ist implicite damit gesagt, daß der Wertansatz sogar noch unter den Anschaffungs- oder Herstellungs-Kosten bleiben darf, wenn dies nach der Sachlage (Qualitäts-Mängel, Konjunktur-Rückgang u. dgl.) ratsam erscheint. Werden jedoch die Markt- oder Börsenpreise von den Anschaffungs- oder Herstellungs-Kosten überstiegen, so bilden die Markt- oder Börsenpreise die Höchstgrenze der Bewertung. Jedoch steht nichts entgegen, unter dieser Höchstgrenze zu bewerten, wenn Gründe der wiederholt angedeuteten Art dafür in Betracht kommen.

Praktisch mögliche Fälle. Die Börsen- oder Marktpreise mögen bis zum Bewertungs- oder Bilanz-Feststellungstage noch so sehr gestiegen sein: sofern sie bereits am Bilanztage höher als die Anschaffungs- oder Herstellungs-Kosten waren, dürfen höchstens die letztgenannten Kosten bilanziert werden. Sofern die Anschaffungs- oder Herstellungs-Kosten am Bilanztage höher als die Börsen- oder Marktpreise waren, haben, obgleich die Börsen- oder Marktpreise am Bewertungs- oder Bilanz-Feststellungstage vielleicht weit über die Anschaffungs- oder Herstellungs-Kosten hinaus gestiegen sind, dennoch höchstens die unter den Anschaffungs- oder Herstellungs-Kosten stehenden Börsen- oder Marktpreise des Bilanztags in Ansatz zu kommen. Umgekehrt: sind die Börsen- oder Marktpreise, die am Bilanztage über den Anschaffungs- oder Herstellungs-Kosten gestanden haben mögen, bis zum Bewertungs- oder Bilanz-Feststellungstage unter die Anschaffungs- oder Herstellungs-Kosten gesunken, so würden zwar diese Kosten angesetzt werden dürfen; da diese als die am Bilanztage niedrigeren Kosten aber ohnehin „höchstens" bilanziert werden dürften, so würde der gesetzlichen Willensrichtung zweifellos entsprochen, wenn man den bis zum Bewertungs- oder Bilanz-Genehmigungstage unter die Anschaffungs- oder Herstellungs-Kosten gesunkenen Preis ansetzen würde. Haben die Börsen- oder Marktpreise am Bilanztage bereits unter den Anschaffungs- oder Herstellungs-Kosten gestanden, und sind sie bis zum Bewertungs- oder Genehmigungstage noch tiefer gesunken, so dürfte zwar mit den am Bilanztage höher gewesenen Börsen- oder Marktpreisen bewertet werden. Da diese Kosten im vorliegenden Fall jedoch die Höchstgrenze für die Bewertung bilden würden, läge der Ansatz zu dem unter diese Höchstgrenze gesunkenen Wert auch hier im Sinne des Gesetzes.

Tabellarische Übersicht. Um den Einfluß, den die bis zur Bilanz-Bewertung oder Genehmigung geschehenden Wertverschiebungen auf die endgültige bilanzielle Bewertung der Veräußerungs-Gegenstände gewinnen können, sowohl in bezug auf die Bewertung nach § 40 Abs. 2 H.G.B., wie auch nach § 261 Ziff. 1 H.G.B. zu zeigen, stelle ich die für § 40 Abs. 2 H.G.B. oben (S. 190) von mir gegebene Übersicht mit den für § 261 Ziff. 1 H.G.B. vorstehend gewonnenen Resultaten vergleichend zusammen. Voran stelle ich die Höchstgrenzen, bis zu denen — unabhängig vom Einfluß der bis zum Bewertungs- oder Feststellungstage eingetretenen Wertverschiebungen — die Bewertung der Waren nach § 40 und nach § 261 H.G.B. vorgenommen werden darf:

Der Marktpreis stand am Bilanztage

I. über den Anschaffgs.- oder Herstellgs.-Kosten.	II. unter den Anschaffungs- oder Herstellungs-Kosten.
Dann a) Ungeachtet der bis zum Bewertungs- oder Bilanzfeststellungstage etwa eingetretenen Wertänderungen	
Bewertung nach § 40: Höchstens zum Marktpreis am Bilanztage.	Höchstens zu den Anschaffungs- oder Herstellungs-Kosten.
Bewertung nach § 261: Höchstens zu den Anschaffungs- od. Herstellungs-Kosten.	Höchstens zum Marktpreis am Bilanztage.
b) Bei Berücksichtigung der bis zum Bewertungs- oder Bilanzfeststellungstage etwa eingetretenen Wertänderungen Fall 1: der Marktpreis war gesunken:	

Dann Bewertung nach § 40:	Vorsichtshalber zu Anschaffungs- od. Herstellungs - Kosten, höchstens aber zu gesunkenem Preis, falls dieser noch über jenen Kosten.	Höchstens zum Marktpreis am Bilanztage, wenn nicht zu gesunkenem Preis.
Bewertung nach § 261:	Höchstens zu Anschaffungs- oder Herstellungs-Kosten, vorsichtshalber dagegen zu gesunkenem Preis, falls dieser unter den Anschaffungs- oder Herstellungs-Kosten.	Höchstens zum Marktpreis am Bilanztage, wenn nicht zu gesunkenem Preis.
Fall 2: der Marktpreis war gestiegen:		
Dann Bewertung nach § 40:	Höchstens zum Marktpreis am Bilanztage.	Höchstens zu Anschaffungs- oder Herstellungs-Kosten.
Bewertung nach § 261:	Höchstens zu Anschaffungs- oder Herstellungs-Kosten.	Höchstens zum Marktpreis am Bilanztage.

§ 261 Ziff. 1 H.G.B. Maximal- und Minimal-Vorschrift. Die Bewertungs-Vorschriften des § 261 Ziff. 1 H.G.B. sind — wie auch alle übrigen Vorschriften dieses Paragraphen — rechtlich zwingender Natur. Aus den im Gesetzestext enthaltenen Worten: „dürfen höchstens“ folgt eindeutig der Charakter jener Vorschriften als zwingender Maximal-Vorschriften. Bedenkt man, daß die Worte: „dürfen höchstens“ so oder so hoch bewertet werden, gleichbedeutend sind mit: „müssen mindestens“ so oder so niedrig bewertet werden, so kommt man zu dem Schluß, daß die Bewertungs-Vorschriften des § 261 Ziff. 1 und 2 H.G.B. Maximal- und Minimal-Vorschriften zugleich sind. Da die Höchstgrenze für die Bewertung im Gesetz positiv ausgedrückt ist, muß man ihr öffentlichrechtlichen Charakter beilegen. Dagegen läßt die aus der Höchstgrenze herauszuinterpretierende Mindestgrenze privatrechtlichen Charakter erkennen, wenn man ihren wesentlichen Inhalt: „müssen mindestens" so oder so niedrig bewertet werden, ergänzt durch die Gedankenfolge: „können aber noch niedriger bewertet werden."

Praktische Folgen für Verwaltung und Aktionäre. Demnach können rechtsgültig weder Statut noch Generalversammlung Bewertungen über die Maximal-Vorschriften des § 261 H.G.B. hinaus vorschreiben. Weder Aufsichtsrat noch Vorstand brauchten sich an solche gesetzwidrigen Vorschriften oder Beschlüsse zu kehren. Ja, beide Gesellschafts-Organe wären nach § 241 Abs. 3 Ziff. 5 und nach § 249 Abs. 3 der Gesellschaft und den Gesellschaftsgläubigern für die Verteilung unrealisierter Gewinne solidarisch ersatzpflichtig, wenn sie jene ungesetzlichen Überbewertungen zur Ausführung bringen und auf deren Grundlage Dividenden verteilen lassen würden; sie würden aus demselben Grunde außerdem der Gesellschaft zur Rückzahlung zu viel empfangener Tantiemen verpflichtet sein (vgl. § 812 ff. B.G.B.) und wären schließlich nach § 314 Abs. 1 Ziff. 1 zu bestrafen. Nach § 217 Abs. 1 Satz 1 H.G.B. haben die Aktionäre zufolge gesetzwidriger Überbewertung empfangene Dividenden den Gesellschafts-Gläubigern oder der Gesellschaft herauszugeben, wenn sie die Gesetzwidrigkeit kannten oder kennen mußten (vgl. § 932 Abs. 2 B.G.B.).

Statutarische Unterbewertung. Dagegen kann, wie gesagt, das Statut unter die Maximal-Vorschriften des § 261 H.G.B. hinabgehen, also Unterbewertungen (Minderbewertungen) ausdrücklich vorschreiben. Solange solche statutarischen Bestimmungen bestehen, sind die Aktionäre daran gebunden. Nur durch Statuten-Änderungen können jene Bestimmungen aufgehoben werden. Sind im Statut Minderbewertungen nicht vorgesehen, so darf jeder Aktionär Bewertung nach § 261 H.G.B. verlangen. Würden auf Grund eines Generalversammlungs-Beschlusses dennoch niedrigere als die gesetzlichen oder statutarischen Wertansätze bilanziert, so wäre dieser Beschluß anfechtbar (die Anfechtung ist nach § 271 Abs. 3 Satz 2 H.G.B. nur möglich, wenn die Anteile der anfechtenden Minderheit zusammen wenigstens 5 % des Grundkapitals ausmachen).

„Doch ist freilich bei diesem Anfechtungsrecht zu berücksichtigen, daß ein Aktionär die Forderung einer höheren Dividende nicht einfach dadurch begründen kann, daß er die Bewertung eines Kontos unter Berufung auf Gutachten von Sachverständigen als unangemessen anficht. Denn die Generalversammlung soll nach freiem Ermessen die Bewertung vornehmen, und solange ihre Ansätze, wenn man auch über ihre objektive Richtigkeit streiten kann, das Maß vernünftiger Erwägungen nicht verlassen, hat sie das Gesetz nicht verletzt (anerkannt vom O.L.G. Hamburg in O.L.G.R. 10, 240). Aber der Nachweis ist dem Aktionär gestattet, daß er durch ein böswilliges oder willkürliches Verfahren der Generalversammlung in seinem Anspruch auf die Dividende geschädigt sei (R.G. 40, 35;

vgl. auch Neukamp in Z.H.R. 48, 489). Gegen eine solche Anfechtung kann nicht eingewendet werden, daß die Einstellung der Werte zwar offenbar zu niedrig, dies aber zur Stärkung des Unternehmens geschehen sei. Dem Dividendenanspruch des Aktionärs gegenüber würde dieser Einwand nicht durchgreifen. Denn zur Stärkung des Unternehmens gereicht jede Abschreibung, und von diesem Standpunkte aus gäbe es überhaupt keine unzulässige Abschreibung."[1])

Schließlich bedürfen noch der Besprechung die im Text des § 261 H.G.B. unter Ziffer 1 vorkommenden Ausdrücke: „Börsen- oder Marktpreis" und „Anschaffungs- oder Herstellungspreis".

Markt- und Börsenpreise. Der Marktpreis einer Ware ist der für diese Warenart an einem bestimmten Ort zu einer vorher festgesetzten Zeit auf Grund mehr oder minder zahlreicher Umsätze erzielte Durchschnittspreis.

Als Bilanzbewertungs-Faktoren für Vollkaufleute haben besondere Bedeutung die Börsen (Produkten- und Effekten-Börsen). Die Börsen sind beruflich abgeschlossene, regelmäßig und häufig stattfindende Märkte vertretbarer (fungibler) Tauschgüter, d. h. solcher, die, unabhängig von der effektiven Ware, nach Typen gehandelt werden.

Besondere Fälle. Findet für einen Artikel am Bilanztage ein Markt oder eine Börse nicht statt, so wird auf die Preise des dem Bilanztage am nächsten liegenden Börsentags zurückzugehen sein. Darf mit Sicherheit vermutet werden, daß, wenn am oder bis zum Bilanztage noch ein Markt oder eine Börse stattgefunden hätte, die Preise des voraufgegangenen Börsentags nennenswerte Änderungen erfahren haben würden, so sind diese bei der bilanziellen Bewertung im Rahmen der Bewertungs-Vorschriften zu berücksichtigen. In Frage kommen für eine Unternehmung die Preise des Marktes, mit dem sie eine Ware oder ein Wertpapier normalerweise zu handeln pflegt. Ein Magdeburger Bankier zum Beispiel wird also die Kurse der Berliner, nicht etwa die der Leipziger, Hamburger oder Frankfurter Börse zu bilanzieren haben.

Briefkurse. Beziehen die Börsenpreise (Kurse) sich auf bloßes Angebot (B = Brief) oder auf bloße Nachfrage (G = Geld), so können — wenn diese Kurse von den voraufgegangenen, auf wirklichen Umsätzen (bez. [bz.], bez.G., bez.B.) beruhenden Kursen nennenswert abweichen — leicht anormale Markt- oder Kurswerte zur Bilanz kommen. In dieser Hinsicht ist folgendes zu beachten: bloße Briefkurse am Bilanztage sind für die Bewertung oft nicht verwendbar.[2]) Besonders dann nicht, wenn etwa das Angebot von der eigenen Gesellschaft als Verkaufs-Limitum zu hohem Kurse ausgegangen war und am

---

[1]) Staub S. 890—891; Anmerkg. 6 zu § 261.

[2]) Rehm (S. 695) spricht ihnen den Charakter von Marktpreisen überhaupt ab. Dennoch werden sie (besonders für festverzinsliche Effekten) oft bilanziert.

Bilanztage in dem Papier kein Geschäft stattfand. Dann würde, wenn die Gesellschaft den von ihr limitierten hohen Kurs bilanzieren würde, eine Überbewertung geschaffen, deren Realisierung, je nach der Höhe des Verkaufs-Limits, mehr oder minder fraglich wäre. Hiernach läge es, unter der Voraussetzung, daß am Bilanztage in dem Papier keine anderen Umsätze geschehen, in der Macht der Gesellschaft, sich zu ihrem Bilanztag für ein zu dieser Manipulation geeignetes Papier einen hohen Kurs zu schaffen. Denn der zu hohe Kurswert des Papiers würde amtlich festgestellt, die Ursache seines Zustandekommens jedoch aus dem Kurszettel weder für die Aktionäre, noch ohne weiteres für den Aufsichtsrat ersichtlich. Aber auch von andrer, an dem Papier in gleicher Weise interessierter Seite könnten hohe Verkaufs-Limita zum Bilanztage abgegeben werden, die dann von der Gesellschaft für ihre Bilanz als am Bilanztage amtlich festgestellter Kurs Verwertung fänden, ohne daß also diese Gesellschaft selbst am Zustandekommen des Kurses mitgewirkt zu haben brauchte. Selbstverständlich würde der sorgsam bilanzierende Vorstand einer Aktien-Gesellschaft einen von den in letzter Zeit voraufgegangenen Kursen am Bilanztage stark abweichenden Briefkurs nicht blindlings bilanzieren, sondern unter Berücksichtigung der vorangegangenen Kursentwicklung einen zu verantwortenden Bilanzkurs feststellen.

Geldkurse. Geringere Gefahr der Überbewertung als die Briefkurse involvieren die Geldkurse. Denn Limita auf Anschaffungen von Effekten wird man in erster Linie niedrig zu stellen bestrebt sein. Glaubt man sie aber hoch stellen zu dürfen oder zu müssen, um vor weiteren Kurssteigerungen noch rechtzeitig zum Kauf zu kommen, so liegen solchen Limiten offenbar berechtigte Ursachen zugrunde, so daß, wenn am Bilanztage in dem Papier zufällig keine Umsätze zu dem Anschaffungs-Limit stattgefunden hätten, die Gesellschaft derartig begründete Geldkurse mit Recht bilanzieren würde. Umgekehrt bieten niedrige Anschaffungs-Limita die Möglichkeit, den Kurs eines Papiers zum Bilanztage zu drücken. Dies wird um so leichter gelingen, je geringer die Bewegung in dem Papier zu sein pflegt. Auf solche Limita hin am Bilanztage festgestellte, zu niedrige Geldkurse würden mithin materiell ungerechtfertigte Unterbewertungen ermöglichen.

Der Betonung bedarf, daß demnach bereits mittels eines, auf einen nur minimalen Betrag zu beziehenden Limits Scheinkurse für die bilanzielle Bewertung großer Effekten-Posten geschaffen werden können.

Je größer der Interessentenkreis für ein Börseneffekt ist, um so weniger Aussicht besteht naturgemäß, mit anormalen Anschaffungs- oder Verkaufs-Limiten die Kurse im Interesse unlauterer Bilanz-Bewertung zu beeinflussen.

Kursbeeinflussungen durch Käufe. Aber nicht allein Brief- oder Geldkurse können zu solchen Manövern benutzt werden; auch die auf Grund von Umsätzen festgestellten, mit bez. (bz.) oder „etw. bez." bezeichneten Kurse können zum Bilanztage beeinflußt sein. Man denke nur an folgende Möglichkeit: eine Aktien-Gesellschaft möchte den großen Bestand eines Papiers bilanziell so hoch wie möglich bewerten können; sie läßt zu dem Zweck am Bilanztage eine Anzahl gegen den bisherigen Kurs erhöhte Anschaffungs-Limita zur Börse geben und beeinflußt damit den Kurs im Interesse ihres gesamten Besitzes an dem Papier. Als bilanzpolitisches, vielfach bekanntes Verfahren mag noch erwähnt werden, daß die an der Börse vertretenen Bankfirmen, besonders die Großbanken, durch Interventionskäufe die Kurse nicht selten „stützen". Daß sie im Interesse ihrer Bestände an eigenen Effekten weichenden Kursen besonders zum Bilanztage vorzubeugen trachten werden, ist ihr gutes Recht; ja, noch mehr ihre geschäftliche Pflicht.

Umgehung der Minimal-Vorschrift durch Verkaufen und Wiederkaufen. Im Zusammenhang mit den vorstehenden Darlegungen ist noch zu gedenken des Umstands, daß die Vorschrift des § 261 Ziff. 1 H.G.B. dadurch umgangen werden kann, daß die Gesellschaft Effekten, deren Anschaffungspreise vor dem Bilanz-Termin unter den Börsenkursen stehen, vor jenem Termin mit einem hinreichend hohen Limit zum Verkauf und mit einem zweiten Limit zum Ankauf aufgibt. Verkauf und Anschaffung können bei gleichen Limiten am selben Tage geschehen. Um jedoch aus der Transaktion keinen Spesen-Verlust zu erleiden, wird man allerdings das Verkaufs-Limit um die aus Verkauf und Ankauf erwachsenden Spesen höher als das Ankaufs-Limit stellen müssen. Damit entfällt u. U. aber für den Kasse-Verkehr die Möglichkeit, die Anschaffung noch am Tage des Verkaufs zu erreichen. Infolgedessen wächst die Schwierigkeit, zu dem um die Spesen verkürzten Anschaffungs-Limit vor dem Bilanztage noch wieder kaufen zu können. Kommt es nicht mehr rechtzeitig zum Kauf, so erscheint die Kurssteigerung als durch den Verkauf realisierte in der Bilanz der Gesellschaft, der die Transaktion Schaden bringen kann, wenn das Papier bis zum Dividenden-Termin im Kurse weiter steigt, so daß durch den verfrühten Verkauf infolge vereitelten rechtzeitigen Wiederankaufs die zweite Realisierung zu weiter gestiegenem Kurse ausgeschlossen bleiben muß. Der solche Bilanzfrisur planende Vorstand einer Aktien-Gesellschaft wird deshalb nach eingehender Prüfung der Sachlage sich klar werden müssen darüber, ob er nicht im Interesse der Sicherung des Wiederankaufs vor dem Bilanz-Termin Veräußerung und Wiederanschaffung zu gleichen Limiten vornehmen lassen, mithin die Spesen verlieren soll, um den bezüglichen Effekten-Bestand zum höhern Anschaffungskurse bilanzieren zu können.

Durchschnittskurse. Den vorstehenden Ausführungen über die Bilanzierung der Markt- oder Börsenpreise ist hauptsächlich zweierlei zu entnehmen: erstens können die Kurse zum Bilanztage beeinflußt werden, und sodann ist es möglich, § 261 Ziff. 1 H.G.B. zu umgehen. Insofern enthält Artikel 656 Ziff. 3 des Schweizerischen Obligationenrechts eine vorbeugend wirkende Vorschrift, als kurshabende Papiere höchstens zu dem Kurse angesetzt werden dürfen, den sie durchschnittlich in dem letzten Monat vor dem Bilanztage gehabt haben. Abgesehen davon, daß jene schweizerische Bestimmung — im Gegensatz zum § 261 Ziff. 1 H.G.B. — die Bilanzierung unrealisierter Kursgewinne nicht ausschließt,[1]) bedeutet die Vorschrift, statt der Kurse des Bilanztags die Durchschnittskurse des letzten Monats bilanziell anzusetzen, im Vergleich zum Deutschen Recht prinzipiell einen sorgfältigern Standpunkt. Hierbei darf aber nicht verkannt werden die unter Umständen bedeutende Mehrarbeit, die bei vielseitigem Effekten-Besitz mit der Berechnung der Durchschnittskurse verbunden sein kann. Unnötig erscheint ferner, solche Durchschnitts-Berechnung auch für das Gros der Papiere mit stetiger Kursentwicklung oder mit ungefähr gleichbleibenden Kursen vorzuschreiben.

Gesetzes-Novelle für Brief- und Geldkurse. Dagegen würde ich für zweckmäßig halten, § 261 Ziff. 1 H.G.B. etwa durch folgenden Zusatz zu ergänzen: Reine Brief- oder Geldkurse dürfen nur angesetzt werden, wenn sie nicht höher als die letzten, auf Grund von börsenmäßigen Umsätzen festgestellten Kurse sind. Andernfalls sind diese niedrigeren Kurse anzusetzen.

Reichsgerichts-Entscheidung über den Marktpreis. Die vorstehenden Ausführungen über den Markt- und Börsenpreis seien mit folgender Entscheidung geschlossen:

„Unter Marktpreis ist derjenige Preis zu verstehen, den der Verkäufer bei einem Weiterverkauf hätte erzielen können. Er bestimmt sich durch den Durchschnittspreis, der sich aus der Vergleichung einer erheblichen Anzahl an einem bestimmten Orte zu der maßgebenden Zeit über Ware der betreffenden Art und Güte geschlossenen Kaufverträge als der gemeine Wert einer Ware dieser Art ergibt. Über die Feststellung des Marktpreises enthält weder das H.G.B. noch das B.G.B. besondere Vorschriften. Für die Feststellung des Marktpreises ist es unerheblich, ob amtliche Preisnotierungen stattfinden oder nicht. Bestehen aber

[1]) **Kursdifferenzenfonds.** Beiläufig sei bemerkt, daß nach § 33 des österreichischen Versicherungs-Regulativs nicht realisierte Kursgewinne an Wertpapieren einem Kursdifferenzenfonds zu überweisen sind, wodurch man erreicht, daß die Kurserhöhung zwar bilanziert, der daraus resultierende Gewinn aber von der Verteilung zurückgehalten wird.

amtliche oder zuverlässige private Einrichtungen zur Ermittlung und Feststellung des Marktpreises, so können derartige Preisnotierungen der Regel nach ohne weiteres als Grundlage der Entscheidung dienen, so daß derjenige, der sich auf sie beruft, eines weitern Beweises überhoben ist. Mangels einer besondern Gesetzesbestimmung können sie aber nicht unbedingte, den Beweis ihrer Unrichtigkeit für den gegebenen Fall ausschließende Geltung beanspruchen. **R.G.** 29. 1. 09. Els. Loth. Z. 34, 386. Holdheim 09, 219. Recht 09 Nr. 3317."[1])

Nunmehr soll über Wesen und Berechnung der Anschaffungs- und Herstellungs-Kosten noch näheres gesagt werden.

Anschaffungs-Kosten. Der vom kaufmännischen Standpunkt weitaus einfacher zu erfassende Begriff ist derjenige der Anschaffungs-Kosten. Denn es leuchtet ohne weiteres ein, daß er nur bezogen werden kann auf Ausgaben, die unmittelbar für die Anschaffung geschehen sind, wobei unter ,,Anschaffung" zu verstehen ist, daß die angeschafften Vermögens-Gegenstände den vom Besteller vorgeschriebenen Ort erreicht haben, von dem aus sie weiterveräußert, oder wo sie zum Betriebe gebraucht oder bearbeitet oder verarbeitet werden sollen.

Demnach bilden die Anschaffungs-Kosten eines Vermögens-Gegenstands:

1. der aus der Einkaufs-Rechnung festzustellende reine Einkaufs-Betrag des Gegenstands (der eigentliche Anschaffungspreis) zuzüglich der Kosten für die Verpackung, soweit deren Betrag bei der Rücksendung nicht wieder vergütet wird; jedoch abzüglich der Rabatte, Bonifikationen, Skonti u. dgl.;
2. sämtliche mit der Lieferung zusammenhängende Versicherungs-, Zoll-, Steuer-, Fracht-, Stempel-, Rollgelder- und sonstige Transport-Kosten und Provisionen, soweit sie vom neuen Eigentümer zu tragen, also nicht etwa zu Lasten des Lieferanten von ihm verauslagt sind.

Bilanziell nicht verwertete Kostenteile. Obgleich alle diese Kosten zweifellos als Anschaffungs-Kosten anzusprechen sind, werden sie dennoch bei der Bewertung des Bilanz-Inventariums nicht in gleichem Maße berücksichtigt. Besonders gilt dies von den Frachten und Rollgeldern. Die Kaufleute sind nämlich meist geneigt, Fracht- und Rollgeld-Spesen zwar in bezug auf Waggons- oder Schiffs-Bezüge einer Ware als relativ bedeutende und sicher festzustellende Posten bilanziell mit zu bewerten, bei Stückgütern und in Sammelladung bezogenen Gütern hingegen Fracht- und Rollgeld-Zuschläge außer Ansatz zu lassen, soweit diese Zuschläge im Vergleich zum reinen Fakturawert der einzelnen Warenarten weder nennenswert, noch leicht und sicher feststellbar sind, was besonders auf Kurzwaren zutrifft, von denen oft Dutzende ganz verschiedener Arten in einer Kiste

---

[1]) Kaufmann X. S. 317—318.

vereinigt sind. Hierbei handelt es sich um durchaus erlaubte Unterbewertungen, die sich außerdem zwischen den Jahren ausgleichen, wenn die als Stückgüter oder in Sammelladungen bezogenen Waren von Jahr zu Jahr insgesamt ungefähr in den gleichen Quantitäten vorhanden sind. Im Vergleich zum Einkaufspreis ist der Fortfall der Frachtspesen von um so geringerer bilanzieller Bedeutung, je höher der spezifische Tauschwert (d. h. der Einkaufspreis einer bestimmten Gewichts-Einheit) der Stückgüter ist.

Unterschiedliche Behandlung der bilanziellen Bewertung und der Verkaufs-Kalkulationen. Ausdrücklich sei betont, daß Wertfeststellungen für das Bilanz-Inventarium streng zu trennen sind von den Berechnungen der Selbstkosten für die Feststellungen der Veräußerungspreise. Selbstverständlich verfehlt der sorgfältige Kaufmann nicht, Stückgüter- oder Sammelladungs-Frachten und Rollgelder bei der Feststellung der Verkaufspreise solcher Waren in Rücksicht zu ziehen. Das schließt aber keineswegs aus, daß er für die Inventur-Bewertung — nicht zuletzt auch wohl aus Gründen der Bequemlichkeit und in Gedanken an den Ausgleich zwischen den Jahren — bei dazu geeigneten Waren diese Zuschläge unterläßt. Analoges gilt auch für die bilanzielle Feststellung der noch zu behandelnden Herstellungs-Kosten.

Generalien in den Anschaffungs-Kosten. Alle im Vorstehenden aufgeführten Elemente der Anschaffungs-Kosten sind besondere (spezielle) Kostenteile, die für ganz bestimmte Gegenstände verausgabt sind und — von den auf Stückgüter oder Sammelladungs-Güter verausgabten Transport-Kosten abgesehen — auf die dafür in Betracht kommenden Gegenstände Posten für Posten genau verteilt werden können. Bei näherm Zusehen kann man sich aber der Erkenntnis nicht verschließen, daß neben diesen besonderen oder speziellen Kosten auch allgemeine (generelle) Kosten (sogenannte Generalunkosten oder Generalien) bei der Anschaffung der Gegenstände entstanden sind. Solche allgemeinen Kosten sind beispielsweise die Gehälter des Einkäufers und der die Bestellungen machenden, das Einkaufsbuch führenden, die Einkaufs-Rechnungen kontrollierenden und zur Regulierung anweisenden Kontoristen. Will man weiter gehen, gehören auch Kosten für Miete, Feuerung, Beleuchtung und sonstige Instandhaltung des Einkaufs-Kontors zu den Generalien. Diese allgemeinen Kosten dürfen — ich stimme darin gegen Staub (S. 896—897; Anmerkg. 21 zu § 261) und Simon (S. 345) mit Schmalenbach (Z. f. hw. F. II. S. 166 ff.) und Knappe (S. 94) überein — dem Anschaffungswert zugeschlagen werden, ohne daß damit gegen die Vorschrift des § 261 Ziff. 4 H.G.B. verstoßen wird, wonach Verwaltungs-Kosten nicht als Aktiva bilanziert werden dürfen. Weiteres darüber soll mit den über die Herstellungs-Kosten folgenden Mitteilungen gesagt werden.

Einerseits der im Vergleich zur Gesamtsumme aller in einer Bilanz-Periode umgesetzten Anschaffungswerte meist nur minimale Gesamtbetrag der vorstehend aufgeführten allgemeinen Teile der Anschaffungs-Kosten, anderseits die Unmöglichkeit, sie (nicht sowohl dem Betrage, als vielmehr der Verursachung nach) auf die einzelnen inventarisierten Gegenstände richtig zu verteilen, haben zur Folge, daß man selten eine Unternehmung antrifft, bei der allgemeine Anschaffungs-Kosten zur Feststellung der Anschaffungswerte für die Zwecke der Inventur-Bewertung herangezogen werden. Vielmehr bleibt es regelmäßig bei der Berechnung allein der speziellen Anschaffungs-Kosten.

Generalien in den Herstellungs-Kosten. Ungleich größere Bedeutung als für die Berechnung des Anschaffungs-Kosten haben die Generalien für die Feststellung der Herstellungs-Kosten. Die Berechtigung ihrer bilanziellen Verwertung nach dieser Richtung ist deshalb in der Fachliteratur umstritten worden.

Hören wir zunächst einige der auf diesem Gebiet vertretenen Ansichten:

Cosack (S. 648, § 118 II 1d): „Insoweit ein Gesellschafts-Aktivum mit seinem Herstellungswert in der Bilanz anzusetzen ist, sind auch die allgemeinen Verwaltungs-Kosten der Gesellschaft, also nicht bloß die Arbeitslöhne, sondern auch z. B. das Gehalt des Vorstands, die Kosten der Buchführung u. dgl. anteilig dem Wert des Aktivums zuzuschreiben."

Esser (Z.H.R. XXXIV. S. 327ff.): „Unter Herstellungspreis ist der wirkliche Selbstkostenpreis, wie der Kaufmann ihn zu kalkulieren pflegt, zu verstehen. Bei Ermittlung desselben müssen demnach nicht bloß die unmittelbaren, sondern auch die mittelbaren, mit der Herstellung in Verbindung stehenden Aufwendungen und Leistungen berücksichtigt werden."

Knappe (S. 94): „Der Erstellungspreis nicht verkaufter Ware enthält denjenigen Teil der Generalunkosten, der für die Erstellung aufgewandt ist. Dies kann nicht als Verstoß gegen § 261 Ziff. 4 H.G.B. angesehen werden. Der Erstellungspreis ist also gleich: Material + Lohn + Fabrikunkosten."

Rehm (S. 713): „Auch zum Herstellungspreis eines Gegenstands gehört bilanzrechtlich nur, was auf ihn besonders verwendet wird; also z. B. Feuerversicherung, Provisionen für Geldbeschaffung, verlorene Zinsen (Verzinsung des in dem Gegenstand angelegten eigenen Kapitals, Verzinsung des zwecks Herstellung aufgenommenen Kapitals), Tantiemen, Errichtungs Aufwendungen lediglich, wenn sie sich auf den zu bewertenden Gegenstand, nicht auf das Unternehmen oder die Gesellschaft als Ganzes beziehen."

Schiff (S. 30): „Das Gesetz hindert also nicht, den Begriff Herstellungspreis so weit zu fassen, wie es wirtschaftlich vertretbar und mit der Sorgfalt des ordentlichen Geschäftsmanns vereinbar ist."

Schmalenbach (Z. f. hw. F. II. S. 166): „Nach alledem kann ich zu keiner andern Ansicht kommen, als zu der, daß die Kosten der Verwaltung, soweit sie Produktions-Kosten, wenn auch indirekter Art, sind, bei der Waren-Bewertung zuschlagbar sind."

Simon erklärt einmal (S. 344ff.) die Berücksichtigung der Generalunkosten für unzulässig. Ein andermal sagt er (S. 347): „Im einzelnen wird es Tatfrage sein und sorgfältige Prüfung der Gesellschafts-Organe erheischen, was zu den Herstellungs-Kosten zu rechnen sei."

Staub (S. 896; Anmerkg. 21 Abs. 2 zu § 261 Ziff. 1 H.G.B.): „So sehr an sich anzuerkennen ist, daß wirtschaftlich die Generalunkosten zu den Herstellungs-Kosten zu zählen und bei der Berechnung der Verkaufspreise zu berücksichtigen sind, so muß mit Rücksicht auf die positiven Vorschriften des Gesetzes der Ansicht, daß sie bilanzmäßig den Herstellungs-Kosten nicht zuzuschlagen sind, entgegen den Ausführungen der 6./7. Aufl., zugestimmt werden."

Aus diesen Anführungen wird klar erkennbar, daß die Mehrheit der Autoren (im Gegensatz zu Simon und zu Staubs jetzigem Standpunkt) die Hineinrechnung gewisser Teile der Generalunkosten [1]) in die Herstellungs-Kosten für richtig hält. Nur über den Umfang, in dem dies zu geschehen hat, gehen die Ansichten noch auseinander.

Daß mit der Vorschrift des § 261 Ziff. 4 H.G.B., wonach Verwaltungs-Kosten nicht als Aktiva in die Bilanz eingesetzt werden dürfen, die Bilanzierung anteiliger Generalunkosten als Herstellungs-Kosten keineswegs ausgeschlossen werden sollte, lehrt die Denkschrift zum neuen H.G.B., worin es (I. 145) heißt:

„Was die bestrittene Frage betrifft, ob bei der Berechnung des Herstellungspreises von Waren auch ein entsprechender Teil der Generalunkosten des Unternehmens mit in Ansatz gebracht werden kann, so erscheint es nicht angängig, eine solche Berechnungsweise durch ausdrückliche Vorschrift ohne jede Einschränkung zu gestatten, weil alsdann der Vorschrift der Nr. 4 (des § 261) entgegen die sämtlichen Kosten der Verwaltung auf einem Umwege doch als Aktivum in die Bilanz eingesetzt werden könnten. Es muß dem verständigen Ermessen in jedem einzelnen Fall überlassen bleiben, inwieweit ohne Verletzung der erwähnten Vorschrift gewisse allgemeine Kosten als Bestandteil der Herstellungs-Kosten berücksichtigt werden können."

Hiernach ist also die Hineinrechnung der Generalunkosten in die Herstellungs-Kosten im Gesetz nur deshalb nicht ausdrücklich erwähnt worden, weil andernfalls Verstöße gegen § 261 Ziff. 4 H.G.B. vom Gesetzgeber befürchtet worden wären. Logisch zwingend muß man mithin schließen: prinzipiell verstößt die Bilanzierung von Teilen der Generalunkosten in den Herstellungs-Kosten nicht gegen § 261 Ziff. 4 H.G.B. Solche Bilanzierung ist gestattet, soweit sie auf Grund verständigen Ermessens geschieht.

Ausdrücklich sei aber hiermit festgestellt, daß als solidere Art der Bilanzierung anzusehen ist die Methode, die Generalien bei der bilanziellen Berechnung der Herstellungs-Kosten außer Ansatz zu lassen, oder doch nur die Fabrikation besonders belastende allgemeine Kostenteile in die Herstellungs-Kosten einzurechnen. Art und Umfang des Betriebs, technische und kaufmännische Organisation, finanzielle Position u. dgl. werden von Fall zu Fall in Rücksicht gezogen werden müssen, wenn man über die bilanziell zuzuschlagenden allgemeinen Kostenteile Beschluß fassen will. Daß dagegen bei der

---

[1]) Zuweilen nennt man die Generalunkosten auch Leerlaufs-Kosten vgl. Grull S. 92).

Kalkulation der Verkaufspreise die Generalien im weitesten Umfang mit zu veranschlagen sind, sei wiederholt betont.

Elemente der Herstellungs-Kosten. Hiernach lasse ich die nachstehende Zusammenstellung folgen lediglich, um eine Übersicht über die hauptsächlich vorkommenden Elemente der Herstellungs-Kosten zu geben. Keineswegs aber, um etwa die darin enthaltenen Elemente der Generalien als bei der bilanziellen Bewertung sämtlich und für jeden Fall unbedingt zuschlagspflichtig erklären zu wollen.

Danach zerfallen die Herstellungs-Kosten in nachstehende Elemente:

I. **Besondere** oder direkte (spezielle oder Einzel-)Kosten.
Kennzeichen: exakte Verteilbarkeit dieser Kostenteile ist möglich, weil ihr Anteil an jedem Arbeitstück genau feststellbar ist.

Unterarten:

a) Material-Kosten.
Anschaffungs-Kosten der Roh- und Hilfsstoffe frei Fabrik.

b) Be- und Verarbeitungs-Kosten.
Produktive Löhne einschließlich der darauf entfallenden, vom Unternehmer zu tragenden Anteile an den Versicherungs-Beiträgen [„produktive" Löhne sind nur die an unmittelbar fabrizierende, deshalb regelmäßig „gelernte" Arbeiter (Dreher, Schlosser, Schmiede, Klempner, Tischler, Drechsler usw.) gezahlten].

c) Kosten des Fabrikationsrechts.
Lizenz-Gebühren. Denn diese sind auf jedes fabrizierte Stück verteilbar. Dagegen gehören auf eigene patentamtliche Schutzrechte entstandene Kosten aus entgegengesetztem Grunde zu den allgemeinen Fabrikations-Kosten. Die Lizenzgebühren sind aber nur insoweit zu bilanzieren, als sie den Lizenzgebern zu Lasten des Bilanzjahrs bereits gutgebracht sind. Andernfalls würden sie dem Bilanzjahr einseitig zugute kommen.

II. **Allgemeine** oder indirekte (generelle oder Gesamt-) Kosten (Generalunkosten, Generalien oder Regie-Kosten).
Kennzeichen: Verteilbarkeit nicht exakt, sondern nur in Gestalt prozentualer Zuschläge zu den besonderen Kosten möglich.

Unterarten:

a) Fabrikbetriebs-Kosten.

1. Gehälter und andere Bezüge des Betriebsleiters und der technischen Beamten einschließlich der vom Unternehmer zu tragenden Anteile an den Versicherungs-Beiträgen.
2. Unproduktive Löhne einschließlich der darauf entfallenden, vom Unternehmer zu tragenden Anteile an den Versicherungs-Beiträgen [„unproduktive" Löhne sind alle an nicht unmittelbar fabrizierende, deshalb nur teilweise „gelernte" (z. B. Maschinisten und Heizer), meist „ungelernte" Arbeiter (z. B. Packer und Transport-Arbeiter) gezahlten].
3. Durch Arbeiter-Wohlfahrtseinrichtungen entstandene Kosten.
4. Kosten für Triebkraft, Feuerung, Beleuchtung, Bewachung, Reinigung und sonstige Instandhaltung (einschließlich der Reparaturen) der Fabrik-Anlagen. Ebenso solche für Kontrolle und etwa erforderliche Pflege der Roh- und Hilfsstoffe.
5. Für die Fabrik-Anlagen und deren Betriebs-Gegenstände aufgewendete Feuer-, Diebstahl-, Haftpflicht- und sonstige Versicherungs-Prämien.
6. Die Fabrik-Anlagen betreffende Grund- und Gebäude-Steuern.
7. Miete für die Fabrik-Gebäude und technischen Bureau-Räume.
8. Gehälter einschließlich der von der Unternehmung zu tragenden Anteile an den Versicherungs-Beiträgen für die im Einkaufs-Bureau tätigen Angestellten und deren etwaige sonstige Bezüge. Außerdem der auf das Einkaufs-Bureau entfallende Miete- und Instandhaltungs-Anteil.
9. Auf erteilten und durch die Fabrikation verwerteten patentamtlichen Schutz aller Art (nicht also auf vergeblich nachgesuchten, als absolute Unkosten zu betrachtende) entstandene Kosten und Gebühren. Ferner durch die Fabrikation bedingte Prozeß- und Reise-Unkosten.
10. Schuldenzinsen auf das im Fabrik-Betriebe arbeitende Kapital.

b) Abnutzungs-Kosten.

Unterschied zu IIa: Nicht Zahlung, sondern nur buchmäßige Abschreibung zum Zweck der Zurückbehaltung und Sammlung für Ersatz-Anschaffungen später benötigter Beträge. Wie bei II a auch hier nicht exakte Verteilbarkeit, sondern nur prozentuale Zuschläge möglich.

Reguläre oder ordentliche Abschreibungen ausschließlich auf die der Fabrikation unmittelbar dienenden Betriebs-Gegenstände (z. B. auf Maschinen, Werkzeuge, Geräte, Werkstatt-Gebäude u. dgl.).

N.B.: Für die Herstellungs-Kosten kommen betrieblich oder außerbetrieblich verursachte Sonder-Abschreibungen (vgl. darüber unter III A 1 der Ausführungen über die indirekte Bewertung) und freiwillige Abschreibungen auf jene Betriebs-Gegenstände nicht in Frage. Denn solche Abschreibungen gehen über das Äquivalent für die durch den regulären Fabrikations-Betrieb verursachte Abnutzung hinaus. Daß man solche Abschreibungen bei der Kalkulation der Verkaufspreise mit verrechnen darf, wenn man dennoch konkurrenzfähig bleibt, ist eine andre Sache. Von der bilanziellen Berechnung der Herstellungs-Kosten ist dieser Umstand — wie wiederholt hervorgehoben werden möge — durchaus unabhängig.

Man hat als Ursachen für die Abnutzung zu scheiden zwischen:

Verschleiß durch den Fabrikations-Betrieb.

Verschleiß infolge natürlichen Alterns.

Streng genommen gehört der durch das Altern bedingte Verschleiß der Fabrikations-Gegenstände nicht zu den Herstellungs-Kosten. Wie leicht einzusehen ist, können beide Ursachen zahlenmäßig von einander aber nicht getrennt werden.

Um die allgemeinen Kosten für die Berechnung der Herstellungs-Kosten bequem und sicher feststellen zu können, ist empfehlenswert, sie auf geeigneten Betriebs-Konten zu sammeln, so daß die Saldierung dieser Konten jederzeit den Gesamtbetrag der allgemeinen Kosten erkennen lehrt. Die Kontierung ist unter Würdigung der jeweiligen Betriebs-Eigentümlichkeiten zweckentsprechend einzurichten. Wie die kalkulatorische Verwertung dieser Ergebnisse erfolgt, soll im II. Teil dieses Abschnitts an der Bewertung der Fabrikate gezeigt werden.

Selbstkosten. Die Herstellungs-Kosten sind — was nachdrücklich betont werden möge — nicht etwa mit den Selbstkosten identisch. Vielmehr sind die Selbstkosten der weitere Begriff, weil sie noch sämtliche Kosten der kaufmännischen Organisation einschließlich des Vertriebs, mit anderen Worten: die gesamten Handels-Betriebsspesen umfassen. Zu den Handels-Betriebsspesen im weitesten Sinne gehören auch die unter den Elementen der Herstellungs-Kosten mit Recht nicht erwähnten ordentlichen Abschreibungen auf die der kaufmännischen Organisation dienenden Betriebs-Gegenstände. Dagegen sind freiwillige Abschreibungen aller Art als über die Selbstkosten hinausgehende Faktoren unter den Gewinn-Zuschlägen zu verrechnen. (Ich lasse nicht unerwähnt, daß viele Fabrikanten den theoretisch berechtigten, praktisch u. U. bedeutsamen Unterschied zwischen Selbstkosten und Herstellungskosten nicht machen, sondern immer nur von Selbstkosten reden.[1])

Nunmehr können wir sagen:

Herstellungs-Kosten sind gleich der Summe der Anschaffungs-Kosten + Be- und Verarbeitungs-Kosten + allgemeine Fabrikations-Kosten.

Selbstkosten = Herstellungs-Kosten + Handelsbetriebs-Kosten.

Zuschlags-Kompensationen zwischen den Jahren. Nun leuchtet zwar ein, daß der Erfolg der Bilanz-Periode durch das Hineinrechnen der allgemeinen Fabrikations-Kosten in die Herstellungs-Kosten günstiger gestaltet wird, weil jene, im Lauf der Betriebs-Periode zu Lasten der Erfolgs-Rechnung verbuchten Kostenteile durch die Übernahme in die Aktiva zugunsten der Erfolgs-Rechnung wieder aufleben. Das ändert natürlich nichts an der oben festgestellten Tatsache, wonach die allgemeinen Fabrikations-Kosten nach verständigem Ermessen bilanzfähig sind. Denn sie sind nun einmal formal und materiell von dem Begriff der Herstellungs-Kosten nicht zu scheiden. Die durch die Bilanzierung der allgemeinen Fabrikations-Kosten herbeigeführte Verbesserung des Status ist aber faktisch nicht so bedeutsam, wie sie dem ersten Blick erscheinen mag. Man muß nämlich bedenken, daß der Einfluß jener Kosten bei stetiger Entwicklung der davon betroffenen Inventur-Vorräte und bei jährlich gleichmäßiger Methode der Kosten-Verteilung zwischen den einzelnen Bilanz-Perioden im wesentlichen sich ausgleicht.

Zuschlags-Stetigkeit. Schließlich steht jedem Unternehmer frei, ob er die allgemeinen Fabrikations-Kosten den zu bilanzierenden Herstellungs-Kosten voll, oder nur teilweise, oder — wie es sehr häufig geschieht — überhaupt nicht zuschlagen will. Denn § 40 H.G.B. verbietet bekanntlich auf soliden kaufmännischen Erwägungen beruhende Unterbewertung keineswegs; und die Ziffer 2 des § 261 H.G.B., worunter Halb- und Fertigfabrikate ohne Marktpreis fallen, bezeichnet den Anschaffungs- oder Herstellungspreis als den Höchstwert für den Bilanzansatz, hindert somit ebenfalls durchaus nicht die Unterbewertung, die mit dem Fortlassen der allgemeinen Fabrikations-Kosten aus den Herstellungs-Kosten gegeben wäre. Der Kaufmann mag demnach nach sachverständigem Ermessen entscheiden, ob und in welchem Umfang er die Generalien bilanzieren will. Wie er auch entscheiden mag: im Interesse vergleichbarer Jahresergebnisse unerläßlich ist, daß er an dem einmal gewählten Prinzip festhält, nicht also etwa nach wirtschaftlich schlechten Jahren die beregten Kosten bilanziert, während er nach guten

---

[1]) Vgl. zu diesem Thema auch: Calmes (S. 126ff.) und Leitner, Selbstkosten-Berechnung (S. 131ff.).

Jahren darauf verzichtet. Bei dieser wandelbaren Methode würden die allgemeinen Fabrikations-Kosten allerdings ein willkommenes Mittel sein, die Spannungen zwischen den Bilanz-Ergebnissen zu mildern oder aufzuheben, wenn gute mit schlechten Jahren wechseln. Im Interesse stetiger Bilanzierung ist außerdem empfehlenswert, die für einen Betrieb aus normalen Jahren heraus als zutreffend festgestellte Höhe des Kosten-Zuschlags ständig, also auch für Jahre mit unterdurchschnittlich geringen oder überdurchschnittlich hohen Fabrikations-Quantitäten anzuwenden, weil andernfalls ungünstige Jahresergebnisse durch hohe Zuschläge verbessert, günstige durch relativ niedrige Zuschläge gedrückt werden würden. Also auch Stetigkeit der Zuschläge, wenn man sich prinzipiell für Zuschläge entschieden hat.

Zuschlags-Schwankungen. Für die Kalkulation der Verkaufspreise hingegen sind aus der Buchführung sich ergebende Schwankungen der Zuschläge insoweit zu berücksichtigen, als dies im Rahmen der Konkurrenzfähigkeit erforderlich oder gestattet ist. Auch hierbei ist — wie ich nochmals betone — in bezug auf die Zuschlagsfrage die Bilanz-Bewertung von der Kalkulation der Verkaufspreise strikte zu scheiden. Bei dieser sind auch Zuschläge für durchschnittliche Ausfälle an Debitoren zu berücksichtigen, die mit der Berechnung der Herstellungs-Kosten für bilanzielle Zwecke natürlich nicht das mindeste zu tun haben.

Durchschnittliche und geschätzte Herstellungs-Kosten. Die vorstehenden Untersuchungen über die Herstellungs-Kosten ergänze ich durch einige interessante Gesichtspunkte aus Simon (S 347—348):

„Das Gesetz ist hier und anderwärts (bei den Bestimmungen über die Gründung — z. B. §§ 191 und 320 H.G.B. — führt die gesetzliche Vorschrift, daß die Herstellungspreise angegeben werden müssen, in der Praxis zu unerträglichen Ergebnissen. Denn die Herstellungspreise sind tatsächlich in vielen Fällen nicht zu ermitteln. Die bezüglichen Angaben in den Berichten werden die Gründer vielfach kaum verantworten können) offenbar davon ausgegangen, man könne bei jedem Gegenstand in mehr oder minder einfacher Weise den Herstellungspreis feststellen. Dem ist aber nicht so. Rohstoffe wechseln ihren Preis, Löhne ihre Höhe. Im Lauf des Jahrs wird eine Anzahl Fabrikate verkauft. Welche Rohstoffe zu den bei der Inventur übrig bleibenden Fabrikaten verwandt, welche Löhne bei ihrer Herstellung gezahlt sind, läßt sich vielfach nicht ermitteln.“ „Es würde geradezu dem Geiste des Gesetzes widersprechen, wollte man selbst dann, wenn der Nachweis des Herstellungspreises der einzelnen Inventur-Bestände möglich wäre, diesen schlechthin für maßgeblich erachten. Nehmen wir an, die Gesellschaft habe zehn gleiche Lokomotiven gebaut, von denen vier je 8000,— M und sechs je 10000,— M kosten. Verkauft die Gesellschaft nur vier Stück, so darf es nicht von dem zufälligen Umstand, aus welcher der beiden Kategorien die Lieferung erfolgt, abhängen, welcher Herstellungspreis für die verbleibenden Lokomotiven bei der Bilanz in Frage kommt.“

„Man wird davon ausgehen müssen: Soweit nur ein Durchschnitts-Herstellungspreis ermittelt werden kann, ist nur dieser in Betracht zu ziehen. Sind Einzelherstellungspreise zu ermitteln, ist ein Teil der Ware aber verkauft, so muß gleichfalls der Durchschnittspreis maßgebend sein, sofern nicht nachweislich, z. B. wenn zu einer Zeit im Jahr sämtliche Vorräte verkauft waren, die Einzelherstellungspreise nicht nur formell, sondern auch materiell für die Inventar-Bestände entscheidend sind."

„Ist ein Herstellungspreis auch unter Berücksichtigung vorstehender Gesichtspunkte ziffermäßig nicht nachzuweisen, so wird eine Schätzung desselben eintreten müssen."

Getrennte Kosten-Kontierung. Dem wäre noch anzufügen, daß die Ermittlung der Herstellungs-Kosten und der Selbstkosten besondere Schwierigkeiten dann verursacht, wenn in einer Unternehmung verschiedenartige Fabrikationen (z. B. Eisengießerei und Maschinen-Fabrikation) vereinigt sind, die mit verschieden hohen indirekten Kosten arbeiten. Dann ist vor allem im Interesse richtiger Regiekosten-Verteilung für die Kalkulationen eine scharfe Scheidung der Kosten-Kontierung unerläßlich.

Preise und Kosten. Ich schließe die Erörterungen über diesen Gegenstand mit der Bemerkung, daß man statt von Anschaffungspreisen und Herstellungspreisen besser von Anschaffungs-Kosten und Herstellungs-Kosten spricht, weil die Anschaffungs-Kosten außer den Anschaffungspreisen selbst noch die Bezugs-Spesen enthalten, und weil die Herstellungs-Kosten erst in den Veräußerungspreisen Preisbestandteile werden.

Geltungs-Gebiet von § 261 Ziff. 2. Während der Inhalt des § 261 Ziff. 1 H.G.B. nur auf Wertpapiere und Waren, die einen Börsen- oder Marktpreis haben, zu beziehen ist, sind unter den Ziffern 2 und 3 desselben Paragraphen Bestimmungen vorgesehen über alle übrigen, d. h. nicht markt- oder börsengängigen Vermögens-Gegenstände.

Diese Bestimmungen lauten:

Ziff. 2: andere Vermögens-Gegenstände sind höchstens zu dem Anschaffungs- oder Herstellungspreis anzusetzen.

Ziff. 3: Anlagen und sonstige Gegenstände, die nicht zur Weiterveräußerung, vielmehr dauernd zum Geschäfts-Betriebe der Gesellschaft bestimmt sind, dürfen ohne Rücksicht auf einen geringern Wert zu dem Anschaffungs- oder Herstellungspreis angesetzt werden, sofern ein der Abnutzung gleichkommender Betrag in Abzug gebracht, oder ein ihr entsprechender Erneuerungsfonds in Ansatz gebracht wird.

Meine Ansicht, Ziffer 2 beziehe sich nicht allein auf Veräußerungs-Gegenstände ohne Börsen- oder Marktpreis, sondern ebenso auf Betriebs-Gegenstände, deckt sich mit folgender Entscheidung des Reichs-Gerichts:

„§ 261 Nr. 2 bezieht sich auf alle Vermögens-Gegenstände mit Ausnahme von Wertpapieren und Waren, die einen Börsen- oder Marktpreis haben, nicht bloß auf Gegenstände, die zur Veräußerung bestimmt sind, aber keinen Börsen- oder Marktpreis haben. Auch für die Grundstücke und sonstigen sog. stabilen Werte gilt also der Satz, daß sie in keinem Fall über den Betrag des Anschaffungs- oder Herstellungspreises hinaus bewertet werden dürfen; nur für die stabilen

Werte gilt noch die besondre Bestimmung der Nr. 3. R.G. Strafs. 4. 12. 1903. R.G. in Strafs. Bd. 36 S. 436 Z. A.G. Bd. 11 S. 100. J.W. 1904 S. 246 [2]. Holdheim 1904 S. 192. Recht 1904 S. 579."[1])

Der Wortlaut der unter Ziffer 2 angeführten Vorschrift ist klar: der Anschaffungs- oder Herstellungspreis ist der Höchstansatz, unter den aus begründetem Anlaß hinabgegangen werden darf. Ganz wie bei Ziffer 1 ist auch bei Ziffer 2 des § 261 H.G.B. mit der Vorschrift der Maximal-Bewertung implizite die Unterbewertung gestattet worden.

Nicht allein Veräußerungs-Gegenstände, nein, auch Betriebs-Gegenstände ohne Börsen- oder Marktpreis dürfen somit zum Anschaffungs- oder Herstellungspreis oder darunter bewertet werden. Welchen Zweck erfüllt demgegenüber nun noch Ziffer 3 unseres Paragraphen?

Auslegung von § 261 Ziff. 3. Zunächst ist festzustellen: während Ziffer 2 sich, wie gesagt, auf Veräußerungs- und Betriebs-Gegenstände bezieht, spricht Ziffer 3 ausschließlich von Betriebs-Gegenständen. Denn nur diese sind gemeint mit Anlagen und sonstigen Gegenständen, die nicht zur Veräußerung, sondern dauernd zum Geschäfts-Betriebe der Gesellschaft bestimmt sind.

Nach Ziffer 3 dürfen nun die Betriebs-Gegenstände „ohne Rücksicht auf einen geringern Wert zu dem Anschaffungs- oder Herstellungspreis angesetzt werden." Demnach ist nach Ziffer 3 — in Übereinstimmung mit Ziffer 2 — der Anschaffungs- oder Herstellungspreis für Betriebs-Gegenstände auch hier die Höchstgrenze der Bewertung, Ziffer 3 insoweit also überflüssig.

Der Aktien-Gesellschaft steht demnach, wenn sie von jener Höchstgrenze der Bewertung keinen Gebrauch machen will, frei, einen „geringern Wert" als den Anschaffungs- oder Herstellungspreis bilanziell anzusetzen. Dieser „geringere Wert" kann zweifacher Art sein: entweder Tauschwert oder Gebrauchswert. Wie ich auf S. 177ff. dargelegt habe, ist nach § 40 Abs. 2 H.G.B. für Betriebs-Gegenstände in erster Linie maßgebend der buchtechnisch zu ermittelnde Gebrauchswert. Jedoch ist der Tauschwert anzusetzen, falls dieser aus außerordentlichen Gründen nennenswert unter den Gebrauchswert gesunken ist. Ist der Tauschwert hingegen nennenswert über den Gebrauchswert gestiegen, so soll nach § 40 Abs. 2 H.G.B. zwar auch dann der Tauschwert bilanziert werden. Jedoch geschieht dies aus Gründen kaufmännischer Vorsicht meist nicht, vielmehr bleibt es in solchen Fällen regelmäßig bei dem Gebrauchswert. Demnach unterscheidet in bezug auf die der körperlichen Abnutzung unterliegenden Betriebs-Gegenstände § 261 Ziff. 3 H.G.B. sich von § 40 Abs. 2 H.G.B. in folgendem: nach § 261 Ziff. 3 darf höchstens der Gebrauchswert zur Bilanz kommen,

1) Kaufmann V. S. 109.

nach § 40 Abs. 2 dagegen der etwa über diesen hinaus gestiegene Tauschwert. Nach § 261 Ziff. 3 darf der Gebrauchswert aber auch dann angesetzt werden, wenn der Tauschwert aus außerordentlichem Anlaß und in nennenswertem Maße unter den Gebrauchswert gesunken ist, nach § 40 Abs. 2 hingegen ist dann der niedrigere Tauschwert zu bilanzieren. Ein mit 100 000 M Gebrauchswert zu Buch stehendes Grundstück, dessen Tauschwert aus irgend welchen, von der Abnutzung unabhängigen Gründen auf 60 000 M gesunken ist, darf nach § 261 Ziff. 3 sonach mit 100 000 M, nach § 40 Abs. 2 hingegen mit nur 60 000 M bilanziell bewertet werden.

Mit § 261 Ziff. 3 H.G.B ist außerdem vorgeschrieben, der Anschaffungs- oder Herstellungspreis dürfe als Höchstwert nur angesetzt werden, „sofern ein der Abnutzung gleichkommender Betrag in Abzug gebracht oder ein ihr entsprechender Erneuerungsfonds (hieraus folgt, daß körperliche Abnutzung gemeint ist! Der Verfasser) in Ansatz gebracht wird.“ Das kann nur heißen: sofern der Anschaffungs- oder Herstellungspreis durch buchmäßige, im richtigen Verhältnis zur Gebrauchsdauer stehende Wertminderung auf den jeweiligen Gebrauchswert heruntergeschrieben wird. Damit kommen wir aber auf den Gebrauchswert des § 40 H.G.B.

Welche Bedeutung hat hiernach § 261 Ziff. 3 H.G.B. als „Maßgabe“ des § 40 Abs. 2 H.G.B.?

Eine doppelte Bedeutung: Erstens soll damit — wie gesagt — anheimgestellt werden, statt des Tauschwerts aller der körperlichen Abnutzung unterworfenen Betriebs-Gegenstände deren Gebrauchswert (Anschaffungs- oder Herstellungs-Kosten abzüglich Abschreibungen für Abnutzungen) selbst dann zu wählen, wenn dieser höher als der jeweilige Tauschwert ist. Zweitens soll gestattet sein, anstatt des Netto-Wertansatzes entweder den Bruttowert in der Vorkolonne der Aktiva-Seite anzusetzen, davon die Abschreibung, dem Bilanzleser sichtbar, in Abzug zu bringen und den Netto-Betrag in der Hauptkolonne auszuwerfen, oder den Bruttowert gleich in der Hauptkolonne der Aktiva-Seite und dagegen die Abschreibung in derjenigen der Passiva-Seite anzusetzen (in Ansatz zu bringen, sagt der Gesetzgeber) als besondern Bewertungs-Posten in Gestalt eines Erneuerungs-Kontos (nicht Erneuerungsfonds, wie irrtümlich der Gesetzestext lautet!).

Gesetzlich gestattete Bilanz-Unwahrheit, dagegen geforderte Bilanz-Klarheit. Einesteils erlaubt § 261 Ziff. 3 H.G.B. — im Gegensatz zu § 40 Abs. 2 H.G.B. — in bezug auf alle der körperlichen Abnutzung unterliegenden Betriebs-Gegenstände sonach Überbewertung. Andernteils enthält dieselbe Gesetzesstelle Vorschläge darüber, in welchen Formen die Abschreibungen bilanztechnisch zum Ausdruck gebracht werden können. Einerseits gestattet Ziffer 3 des § 261 H.G.B. also Bilanz-Unwahrheit durch Überbewertung; anderseits soll mit deren auf die Abschreibungs-Technik abzielenden Vorschlag auf Bilanz-Klarheit hingewirkt werden. (Darüber, inwieweit Erneuerungs-Konten zur Bilanz-Verschleierung benutzt werden können, vgl. unter III D 2 der Ausführungen über die indirekte Bewertung.)

Fakultativer Charakter dieser Vorschriften. § 261 Ziff. 3 H.G.B. enthält keine obligatorischen, sondern nur fakultative Gesetzes-Vorschriften [„dürfen" (!); nicht: „müssen" (!)]. Deshalb ist nicht zu verwundern, daß sorgsam bilanzierende Aktien-Gesellschaften, Kommandit-Aktiengesellschaften und (nach § 42 Ziff. 1 Ges.-Ges.) auch Gesellschaften m. b. H. von jener Erlaubnis der Überbewertung oft keinen Gebrauch machen.

§ 261 Ziff. 3 nur auf körperlicher Abnutzung unterliegende Betriebs-Gegenstände bezüglich. Unter Ziffer 3 des § 261 H.G.B. ist nur von Betriebs-Gegenständen, die der körperlichen Abnutzung unterliegen, die Rede. Wenigstens kann man dem in dieser Hinsicht klaren Gesetzestext keine andre Deutung geben. Als Anlagen dienende Effekten ohne Börsen-Notiz und Immaterialgüter dürfen demnach nicht nach § 261 Ziff. 3, sondern müssen nach § 261 Ziff. 2 H.G.B. bilanzmäßig bewertet werden. Effekten mit Börsenpreis sind (von der im Rahmen der Ausführungen über den Wertansatz im einzelnen unter A II b 2 besprochenen Ausnahme abgesehen), auch wenn sie als Anlage-Effekten zu gelten haben, dennoch nur nach § 261 Ziff. 1 H.G.B., nicht aber nach Ziffer 3 dieses Paragraphen zu bilanzieren. Dieser Auffassung entgegenstehende Meinungen beruhen auf zu weitgehender Auslegung, die weder im Wortlaut, noch im Zweck der Ziffer 3 des § 261 H.G.B. eine Stütze findet. Denn wenn man dieser Gesetzesstelle den Sinn unterlegen wollte, es seien außer der Wertminderung durch Abnutzung auch sonstige, an Betriebs-Gegenständen mögliche Wertminderungen (etwa durch Herauskommen verbesserter Typen bei Maschinen, durch Verschlechterung der Verkehrslage bei Grundstücken u. a. m.) beim Wertansatz zu berücksichtigen, dann käme man dazu, den niedrigern Tauschwert zu bilanzieren, also die Vorschrift des § 40 Abs. 2 H.G.B. anzuwenden. § 261 Ziff. 3 H.G.B. wäre dann nicht mehr eine „Maßgabe" des § 40 H.G.B., sondern eine bloße Wiederholung und als solche überflüssig. Und wollte man — als Folge solcher zu weitgehenden Auslegung — zu den unter § 261 Ziff. 3 H.G.B. fallenden Betriebs-Gegenständen beispielsweise auch Anlage-Effekten rechnen, so läge darin die große Gefahr, daß im Interesse höherer Bewertung zum Anschaffungspreis Effekten nach Belieben als Anlage-Effekten aufgefaßt werden könnten, sobald ihr niedriger, hinter den Anschaffungspreisen zurückbleibender Kursstand zu solcher Auffassung reizt.

Nein, wir müssen nach den vorstehenden Erwägungen zu der begründeten Überzeugung kommen: § 261 Ziff. 3 soll den Kapital-Gesellschaften nur ermöglichen, bei den der Abnutzung im engern Sinne unterliegenden Betriebs-Gegenständen alle den Wert beeinflussende Momente, die außerhalb des reinen Gebrauchswerts zu suchen sein könnten, auszuschalten, mithin bei der Bilanz-Bewertung nur den reinen Gebrauchswert in Betracht zu ziehen, um Wertfluktuationen, die durch andere, von der körperlichen Abnutzung unabhängige Einflüsse in Gestalt von Tauschwert-(Verkehrswert-)Faktoren oft hervorgerufen werden, im Interesse stetiger Bewertung so lange auszuschließen, wie der Vermögens-Gegenstand dem Betriebe wirklich dient. Hört er aber dem Betriebe zu dienen auf, so kommt seine Wertminderung bei ordnungsmäßiger Geschäfts- und Buchführung ohnehin zum richtigen zahlenmäßigen Ausdruck. Die dieser Auslegung des § 261 Ziff. 3 H.G.B. entgegenstehende Ansicht Simons (S. 330ff. und 403 bis 404) und Passows (S. 253), der sich auf Simon bezieht, ist hiernach unzutreffend. Dagegen sind von Staub (S. 899; Anmerkg. 35 zu § 261) und Knappe (S. 93ff.) in der vorliegenden Frage vertretene Ansichten als richtig anzuerkennen. Eine Mittelstellung nimmt ein Rehm (S. 704), der auf § 261 Ziff. 3 H.G.B. zwar — wie wir — nur Betriebs-Gegenstände, an denen eine Abnutzung möglich ist, bezogen wissen, der aber nicht nur einen der körperlichen Abnutzung, vielmehr — wie Simon — auch einen der sonstigen Wertminderung entsprechenden Abzug gestatten will. Irrtümlich, weil damit die Bestimmungen des § 40 Abs. 2 H.G.B. zur Geltung kommen und § 261 Ziff. 3 insoweit überflüssig machen würden.

Zusammenfassende Gegenüberstellung der Auslegungen von §§ 40 Abs. 2 und 261 Ziff. 1—3 H.G.B. Unter Zusammenfassung aller in diesem Abschnitt über den bilanziellen Wertansatz enthaltenen Darlegungen sage ich nunmehr:

Veräußerungs- und Betriebs-Gegenstände sind nach § 40 Abs. 2 H.G.B. ohne Rücksicht auf die Anschaffungs- oder Herstellungs-Kosten bilanzmäßig zum jeweiligen Zeitwert (Tauschwert oder Gebrauchswert) anzusetzen. Nach soliden Bilanz-Grundsätzen verfahrende Kaufleute bringen jedoch privatrechtlich statthafte Unterbewertungen zur Anwendung, indem sie Veräußerungs-Gegenstände, deren jeweiliger Zeitwert die Anschaffungs- oder Herstellungs-Kosten übersteigt, nur mit diesen Kosten bewerten, indem sie ferner Betriebs-Gegenstände nur mit den (nach den Ausführungen auf S. 177ff. zu ermittelnden) Gebrauchswerten, oder, falls ein Gebrauchswert — wie beispielshalber bei Anlage-Effekten — nicht in Frage kommt, nur mit den Anschaffungs- oder Herstellungs-Kosten bilanzieren, sofern de jure ein darüber hinausgehender Zeitwert in Betracht gezogen werden müßte. Die nach § 40 Abs. 2 H.G.B. fakultative Unterbewertung der Veräußerungs-Gegenstände wird durch § 261 Ziff. 1 und 2 H.G.B. für Kapital-Gesellschaften dadurch obligatorisch gemacht, daß nach jenen Bestimmungen die Anschaffungs- oder Herstellungs-Kosten unter allen Umständen die Höchstgrenze der Bewertung zu bilden haben, daß demnach am Bilanztage vorhandene höhere Zeitwerte bilanzmäßig auf keinen Fall angesetzt werden dürfen. Soweit dagegen der für den Bilanztag gültige Zeitwert hinter den Anschaffungs- oder Herstellungs-Kosten zurückbleibt, ist nach § 40 Abs. 2 H.G.B. der niedrigere Zeitwert zu bilanzieren, da nach jener Vorschrift die Vermögens-Gegenstände zum Zeitwert anzusetzen sind und Überbewertung nicht nur öffentlichrechtlich, sondern ebenso privatrechtlich verboten ist. Zu bemerken ist jedoch, daß bei Betriebs-Gegenständen der Zeitwert aus außerordentlichen Gründen und in nennenswertem Maße niedriger als der Gebrauchswert sein muß, wenn er statt dieses Werts bilanziert werden soll. Nun gilt für § 261 H.G.B. § 40 H.G.B. mit besonderen Maßgaben. Nach § 40 Abs. 2 H.G.B. sind sämtliche Vermögens-Gegenstände zu den für den Bilanztag gültigen Zeitwerten anzusetzen. Zu den Vermögens-Gegenständen sind nicht zuletzt auch Waren und Wertpapiere mit Markt- oder Börsenpreisen zu rechnen. Streng genommen hätte es im § 261 Ziff. 1 demnach einer besondern Vorschrift dahin, daß der Markt- oder Börsenpreis zu bilanzieren sei, wenn er hinter den Anschaffungs- oder Herstellungs-Kosten zurückbleibt, nicht bedurft. Denn nach § 40 Abs. 2 H.G.B. ist, wie gesagt, in solchen Fällen ohnehin der mit dem niedrigern Markt- oder Börsenpreis identische Zeitwert bilanziell anzusetzen. Und § 40 soll nach dem Wortlaut der Einleitung des § 261 für diesen Paragraphen doch in erster Linie maßgebend sein! Während die Ziffern 1 und 2 des § 261 H.G.B. die Bestimmung des ihnen zugrunde liegenden § 40 Abs. 2 H.G.B. dadurch verschärfen, daß sie die Anschaffungs- oder Herstellungs-Kosten als Höchstgrenze der Bewertung bezeichnen und infolgedessen die Verteilung nicht realisierter Gewinne ausschließen, impliziert Ziffer 3 des § 261 H.G.B. im Vergleich zu § 40 Abs. 2 H.G.B. eine Milderung. Denn die der körperlichen Abnutzung oder dem (durch rechtliche oder sonstige Umstände bedingten) Zeitablauf unterliegenden Betriebs-Gegenstände müssen nach § 40 Abs. 2 H.G.B. zum Zeitwert, d. h. zu dem alle Arten der in Betracht kommenden Wertminderungen einschließenden Gebrauchswert oder zu dem, aus außerordentlichen Gründen etwa nennenswert niedrigern Tauschwert bewertet werden, während nach § 261 Ziff. 3 H.G.B. erlaubt ist, nur der körperlichen Abnutzung unterworfene Betriebs-Gegenstände zum Anschaffungs- oder Herstellungspreis unter Abzug ausschließlich des auf die körperliche Abnutzung entfallenden Betrags (was eben den Worten des Gesetzestextes: „ohne Rücksicht auf einen geringern Wert" entspricht) zum bilanzmäßigen Ansatz zu bringen. Diese Milderung des § 40 Abs. 2 H.G.B. durch § 261 Ziff. 3 H.G.B. ist aber eine nur freigestellte. Auf sorgfältige Bilanzierung haltende Kapital-Gesellschaften werden immerhin geneigt sein, die der Abnutzung unterworfenen Betriebs-Gegenstände nach § 40 Abs. 2 statt nach § 261 Ziff. 3 zu bilanzieren, wenn die nach § 261 Ziff. 3 nur ihnen erlaubten Bilanzwerte nennenswert diejenigen des § 40 Abs. 2 übersteigen.

Kürzung und Ergänzung von § 261 Ziff. 1—3 H.G.B. Würde man nunmehr den Text des § 261 Ziff. 1, 2 und 3 unter Würdigung des gesamten Inhalts dieses Abschnitts zusammenfassend teils kürzen, teils ergänzen, hätte er etwa zu lauten:

§ 261: Für die Aufstellung der Bilanz kommen die Vorschriften des § 40 mit folgenden Maßgaben zur Anwendung:

1. Sämtliche Vermögens-Gegenstände dürfen höchstens mit ihren Anschaffungs- oder Herstellungs-Kosten bewertet werden.

2. Börsen- oder Marktpreise sind anzusetzen, falls sie niedriger als die Anschaffungs- oder Herstellungs-Kosten sind. Ein auf reiner Nachfrage oder auf reinem Angebot beruhender Börsen- oder Marktpreis hat nur zum Ansatz zu kommen, wenn er niedriger als der letzte, aus abgeschlossenen Geschäften entstandene Preis ist. Andernfalls ist dieser Preis anzusetzen.

3. Der körperlichen Abnutzung unterworfene Betriebs-Gegenstände dürfen, ohne Rücksicht auf einen geringern Tauschwert, mit den Anschaffungs- oder Herstellungs-Kosten bewertet werden, wenn nur ein jener Abnutzung gleichkommender Betrag in Abzug gebracht wird.

Steuerliche und strafrechtliche Bedeutung der Über- und Unterbewertung. Zum Schluß zur steuerlichen und strafrechtlichen Bedeutung der Über- und Unterbewertung und über geschenkte Vermögens-Gegenstände noch einige Bemerkungen:

Da nach § 40 H.G.B. — öffentlichrechtlich genommen — Unterbewertung ebenso wie Überbewertung verboten ist, weil eben die für den Bilanztag gültigen richtigen Werte bilanziert werden sollen, hat die Steuer-Behörde das Recht und, weil nach § 14 des preußischen Einkommensteuer-Gesetzes nach bilanzrechtlichen Grundsätzen zu bewerten ist, sogar die Pflicht, Unterbewertungen nicht passieren zu lassen, an deren Stelle vielmehr in angemessenem Umfang direkte Wertansätze hinauf-, Abschreibungen dagegen herabzusetzen. Dies hindert natürlich nicht, daß die Bilanz-Ansätze in den Büchern bestehen bleiben. Lediglich für die Zwecke der Steuer-Veranlagung sind solche Umrechnungen somit außerhalb der Geschäftsbücher erforderlich.

Nach § 314 Ziff. 1 H.G.B. werden Mitglieder des Vorstands oder des Aufsichtsrats oder Liquidatoren mit Gefängnis bis zu einem Jahr und zugleich mit Geldstrafe bis zu zwanzigtausend Mark bestraft, wenn sie wissentlich den Stand der Verhältnisse der Gesellschaft unwahr darstellen oder verschleiern.

Unwahre bilanzmäßige Darstellung kann in Über- oder Unterbewertung bestehen. Überbewertungen können vorgenommen werden, um leichter Kredit zu erlangen, oder um höhere Dividenden, höhere Kurse und Tantiemen zu erzielen. Unterbewertungen, um stille Reserven zu schaffen, um Kapital von der Gewinn-Verteilung zurückzuhalten, um den Kurs zu drücken usw. Geschehen Unterbewertungen auf Grund des Statuts oder unanfechtbarer Generalversammlungs-Beschlüsse, so bleiben Vorstand, Aufsichtsrat und Liquidatoren straflos[1]).

Nach §§ 239 Ziff. 4 und 240 Ziff. 3 K.O. werden Konkurs-Schuldner mit Zuchthaus, Gefängnis oder Geldbuße bestraft, wenn ihre Handelsbücher keine Übersicht über den Vermögens-Zustand gewähren. Rehm, dem beizupflichten ist, erklärt Unterbewertungen in Bilanzen der Kapital-Gesellschaften (Gewinnverteilungs-Bilanzen) konkursrechtlich für straflos[2]), weil sie im Interesse der Gesellschafts-Gläubiger liegen (anders naturgemäß in Liquidations-Bilanzen).

Nach § 241 Abs. 3 Ziff. 5 werden die Vorstands-Mitglieder, nach § 249 Abs. 3 H.G.B. die Aufsichtsrats-Mitglieder der Gesellschaft und den Gesellschafts-Gläubigern gegenüber solidarisch zum Schaden-Ersatz verpflichtet, wenn, entgegen den Vorschriften des H.G.B. §§ 40 und 261, Verteilung des Gesellschafts-Vermögens oder eine teilweise Rückzahlung des Grundkapitals erfolgt, wenn also gesetzwidrig zu hohe Dividenden ausgeschüttet werden, was in erster Linie durch unstatthafte Überbewertung herbeigeführt wird.

Bilanzpflichtigkeit geschenkter Vermögens-Gegenstände. Geschenkte Vermögens-Gegenstände sind im Interesse wahrer Darstellung der Vermögenslage nach Maßgabe der von §§ 40 oder 261 H.G.B. gezogenen Höchstgrenzen zu bewerten, als seien sie zu normalen (nötigenfalls durch Schätzung zu ermittelnden) Preisen käuflich erworben worden. Entgegenstehende (z. B. bei Simon, der jedoch selbst für die Bilanzierung eintritt, S. 339 angeführte) Ansichten sind irrig. Neuerdings ist auch Passow S. 250 und 292 für die Bilanzierung geschenkter Gegenstände eingetreten. Der buchmäßige Platz für die

---

[1]) Vgl. Rehm S. 871.

[2]) Vgl. Rehm S. 908—909.

geschenkten Werte ist das Kapital-Konto; bei Gewinn verteilenden Kapital-Gesellschaften das Gewinn- und Verlust-Konto; dagegen für den Fall des Ausschlusses von der Gewinn-Verteilung (wie z. B. bei geschenktem Grund und Boden) ein geeignetes Reserve-Konto.

D. Empfiehlt es sich, § 261 mit § 40 zu verschmelzen?

Vergegenwärtigt man sich die wesentlichen Unterschiede, die zwischen den Bewertungs-Bestimmungen der §§ 40 Abs. 2 H.G.B. und 261 Ziff. 1 und 2 H.G.B. bestehen, so wird man die Freiheit, die der Gesetzgeber dem Kaufmann in bezug auf die Wahl des bilanziellen Wertansatzes mit § 40 im Vergleich zu § 261 zugesteht, nicht verkennen können. Die Vorschriften des § 261 Ziff. 1 und 2 sind zwingende Maximal- und Minimal-Vorschriften.

Notwendigkeit der Sondervorschriften des § 261 Ziff. 1 und 2 nur für A.G. und K.A.G. Daß der Gesetzgeber diese, die Bewertungsfreiheit einengenden Sondervorschriften des § 261 Ziff. 1 und 2 nur auf die Aktien- und Kommandit-Aktiengesellschaften, nicht aber auch auf die (ebenfalls zu den Kapital-Gesellschaften zu rechnenden) Gesellschaften mit beschränkter Haftung und auf die eingetragenen Genossenschaften bezog, läßt erkennen, wie wenig er geneigt ist, den Kaufmann in der gedachten Richtung durch einengende Vorschriften zu bevormunden. Daß solche bilanzrechtliche Bevormundung gerade nur für Aktien-Gesellschaften und Kommandit-Aktiengesellschaften stattgefunden hat, ist begreiflich, wenn man bedenkt, daß deren Anteile (Aktien) im Börsen-Verkehr vielfach unschwer zu Geld gemacht werden können, wobei der Neuerwerber geschädigt werden, der Veräußerer hingegen am Kurse und an der Dividende gewinnen würde, wenn die dafür maßgebende letzte Bilanz Überbewertungen enthielte, die später nicht nur nicht realisiert werden könnten, sondern sich womöglich gar in Verluste wandeln würden. Diese dem Neuerwerber von Aktien, wie auch den Gesellschafts-Gläubigern infolge Minderung der Liquidität, bei gesetzwidriger Überbewertung drohenden, durch die Unpersönlichkeit und Bequemlichkeit des Veräußerungs-Modus noch verstärkten Gefahren entfallen, oder werden doch mindestens bedeutend eingeschränkt bei den Gesellschaften mit beschränkter Haftung[1]) und bei den eingetragenen Genossenschaften. Um daran zu erinnern, wie verhältnismäßig schwerfällig der Besitzwechsel in den Anteilen dieser Unternehmungen sich gestaltet und in welchem Maße die Ausscheiden-

[1]) Dies wird übersehen in einem Artikel der Rundschau für G.m.b.H. (Jahrgg. 1910 Nr. 6 S. 229ff.) über „Die Bewertung der Waren-Vorräte in der Inventur".

den im Interesse der Gläubiger der Unternehmung verhaftet bleiben, sei an dieser Stelle nur an §§ 65—77 Gen.-Ges. und §§ 15, 16, 17, 21, 22, 23, 24, 25 Ges.-Ges. erinnert; besonders auch noch an § 31 Ges.-Ges., wonach die Gesellschafter u. a. auf Grund von Überbewertungen empfangene Gewinn-Anteile der Gesellschaft erstatten müssen und dieser im Interesse der Gesellschafts-Gläubiger fünf Jahre dafür haftbar bleiben.

Interesse an freier Bilanzierung. Noch viel geringeres Interesse daran, den Kaufmann an die strengen Bestimmungen des § 261 Ziff. 1 und 2 H.G.B. zu binden, liegt naturgemäß bei Einzelunternehmungen, offenen Handels-, Kommandit-Gesellschaften und „stillen" Gesellschaften vor. Denn bei diesen Unternehmungen sind die Gläubiger-Interessen durch die persönliche Haftung des Einzelkaufmanns oder der Komplementare gesichert und die Möglichkeit, neu hinzutretende Mitglieder jener Unternehmungen könnten durch bilanzielle Überbewertung geschädigt werden, ist nur gering in Rücksicht auf die verhältnismäßig seltenen Änderungen innerhalb des Mitglieder-Bestands und den persönlichen Charakter der Beziehungen zwischen den Mitgliedern. Wohl aber besteht gerade bei Personal-Gesellschaften und Einzelkaufleuten oft ein wesentliches Interesse daran, bei der bilanzmäßigen Bewertung nicht an einengende Vorschriften gebunden, sondern im Rahmen statthafter weiterer Bewertungsgrenzen frei zu sein. Daß solchen Interessen § 40 Abs. 2 ungleich mehr als § 261 Ziff. 1 und 2 entgegenkommt, bedarf nach allem in diesem Abschnitt darüber Ausgeführten keiner weitern Begründung. Interessen der gedachten Art können beispielshalber gegeben sein, wenn es sich darum handelt, vertragliche Bestimmungen über den bilanzmäßigen Wertansatz mit am Reingewinn teilnehmenden Angestellten oder stillen Gesellschaftern zu treffen, oder sich mit Erben oder ausscheidenden Gesellschaftern auseinanderzusetzen. In solchen Fällen wird immer ein Interessen-Gegensatz bestehen, weil der gebende Teil so niedrig wie möglich, der empfangende so hoch wie möglich bewerten wollen wird. Deshalb werden beide Teile begrüßen, wenn die gesetzlichen Bewertungs-Vorschriften, in deren Grenzen sie ihren gegenseitigen Interessen Geltung schaffen wollen, nicht zu eng bemessen sind. Selbstverständlich könnte für die gedachten Zwecke neben der gesetzlich geforderten Jahresbilanz eine Sonderbilanz aufgestellt werden. Solcher Zwang zur Abweichung von zu eng gefaßten gesetzlichen Vorschriften ist aber keinesfalls empfehlenswert. Beabsichtigt der Kaufmann sein Geschäft zu veräußern, so wird er, um günstige Erfolgszahlen ausweisen zu können, der für die Bilanz-Bewertung bestehenden Höchstgrenze vor der Minderbewertung den Vorzug geben wollen. Ebenso auch, wenn er höhern Kredit beansprucht, oder wenn ihm der bisherige gekündigt zu werden droht.

Schließlich besteht nach besonders ungünstig verlaufenen Jahren sehr oft der Wunsch, die durch frühere Minderbewertungen geschaffenen stillen Reserven durch zulässige Höchstbewertungen wieder in die Erscheinung treten zu lassen.

Keine Verschmelzung beider Paragraphen. Aus allen diesen Darlegungen heraus muß man zu der Ansicht kommen, daß der von mancher Seite [z. B. von Fischer (Grundlagen), Weyrich (S. 44ff.), Gerstner (in Nr. 4 der Volkswirtschaftlichen Blätter XII. S. 47) und vom Verbandstage Deutscher Bücherrevisoren (VII. S. 28)] gemachte Vorschlag, die Bewertungs-Bestimmungen des § 261 Ziff. 1 und 2 H.G.B. auch für § 40 H.G.B. obligatorisch zu machen, also auch Einzelkaufleute, Personal-Gesellschaften und G.m.b.H. den für Aktien- und Kommandit-Aktiengesellschaften gegebenen Sondervorschriften zu unterstellen . . . daß solcher Vorschlag den vielseitigen Interessen der nicht in den Bezirk des Aktienrechts gehörenden Unternehmungsformen entgegenstände. Daß Einzelkaufleute und persönlich haftende Gesellschafter bei gewöhnlicher Sachlage ohnehin dazu neigen, die vorsichtigen Grundsätze des § 261 Ziff. 1 und 2 H.G.B. bilanziell anzuwenden, mag nochmals betont werden. Treffend, ganz in unserm Sinne, sagt Berliner (S. 96):

„Das H.G.B. drückt sich in seiner allgemeinen Bewertungsregel des § 40 mit Absicht höchst diplomatisch aus: Der Kaufmann soll die Inventur-Gegenstände nach dem Werte ansetzen, der ihm beizulegen ist. Nun, Kaufmann, Du weißt, wie Du mit dieser Vorschrift fertig werden wirst!"

Man lasse deshalb den § 40 H.G.B. mit der in seinem zweiten Absatz enthaltenen allgemeinen Bewertungs-Vorschrift bestehen. Man überlasse dem deutschen Kaufmann auch künftig, jene, den vielseitigen Interessen textlich mit Bedacht angepaßte allgemeine Bewertungs-Vorschrift im Rahmen der Höchst- und Mindestgrenzen so auszulegen, wie kaufmännische Sorgfalt und besondre Sachlage dies ratsam erscheinen lassen. Die deutsche Kaufmannschaft ist unter § 40 H.G.B. bisher tüchtig vorwärts gekommen, ohne zu Strafen wegen falscher oder gefälschter Bilanzen in irgendwie bedenklichem Umfang Veranlassung gegeben zu haben. So möge es bleiben!

E. Anwendungs-Gebiete der §§ 40 und 261 H.G.B.

Die im § 40 H.G.B. enthaltenen Bestimmungen für die bilanzmäßige Bewertung gelten für den Vollkaufmann schlechthin. Wer als Vollkaufmann im Sinne der Handels-Gesetzgebung angesehen werden muß, ist im ersten Abschnitt des ersten Buchs (§§ 1—7) des Handels-Gesetzbuchs dargelegt.

Einzelkaufleute und Personal-Gesellschaften. Danach gilt § 40 H.G.B. in erster Linie für

Einzelkaufleute,
Offene Handels-Gesellschaften,
Kommandit-Gesellschaften,
Stille Gesellschaften,
Vereine mit Vollkaufmanns-Eigenschaft (vgl. § 6 Abs. 2 H.G.B.).

A.G. und K.A.G. Sodann kommt § 40 aber auch in Frage für Aktien- und Kommandit-Aktiengesellschaften. Nicht allein, weil nach § 6 Abs. 1 H.G.B. die „in Betreff der Kaufleute gegebenen Vorschriften auch auf die Handels-Gesellschaften Anwendung finden“, sondern weil sich dies außerdem aus § 261 H.G.B. ergibt, dessen Einzelvorschriften als „Maßgaben“ des § 40 H.G.B. zu gelten haben.

Für die Aktien-Gesellschaft gelten neben § 40 H.G.B. mithin als Bilanzbewertungs-Vorschriften noch diejenigen des § 261 H.G.B. Daß § 261 neben § 40 auch für Kommandit-Aktiengesellschaften anzuwenden ist, sagt § 320 Abs. 3 H.G.B.

Besondrer Erwähnung bedürfen noch die mit Spezialgesetzen bedachten Gesellschaften mit beschränkter Haftung und eingetragenen Genossenschaften.

G.m.b.H. Für die Gesellschaften mit beschränkter Haftung gelten nach § 42 Ges.-Ges. grundlegend ebenfalls die Bewertungs-Vorschriften des § 40 H.G.B. Außerdem kommen in Frage die mit § 42 Ziff. 1 und 2 Ges.-Ges. gegebenen Sondervorschriften über die der körperlichen Abnutzung unterliegenden Betriebs-Gegenstände und über das Verbot, Organisations-(Errichtungs-) und Verwaltungs-Kosten als Aktiva zu bilanzieren. Materiell genommen decken diese beiden Vorschriften des § 42 Ziff. 1 und 2 Ges.-Ges. sich genau mit denen des § 261 Ziff. 3 und 4 H.G.B. Vom redaktionellen Standpunkt ist zu sagen, daß § 261 Ziff. 3 H.G.B. prägnanter als § 42 Ziff. 1 Ges.-Ges. abgefaßt ist. Warum nicht auch § 261 Ziff. 1 und 2 H.G.B. nach § 42 Ges.-Ges. übernommen zu werden brauchten, habe ich auf S. 218 begründet.

Eingetragene Genossenschaften. Ob allein § 40 H.G.B. oder ergänzend auch § 261 Ziff. 1—4 H.G.B. für die eingetragenen Genossenschaften gelten sollen, ist im Gen.-Ges. nicht gesagt, vielmehr mit dessen § 7 Ziff. 3 nur vorgeschrieben, das Statut habe „die Grundsätze für die Aufstellung und die Prüfung der Bilanz zu bestimmen“. Danach stände den Genossenschaften frei, statutarisch zu bestimmen, ob und gegebenenfalls in welchem Umfang bei der bilanziellen Bewertung als Ergänzung des § 40 H.G.B. die strengeren Vorschriften des § 261 Ziff. 1, 2 und 4 H.G.B. heranzuziehen sind.

Im großen und ganzen wird man anerkennen müssen, daß die Genossenschaften — wie die Gesellschaften mit beschränkter Haftung — in bezug auf die materielle Wichtigkeit der bilanzmäßigen Bewertungs-Grundsätze eine Mittelstellung zwischen Einzelunternehmungen und Personal-Gesellschaften einerseits, Aktien- und Kommandit-Aktiengesellschaften anderseits einnehmen.

§ 261 für Genossenschaften. Bedenkt man aber, daß die pekuniäre Leistungsfähigkeit der Genossen regelmäßig hinter derjenigen der Anteilseigner bei Gesellschaften mit beschränkter Haftung bedeutend zurücksteht, welchem Umstand besonders deutlich die auf eine nur allmähliche Bildung des Stammkapitals (Geschäfts-Anteile) abzielenden Erleichterungen der §§ 7 Ziff. 2 und 19 Gen.-Ges. Rechnung tragen, so wird man zustimmen müssen der Ansicht, wonach die den § 40 H.G.B. ergänzenden strengeren Bestimmungen des § 261 Ziff. 1, 2 und 4 H.G.B. von den eingetragenen Genossenschaften bei der bilanzmäßigen Bewertung anzuwenden sind. Und zwar wird dies im Interesse der Genossenschafts-Gläubiger bei Genossenschaften mit beschränkter Haftpflicht naturgemäß noch mehr als bei solchen mit unbeschränkter Haftung und unbeschränkter Nachschußpflicht wünschenswert sein.

Demgemäß stimme ich den nachstehenden beiden, für eingetragene Genossenschaften zu Gen.-Ges. § 7 Ziff. 3 gefällten Entscheidungen zu:

Entscheidungen darüber. „Waren-Vorräte, auch wenn sie einen Marktpreis haben und dieser höher ist als der Anschaffungs- oder Herstellungspreis, dürfen im Höchstbetrage doch nur nach dem letztern in die Bilanz eingestellt werden. **R.G.** 2. 3. 05. R.G.Str. 38, 1.“[1]).

„Bei der Ähnlichkeit der Verhältnisse läßt sich wohl eine entsprechende Anwendung der für die Aktien-Gesellschaften geltenden Einzelbestimmungen auf die Bilanzen von Genossenschaften vertreten (R.G. 43, 121, R.G.Str. 38, 2), mindestens aber kann eine Genossenschaft durch Vereinbarung oder Satzung für ihre Bilanzen Bestimmungen treffen, die den aktienrechtlichen nachgebildet sind. O.L.G. Königsberg 20. 11. 08. Pos.M.Schr. 08, 165. Z.Bl.F.G. 9, 631.“[2])

Wünschenswerte Ergänzung des Gen.-Ges. Immerhin würde ich für wünschenswert halten, im Gen.-Ges. wenigstens für Genossenschaften mit beschränkter Haftpflicht anzuordnen, daß diese (im Interesse der Gläubiger) nach § 261 H.G.B. zu bilanzieren haben.

F. Stetigkeit des Wertansatzes (Bilanz-Kontinuität).

Größere Bedeutung für Betriebs-Gegenstände. Ohne weiteres leuchtet ein, daß im allgemeinen die Frage, ob der Wertansatz desselben Vermögens-Gegenstands von Bilanz zu Bilanz schwanken, ob er insbesondere gegen früher erhöht werden dürfe, ungleich größere Bedeutung für Betriebs- als für Veräußerungs-Gegenstände hat. Denn — abgesehen von Ladenhütern, ferner von Waren, die (wie z. B. Wein) jahrelanges Lagern erfordern, auch von Effekten, für die

---

[1]) Kaufmann VII. S. 506.

[2]) Kaufmann X. S. 551.

bessere Kurse abgewartet werden sollen usw. — werden Waren und sonstige Veräußerungs-Gegenstände, die in einer Bilanz zur Bewertung gelangt sind, bis zur nächsten Bilanz meist verkauft sein. Soweit ein bestimmter Veräußerungs-Gegenstand dennoch für mehrere Bilanzen bewertet werden muß, steht, bilanzrechtlich genommen, nichts im Wege, ihn später höher als vordem anzusetzen, wenn dies mit § 40 Abs. 2 und § 261 Ziff. 1 H.G.B. vereinbar ist. Und das kann und wird es vielfach sein. Denken wir nur an einen Veräußerungs-Gegenstand, dessen Anschaffungs-Kosten sich auf 100 belaufen haben, dessen Markt- oder Börsenpreis an einem Bilanztage 93, ein Jahr später 96, noch ein Jahr später 98 beträgt. Nach beiden erwähnten Paragraphen wird derselbe Vermögens-Gegenstand, den gestiegenen Marktpreisen entsprechend, von Jahr zu Jahr zu höherm Wert zu bilanzieren sein, wenn nicht besondere Umstände (etwa Verderben, Wahrscheinlichkeit rückgängiger Konjunktur u. dgl.) zur Unterbewertung Veranlassung geben.

Keine Kontinuität für Veräußerungs-Gegenstände. Diese Andeutung reicht hin, um erkennen zu lassen, daß für die Bewertung der Veräußerungs-Gegenstände von einer Pflicht zur Bilanz-Kontinuität unmöglich gesprochen werden kann. Denn solche Pflicht stände erwiesenermaßen im Gegensatz zu den gesetzlichen Bewertungs-Vorschriften.

Wie steht es nun mit der Kontinuität der Bewertung von Betriebs-Gegenständen?

Erlaubtes Reaktivieren von Abschreibungen auf Betriebs-Gegenstände. Nehmen wir an, eine nach § 40 H.G.B. zu bilanzieren verpflichtete Unternehmung habe ihr vor 30 Jahren zum Preise von 100000 M gekauftes Grundstück bisher auf 75000 M abgeschrieben. Verkehrs-Verbesserungen und damit einhergehender großer wirtschaftlicher Aufschwung haben rapide Steigerungen der Grundstückswerte zur Folge gehabt. Das Grundstück wäre für 125000 M leicht verkäuflich. Dann könnte, ja, sollte nach § 40 Abs. 2 eigentlich der Zeitwert mit 125000 M bilanziert, der zuletzt auf 75000 M abgeschriebene Wert sonach um nicht weniger als 50000 M erhöht werden, wodurch nicht allein sämtliche Abschreibungen der letzten 30 Jahre wieder aufgehoben würden, sondern der ehemalige Anschaffungspreis sogar noch eine Steigerung um 25000 M erführe. (Daß solche unrealisierte Wertsteigerung, um die Erfolgs-Rechnung nicht zu verwirren, über Kapital-Konto anstatt über Gewinn- und Verlust-Konto zu buchen wäre, habe ich bereits auf S. 178 betont.) Von irgendwelchem Zwang zur Bilanz-Kontinuität kann auch in diesem Fall keine Rede sein. Wie wenig eine grundsätzliche Bilanz-Kontinuität mit gewissen, im kaufmännischen Leben vorkommenden Interessen vereinbar wäre, würde sich im vorliegenden Beispiel auch zeigen, wenn ein Teilhaber ein- oder austräte. Im ersten Fall würden die schon vorhandenen Gesellschafter, im zweiten würde der ausscheidende Gesellschafter an der Höherbewertung des Grundstücks interessiert sein.

Aber auch im Einklang mit § 261 Ziff. 3 H.G.B. oder mit § 42 Ziff. 1 Ges.-Ges. sind Abweichungen von der Bilanz-Kontinuität denkbar und nicht selten. Hat z. B. eine Aktien-Gesellschaft oder Gesellschaft mit beschränkter Haftung den Bilanzwert ihres Geschäfts-Grundstücks durch zu hohe Abschreibungen weit unter dessen Tauschwert gedrückt, so ist ihr im Rahmen der Vorschrift der erwähnten beiden Paragraphen erlaubt, den Wert derartig hinaufzusetzen, daß er dem Tauschwert gleichkommt, falls dieser die Anschaffungs- oder Herstellungs-Kosten abzüglich der Abschreibungen für Abnutzung nicht übersteigt. Prinzipiell steht demnach auch nichts entgegen, im Bedarfsfall stille Reserven, besonders die in den pro memoria-Posten (Erinnerungs-Konten) steckenden, durch Höherbewertung aufleben zu lassen. Ob Aktien- und Kommandit-Aktiengesellschaften solche, in der Vergangenheit zurückgehaltenen Mehrwerte über Gewinn- und Verlust-Konto, oder nur über ein echtes Reserve-Konto in Erscheinung treten lassen, ist nach dem Umfang ihrer liquiden Mittel zu beurteilen. Sind diese gering, müßte etwa gar der Bankkredit erhöht werden, um jene Verwandlung stiller Reserven in Dividenden zu ermöglichen, so wird vom Standpunkt sorgfältiger Geschäftsführung nur die Buchung über ein echtes Reserve-Konto erlaubt sein.[1])

Bilanz-Kontinuität als Gesetzwidrigkeit. Bereits den vorstehenden Darlegungen ist zu entnehmen, daß Bilanz-Kontinuität insoweit gesetzwidrig wirken könnte, als sie die bilanzmäßige Feststellung des wahren Werts der Vermögens-Gegenstände vereiteln würde. Mit Recht sagt deshalb Knappe (S. 67), solche Kontinuität würde auf eine „Kontinuität der Bilanz-Unwahrheit" hinauslaufen. Und ebenfalls berechtigt fügt er hinzu, daß frühere Wertansätze niemals willkürlich umgestoßen werden dürfen, selbst wenn solche Willkür statutarisch genehmigt sein würde. Auch Staub (S. 891; Anmerkg. 7 zu § 261) ist — gegen Simon (S. 414), der das diskontinuierliche Hinaufsetzen von Bilanzwerten zu Unrecht als unzulässig und „schwindelhaft" bezeichnet — der Meinung, daß die spätere Generalversammlung an die Beschlüsse der frühern (von den Fällen der Willkür abgesehen) keineswegs gebunden sei. Staub sagt an der zitierten Stelle ganz im Sinne unserer obigen Ausführungen:

„Hält die spätere Generalversammlung die Schätzung der vorhergehenden Bilanz mit ausreichendem Grund für zu niedrig, aber will sie die in der Minderbewertung liegende versteckte Reserve beseitigen, so steht nichts im Wege, daß sie die Minderbewertung durch Einsetzung des wahren Werts, der sich natürlich innerhalb der durch § 261 gezogenen Grenzen bewegen muß, ändert."

---

[1]) So auch Berliner S. 99.

Im wesentlichen zustimmend äußern sich auch: Rehm (S. 790), Fischer (S. 76ff.), Passow (S. 266) und Neukamp (i. Z.H.R. XLVIII. 500). Fischer weist richtig darauf hin, daß ein das Statut abändernder Beschluß nötig sei, wenn die Generalversammlung durch statutarische Bestimmungen über die Abschreibungssätze verhindert sei, die Abschreibungen der Vorjahre durch einfachen Beschluß wieder rückgängig zu machen. Neukamp geht mithin zu weit, wenn er meint, die spätere Generalversammlung sei an die Beschlüsse der frühern gebunden. „Eine solche Bindung gibt es nicht[1]).“

Erwähnung von Reaktivierungen im Geschäfts-Bericht. Mit den vorstehenden Feststellungen soll durchaus nicht gesagt sein, daß die Bilanzwerte der Betriebs-Gegenstände in der kaufmännischen Praxis etwa verhältnismäßig häufig auf den frühern Stand erhöht werden. Vielmehr pflegen gut fundierte Unternehmungen einer kontinuierlichen Bewertung entschieden den Vorzug zu geben und einmal geschaffene, dem Bilanzleser in der offenbaren Unterbewertung bestimmter Betriebs-Gegenstände häufig erkennbar werdende Reserven nur für den Fall der Not durch Höherbewertung im bilanzrechtlich erlaubten Umfang aufleben zu lassen. Geschieht dies, so wird auf derartige Beeinflussungen der Erfolgs-Rechnung im Geschäfts-Bericht besonders hinzuweisen sein.

Reichsgerichts-Entscheidung darüber. Hierfür spricht auch folgende Entscheidung:

„Auf gutgläubiges Handeln kann sich derjenige nicht berufen, der gegenüber Interessenten verschweigt, daß die gleichbleibenden Dividenden auf veränderter Bilanzaufstellung beruhen; ob ihm hinsichtlich der Berechtigung letzterer Änderung Gutgläubigkeit beizumessen ist, erscheint belanglos. Ließ er die Interessenten in dem Glauben, es seien die Bilanzen der letzten Jahre nach denselben Grundsätzen aufgemacht wie in den vorhergegangenen Jahren, während die Kontinuität der Dividenden nur durch veränderte Bilanzaufmachung erreicht wurde, so gab er ihnen eine unrichtige Vorstellung. **R.G.** 22. 2. 10. Recht 10 Nr. 2298; Z.A.G. 17, 209; L.Z. 10, 394.“[2])

Steuer-Entscheidungen. Der Standpunkt der die Bilanz-Kontinuität fordernden Steuerbehörde kommt in folgender Entscheidung zum Ausdruck:

„Hat einmal eine Herabschreibung auf den wirklichen Wert stattgefunden, so ist ein Zurückgehen auf den höhern Anschaffungspreis unter Abzug der jährlichen regelmäßigen Abnutzung später unzulässig, weil sich dadurch ein fiktiver Gewinn ergeben und zur eventuellen Verteilung als Dividende bereitgestellt werden würde, was ungesetzlich wäre.“

Im Zusammenhang hiermit noch nachstehende, den Fall nachzuholender Wertherabsetzung betreffende Entscheidung:

---

[1]) Staub S. 891; Anmerkg. 7 zu § 261.

[2]) Kaufmann XI. S. 560.

„Aber auch in späteren Jahren steht es der Gesellschaft frei, den Wert der Betriebs-Gegenstände auf den niedrigern wirklichen Wert herabzuschreiben. Diese Befugnis beruht auf der positiven gesetzlichen Vorschrift des § 261 Nr. 3 H.G.B., und es kann deshalb nicht in Betracht kommen, ob dabei vielleicht eine bereits vor der maßgebenden Durchschnittszeit liegende Wertverminderung noch Berücksichtigung findet“ (vgl. E. in St. XII. 315).

(NB.: Der „wirkliche“ Wert ist der gemeine Wert im Sinne des § 9 des Ergänzungssteuer-Gesetzes in der Fassung vom 19. Juni 1906, d. h. der objektive Verkaufswert, unter der Voraussetzung des Fortbestandes des Geschäfts.)

II. Der Wertansatz im einzelnen.

Bevor über die direkte Bewertung der einzelnen Vermögens-Gegenstände gesprochen wird, mag darauf hingewiesen werden, daß die folgenden Darlegungen das außerordentlich vielseitige Thema nicht erschöpfen, sondern vornehmlich auf die für die Erfolgs-Berechnung wichtigsten Umstände erstreckt werden sollen.

Gliederung der Vermögens-Gegenstände. Ich gliedere die Vermögens-Gegenstände für die Besprechung folgendermaßen:

A. Tauschgüter. (Für Betriebszwecke umlaufendes Vermögen.)

I. Betriebsmittel.

a) **Geld und Geldsurrogate:**
   1. Bargeld (einschließlich Coupons und Sorten).
   2. Kredit-Papiere (Wechsel, Schecks und Effekten aller Art).

b) **Forderungen und Schulden:**
   1. Debitoren (einschließlich Hypotheken, Beteiligungen, Bank- und Postscheckkonto-Guthaben).
   2. Kreditoren (einschließlich Bankschulden, eigene Akzepte und Eventual-Verbindlichkeiten).

II. Veräußerungs-Gegenstände.

Zum Umsatz mit Erfolg bestimmte:

a) **Waren** (einschließlich Materialien, Halb- und Fertigfabrikate).

b) **Wertpapiere** (die oben unter I a 2 als Betriebsmittel aufgeführten Kredit-Papiere: 1. Wechsel und 2. Effekten aller Art gelten im Bankbetriebe vornehmlich als Veräußerungs-Gegenstände, weil sie dort Waren-Charakter annehmen; ihre Bewertung soll deshalb nicht unter I a 2, sondern unter II b besprochen werden).

B. Gebrauchsgüter. (Für Betriebszwecke gebundenes Vermögen.)

I. Betriebs-Gegenstände.

a) **Immobilien:** Grundstücke.

b) **Mobilien:** Maschinen. Werkzeuge. Werkstatt- und Kontor-Utensilien. Fuhrpark. Modelle. Zeichnungen. Entwürfe u. dgl.

II. Immaterialgüter.

a) Mit gesetzlich begrenztem Zeitablauf **(Patent-, Gebrauchsmuster-, Geschmacksmuster-, Warenzeichen-, Verlagsrechte usw.).**

b) Mit vertraglich begrenztem oder unbegrenztem Zeitablauf **(z. B. Geschäftswert).**

Ausdrücklich sei hervorgehoben, daß mit den zu den einzelnen Kategorien gegebenen Beispielen kein Anspruch auf Vollständigkeit gemacht wird. Angeführt sind nur die Hauptvertreter der einzelnen Gütergattungen, worauf die folgenden Besprechungen beschränkt werden sollen.

Hiernach ist über die Bewertung im einzelnen zu sagen:

A. Tauschgüter.

I. Betriebsmittel.

a) Geld und Geldsurrogate:

a 1) **Bargeld:**

Deutsches Geld. Deutsche Reichs-[Währungs-(Gold-), Scheide-(Silber-), Nickel- und Kupfer-]Münzen sind, ebenso wie Deutsche Reichskassenscheine und Deutsche Banknoten, zum Nennwert zu bilanzieren.

Ausländische Gelder und Coupons. Ausländisches Bar- und Noten-Geld (Sorten) ist nach § 40 H.G.B. zum Kurse des Bilanztags, nach § 261 Ziff. 1 H.G.B. zu demselben Kurse, oder zum Anschaffungskurse zu bewerten, falls dieser niedriger als jener stand. Das gleiche gilt für die Umrechnung der Coupons ausländischer Effekten, soweit ihr Eingang als gesichert gelten darf.

Als Bargeld dürfen außerdem bilanziert werden:

Deutsche Coupons. Fällige Zinsen- und Dividenden-Scheine deutscher Wertpapiere, wenn deren Einlösung unzweifelhaft ist. Soweit sie dies nicht ist, sind die darauf entfallenden Werte um den erforderlichen Betrag gekürzt anzusetzen.

Kassebons. Kassebons, die sich auf Barentnahmen beziehen, deren endgültige Verrechnung mit dem Empfänger erst später möglich ist. Hierzu gehören beispielsweise Löhne-, Gehälter- und Reise-Vorschüsse. Voraussetzung für das Recht, Kassebons als vollgültige Kasse zu bilanzieren, ist natürlich, daß die Gegenleistung mit Sicherheit erwartet werden darf. Demnach wäre unzulässig, etwa in bar gewährte Darlehne, die aus irgendeinem Grunde gefährdet erscheinen, dem Konto des Darlehns-Empfängers zu Lasten der Kasse gutzubringen, um den Darlehns-Betrag dann in Gestalt eines Kassebons zum Kasse-Bestand schlagen zu können. Daß man den Gesamtbetrag der Kassebons bei ordnungsmäßiger Kasseführung nicht zu großen Umfang annehmen lassen wird, ist selbstverständlich. Zur guten Ordnung gehört auch, daß der Text jedes Bons erkennen lasse, wofür der Betrag an den Unterzeichner verausgabt worden ist.

Transitorische Marken-Bilanzierung. Brief-, Versicherungs- und Stempel-Marken jeder Art. Soweit diese Marken nicht ohnehin an Stelle baren Geldes (z. B. als Wertbrief-Einlagen) in die Kasse gelegt, sondern als Bestände der Nebenkassen (Porto-, Wechselstempel-Kasse usw.) am Ende des Bilanztags inventiert sind, müssen sie zu Lasten des Kasse-Kontos den bezüglichen Konten (Unkosten-, Porto-Konto u. dgl.) für den Bilanztag gutgebracht und zu Beginn des Neujahrs unter Umkehrung des Buchungssatzes wieder zurückgebucht werden.

Einlieferungsscheine. Einlieferungsscheine über noch ausstehende Eisenbahn- und Postnachnahmen, falls deren Annahme als gesichert angesehen werden darf. Andernfalls (auch wenn große Beträge in Betracht kommen) ist vorzuziehen, die ausstehenden Beträge über Debitoren-(Kontokorrent-)Konto zu verrechnen.

Schecks in Markwährung. Giro- und Postscheck-Guthaben. Schecks in fremder Währung. Auf das Inland oder auf das Ausland in deutscher Markwährung lautende Schecks, soweit ihr Eingang als sicher gelten darf (nötigenfalls mit dem um den vermutlich zu erwartenden Ausfall gekürzten Betrag), rechnet man nicht selten ebenso zum Kasse-Bestand, wie Reichsbankgiro- und Postscheckkonto-Guthaben, weil deren Sicherheit ihnen Bargeld-Charakter verleiht. Dies gilt auch für Schecks in fremder Währung, die man zum Tageskurse nach § 40 oder zum niedrigern Anschaffungskurse nach § 261 Ziff. 1 unter Abzug etwa erforderlicher Abschreibungen wegen vielleicht zu erwartenden Regresses bewertet. (Obgleich ich Reichsbankgiro- und Postscheckkonto-Guthaben in der obigen Zusammenstellung vom Standpunkt formaler Einteilung zu den Forderungen, Schecks zu den Kredit-Papieren genommen habe, mußte ich diese Vermögensteile hier dennoch zum Bargeld rechnen, weil man sie in Bilanzen von Handels- und Industrie-Betrieben vorwiegend zum Kasse-Bestand schlägt. In den Bankbilanzen pflegte man Reichsbankgiro- und Postscheckkonto-Guthaben bisher ebenfalls meist mit dem Kasse-Bestande zusammen auszuweisen. Nach dem neuen Bankbilanzen-Schema sollen Kasse, Sorten und Coupons jedoch künftig eine Gruppe für sich bilden, wogegen Reichsbankgiro- und Postscheckkonto-Guthaben unter „Guthaben bei Noten- und Abrechnungs-Banken" bilanzmäßig zu verrechnen sind.)

Kassebestand-Kontrolle. Nur angedeutet zu werden braucht, daß der effektive Kasse-Bestand mit dem buchmäßigen (dem der Kasse-Grundbücher, wie auch dem des Kasse-Hauptbuchkontos) genau übereinstimmen muß. Wie zu verfahren ist, wenn Differenzen zwischen Ist-

und Sollbestand vorliegen, wolle der Leser den Ausführungen auf S. 79ff. entnehmen.

Kasse-Revisionsbücher. Bei großen Kasse-Beständen ist empfehlenswert, Kasse-Salden- oder Revisionsbücher zu führen, in denen genau zu vermerken ist, aus welchen Geldsorten, Belegen, Marken usw. der Gesamtbestand sich zusammensetzt.

a 2) **Kredit-Papiere:**

Teils unter „Bargeld", teils unter „Veräußerungs-Gegenstände" besprochen. Als Kreditpapiere figurieren in der obigen Übersicht über die Vermögens-Gegenstände: Wechsel, Schecks und Effekten aller Art. Die Schecks habe ich vorstehend zum Bargeld-Posten gerechnet. Der bilanzmäßige Ansatz der Wechsel und Effekten soll — wie ich in der Übersicht begründet habe — unter den Veräußerungs-Gegenständen (unter II b) besprochen werden.

b) Forderungen und Schulden:

b 1) **Debitoren:**

§ 40 Abs. 3 H.G.B. überflüssig. Nach § 40 Abs. 2 H.G.B. sind alle Vermögens-Gegenstände, also auch die Forderungen, zu dem für den Bilanztag gültigen Zeitwert anzusetzen. Danach ist, streng genommen, überflüssig die Vorschrift des § 40 Abs. 3 H.G.B., wonach „zweifelhafte Forderungen nach ihrem wahrscheinlichen Werte anzusetzen, uneinbringliche Forderungen abzuschreiben sind". Denn dieser Vorschrift muß ohnehin Folge gegeben werden, wenn der Zeitwert einer Forderung richtig zum Ausdruck kommen soll.

Wert ist Buchwert. Bewertung nur bei Zweifelhaftigkeit. Soweit der Eingang einer Forderung als sicher gelten darf, stimmt ihre Höhe bei ordnungsmäßiger Buchführung mit ihrem Buchwert überein. Da der Wertansatz sich dann ohne weiteres mit dem Konto-Saldo deckt, kommt eine eigentliche Bewertung nicht in Frage. Von solcher kann man demnach nur reden, wenn der Wert der Forderung zweifelhaft ist.

Gründe für Zweifelhaftigkeit. Zweifelhaft kann eine Forderung sein, wenn:

1. sie (nach §§ 194ff. B.G.B.) verjährt ist und fraglich erscheint, ob der Verjährungs-Einwand erhoben werden wird (praktische Bedeutung können solche Fälle nur erlangen, wenn der Gläubiger entweder im großen und ganzen ein säumiger Mahner ist, oder wenn er sonst gute Kunden, die diesen oder jenen Posten rechtzeitig zu bezahlen übersehen haben, aus falscher Rücksichtnahme heraus nicht um Zahlung angehen zu dürfen glaubt. Bei geordnetem Mahnverfahren wird darauf gehalten werden, daß eine Forderung vor dem Eintritt der Verjährung eingetrieben oder doch wenigstens im Interesse späterer Einziehbarkeit ausgeklagt ist). Bankbetriebe werden der Möglichkeit des Differenz-

Einwands aus Spekulations-Geschäften durch bilanzielle Rückstellung Rechnung tragen müssen;

2. sie eingeklagt werden muß und der Beklagte ihren tatsächlichen (wirtschaftlichen) oder rechtlichen Bestand mit Aussicht auf Erfolg anzufechten scheint [hiernach können Einwendungen, die böswillig oder nur, um die Entscheidung hinauszuzögern, erhoben werden, die Einbringlichkeit (Bonität) der Forderung als solche keineswegs beeinträchtigen];

3. das Konto des Kunden eine schleppende oder immer schleppender werdende Zahlungsweise erkennen läßt, und wenn von Geschäftsfreunden oder Auskunfteien eingeholte Auskünfte den ungünstigen Eindruck bestätigen oder verstärken. Selbstverständlich muß dann energisch gegen solchen Kunden vorgegangen werden. Fällt jedoch die Notwendigkeit bilanzieller Bewertung mit den zu treffenden Maßnahmen zeitlich zusammen, so ist die Höhe des wahrscheinlich zu erwartenden Ausfalls für die Bilanz nach bestem Wissen zu schätzen (wohl zu beachten sind die nicht seltenen Fälle, daß gut situierte Schuldner nur deshalb Zielüberschreitungen sich zuschulden kommen lassen, um mit dem geschuldeten Gelde inzwischen vorteilhaft zu arbeiten, während bereits in Zahlungs-Schwierigkeiten steckende Schuldner besonders vorsichtige Gläubiger zum Nachteil allzu säumiger oder nachsichtiger Gläubiger prompt bezahlen; in beiden Fällen kann somit der Eindruck des Kontos zu falschen Schlüssen über die Bonität des Schuldners verleiten);

4. der Schuldner im Einverständnis mit seinen Gläubigern liquidiert, oder wenn er in Konkurs geraten ist, ohne daß beidemal die an die Gläubiger verteilbare Quote schon feststeht.

In allen vorstehend erwähnten und in anderen ähnlichen Fällen ist die Minderung des Werts der Forderung unter Würdigung aller hineinspielenden Umstände, also streng individuell, vom Kaufmann zu schätzen und danach zu bilanzieren. Regeln lassen sich darüber naturgemäß nicht aufstellen.

Gründe für Uneinbringlichkeit. Uneinbringlich ist eine Forderung, wenn:

1. sie verjährt und mit Sicherheit zu erwarten ist, daß der Schuldner den Einwand der Verjährung erheben wird;

2. im Fall der zum Bilanz-Termin schwebenden Klage berechtigte Einwendungen des Beklagten, Sachverständigen-Gutachten oder Zeugen-Aussagen den rechtlichen oder tatsächlichen Bestand der Forderung mit Erfolg bereits aufheben. Zu bilanzieren ist dann nur der etwa noch unerschütterte Rest der Forderung;

3. die Klage in letzter Instanz abgewiesen, oder insoweit sie abgewiesen ist;

4. der Schuldner zahlungsunfähig wird, wenn fruchtlos gepfändet oder das Konkurs-Verfahren infolge Mangels an Masse abgelehnt oder eingestellt wird;

5. der Schuldner verschollen oder ohne greifbaren Nachlaß verstorben ist;

6. der Schuldner im Auslande aus rechtlichen oder tatsächlichen Gründen nicht verfolgt werden kann;

7. der Schuldner den Offenbarungseid geleistet oder (wenn auch in der offenbar böswilligen Absicht, die Gläubiger zu benachteiligen) seine Vermögens-Gegenstände auf Dritte übertragen hat; derart, daß ihm die Absicht der Benachteiligung mit rechtlich zureichenden Gründen nicht nachgewiesen, die „Schiebung" sonach mit Erfolg nicht angefochten werden kann;

8. das Konkurs-Verfahren beendet oder ein Vergleich oder Zwangsvergleich geschlossen ist. Uneinbringlich wird dann der aus der Konkursmasse nicht gedeckte oder der dem Schuldner im Vergleichswege erlassene Teil der Forderung.

In einigen der vorgenannten Fälle (z. B. Offenbarungseid, fruchtlose Pfändung, eingestellter oder beendeter Konkurs) ist jedoch bekanntlich nicht ausgeschlossen die Möglichkeit, früher oder später dennoch Zahlung vom Schuldner zu erlangen.

Durch Sicherheiten gedeckte Forderungen. Nur kurzer Erwähnung bedarf, daß alle vorstehend genannten, den Wert ausstehender Forderungen mindernden oder aufhebenden Momente insoweit selbstverständlich ausgeschaltet werden, als die Forderungen durch Pfand, Hypothek oder Bürgschaft gedeckt sind und der Realisierung dieser Sicherheiten Bedenken rechtlicher oder tatsächlicher Art nicht entgegenstehen. Also auch bereits verjährte Forderungen können unter dieser Voraussetzung nach § 223 B.G.B. noch geltend gemacht werden. Daß die als Deckung der Forderungen empfangenen Sicherheiten als solche bilanzmäßig außer Ansatz zu bleiben haben, leuchtet ohne weiteres ein. Erst die durch ihre Realisierung erlangten Vermögenswerte finden buchmäßigen Ausdruck.

Pfandverbindlichkeits-Konten. Hiernach braucht nur kurz hingewiesen zu werden auf die jedem Sachverständigen bekannte Tatsache, daß aus der Bilanz selbst nicht ersichtlich wird, inwieweit Forderungen etwa durch Sicherheiten von Schuldnern oder anderen Dritten gedeckt, oder inwieweit als Sicherheiten für eigene Schulden Teile der Aktivawerte an die Gläubiger verpfändet sind. Will man — was im Interesse der Bilanz-Klarheit sehr empfehlenswert, geschäftspolitisch allerdings nicht selten unzweckmäßig ist — Sicherheiten bilanziell erkennbar machen, so kann man dies vor dem Bilanzstrich oder am Fuße der Bilanz tun. Hat ein Kaufmann eigene Vermögens-Gegenstände im Interesse Dritter an deren Gläubiger verpfändet, so dürfen die verpfändeten Gegenstände bilanziell voll aktiviert werden, solange mit Gewißheit anzunehmen ist, daß eine Beanspruchung aus der Verpfändung nicht stattfinden wird. Insoweit dagegen mit solcher Möglichkeit gerechnet werden muß, sind die verpfändeten Vermögens-Gegenstände in den Aktiven nach Maßgabe des Risikos niedriger anzusetzen, oder auf der Passiva-Seite ist ein Korrektiv- (z. B. Pfandverbindlichkeits- oder Bürgschafts- oder dergl.-)Konto zu bilden, dessen Verrechnung unter den Kreditoren vom bilanzrechtlichen Standpunkt durchaus statthaft wäre, weil eine Pfandverbindlichkeit, aus der man offenbar in Anspruch genommen werden wird, rechtlich und wirtschaftlich unbedingt als Schuld anzusprechen ist.

Forderungen in fremder Währung. Auf fremde Währung lautende Forderungen sind nach den für den Bilanztag gültigen Börsenkursen in die heimische Währung umzurechnen.

Zinsen und Provisionen. Der Verzinsung oder der Provisionierung unterliegende Forderungen sind einschließlich der für den Bilanztag aufgelaufenen Zinsen und Provisionen anzusetzen. Bankguthaben und Bankschulden sind demnach zu bilanzieren auf Grund der für den Bilanztag einzufordernden Bankauszüge, welche die bis dahin aufgelaufenen Zinsen und etwa entstandenen Provisionen enthalten. Ebenso sind Darlehnszinsen und von den Schuldnern im Waren-Handelsverkehr anerkannte Verzugszinsen bei der Bilanzierung zu berücksichtigen, also spätestens per Bilanztag zu buchen.

Betagte Forderungen. Im allgemeinen läßt der Kaufmann sonstige, wenn auch theoretisch berechtigte Zinseneinflüsse bei der Bilanzierung außer Betracht. So werden beispielsweise Forderungen, die erst eine bestimmte Zeit nach dem Bilanztage fällig werden (betagte oder befristete Forderungen), unter der Voraussetzung ihrer unbedingten Einbringlichkeit zum Fälligkeitswert bilanziert ohne Rücksicht darauf, ob sie etwa vertraglich unverzinslich sind, mithin, genau genommen, per Bilanztag um den, im Fall vertraglicher Verzinsung vom Bilanztage bis zum Fälligkeitstage auflaufenden oder infolge der Zinslosigkeit für diese Zeit verloren gehenden Zinsenbetrag gekürzt werden müßten. Als Regel gilt sonach in der Bilanz-Praxis: betagte (befristete) Forderungen werden zum Fälligkeitswert bilanziert, unabhängig davon, ob sie vertraglicher Verzinsung oder Zinslosigkeit unterliegen. Rechtlich betrachtet besteht jedoch kein Hindernis, zinslose betagte Forderungen um den vom Bilanztage bis zum Fälligkeitstage verloren gehenden Zinsenbetrag (Zwischenzins = interusurium) zu kürzen, mit anderen Worten: sie zu diskontieren. Demnach bleibt in der Bilanz-Praxis außer Betracht die Tatsache, daß unverzinsliche Forderungen sehr verschiedene Laufzeit haben, daß mithin die in Verlust geratenden Zinsenbeträge sehr verschieden hoch sein können, daß ferner auch verzinsliche Forderungen, je nach der Höhe der vereinbarten Zinssätze, für den Bilanztag von verhältnismäßig sehr verschiedenem Werte sind.

Forderungs-Diskont. Sehr selten begegnet einem in den ordentlichen Jahresbilanzen kaufmännischer Unternehmungen ein auf die Diskontierung von Forderungen bezüglicher Abzugsposten auf der Aktiva- oder ein Korrektivposten (Bewertungs-Konto) auf der Passiva-Seite. Wollte man korrekt verfahren, so würden die am Bilanztage ausstehenden Waren-Forderungen nach Maßgabe des darauf gewährten Ziels sämtlich mit Wirkung auf den Bilanztag diskontiert werden müssen. Will man die Diskontierung jedes einzelnen Postens umgehen, bringt man den Durchschnitts-Diskont auf den Debitoren-Gesamtbetrag in Ansatz. Man bilanziert also, wenn die Debitoren-Summe auf der Aktiva-Seite etwa 56312,80 M beträgt und man den Diskont auf der Passiva-Seite bewerten will, auf dieser Seite etwa wie folgt:

$1/_2$ % Diskont auf Debitoren 281,55 M.

Unterliegt die Debitoren-Gesamtsumme von Bilanz zu Bilanz nicht wesentlichen Schwankungen, so verliert die Diskontierung jeden materiellen Einfluß auf den Erfolg, weil dann ein Ausgleich zwischen den Jahren stattfindet.

Der Vollständigkeit halber sei übrigens erwähnt, daß betagte unverzinsliche Forderungen in Konkursbilanzen (nach § 65 K.O.) zu diskontieren sind; und zwar zum gesetzlichen Zinsfuß, der nach H.G.B. § 352 = 5 %, nach B.G.B. §§ 246 und 288 = 4 %, nach W.O. Art. 50 und 51 = 6 % beträgt.

Gedacht sei nun noch der Bilanzierung von Hypotheken, des Agios und Disagios, ferner der Beteiligungen als besonders gearteter Forderungen oder Verbindlichkeiten.

Hypotheken. Hypotheken können aktiver oder passiver Natur sein, weil sie sowohl gegebene, wie auch empfangene Darlehns-Beträge zu bezeichnen vermögen. Die von Knappe (S. 33) vorgenommene Scheidung in Hypotheken-Konto für Hypotheken-Schulden und Eigenes Hypotheken-Konto für Hypotheken-Forderungen bringt den Gegensatz zwischen Schuld und Forderung nicht hinreichend zum Ausdruck. Soweit Hypotheken nur als Forderungen oder nur als Schulden vorkommen, ist solche terminologische Unterscheidung außerdem überflüssig, weil das Hypotheken-Konto auf der Passiva-Seite nur Hypotheken-Schulden, auf der Aktiva-Seite nur Hypotheken-Forderungen bedeuten kann. Kommen jedoch beide Hypothekenarten gleichzeitig in einem Betriebe vor, so ist es im Sinne der Bilanz-Klarheit nicht gestattet, nur den Saldo beider Arten zu bilanzieren, vielmehr ist dann zweckmäßig ein Hypotheken-Forderungskonto vom Hypotheken-Schuldenkonto gesondert zu führen und zu bilanzieren. Regelmäßig[1]) deckt der zu bilanzierende Hypotheken-Betrag sich mit dem als Hypothek ausgeliehenen oder empfangenen Betrage. Zwei Ausnahmen von dieser Regel will ich erwähnen.

Damno. Nicht selten ist der empfangene Darlehns-Betrag kleiner als der nach einer bestimmten Frist zurückzuzahlende, weil vom Nennwert des Darlehns von vornherein ein Damno (Abschluß-Gebühr, Provision od. dgl.) in Abzug gebracht worden ist. Bei einer mit 5 % Damno auf fünf Jahre fest gewährten Hypothek von 50000 M empfängt der Schuldner statt des Nennwerts von 50000 M nur 47500 M, muß aber für den Fall der Kündigung nach fünf Jahren volle 50000 M zur Rückzahlung bereit stellen.

Dessen Verteilung. Es wäre verfehlt, etwa vier Jahre lang nur 47500 M als Hypothekenschuld zu bilanzieren und die 2500 M Damno erst zu Lasten des letzten Jahrs zu verrechnen. Ebensowenig richtig wäre der andre Weg, das gesamte Damno sogleich zu Lasten des ersten Jahrs zu verbuchen, somit von vornherein statt der empfangenen 47500 M die frühstens nach fünf Jahren zurückzuzahlenden 50000 M zu bilanzieren. Empfehlenswert und richtig wäre vielmehr nur, das Damno von 2500 M auf die fünf Jahre gleichmäßig zu verteilen, also jährlich 500 M dem empfangenen Darlehns-Betrage hinzuzuschlagen, so daß der zurückzuzahlende Betrag am Ende des fünften Jahrs erreicht wäre. Ganz entsprechend könnte der Darlehnsgeber das verdiente Damno, falls dies ihm selbst zugute käme, als Gläubiger auf die einzelnen Jahre verteilen, um zu verhindern, daß der ganze Damno-Betrag dem ersten oder dem letzten Jahr buchmäßig allein zufließt.

Geschuldete Hypothekenzinsen als Hypotheken-Zuwachs. Außer dem Fall des Damnos kann nun vorkommen, daß der zu bilanzierende Hypotheken-Betrag sich mit dem als Hypothek ausgeliehenen Betrage nicht deckt, wenn vereinbart ist, daß die Hypothekenzinsen nicht gezahlt, sondern dem Hypotheken-Betrage zugeschrieben werden sollen; oder wenn solche Zuschreibung geschieht, weil die Zinsen vom Schuldner nicht gezahlt werden können. Da nach deutschem Hypothekenrecht (vgl. §§ 1118 und 1119 B.G.B.) geschuldete Hypothekenzinsen dem Range nach mit der Hypothek gleichstehen, den im Range folgenden Hypotheken also vorgehen (übrigens eine für die Besitzer zweiter Hypotheken gefährliche Berechtigung erststelliger Gläubiger, die im Interesse der Erlangung zweitstelliger Hypo-

[1]) Die bezüglich der Hypotheken-Bewertung bei Terrain-Gesellschaften vorkommenden und bei Hypothekenbanken durch das Hypothekenbank-Gesetz bedingten Besonderheiten lasse ich unter Bezugnahme auf die oben (S. 6) mitgeteilte Abgrenzung des Stoffs außer Betracht.

theken baldmöglich aufgehoben werden möge!), ist gegen die Zuschreibung geschuldeter Hypothekenzinsen (Hypotheken-Konto an Hypothekenzinsen-Konto) zum ausgeliehenen Hypotheken-Betrage so lange nichts einzuwenden, als der Tauschwert des beliehenen Objekts solche Zuschreibung unbedingt rechtfertigt. So kann es dahin kommen, daß der Betrag einer Hypothek sowohl in den Büchern des Gläubigers, wie in denen des Schuldners, von Jahr zu Jahr auf völlig legaler Grundlage um die darauf geschuldeten Zinsen wächst, und daß in gleichem Maße die im Range nachstehenden Hypotheken an Sicherheit einbüßen können, wenn das beliehene Objekt nicht trotzdem noch unbedingte Deckungs-Garantie auch für diese bietet. Soweit es sich am Bilanztage um noch nicht fällige Hypothekenzinsen des gerade noch laufenden, oder um noch geschuldete des gerade abgelaufenen Vierteljahrs handelt, deren Eingang sicher zu erwarten ist, hat transitorische Bilanzierung zu erfolgen. (Über diese Ausführliches auf S. 96ff.)

Ganz ähnlich wie beim Hypotheken-Damno liegen die Dinge in bezug auf das bei Obligationen-Anleihen entstehende Agio oder Disagio (nochmals sei betont, daß die für Pfandbrief-Emissionen durch das Hypothekenbank-Gesetz geschaffenen Sonderbestimmungen nicht zum Thema gehören; ausführliche Erörterungen darüber vor allem bei Rehm (S. 299ff.) und in der Z.f.B. XXI. S. 241ff. und Fortsetzungen).

Agio. Agio ist gegeben, wenn Schuldverschreibungen (Obligationen) höher bezahlt werden, als sie später eingelöst zu werden brauchen, oder wenn Gesellschafts-Anteile über pari ausgegeben werden. Der letztgenannte Fall der Ausgabe von Gesellschafts-Anteilen mit Aufgeld (Agio), der für Aktien- und Kommandit-Aktiengesellschaften nach § 262 Ziff. 2 H.G.B. zu buchen ist, interessiert in diesem Zusammenhang nicht. Hier haben wir nur mit der bilanziellen Bedeutung des Agios für die Bewertung der Obligationen zu tun. Da ist zu sagen, daß der aus der Emission erzielte Gewinn (Emissions-Agio) auf die Laufzeit der Obligationen in der oben für das Damno angedeuteten Weise zu verteilen ist.

Dessen Verteilung. Diese Verteilung geschieht, indem man außer dem Nennwert der Obligationen auch den über die Emissions-Kosten hinaus erzielten Agio-Betrag auf die Passiva-Seite als besondres Agio-Konto setzt, das als Korrektiv-Konto anzusprechen ist. Der auf jedes Jahr der Emissions-Periode entfallende, als Minderung der Obligationenzinsen zu denkende Agio-Anteil wird dann dem Agio-Konto zugunsten des Gewinn- und Verlust-Kontos belastet, das Agio somit bis zum Schluß der Emissions-Periode in anteiligen Jahresquoten zur Verteilung gebracht. Da Unterbewertung bilanzrechtlich nicht verboten ist, steht nichts entgegen, das Emissions-Agio als freiwillige Reserve in der Bilanz unverteilt stehen zu lassen. Dagegen würde man überbewerten, mithin wider das Bilanzrecht verstoßen, wollte man etwa das Emissions-Agiokonto in einem Jahr zugunsten höherer Gewinn-Verteilung zu stark mindern oder gar gleich ganz zur Verteilung bringen, weil dadurch eine Unterbewertung der Passiva-Seite, das ist eben eine positive Überbewertung, herbeigeführt werden würde[1]).

Dem Emissions-Agio, als dem bei der Emission empfangenen Aufgeld, steht gegenüber das Agio in Gestalt des bei der Einlösung zu zahlenden Aufgeldes, ferner das Disagio als der bei der Emission geschehene Abzug.

Disagio. Sind Obligationen im Betrage von 1 Million Mark zu pari ausgegeben, jedoch nach 10 Jahren zu 103 % zurückzuzahlen, so ist das Aufgeld von 3 % = 30000 M (der Einfachheit halber bleiben in diesen Beispielen die Emissions-Kosten außer Betracht) auf die 10 Jahre zu verteilen. Derart, daß außer dem Obligationen-Konto im Nominalbetrage von 1 Million auf der Passiva-Seite ein Agio-Konto errichtet wird, dem Jahr für Jahr der aufgelaufene Agio-Betrag zugeführt wird, so daß zum Rückzahlungs-Termin das Agio-Konto mit 30000 M dotiert zu Buch steht. Gespeist werden mag das Agio-Konto zu Lasten des Obligationen-Zinsenkontos, weil anzunehmen ist, daß die Ursache für das bei der Rückzahlung mit aufzubringende Aufgeld in einem entsprechend niedrigern Satz für die laufende Verzinsung begründet ist. Fand die Ausgabe hingegen zu 97 % statt, ist aber zu 100 % nach 10 Jahren zurückzuzahlen, so ist der Nominalbetrag (bei Einlösung über pari natürlich der höhere Rückzahlungs-Betrag) der 1 Million Obligationen zwar wiederum auf der Passiva-Seite anzusetzen. Die in solchem Fall Disagio heißenden 30000 M (die Emissions-Kosten bleiben auch hier der Einfachheit wegen unberücksichtigt!) sind jedoch in diesem Fall als Abzugsposten auf der Aktiva-Seite als Disagio-Konto, das gleichfalls ein Korrektiv-Konto ist, zur Verrechnung zu bringen. Dieses Disagio-Konto ist jährlich, wiederum zu Lasten des Obligationen-Zinsenkontos, für den auf jedes Jahr entfallenden Disagio-Anteil zu erkennen, bis es zur Zeit der Rückzahlung zu Lasten der Erfolgs-Rechnungen der letzten 10 Jahre aufgelöst ist und demnach auf der Passiva-Seite nur der zurückzuzahlende Nennwert der Obligationen in Höhe von 1 Million Mark noch offen steht[2]). In ihrer Wirkung auf die Erfolgs-Rechnung sind das zu bildende Passiva-Agiokonto und das abzuschreibende Aktiva-Disagiokonto somit einander gleich.

Beteiligungen. Beteiligungen bei fremden Unternehmungen sind

[1]) So auch Rehm (S. 322).

[2]) Über die Agio- und Disagio-Verteilung enthält Näheres der Artikel Schmalenbachs über: „Die Verbuchung von Teilschuldverschreibungen“ in der Z. f. hw. F. II. S. 361 ff.

in der Höhe der jeweilig darauf geleisteten Einlage zu bilanzieren. Also ohne Rücksicht auf eine etwaige überdurchschnittliche Verzinsung der Einlage. Wenigstens gebietet dies § 261 Ziff. 2 H.G.B. Nach § 40 Abs. 2 H.G.B., besonders im Fall einer Auseinandersetzung oder sonstiger Abtretung des Beteiligungsrechts an einen Dritten, steht natürlich einer der erzielten höhern Verzinsung entsprechenden höhern Bewertung der Beteiligung nichts entgegen. Soweit die Erfolgs-Aussichten der Beteiligung dauernd ungünstige sind, oder ihre Sicherheit sonst gefährdet erscheint, wird man ihren Einlagewert durch Abschreibung mindern oder den voraussichtlich zu erwartenden Ausfall in Reserve stellen müssen. Der aus der Beteiligung fließende Ertrag ist buchtechnisch über die Erfolgs-Rechnung, also nicht etwa über das Beteiligungs-Konto zu führen. Sonst würden die aus Beteiligungen empfangenen Gewinn-Beträge den Betrag der Beteiligung buchmäßig zu Unrecht mindern (Kasse an Beteiligung) oder bei vorläufiger bloßer Belastung des Gewinns (Beteiligung an Gewinn und Verlust) zu Unrecht erhöhen. Zu buchen wäre vielmehr im ersten Fall: Kasse an Beteiligungs-Ertrag, im zweiten: Personenkonto der Firma, bei der die Beteiligung statthat, an Beteiligungs-Ertrag. Das Beteiligungs-Ertragskonto ist über Gewinn- und Verlustkonto abzuschließen, bei der Zahlung des Gewinns das Personenkonto der zahlenden Firma zu Lasten der Kasse zu erkennen.

Besonders die dauernden Beteiligungen sind nicht unter den Waren-Debitoren, sondern separat zu bilanzieren.

Die Unternehmungen, bei denen die Beteiligungen stattfinden, bringen deren Betrag, je nach dem Charakter der Einlage (ob Kommandit-Einlage, stille Beteiligung, Anteil am Stammkapital, gewöhnliches Darlehn od. dgl.) auf den in Betracht kommenden Kapital-Konten oder unter den Kreditoren zum buchmäßigen Ausdruck.

Auf wichtige, die Beteiligung betreffende buchtechnische Momente weist Staub (S. 217; Anmerkg. 7 zu § 40) hin:

„Unter den Passiven ist auch die Einlage des stillen Gesellschafters zu buchen (Anm. 1 zu § 39), ebenso auch die in das Eigentum des Geschäftsinhabers übergegangene Barmitgift der Ehefrau. Nicht aber ist, was Kaufleute oft unrichtig buchen, bei einer o.H.G. die Barmitgift, die der eine Gesellschafter bei seiner Verheiratung erhält und in die Geschäftskasse legt, zu den Passiven der Gesellschaft derart zu rechnen, daß die Frau dafür erkannt wird; vielmehr ist in solchem Falle Schuldner der Frau ihr Ehemann, während dem Geschäfte gegenüber das Geld die Erhöhung der Einlage des verheirateten Gesellschafters bildet, was besonders im Konkursfall einen wesentlichen Unterschied macht. Nur dann kann die Frau erkannt werden, wenn sie wirklich Gläubigerin werden sollte, wenn sie etwa das Geld als Darlehn der Gesellschaft gegeben hat.“

Über die zum Zweck der Beteiligung erworbenen Effekten gilt das in diesem Abschnitt unter II b Gesagte. Dort sind auch die Konsortial-Beteiligungen besprochen worden.

Diskontierte Buchforderungen. Diskontierte Buchforderungen dürfen natürlich nur angesetzt werden mit dem Betrag, um den der Diskont-Erlös hinter dem bilanzfähigen Buchwert der diskontierten Forderungen zurückbleibt.

Nach dem Bilanztage eingetretene oder festgestellte Ausfälle an Debitoren. Forderungen an Schuldner, die in der Zeit zwischen dem Bilanztage und dem Bewertungs- oder Bilanzfeststellungstage zweifelhaft oder uneinbringlich geworden sind, sollen nach § 40 Abs. 2 H.G.B. dennoch mit dem ihnen für den Bilanztag beizulegenden, also höhern Wert bilanziert werden. Bestand die Wertminderung nachweislich schon vor dem Bilanztage, wurde sie jedoch erst nach jenem Tage festgestellt, so ist sie nach § 40 Abs. 2 H.G.B. bilanziell zu berücksichtigen. Das will die öffentlichrechtliche Gesetzes-Vorschrift. Privatrechtlich dürfen (und werden besonders für den Fall der Gewinn-Verteilung) die Wertminderungen an Forderungen bilanziell auch dann zum Abzug kommen, wenn sie erst nach dem Bilanztage entstanden, aber noch vor dem Bewertungs- oder Bilanzfeststellungstage festgestellt worden sind. Denn Unterbewertung ist ein Gebot wirtschaftlicher Vorsicht und muß deshalb privatrechtlich erlaubt sein[1]).

Banksalden. Die aus Bankverbindungen resultierenden Kontokorrent-Salden aktiver oder passiver Natur sind einschließlich der bis zum Ende des Bilanztags aufgelaufenen Zinsen und Provisionen zu bilanzieren, sofern Bankguthaben nach Maßgabe der etwa aus irgendeinem Grunde eingetretenen Unsicherheit der Forderung nicht abgeschrieben werden müssen.

Minderungen von Bankguthaben. Gründe für solche Wertminderung brauchen durchaus nicht immer auf seiten der Bank zu liegen, können vielmehr beim Gläubiger selbst zu suchen sein, der bei der Bank vielleicht spekulativ stark engagiert ist, aus dessen Engagements sich aber bedeutende Verluste ergeben, derentwegen die Bank, weil hinreichender Einschuß nicht zur Verfügung gestellt werden kann, sich an dem Guthaben des Gläubigers schadlos hält. Dann ist nach erfolgter Anzeige („Aufgabe") der Bank das Bankguthaben vom Gläubiger in seinen Büchern aufgabegemäß zu mindern.

b 2) **Kreditoren:**

Im Gegensatz zum Art. 31 des alten H.G.B., womit die Schulden als Bilanz-Bewertungsgegenstände nicht besonders genannt waren, heißt es im § 40 Abs. 2 des jetzt gültigen H.G.B., daß sämtliche Vermögens-Gegenstände und Schulden zum Tageswert zu bilanzieren seien.

Betagte Schulden. Demnach gilt das über die bilanzielle Bewertung

---

[1]) Vgl. hierüber auch S. 188 und 191. Außerdem Simon S. 318ff. Rehm S. 57—58, 789. Passow S. 18—19.

der Forderungen Gesagte mutatis mutandis auch für die Schulden. Bei befristeten (betagten) verzinslichen Schulden fallen also Tageswert und zukünftiger Fälligkeitswert zusammen. Befristete unverzinsliche Schulden wären de jure auf den Bilanztag zu diskontieren, de facto wird aber auch bei ihnen regelmäßig der Fälligkeitswert bilanziert. Dies ist, da die Wirkung auf Unterbewertung hinausläuft, privatrechtlich gestattet.

Verjährte Schulden. Verjährte Schulden, denen man den Verjährungs-Einwand entgegensetzen will, dürfen zugunsten der Erfolgs-Rechnung abgebucht werden.

Einiger besonders gearteter Schulden, wie der aufgenommenen Hypotheken und des Agios, der empfangenen Beteiligungs-Beträge und der Bankschulden habe ich bereits bei der Besprechung der Debitoren mit gedacht. Hier möge nun noch besprochen werden, wie eigene Akzepte, ferner Eventual-Verbindlichkeiten, wie z. B. Bürgschaften, Gefälligkeits-Akzepte und Garantien, bilanzmäßig zu behandeln sind. Die ebenfalls zu den Eventual-Verbindlichkeiten zu zählenden Wechselregreß-Verbindlichkeiten sollen im Zusammenhang mit der Behandlung der Wechsel-Bewertung Berücksichtigung finden.

Eigene Akzepte. Eigene Akzepte, deren Fälligkeit über den Bilanztag hinausgeht, sind im strengen Sinn des § 40 Abs. 2 H.G.B. um den, auf die Laufzeit nach dem Bilanztage entfallenden Diskont gekürzt zu bilanzieren. DieseArt der genauen Bilanzierung wird jedoch nur selten und zwar meist geübt von Banken in bezug auf die am Bilanztage schon weiterdiskontierten eigenen Akzepte. Im übrigen pflegt man eigene Akzepte, wie gesagt, zum vollen Fälligkeitswert zu bilanzieren, sie mithin überzubewerten.

Bürgschaften. Verbindlichkeiten aus Bürgschaften sind nur bedingte oder Eventual-Verbindlichkeiten, solange angenommen werden darf, daß der Hauptschuldner, zu dessen Gunsten gebürgt worden ist, seinen Verpflichtungen nachkommt, der Bürge also aus der Bürgschaft nicht in Anspruch genommen werden wird. Immerhin besteht auch für den Fall der vermutlichen Nichtinanspruchnahme aus der Bürgschaft ein Risiko, weil bis zum Ablauf der Bürgschafts-Laufzeit durchaus unvorherzusehende Fälle eintreten können, die eine vermutete Nichtinanspruchnahme in eine unbedingte Inanspruchnahme aus der Bürgschaft verkehren.

Demnach ist zum Fortlassen auch der nach gewissenhaftem Ermessen gefahrlosen Bürgschaften aus der Buchführung und Bilanz nicht zu raten, sondern für die buchhalterische Behandlung der Bürgschaften hat zu gelten:

Deren buchmäßige Behandlung. Solange die Bürgschaft als praktisch belanglos angesehen werden darf und muß, weil an der Zahlungsfähigkeit und Zahlungswilligkeit des Hauptschuldners keinerlei Zweifel bestehen, ist der Bürgschafts-Betrag als durchlaufender, d. h. als aktiver und als passiver Posten zugleich zu behandeln (Bürgschafts-Schuldnerkonto an Bürgschafts-Konto). Das Bürgschafts-Schuldner-Konto ist Personen-Konto und kann den Namen desjenigen, für den gebürgt wird, als Zusatz bekommen. Das Bürgschafts-Konto ist Sachkonto.

Sobald aber gewiß wird, daß eine Inanspruchnahme aus der Bürgschaft stattfinden werde, ist das Bürgschafts-Schuldnerkonto um den Betrag der vermutlichen Inanspruchnahme zu Lasten der Erfolgs-Rechnung des Bilanzjahrs zu erkennen. Der nach erfolgter Deckung der Inanspruchnahme dann auf beiden. Konten noch offenstehende Rest ist durch Umkehrung des ursprünglichen Buchungssatzes auszugleichen. Angenommen, eine am 16. Mai 1910 übernommene Bürgschaft betrage 1000 M, so ist zunächst zu buchen: Bürgschafts-Schuldnerkonto an Bürgschafts-Konto: für Karl Stark bei Weiß & Co. bis zum 15. Mai 1915 übernommene Bürgschaft = 1000 M. Findet keine Inanspruchnahme statt, so ist nach Ablauf der Bürgschaftszeit zurückzubuchen: Bürgschafts-Konto an Bürgschafts-Schuldnerkonto: durch Zeitablauf erledigte, für Karl Stark bei Weiß & Co. seit dem 16. Mai 1910 übernommen gewesene Bürgschaft = 1000 M. Stellt sich jedoch während oder am Schluß der Laufzeit die Inanspruchnahme aus der Bürgschaft als wahrscheinlich oder sicher heraus, und wird die Deckungspflicht etwa mit 50 % zutreffend geschätzt, so ist vor der Zahlung des in Anspruch genommenen Anteils, besonders, wenn die Deckung selbst erst in die nächste Bilanz-Periode fällt, zu buchen: Gewinn- und Verlust-(oder sonst geeignetes Hilfs-)Konto an Bürgschafts-Schuldnerkonto: vermutliche Inanspruchnahme durch Weiß & Co. aus der für Karl Stark geleisteten Bürgschaft = 500 M. Der Buchungssatz hat für den Fall der Bardeckung der Inanspruchnahme zu lauten: Bürgschafts-Konto an Kasse-Konto: Deckung des Bürgschafts-Anteils für Karl Stark = 500 M. Die Schlußbuchung zum Zweck des Rest-Ausgleichs: Bürgschafts-Konto an Bürgschafts-Schuldnerkonto: Rückbuchung des anderweitig gedeckten Teils aus der bei Weiß & Co. für Karl Stark übernommenen Bürgschaft = 500 M. Ganz analog lauten die Buchungen auch, wenn der Bürge mit dem ganzen Bürgschafts-Betrage in Anspruch genommen wird. Die Rest-Ausgleichsbuchung fällt dann natürlich fort. Rechnet man mit späterer Deckung durch Stark, so Buchungssatz etwa: Karl Stark an Bürgschaftsregreß-Konto. Und bei Deckung durch Stark: Kasse-Konto an Karl Stark und Bürgschaftsregreß-Konto an Gewinn- und Verlust-Konto.

Bankaval. Gewerbsmäßigen Charakter hat die Bürgschaft im

Bankverkehr, wo sie Aval genannt wird. Die Bankunternehmungen leisten für ihre Kunden gegenüber Behörden (z. B. Eisenbahn-, Zoll-, Baubehörden) mit bestimmten Beträgen Bürgschaft auf bestimmte Zeit gegen vierteljährlich, halbjährlich oder jährlich fällige Provisionen, deren Höhe nach dem Risiko und der Bedeutung des Kunden verschieden bemessen wird. Für die Avale werden die Kontokorrent-Konten, meist für diesen Zweck eingerichtete Separat-Konten, der in Betracht kommenden Kunden belastet, das Avale-Hauptbuchkonto wird dagegen erkannt. Inanspruchnahmen und Rückbuchungen der Avale werden im Sinne der oben gegebenen Beispiele für die gewöhnlichen Gefälligkeits-Bürgschaften vorgenommen.

Avale-Bilanzierung. Um den Eventual-Charakter der Bürgschaften bilanzmäßig auszudrücken, setzt man die Bürgschafts-Posten meist vor den Strich, und zwar auf der Aktiva-Seite als Bürgschafts-Schuldner (Avale-Debitoren), auf der Passiva-Seite als Bürgschaften (Avale). In Anbetracht des buchtechnischen Charakters der Bürgschaften als durchlaufender Posten ist nichts dagegen einzuwenden, wenn die Bürgschafts-Posten auf beiden Bilanz-Seiten in den Hauptkolonnen mit zur Verrechnung gelangen. In jedem Fall ist erforderlich, die im Kontokorrent-Konto steckenden Bürgschafts-Beträge aus jenem Konto herauszunehmen, um sie in einem Gesamtbetrag als Bürgschafts-(Avale-)Debitoren den Bürgschaften (Avalen) gegenüberstellen zu können.

Handelt es sich um Bürgschafts-Übernahmen ohne bestimmten Betrag, so entfällt die Möglichkeit der Kontierung. Man wird sich dann auf einen Hinweis vor dem Bilanzstrich beschränken. Kapital-Gesellschaften haben außerdem die Möglichkeit, solche Verbindlichkeiten materiell unbestimmten Charakters im Geschäfts-Bericht zu erwähnen.

Bürgschafts-Erinnerungskonten. Bürgschafts-Beträge bilanziell als Erinnerungs-Konten, etwa mit 1 M, anzusetzen, wie dies zuweilen geschieht, ist nicht empfehlenswert, weil aus solcher Buchung der Betrag des Eventual-Risikos nicht ersichtlich wird, und weil die oben geschilderte Methode der durchlaufenden Kontierung allen Ansprüchen an Wahrheit und Klarheit derart entgegenkommt, daß nicht einzusehen ist, warum an ihre Stelle das Erinnerungs-Konto treten soll. Höchstens für Bürgschaften unbestimmten Betrags käme dieses Konto in Frage.

Das Avale-Anteilkonto. Eines besondern Falls, der mir in meiner Praxis begegnet ist, will ich hier noch gedenken:

Der Direktion einer bedeutenden Bankunternehmung war der Gesamtbetrag der Avale im Vergleich zum Eigenkapital zu hoch geworden. Um die Zahl zu verkleinern, entschloß man sich, eine andre Bankfirma an einem Teil der Avale-Verbindlichkeiten derart partizipieren zu lassen, daß diese jener gegenüber vertraglich zur halben Deckung etwa entstehender Inanspruchnahmen sich verpflichtete, wogegen ihr die Hälfte der Gesamtprovision gutzubringen war, die auf die mit übernommenen Bürgschaften entfiel. Zu bemerken ist noch, daß die Anteilnehmerin für jedes mögliche Risiko aus den Avalen über jeden Zweifel hinaus gut war. Demgemäß war folgendermaßen gebucht worden: der Gesamtbetrag des von der Anteilnehmerin übernommenen Avale-Risikos war dem Avale-Konto zugunsten eines Avale-Anteilkontos belastet und das Avale-Anteilkonto war unter den Kreditoren bilanziert worden. Demgemäß war aus den Kontokorrent-Debitoren nur der Gesamtbetrag des allein zu tragenden Avale-Risikos (nämlich Avale-Gesamtbetrag überhaupt minus überwälztes Anteils-Risiko) ausgeschieden und auf der Aktiva-Seite unter dem Titel „Avale-Debitoren“, in Übereinstimmung mit dem durch die vorgenannte Buchung auf denselben Gesamtbetrag gekürzten Avale-Konto der Passiva-Seite, bilanziert worden. Der von der Anteilnehmerin übernommene Avale-Betrag verblieb somit in den Kontokorrent-Debitoren, und als Gegenposten stand jenem Betrage in gleicher Höhe das Avale-Anteilkonto unter den Kontokorrent-Kreditoren zum Ausgleich gegenüber. Denn Risiko und Forderung mußten insoweit als für den Eventualfall auf die Anteilnehmerin übertragen gelten. Da die Anteilnehmerin den Bürgschafts-Gläubigern gegenüber nicht selbständige Bürgin war, könnte man gegen das Avale-Anteilkonto Bedenken haben. Materielle Bedeutung könnte solchem Bedenken aber bei der geschilderten Sachlage nicht innewohnen. Mit Recht bemerkt auch Staub (S. 217; Anmerkg. 7 zu § 40), daß Mithaftung bei der Schätzung nicht ohne Einfluß bleiben könne.

Gefälligkeits-Akzepte. Wie Bürgschaften, können auch Gefälligkeits-Akzepte verbucht und bilanziert werden. Statt Bürgschafts-Schuldnerkonto kann für Gefälligkeits-Akzepte die Bezeichnung beispielshalber lauten: Gefälligkeits-Akzeptkonto (mit Namenszusatz des Ausstellers oder Indossanten) oder einfach: Gefälligkeits-Konto (mit gleichem Zusatz). Statt Bürgschafts-Konto heißt es demgemäß: Gefälligkeits-Akzeptkonto oder nur Gefälligkeits-Konto, beidemal ohne Zusatz. Alles über buchmäßige und demzufolge auch über bilanzielle Darstellung der Inanspruchnahme aus Bürgschaften und deren Rückbuchung Gesagte gilt sinngemäß auch für Gefälligkeits-Akzepte.

Kautionen. Auch von Angestellten, Kunden oder sonstigen Dritten hinterlegte Kautionen oder andere geleistete Sicherheiten können nach Art der Bürgschaften bilanziert werden (z. B.: Kautions-Depotkonto an Kautions-Depotgläubigerkonto).

Zu den Eventual-Verbindlichkeiten gehören schließlich auch Garantien.

Garantien. Uns interessieren hier nur die von Fabrikanten oder Lieferanten für gelieferte Waren (besonders häufig für Kraft- und Werkzeug-Maschinen, Fahrräder, Uhren u. dgl.) auf eine bestimmte Zeitdauer übernommene Garantien für von vornherein nicht erkennbare Mängel.

Zwar wird die Gesamthöhe der aus den Garantien erwachsenden Unkosten für Montagen, Reparaturen und andres im voraus nicht genau feststellbar sein. Dagegen pflegt man nach der Erfahrung ungefähr zu wissen, wieviel Kosten der Unternehmung aus den Garantien erwachsen werden. Diesen Betrag stellt man zu Lasten der Erfolgs-Rechnung zurück und bilanziert ihn entweder unter den Kreditoren oder als besondre Reserve. Im Verhältnis der Inanspruchnahme der Garantie-Verpflichtungen füllt man diese Reserve von Jahr zu Jahr auf. Soweit die tatsächlichen Kosten der Inanspruchnahmen aus den Garantien hinter der Garantie-Rückstellung („Garantiefonds") zurückbleiben, liegt eine echte freiwillige Reserve vor, während bis zur Höhe der tatsächlich verausgabten Kosten die Garantie-Rückstellung nur eine unechte Reserve, einen wahren Schuldposten oder ein Korrektiv-Konto darstellt, weil die Waren-Debitoren unter den Aktiven in dem Umfang zu hoch angesetzt sind, wie auf Grund der Garantie-Verpflichtungen Mängel an den gelieferten Gegenständen nachträglich unentgeltlich behoben werden müssen[1].

Bezüglich anders gearteter Garantien, die einen mehr oder weniger bestimmten Schuldcharakter nicht erkennen lassen, vielmehr, wie Bürgschaften, in erster Linie nur Eventual-Verbindlichkeiten sind, gelten die für Bürgschaften oben gegebenen Darlegungen. Solcher Fall ist beispielshalber in der bei Hypotheken-Veräußerungen etwa übernommenen Ausbietungs-Garantie gegeben.

Agenten-Provisionen. Zu den bedingten Schulden, die schon gebucht und bilanziert werden müssen, bevor ihre Höhe genau feststeht, gehören auch an Agenten zu zahlende Provisionen, soweit deren Gültigkeit und Fälligkeit erst nach erfolgter Bezahlung der vom Agenten verkauften Posten eintritt, die aber trotzdem dem Agenten-Konto bereits nach erfolgter Ausführung der überschriebenen Aufträge kreditiert werden müssen. Provisionen auf später unbezahlt bleibende Posten sind dem Agenten-Konto mithin zum Ausgleich zu belasten.

Schulden in fremder Währung. Daß Schulden, ebenso wie Forderungen in fremder Währung zu den für den Bilanztag maßgebenden Börsenkursen umzurechnen sind, ist selbstverständlich.

[1]) Ausführlich sind die Garantie-Verpflichtungen behandelt worden von Simon (Betrachtungen) S. 399ff.

Verschleierung von Forderungen und Schulden. Auch darauf braucht der solide Kaufmann kaum hingewiesen zu werden, daß es gegen die Bilanz-Klarheit verstoßen, also als Bilanz-Verschleierung anzusehen sein würde, wollte man Debitoren und Kreditoren nicht auf beiden Bilanz-Seiten für sich getrennt, sondern nur die Differenz der beiden Gesamtsummen auf der in Betracht kommenden Bilanz-Seite zum Ausdruck bringen[1]).

II. Veräußerungs-Gegenstände.

Zum Umsatz mit Erfolg bestimmte:

a) **Waren:**

Warenarten. Als Veräußerungs-Gegenstände katexochen kann man die Waren gliedern in:

1. Käuflich erworbene Waren. Diese können bestimmt sein:

zur Veräußerung in unbearbeitetem Zustande (reine Handelswaren = spezifische Tauschgüter);

zur Be- oder Verarbeitung im eigenen Betriebe, wo sie, je nach ihrer Stellung im Fabrikations-Prozeß oder nach dem Fortschritt der Be- oder Verarbeitung, als Rohstoffe, Hilfsstoffe oder Halbfabrikate anzusehen sind.

2. Im eigenen Betriebe zum Zweck der Veräußerung hergestellte Gegenstände (Fertig- oder Ganzfabrikate).

Das Mittel zur Quantitäts-Feststellung der am eigenen Lager

---

[1]) **Bilanzierung von Dokumente-Tratten und Vorschüssen.** Zu den obigen Darlegungen über die bilanzielle Bewertung der Forderungen und Schulden erwähne ich noch, daß von Banken folgende Forderungen in der Bilanz oft als Vorschüsse auf Waren ausgewiesen werden:

Tratten, die, wie aus den eingesandten Dokumenten ersichtlich, auf Grund von Waren-Bezügen, Waren-Verschiffungen, Waren-Einlagerungen gezogen werden. Gleichviel, ob die Dokumente bei der Bank bleiben oder wieder ausgeliefert werden.

Tratten, die, wie aus dem Avis ersichtlich, auf Grund von Waren-Bezügen usw. gezogen worden sind, auch wenn die Bank keine Dokumente erhält.

Barvorschüsse, die auf Grund von Waren-Bezügen usw. gewährt werden. Falls solche Vorschüsse nicht über ein separates Konto, sondern über die laufende Rechnung gebucht sind, führt die Bank den Debet-Saldo der laufenden Rechnung bis zur Höhe des gewährten Vorschusses als Waren-Vorschuß auf, solange die Dokumente in ihrer Hand sind. Nach geschehener Auslieferung der Dokumente wird der Debet-Saldo noch drei Monate — vom Tage der Auslieferung an gerechnet — bis zur Höhe des ursprünglich gewährten Vorschusses abzüglich etwaiger Rückzahlungen als Waren-Vorschuß aufgeführt. Nach diesem Termin erscheint die Forderung in der Bilanz als Debitor.

Gegen Fakturen-Zessionen gewährte Vorschüsse gehören nicht unter die Vorschüsse auf Waren und Waren-Verschiffungen, sondern unter die Debitoren, wenn sie mit vorhergegangenen Waren-Beleihungen nicht im Zusammenhang stehen.

liegenden Waren ist die Inventur-Aufnahme, deren Ergebnissen etwaige Lager-Buchführungen als Kontrollmittel beigeordnet sind. Dagegen erfolgt die Bilanzierung der auf fremden Lagern befindlichen Waren auf Grund buchmäßiger Unterlagen.

Gleichartige Waren-Bestände mit verschieden hohen Anschaffungs- oder Herstellungs-Kosten. Die bilanzmäßige Bewertung der Waren hat, je nach der Unternehmungsform, bekanntlich nach § 40 oder § 261 Ziff. 1 oder 2 H.G.B. zu geschehen. Soweit danach die Anschaffungs- oder Herstellungs-Kosten als die im Vergleich zu etwa bestehenden Marktpreisen niedrigeren Kosten gewählt werden oder werden müssen, ist zu beachten, ob der inventierte Bestand größer als der zuletzt bezogene oder hergestellte Posten ist. Trifft dies zu, so ist auf Grund der §§ 40 Abs. 2 oder 261 Ziff. 1 oder 2 H.G.B. zu erwägen, ob und inwieweit die Anschaffungs- oder Herstellungs-Kosten des früher bezogenen oder hergestellten Quantums zur Bewertung heranzuziehen sind, falls sie sich von denen des zuletzt bezogenen oder hergestellten Quantums unterscheiden. Sind demnach beispielsweise am Bilanztage 3000 kg einer Ware am Lager, und lautet die letzte Einkaufs-Rechnung über 2000 kg zu 5 M, die vorletzte über ebenfalls 2000 kg zu 6,50 M per kg, steht außerdem der Marktpreis am Bilanztage auf 7 M, so sind nach § 261 Ziff. 1 von den 3000 kg 2000 kg zu 5 M zu bilanzieren, während die übrigen 1000 kg zu 6,50 M angesetzt werden dürfen. Nach § 40 wäre erlaubt, ja, de jure sogar geboten, den Marktpreis von 7 M per kg für alle 3000 kg zugrunde zu legen, wenn man nicht, was privatrechtlich statthaft wäre, dennoch vorsichtig nach § 261 Ziff. 1 zu bewerten gewillt ist.

Bewertung von Abteilung zu Abteilung (intern) gelieferter Waren. Werden reine Handelswaren oder selbst hergestellte Halb- oder Ganzfabrikate innerhalb derselben Unternehmung von einer Filiale oder einer selbständigen Fabrikationsstelle an die andre abgegeben, so entsteht die Frage, ob solche internen Lieferungen der empfangenden Betriebs-Abteilung zu den Anschaffungs- oder Herstellungs-Kosten oder zu vollen, den gesamten Vertriebskosten- und Gewinn-Aufschlag einschließenden Verkaufspreisen in Rechnung zu setzen sind. Die Beantwortung dieser Frage kann in doppelter Richtung erfolgen. Nimmt man den Standpunkt ein, jede Abteilung soll den bilanziellen Betriebs-Erfolg ausweisen, als ob sie eine selbständige Unternehmung sei, so wird man die Berechnung der vollen Verkaufspreise fordern müssen. Bedenkt man dagegen, daß die in den Verkaufspreisen enthaltenen Vertriebskosten- und Gewinn-Aufschläge innerhalb derselben Unternehmung nicht realisiert werden, dann wird man die Anschaffungs- oder Herstellungs-Kosten zur Berechnung bringen wollen. Diese Kosten bilden nach §§ 40 Abs. 2 und 261 Ziff. 2 H.G.B. den Höchstansatz, wenn

Marktpreise nicht vorliegen. Gelangen die Anschaffungs- oder Herstellungs-Kosten zur Berechnung, so verzichtet die liefernde Abteilung auf den internen Gewinn; die empfangende spart ihn. Werden von der liefernden Abteilung dagegen Verkaufspreise in Anrechnung gebracht, so gewinnt diese Abteilung (wiederum den Fall der Marktpreise ausgeschaltet!) den Vertriebskosten-Anteil und den Brutto-Erfolgszuschlag, während beide Zuschläge von der empfangenden Abteilung zu tragen sind. Für die Gesamtunternehmung liegt also auch hierbei ein Ausgleich der internen Verrechnung vor. Der endgültige Einfluß auf die Gesamtbilanz wäre sonach im Fall der internen Anrechnung der Verkaufspreise derselbe wie bei derjenigen von Anschaffungs- oder Herstellungs-Kosten: nämlich gleich Null. Anders liegt aber die Sache, wenn nach § 40 Abs. 2 H.G.B. am Bilanztage etwa vorhandene höhere Marktpreise in Ansatz gebracht werden dürfen, oder nach § 261 Ziff. 1 H.G.B. etwa gegebene niedrigere angesetzt werden müssen. Dann kann allerdings sowohl das bilanzmäßige Gesamtergebnis der Unternehmung, wie auch das Ergebnis der einzelnen Abteilungen beeinflußt werden durch die Entscheidung der Frage, ob für interne Lieferungen Anschaffungs- oder Herstellungs-Kosten oder Verkaufspreise zu berechnen sind.

Tabelle über den Einfluß von Marktpreisen intern gelieferter Waren auf Gesamt- und Abteilungs-Erfolg. Das nachstehende Schema (worin K = Anschaffungs- oder Herstellungs-Kosten, V = Verkaufspreis bedeutet) läßt näheres hierüber erkennen:

	Liefernde Abteilung		Empfangende Abteilung		Gesamt-Unternehmung	
	Umsatz-Gewinn	Umsatz-Verlust	Bewertungs-Gewinn	Bewertungs-Verlust	Bilanzieller Gewinn	Bilanzieller Verlust
Fall A: Marktpreis 35						
Anschaffungs- od. Herstellungs-Kosten 40						
Verkaufspreis 50						
Höchstansatz nach § 40 . K.:	—	—	—	5	—	5
V.:	10	—	—	15	—	5
„ nach § 261 . K.:	—	—	—	5	—	5
V.:	10	—	—	15	—	5
Fall B: Marktpreis 40						
Anschaffungs- od. Herstellungs-Kosten 40						
Verkaufspreis 50						

	Liefernde Abteilung		Empfangende Abteilung		Gesamt-Unternehmung	
	Umsatz-Gewinn	Umsatz-Verlust	Bewertungs-Gewinn	Bewertungs-Verlust	Bilanzieller Gewinn	Bilanzieller Verlust
Höchstansatz nach § 40 . K.:	—	—	—	—	—	—
V.:	10	—	—	10	—	—
„ nach § 261 . K.:	—	—	—	—	—	—
V.:	10	—	—	10	—	—
Fall C: Marktpreis 45						
Anschaffungs- od. Herstellungs-Kosten 40						
Verkaufspreis 50						
Höchstansatz nach § 40 . K.:	—	—	5	—	5	—
V.:	10	—	—	5	5	—
„ nach § 261 . K.:	—	—	—	—	—	—
V.:	10	—	—	5	5	—
Fall D: Marktpreis 50						
Anschaffungs- od. Herstellungs-Kosten 40						
Verkaufspreis 50						
Höchstansatz nach § 40 . K.:	—	—	10	—	10	—
V.:	10	—	—	—	10	—
„ nach § 261 . K.:	—	—	—	—	—	—
V.:	10	—	—	—	10	—
Fall E: Marktpreis 55						
Anschaffungs- od. Herstellungs-Kosten 40						
Verkaufspreis 50						
Höchstansatz nach § 40 . K.:	—	—	15	—	15	—
V.:	10	—	5	—	15	—
„ nach § 261 . K.:	—	—	—	—	—	—
V.:	10	—	—	—	10	—

Hieraus ergibt sich im wesentlichen folgendes:

Für das in erster Linie wichtige bilanzielle Gesamtergebnis der Unternehmung überwiegen im großen und ganzen die Gewinne, wenn die Abteilungen für interne, Marktpreisen unterliegende Lieferungen Verkaufspreise in Ansatz bringen; und zwar um so mehr, je höher die Marktpreise über den Anschaffungs- oder Herstellungs-Kosten stehen. Sinken die Marktpreise unter die Anschaffungs- oder Herstellungs-Kosten, so entstehen, ganz gleich, ob nur diese Kosten oder höhere Verkaufspreise zur internen Berechnung gelangt sind, für die Gesamt-Unternehmung ausschließlich Verluste. Die Frage, welche Berechnung für interne Lieferungen zu wählen ist, bleibt für den bilanziellen Gesamterfolg bedeutungslos, solange die Anschaffungs- oder Herstellungs-Kosten den Marktpreisen gleichen.

Die liefernde Abteilung gewinnt naturgemäß immer den über die Anschaffungs- oder Herstellungs-Kosten hinausgehenden Betrag, weil dieser für die Bilanz als aus Umsätzen fest realisierter gilt.

Die empfangende Abteilung gewinnt bei strenger Bilanzierung nach § 40 Abs. 2 H.G.B., insoweit die Marktpreise über den Anschaffungs- oder Herstellungs-Kosten oder über den Verkaufspreisen stehen. Insoweit die Marktpreise darunter sinken, treten Bewertungs-Verluste für sie ein. Bei der Bilanzierung nach § 261 Ziff. 1 sind, soweit die Marktpreise den Anschaffungs- oder Herstellungs-Kosten oder den Verkaufspreisen gleichen, oder sie übersteigen, für die empfangende Abteilung weder Gewinne noch Verluste zu erwarten, weil nach jener Bewertungs-Vorschrift unrealisierte Konjunktur-Gewinne nicht bilanziert werden dürfen. Dagegen müssen nach derselben Gesetzes-Bestimmung für diese Abteilung Bewertungs-Verluste entstehen, solange die Marktpreise hinter den Anschaffungs- oder Herstellungs-Kosten oder hinter den Verkaufspreisen zurückbleiben. Denn dann sind die niedrigeren Marktpreise anzusetzen.

Inwieweit die von der liefernden Abteilung bei der Berechnung von Verkaufspreisen gemachten Umsatz-Gewinne in den einzelnen Fällen im Hinblick auf den Gesamterfolg der Unternehmung durch Bewertungs-Gewinne der empfangenden Abteilung vermehrt, oder durch Bewertungs-Verluste gemindert werden, ist aus der vorstehenden Tabelle ohne weiteres erkennbar.

Verrechnung interner Lieferungen zu Anschaffungs- oder Herstellungs-Kosten. Nach allen vorstehenden Ausführungen zu dieser Frage wird man der Ansicht zustimmen müssen, daß interne Lieferungen zu den Anschaffungs- oder Herstellungs-Kosten zu verrechnen sind. Die Tatsache, daß ich wiederholt der internen Verrechnung von Verkaufspreisen begegnet bin, mag rechtfertigen, warum ich auch diesem Thema eine eingehende Würdigung zuteil werden ließ.

Konsignationslager. In Konsignation gegebene Waren sind zu den Anschaffungs- oder Herstellungs-Kosten (nach § 40 Abs. 2 H.G.B. eventuell zu höheren, nach § 261 Ziff. 1 H.G.B. zu niedrigeren Marktpreisen) auf besonders, etwa durch den Titel „Waren in Kommission bei N. N.“ gekennzeichneten Konten zu verbuchen. Solche Konsignationslager-Konten sind nicht als Personen-Konten, sondern als Sachkonten anzusehen; sie gelten demgemäß auch für die Bilanz nicht als Debitoren, vielmehr als spezielle Waren-Konten.

Und zwar unbedingt zu Recht. Denn die Konsignations-Ware ist nicht Eigentum des Konsignatars, sondern des Konsignanten und bleibt dies bis zum Verkauf oder bis zur Übernahme auf feste Rechnung durch den Konsignatar (Kommissionär).

Leider muß ich sagen, daß gegen diese, an sich selbstverständlichen Tatsachen und deren buchhalterischen Konsequenzen öfter, als der Fernstehende glauben möchte, gefehlt wird, indem Konsignations-Ware zu noch keineswegs realisierten Verkaufspreisen dem Konsignatar auf seinem Kontokorrent-Konto belastet und demgemäß als Forderung bilanziert wird. Damit werden noch unverkaufte Waren als bereits verkaufte und infolgedessen bilanziell Gewinne ausgewiesen, die noch nicht gemacht sind; ja, die später dadurch vereitelt werden können, daß der Konsignatar die Konsignationsware zurückschickt, wobei nebenher sogar noch nennenswerte Transportspesen-Verluste entstehen können. Dieses buchführungs- und bilanzrechtlich unerlaubte Buchungs- und Bewertungs-Verfahren kommt vorwiegend dann zur Anwendung, wenn die bilanzmäßigen Erfolge oder die finanzielle Position des Unternehmens zu wünschen übrig lassen. Die Wahrscheinlichkeit, auch ungünstig stehende Unternehmer aus sich heraus den richtigen Modus anwenden zu sehen, ist gering, weil, wie jeder in diesen Dingen Erfahrene weiß, Rücksichten und Interessen in solchen Fällen meist zu stark sind, um nicht mit Macht zu einer nach Möglichkeit günstigen bilanziellen Darstellung der Rentabilität und der Vermögenslage zu drängen.

Verkaufte, noch nicht übersandte Waren. Zu den in der Literatur umstrittenen Fragen gehört die, ob am Bilanztage zwar bereits verkaufte, aber dem Besteller noch nicht übersandte Waren zu Anschaffungs- oder Herstellungs-Kosten, oder zu Verkaufspreisen zu bewerten sind. Fischer (S. 251) will nur die Selbstkosten zulassen. Grull (S. 131) verlangt für Konkurs- und Auseinandersetzungs-Bilanzen die Verkaufspreise. Knappe (S. 41, 42, 94) tritt unbedingt ein für die Bilanzierung der Verkaufspreise und zwar in Form bereits gebuchter Forderungen an die Waren-Empfänger; er wendet sich damit besonders gegen Simon (S. 352 § 92) und Staub (S. 897; Anmerkg. 23 zu § 261), die zwar auch der Bilanzierung der Verkaufspreise das Wort reden, sie jedoch nicht als Forderungen, sondern als Waren-Bestände bilanziert zu sehen wünschen. Der Ansicht Knappes ist im wesentlichen Berliner (S. 119—120). Passow (S. 249—250) hält die Bilanzierung der aus abgeschlossenen, aber noch nicht ausgeführten Lieferungs-Verträgen zu erwartenden Gewinne für statthaft. Rehm (S. 253—255) erklärt bei der Bewertung nach § 40 H.G.B. die Bilanzierung zum Verkaufspreis, bei der Bewertung nach § 261 H.G.B. jedoch nur die zum Anschaffungs- oder Herstellungspreis für zulässig.

Verschiedenheit der vorkommenden Fälle. Nach meiner Ansicht kann die vorliegende Frage einheitlich überhaupt nicht beantwortet werden, weil die Antwort, je nach der Art des Falls, verschieden ausfallen muß. Demgemäß sollen die verschiedenen Möglichkeiten hier eingehend besprochen werden.

Einfachster Fall: völlige Verrechnung im Bilanzjahr. Am einfachsten liegt die Frage, wenn die verkaufte Ware bereits zum Bilanztage lieferbar und zu diesem Termin auch angeschafft oder hergestellt ist. Dann kann auf zwiefache Weise verfahren werden. Entweder wird die Ware dem Lager entnommen und spätestens am Bilanztage versandt oder, um sie von der Inventur-Aufnahme auszuschließen, wenigstens in die Expeditions-Räume gebracht, worauf die Rechnung zu schreiben und danach der Kunde spätestens unter dem Bilanztage zu belasten ist. Dann kommt die Spannung zwischen den Anschaffungs- oder Herstellungs-Kosten und dem erzielten Verkaufspreise, die ebensogut Gewinn wie Verlust bedeuten kann, ohne weiteres korrekt und berechtigt noch im Jahr des Lieferungs-Abschlusses zum bilanziellen Ausdruck.

Risiken bei schwebenden Engagements und deren bilanzielle Bewertung. Anders, jedoch in der bilanzmäßigen Wirkung entweder gleichartig oder entgegengesetzt, ist zu verfahren, wenn die verkaufte Ware erst nach dem Bilanztage, beispielsweise, wenn dieser der 31. Dezember ist, frühstens Ende März, geliefert werden darf. In diesem Fall, der uns zu der Betrachtung sogenannter „schwebender Engagements" führt, sind folgende Fragen zu berücksichtigen: ist die Ware bis dahin haltbar, oder muß die am Bilanztage lagernde Ware inzwischen verkauft und zur Lieferungszeit frische angeschafft werden? Laufen Abschlüsse, die das Eindecken der nach dem Bilanztage etwa neu anzuschaffenden oder neu herzustellenden Ware zu den Kosten der am Bilanztage lagernden Ware unbedingt sicherstellen? Bietet der Besteller oder seine Firma die erforderliche Sicherheit dafür, daß die Abnahme am Lieferungs-Termin unbeanstandet erfolgen und daß Zahlung bestimmt geleistet werden wird? Glaubt man diese Fragen nach gewissenhafter Prüfung bejahend entscheiden zu können, so hindert nichts, den aus dem abgeschlossenen, aber am Bilanztage noch unausgeführten Lieferungs-Geschäft resultierenden Gewinn oder Verlust dem Abschlußjahr zuzuführen. Dies geschieht am besten dadurch, daß man die in dieser Hinsicht in Betracht kommenden, in der Buchung textlich genau zu begründenden Gewinne oder Verluste auf einem transitorischen Konto (z. B. Abschluß-Ertragskonto), die Gegenposten aber auf dem Waren-Konto verbucht. Im folgenden Jahr der Abschluß-Ausführung sind die Posten des auszugleichenden Abschluß-Ertragskontos auf das Waren-Konto zu übertragen, dessen aus den Abschluß-Lieferungen stammenden Erfolgs-Beträge dadurch mit Recht kompensiert werden, weil sie schon dem Vorjahr (Abschlußjahr) zugeführt worden waren. Sind die oben von mir formulierten Fragen dagegen insoweit zu verneinen, als vielleicht die Wiederanschaffung oder Wiederherstellung der später zu liefernden Ware nach dem Bilanztage zu den vor diesem Tage gültigen Kosten fraglich, oder als die Abnahmepflicht oder Zahlungsfähigkeit des Kunden nicht gesichert erscheint, so hat die transitorische Vorwegnahme des Gewinns zugunsten des Abschlußjahrs zu unterbleiben, um möglicher Überbewertung vorzubeugen. Hingegen stände, privatrechtlich genommen, nichts entgegen, etwa aus steigender Konjunktur, im Hinblick auf dadurch verteuerte Wiederanschaffung oder Wiederherstellung, drohende Verluste in der oben dargelegten Form transitorischer Buchungen zu Lasten des Abschlußjahrs vorwegzunehmen. Öffentlichrechtlich wäre nach dem Wortlaut des § 40 Abs. 2 H.G.B. auch die transitorische Verlust-Buchung nicht statthaft, weil der Verlust ebensowenig wie der Gewinn am Bilanztage feststeht. Der schärfern Bewertungs-Vorschrift des § 261 Ziff. 1 und 2 H.G.B. hingegen käme die transitorische Verlust-Buchung in diesem Fall unzweifelhaft entgegen. Ja, nach dem Charakter dieser Vorschrift muß man, umgekehrt, für wünschenswert halten, aus späterer Ausführung von Lieferungs-Geschäften sogar mit Sicherheit zu erwartende Gewinne nicht transitorisch vorwegzunehmen, sondern sie erst durch die mit der Lieferung im Nachjahr verbundene Buchung zur Geltung zu bringen, weil nach § 261 unrealisierte Gewinne nicht bilanziert werden dürfen. Unrealisiert sind die beregten Engagements-Gewinne am Bilanztage aber insofern, als die Abwicklung der ihnen zugrunde liegenden Geschäfte vertraglich erst später zulässig ist. Vorsichtige Leiter Dividenden gebender Kapital-Gesellschaften würden auch ohne solche Vorschrift, aus rein kaufmännischer Sorgfalt heraus, auf die Bilanzierung unrealisierter Engagements-Gewinne verzichten, mögen ihnen diese Zukunfts-Gewinne noch so sicher erscheinen. Aus Personal-Gesellschaften ausscheidende Gesellschafter oder am Gewinn beteiligte Angestellte werden dagegen darauf bedacht sein, derartig gesicherte Zukunfts-Gewinne aus Lieferungs-Geschäften bereits zugunsten des Abschlußjahrs transitorisch, also bilanzmäßig verrechnet zu sehen, wobei ihnen § 40 Abs. 2 H.G.B. zur Seite steht, wenn nicht vielleicht ausdrückliche Vertrags-Bestimmungen solchen Wünschen widersprechen.

Zu der buchmäßigen und bilanziellen Behandlung der am Bilanztage schwebenden Engagements ist weiterhin zu sagen:

Schwebende Engagements mit vorweg berechenbaren Erfolgen. Der aus dem schwebenden Engagement schließlich herauswachsende Erfolg ist am Bilanztage keineswegs immer berechenbar. Wie wir gesehen haben, ist solche Berechnung am Bilanztage wohl möglich, wenn neben den Anschaffungs- oder Herstellungs-Kosten auch die später zu erzielenden Verkaufspreise an jenem Tage bereits feststehen. Dann kann die transitorische Buchung des Engagements-Erfolgs, soweit sie bilanzrechtlich gestattet ist, im bilanziellen Gesamterfolg des Abschlußjahrs unmittelbar zur Verrechnung gelangen.

Schwebende Engagements mit vorweg nicht berechenbaren Erfolgen. Diesen schwebenden Engagements mit bilanziell berechenbaren Erfolgen stehen andere mit bilanziell zunächst noch nicht berechenbaren Erfolgen gegenüber. Engagements letztgenannter Art liegen beispielsweise immer vor, wenn Konjunktur-Artikel auf Grund getätigter Abschlüsse bis zu einem bestimmten, über den Bilanztag hinausgehenden Termin in größeren Mengen abzunehmen sind, ohne daß am Bilanztage schon feststeht, mit welchem Erfolg die abzunehmende Ware Absatz finden wird. Bedenkt man das in derartig spekulativ gearteten Abschlüssen ruhende Risiko, so wird man zugeben, daß es wünschenswert ist, dieses Risiko bilanzmäßig erkennbar zu machen.

Durchlaufende Engagements-Posten. Da nun der aus der spätern Veräußerung abschlußmäßig abzunehmender Waren sich ergebende Erfolg am Bilanztage, wie gesagt, zahlenmäßig nicht feststellbar ist, kann das Abschluß-Risiko nur vermöge durchlaufender Posten zur buchhalterischen Darstellung kommen, der sich die bilanzmäßige anschließt, wonach der Anspruch auf Lieferung in den Aktiven, dagegen die Pflicht zur Abnahme mit demselben Betrage in den Passiven erscheint. Im Einklang mit der Tatsache, daß der Erfolg aus dem Abschluß-Engagement am Bilanztage zahlenmäßig unberechenbar ist, bleiben die durchlaufenden Posten ohne materiellen Einfluß auf Status und Gesamterfolg. Im übrigen können sie ihren Zweck, das Abschluß-Risiko erkennbar zu machen, nicht erfüllen, wenn man sie auf beiden Bilanz-Seiten textlich nur unzureichend begründen oder sie gar etwa — was Bilanz-Verschleierung wäre — unter den Debitoren- und Kreditoren-Summen der Bilanz verrechnen will. Für den Fall solcher Absichten muß man demnach auf die Bilanzierung offener Abschluß-Risiken verzichten. Das darf man tun, weil keine bilanzrechtliche Vorschrift besteht, die dem Kaufmann vorschreibt, unrealisierte und außerdem am Bilanztage noch unberechenbare Risiken aus schwebenden Engagements zu bilanzieren. Zur Bilanz-Veröffentlichung verpflichtete Kapital-Gesellschaften werden wichtige derartige Engagements wenigstens im Geschäfts-Bericht erwähnen.

Engagements-Reserven. Eine ganz andre Frage ist die, ob es nicht als unbedingtes Gebot kaufmännischer Sorgfalt anzusehen ist, Abschluß-Risiken bilanziell zu bewerten, falls am Bilanztage bereits begründeter Anhalt dafür besteht, daß die Konjunktur einen dem Abschluß-Engagement ungünstigen Verlauf nimmt. Kein solider

Kaufmann wird zögern, diese Frage zu bejahen. Je nachdem, ob Abnahme- oder Lieferungs-Verbindlichkeiten in Betracht kommen, wird eine steigende oder eine sinkende Konjunktur von Vorteil oder von Nachteil sein. Nehmen wir an, ein Kaufmann habe Mitte Januar 100 Zentner einer Ware zum Zentner-Preise von 30 M zu liefern. Am Bilanztage (31. Dezember) hat er sich noch nicht eingedeckt. Der Marktpreis an jenem Tage stellt sich auf 35 M. Die Tendenz des Marktes neigt unverkennbar nach aufwärts. Es bedarf keiner Begründung, daß der Kaufmann gut tun wird, mindestens (100×5 M =) 500 M für dieses Anschaffungs-Risiko in Reserve zu stellen. Ein gleiches würde er tun, wenn er die 100 Zentner nicht zu liefern, sondern nach dem Bilanztage zum Zentnerpreise von 30 M noch abzunehmen hätte, und wenn bei ständig sinkender Konjunktur der Marktpreis am Bilanztage 25 M für den Zentner betragen würde.

Und die buch- oder bilanztechnische Behandlung der vorstehend besprochenen weiteren beiden Möglichkeiten des Verlaufs schwebender Engagements?

Buchtechnische Behandlung der Engagementsarten. Zunächst die durchlaufenden Posten. Deren Buchungssatz könnte lauten: Abschluß-Lieferungskonto an Abschluß-Abnahmekonto: 100 Zentner à 30 M bis Mitte Januar 1914 abzunehmende . . . . . . = 3000 M. Mit diesem Betrage erscheint das Abschluß-Lieferungskonto als Ausdruck des Anspruchs auf Lieferung auf der Aktiva-Seite, das Abschluß-Abnahmekonto als derjenige der Verpflichtung zur Abnahme auf der Passiva-Seite der Bilanz.

Sodann die Reserve. Deren Buchungssatz könnte lauten: Waren-Konto an Abschlußverlust-Reservekonto (folgt Text und Betrag). Hier findet somit — im Gegensatz zu den durchlaufenden Posten — eine materielle Beeinflussung der Bilanz sowie der Erfolgs-Rechnung statt. Der Erfolgs-Rechnung, weil der Brutto-Gewinn auf dem Waren-Konto verkleinert wird; der Bilanz, weil das Abschlußverlust-Reservekonto auf der Bilanz-Passivaseite als Subtrahend wirkt.

Zusammenfassend sage ich hiernach:

Die Buchungssätze für die richtige bilanzmäßige Verwertung schwebender Engagements können lauten:

1. im Fall sicher zu realisierender, am Bilanztage vorweg berechenbarer Erfolge:

Abschluß-Ertragskonto an Waren-Konto (Gewinn),

Waren-Konto an Abschluß-Ertragskonto (Verlust);

2. im Fall am Bilanztage unberechenbarer Erfolge: Abschluß-Lieferungskonto an Abschluß-Abnahmekonto oder umgekehrt;

3. im Fall nach Maßgabe der Konjunkturaussichten am Bilanztage zu schätzender Verluste:

Waren-Konto an Abschlußverlust-Reservekonto.

(Übrigens wird zweckmäßig sein, in den Buchungssätzen den Worten „Abschluß“ und „Lieferung“ den Namen der in Frage kommenden Ware beizufügen.)

Baisse-Garantie. Unter einer Bedingung schließen Warenlieferungs-Abschlüsse für den Käufer jedes Preisrisiko aus, während dieses für den Verkäufer entsprechend verschärft wird: wenn nämlich die Abschlüsse auf Grund der sogenannten „Baisse-Garantie“ oder „Baisse-Klausel“ zustande kommen, wonach der Verkäufer zu den billigeren Preisen zu liefern verpflichtet ist, sobald die Marktpreise unter die Abschlußpreise sinken.

Einfluß des Absatz-Risikos auf die Engagements-Bewertung. Schwebende Engagements können (wie ich oben bei den Engagements mit vorweg berechenbaren Erfolgen schon andeutete) außer dem Preisrisiko noch ein Absatz-Risiko enthalten, insofern, als der zur Abnahme der eingedeckten Ware vertraglich verpflichtete Kunde den etwa vom Vertreter überschriebenen Abschluß überzeugend anficht, oder als er zahlungsunfähig wird. In diesen Beziehungen ist die Bewertung „schwebender Engagements“ derjenigen der Forderungen an Debitoren verwandt.

Zu den „schwebenden Engagements“ gehören in gewissem Sinne auch die Bürgschaften und Garantie-Verpflichtungen, die oben unter den Schulden bereits behandelt worden sind; ferner auch die Effekten-Engagements und das Wechsel-Obligo, worüber näheres noch mitgeteilt werden wird.

Besondrer Besprechung bedarf noch die bilanzmäßige Bewertung der Roh- und Hilfsstoffe, der Halb- und der Fertig- oder Ganzfabrikate.

Roh- und Hilfsstoffe. Für die Fabrikation bestimmte, noch unbearbeitete Roh- und Hilfsstoffe sind nach den für die Waren im allgemeinen geltenden bilanzrechtlichen und handelstechnischen Grundsätzen zu bewerten. Vorsichtige Fabrikanten pflegen Roh- und Hilfsstoffe jedoch höchstens mit den Anschaffungs- oder Herstellungs-Kosten in Ansatz zu bringen; schon deshalb, weil nach § 40 Abs. 2 H.G.B. etwa bilanzfähige, höhere Marktpreise nicht realisiert werden können, da die Rohstoffe als solche zur Fabrikation, nicht aber zur Veräußerung bestimmt sind.

Einen zweckmäßigen Vorschlag zur bilanziellen Bewertung der Rohstoffe macht Grull (S. 127—128):

„Die Rohstoffe werden bei ihrem Eingang unabhängig von dem jeweils gezahlten Einstandspreise dem Materialkonto zu festen, dauernd gleichen Preisen belastet. Die überschießenden Beträge werden einem Ausgleichskonto belastet oder gutgebracht, je nachdem der Eingangswert größer oder kleiner ist als der feste Preis. Am Jahresschluß wird dann das prozentuale Verhältnis des Saldos dieses Ausgleichskontos zum gesamten Materialverkehr ermittelt und benutzt, um bei der Kalkulation diese Preisschwankungen durch einen Zu- oder Abschlag auf die Durchschnittspreise zu berücksichtigen. Dies Verfahren bietet vor einer willkürlichen Änderung der Rohstoffpreise je nach dem jeweiligen Eingangspreis den Vorteil, daß hierbei auch geringere Schwankungen berücksichtigt werden, und daß an Stelle der Willkür eine planmäßige Berücksichtigung aller Preisschwankungen tritt. Verfasser möchte nun empfehlen, für die Bewertung der Inventuraufnahme ebenfalls diese Grundpreise in Verbindung mit dem Zu- oder Abschlag zu benutzen, soweit sie nicht oberhalb der Marktpreise liegen. Dann kann die Bewertung bereits lange vor Beginn der Inventur vorbereitet werden, da ja Grundpreise festliegen und die Zu- und Abschläge jeweils auf die Summe aller Materialwerte oder einzelner Materialgruppen berechnet werden können. Würde man nicht in dieser Weise vorgehen, so müßte für jeden einzelnen Posten der wirkliche Einkaufswert bestimmt werden. Dies ist nicht ganz einfach, wenn man bedenkt, daß die meisten Preise schwanken, daß ferner meist Nachbezüge schon dann erfolgen, wenn der vorhandene Bestand noch nicht ganz aufgebraucht ist. Infolgedessen werden die oben angedeuteten Berechnungen notwendig werden. Handelt es sich um Materialien, welche nicht sehr starken Preisschwankungen ausgesetzt sind und von denen große Mengen vorhanden sind, so kann die Berechnung des Durchschnittspreises im einzelnen Fall noch angängig sein. Sie versagt aber überall dort, wo der Warenvorrat aus vielen Materialien besteht, die nur in verhältnismäßig geringen Mengen vorhanden sind, wie z. B. in allen Betrieben mit verzweigter Fabrikation. Hier ist eine summarische Wertermittlung an Stelle der Einzelbewertung vorteilhafter."

Halbfabrikate. Halbfabrikate sind unter Würdigung ihres verhältnismäßigen Anteils an den später zu vollendenden Ganzfabrikaten, mithin nicht etwa im Hinblick auf ihren Veräußerungswert an sich, zu bewerten. Denn dieser würde regelmäßig nicht entfernt ausreichen, um die auf das Halbfabrikat bis zum Bilanztage verausgabten Herstellungs-Kosten zu decken. (Hieraus folgt, daß die Bewertung der Halbfabrikate für den im vorliegenden Buche außer Betracht bleibenden Liquidationsfall niedriger als vom Standpunkt der regulären Jahresbilanz ausfallen würde.)

Die Begriffe „Halbfabrikat" und „Ganzfabrikat" sind von nur relativer Bedeutung. Denn für einen Betrieb stellt ein darin fertiggestelltes Produkt sich als Ganzfabrikat, für einen andern, dieses Produkt ebenfalls fabrizierenden, aber auch noch weiterverarbeitenden Betrieb nur als Halbfabrikat dar.

Die für Waren im allgemeinen maßgebenden Bewertungs-Grundsätze gelten auch für Halb- und Ganzfabrikate.

Anlaß zu Unterbewertungen. Anlaß zu Unterbewertungen der Fabrikate können beispielshalber geben: sinkende Konjunktur in den bezüglichen Artikeln, bisher nicht konkurrenzfähige Fabrikations-Methode, bevorstehende Einführung billiger arbeitender Maschinen, seit dem Beginn der in Betracht kommenden Fabrikation gesunkene Rohstoffpreise u. dgl.

Durchschnitts-Bewertungen. Wie die Herstellungs-Kosten zu ermitteln sind, habe ich auf S. 203ff. gezeigt. Auf S. 209 ist auch der

Berechnung der Durchschnitts-Herstellungskosten gedacht worden für den Fall, daß am Bilanztage nicht möglich ist, mit Sicherheit zu erkennen, aus welcher Fabrikations-Partie bestimmte Inventur-Artikel stammen, falls die Herstellungs-Kosten der einzelnen Partien verschieden hoch ausgefallen waren.

Auch Durchschnitts-Ergebnisse einzelner Kostenteile wird man zur Berechnung der Herstellungs-Kosten heranziehen müssen. So kann es vorkommen, daß mit verschiedenen Kosten angeschaffte oder hergestellte Rohstoffe derselben Art zur Herstellung einer bestimmten Fabrikations-Partie Verwendung finden, oder daß bei der Herstellung derselben Partie Fabrikate Lehrlinge, halb und voll qualifizierte Arbeiter durcheinander beschäftigt waren. Im ersten Fall sind die be- oder verarbeiteten Materialien-Mengen nach Maßgabe ihrer verschiedenen Anschaffungs- oder Herstellungs-Kosten, im zweiten die Lohnstunden nach Maßgabe der sehr verschiedenen Lohnhöhe auf die zu bilanzierenden Fabrikate wenigstens annähernd richtig zu verteilen.

Überbewertungen. Voraussetzung für die richtige Bewertung der Fabrikate ist eine ordnungsmäßige Vor- und Nachkalkulation. Die Kalkulation ist so zu organisieren, daß sie nicht allein die Herstellungs-Kosten der Ganzfabrikate, sondern ebenso auch diejenigen der Halbfabrikate, also der Fabrikation in jedem Stadium, zu ermitteln ermöglicht. Die Herstellungs-Kosten eines Halbfabrikats unabhängig von einer speziellen Kalkulation, lediglich durch Subtraktion der Kosten aller bis zur Herstellung des Ganzfabrikats noch aufzuwendenden Arbeiten und Materialien vom Verkaufspreise des Ganzfabrikats, berechnen zu wollen [wie Simon (S. 362) vorschlägt], würde zur Überbewertung des Halbfabrikats führen. Denn dann würde der im Verkaufspreise steckende Gewinn-Aufschlag für das Ganzfabrikat bereits im Bilanzwert des Halbfabrikats zum Ausdruck kommen; und dies, obgleich jener Gewinn doch noch nicht realisiert ist. Simon sagt allerdings im Anschluß an jenen Vorschlag in bezug auf die Kalkulation der Fertigfabrikate, „daß selbstverständlich die Herstellungspreise den Höchstbetrag des Wertansatzes bilden.“ Dieser Zusatz ist nur eine Wiederholung der für A.G. und K.A.G. mit § 261 Ziff. 1 und 2 für die bilanzielle Bewertung gegebenen Maximal-Vorschrift; er setzt die Möglichkeit richtiger Berechnung der Herstellungs-Kosten voraus, läßt aber die Frage offen, in welche Beziehung diese Bemerkung Simons zu seinem Vorschlag zu bringen ist, wonach der bilanzmäßige Wertansatz für Halbfabrikate von den Verkaufspreisen für Ganzfabrikate abzuleiten sein soll.

Regie-Zuschläge. Wie aus meinen Darlegungen über die Berechnung der Herstellungs-Kosten (vgl. S. 205) hervorgeht, zerfallen diese Kosten in besondere und allgemeine Kostenteile. Regelmäßig werden diese Kostenteile kalkulatorisch so verwertet, daß die Herstellungs-Kosten berechnet werden durch die Addition der besonderen Kosten und eines, im Verhältnis zu den produktiven Löhnen prozentual auszudrückenden Zuschlags, der groß genug sein muß, um sämtliche allgemeine Kosten (Generalien) zu decken.

Demnach sind die Herstellungs-Kosten gleichzusetzen den besonderen Kosten zuzüglich des Generalien-(Regie-)Zuschlags auf die produktiven Löhne.

Verschiedene Zuschlags-Grundlagen. Hierzu sei ergänzend bemerkt, daß der Regie-Zuschlag in manchen, mit nur geringem Lohnaufwand arbeitenden Betrieben nicht auf die Löhne, sondern auf die Gewichtseinheiten der Materialien, in anderen Unternehmungen auf die Materialienwerte bezogen wird. Zuweilen verteilt man die Zuschläge, ihrer Beziehung zu Materialien oder Löhnen entsprechend, auf diese beiden Kostengruppen.

Ohne weiteres ist klar, daß jener Regie-Zuschlag für eine neu gegründete Fabrikations-Unternehmung von vornherein nicht bekannt sein kann, sondern für die Vorkalkulationen vorerst auf Grund von Schätzungen oder nach etwa aus der Branche vorliegenden Erfahrungen zur Anwendung gebracht werden muß. Es ergibt sich weiterhin von selbst die Notwendigkeit, auf Grund der jährlichen Bilanz-Ergebnisse zu prüfen, inwieweit der zunächst angenommene Prozentsatz für den Regie-Zuschlag richtig oder falsch ist.

Buchmäßige Materialien- und Lohnkontrolle. Die Buchhaltung ist derart zu organisieren, daß sie die Entnahme aller zur Nachkalkulation erforderlichen Daten mühelos ermöglicht. Außerdem ist darauf hinzuwirken, daß auch für die Vorkalkulationen zwischen diesen und der Buchhaltung feste Beziehungen insofern bestehen, als die Beträge der für die Fabrikation verbrauchten Materialien und produktiven Löhne durch die Buchhaltung nicht allein auf den Materialien- und Lohn-Hauptbuchkonten in der üblichen Weise für die Bilanz und die Erfolgs-Rechnung gesammelt, vielmehr auch daraufhin kontrolliert werden, ob die auf den erwähnten Hauptbuch-Konten sich herausstellenden Materialien- und Lohn-Beträge durch die Verkaufs-Rechnungen auch wirklich zu Lasten der Waren-Empfänger zur Weiterberechnung gelangt sind. Diese Kontrolle ist leicht durchführbar, wenn man dafür sorgt, daß von den der Nachkalkulation zugrunde liegenden Kommissions-Zetteln in zwei besonderen Spalten des Ausgangs-(Verkaufs-) Buchs jedem Lieferungs-Posten der Betrag des darauf verausgabten produktiven Lohns und derjenige des verwendeten Materials beigesetzt werden. Auch für die Kundschaft ausgeführte Reparaturen sind in derselben Weise zu kontrollieren. Entsprechend auch die für den Betrieb in eigener Regie hergestellten Werkzeuge und Utensilien und die für die etwa bestehende Versuchs-Station verausgabten produktiven Löhne und verbrauchten Materialien.

Insoweit die Gesamtsumme aller für Materialien und produktive Löhne kontrollmäßig derartig festgestellten Beträge für den Bilanztag hinter den Aufwand-Salden der in Betracht kommenden Hauptbuch-Konten zurückbleibt, ist — gewissenhafte Führung der Materialien- und Lohn-Konten, wie auch der Kontrolle vorausgesetzt — anzunehmen, daß im Wertbetrage des Unterschieds Material-Ausschuß, Diebstahl und andere Verlust-Ursachen vorliegen müssen, zu denen in mehr oder minder zahlreichen Fällen auch ein zu niedriger Material- oder Lohn-Ansatz in den Verkaufs-Rechnungen gehören kann.

Nachprüfung kalkulierter Regie-Zuschläge auf bilanzmäßiger Grundlage. Auf Grund der bilanziellen Ergebnisse ist nun zu prüfen, ob der für die Kalkulationen angenommene Regie-Zuschlag richtig, oder inwieweit er falsch ist.

Nehmen wir an, in einer Fabrikations-Unternehmung sei bisher mit 100 % Regie-Zuschlag zu den produktiven Löhnen gerechnet worden. Die Erfolgs-Rechnung ergibt für die zuschlagsfähigen allgemeinen Fabrikations-Kosten (vgl. S. 205ff.) diese (hier ganz rund angenommenen) Zahlen:

Fabrikbetriebs-Kosten	98000 M,
Abnutzungs-Kosten	22000 M.

Diesen 120000 M, für diesen Fall beispielsweise als zuschlagsfähig zu denkenden[1]) Generalien stehen 80000 M produktive Löhne gegenüber. Danach würde ein Regie-Zuschlag von 150 % für die Kalkulationen erforderlich gewesen sein. Es ist aber mit nur 100 % Zuschlag kalkuliert worden. Mithin sind 40000 M Generalien bei der Berechnung der Herstellungs-Kosten ungedeckt geblieben. Bei der Berechnung der Verkaufspreise waren den Herstellungs-Kosten zugeschlagen worden zur Deckung der Handels-Betriebsspesen und der Ausfälle an Dubiosen zusammen ebenfalls 40000 M in Gestalt von weiteren 50 % Aufschlag und dem sich hiernach ergebenden Betrage noch 11 % (auf Hundert!) zur Deckung des mit 10 % angestrebten Reinerlöses. Der Gesamtumsatz belief sich auf rund 400000 M. Wäre der 100 prozentige Regie-Zuschlag zutreffend gewesen, so hätten — die Richtigkeit der 40000 M, d. h. des im Verhältnis zu den produktiven Löhnen mit 50 % geschätzten Aufschlags für Handels-Betriebsspesen und Dubiosen-Ausfälle, ebenfalls vorausgesetzt — 10 % von 400000 M = 40000 M netto erübrigt sein müssen. Da aber der Regie-Zuschlag

[1]) Daß der Kreis der für die bilanzielle Bewertung zuschlagsfähigen Generalien — im Gegensatz zum Zuschlagsumfang für kalkulatorische Zwecke — meist zu begrenzen ist, sei nochmals betont.

um 40000 M zu klein war, hatte dieses Manko den erwarteten Gewinn gerade aufgezehrt, so daß die Jahres-Rechnung ungefähr gerade nur balancierte, anstatt einen Reinüberschuß von 40000 M auszuweisen. Sofern nachweislich besondere Ursachen die Notwendigkeit weiterer erheblicher Erhöhung des Regie-Zuschlags nicht herbeigeführt hätten, wäre dieser für die Berechnung der Herstellungs-Kosten künftig statt mit 100 % mit 150 % zu veranschlagen gewesen. Von sehr ernster Bedeutung ist hierbei natürlich die Frage, ob die Unternehmung bei erhöhten Regie-Zuschlägen noch konkurrenzfähig bleibt, oder ob, soweit dies nicht der Fall ist, die technische und kaufmännische Organisation hinreichend verbilligt zu werden vermag.

Herstellungs-Kosten, nicht Selbstkosten als bilanzmäßige Zuschlagsgrundlagen. Der Erwähnung bedarf, daß die meisten Fabrikanten bei den Kalkulationen die Herstellungs-Kosten von den Selbstkosten (über den Unterschied vgl. S. 207 bis 208) nicht trennen, sondern den Regie-Zuschlag auf die Selbstkosten beziehen, denen sie dann nur noch den Zuschlag für den angestrebten Nettogewinn hinzuzufügen haben. Im vorstehenden Beispiel wäre demnach zunächst mit einem Regie-Gesamtzuschlag von 150 % gerechnet worden, an dessen Stelle ein solcher von 200 % als zutreffend erkannt worden wäre. Für die Bilanz-Bewertung sind aber nicht die Selbstkosten, sondern höchstens die Herstellungs-Kosten zugrunde zu legen.

Ganzfabrikate. Die für die bilanzielle Bewertung in Ansatz zu bringenden Herstellungs-Kosten der Ganzfabrikate sind unter Hineinrechnung des als richtig erkannten Regie-Zuschlags zu berechnen. Im Interesse stetiger bilanzmäßiger Bewertung ist empfehlenswert, an dem einmal als zutreffend erkannten Regie-Zuschlag festzuhalten, seine Höhe also nicht etwa je nach den Jahres-Ergebnissen zu wechseln, oder womöglich einmal mit Zuschlägen, ein andermal ohne diese zu bilanzieren. Über die Wirkungen solcher Schwankungen habe ich bereits gelegentlich der Untersuchung der Herstellungs-Kosten gesprochen. Daß dagegen aus erklärlichen Gründen vermutlich dauernde Veränderungen der Regie-Zuschläge nicht nur rein kalkulatorisch, sondern ebenfalls bilanzmäßig zu berücksichtigen sein werden, ist selbstverständlich.

Verschiedene Regie-Zuschläge für Halb- und Ganzfabrikate. Während man bei der bilanziellen Bewertung der Ganzfabrikate den Regie-Zuschlag durchweg in gleicher Weise zur Anrechnung bringen wird, ist bei der Bewertung der Halbfabrikate nicht selten ein niedrigerer Zuschlag am Platze. Besonders dann, wenn das halbfertige Produkt am Bilanztage den Fabrikations-Prozeß erst zu passieren begonnen hatte; oder wenn der Anteil der auf das Halbfabrikat bis zum Bilanztage verausgabten produktiven Löhne im Vergleich zum Materialwert so bedeutend ist, daß der volle Regie-Zuschlag zu einem unverhältnismäßig hohen Bilanzwert führen würde. Der bilanziellen Bewertung der Halbfabrikate ist deshalb besondre Aufmerksamkeit zuzuwenden, und es wird bei komplizierten Verhältnissen oft zweckmäßig sein, jene Bewertung in erster Linie vorzunehmen, solange der jeweilige Stand der Arbeiten an den Halbfabrikaten für den Bilanztag noch sicher festgestellt werden kann. Am besten gleich bei der Inventur-Aufnahme, falls dies durchführbar ist. Man erleichtert sich die Arbeit des Bewertens der Halbfabrikate wesentlich, wenn man die noch nicht allzu weit vorgeschrittenen Arbeitsstücke ohne Regie-Zuschläge bilanziert, was vom Standpunkt solider Bilanz-Grundsätze nur empfehlenswert ist.

Halbfertige Bauausführungen. Besondrer Würdigung bedürfen noch diejenigen halbfertigen Arbeiten, die — wie beispielsweise große Gebäude-, Brücken-, Schiffs-Bauten, Maschinen-, Docks-Anlagen u. dgl. — sich über mehrere Bilanz-Perioden erstrecken. In solchen Fällen ist, besonders bei Kapital-Gesellschaften im Interesse gerechter Erfolgs-Verteilung, der auf jedes Jahr der fortschreitenden Bauausführung entfallende Anteil am später mit Sicherheit zu erwartenden Gesamterfolg in der Bilanz jedes Jahrs auch ansatzfähig. Wollte man nur den jeweilig aufgelaufenen Herstellungspreis bilanzieren, so würde der gesamte Erfolg erst dem letzten Jahr der Arbeit-Periode zufallen. Da Unterbewertung privatrechtlich statthaft ist, dürfte man diesen Weg wohl einschlagen. Wählt man aber den andern der gerechten Erfolgs-Verteilung, so muß man die auf die einzelnen Jahre entfallenden Erfolgs-Anteile jedenfalls sehr vorsichtig berechnen. Buchhalterische Durchführung entweder durch Belastung des Auftraggebers oder transitorisch nach Art der schwebenden Engagements (vgl. S. 250ff.). Etwa drohende Verluste wird man natürlich anteilig vorweg bilanzieren, um Überbewertung zu vermeiden. In der Z. f. hw. F. IV. S. 564 und V. S. 108ff. steht solcher Fall zur Diskussion. Die dort geäußerten Meinungen lassen auch einiges über die Technik der Feststellung des Erfolgs-Anteils erkennen, worauf im Rahmen dieser Ausführungen nicht eingegangen werden kann.

Im Anschluß hieran bemerke ich, daß die Besteller sich über mehrere Bilanz-Perioden hinziehender Bau-Ausführungen die bis zu jedem Bilanz-Termin aufgelaufenen Rechnungs-Beträge vom Lieferanten einzufordern haben, um in ihren Bilanzen den jeweiligen Stand der Bau-Ausführung ersichtlich zu machen. Beim Empfang der Teilrechnung ist zu buchen: Neubau-(oder etwa Speicher-Neubau- oder dgl.-)Konto an N. N. (Name des Bauausführenden). Zahlungen an die den Bau ausführende Firma sind demnach zu buchen: N. N. an Kasse-(Bank- oder dgl.-)Konto.

Reparaturen. Im wesentlichen gilt das über die bilanzielle Bewertung der Halbfabrikate Gesagte auch für fremde Gegenstände, die zum Zweck der Reparatur zur Zeit der Inventuraufnahme in den Werkstätten liegen und teilweise oder ganz wiederhergestellt sind. Bei nicht nennenswertem Bestand an solchen Arbeitstücken wird man der Einfachheit halber die für die Reparaturen bis zum Bilanztage entstandenen Ausgaben für Löhne und Materialien außer Ansatz lassen, statt sie transitorisch zu bilanzieren. Besonders, wenn diese Werte von Jahr zu Jahr ungefähr die gleichen sind. Nicht zuletzt wird man darauf zu achten haben, daß Reparaturstücke fremden Eigentums nicht als eigene inventiert werden.

Abschreibungs-Politik als Bewertungs-Faktor. Von bedeutsamem Einfluß auf die Kalkulation ist die Abschreibungs-Politik. Denn eine Industrie-Unternehmung wird ceteris paribus um so konkurrenzfähiger sein, je niedriger ihre Anlagen zu Buche stehen, weil dementsprechend niedriger auch ihre Selbstkosten lauten. Das gleiche gilt auch für die zur Bilanz-Bewertung heranzuziehenden Herstellungs-Kosten. Während nun, selbst wenn die Anlagewerte völlig abgeschrieben sind, nichts im Wege steht, in die Selbstkosten-Berechnung dennoch normale Abschreibungs-Beträge hineinzurechnen, falls die Konkurrenzfähigkeit trotzdem gewahrt bleibt, ist solches Verfahren bei der Berechnung der Herstellungs-Kosten für die Bilanz-Bewertung nicht anwendbar, weil andernfalls Kosten als Aktiva bilanziert werden würden, die der Erfolgs-Rechnung des Bilanzjahrs nicht belastet sind. Auch in dieser Beziehung wird der von mir wiederholt hervorgehobene wesentliche Unterschied zwischen der bilanzmäßigen Bewertung und der rein kalkulatorischen Preisberechnung offenbar.

In gewissem Sinne kann man von Herstellungs-Kosten auch reden bei Waren, die — wie z. B. Hölzer und Weine — einer bestimmten Pflege und mehr oder minder langen Lagerung bedürfen, um in Gebrauchs- und Tauschwert den Höhepunkt zu erreichen.

Zinsen und Konservierungs-Kosten als Wertzuschläge. Im großen und ganzen steht außer Zweifel, daß aus qualitativen Gründen längerer Lagerung bedürftige Waren an Gebrauchswert und damit auch an Tauschwert nicht bloß in dem Maße gewinnen, wie die Lagerung Zinsen-Verluste und Pflege-Kosten herbeiführt, sondern daß die Wertsteigerungen regelmäßig über die Zinsen-Verluste und Pflege-Kosten hinausgehen, weil andernfalls das wirtschaftliche Interesse an dem Artikel für den Unternehmer notwendigerweise entfallen müßte. Man wird hiernach zustimmen der Ansicht, daß die bei der Lagerung auflaufenden (wenn auch bei hinreichendem eigenen Kapital nicht verausgabten, sondern nur entgangenen) Zinsen rein kalkulatorisch und bilanziell unbedingt zu den Herstellungs-Kosten derartiger Waren zu rechnen sind, soweit in Sonderfällen nicht zu erwarten ist, daß die Zinsen-Zuschläge im Handel nicht hereinbringbare, weil zu hohe Preise zur Folge haben. Mit unserer bilanzrechtlichen Auffassung der Herstellungs-Kosten wäre außerdem sehr wohl vereinbar, außer den Zinsen auch die Kosten der Lagerung und Pflege wenigstens dann zur bilanziellen Bewertung mit heranzuziehen, wenn die Waren dadurch nicht in unstatthaftem Umfang verteuert werden. Gewiß steht, bilanzrechtlich genommen, nichts entgegen, auf jeden Zinsen- und Lagerpflege-Zuschlag zu verzichten, somit unterzubewerten und die gesamte, im spätern Erlöse zum Ausdruck kommende Zinsen- und Pflegekosten-Vergütung dem Jahr der Veräußerung zugute kommen zu lassen. Dagegen wird man diese Zuschläge immer dann geltend machen, wenn man die Verkaufspreise kalkuliert oder das Lager mit dem Geschäft verkauft.

Hier nur die Mitteilung einiger voneinander abweichenden Bewertungs-Methoden, denen ich im Wein-Großhandel begegnet bin:

Zinsenaufschlags-Methode. Den Anschaffungs- oder Herstellungs-Kosten junger Weine werden, wenn sie qualitativ hinreichend gewinnen, mehrere Jahre hindurch Zinsen zugeschlagen. Liegen Weine — besonders solche besserer Qualität — schon Jahre lang auf Lager, so unterläßt man nach einer gewissen, von Fall zu Fall festzustellenden Zeit den weitern Zinsenzuschlag, um die Weine nicht zu teuer werden zu lassen. Ja, es kommt vor, daß man Werte alter Weine, die zu hoch zu Buche stehen, bis auf die später noch zu erzielenden Verkaufspreise abschreiben muß. Solche Abschreibungen können sich mitunter schon nach dem Verlauf des ersten Besitzjahrs erforderlich machen, wenn die Weine sich infolge irgendwelcher Verhältnisse nicht gut probieren, oder wenn sie — wie nicht selten die Weißweine — leicht trübe werden.

Abschätzungs-Methode. Die Bestände werden abgekostet und danach eingeschätzt. Denn bekanntlich gibt es Jahrgänge, die sich auf der Flasche wesentlich besser, als vermutet werden konnte, entwickeln, während andere, vielleicht sogar mit höheren Kosten angeschaffte oder hergestellte Weine in der Entwicklung zurückbleiben, also berechtigte Erwartungen nicht erfüllen. Weine, die auf der Flasche stark gelitten haben, vielleicht sauer geworden sind, scheiden aus, sofern sie nicht mehr umgearbeitet werden können. Daß die Abschätzungs-Methode, so sehr sie zur Ermittlung bilanzwahrer Werte geeignet sein kann, die Kontinuität der Bilanz-Ansätze stark zu stören vermag, liegt in ihrem Wesen begründet.

b) **Wertpapiere:**

Wir beschäftigen uns in diesem Zusammenhang nur mit Wechseln und Effekten als den für das kaufmännische Leben wichtigsten beiden Arten der Wertpapiere.

1. Wechsel.

Uns interessieren hier nur die im Wege regulärer Geschäfts-Umsätze ins Portefeuille gelangenden Wechsel. Bürgschafts-Wechsel aller Art und Gefälligkeits-Akzepte, die unter I b 2 bereits behandelt sind, scheiden hier aus der Betrachtung.

Bestand-Kontrolle. Bevor mit der Wechsel-Bewertung begonnen wird, hat man sich zu überzeugen, ob der Gesamtbetrag der Summen aller im Portefeuille liegenden Wechsel sich mit demjenigen der aus dem Wechsel-Skontro ausgezogenen Wechselsummen oder mit dem Saldo des Wechsel-Kontos im Hauptbuch deckt, sofern dieses als Nennwert-Kontrollkonto geführt wird (vgl. hierzu die kontentheoretischen Ausführungen auf S. 26ff.).

Tratten. Auf die Kundschaft gezogene, von dieser aber noch nicht akzeptierte Wechsel (Tratten), die am Schluß des Bilanztags noch im Portefeuille liegen, dürfen natürlich nur dann als Wechsel inventarisiert werden, wenn sie dem Wechsel-(oder Tratten-)Konto zugunsten des Kontokorrent-(oder Kunden-)Kontos bereits belastet sind, weil andernfalls ihre Beträge einmal als Forderungen, ein andermal als Wechsel (Tratten) unter den Aktiven erscheinen würden, was bei doppelter Buchhaltung allerdings nur vermöge einer eingeschalteten Fehlbuchung zu einer formell stimmenden Bilanz führen könnte.

Wechsel als Liquiditäts-Faktoren. Mittelst der Umwandlung von Kontokorrent-Buchforderungen in Wechsel-Forderungen die Liquidität des bilanzmäßig ausgewiesenen Vermögens zu erhöhen, ist ein durchaus erlaubtes Beginnen unter der Bedingung, daß die zu den Wechseln gerechneten (noch unakzeptierten) Tratten auch auf wirklich zahlungsfähige Kunden gezogen sind, und daß diese ihre Bereitwilligkeit, zu akzeptieren, entweder schon mitgeteilt haben, oder daß nach früheren Erfahrungen an deren Einverständnis mit der Trassierung wenigstens nicht gezweifelt zu werden braucht.

Oft begegnet man der uneingeschränkt ausgesprochenen Ansicht, die zu bilanzierenden Wechsel-Bestände seien per Bilanztag zu diskontieren. Diese Ansicht trifft, bilanzrechtlich angesehen, wohl zu, weil danach der für den Bilanztag maßgebende Wert anzusetzen ist, dieser bei Wechseln aber gleichsteht der um den Diskont für die Zeit vom Bilanztage bis zum Verfalltage gekürzten Wechselsumme.

Ungerechtfertigte bilanzmäßige Wechsel-Diskontierungen. Vom Standpunkt der Erfolgs-Rechnung ist jene Ansicht aber einzuschränken, weil der Diskont eine ungerechtfertigte Belastung des Bilanzjahrs immer dann darstellt, wenn die Wechsel den Gebern „per Verfall", also mit den ungekürzten Nennbeträgen, gutgebracht worden waren. Denn dann werden dem Bilanzjahr im Nachjahr erst auflaufende Diskont-Beträge angelastet, die bei der Hereinnahme der Wechsel den

Gebern zugunsten des Bilanzjahrs nicht in Abzug gebracht worden sind. Demnach muß als richtig anerkannt werden das im Waren-Handel vielfach geübte Verfahren, wonach von der Kundschaft akzeptierte, den Akzeptanten mit den vollen Wechselsummen per Verfall gutgebrachte Wechsel (Kunden-Akzepte) mit den gleichfalls ungekürzten Nennwerten bilanziert werden. Besonders dann, wenn diese Wechsel nur zur Sicherung der mit dem Wechsel-Verfall zusammenfallenden Fälligkeit der Forderung gezogen sind und deshalb bis zu dem Fälligkeits-Termin im Portefeuille des Ausstellers verbleiben (übrigens gibt es noch immer Leute, die ihr Akzept dem Lieferanten nur unter einer derartigen, wechselrechtlich allerdings unverbindlichen Verpflichtung erteilen).

Notwendige derartige Diskontierungen. Dagegen ist die bilanzielle Wechsel-Diskontierung notwendig, wenn die Wechsel bei der Hereinnahme bereits diskontiert worden sind und voraussichtlich, je nach den geldlichen Bedürfnissen oder der Entwicklung der Diskontsätze, früher oder später weiterdiskontiert (rediskontiert) werden sollen. Würden die Wechsel bei solcher Sachlage etwa mit den vollen Nennbeträgen bilanziert werden, so würde von den bei der Hereinnahme gemachten Diskont-Abzügen der auf die Zeit vom Bilanztage bis zum Verfalltage entfallende Teil dem Nachjahr zugunsten des Bilanzjahrs belastet werden. Das wäre aber bilanzrechtlich unzulässige Überbewertung in reinster Form.

Naturgemäß hat die bilanzmäßige Wechsel-Diskontierung hiernach Hauptbedeutung für den das Diskont-Geschäft gewerbsmäßig betreibenden Bankverkehr.

Diskontsatz vom Anschaffungs- oder vom Bilanztage. Der bilanzrechtlichen Vorschrift des § 40 Abs. 2 H.G.B. wird entsprochen, wenn die zu bilanzierenden Wechsel-Bestände nach Maßgabe der am Bilanztage gültigen Bankrate diskontiert werden. Im Sinne des § 261 Ziff. 1 H.G.B. wäre dagegen der Diskontierung der Anschaffungs-Diskontsatz (Hereinnahme-Diskontsatz) zugrunde zu legen, falls dieser höher als der am Bilanztage maßgebende Satz ist, weil andernfalls der auf die Zeit vom Bilanztage bis zum Verfalltage entfallende Teil des Hereinnahme-Diskontbetrags einen unrealisierten Gewinn für das Bilanzjahr einschließen würde. Diese für A.G.en und K.A.G.en bekanntlich bestehende Vorschrift wird in der Praxis der Wechsel-Bilanzierung jedoch meist nicht beachtet. Vielmehr wird der bilanziellen Diskontierung de facto der am Bilanztage gültige Diskontsatz zugrunde gelegt.

Devisen. Devisen sind zu den nach §§ 40 oder 261 H.G.B. in Betracht kommenden Devisen-Kursen nach den Grundsätzen der Devisen-Rechnung zu diskontieren.

Wechsel-Gruppierung für das Inventar. In großen Bankbetrieben pflegt man die Markwechsel für die bilanzielle Bewertung zu gruppieren nach der Größe der Beträge, nach der banktechnischen Bedeutung der Wechselplätze und nach der Art des in Ansatz zu bringenden Diskonts (Banksatz, Privatsatz).

Etwa so:

Auswärtige Bankplätze unter 600 M; von 600 bis 3000 M, fällig Januar bis März einschließlich; über 3000 M, ebenso fällig. Der Betrag von 3000 M wird als Trennungsgrenze angenommen, weil Abschnitte über 3000 M mit mindestens 56tägiger Laufzeit Verwendung als Privatdiskonten finden können, sofern ihre Qualität sie hierfür geeignet erscheinen läßt.

Nebenplätze.

Platzwechsel. Unterabteilungen wie bei der ersten Gruppe nach Größe der Abschnitte und Fälligkeits-Monat.

Berlin.

Große Diskonten. (Beträge von mindestens 5000 M oder noch höherm Minimum. Auch hierbei wird als Gesichtspunkt für die Gruppierung die Verwendbarkeit als Privatdiskonten in Frage kommen.)

Die Prima-Bankakzepte sind in der vorstehenden Gruppe enthalten. Bei großen Banken wird eine besondre Gruppe: „Prima Bankakzepte" eingerichtet werden.

Eigene Ziehungen. Diese Art der Wechsel wird bekanntlich stark angegriffen, obwohl sie das Schuldverhältnis natürlicher darstellt, als dies die jetzt gebräuchliche Art der Trassierung des schuldenden Kunden auf die Bank tut. (Diese Ansicht vertritt mit Recht auch Georg Bernhard im „Plutus" VIII. S. 165.)

Prüfung der Wechsel-Qualität. Selbstverständlich müssen sämtliche Wechsel daraufhin geprüft werden, ob die Unterschriften etwaiger Vorgiranten und der Akzeptanten volle Sicherheit der Einlösung verbürgen. Soweit dies nicht zutrifft, sind die in Frage kommenden Wechsel wie zweifelhafte oder gegebenenfalls uneinbringliche Forderungen zu behandeln.

Giro-Obligo. Das Moment der Unsicherheit von Wechsel-Forderungen führt uns zu der umstrittenen Frage nach der Pflicht zur Bilanzierung der Giro-Verbindlichkeiten (des sogenannten Giro-Obligos) aus den bis zum Bilanztage weiterbegebenen Wechseln.

Arten der Obligo-Bilanzierung. Wie ich schon sagte, ist die Bewertung notleidend gewordener oder vermutlich notleidend werdender Wechsel übereinstimmend mit derjenigen uneinbringlicher oder zweifelhafter Forderungen vorzunehmen. Dies gilt nun nicht bloß für die am Bilanztage im Portefeuille ruhenden, sondern ebenso für die bis zu diesem Tage weiterbegebenen, aber noch nicht eingelösten Wechsel-Danach ist in Abzug zu bringen der Betrag, um den die Kosten der Regreß-Verbindlichkeiten gegen die Nachmänner (Indossatare) die Deckungen aus dem Regreßrecht gegen die Vormänner (Indossanten, Aussteller und Akzeptanten) für den Bilanztag vermutlich übersteigen oder zu übersteigen drohen. Im Interesse der Bilanz-Klarheit ist ratsam, die Giro-Verbindlichkeit auf der Passiva-Seite der Bilanz durch ein besondres, eine unechte Reserve darstellendes Korrektiv-Konto zu kennzeichnen. Dieses Konto, das außer dem Giro-Obligo auf weiterbegebene Wechsel auch Abschreibungen auf die am Bilanztage noch im Portefeuille ruhenden, auf der Aktiva-Seite voll bilanzierten Wechsel enthalten kann, bringt man auf der Passiva-Seite als solches, etwa mit der Bezeichnung: Wechsel-Obligokonto, Giro-Obligokonto, Regreßpflicht-Reservekonto oder ähnlich zum Ansatz. Wer solche eindeutige Klarheit mit seinen geschäftlichen Interessen nicht vereinbaren zu können glaubt, wird das Giro-Obligo vielleicht einem bereits bestehenden Delkredere- oder Dubiosen-Konto hinzufügen,das Wechsel-Obligo sonach mit den Rückstellungen auf Forderungen an Debitoren verschmelzen.

Zahlenmäßig feststehendes Giro-Obligo. Nicht richtig wäre, das vermutliche oder schon feststehende Giro-Obligo aus weiterbegebenen Wechseln unmittelbar auf der Aktiva-Seite der Bilanz auszuweisen, indem man seinen Betrag vor dem Strich von dem Gesamtbetrag des Wechsel-Bestands absetzen und nur den sich danach herausstellenden Unterschieds-Betrag in der Hauptkolonne bilanzieren würde. Denn bei diesem Verfahren würden die vermutlichen Obligo-Verluste aus weiterbegebenen Wechseln mit dem Bilanzwert der noch im Portefeuille ruhenden Wechsel verquickt werden. Deshalb sind solche Verluste auf der Passiva-Seite besonders zu bewerten. Dagegen sind von dem Nennbetrag des Wechsel-Bestands auf der Aktiva-Seite die auf diesen Bestand zu erwartenden Verluste in der Vorkolonne in Abzug zu bringen, wenn man sie nicht, wie oben schon angedeutet wurde, auf dem passiven Korrektiv-Konto mit ausweisen will. Sowohl der auf das Portefeuille entfallende Ausfall-Betrag, wie auch der aus weiterbegebenen Wechseln zu erwartende Verlust-Betrag ist zu Lasten der Erfolgs-Rechnung des Bilanzjahrs zu verbuchen.

Eventual-Giroobligo. Von den für den Bilanztag zahlenmäßig bereits feststehenden oder doch annähernd zu schätzenden Verlusten aus dem Giro-Obligo streng zu scheiden ist das in den weiterbegebenen Wechseln am Bilanztage umlaufende Giro-Obligo als solches, das gleichzusetzen ist dem Gesamtbetrage der bis zum Ende des Bilanztags weiterbegebenen, bis dahin nicht eingelösten Wechsel überhaupt, das somit nur als Eventual-Verbindlichkeit anzusehen ist. Da aus diesem Eventual-Giroobligo eine materielle Beeinflussung der Bilanz nicht erfolgen kann, weil der Regreßpflicht gegen die Nachmänner (Indossatare) das Regreßrecht gegen die Vormänner (Indossanten, Aussteller und Akzeptanten) in gleicher Höhe gegenübersteht, so kommt — ganz wie bei den sonstigen, auf S. 240 ff. und S. 252 besprochenen Eventual-Verbindlichkeiten — für die buchhalterische und bilanzielle Darstellung des Eventual-Giroobligos in erster Linie die Methode der durchlaufenden Posten in Frage. Nachdem der Gesamtbetrag der bis zum Ende des Bilanztags weiterbegebenen, bis dahin noch nicht eingelösten Wechsel an der Hand des Wechsel-Skontros oder des Wechsel-Kopierbuchs festgestellt ist, wird diese Summe einem Regreßrecht-(Vormänner- oder dgl.-) Konto belastet, einem Regreßpflicht- (Nachmänner- oder dgl.-) Konto gutgebracht. Will man diese Konten nicht in den Hauptkolonnen der beiden Bilanz-Seiten erscheinen lassen, so kann man dies vor dem Bilanzstrich oder am Fuß der Bilanz tun. Irgendwelche materielle Beeinflussung der Bilanz bleibt bei jeder Art von Darstellung des Eventual-Giroobligos mithin außer Betracht.

Zusammenfassende Buchung. Jedoch ist es möglich, das Eventual-Giroobligo mit den für den Bilanztag feststellbaren oder zu schätzenden Verlusten aus dem Giro-Obligo buchmäßig zu verschmelzen dadurch, daß man auf der Passiva-Seite den Betrag des gesamten Obligos (Regreßpflicht gegen die Nachmänner), auf der Aktiva-Seite dagegen nur den aus dem Regreß gegen die Vormänner zu erwartenden Deckungs-Betrag bilanziert, während man den in Aussicht stehenden Verlust aus dem Obligo zu Lasten der Erfolgs-Rechnung des Bilanzjahrs fortbucht. Buchungssatz:

Zwei Schuldner
an Nachmänner-Konto:

Vormänner-Konto,
aus dem Regreßrecht zu erwartende Deckung des regreßpflichtigen Betrags . . . .M,
Gewinn- und Verlust-Konto (oder geeignetes Unterkonto),
zu erwartender Verlust aus der Regreßpflicht zufolge mangelnder Deckung durch die Vormänner . . . .M

Die bilanzielle Wirkung wäre dann dieselbe, als wäre erstens das Eventual-Giroobligo links und rechts, zweitens rechts nur der aus dem Giro-Obligo zu erwartende Verlust-Betrag gebucht und bilanziert worden.

Bilanzunklare Darstellung. Mit dem Wesen der Bilanz-Klarheit unvereinbar ist der von Weyrich (S. 80) gemachte Vorschlag, das Eventual-Giroobligo zu bilanzieren, indem man den Betrag der weiterbegebenen, am Bilanztage aber noch nicht verfallenen Wechsel dem Wechsel-Portefeuillebestande zuschlägt, dagegen den Betrag der davon an die Kreditoren gegebenen Wechsel den Bilanz-Kreditoren und den der im Bankverkehr diskontierten den Bankschulden zuschlägt oder vom Bankguthaben absetzt. Denn dadurch würden dem Bilanzleser Wechsel-Bestände, Kreditoren und eventuell Debitoren (Bankguthaben) vorgeführt, die in solchen Beträgen tatsächlich nicht bestehen, soweit die Wechsel von den Vormännern eingelöst werden. Daß dies aber in der weitaus überwiegenden Mehrzahl der Fälle geschieht, wird niemand bestreiten wollen. Bei mittleren und großen Bankunternehmungen würde das Eventual-Giroobligo enorme Summen betragen, die Wechselbestand, Kreditoren und eventuell Debitoren unverhältnismäßig stark beeinflussen würden. Faßt man den Weyrichschen Vorschlag jedoch dahin auf, das Eventual-Giroobligo sei auf beiden Bilanz-Seiten neben dem Bestande, den Debitoren und Kreditoren gesondert anzugeben, dann würde jener Vorschlag mit der bereits bekannten Methode der durchlaufenden Posten identisch sein.

Vorschlag zur Eventualobligo-Bilanzierung. Dagegen könnte man das Eventual-Giroobligo derart bilanzieren, daß man auf der Aktiva-Seite vor dem Strich den Gesamtbetrag aller am Schluß des Bilanztags im Portefeuille vorhandenen zuzüglich desjenigen der bis zum Bilanztage weiterbegebenen, bis dahin noch nicht eingelösten Wechsel, also zuzüglich des Eventual-Giroobligos, angibt und, ebenfalls vor dem Strich, den Gesamtbetrag der letztgenannten Wechsel davon abzieht, um in der Hauptkolonne der Bilanz, wie üblich und richtig, nur den Gesamtbetrag der Portefeuille-Wechsel zum Ansatz zu bringen. Etwa so:

Wechsel-Portefeuille-Bestand einschließlich des Eventual-Giroobligos aus weiterbegebenen (rediskontierten) Wechseln	12125319,67 M	
·/. Eventual-Giroobligo als solches	8500000,— „	
Wechsel-Bestand allein	3625319,67 M	3625319,67 M.

Unmöglichkeit genauer Obligo-Feststellung. Folgt man diesem Vorschlag, so kann man auf die immerhin leicht irreführenden durchlaufenden Posten verzichten, läßt Wechsel-Bestand, Kreditoren und eventuell Debitoren unberührt und genügt den Erfordernissen einer bilanzklaren Darstellung in jeder Beziehung.

In der vorstehenden Darstellung habe ich das Eventual-Giroobligo absichtlich mit einer runden Zahl angegeben, um anzudeuten, daß dessen genaue Feststellung für einen bestimmten Tag nicht möglich ist. Denn man muß bedenken, daß neben den, nach den Wechsel-Nebenbüchern als für den Bilanztag noch umlaufend ausgewiesenen Wechseln noch andere, nach jenen Nebenbüchern bereits als eingelöst zu denkende tatsächlich noch umlaufen oder bereits auf dem Regreßwege sein können. Um diesen Umstand zu berücksichtigen, wird ein das buchmäßig festgestellte Eventual-Giroobligo abrundender Zuschlag immer angebracht sein. Das Verhältnis zwischen dem Betrage des Portefeuille-Bestands und dem des Eventual-Giroobligos wird natürlich, je nach den Geldmarkt-Verhältnissen, der Liquidität des Unternehmens und anderen Umständen, sehr schwanken und oft das Vielfache des Portefeuille-Bestands betragen. Der Vollständigkeit halber sei noch erwähnt, daß am Bilanztage bereits zu vermutende oder etwa feststehende Verluste aus dem Giro-Obligo, ungeachtet der Tatsache etwaiger bilanzieller Darstellung des Eventual-Giroobligos, in der oben besprochenen Weise zu Lasten der Erfolgs-Rechnung des Bilanzjahrs natürlich zu verbuchen sind.

Bei der fachwissenschaftlichen Erörterung der Frage, ob und gegebenenenfalls wie das Giro-Obligo bilanziell darzustellen sei[1]), ist der Unterschied zwischen dem Eventual-Giroobligo als solchem und den vermutlichen oder feststehenden Verlusten aus dem Giro-Obligo meist nicht zur Geltung gebracht worden. Daß am Bilanztage bereits zu vermutende oder bekannte Verluste aus dem Giro-Obligo zu Lasten des Bilanzjahrs gebucht oder in Reserve gestellt werden müssen, bedarf nach dem vorstehend darüber Mitgeteilten keiner Begründung mehr. Geteilte Meinungen bestehen dagegen bezüglich der Frage nach der Bilanzierung der von mir Eventual-Giroobligo genannten bedingten Verbindlichkeiten aus weiterbegebenen Wechseln. Von besondrer Bedeutung ist die Entscheidung dieser Frage für den Bankverkehr.

Bankpolitische Bedenken. Im großen und ganzen muß man zugeben, daß ein Zwang zur Bilanzierung des Eventual-Giroobligos von den zur öffentlichen Rechnungslegung verpflichteten Bankunternehmungen jedenfalls peinlich empfunden werden würde. Nicht allein der dadurch verursachten Mehrarbeit wegen, vielmehr vor allem deshalb, weil die Veröffentlichung des Eventual-Giroobligos leicht zu falschen Schlüssen über die Solidität einer Bankunternehmung führen könnte. Ich stehe in dieser Hinsicht ganz auf Simons Standpunkt, der in seinen „Betrachtungen" (S. 395) sagt:

---

[1]) Vgl. über diese Frage: Simon „Bilanzen" S. 183 und „Betrachtungen" S. 390ff. Rehm S. 230—232, 788. Stern, Buchhaltungs-Lexikon S. 226. Reisch und Kreibig S. 239—240. Passow S. 205—206. Beigel in Z. f. B., 1903 Nr. 8 S. 170ff.

„Wahrscheinlich wird sich, wenn der Betrag der Giroverbindlichkeiten veröffentlicht wird, herausstellen, daß die großen Banken verhältnismäßig weniger Wechsel weitergeben als die kleinen. Dies sieht man bereits bei der Vergleichung der Abschlüsse der Notenbanken. Ist dies aber der Fall, so kann die Veröffentlichung der Ziffern der weiterbegebenen Wechsel in gewissem Umfange dem Kredit der kleineren Banken schaden und den Zulauf zu den großen Banken vermehren. Es liegt im öffentlichen Interesse, daß eine solche Benachteiligung der kleineren Banken nach Möglichkeit vermieden wird. Wenn jene Ziffern in der Bilanz zur Erscheinung treten, so werden Personen, die den Geschäftsgang nicht kennen, die Tragweite leicht überschätzen. Es genügt auch völlig den Zwecken einer Klarstellung des Standes der Verhältnisse der Gesellschaft in diesem Punkte, wenn sich — wie bei den Genossenschaften — die Angabe im Geschäftsbericht findet; dort können auch alsbald die erforderlichen Erläuterungen darüber gemacht werden, ob es sich um sog. Primadiskonten, Handelswechsel usw. handelt, damit aus den Ziffern keine zu weitgehenden Schlüsse gezogen werden.

Wenn wir hiernach auch jene Angaben zur Beurteilung einer Aktiengesellschaft für erforderlich halten, so muß doch vor der Annahme gewarnt werden, daß man allzuviel Belehrung aus denselben ziehen wird. Zunächst bleibt die Beurteilung der Zahlungsfähigkeit der Vormänner der Kenntnis des Publikums verschlossen; und doch kommt es am Ende der Dinge nur auf diese an. Außerdem vermögen nicht viele aus den Ziffern die richtigen Schlüsse zu ziehen."

„Dies darf uns aber nicht davon abhalten, die Wahrheit über den Umfang der in Rede stehenden Verbindlichkeiten für die Geschäftsberichte zu verlangen."

Treffend sagt auch Thorwart in Nr. 113 der Frankfurter Zeitung vom 23. April 1905:

„In Deutschland war es besonders der Zusammenbruch der Leipziger Bank, der das Verlangen nach Offenlegung der Giro-Verpflichtungen laut werden ließ. Exners Verteidiger, Justizrat Dr. von Gordon, warf damals in der „Deutschen Juristenzeitung" die Frage auf: „ob sich nicht ein System der doppelten Buchführung ermöglichen läßt, einerseits die Mithaft von Zweitschuldnern und andererseits die eigenen Regress-Verbindlichkeiten namentlich aus den kursierenden Wechseln übersichtlich in den Büchern selbst zum Ausdruck zu bringen?" Buchhalterisch gewiß; nur darf man dabei einige Momente nicht außer Augen lassen. Naturgemäß sind es die kleineren und mittleren Bankinstitute in der Provinz, die mehr Wechselgiro-Kredite in Anspruch nehmen als die großen Banken an den Börsenplätzen, weil diese bei plötzlich eintretender Geldknappheit sich mit Leichtigkeit die benötigten Mittel auf kurze Zeit und selbst von Tag zu Tag anderweitig leihen können, ohne sich an die Reichsbank zu wenden. Jene werden es daher als eine Härte empfinden, wenn sie ihre Giro-Verbindlichkeiten und zumal am Jahresende, d. h. gerade an einem Zeitpunkt angeben sollen, an welchem sie diese in besonderer Höhe angehäuft haben werden. Dadurch werden ihre Giro-Verbindlichkeiten, prozentual mit Aktien-Kapital und den sonstigen Verpflichtungen verglichen, viel erheblicher erscheinen als bei den großen Banken. Man müßte also wohl von vornherein über den Maßstab einverstanden sein, den man an jene Angaben legen will. Vielleicht käme man über das Bedenken schon weg, wenn man die Giro-Verbindlichkeiten je nach ihrer Laufzeit scheiden wird, also in die innerhalb zehn Tage, innerhalb zwanzig Tage und in später fällige. Eine besondere Kategorie von Giro-Verpflichtungen erwächst ferner aus den zum Zweck des Arbitrage-Verkehrs angekauften und verkauften Auslands-Wechseln. Es werden endlich auch recht ansehnliche Wechsel-Summen weiter giriert, nicht um sich Geld zu machen, sondern aus Ankäufen im Auftrage Dritter. Alles dies verbietet, die Giro-Verbindlichkeiten sämtlich über einen Kamm zu scheren. Nun könnte man daran denken, sie, sofern sie aus Prima-Diskonten herrühren, gesondert von denen aus Geschäftswechseln aufzuführen. Aber diese Trennung wird doch immer wieder in der Hand derjenigen Personen liegen, welche die Angaben selbst machen. Ganz abgesehen davon, daß der Begriff „Prima-Diskonten“ nicht überall der gleiche ist. Man sieht, daß die Frage noch einer ausführlicheren Behandlung bedarf, bevor man eine alle Teile befriedigende Form gefunden haben wird, die geeignet ist, um in die Praxis übergeführt zu werden.“

Umfang der praktischen Bedeutung der Frage. Ich halte die Frage nach der bilanziellen Offenlegung des Eventual-Giroobligos nicht für so erheblich praktisch wichtig, wie sie dem ersten Blick scheinen mag. Denn im allgemeinen kann man sagen, daß solide geleitete Bankunternehmungen (und diese sind doch wohl unstreitig in der weitaus überwiegenden Mehrzahl) beim Wechsel-Diskontgeschäft sehr ernsthafte Vorsicht zu üben und regelmäßig über gesetzliche und freiwillige offene und versteckte (stille, innere) Reserven zu verfügen pflegen in einem Umfang, dem gegenüber bei vorsichtiger Diskontierung etwa aus dem Giro-Obligo erwachsende Verluste nicht bedeutsam werden können. Dagegen lehrt die Erfahrung immer von neuem, daß leicht und krankhaft spekulativ veranlagte Geschäftsleiter ihre Praktiken trotz der besten Gesetzes-Vorschriften zu verbergen wissen, wobei sie nicht davor zurückschrecken, mit voller Absicht dagegen zu verstoßen, wenn sie dies im angeblichen Geschäfts-Interesse notwendig oder nützlich dünkt. Und selbst, wenn das Eventual-Giroobligo wenigstens annähernd richtig ermittelt wird oder zu werden vermag, können die absoluten Zahlen keinen irgendwie sichern Maßstab zur Beurteilung der darin vielleicht latenten Verlust-Risiken bieten. Denn in erster Reihe ist für solche Beurteilung die beim Diskont-Geschäft beobachtete Vorsicht entscheidend. Das Eventual-Giroobligo eines gut geleiteten Bankunternehmens kann bei einem Betrage von vielen Millionen ganz oder nahezu verlustfrei bleiben, dasjenige eines leichtfertig geführten Bankbetriebs kann schon bei weit niedrigeren Beträgen sehr erhebliche Verluste zur Folge haben.

Ungerechte Wirkung etwaiger Zwangsvorschriften. Schließlich würden Zwangsvorschriften auch insofern ungerecht wirken, als sie für alle, zur Bilanz-Veröffentlichung nicht verpflichteten Bankgeschäfte ohne praktische Konsequenzen blieben. Mit Recht hat man deshalb unterlassen, mit dem neuen Bankbilanzen-Schema auf die Bekanntgabe des Eventual-Giroobligos zu dringen[1]).

Obligo-Veröffentlichung bei Noten- und Genossenschaftsbanken. Nur die Notenbanken haben nach § 8 des Bankgesetzes vom 14. März 1875 die Pflicht, in ihren Jahresbilanzen und wöchentlichen Veröffentlichungen „die aus weiterbegebenen im Inlande zahlbaren Wechseln entsprungenen

---

[1]) Vgl. die dieses Schema betreffenden Ausführungen Georg Bernhards im „Plutus“ VIII. S. 163ff.

eventuellen Verbindlichkeiten ersichtlich zu machen". Auf eine gleiche Veröffentlichung wirken bei Kredit-Genossenschaften die Genossenschafts-Verbände.[1])

Obligo-Erwähnung im Geschäfts-Bericht. Wie ich oben schon angedeutet habe, könnte man als ausreichend ansehen, wenn Angaben über das Eventual-Giroobligo im Geschäfts-Bericht gemacht werden würden. Da die zahlenmäßige Höhe des gesamten Eventual-Giroobligos, wie ich im vorstehenden bereits hervorhob, nur bei genauer Kenntnis der Geschäftsführung einigermaßen richtig gewürdigt werden kann, könnte man auf die Mitteilung jener (regelmäßig kaum auch nur annähernd zutreffenden) Zahl verzichten und sich daran genügen lassen, wenn Vorstand und Aufsichtsrat im Bericht ausdrücklich bestätigen würden, daß sie das Eventual-Giroobligo gewissenhaft geprüft und für daraus mögliche Verluste nach Maßgabe des Prüfungs-Ergebnisses bilanzielle Vorsorge getroffen hätten.

2. Effekten.

Bewertungs-Vorschriften. Wie für Waren, gelten auch für Effekten die Bewertungs-Vorschriften des § 40 Abs. 2 H.G.B. oder des § 261 Ziff. 1 oder 2 H.G.B. — Je nachdem, ob A.G. oder K.A.G. oder eine andre Unternehmungsform vorliegt, und ob es sich um börsenmäßig notierte oder unnotierte Effektenwerte handelt.

Besonders rein zeigt der Warencharakter der Effekten sich im Bankverkehr, wo sie vorwiegend zum Zweck der Gewinn-Erzielung angeschafft und veräußert werden.

Wertpapiere als Betriebs-Gegenstände. Jedoch muß darauf hingewiesen werden, daß Wertpapiere in gewissen Fällen nicht Veräußerungs-Gegenstände zu sein brauchen, sondern den Charakter von Betriebs-Gegenständen haben können, weil sie von vornherein nicht zu nur vorübergehendem Besitz, sondern als dauernde Anlage erworben worden sind. Solche Anlage kann beispielshalber vorliegen, wenn eine Gesellschaft Aktien eines andern Unternehmens erwirbt, um sich Sitz und Stimme in dessen Aufsichtsrat zu erwirken. Oder wenn Effekten zur Deckung von Reserve- oder Wohlfahrts-Konten angeschafft, oder wenn sie als Kautions-Effekten hinterlegt sind (bei der Deckung von Reservefonds aber spielt das Veräußerungs-Moment insofern hinein, als die zu solchem Zweck angeschafften Effekten u. U. realisiert werden müssen).

In allen solchen und ähnlichen Fällen der Anlage von börsengängigen Effekten reicht die Tatsache mehr oder weniger längerer Bindung des

---

[1]) Auch in einem, während der Drucklegung dieser Ausführungen dem Reichstag unterbreiteten Antrag der Abgeordneten Dr. Faßbender, Irl, Jaeger und Wallenborn wird solche Forderung erhoben.

Gesellschafts-Vermögens dennoch nicht aus, um solche Effekten von der Bewertungs-Vorschrift des § 261 Ziff. 1 H.G.B. freizumachen, sie also etwa ein für allemal zum Anschaffungspreise zu bewerten. Nur in einem Fall würde ich die Bewertung von Anlage-Effekten zum Anschaffungspreise (unter Berücksichtigung von Wertminderungen irgendwelcher Art durch Abschreibungen) für erlaubt halten: wenn nämlich eine Unternehmung die meisten Anteile einer andern Gesellschaft käuflich erwirbt mit dem Recht, deren Betrieb künftig selbst zu führen, und wenn der dadurch gewonnene Anteil am Gesamtwert des letztgenannten Unternehmens tatsächlich so bedeutend ist, daß die Erwerberin der Anteile zum größten Teil als Eigentümerin der andern Unternehmung gelten kann, wenn mithin der Kreis der sonst noch vorhandenen Anteils-Besitzer und der Gesamtwert deren Anteile zu klein ist, um eine hinreichende Beeinflussung des Börsenkurses der Anteile zu ermöglichen. Allerdings wird es in solchem Fall Pflicht der Gesellschaft sein, etwa unter ihrer eigenen Geschäftsführung eingetretene Wertminderungen des von ihr geleiteten Unternehmens bei dem Wertansatz der Anteile mit aller Sorgfalt zu berücksichtigen. Auf diese Weise können Wertminderungen bilanziell schneller und sicherer als im Börsenkurse des offenen Marktes zur Geltung kommen. Denn daß Kurse keineswegs selten lügen, weiß jeder Erfahrene. (Vgl. zu vorstehendem: R.O.H.G. XXV. 308 ff. Simon S. 330 ff. Berliner S. 166—167.)

Für Staatspapiere geforderte Sondervorschriften. In neuerer Zeit ist mehrfach [z. B. im „Bank-Archiv“ vom 15. Juli 1910 und 15. Sept. 1910; außerdem auch schon im Organ des Deutschen Sparkassen-Verbands „Die Sparkasse“ Nr. 428 (Hannover), Jahrg. 1900 Nr. 1, von Berliner] vorgeschlagen worden, im Interesse bessern Kursstandes der Deutschen Reichs- und Staatsanleihen Bestände in diesen Effekten ein für allemal zum Anschaffungspreise zu bilanzieren, die Wirksamkeit der Vorschrift des § 261 Ziff. 1 H.G.B. sonach insoweit einzuschränken, um nicht nur den Sparkassen und Versicherungs-Gesellschaften die Anlage ihrer Mittel in solchen Anleihen zu erleichtern, sondern auch den Weg für eine andre Zwangsvorschrift zu ebnen, wonach Industrie-Aktiengesellschaften „zur Anlage ihrer ordentlichen Reservefonds in Buchschuldverschreibungen des Reichs und der Bundesstaaten zu verpflichten seien“. Wie Simon (S. 332) mitteilt, bewertet „die Bank von Frankreich alle Staatsrenten, die zum dauernden Besitze bestimmt sind, stets zum Einkaufspreise, mag der Tageskurs höher oder niedriger sein. Sie geht hierbei davon aus, daß die Renten für sie nicht als Veräußerungs-Gegenstände, sondern als Geldanlagen in Betracht kommen, deren Bedeutung lediglich in der Verzinsung ihres Kapitals zu finden ist.“

Durchschnittskurse. Wie bei Fabrikaten (vgl. darüber S. 209 bis 210), kann auch bei Effekten, die im Lauf der letzten Bilanz-Periode zu verschiedenen Kursen angeschafft, bis zum Bilanztage jedoch teilweise schon veräußert sind, die Feststellung des Erwerbspreises sachgemäßer Ermittlung bedürfen. Auch zu dieser Frage kann man nicht besser tun, als Simons treffende Beispiele (vgl. dort S. 340—341) im Wortlaut anzuführen:

„Hat eine Bank 100 Aktien am 1. Februar zu 400 und 100 Stück am 1. April zu 425 gekauft, dagegen 100 Stück am 1. März zu 410 verkauft, so wird als Erwerbspreis der verbleibenden 100 Stück 425 angesehen werden dürfen, da die ersten 100 Stück bereits nachweislich veräußert waren, als die zweiten 100 Stück gekauft wurden. Hat dagegen der Verkauf von 100 Stück nicht am 1. März, sondern erst am 1. Mai stattgefunden, so ist es nicht der Willkür der Bank anheimgestellt, ob sie die ersten oder die zweiten 100 Stück als die verkauften ansehen will. Es läßt sich nur feststellen, daß 200 Stück zum Durchschnittskurs von $412^1/_2$ erworben sind, und dieser Durchschnittskurs muß als der Erwerbspreis betrachtet werden.

Unerheblich ist es, ob etwa die Bank in dem letzten Fall die ersten und die zweiten 100 Stück in zwei getrennten Paketen aufbewahrt und zur Ablieferung bei dem Verkauf das erste Paket benutzt hat. Bei Feststellung des Gegenstands, für welchen der Erwerbspreis berechnet wird, kommt es überhaupt nicht auf die Spezies, sondern auf das Genus an.

Die gesetzliche Vorschrift würde bei jeder andern Auslegung illusorisch gemacht werden können. In vielen Fällen erwirbt derjenige, der bilanzmäßig als Eigentümer anzusehen ist, überhaupt niemals das juristische Eigentum an einer bestimmten Spezies."

„Sind 100 Aktien am 1. Februar zu 400 gekauft, 50 am 1. März zu 425 verkauft, 200 am 1. April zu 450 gekauft, so würde der Erwerbspreis der übrig bleibenden 250 Stück im Durchschnitt 440 betragen, während in der Gewinn- und Verlustrechnung der bei dem Verkaufe der am 1. März verkauften 50 Stück erzielte Gewinn von 50 × 25 = 1250 verzeichnet werden müßte."

Den auf S. 197 bis 200 über die bilanzielle Effekten-Bewertung bereits gemachten Mitteilungen ist zur Vervollständigung noch hinzuzufügen:

Mittelkurse und letzte Kurse. Zur Bewertung ist der an dem bilanzrechtlich maßgebenden Börsentage festgestellte Einheitskurs beziehungsweise der den Umsätzen zugrunde gelegte Mittelkurs heranzuziehen. Haben Umsätze zu verschiedenen Kursen stattgefunden, so kommt nur der letzte Kurs, nicht aber etwa ein Durchschnittskurs in Betracht.

Kost- und Scheingeschäfte. Kostgeschäfte und reine Scheingeschäfte, die vorgenommen werden in der Absicht, der Vorschrift des § 261 Ziff. 1 H.G.B. entgegen zum Bilanztage einen höhern Kurs zu erzielen, müssen verständlicherweise vom bilanzrechtlichen Standpunkt als nicht geschehen angesehen werden. Anschauliche Beispiele für solche Fälle bringt wiederum Simon (S. 341—343):

„In kaufmännischen Kreisen ist die Behauptung aufgestellt worden, es sei eine zulässige Umgehung des Gesetzes, wenn eine Bank die ihr gehörigen Effekten reportiere, d. h. dieselben etwa per ultimo November verkaufe und per ultimo

Dezember wieder zurückkaufe und dann den an letzterem Zeitpunkt gezahlten Kaufpreis in die Bilanz einstelle. Wenn die Ansicht richtig wäre, so wäre die Gesetzesvorschrift in den Wind gegeben. Aber eben weil anzunehmen ist, daß ein Gesetz etwas sachlich Erhebliches wolle und nach seinem Zweck ausgelegt werden muß, kann die Ansicht nicht für richtig erachtet werden.

Unter dem Anschaffungspreis ist nicht der Kaufpreis zu verstehen, sondern diejenigen Beträge, welche für den Erwerb aufgewandt werden mußten: also das wahre für den Erwerb eines Vermögensobjekts hingegebene wirtschaftliche Äquivalent. Hatte eine Bank 100 Aktien mit 400 gekauft, reportiert dieselben am Ultimo November auf einen Monat zum Ultimo-Liquidationskurs, welcher 450 betragen mag, glatt, d. h. ohne Zahlung eines Reports oder Deports, so bezahlt sie für die ihr am Ultimo Dezember abgelieferten 100 Aktien zwar einen Kaufpreis von 450, die Aktien kosten aber nicht 450, sondern nur 400.

Eine zulässige Umgehung des Gesetzes würde es allerdings sein, wenn die Bank 100 Stück Aktien zu 450 verkauft und demnächst wieder zu gleichem oder höherem Kurse zurückkauft. Es ist aber notwendig, daß die Bank in solchem Fall, wenn auch nur kurze Zeit, die Gefahr trägt, die Aktien nicht zu demselben Kurse zurückzuerwerben. Es würde z. B. zulässig sein, daß die Bank an einem Börsentage um 1 Uhr die Aktien zu 450 verkauft und um 1½ Uhr den gleichen Betrag Aktien zu 450 kauft, um letzteren Kurs als Anschaffungspreis anzusehen. Im Einzelfall wird untersucht werden müssen, ob die Bank die gedachte Gefahr in der Tat eine Zeitlang getragen oder ob sie sich etwa bereits vorher gesichert hat, die Aktien wieder zu dem Verkaufskurse zurückzuerhalten. Im letzteren Fall würde nur ein Scheinmanöver vorliegen, welches unter Umständen nach H.G.B. § 314 Ziff. 1 als strafbar anzusehen sein möchte.

Eine zulässige Umgehung ist es, wenn die Gesellschaft, welche Preußische 3prozentige konsolidierte Anleihe zu 83 % gekauft hat, dieselbe zum Kurse von 100 % verkauft und dafür 3prozentige Deutsche Reichsanleihe zum Kurse von 100 % kauft. In diesem Fall kann sie den auf die Preußische Anleihe erzielten Gewinn von 17 % als solchen in die Gewinn- und Verlustrechnung einstellen; der Kaufpreis der Reichsanleihe ist 100 %. Tatsächlich wird es der Gesellschaft gleichgültig sein, ob sie Reichsanleihe oder Preußische Anleihe besitzt, und auch der Kurswert ist ungefähr derselbe. Derartige Realisierungen zu Bilanzzwecken kommen in der Praxis vor."

Sodann ist noch zu beachten, daß reportierte Effekten von der Bank, die jene Papiere hereingenommen hat, nicht etwa nach den Bewertungs-Vorschriften für Veräußerungs-Gegenstände, sondern nach Maßgabe des abgeschlossenen Kostgeschäfts zu bilanzieren sind. Obgleich die reportierten Effekten rechtlich zu den eigenen Effekten der Hereinnehmerin gehören, wird der vorstehend erwähnte Bewertungs-Unterschied bilanztechnisch dadurch ersichtlich gemacht, daß man die von vornherein für eigene Rechnung angeschafften von den als Reports hereingenommenen Effekten ausdrücklich getrennt ausweist. So auch nach dem neuen Bankbilanzen-Schema.

Schwebende Effekten-Geschäfte. Das auf S. 250 bis 254 über die Verbuchung und Bilanzierung schwebender Waren-Engagements Gesagte gilt sinngemäß auch für Effekten-Transaktionen, die am Bilanztage noch unerledigt sind. Danach dürfen Erfolgs-Spannungen aus über den Bilanztag hinaus für ein bestimmtes Effekt abgeschlossenen Käufen und Verkäufen nach den oben dargelegten Gesichtspunkten verbucht und bilanziert werden. Jenen Darlegungen füge ich in bezug auf Effekten-Geschäfte ergänzend hinzu: Ist ein Effekt per ultimo Januar 1913 zu 148 gekauft, beträgt der am 31. Dezember 1912 (dem Bilanztage) per ultimo Januar 1913 notierte Kurs für dieses Papier dagegen nur 143, so hat nach § 261 Ziff. 1 H.G.B. der Kurs des Bilanztags zum bilanzmäßigen Ansatz zu kommen, weil er niedriger als der Ende Januar 1913 effektiv werdende Anschaffungskurs ist. Würde der Kurs für Ende Januar 1913 am Bilanztage aber vielleicht 153 betragen, so wäre nach der beregten Gesetzes-Vorschrift der niedrigere Anschaffungskurs zu bilanzieren.

Unnotierte Effektenwerte. Effekten ohne Börsennotiz (unnotierte Werte) dürfen nach § 261 Ziff. 2 H.G.B. höchstens zum Anschaffungspreise bilanziert werden. Nach § 40 Abs. 2 H.G.B. jedoch zum höhern Wert, falls einwandfrei (etwa durch Bankgeschäfte, die den Vertrieb solcher Effekten als Spezialität pflegen) nachweisbar ist, daß die bezüglichen Papiere in letzter Zeit zu höheren Kursen umgesetzt worden sind, und wenn die Bilanzen oder sonstige Rentabilitäts-Momente jene Kurssteigerungen auf Grund der Kapitalisierung des Ertrags rechtfertigen. Sonst wird man geneigt sein, unnotierte Effekten eher unter den Anschaffungs-Kosten zu bewerten.

Die Ständige Kommission des Zentralverbands des Deutschen Bank- und Bankiergewerbes für Angelegenheiten des Handels in amtlich nicht notierten Werten hat aus Anlaß eines vor ihre Schiedskommission gebrachten Streitfalls zur Vermeidung künftiger Unklarheiten und Meinungsverschiedenheiten folgenden Beschluß gefaßt: In den von der Kommission festgestellten Usancen vom 11. Dezember 1912 wird unter D. Allgemeine Bestimmungen hinter § 28 folgender § 28a eingerückt: „Offerten und Gebote oder Aufträge in amtlich nicht notierten Werten, die bis auf Widerruf erteilt sind, erlöschen im Zweifel mit Monatsende; es sei denn, daß bei der Bestätigung zum Ausdruck gebracht ist, daß die Offerte, das Gebot oder der Auftrag bis zum ausdrücklichen Widerruf und nicht nur bis zum Monatsende in Nota genommen worden sei.“

Reichsschuldbuch-Eintragungen. Ganz wie die Effekten sind bilanziell zu bewerten die (auf Grund eingereichter Schuldverschreibungen oder barer Einzahlungen der vom Reichskanzler festzusetzenden Kaufpreise) in das Reichsschuldbuch eingetragenen Forderungen. Mit der Eintragung übernimmt die Reichsschulden-Verwaltung die Verpflichtung, Schuldverschreibungen im Nennbetrage der Forderung des Einreichers zurückzugeben. Da hiernach Rückvergütung in bar nicht gefordert werden kann, verbleibt das Kursrisiko dem Staatsgläubiger, der als Vollkaufmann demnach die handelsgesetzlichen Bewertungs-

Vorschriften auch für Schuldbuch-Eintragungen zu befolgen hat. (Vgl. §§ 1, 2 und 8 des Reichsschuldbuch-Gesetzes vom 31. Mai 1910.)

Ausgeloste Effekten. Ausgeloste oder sonstwie gekündigte Effekten haben aufgehört, Effekten zu sein. An ihre Stelle ist ein Forderungsrecht nach Maßgabe des Rückzahlungskurses getreten. Bilanzielle Höchstbewertung deshalb zum Rückzahlungskurse abzüglich des bis zum Fälligkeitstage auflaufenden Diskonts. Natürlich nur bei unbedingter Sicherheit des Eingangs. So auch für A.G.en und K.A.G.en, weil § 261 Ziff. 1 und 2 H.G.B. nicht mehr in Frage kommen. Denn um zur Veräußerung bestimmte Effekten handelt es sich nicht mehr. (Dieser Ansicht ist auch Berliner S. 128.)

Lombardierte und Kautions-Effekten. Verpfändete (lombardierte) Effekten sind wie eigene zu bewerten. Will man die Tatsache der Verpfändung bilanzmäßig kennzeichnen, so kann man — wie auch Berliner richtig (S. 127) vorschlägt — in der Vorkolonne der Aktiva-Seite (vor dem Strich) den gesamten eigenen Effekten-Bestand angeben, davon das Lombard-Darlehn absetzen und in der Hauptkolonne den noch unverpfändeten Effekten-Bestand ausweisen. Für die Passiva-Seite kommt das Lombard-Darlehn danach nicht mehr in Frage. Dann ist die Bilanz klar und auch nicht unwahr.

In der Weise:

Effekten	750000 M	
÷ Lombard-Darlehn	200000 „	
Unbeliehener Effekten-Bestand . .	550000 M	550000 M.

Der Pfand-Gläubiger braucht die empfangene Sicherheit höchstens durch textlichen Hinweis in der Bilanz zu kennzeichnen (Pfandgedeckte Forderungen).

Kautions-Effekten, die bekanntlich ebenfalls wie eigene zu bewerten sind, pflegt man in der Bilanz als gesonderten Posten erkennbar zu machen.

Geschenkte eigene Aktien. „Geschenkte eigene Aktien sind an sich als Aktiva zu buchen. Werden die Aktien von der Gesellschaft vernichtet, so sind, sofern es sich um vollbezahlte Inhaber-Aktien handelt, die Aktienrechte untergegangen. In einem solchen Fall hielt sich die Aktien-Brauerei Kils Colosseum in München berechtigt, den Betrag der vernichteten Aktien ohne weiteres vom Aktien-Kapital abzuschreiben. Die Zulässigkeit hängt davon ab, ob man annimmt, daß durch jenen Vorgang eine Herabsetzung des Grundkapitals eingetreten ist — eine Annahme, die allerdings nicht unbedenklich erscheint.“[1])

Erworbene eigene Aktien. „Hat die A.G. eigene Aktien erworben, um sie als Eigentümerin zu besitzen, nicht um sie zu vernichten, so können dieselben nicht bloß in die B. eingestellt werden, sondern sie müssen es, sofern sie einen Wert, d. h. einen Verkehrs-, einen Handelswert haben. Sie zählen zum „Bestand an Wertpapieren“.

---

[1]) Simon S. 220.

„Da nach Vorstehendem auch der gegen den Wunsch des Gesetzgebers erfolgende Erwerb nicht ungültig ist, so ist auch nicht ungültig das Behalten solcherart erworbener eigener Aktien. Es bleibt nur dann die Schadensersatzpflicht von Vorstand und Aufsichtsrat bestehen. Denn diese sind nach H.G.B. §§ 241 bzw. 249 schadensersatzpflichtig gegenüber der Gesellschaft eventuell auch den Gläubigern, wenn „entgegen den Vorschriften des H.G.B. eigene Aktien der Gesellschaft erworben werden““.

„Soweit der Erwerb eigener Aktien erlaubt ist, also im außerordentlichen Geschäftsbetrieb (Zwangsvollstreckung) oder außerhalb desselben (Schenkung, Vermächtnis), entfällt diese Schadensersatzpflicht. — Das Ges.-Ges. stellt für den Erwerb eigener Geschäfts-Anteile eine andere Voraussetzung. Ein solcher ist unbedingt verboten hinsichtlich nicht voll einbezahlter Geschäftsanteile; bezüglich voll einbezahlter ist er erlaubt, soweit der Erwerb aus dem über den Betrag des Stammkapitals hinaus vorhandenen Vermögen erfolgt; soweit also auch im ordentlichen Geschäfts-Betrieb (Ges.-Ges. § 33). Die Geschäftsführer sind der Gesellschaft schadensersatzpflichtig, wenn diesen Vorschriften zuwider eigene Geschäfts-Anteile erworben werden (Ges.-Ges. § 43 Abs. 3).“[1])

Unbegebene Aktien. Unbegebene Aktien sind nicht bilanzfähig[2]). Denn sie sind, da ein Begebungs-Vertrag (Zeichnung) über sie noch nicht vorliegt, ungültige Urkunden ohne irgendwelchen Vermögenswert. Möge es sich um das Aktien-Kapital bei Neugründungen oder um dessen spätere Erhöhungen handeln: zu buchen ist immer frühstens mit der Zeichnung (Begebung) der Aktien (vgl. §§ 189, 190, 200, 280, 281, 284, 285, 287, 320 H.G.B.).

Konsortial-Beteiligungen. Für die bilanzielle Bewertung von Konsortial-Beteiligungen ist grundlegend der Saldo des Konsortial-Kontos. Diesen bildet in erster Linie der auf die Beteiligung bis zum Ende des Bilanztags geleistete oder auch nur eingeforderte Betrag (Einschuß). Erscheint die Konsortial-Beteiligung schon am Bilanztage als verlustbringendes Engagement, so ist der Einschuß durch Abschreibung, deren Höhe man etwa auch nach Befragung der das Konsortium leitenden Firma ungefähr schätzen kann, im Werte zu mindern. Um die kontenmäßige Übereinstimmung mit der Konsortialleiterin zu wahren, setze man die Abschreibung auf der Passiva-Seite als Korrektiv-Konto ein, lasse also das Konsortial-Konto selbst mit dem Buchsaldo brutto bestehen. Dagegen sind am Bilanztage bereits zu vermutende Gewinne aus dem Konsortial-Geschäft als zahlenmäßig noch nicht festgestellte unbewertet zu lassen. Der Einschuß ist während der bestehenden Konsortial-Verbindung von etwa vorweg ausgeschütteten Konsortial-Gewinnen getrennt zu halten, diese sind also zugunsten der Erfolgs-Rechnung des Ausschüttungsjahrs vom Konsortial-Konto herunterzunehmen. Kapital-Rückzahlungen aus dem Konsortial-Geschäft mindern natürlich den Einschuß. Zieht man vor, vorweg ausgeschüttete Konsortial-Gewinne auf dem Konsortial-Konto als die Einschußhöhe

[1]) Rehm S. 468—470.

[2]) So auch Simon S. 210—211. Rehm S. 382—383. Knappe S. 70—71.

mindernde Posten stehen, sie mithin dem Entstehungsjahr nicht zugute kommen zu lassen, so entsteht dadurch bis zur endgültigen Auflösung und Abrechnung des Konsortiums eine stille Reserve.

Stückzinsen. Als bekannt darf vorausgesetzt werden, daß die auf festverzinsliche Effekten bis zum Bilanztage aufgelaufenen Stückzinsen den Effektenwerten hinzuzurechnen sind. Jedoch hindert nichts, die Stückzinsen in der Bilanz neben den Effekten getrennt auszuweisen. Daß seit dem 1. Januar 1913 Dividenden-Effekten ohne Stückzinsen gehandelt werden, will ich nicht unerwähnt lassen.

B. Gebrauchsgüter.

I. Betriebs-Gegenstände.

Bedeutung des Buchwerts für Gebrauchsgüter. Regelmäßig bilanziert man die Betriebs-Gegenstände mit ihren Buchwerten, die sich aus den Anschaffungs- oder Herstellungs-Kosten abzüglich der Abschreibungen ergeben. Inwieweit, unabhängig von diesen fundamental wirksamen Wertfaktoren, andere außerordentliche Änderungen des Tausch- oder des Gebrauchswerts bilanziell berücksichtigt werden dürfen oder müssen, ist im allgemeinen auf S. 177 ff. bereits besprochen worden. Wo es nötig erscheint, wird bei den folgenden Betrachtungen darauf zurückgegriffen werden.

a) Immobilien:

Grundstücke:

Getrennte Immobilien-Kontierung. Auf den Grundstücks-Konten von Handels-, Fabrik- und Bank-Unternehmungen (Bergwerks-Betriebe und die ihre Grundstücke als Veräußerungs-Gegenstände betrachtenden Terrain-Gesellschaften gehören nicht zum Thema dieses Buchs) gelangen zwei toto genere verschiedene Vermögens-Gegenstände zur Verbuchung: der in seinem Gebrauchswert meist unzerstörbare Grund und Boden und die darauf errichteten, an Gebrauchswert allmählich einbüßenden Gebäude. Schon im Interesse korrekter Abschreibungen auf Gebäude wird die Errichtung gesonderter Konten für Grund und Boden einerseits, für Gebäude anderseits vielfach empfehlenswert sein.

Immobilien-Erfolgs- und Bestand-Kontierung. Unbedingt zweckmäßig ist außerdem, die für Instandhaltung und Verwaltung des Grundstücks verausgabten Beträge auf der einen, die Einnahmen aus dem Grundstück auf der andern Seite mittelst eines von den Bestand-Konten unabhängigen Grundstücks-Ertragskontos (Grundstücks-Verwaltungs- oder Administrations-Kontos oder dgl.) zur Verrechnung zu bringen.

Beispiele für Folgen gemischter Kontierung. Gegen dieses Grunderfordernis übersichtlicher buchhalterischer Darstellung der Bestand-

und Erfolgs-Bewegung wird leider noch sehr häufig gefehlt. In buchhaltungstechnisch nicht hinreichend geschulten Köpfen richtet die Vermischung der Bestand- und Erfolgs-Elemente auf einem Konto leicht bedenkliche Verwirrung an. So hat der Verfasser sogar in ansehnlichen Unternehmungen wiederholt feststellen können, daß die für Bilanzzwecke unerläßliche Trennung der Bestand- und Erfolgs-Posten durch Abbuchen wenigstens des Saldos der letztgenannten Posten vom Grundstücks- oder Gebäude-Bestandkonto auf ein besonderes Grundstücks- Erfolgskonto nicht stattgefunden hatte. Vielmehr war der aus der Grundstücks-Verwaltung sich ergebende Saldo auf dem Bestand-Konto als Bestandwert-Element mit verrechnet worden. In einem Fall war der sich infolge Überschusses der Ausgaben über die Einnahmen aus der Verwaltung herausstellende Verlust- (Debet-) Saldo gleichzeitig als Abschreibung auf den Gebäudewert betrachtet und als solche dem Gewinn- und Verlust-Konto zugunsten des Gebäude-Kontos belastet worden. Also eine absolute Verschiebung der Begriffe und als deren Folge eine zu günstige Gestaltung der Erfolgs-Rechnung um die Abschreibung, der fälschlich das Ertrags-Defizit aus der Grundstücks-Verwaltung gleichgesetzt worden war!

Immobilien-Bewertungs-Grundsätze. Für die bilanzielle Bewertung der Grundstücke gilt nach § 40 Abs. 2 H.G.B. vornehmlich der auf S. 177ff. charakterisierte Gebrauchswert. Änderungen des Tauschwerts sind nach § 40, öffentlichrechtlich genommen, zu bilanzieren. Einerlei, ob die jeweilige Höhe des buchmäßigen Gebrauchswerts durch die Tauschwert-Änderungen über- oder unterschritten wird. Für die Zwecke gewöhnlicher Jahresbilanzen wird man von der privatrechtlich statthaften Unterbewertung meist Gebrauch machen, indem man Erhöhungen des Tauschwerts von Grundstücken über deren jeweiligen Gebrauchswert hinaus bilanziell unbeachtet läßt. Soweit der buchmäßige Gebrauchswert nach Maßgabe der Tauschwert-Änderungen verändert wird, sind die Gegenposten der bezüglichen Buchungen direkt über Kapital-Konto zu führen, um die Erfolgs-Rechnung nicht mit Wertelementen zu verquicken, die vom Betriebs-Erfolg der Unternehmung unabhängig sind. Nach § 261 Ziff. 3 H.G.B. und § 42 Ziff. 1 Ges.-Ges. bilden die Anschaffungs- oder Herstellungs-Kosten die Höchstgrenze für die Bewertung auch der Grundstücke samt Gebäuden. Darüber hinausgehende Tauschwert-Änderungen dürfen nach jenen beiden Vorschriften somit nicht gebucht, noch demgemäß bilanziert werden. Die Grundstücke der als A.G., K.A.G. oder G.m.b.H. organisierten Unternehmungen stehen deshalb oft viel zu niedrig zu Buch und sind dann Hauptquellen für zuweilen ganz enorme stille Reserven. Nach § 261 Ziff. 3 H.G.B. und § 42 Ziff. 1 Ges.-Ges. brauchen aber auch Tauschwert-Änderungen, die den jeweiligen buchmäßigen Gebrauchswert unterschreiten, nicht gebucht und bilanziert zu werden. Der A.G., K.A.G. und G.m.b.H. sind demnach im Interesse stetiger Bilanzierungen auch Überbewertungen von Grundstücken erlaubt (vgl. die Ausführungen zu § 261 Ziff. 3 auf S. 211ff.).

Berechnung der Immobilien-Anschaffungs- und Herstellungs-Kosten. Den Anschaffungs-Kosten eines Grundstücks dürfen die Erwerbs-Unkosten (Stempel-, Umsatzsteuer-, Notariats- und Gerichts-Kosten, Agenten-Provisionen usw.) zugeschlagen werden. Zu den Herstellungs-Kosten gehören die durch Verwendung im eigenen Betriebe angestellter Arbeitskräfte und eigener Gespanne entstandenen Baukosten.

Zinsen als Immobilien-Kosten. Auch Bauzinsen und für die Zeit vom Erwerb des Grundstücks bis zu seiner Bebauung auf den Anschaffungspreis gezahlte Zinsen sind zuschlagsfähig, soweit dadurch keine Überbewertung des Grundstücks herbeigeführt wird. Prinzipiell stände nichts entgegen, dem Grundstücks-Anschaffungspreise Zinsen sogar dann zuzuschreiben, wenn jener Preis aus eigenen Mitteln voll bezahlt, für die demnach nur rechnungsmäßigen Zinsen statt des Kasse-Kontos mithin das Zinsenkonto zu erkennen wäre. Kapital-Gesellschaften werden solche Buchung im Hinblick auf die andernfalls mögliche Verteilung der nur rechnungsmäßigen Zinsen als Gewinn nicht vornehmen. Wiederholt muß jedoch betont werden, daß die Zuschlagsfähigkeit der Zinsen ganz und gar abhängt von dem zwischen dem Anschaffungspreise und dem Tauschwert (Verkehrswert) des Grundstücks herrschenden Verhältnis. Nur bei hinreichend niedrigen Anschaffungs- oder Herstellungs-Kosten ist der Zinsenzuschlag buchführungs- und bilanzrechtlich statthaft.

Verbesserungen, Erweiterungen und Ergänzungen. Verbesserungen (Kanalisation, Lichtanlage, Pflasterung, Heizanlage, Schaufenster-Ausbau usw.) sind ebenso wie Erweiterungen und Ergänzungen (Anbau neuer Räume, Herausbrechen eines Erkers oder Balkons, Verbindungsbau zwischen schon bestehenden Baulichkeiten, Errichtung notwendiger Nebengebäude, z. B. eines Wagen-Schuppens, eines Kühlhauses oder dgl.) dem Grundstücks- oder Gebäude-Konto als Mehrung des Bestandwerts zuzuschreiben.

Unterscheidung dieser Kostengruppen. Meist wird die Frage, ob Reparaturen, oder ob Verbesserungen, Erweiterungen oder Ergänzungen vorliegen, leicht zu entscheiden sein. Denn im Wesen der Verbesserungen, Erweiterungen oder Ergänzungen liegt, daß dadurch neue, d. h. vorher nicht vorhanden gewesene, selbständige Gebrauchswerte geschaffen werden. Dagegen liegen Reparaturen vor, wenn durch Abnutzung oder natürliches Altern geminderte, also bereits bestehende oder doch vorhanden gewesene Gebrauchswerte ganz oder wenigstens teilweise wieder hergestellt (erneuert) werden.

Verquickung von Reparatur und Verbesserung. Zuweilen erscheinen Verbesserung und Reparatur in einer Leistung vereinigt. Einige Beispiele: Das Haus bedarf neuen Anstrichs. Um jedoch eine für längere Zeit haltbare und hübschere Fassade zu erhalten, entschließt der Besitzer sich, statt der Anstrich-Erneuerung den modernen Spritzputz zu wählen. Eine schwammig gewordene Balkendecke ist gründlich zu erneuern. Um den Schwamm ein für allemal auszumerzen und gleichzeitig nach oben und unten den Schall mehr abzudämpfen, soll an Stelle der Balkendecke eine völlig massive (Beton-) Decke gelegt werden. In beiden Fällen wird mit der Reparatur eine Verbesserung vereinigt. In welchen Fällen und inwieweit man Reparaturen auf den Bestand-Konten verbuchen darf, soll bei Besprechung der Abschreibungen unter III A3 gezeigt werden.

Umbau-Kosten als Wertzuwachs. Umbau-Kosten sind dem Bestandwert nur zuzuschlagen, wenn der Umbau eine den Grundstücks-Ertrag erhöhende Verbesserung des Gebäudes zur Folge hat.

Gesonderte Bilanzierung von Grundstücks-Zubehör. Mit den Gebäuden baulich fest verbundene Anlagen (z. B. Stahlkammern, eingemauerte Bücherschränke, Aufzüge, Maschinen u. a.) sind — ungeachtet ihrer, nach §§ 97, 98, 1120 B.G.B. rechtlich gegebenen Zugehörigkeit zum Grundstück — bilanziell dennoch gesondert anzusetzen, weil sie aus nah liegenden wirtschaftlichen und technischen Gründen mehr oder weniger weit höherer Abschreibungen bedürfen als die Gebäude, mit denen sie verbunden sind.

Wenn die Feststellung der Anschaffungs- oder Herstellungs-Kosten eines Grundstücks in Normalfällen auch keinerlei Schwierigkeiten zu machen pflegt, so können doch Zweifel über die Höhe der zu buchenden und danach zu bilanzierenden Anschaffungs-Kosten entstehen, wenn das Grundstück in der Zwangsversteigerung erworben werden mußte, um etwa auf dem Objekt ruhende Hypotheken-Forderungen zu retten.

Bewertung in der Zwangsversteigerung erworbener Grundstücke. Nehmen wir beispielshalber an, ein Kaufmann habe zur Deckung seiner, gegen einen Kunden aus Waren-Lieferungen bestehenden Ansprüche in Höhe von 4678,90 M auf dessen Grundstück eine Hypothek von 5000 M eintragen lassen, nachdem die zur Abrundung des Betrags fehlenden 321,10 M vom Gläubiger an den Kunden in bar geleistet worden waren. Die Hypothek von 5000 M ist eine zweitstellige; eine erste in Höhe von 10000 M geht ihr vor. Der zweite Gläubiger „läuft also mit 15000 M aus", wie man zu sagen pflegt. Das Grundstück kommt zur Zwangsversteigerung (wird subhastiert). Der erste Gläubiger bietet seine Hypothek heraus. Um das Grundstück im Interesse niedriger Stempelkosten zu einem niedrigen Zuschlag zu erwerben, bietet der zweite Gläubiger zunächst nur 1000 M mehr als der erste. Da niemand darüber hinaus bietet, wird dem zweiten Gläubiger zu 11000 M der Zuschlag erteilt. Wie teuer ist dem Erwerber nun das erworbene Grundstück geworden? Die Antwort kann verschieden lauten. Je nachdem, ob man die Frage vom formellen oder vom materiellen Standpunkt aus entscheidet. Vom formellen, dem Stempelfiskus gegenüber maßgebenden Standpunkt kostet das Grundstück 11000 M (nämlich die 10000 M übernommene oder vielleicht zurückzuzahlende erste Hypothek und die 1000 M Mehrgebot des zweiten Gläubigers) zuzüglich der Erwerbskosten. Vom materiellen, für die Buchhaltung zunächst maßgebenden Standpunkt jedoch beträgt der Erwerbspreis (10000 M erste + 5000 M zweite Hypothek =) 15000 M zuzüglich der Erwerbskosten. [Buchungssätze: Grundstücks-Konto an Hypotheken-Konto, für Verwandlung der Hypotheken-Forderung in Grundstücks-Erwerbswert; ferner nochmals: Grundstücks-Konto an Hypotheken-Konto, für übernommene erste Hypotheken-Schuld; und schließlich: Grundstücks-Konto an Kasse- (oder Bank-) Konto, für Grundstücks-Erwerbsunkosten.] Mit diesem Resultat decken sich im wesentlichen auch die Ansichten von Rehm (S. 707) und Simon (S. 348). Dagegen ist Passow (S. 135) der Meinung, in erster Linie sei das bei der Subhastation erworbene Grundstück nur mit dem formellen Erwerbspreis zu bewerten. Höchstens könne man das ersteigerte Grundstück abschätzen und mit dem Schätzungswert bilanzieren, falls § 261 H.G.B. nicht entgegenstehe. Denn weil den Hypotheken-Gläubiger niemand überboten habe, sei anzunehmen, daß der Wert des Grundstücks über den formellen Erwerbspreis nicht hinausgehe. Dieser Meinung Passows ist aus doppelten Gründen nicht beizupflichten. Erstens nämlich darf allein aus der Tatsache, daß den zweiten Hypotheken-Gläubiger niemand überboten hat, objektiv und unbedingt keineswegs geschlossen werden, das Grundstück sei den Betrag der zweiten Hypothek nur in Höhe des darauf entfallenen Gebots wert. Denn geeignete Reflektanten, die mehr bieten würden, brauchen von der Subhastation nicht erfahren zu haben, oder von der Sachlage unterrichtete Interessenten wissen genau, daß ihr Bieten zwecklos wäre, weil der zweite Hypotheken-Gläubiger bis zur vollen Höhe seiner Forderung, ja, sogar noch darüber hinaus, mitbietet. Zweitens bestände gerade bei der Bewertung nach § 261 Ziff. 3 H.G.B. und nach § 42 Ziff. 1 Ges.-Ges. kein Hindernis, die Anschaffungs-Kosten, d. h. die gesamte Hypotheken-Forderung zuzüglich der Erwerbs-Unkosten, im vorliegenden Fall somit 15000 M + Erwerbs-Unkosten, als Grundstückswert zu bilanzieren; selbst wenn dieser Wert den wahren Tauschwert übersteigen würde. Denn nach den genannten beiden Bewertungs-Vorschriften dürfen die Anschaffungs-Kosten „ohne Rücksicht auf einen geringern Wert“ bilanzmäßig angesetzt werden. Jedoch etwas andres, soliden Kaufleuten allerdings ohne weiteres Selbstverständliches hebt Passow mit Recht hervor, indem er darauf hinweist, daß man das ersteigerte Grundstück vielleicht auf Grund vorzunehmender Abschätzung bilanzieren könne. Diesen Weg wird man zweifellos einzuschlagen haben, wenn begründete Vermutung dafür besteht, daß der die gesamte Hypotheken-Forderung einschließende materielle Erwerbspreis über den nach § 40 Abs. 2 H.G.B. geforderten Zeitwert offenbar hinausgeht. Nochmals sei betont, daß man nach § 261 Ziff. 3 H.G.B. und nach § 42 Ziff. 1 Ges.-Ges. auch hierzu nicht verpflichtet wäre.

Methoden der Immobilien-Wertermittlung. Wie ist nun der Wert bebauter Grundstücke, die für unser Thema nur in Frage kommen, richtig zu ermitteln?

Eine ganz rohe, verhältnismäßig oberflächliche Methode der Wertermittlung, die bei mangelhaftem Berechnungs-Material oft angewendet wird, ist folgende: Der gesamte Mietwert des Grundstücks wird zu einem Satze von 6%, der alle Reparatur-, Instandhaltungs- und Verwaltungs-Kosten einschließt, kapitalisiert, was einer Multiplikation mit (100:6 =) 16⅔ gleichkommt. Ein Grundstück mit 3000 M Mietwert würde hiernach 50000 M wert sein. Diese gewiß einfache Methode krankt hauptsächlich an zwei Übelständen: sie nimmt nicht Rücksicht auf die Baukosten, noch auf die durch Alter und Nutzungszweck der Gebäude, sowie durch die Verschiedenheit der Lage bedingte Mannigfaltigkeit der Höhe von Reparatur-, Instandhaltungs- und Verwaltungs-Kosten einschließlich der Abgaben und etwaiger Lasten. Dies geschieht dagegen, wenn man der Berechnung die von Bausachverständigen meist angewendete Schätzungs-Methode zugrunde legt. Nach dieser Methode addiert man zunächst die Beträge des Bodenwerts und des Gebäude- oder Bauwerts (als solchen sieht man gegebenenfalls den Feuerkassewert an). Sodann bringt man von dem Mieten-Gesamtertrag (Bruttoertrag) die oben erwähnten Unkosten in Abzug und kapitalisiert die Differenz (Mieten-Nettoertrag) mit 5%. Das Mittel aus der Summe der zuerst addierten beiden Posten und dem Ergebnis der Kapitalisierung ist als Tauschwert des Grundstücks anzusehen. Zuweilen weicht man von dieser Methode insofern ab, als man den mit 20 kapitalisierten Bruttoertrag dem Boden- und Gebäudewert zuschlägt und von dem arithmetischen Mittel dieser Beträge als Unkosten-Prozente mit 20 kapitalisierte 10% des Miete-Nettoertrags in Abzug bringt. Hierin liegt ein Widerspruch insofern, als der Abzug um so kleiner, der Schlußwert mithin um so größer wird, je niedriger der Mieten-Nettoertrag ausfällt.

Bei 10000 M Bodenwert, 70000 M Bauwert, 4000 M Mieten-Bruttoertrag und 500 M Gesamtunkosten pro Jahr würde sonach zu rechnen sein:

Nach dem erstgenannten Verfahren:

Bodenwert		10000 M
Bauwert		70000 „
		80000 M
Mieten-Bruttoertrag	4000 M	
÷ Gesamtunkosten	500 „	
Mieten-Nettoertrag	3500 M × 20 (5%) =	700000 „
		150000 M
Tauschwert (150000 M : 2 =)		75000 M.

Nach dem zuletzt beschriebenen Verfahren:

Bodenwert	10000 M
Bauwert	70000 „
	80000 M
+ 20facher Miete-Bruttoertrag (20 × 4000 M):	80000 „
	160000 M : 2 =
Mittel:	80000 M
÷ 10% des Miete-Nettoertrags von 3500 M = 350 M. Dies × 20 =	7000 „
Tauschwert	73000 M.

Also im Vergleich zur ersten Methode 2000 M weniger.

Mängel schematischer Unkosten-Veranschlagung für die Immobilien-Wertermittlung. Hierzu muß noch erwähnt werden, daß die Unkosten oft mit 15% des Mieten-Bruttoertrags veranschlagt werden. Solchem Schematismus ist jedoch die nach Möglichkeit individuelle Feststellung der Unkosten vorzuziehen. Mit dieser wird auch der Unterschied in der Qualität der Bauart zum wünschenswerten Ausdruck gebracht. Denn die Reparatur-Kosten werden naturgemäß um so geringer ausfallen, je solider die Bauart ist. Würde es sich im erstgenannten Beispiel um ein altes, baufälliges oder leicht gebautes Haus handeln, dessen Erhaltungs- und Verwaltungskosten jährlich statt auf 500 M auf vielleicht 1000 M zu veranschlagen wären, so würde sich ein um [(500 M × 20): 2 =] 5000 M geringerer Tauschwert ergeben. Dies käme bei schematischer Unkosten-Berechnung nicht zur Geltung. Die Gesamtunkosten in ein schematisch festgelegtes Prozent-Verhältnis zum Mieten-Bruttoertrag zu setzen, ist außerdem bedenklich, weil der Unkosten-Faktor vom Ertrags-Faktor sehr unabhängig sein kann. So können und werden aus neuen, solide gebauten, deshalb nur niedrige Erhaltungs-Kosten erfordernden Gebäuden in verkehrsreichen Gegenden hohe Bureau- und Laden-Mieten erzielt werden, während alte, baufällige und demgemäß hohe Erhaltungskosten verursachende Geschäftshäuser in weniger belebten Straßen oder auf dem Lande im Vergleich zu den vorteilhafter gelegenen Gebäuden nur geringe Mieten erbringen. Bei schematischer Berechnung der Unkosten nach Maßgabe des Mieten-Bruttoertrags würden hiernach auf die neuen Gebäude hohe, auf die alten baufälligen dagegen nur niedrige Erhaltungs-Kosten entfallen. Schließlich würde der beregte Schematismus bei der Unkosten-Berechnung die notwendige Berücksichtigung etwa bestehender besonderer Lasten vereiteln.

Lage und Bau-Qualität. Daß der Bodenwert unter Würdigung der örtlichen Verhältnisse im allgemeinen und der Lage des Bodens im besondern zu schätzen ist, leuchtet ein. Ebenso, daß die Herstellungs-Kosten, in denen Qualität und Ausstattung des Baues, sowie Konjunkturen des Baumarkts zur Geltung kommen, als Grundlage für die Ermittlung des Bauwerts angesehen werden müssen, wenn sie mit diesem nicht gar identisch sind.

Ermittlung des Verkehrswerts von Fabrik- und Speicher-Gebäuden. Will man bei der Ermittlung des Verkehrswerts (Tauschwerts) von Fabrik- und Speicher-Gebäuden sicher gehen, so kann man statt des, bei der ihnen zugedachten Verwendung anzunehmenden Mietwerts deren Mietwert vom Standpunkt gewöhnlicher Wohngebäude in Anschlag bringen, wobei man sich jene Gebäude zu Wohnhäusern umgebaut denkt. Man bringt dann in der Taxe den nach solchem Umbau anzunehmenden Bauwert in Ansatz und kapitalisiert die Wohnungs-Mieten nach Abzug der Unkosten. Ein Beispiel in runden Zahlen: ein noch neuer, massiver, völlig unterkellerter Speicher, der neben anderen Gebäuden auf einem großen Geschäfts-Grundstück steht, habe 50000 M gekostet; er liegt derart günstig, daß sein Umbau leicht vermietbare Wohnungen ergeben würde. Nach einem solchen Umbau würde der Bauwert des dann erstandenen Wohngebäudes sich auf 60000 M belaufen. Die aus den Wohnungen zu erzielenden Mieten werden auf 1600 M, die Gesamtunkosten auf 400 M pro Jahr geschätzt. Dann wäre der Verkehrswert des Speichers gegenüber einem Bauwert von 50000 M mit $\frac{60000\text{ M} + [(1600\text{ M} ./. 400\text{ M}) \times 20]}{2} = 42000\text{ M}$ anzunehmen.

b) Mobilien:

Als Bilanz-Ansatz für Mobilien kommt vorwiegend der buchmäßig zu ermittelnde, auf S. 177 ff. von mir charakterisierte Gebrauchswert in Frage. Im einzelnen ist zu sagen:

Maschinen:

Anschaffungs-Kosten. Zu den Anschaffungs-Kosten sind auch die für Transport, etwaige Fundamentierung und Montage verausgabten Beträge zu rechnen. Nach den Grundsätzen vorsichtiger Bilanzierung wird man diese Nebenkosten schneller als den Maschinenpreis selbst abzuschreiben trachten. Für den eigenen Gebrauch selbst hergestellte Maschinen sind dem Maschinen-Konto mit den sorgfältig zu ermittelnden Herstellungs-Kosten (vgl. darüber S. 203 ff.) zu belasten.

Maschinen-Inventarien. Nicht immer liegen die Fabrikationsverhältnisse so einfach, daß man auf dem Maschinen-Konto mit summarischen Abschreibungen auskommt. Werden beispielsweise gewisse Maschinen im Betriebe schneller als andere verbraucht, oder droht ihnen überdurchschnittliche Gefahr der Entwertung durch Erfindungen besserer Typen, so wird man einigermaßen zutreffende Abschreibungen nur individuell, nicht aber summarisch vom Saldo des Maschinen-Kontos vornehmen können. Die Möglichkeit individueller Behandlung der Maschinenwerte ist nur gegeben, wenn man für jede Maschine, oder doch wenigstens für die den gleichen Bewertungsmomenten unterliegenden Maschinengruppen, im Hauptbuch besondere Konten führt, oder wenn man, falls nur ein Maschinen-Hauptbuchkonto besteht, ein Maschinen-Inventarverzeichnis anlegt, aus dem Alter, Anschaffungs- oder Herstellungs-Kosten, Zugänge, Abgänge, ordentliche und außerordentliche Abschreibungen, somit auch der jeweilige Buchwert jeder einzelnen Maschine, unmittelbar ablesbar sind. Auch Vermerke über Zeit und Umfang von Reparaturen können im Maschinen-Inventarium zu jeder Maschine gemacht werden. Zweckmäßig wird man das Maschinen-Inventarverzeichnis tabellarisch einrichten. Derart, daß man die einzelnen Maschinen untereinander, die dazu gehörigen Werte- und Abschreibungs-Spalten für die einzelnen Jahre nebeneinander anordnet. Im übrigen ergibt die Anlage des Verzeichnisses sich von Fall zu Fall ohne weiteres aus den Bedürfnissen des Betriebs. Die Gesamtsumme der dem Verzeichnis für jedes Betriebsjahr zu entnehmenden Abschreibungen ist auf dem Maschinen-Konto (gegebenenfalls auf dem Erneuerungs-Konto) zur bilanziellen Verrechnung zu bringen, so daß der Gesamtbetrag der aus dem Maschinen-Inventarium für den Bilanztag feststellbaren Einzelwerte gleich sein muß dem Saldo des Maschinen-Kontos (gegebenenfalls minus Saldo des Erneuerungs-Kontos). Jede Maschine oder bestimmte Maschinen-Gruppen im Hauptbuch besonders zu kontieren,. würde bei großen Industrie-Betrieben kaum durchführbar sein; für diese ist deshalb zu empfehlen die Führung von Maschinen-Inventarien, deren Inhalt gleichzeitig die Kontrolle der Richtigkeit des Hauptbuchkonto-Saldos ermöglicht.

Werkzeuge:

In bezug auf die bilanzielle Bewertung besonders hervorzuheben sind die Werkzeuge und das ihnen gleichzustellende Maschinen-Zubehör. Denn gerade das Werkzeuge-Konto wird bilanzmäßig oft ganz falsch behandelt. Drei Hauptarten der Verbuchung und Bilanzierung sollen hier angeführt werden.

Rein buchmäßige Bewertung. Sehr häufig verfährt man einfach so, daß man von dem sich für den Bilanztag ergebenden Brutto-Saldo des Werkzeuge-Kontos die als ausreichend angesehene Abschreibung in Abzug bringt. Dieses Verfahren verbindet aber mit dem Vorteil der Bequemlichkeit den Nachteil, daß der durch Bruch und Abnutzung herbeigeführte Fabrikations-Verschleiß oder sonstige Abgang der Werkzeuge nicht besonders festgestellt wird, so daß infolgedessen ganz ungewiß bleibt, ob die Abschreibung jenen Betriebs-Aufwand tatsächlich wenigstens annähernd richtig mit zum Abzug bringt. Nach längerer oder kürzerer Frist kann dann passieren, daß der Werkzeuge-Kontosaldo ein nur noch illusorischer ist. Um ganz sicher zu gehen, wählen gut rentierende Unternehmungen bei dieser einfachen Methode den Weg der Unterbewertung, indem sie den Werkzeuge-Kontosaldo bei jeder Bilanzierung bis auf einen bloßen Erinnerungs-Betrag (meist 1 M) abschreiben, jeder Betriebs-Periode somit den Gesamtwert der während ihres Verlaufs bezogenen oder hergestellten Werkzeuge belasten; unabhängig davon, wieviele dieser Werkzeuge am Schluß der Betriebs-Periode noch vorhanden und inwieweit sie noch gebrauchsfähig sind.

Bewertung nach Werkzeuge-Inventarien. Dagegen verfällt man in das andre Extrem sorgfältigster Bilanzierung, wenn man sämtliche bezogenen oder selbst hergestellten Werkzeuge neben deren Verbuchung auf dem Hauptbuch-Konto in einem besondern Verzeichnis inventarisiert. Das Werkzeuge-Inventarium gliedert man, je nach der Zahl der vorkommenden Werkzeugarten, mehr oder weniger gruppenweise und innerhalb der Gruppen ordnet man alphabetisch. Diese Inventar-Liste, für deren Anlage im wesentlichen das oben über die Maschinen-Inventarisierung Gesagte gilt, muß von dem dafür verantwortlichen Kontoristen periodisch (monatlich, viertel- oder halbjährlich, je nach dem Umfang des Werkzeuge-Bestands) in den Werkstätten dahin berichtigt werden, daß zu jeder Werkzeugart notiert wird, inwieweit der listenmäßige Bestand infolge Verschleißes oder sonstigen Verlustes zu verkleinern ist. Die so festgestellten Verluste sind vom Kontoristen in der Spalte „Abgang" zu notieren. Da vor der „Abgang"-Spalte die „Zugang"-Spalte zur Aufnahme der Neuanschaffungen oder Neuherstellungen von Werkzeugen und vor dieser die Spalte für den voraufgegangenen Bestand angebracht ist, so ist aus der Inventar-Liste der jeweilige Bestand leicht feststellbar; und zwar nicht nur der Stückzahl, sondern ebenso dem Werte nach. Denn alle Spalten werden doppelt, als Mengen- und als Wert-Verrechnungsspalten, geführt. Da die listenmäßig festgestellten Beträge für Abgänge dem Werkzeuge-

Konto im Hauptbuch zu Lasten der Erfolgs-Rechnung des Bilanzjahrs gutzubringen sind, muß der Saldo dieses Kontos mit dem Gesamtwert der letzten Bestand-Spalte in der Inventar-Liste übereinstimmen. Die darauf in der Liste vorzunehmende summarische Abschreibung wird in gleicher Höhe auch auf dem Werkzeuge-Konto gebucht. Eine Verteilung der summarischen Abschreibung auf die einzelnen Werkzeugwerte findet in der Liste nicht statt. Vielmehr erscheinen die einzelnen Werkzeuge dort Jahr für Jahr von neuem mit ihren Anschaffungs- oder Herstellungs-Kosten. Im Rahmen dieses Buchs kann auf die Inventarisierung von Werkzeugen näher nicht eingegangen werden. Ein Muster solcher Liste ist z. B. in der Z. f. hw. F. VI. S. 428—429 gegeben. Text und Ergänzung dazu ebenda S. 427—431 und 525—532.

Bewertung auf Grund besondrer Werkzeuge-Inventuraufnahme. Ein dritter Weg, die Werkzeuge-Bestände zu bilanzieren, ist insofern gangbar, als man auf die ziemlich bedeutende Arbeit der Durchführung von Inventar-Listen verzichtet, den Abgang jedoch dennoch ermittelt und — wie beim vorgenannten Inventarisierungs-Verfahren — auch gesondert verbucht. Dies wird erreicht, indem man das Werkzeuge-Konto im Hauptbuch zunächst, wie bei den vorerwähnten beiden Methoden, für die Anschaffungs-Kosten bezogener oder für die Herstellungs-Kosten selbstgefertigter Werkzeuge laufend belastet. Für den Bilanztag ist nun der gesamte vorhandene eigene Werkzeuge-Bestand aufzunehmen, und die einzelnen Stücke sind unter Berücksichtigung ihres Verschleißes zu bewerten, wobei von den Anschaffungs- oder Herstellungs-Kosten auszugehen ist. Bei richtiger Aufnahme und Bewertung muß der Gesamtwert des inventierten Werkzeuge-Bestands nicht nur um die reguläre Abschreibung kleiner als der noch ungekürzte Saldo des Werkzeuge-Kontos im Hauptbuch sein, sondern er muß außerdem noch um den Betrag des (durch Verschleiß, Diebstahl u. dgl. herbeigeführten) Abgangs hinter diesem Saldo zurückbleiben. Angenommen, der ungekürzte Hauptbuch-Saldo beziffere sich für den Bilanztag auf 2560,30 M, die den Abgang berücksichtigende Bewertung der aufgenommenen Werkzeuge ergebe einen Gesamtwert von 1215,70 M, so wäre im Vergleich zu den auf dem Werkzeuge-Konto belasteten vollen Anschaffungs- oder Herstellungs-Kosten der käuflich bezogenen oder selbst hergestellten Werkzeuge während der letzten Bilanz-Periode eine Wertminderung von (2560,30 M ./. 1215,70 M =) 1344,60 M eingetreten. Diese Wertminderung würde teils den Abgang durch Verschleiß, Diebstahl u. dgl., teils die ordentliche bilanzielle Abschreibung auf den Werkzeuge-Bestand einschließen. Da die Abschreibung korrekt erst nach dem Abzug des Abgangs vom Brutto-Buchwert zu berechnen, der Anteil des Abgangs an der Wertminderung von 1344,60 M aber zunächst unbekannt ist, so ergibt sich (20 % Abschreibung angenommen) nachstehende Gleichung, in der x die Höhe des zu ermittelnden Abgangs bedeutet:

$$x = (2560{,}30\ ./.\ 1215{,}70)\ ./.\ \left[\frac{(2560{,}30\ ./.\ x)\,.\,20}{100}\right]$$

$$x = 1344{,}60\ ./.\ \left[\frac{2560{,}30\ ./.\ x}{5}\right]$$

$$x = 1344{,}60\ ./.\ 512{,}06 + \frac{x}{5}$$

$$x\ ./.\ \frac{x}{5} = 1344{,}60\ ./.\ 512{,}06$$

$$\frac{4}{5}\,x = 832{,}54$$

$$x = \frac{832{,}54\ .\ 5}{4}$$

$$x = 1040{,}70.$$

Probe:	Brutto-Buchwert = ...	2560,30
	./. Abgang	1040,70
		1519,60
	./. 20 % Abschreibung	303,90
	Restwert = ...	1215,70.

Demnach wäre zu buchen (hier leichter Übersicht halber in einem Buchungssatz dargestellt):

Drei Schuldner
an Werkzeuge-Konto:

Fabrikations-Konto, durch die Fabrikation pro 1912 verursachter Werkzeuge-Abgang	1040,70 M
Gewinn- und Verlust-Konto, Abschreibung auf den Werkzeuge-Bestand pro 1912:	303,90 ,,
Bilanz-Konto, Werkzeuge-Bilanzwert pro Ende 1912	1215,70 ,,
	2560,30 M.

Mit diesen Buchungen würde das Werkzeuge-Konto bilanzieren. Die Erfolgs-Rechnung des Bilanzjahrs hätte über Fabrikations-Konto den Abgang im Betrage von 1040,70 M, ferner direkt über Gewinn- und Verlust-Konto die ordentliche Abschreibung von 303,90 M belastet erhalten. Der als Ergebnis der Werkzeuge-Aufnahme verbleibende Inventurwert in Höhe von 1215,70 M würde auf dem Werkzeuge-Konto für das folgende Jahr vorgetragen werden. In der Bilanz gesondert anzusetzender „Zugang" von Werkzeugen ist aus der Sollseite des Werkzeuge-Kontos für jedes Jahr leicht feststellbar.

Kritik dieser Methoden. Diese letztgenannte Methode der Werkzeuge-Bilanzierung bietet im Vergleich zu der an zweiter Stelle geschilderten Inventarisierung den Vorteil, daß die sehr zeitraubende, praktisch nur bei außerordentlicher Energie und Gewissenhaftigkeit durchführbare Inventarisierung der Werkzeuge bei der letztgenannten Methode fortfällt. Gewiß bietet eine wirklich sorgfältig durchgeführte Inventarisierung der Werkzeuge bei deren Inventur-Aufnahme die Möglichkeit, Verschleiß und Abgang zu kontrollieren. Es darf aber nicht übersehen werden, daß, wenn der Kontorist die Inventar-Liste nicht unbedingt zuverlässig angelegt und in diesem Sinne ständig ergänzt hat, am Jahresschluß vorhandene Differenzen zwischen der Liste und den Ergebnissen der Werkzeuge-Aufnahme bei mangelnder Möglichkeit der Aufklärung eben als gegeben anerkannt werden müssen, wenn mehr oder minder ernste Spannungen zwischen den Meistern und Arbeitern einerseits, dem Listenführer oder der Betriebsleitung anderseits vermieden werden sollen. Die Inventar-Liste muß dann den Ergebnissen der Inventur-Aufnahme für den Bilanztag doch angepaßt werden. Insoweit wird der Nutzen der Liste also aufgehoben. Daß die Liste bei vielleicht Tausenden von Werkzeugen außerdem nur mit bedeutendem Arbeitsaufwand herstellbar und auf dem laufenden zu erhalten ist, wird zugegeben werden müssen. Unter der selbstverständlichen Voraussetzung, daß Verwaltung der Werkzeuge-Stube, Arbeiter-Kontrolle und Inventur-Aufnahme der Werkzeuge (bei der im übrigen nicht kleinlich zu verfahren ist) zuverlässig sind, wird man sich mit der letztgenannten Bewertungs-Methode, die schließlich die der Inventarisierungs-Methode gleichen Resultate liefert, ohne deren Mehrarbeit zu bedingen, wohl begnügen können.

Werkstatt- und Kontor-Utensilien:

Geringere Bedeutung von Zahl und Abgang. Im Gegensatz zu den Werkzeugen handelt es sich bei den Utensilien nicht um einen verhältnismäßig schnellen, sondern um einen regelmäßig über viele Jahre sich erstreckenden Verschleiß. Der „Abgang", dem für die bilanzielle Bewertung der Werkzeuge erhebliche Bedeutung beizumessen ist, spielt deshalb bei Utensilien keine nennenswerte Rolle. Außerdem ist die Zahl der Utensilien im Vergleich zu derjenigen aller im Gebrauch befindlichen Werkzeuge meist weit weniger groß. Schließlich geht der Verschleiß der Utensilien in Gestalt einer auf Grund der Erfahrung feststehenden Abnutzung vor sich, während bei den Werkzeugen, je nach Art der Behandlung und der Inanspruchnahme, sowie nach der Beschaffenheit des Werkzeugstahls, mit sehr verschieden schnellem Verbrauch oder gar mit Bruch gerechnet werden muß.

Nur textliche Aufnahme. Trotzdem stände nichts im Wege, für die bilanzmäßige Bewertung der Utensilien aller Art eine der drei vorstehend dargelegten Methoden zu wählen. Es ist jedoch empfehlenswert, für die Utensilien-Bewertung einen Mittelweg zu benutzen. Dieser Mittelweg ist ein solcher insofern, als auf die Aufnahme jedes einzelnen Utensiliums zwar nicht verzichtet wird, diese Aufnahme aber eine nur textliche, d. h. der Bewertung nicht zu unterwerfende ist. In der Weise: das Kontor- (oder Werkstätten-) Utensilien-Konto wird mit den Anschaffungs- oder Herstellungs-Kosten der bezogenen oder selbst hergestellten Utensilien belastet. Jeder hinzukommende Gegenstand wird auch dem im Kontor zu führenden Utensilien-Verzeichnis zugeschrieben. Das Utensilien-Verzeichnis wird nur textlich, also ohne Preise, geführt. Für den Schluß jeder Bilanz-Periode sind die dann vorhandenen Utensilien in den Werkstätten und im Kontor durch die dafür verantwortlichen Meister und Bureau-Angestellten von neuem, ebenfalls nur textlich, aufzunehmen. Diese Aufnahmen sind mit dem vom Geschäftsleiter aufzubewahrenden, nach den Utensilien-Konten textlich stets auf dem laufenden zu erhaltenden Hauptverzeichnis zu vergleichen. Stehen sämtliche im Hauptverzeichnis enthaltenen Gegenstände auch in den Inventur-Aufnahmen der Utensilien, so ist damit gleichzeitig der Beweis erbracht, daß sämtliche effektiv vorhandene Utensilien auch wirklich auf dem Utensilien-Konto verbucht sind, weil das Hauptverzeichnis nach diesem Konto angelegt und vervollständigt ist. Weist die Inventur-Aufnahme der Utensilien mehr oder weniger Gegenstände als das Hauptverzeichnis aus, so sind die Abweichungen aufzuklären und dem Utensilien-Konto versehentlich etwa nicht belastete, selbst hergestellte Utensilien unter dem Bilanztage zugunsten des Fabrikations-Kontos noch nachzubelasten, dagegen zerbrochene oder sonst unbrauchbar gewordene, ferner abhanden gekommene, vielleicht gestohlene Utensilien dem Utensilien-Konto zu Lasten des Betriebs- oder Handlungs-Unkostenkontos gutzuschreiben. Das Hauptverzeichnis der Utensilien ist nach geschehener Bilanzierung im Einklang mit dem Utensilien-Konto fortlaufend zu ergänzen. Die textlichen Inventur-Aufnahmen sind zu jeder Bilanz als unbedingt selbständige Kontrollmittel für Hauptverzeichnis und Hauptbuch-Konto von neuem herzustellen und in der vorstehend angedeuteten Weise zu verwerten.

Utensilien-Abschreibungen. Die Abschreibung auf Utensilien-Konto geschieht summarisch. Der Abschreibungssatz ist zu bestimmen unter Würdigung der durchschnittlichen Gebrauchs-Dauer und des Anteils überdurchschnittlich schnell verbrauchbarer Utensilien am Utensilien-Gesamtwert.

Fuhrpark:

Teile des Fuhrparks. Hierzu werden sämtliche, für den Fuhrbetrieb in eigener Regie verwendete Vermögens-Gegenstände gerechnet. Das sind neben den Wagen und deren Zubehör (Planen, Decken, Schrotleitern u. dgl.) die Pferde, die für diese vorhandenen Geschirre und Futter-Utensilien. Wenn Automobile dem Geschäfts-Betrieb dienen, diese nebst deren Zubehör. Für geschäftliche Touren und für Repräsentationszwecke benutzte Kutschwagen sind zu den Vermögens-Gegenständen des Betriebs zu rechnen, auch wenn sie teilweise privaten Zwecken des Unternehmers dienstbar gemacht werden.

Deren Kontierung. Sämtliche zum Fuhrpark gehörigen Vermögens-Gegenstände bucht man oft auf nur einem (Fuhrpark-, Fuhrwerks-, Gespann-, Pferde- und Wagen-Konto oder ähnlich genannten) Konto. Manchmal trennt man im Hinblick auf die für totes und lebendes Inventar verschieden hoch zu bemessenden Abschreibungen das Konto in ein Pferde- und ein Wagen-Konto. Das oben erwähnte Fuhrpark-Zubehör verrechnet man nicht selten zusammen mit sonstigen Utensilien auf einem Utensilien-Konto. Gegenständen besonders hohen Werts, wie z. B. Automobilen, errichtet man regelmäßig besondere Konten.

Gespann-Unterhaltungskonto. Von den der Verbuchung von Fuhrparks-Gegenständen dienenden Bestand-Konten sind getrennt zu halten die zur Verrechnung der Unterhaltung des Fuhrparks (Futter, Benzin, Auto-, Wagen- und Geschirr-Reparaturen und dgl.) erforderlichen Erfolgs-Konten (Fuhrwerks- oder Gespann-Unterhaltungskonto). Wo die Bestand- und Erfolgs-Elemente dennoch auf nur einem Konto zur Verbuchung kommen, ist zur Bilanz die Abbuchung der Erfolgs-Elemente zu Lasten der Gewinn- und Verlust-Rechnung vorzunehmen. Höchstens für die transitorische Bilanzierung bestimmte Futter-Vorräte, die bei der Verrechnung über Gespann-Unterhaltungskonto auf diesem vorzutragen wären, dürfen auf dem Bestand-Konto verbleiben und dort mit vorgetragen werden (im übrigen sei auf das über die Verquickung der Bestand- und Erfolgs-Rechnung bezüglich der Grundstücke auf S. 279 bis 280 Gesagte verwiesen).

Inventarisierung. Für die Inventarisierung der Fuhrparks-Utensilien gelten die in bezug auf die Werkstätten- und Kontor-Utensilien gemachten Mitteilungen.

Modelle. Zeichnungen. Entwürfe u. dgl.:

Neigung zur pro memoria-Bilanzierung. Die für diese Dinge entstandenen Kosten werden bei gut fundierten Unternehmungen oft sogleich zu Lasten der Erfolgs-Rechnung des Entstehungsjahrs verbucht; sie erscheinen infolgedessen nicht in der Bilanz, oder werden dort höchstens als Erinnerungs-Konti mit 1,— M angesetzt. Soweit Modelle, Entwürfe usw. auch im Lauf der folgenden Betriebs-Perioden noch Verwendung finden, ist erlaubt, die darauf entstandenen Kosten zu aktivieren und von Jahr zu Jahr anteilig abzuschreiben. Im Fall der Wertlosigkeit jener Gegenstände für spätere Jahre deren Kosten diesen Jahren dennoch ganz oder teilweise anzulasten, was besonders bei schlecht geleiteten Unternehmungen nicht selten geschieht, muß als Überbewertung und deshalb als gesetzwidrig bezeichnet werden.

Bilanzmäßige Aufteilung zu Pauschalpreisen übernommener Betriebs-Gegenstände. Zuweilen werden (besonders bei Gesellschafts-Gründungen) die Betriebs-Gegenstände zu einem Pauschalpreise vom Vorbesitzer übernommen. Es bedarf kaum besondern Hinweises, daß der Pauschalpreis nach Maßgabe gewissenhafter Schätzungen auf die Konten der in der Eröffnungs-Bilanz auszuweisenden einzelnen Betriebs-Gegenstände zu verteilen ist. Schon im Hinblick auf die sehr verschiedene Höhe der für die verschiedenen Betriebs-Gegenstände in Betracht kommenden Abschreibungs-Prozente ist dies geboten. Besonders verwerflich ist deshalb die Gewohnheit, bei jener Verteilung das Grundstücks-Konto über Gebühr zu belasten.

II. Immaterialgüter.

Begriff der Immaterialgüter. Unter Immaterialgütern verstehe ich Betriebsrechte und sonstige im Betriebe wirksame Vermögenswerte von nicht körperlicher Greifbarkeit (ideelle Werte).

Beispiele. Zu den Betriebsrechten gehören beispielsweise: Konzessionen; Patent-, Musterschutz-, Marken- und Verlagsrechte. Als sonstige im Betriebe gebundene Vermögenswerte von nicht körperlicher Greifbarkeit sind anzusehen: Ruf der Firma und damit verbundener bestimmter Umfang des Kredits, der Kundschaft, des Umsatzes; Ausdehnungsfähigkeit; öffentliche Auszeichnungen (etwa Medaillen, Diplome und Hoflieferanten-Titel); Geschäfts- und Fabrikations-Geheimnisse; Organisation u. a. m. Alle diese Eigenschaften fasse ich im folgenden zusammen als „Geschäftswert".

Einteilung der Immaterialgüter. Zeitlich genommen können die Immaterialgüter sein:

a) von gesetzlich begrenztem Zeitablauf (im folgenden zu besprechende Beispiele: Patent-, Gebrauchsmuster-, Geschmacksmuster-, Warenzeichen- und Verlagsrechte);

b) von vertraglich begrenztem oder unbegrenztem Zeitablauf (im folgenden zu besprechendes Beispiel: Geschäftswert).

Über die vorerwähnten Beispiele ist zu sagen:

Patent-, Gebrauchsmuster-, Geschmacksmuster- und Warenzeichenrechte:

Grundsätzliches. Grundsatz ist hier, originär erworbene Schutzrechte höchstens mit den dafür verausgabten Kosten zu bilanzieren. Dagegen werden derivativ erworbene Schutzrechte dieser Art mit dem Erwerbspreis bilanziert.

Abzuschreibende Schutzunkosten. Die Schutzunkosten sind sogleich voll abzuschreiben, wenn sich nach erfolgter Anmeldung des Schutzanspruchs herausstellt, daß (wie z. B. sehr oft im Vorprüfungs-Verfahren bei Patent-Anmeldungen) die Erfindung infolge mangelnder Neuheit oder (wie nicht selten bei Patent- und Gebrauchsmuster-Anmeldungen) im Sinne des Patent- oder Gebrauchsmusterschutz-Gesetzes überhaupt nicht schutzfähig ist, oder wenn bereits erteilte Schutzrechte wegen mangelnder Neuheit mit Erfolg angefochten worden sind. Die Abschreibung etwa transitorisch vorgetragener Schutzunkosten hat zu geschehen, sobald man zu der Überzeugung gelangt oder objektiv gelangen muß, daß dem Recht die gewerbliche Verwertbarkeit aus irgendwelchen, nicht voraussehbaren Gründen mangelt.

Aktivierbare Schutzunkosten. Beim Anmeldungs- und Erteilungsverfahren entstandene Schutzunkosten sind, ebenso wie die periodisch fälligen Schutzgebühren, einem dafür zu errichtenden Erfolgs-Konto (Patentunkosten- oder dgl.-Konto) zu belasten. Erweist das Schutzrecht sich rechtlich und wirtschaftlich als lebensfähig, so steht nichts im Wege, die für seine Erlangung verausgabten Kosten aus der Erfolgs-Rechnung herauszunehmen und sie auf ein Bestand- (Vermögensteil-) Konto (Patent-, Gebrauchsmuster-, Warenzeichen- oder dgl.-Konto) zu übertragen. Zu den dergestalt aktivierbaren und nach Maßgabe der Gebrauchsdauer sukzessive abzuschreibenden Schutzkosten gehören außer den Anmeldungs-, Prüfungs- und Erteilungs-Kosten die gesamten Versuchs-Kosten einschließlich der Modelle-Kosten, Reise-Kosten u. a. Dagegen sind, wie gesagt, die nach der Erteilung des Schutzrechts periodisch fällig werdenden Schutzgebühren zu Lasten der Erfolgs-Rechnung des Zahlungsjahrs zu verbuchen, also vom Buchwert des Schutzrechts unbedingt getrennt zu halten. Daß derivativ erworbene Schutzrechte mit ihrem Erwerbspreis auf einem Bestand- (Patent- oder dgl.-) Konto, nicht dagegen auf einem Erfolgs- (Unkosten-) Konto zu verbuchen sind, wenn man den Erwerbspreis aus triftigen Gründen nicht sogleich abschreiben zu sollen glaubt, bedarf nach dem darüber Gesagten nicht näherer Ausführung.

Fälle der Bilanzierung des Veräußerungswerts für originär erworbene Schutzrechte. Als lebensfähig unbedingt erwiesene, nicht dagegen bloß dafür „gehaltene" Schutzrechte kann man auch im Fall des originären Erwerbs mit über die Selbstkosten etwa hinausgehenden

Veräußerungswerten bilanzieren, wenn z. B. Auseinandersetzungen mit Gesellschaftern oder Miterben dies wünschenswert erscheinen lassen. Nach § 40 Abs. 2 H.G.B. würde man zu solchem Ansatz ohnehin berechtigt sein, da der Zeitwert jenes Paragraphen dem jeweiligen Veräußerungswert entspricht[1]). Allein aus Gründen der Vorsicht pflegt man originär erworbene Betriebsrechte dennoch höchstens mit den Selbstkosten zu bilanzieren, auch wenn der Zeitwert über diese hinausgeht. Nur nach § 261 Ziff. 2 H.G.B. bilanzierende Kapital-Gesellschaften sind an die Höchstgrenze der Anschaffungs- oder Herstellungs-Kosten gebunden.

Verlagsrechte:

Arten. Hierbei ist zu unterscheiden zwischen in sich geschlossenen Einzelwerken oder Sammelwerken bestimmter Autoren und periodisch erscheinenden Zeitschriften, Zeitungen, Kalendern, Adreßbüchern u. dgl.

Verlags-Konten. Buchmäßig kommen die für die Verlagsrechte von Einzel- und Sammelwerken an deren Autoren gezahlten Honorare auf dafür errichteten Sonderkonten zum Ausdruck.

Deren Inhalt und Aufbau. Diese Verlags-Konten sind in ihren materiellen Ergebnissen wesensverwandt mit den Fabrikations-Konten der Fabrik-Buchhaltung. Denn wie diese werden auch die einzelnen Verlags-Konten zunächst belastet für sämtliche Herstellungs-Kosten (Autoren-Honorare, Papier- und Druckkosten, Buchbinderei- und etwaige sonstige Ausstattungs-Kosten, Ausgaben für Propaganda u. a.), die dem Verleger für die Auflage des Werks entstanden sind. Ist das Autoren-Honorar gleich für das Verlagsrecht mehrerer oder sämtlicher in Frage kommenden Auflagen vorausbezahlt worden, so sind bei der Nachkalkulation der Herstellungs-Kosten auf Grund des Verlags-Kontos (Division dessen buchmäßigen Gesamtaufwand-Betrags zuzüglich des Generalunkosten-Anteils durch die Zahl der Exemplare der Auflage) die vorwegbezahlten Honorar-Beträge vom Gesamtaufwand zu subtrahieren. Dabei können sich Schwierigkeiten insofern ergeben, als man unbedingte Sicherheit dafür, daß so und so viele Auflagen tatsächlich nötig werden, regelmäßig nicht haben wird. Erscheint etwa schon die zweite Auflage fraglich, wird man gut tun, den gesamten Honorar-Betrag nicht allein der Nachkalkulation mit zugrunde zu legen, sondern ihn auch auf dem Verlags-Konto ungekürzt stehen zu lassen. Insoweit das Autor-Honorar hingegen als vorausbezahlt gelten darf, überträgt man es zugunsten des Verlags-Kontos ins Soll eines Honorar-Vortragskontos, zu dessen Gunsten der auf die nächste Auflage entfallende Anteil seinerzeit ins Soll des Verlags-Kontos zurückübertragen wird.

---

[1]) So im wesentlichen auch Berliner (S. 134) und Passow (S. 178). Dagegen z. B. Fischer (S. 88ff.) und Simon (S. 168).

Dem Verlags-Konto gutgeschrieben werden die aus dem Verkauf des Werks resultierenden Umsatz-Beträge. Gutgeschrieben wird jedem Verlags-Konto ferner als Abschluß-Posten der Gesamtwert des am Bilanztage von dem Werk noch vorhandenen Bestands. Je ungünstiger der Absatz sich vermutlich weiterhin gestalten wird, um so tiefer wird der bilanzielle Wert jedes Exemplars unter den Herstellungs-Kosten anzusetzen sein, um diese dadurch zu Lasten der Erfolgs-Rechnung zur Abschreibung zu bringen. Der Fabrikationskonto-Charakter der Verlags-Konten ist nach allem erwiesen.

Buchmäßiger Charakter des Verlagsrechts. Hiernach stellt das durch die Autoren-Honorare erworbene Verlagsrecht an Einzel- und Sammelwerken sich buchmäßig als Element der Aufwand-Seite des Verlags-Kontos dar. Als vorausbezahlter Kostenteil wird der für das Verlagsrecht bezahlte Betrag buchmäßig zur Erfolgs-Ermittlung mit herangezogen. Je schneller jener Kostenteil sich im Reinerfolg des Verlagszweigs ersetzt, um so höher wird der latente Mehrwert des Verlagsrechts über das für dieses gezahlte Autor-Honorar zu veranschlagen sein und umgekehrt.

Schwierigkeiten selbständiger Bewertung latenter Verlagsrechte. Den latenten Wert des Verlagsrechts an Einzel- und Sammelwerken als selbständigen Posten buchmäßig und bilanziell mit einiger Sicherheit zum Ausdruck zu bringen, ist oft nicht möglich. Möglich ist eine einigermaßen sichere Bewertung des latenten Verlagsrechts aus verschiedenen Gründen nur, wenn die Zeit, während deren auch künftig bisherige gute Absatz-Resultate zu erwarten sind, mit einiger Sicherheit vorausbestimmbar ist. Das trifft aber — abgesehen vielleicht von verhältnismäßig wenigen, dauernd begehrten einzigartigen Büchern wissenschaftlichen oder künstlerischen Inhalts — für die meisten Werke nicht zu. Man denke nur daran, wie schnell oft die Wirkung mit geschickter Reklame lancierter Romane u. dgl. verpufft und die zuerst „fieberhafte“ Nachfrage völliger Interesselosigkeit weicht; wie oft alteingeführte Schulbücher plötzlich nach anderen pädagogischen Gesichtspunkten bearbeiteten Büchern weichen müssen; wie schnell Schriften politischen oder wissenschaftlichen Inhalts veralten usw.

Bestände-Bewertung als Verlagsrechte-Bewertung. Aus allen diesen Gründen kann — von den vorstehend angedeuteten relativ wenigen Ausnahmen abgesehen — eine selbständige Bewertung und Bilanzierung der an Einzel- und Sammelwerken für ein Verlags-Unternehmen bestehenden Verlagsrechte nicht in Frage kommen. Im Fall eines Verkaufs oder einer Auseinandersetzung mit Gesellschaftern oder Miterben wird man in allen solchen Fällen darauf angewiesen sein, den Wert oder Unwert der einzelnen Verlagsrechte durch die sorgsam zu erwägende Bewertung der vorhandenen fertigen und halbfertigen Bücher-Bestände zuzüglich der etwa vorausbezahlten Autoren-Honorare zum preismäßigen Ausdruck zu bringen.

Ganz anders liegen die Dinge bei periodisch erscheinenden Zeitschriften, Zeitungen, Kalendern, Adreßbüchern u. dgl.

Wesenszüge des Zeitschriften- u. dgl.- Verlags. In solchen Fällen kann von Verlagsrechten in dem für Einzel- und Sammelwerke erörterten Sinne nicht gesprochen werden. Ein wesentlicher Unterschied liegt darin, daß der Verleger bei Einzel- und Sammelwerken auf Qualität und Richtung des geistigen Schaffens der Autoren naturgemäß nicht den Einfluß haben kann, oder ausüben will, den er für periodisch in seinem Verlage erscheinende Zeitungen oder Zeitschriften zur Geltung bringt, indem er für diese nur Beiträge aufnimmt oder durch seinen Redakteur aufnehmen läßt, die den Zwecken der Zeitschrift, Zeitung u. dgl. unbedingt förderlich sind, weil sie ihnen nicht allein in bezug auf das literarische Niveau, sondern ebenso etwa auch in der Tendenz entsprechen. Ein weiterer, daraus folgender Unterschied ist dieser: bei Einzel- und Sammelwerken ist — je nach dem Thema — ein Überholen durch Arbeiten anderer Autoren zu befürchten, bevor das eigene Werk durch eine neue Auflage in solcher Weise gefördert werden konnte, falls es zu einer weitern Auflage überhaupt kommt. Bei periodisch erscheinenden Zeitschriften usw. hängt es dagegen ganz von der Fähigkeit des Verlegers ab, den Inhalt seiner Zeitschrift durch sorgsame Auswahl der Mitarbeiter den Fortschritten ihres Gebiets ständig anzupassen und sie dadurch und durch geeignete Ausstattung, angenehm lesbaren Druck, wirksame Reklame und trotzdem billigen Bezugspreis in immer weitere Leserkreise dringen zu lassen.

Geschäftswert für Zeitschriften- und dgl.- Verlags-Unternehmungen. Man ersieht daraus, daß der in einem Zeitschriften-, Zeitungs- oder dgl.- Verlag latente Wert in erster Reihe der Geschäftstüchtigkeit des Verlags-Unternehmers zu danken ist. Diesem persönlichen Moment gesellt sich das pekuniäre, in den Organisations-Kosten begründete. Die Gesamtheit beider Momente umschließt den sogenannten Geschäftswert. Demnach gelten für den Verlagswert eines Zeitschriften-, Zeitungs-, Kalender- oder dgl.- Unternehmens die für den Geschäftswert folgenden Ausführungen. Bemerkt sei (in Übereinstimmung mit Fischer S. 104) nur noch, daß der Erwerber eines derartigen Verlags-Unternehmens die für dessen Geschäftswert bezahlte Summe als Geschäfts- oder Firma- (statt dessen etwa Name des Verlags-Objekts) Erwerbskonto, nicht dagegen als Verlagsrechte-Konto zu bilanzieren hat, weil Verlagsrechte im Sinne des Urheberrechts, wie bei Einzel- und Sammelwerken, für Zeitschriften-, Zeitungs- und ähnliche Unternehmungen als solche, d. h. als geschlossene Wirtschaftskörper, nicht in Frage kommen.

Geschäftswert:

Originäre Entstehung. Als Bewertungs-Grundsatz für Immaterialgüter gilt, wie wir gesehen haben, höchstens die Anschaffungs- oder Herstellungs-Kosten zum Ansatz zu bringen. Danach dürfen nur gegen speziellen Entgelt erworbene Immaterialgüter bilanziert werden. Darunter fällt beispielsweise nicht der originär entstandene Geschäftswert, weil dieser sich auf Grund einer mehr oder minder langen, sehr verschieden tüchtigen Geschäftsführung und sonstiger Einflüsse (Geschäftslage u. dgl.) entwickeln kann, ohne daß die dafür entstandenen Gesamtkosten feststellbar sind.

Derivativer Erwerb. Dies trifft aber eben nur zu, solange der Geschäftswert „in erster Hand", d. h. im Besitz dessen ist, der ihn geschaffen hat. Nach erfolgtem Übergang der Unternehmung an Dritte auf Grund käuflichen Erwerbs ist der Erwerber selbstverständlich nicht gehindert, den für den Geschäftswert bezahlten Erwerbspreis als Aktivposten in die Eröffnungs-Bilanz zu setzen.

Gründe für Bilanzierung originär entstandenen Geschäftswerts. Zuweilen kommt dennoch vor, daß der Geschäftswert auch als originär entstandener Vermögenswert (in erster Hand) bewertet und bilanziert wird. Dies kann gerechtfertigt sein, wenn etwa im Hinblick auf den geplanten Verkauf des Geschäfts, auf eine Auseinandersetzung mit Gesellschaftern, oder auf eine spätere Abfindung von Miterben die Bilanz auch in dieser Richtung ein vollständiges Bild geben soll. Dagegen läuft solche Bilanzierung auf bloße Steuer-Hinterziehung hinaus, wenn der originär entstandene Geschäftswert lediglich gebucht und bilanziert wird, um mittelst darauf beabsichtigter Abschreibungen künftig den Reinerfolg der Unternehmung zu kürzen.

Kontierung originär entstandenen Geschäftswerts. Simon (S. 168) irrt mit der Annahme, der originäre Geschäftswert sei buchmäßig nicht darstellbar, vielmehr nur der derivative (käuflich erworbene). Mit Recht hält Rehm (S. 190 B. 2) Simon entgegen, daß solche Buchung durchaus möglich sei. Nicht beizustimmen ist dagegen der Ansicht Rehms, das Gewinn- und Verlust-Konto sei der für den Gegenposten gewiesene Platz. Solche Buchung wäre vom steuertechnischen Standpunkt nicht empfehlenswert, weil der gesamte Geschäftswert als Gewinn des Buchungsjahrs ausgewiesen werden würde; sie wäre ferner bedenklich für Gewinnverteilungs-Bilanzen, weil sie dazu reizen könnte, den Gesamtbetrag des Geschäftswerts als Erfolg des Buchungsjahrs zur Verteilung zu bringen. Um diese Wirkungen auszuschließen, ist der originär entstandene Geschäftswert bei Einzelunternehmungen und Personal-Gesellschaften auf den Kapital-Konten, bei Gewinn verteilenden Kapital-Gesellschaften auf Reserve-Konten zu buchen. Will man die Wirkung des originär entstandenen Geschäftswerts auch auf Kapital oder allgemeine Reserven verhindern, so bleibt nur übrig, ihn als durchlaufenden Posten (etwa: Geschäftswert-Konto an Geschäftswert-Reservekonto) zu buchen und zu bilanzieren. Das Geschäftswert-Reservekonto hätte in diesem Fall nicht den Charakter einer echten Reserve, sondern nur den eines Kompensations-Kontos.

Berechnung originär entstandenen Geschäftswerts. Von Interesse ist in diesem Zusammenhang noch die Erörterung der Grundsätze, nach denen man den originär entstandenen Geschäftswert zu berechnen hat. Vorauszuschicken ist, daß Grundsätze in dieser Beziehung praktisch kaum befolgt werden. Vielmehr dominieren noch immer rohe Schätzungen, die nicht selten an Willkür grenzen, indem entweder die Kapitalisierung einiger Reingewinne ohne deren buchmäßige Nachprüfung als ausreichend angesehen, oder etwa gar nur der letzte Reingewinn oder der Durchschnitt mehrerer Reingewinne als Geschäftswert selbst betrachtet wird.

Was in diesem Zusammenhang unter „Geschäftswert“ verstanden werden soll, habe ich oben schon dargelegt. Danach ist der originär entstandene Geschäftswert der zahlenmäßige Ausdruck für alle latenten Vermögenswerte von nicht körperlicher Greifbarkeit, die infolge fehlender Erkennbarkeit dafür aufgewendeten speziellen Entgelts ohne weiteres zur Buchung und Bilanzierung keine Veranlassung geben. Demnach kann der durch den originär entstandenen Geschäftswert repräsentierte Mehrwert der Unternehmung als Ganzes nur im Wege einer besondern Rechnung ermittelt werden.

Die Rentabilität als Berechnungs-Grundlage. Bei dieser Rechnung ist auszugehen von der Rentabilität der Unternehmung. Denn ein Geschäftswert wird für den Käufer der Unternehmung nur vorhanden sein, insoweit deren bisherige Betriebs-Erfolge über die Verzinsung des erforderlichen Kapitals und die Vergütung für die eigene Arbeitskraft hinausgehen, soweit mithin ein Unternehmer-Gewinn [Betriebs-Reinerfolg ./. (Kapital-Rente + Arbeits-Rente)] nachhaltig erzielbar zu sein scheint. Zum Zweck der Berechnung des Geschäftswerts ist der Unternehmer-Gewinn zu kapitalisieren.

Kapitalisierter Unternehmer-Gewinn. Sonach ist der originär erworbene Geschäftswert gleich dem kapitalisierten Unternehmer-Gewinn.

Kapitalisierungs-Faktoren. Für eine derartige Berechnung sind die buchmäßig ausgewiesenen Reinerfolge nur verwertbar, wenn sie

1. ausschließlich den Betriebs-Erfolg angehende Posten einschließen;

2. hervorgegangen sind aus einer Geschäftsführung, die unter denselben materiellen und persönlichen Bedingungen vom Geschäftskäufer fortgesetzt werden kann.

Beide Voraussetzungen werden bei Einzelunternehmungen kaum jemals völlig erfüllt sein.

So wird mittelst einer Bücher-Revision nicht selten festgestellt werden, daß irreguläre Erfolge und solche aus privater Kapital-Bewegung unter den regulären Betriebs-Erfolgen verrechnet, daß die Abschreibungen zu hoch oder zu niedrig bilanziert sind u. dgl. m. Die Organisation wird dem Nachfolger vielleicht verteuert, weil ihm nicht — wie etwa dem Gründer — billige Arbeitskräfte aus der eigenen Familie zur Verfügung stehen, weil er Miete zahlen muß, die der Vorgänger nicht oder nicht in dem Maße zu entrichten hatte usw.

Berechnungsbeispiel. Wählen wir ein praktisches Beispiel:

Der originär entstandene Geschäftswert eines Detailgeschäfts ist festzustellen. Die Bücher weisen als Reingewinne für die letzten fünf Jahre folgende Zahlen aus:

	1. =	12318,60 M
	2. =	11205,70 „
	3. =	13466,95 „
	4. =	9318,10 „
	5. =	10877,85 „
zusammen:		57187,20 M.

Korrektur-Posten. Bei der Bücherprüfung stellt sich heraus, daß nachstehende Korrekturen vorzunehmen sind:

		Zuschläge	Abzüge
Zugunsten			
	des zweiten Jahrs:		
— 618,20 M	über Unkosten-Konto gebuchte Steuern auf Privat-Einkommen und Vermögen —		
	des vierten Jahrs:		
— 1285,90 „	Unterschlagung des Kassierers —		
	des fünften Jahrs:		
— 376,20 „	nicht gebuchter Betrag der Waren-Entnahmen für den Privat-Verbrauch —.		
2280,30 M		2280,30 M	
Zu Lasten			
	des dritten Jahrs:		
— 1800,— M	über Waren-Konto verbuchter Lotterie-Gewinn —		1800,— M
		2280,30 M	
		./.1800,— „	
	Korrektur-Zuschlag:	480,30 M.	

Der richtiggestellte Gewinn-Gesamtbetrag für alle fünf Jahre beläuft sich demnach auf (57187,20 M + 480,30 M =) 57667,50 M, woraus ein jährlicher Durchschnitts-Reinerfolg von (57667,50 M : 5 =) 11533,50 M resultiert.

Dieser durchschnittliche Betriebs-Erfolg bedarf vom Standpunkt des Käufers noch weiterer Korrekturen:

Zunächst ist nämlich zu bedenken, daß der bisherige Inhaber dem Unkosten-Konto keine Geschäfts-Miete belastet hat, weil die Geschäftsräume in dessen eigenem Hause liegen. Der Geschäfts-Käufer hat mit dem Verkäufer, als dem Hausbesitzer, für die nächsten zehn Jahre eine Jahresmiete von 1500 M vereinbart.[1])

Sodann hatte der Verkäufer seine vor zehn Jahren erneute und ergänzte Geschäfts-Einrichtung in den ersten fünf Jahren auf 1 M abgeschrieben, so daß auf die der Berechnung zugrunde gelegte fünfjährige Periode keine Abschreibung mehr entfallen ist. Der Käufer soll für diese Einrichtung 3000 M bezahlen und rechnet deshalb eine jährliche 10prozentige konstante Abschreibung von 300 M zu Lasten seiner Erfolgs-Rechnung.

Außerdem hatte die Ehefrau des Verkäufers diesem die Kassiererin und Buchhalterin ersetzt. Dem Käufer steht für diesen Posten keine unentgeltliche Unterstützung zur Verfügung; er berechnet die dafür entstehenden Ausgaben auf jährlich 1200 M.

Der Käufer hat demnach von dem oben berechneten Durchschnitts-Gewinn von . . . . 11533,50 M

in Abzug zu bringen für:

Geschäfts-Miete	1500,— M	
Abschreibungen auf Utensilien . . .	300,— „	
Kassiererin-Gehalt	1200,— „	3000,— „
Demnach verbleiben		8533,50 M.

Von diesem Reinerfolgrest setzt der Käufer noch ab:
4 % Zinsen auf den bilanziellen Gesamtwert der übernommenen Aktiva, der

[1]) **Anteil von Grundstücks-Überpreisen am Geschäftswert.** Werden Geschäfts-Grundstücke käuflich mit übernommen, so wird man gut tun, den vielleicht für besonders vorteilhafte Lage gezahlten Mehrpreis vom Grundstückspreise zu trennen und dem Geschäftswert hinzuzuschlagen, falls die Gebäude ausschließlich für eine besondre Betriebstätigkeit hergestellt sind und ohne bedeutende Kosten zu Wohnzwecken nicht umgebaut werden können, oder wenn die Besonderheit der Lage nicht allgemeiner Natur, sondern gerade nur für den in Frage kommenden Betriebszweig von Bedeutung ist. Auf diese Weise kann der für nur bedingte Verhältnisse gewährte Mehrpreis auf dem Geschäftswert-Konto ungleich schneller als auf dem Grundstücks-Konto zur Abschreibung gebracht werden.

Übertrag:		8533,50 M
36567,80 M beträgt, jedoch im Hinblick auf einen sich aus den letzten fünf Bilanzen mit rund 40000 M ergebenden Durchschnittswert in dieser Höhe verzinst gedacht werden soll, $\frac{4 \times 40000 \text{ M}}{100}$	1600,— M	
(Bemerkung: Vielfach wird daneben noch ein weiteres Betriebs-Kapital in Rechnung zu setzen sein.)		
Die Vergütung für die eigene Arbeitskraft, die der Käufer in Höhe des in seiner letzten Stellung bezogenen Gehalts bewertet, mit	4800,— „	6400,— „
Rechnungsmäßiger Unternehmer-Gewinn:		2133,50 M.

Kapitalisierungs-Zinsfuß. Wie hoch ist dieser Unternehmer-Gewinn nun zu kapitalisieren?

Auf diese Frage ist eine einheitliche Antwort nicht möglich. Wie leicht erklärlich ist, deshalb nicht, weil dabei ganz verschiedenartige Momente zur Geltung kommen müssen.

Diesen beeinflussende Momente. So ist in erster Linie von Wichtigkeit, wie der Käufer die eigene Tüchtigkeit beurteilt. In welcher Zeit er glaubt, ein mindestens ebenso florierendes Geschäft aus eigener Kraft schaffen zu können. Neben diesem subjektiven Moment wird ein sachverständiger Käufer auch objektive erwägen. Beispielsweise: in welchem Verhältnis Betriebs-Kapitalien, Umsätze und Brutto-Gewinne während der einzelnen Jahre zueinander gestanden haben, und welche Schlüsse daraus für die Zukunft ableitbar sind; wie die Konkurrenzverhältnisse sich gestaltet haben und vermutlich gestalten werden; ob etwa Arbeiter- oder Beamten-Konsumvereine in Sicht sind; aus welchen Berufsschichten die Kundschaft sich zusammensetzt; wie weit der Kundenkreis örtlich sich ausdehnt; wie die wirtschaftliche Zukunft der Gegend beurteilt wird u. dgl. m. —

Nehmen wir an, der Käufer würde nach allem zu dem vom Verkäufer gebilligten Schluß kommen, diesem als Geschäftswert den Unternehmergewinn für fünf Jahre zu vergüten, so wird dieser Wert bei 20prozentiger Kapitalisierung des Unternehmer-Gewinns auf ($5 \times 2133{,}50$ M =) 10667,50 oder rund 10500 M von den Parteien festgesetzt werden. Der Käufer zahlt dann entweder während der nächsten fünf Jahre pro Jahr den fünften Teil des Gesamtbetrags, oder er bezahlt sofort den ganzen Betrag unter Abzug der auf die fünf Jahre entfallenden Zinsen und Zinseszinsen.

Mit den vorstehenden Ausführungen bezwecke ich lediglich die Darstellung prinzipieller Gesichtspunkte, nach denen man bei der Berechnung des Geschäftswerts von Einzelunternehmungen zweckmäßig verfahren kann.

Bedingtheit der Berechnungs-Ergebnisse. Der Leser wird die Überzeugung gewonnen haben, daß die Fülle der rechnerisch zu verwertenden Einflüsse jede formalistische Berechnungsweise ausschließt. Kann es doch sogar vorkommen, daß ein vom Standpunkt eines Käufers für eine Unternehmung berechneter Geschäftswert vom Standpunkt eines andern Käufers, der etwa seine Arbeitskraft höher bewertet, nicht mehr in jener Höhe oder vielleicht überhaupt nicht mehr vorhanden ist!

Besonderheiten der Geschäftswert-Berechnung bei Handels-Gesellschaften. Teilweise anders wird man verfahren, wenn der Geschäftswert gesellschaftlich organisierter Unternehmungen zu berechnen ist, was beispielsweise notwendig werden kann, wenn ein Teilhaber seinen Anteil verkaufen will, oder wenn die Gesellschaft mit einer andern Unternehmung verschmolzen (fusioniert) werden soll.

Bei der Berechnung des Geschäftswerts von Handels-Gesellschaften wird man zu beachten haben, ob die Rentabilität der Unternehmung von persönlichen Eigenschaften der Teilhaber mehr oder minder abhängig ist, wie dies bei den Personal-Gesellschaften (Off.Hges. und Komm.-Ges.) als Regel gelten kann; oder ob — was besonders bei den Kapital-Gesellschaften (A.G., K.A.G. und G.m.b.H.) bemerkenswert ist — das kapitalistische Moment überwiegt, das persönliche hingegen zurücktritt.

Als praktische Folge dieser Verschiedenheit ergibt sich, daß man bei der Berechnung des Geschäftswerts von Personal-Gesellschaften meist gut daran tun wird, die oben für die Einzelunternehmung entwickelten Berechnungsgrundsätze anzuwenden.

Dagegen wird man den Geschäftswert von Kapital-Gesellschaften im allgemeinen großzügiger berechnen müssen. Nicht allein, weil oben für die Einzelunternehmung beispielsweise in die Berechnung gezogene individuelle Besonderheiten bei Kapital-Gesellschaften naturgemäß seltener vorkommen, sondern außerdem auch, weil jene Besonderheiten im Vergleich zur absoluten Größe der Reingewinne einigermaßen bedeutender Kapital-Gesellschaften meist kaum nennenswert sind. Wo die Erfolgs-Analyse ausnahmsweise das Gegenteil erweist, müssen die Reingewinnzahlen in der für die Einzelunternehmung oben dargelegten Weise allerdings auch bei Kapital-Gesellschaften rektifiziert werden.

Selbständige Veranschlagung der Eigenkapitalien. Außerdem erscheint angesichts der Höhe der Eigenkapitalien mittlerer und großer Kapital-Gesellschaften unbedingt angezeigt, bei der Berechnung deren

Geschäftswerts die Beträge der Eigenkapitalien neben den Reingewinnzahlen als selbständige Größen in Anschlag zu bringen, sie mithin nicht (wie es oben bei der Berechnung des Geschäftswerts von Einzelunternehmungen geschehen ist) nur durch Abzug ihrer Zinsquote vom Gesamtgewinn vor der Gewinn-Kapitalisierung zu verwerten.

Man erreicht die selbständige Veranschlagung der Eigenkapitalien, indem man für eine bestimmte Anzahl von Jahren den Durchschnitt der eigenen Kapital-Beträge zieht, diese Durchschnittszahl zu der aus den Gewinn-Beträgen derselben Jahre resultierenden, kapitalisierten Durchschnitts-Gewinnzahl hinzufügt und schließlich die Summe beider Durchschnittszahlen durch zwei dividiert. Der daraus sich ergebende Quotient ist dann der Gesamtwert der Unternehmung, von dem man den Betrag deren zuletzt festgestellten Eigenkapitals zu subtrahieren hat, um den jeweiligen Geschäftswert zu erhalten.

Berechnungs-Beispiel. Ein praktisches Beispiel in runden Zahlen: das Eigenkapital (eingezahltes Aktien- oder Stammkapital zuzüglich sämtlicher echten Reserven) betrage für die letzten drei oder etwa fünf Jahre im Durchschnitt rund 578600 M (die längere Periode wird man für die Durchschnitts-Berechnung wählen, falls die Kapitalzahlen, vor allem aber auch die Gewinnzahlen, für die einzelnen Jahre bemerkenswert voneinander abweichen). Der Durchschnitt der nötigenfalls zu rektifizierenden Gewinnzahlen belaufe sich für dieselben Jahre auf rund 113336 M. Dieser Durchschnitts-Gewinn muß kapitalisiert werden. Zu welchem Zinsfuß? Die Antwort wird von Fall zu Fall sehr verschieden lauten. Der Zinsfuß wird um so niedriger, der Kapitalisierungsfaktor mithin um so höher angenommen werden müssen, je stetiger die Unternehmung sich entwickelt hat, je günstiger ihre Rentabilitätsaussichten bewertet werden, je kapitalkräftiger und von bestimmten Persönlichkeiten unabhängiger sie ist. Nicht zuletzt wird auch die Tatsache etwaiger Börsenfähigkeit der Anteile als Vorteil anzusehen und demgemäß bei der Feststellung des Kapitalisierungs-Zinsfußes zu berücksichtigen sein.

Nehmen wir an, die vorstehend genannten beiden Zahlen seien auf eine Gesellschaft mit beschränkter Haftung zu beziehen. Die Eigenkapitals- und Gewinn-Bewegung gehe seit der Gründung der Gesellschaft langsam aber stetig aufwärts. Von besonderen persönlichen Eigenschaften der Geschäftsführer und des Personals ist der Erfolg nicht irgendwie abhängig. Die Konkurrenz hat die aufsteigende Entwicklung der Gesellschaft bisher nicht erschwert. Immerhin muß bei der noch überdurchschnittlich gesunden Lage der Branche mit vermehrter Konkurrenz naturgemäß gerechnet werden. Unter Würdigung dieser, im großen und ganzen guten Rentabilitätsaussichten glaubt der Erwerber von Geschäfts-Anteilen der Gesellschaft sich mit einer Risikoprämie in Höhe des landesüblichen Zinsfußes begnügen zu dürfen. Das würde eine zu fordernde Gesamtverzinsung von (4 % + 4 % =) 8 % ergeben. Danach wäre der Durchschnitts-Reingewinn mit (100 : 8 =) $12^1/_2$ zu kapitalisieren. Resultat: 113336 M × $12^1/_2$ = 1416700 M. Zu diesem Betrag des kapitalisierten Durchschnitts-Reingewinns wäre derjenige des Durchschnitts-Eigenkapitals zu addieren und die Summe durch zwei zu dividieren:

	578600 M
+	1416700 ,,
	1995300 M : 2 = 997650 M.

Diesem Veräußerungs-Gesamtwert aller Stammanteile von 997650 M möge zur Zeit ihrer vorstehend skizzierten Bewertung ein bilanzmäßiges Gesellschaftsvermögen von 589400 M gegenübergestanden haben. Dieses Vermögen setze sich zusammen aus 500000 M Stammkapital und 89400 M echten (und zwar offen bilanzierten) Reserven. Der reine Geschäftswert als solcher würde für alle Stammeinlagen sonach (997650 M ./. 589400 M =) 408250 M betragen. Mithin würden als Zuschlag für den Geschäftswert auf je 1000 M Stammeinlage bei der Veräußerung (408250 M : 500 =) 816,50 M entfallen.

Demnach würden pro 1000 M Nennwert jedes Stammanteils vom neuen Anteilseigner bezahlt werden müssen:

	1000,— M	für den Nennwert,
	+ 816,50 ,,	,, ,, reinen Geschäftswert.
Insgesamt:	1816,50 M.	

Diese Gesamtvergütung würde einem Kurswert von 181,65 % entsprechen, woran der Geschäftswert mit 81,65 % beteiligt wäre.

Kapitalisierungs-Zinsfuß. Nach allem darf behauptet werden, daß bei der vorstehend geschilderten Methode der Berechnung des Geschäftswerts Rentabilität und Eigenkapital der Unternehmung gleichermaßen gewürdigt werden können. Die Schwierigkeit liegt aber auch hier in der zutreffenden Bestimmung des Zinsfußes, auf Grund dessen die Reingewinn-Durchschnittszahl zu kapitalisieren ist. Der oben gewählte Kapitalisierungs-Zinsfuß von 8 % wird für die Anteile nicht börsenfähiger Kapital-Gesellschaften oft als zu niedrig erachtet werden. Nicht selten wird man geneigt sein, das Kapital-Risiko erheblich höher zu bewerten. Kapitalisierungen zu 10 % mit 10, $12^1/_2$ % mit 8, $16^2/_3$ % mit 6, 20 % mit 5, 25 % mit 4, $33^1/_3$ % mit 3 usw. kommen, je nach der Branche und den bei der Unternehmung vorhandenen besonderen Verhältnissen, häufig zur Anwendung.

Börsenfähigkeit. Auf der Hand liegt, daß der Kapitalisierungs-Zinsfuß durch den Erwerber der Anteile nach Kräften besonders dann erhöht, der Geschäftswert demzufolge gedrückt wird, wenn der Veräußerer die Anteile unbedingt zu Geld machen muß, und wenn zu befürchten ist, daß andere kapitalstarke Interessenten dem Kauf der Anteile nicht geneigt sein werden. Demgegenüber werden besonders deutlich erkennbar die den Aktien und Kommandit-Anteilen geeigneter Gesellschaften durch die Börsenfähigkeit ermöglichten Vorteile: Konzentration von Angebot und Nachfrage und Unpersönlichkeit der Umsätze. Diese gerechtere Preisbildung hat denn auch zur Folge, daß an der Börse eingeführte Gesellschafts-Anteile unter sonst gleichen Rentabilitätsverhältnissen nicht nur schneller, sondern auch zu verhältnismäßig höheren Kursen abgesetzt werden können, als die nicht börsenfähigen Anteile der kleinen Aktien-Gesellschaften und der Gesellschaften mit beschränkter Haftung. Außerdem darf nicht verschwiegen werden, daß gerade der außerbörsliche Umsatz nicht börsenfähiger Aktien und Geschäfts-Anteile leider häufig auf Kosten kapitalkräftiger Unerfahrenheit geschieht, die skrupellosen Veräußerern ermöglicht, ihre Anteile zu geradezu phantastische Geschäftswerte einschließenden Kursen an den Mann zu bringen.

Beziehung „stiller“ Reserven zum Geschäftswert. Bei der Berechnung des Geschäftswerts können „stille“ oder „versteckte“ Reserven eine bedeutende Rolle spielen.

Wie sind nachweisbar vorhandene stille oder versteckte Reserven bei der Berechnung des Geschäftswerts (nach der oben für Kapital-Gesellschaften dargelegten, hier in Betracht kommenden Methode der Kombination von Eigenkapital und Gewinn-Kapitalisierung) zu behandeln?

Bei der Beantwortung dieser Frage muß von verschiedenen Voraussetzungen ausgegangen werden. Sind die stillen oder versteckten Reserven nämlich zu Lasten keines der zur Durchschnitts-Berechnung heranzuziehenden Reingewinne, sondern schon früher gebildet (versteckt) worden, oder sind sie, unabhängig von der Erfolgs-Rechnung, durch allmählichen, buchmäßig noch nicht erfaßten (stillen) Wertzuwachs entstanden, so kommen sie für die Kapitalisierung des Durchschnitts-Reingewinns, in dem sie demgemäß nicht enthalten sein können, auch nicht in Frage. Dagegen müssen nachweisbare stille oder versteckte Reserven den der Durchschnitts-Berechnung zugrunde zu legenden Reingewinnen hinzugeschlagen werden, soweit sie zu Lasten dieser Reingewinne durch Unterbewertung gebildet (versteckt) worden sind. Jedoch unter der selbstverständlichen Voraussetzung, daß diese versteckten Reserven in einem der zur Durchschnitts-Berechnung verwerteten Reingewinne nicht bereits wieder aufgelebt, d. h. durch Normal- oder gar Überbewertung in sichtbaren Gewinn verwandelt worden sind.

Werden in so genauen Feststellungen der zu Lasten der Reingewinne gebildeten versteckten Reserven schon oft sehr große, wenn nicht womöglich unüberwindliche Schwierigkeiten liegen, so wird dies nicht weniger in bezug auf die Feststellung des Verhältnisses der stillen oder versteckten Reserven zu den Eigenkapitalien der Fall sein. Denn wenn man genau verfahren will, muß man für jedes der für die Durchschnitts-Berechnung der Eigenkapitalien in Betracht zu ziehenden Jahre den Gesamtwert der am Schluß jedes dieser Jahre vorhandenen stillen oder versteckten Reserven ermitteln und ihre Beträge der Durchschnitts-Berechnung mit zugrunde legen.

Um den angedeuteten Schwierigkeiten aus dem Wege zu gehen, wird man sich darauf beschränken, den Gesamtbetrag der bestmöglich geschätzten oder durch eine bezügliche Sonderbilanz ermittelten stillen oder versteckten Reserven dem Geschäftswert als selbständige Größe hinzuzuschlagen. Den Gesamtwert der Kapital-Gesellschaft repräsentieren dann folgende Faktoren: der Nennwert des Aktien- oder Stammkapitals, die echten offenen Reserven, die stillen oder versteckten Reserven und der Geschäftswert. Wer auf diese Faktoren hin die börsenmäßig notierten Aktienkurse unter die Lupe nimmt, vermag, wenn er auf Grund der Dividenden und der gesamten Eigenkapitalien die Geschäftswerte berechnet, wenigstens annähernd festzustellen, welche stillen oder versteckten Reserven die Börse bei den verschiedenen Gesellschaften vermutet. Daß bei solchen Berechnungen der Kapitalisierungs-Faktor sich nicht zuletzt auch nach der Branche und nach der allgemeinen Wirtschaftslage zu richten hat, bedarf nur der Andeutung.

Einfluß bilanzmäßiger Verluste auf den Geschäftswert. Hierzu sei noch bemerkt, daß bei der Berechnung des Geschäftswerts im Normalfall steigende oder doch wenigstens stetige Gewinne vorauszusetzen sind. Allerdings nicht ohne Ausnahme. Denn etwa vorgekommene besonders niedrige Gewinne oder gar Verluste werden einen Geschäftswert nur ausschließen, wenn sie bereits zur ständigen Erscheinung geworden sind, oder doch zu solcher zu werden drohen. Besonders auch dann, wenn sie im Niedergang der Branche begründet sind. Dagegen wird eine jähe Unterbrechung sonst guter Gewinne durch einen bilanzmäßigen Verlust als bedenklich nicht angesehen zu werden brauchen, wenn jener Verlust durch besondere Ursachen außerordentlicher Natur (etwa durch unerwartet große Ausfälle an Debitoren) herbeigeführt ist. Demnach wird über den Einfluß vorgekommener bilanzmäßiger Verluste auf die Berechnung des Geschäftswerts nur von Fall zu Fall unter Würdigung aller in Betracht kommenden Umstände entschieden werden können.

In diesem Zusammenhang sei noch auf die den Verhältnissen bei

Aktien-Gesellschaften angepaßten Berechnungen Schmalenbachs und die von diesem daran geknüpften Diskussionen mit Fritz und Tgahrt (Z.f.hw.F. VI. S. 480 ff., VII. S. 39 ff., 132 ff., 369 ff.) verwiesen, wo die bei der Umwandlung einer Einzelunternehmung in eine Aktien-Gesellschaft für die Berechnung des Geschäftswerts sich ergebenden Besonderheiten erörtert sind. Der Erwähnung bedarf außerdem der Vortrag Berliners vor dem achten Verbandstage des Verbands Deutscher Bücher-Revisoren (VIII. S. 34 ff.) über „Vergütung für den Wert des Geschäfts bei dessen Übergang in andere Hände". Leser, die Interesse an konkreter Behandlung der Berechnung des Geschäftswerts eines Buchverlags haben, seien auf das im Literatur-Verzeichnis dieses Buchs genannte Werk von Uhl (S. 297 bis 308) verwiesen.

Keine Verteilung des Geschäftswerts auf Betriebs-Gegenstände. Nicht selten, besonders bei Umwandlungen von Einzelunternehmungen in Aktien-Gesellschaften oder Gesellschaften mit beschränkter Haftung, werden für den Geschäftswert und andere Immaterialgüter dem Vorbesitzer gewährte Vergütungen in der Eröffnungs-Bilanz und infolgedessen auch in den folgenden Jahresschluß-Bilanzen nicht gesondert bilanziert, sondern anderen, materiell greifbaren Werten zugeschlagen. Als besonders geeignete Lastobjekte werden in solchen Fällen vielfach die Konten für Grund und Boden oder für Gebäude (Grundstücks-Konten) angesehen. Auf diese werden die Immaterialgüterwerte mehr oder weniger willkürlich verteilt. Es bedarf keiner Begründung, daß solcher Modus an Bilanzfälschung grenzen kann.

Materielle Folgen solcher unerlaubten Verteilung. Materielle Bedeutung kommt solchem Verfahren außerdem insofern zu, als die Abschreibungen auf Grundstücks-Konten bekanntlich regelmäßig nicht entfernt die prozentuale Höhe erreichen, die den Abschreibungen auf Immaterialgüter zugrunde zu legen wäre.

Ich stimme deshalb zu der Resolution, die auf dem achten Verbandstage des Verbandes Deutscher Bücher-Revisoren im September 1912 im Anschluß an den oben schon erwähnten Vortrag Berliners angenommen worden ist, wonach der für ein erworbenes Geschäft vergütete besondre Geschäftswert nicht dem Werte anderer Vermögensstücke zugeschlagen werden, sondern als besondrer Posten in der Bilanz erscheinen soll.

Indirekte Bewertung (Wertabzüge).

Begriff der Abschreibung. In der Sprache des Kaufmanns bedeutet Abschreibung die buchmäßige Minderung des Wertes von Teilen des Geschäfts-Vermögens.

Deren Wirkung. Die kaufmännische Abschreibung läuft somit auf einen rechnungsmäßigen Wertabzug hinaus. Dieser Wertabzug wirkt in doppelter Richtung: auf die Vermögens-Rechnung durch Wertminderung und auf die Erfolgs-Rechnung durch Kürzung des Gewinns oder Mehrung des Verlustes. Als praktische Folge der Wirkung des Wertabzugs auf die Erfolgs-Rechnung zeigt sich bei Gewinn verteilenden Kapital-Gesellschaften und Genossenschaften nach Maßgabe der die Abschreibung bedingenden Wertminderung Zurückbehaltung von Vermögensteilen (Barvermögen) zum Zweck wirtschaftlicher Stärkung der Unternehmung.

Abschreibungs-Objekte. Die in diesem Zusammenhang zu erörternden Abschreibungen sind zu beziehen auf[1]):

I. Veräußerungs-Gegenstände.
II. Forderungen.
III. Betriebs-Gegenstände (nur körperlich greifbaee).
IV. Immaterialgüter.

I. Abschreibungen auf Veräußerungs-Gegenstände.

Als Hauptvertreter der Veräußerungs-Gegenstände sollen die Waren in Betracht gezogen werden.

Individuelle Abschreibungen auf Waren. Bei der Waren-Bewertung ist im einzelnen mancherlei wertmindernden Umständen Rechnung zu tragen. Zu deren wichtigsten sind zu zählen: Beschädigung oder sonstige Fehlerhaftigkeit (insbesondere Unansehnlichkeit), Verderben, Leckage, Schwund, Verdunsten und verwandte Ursachen. In allen diesen Fällen sind die Wertminderungen an bestimmten Warenstücken qualitativ oder quantitativ schon äußerlich erkennbar. Der Kaufmann bringt deswegen solche qualitativen oder quantitativen Wertminderungen gleich dadurch zum bilanzmäßigen Ausdruck, daß er die davon betroffenen Waren um den zu schätzenden Betrag der Wertminderung niedriger bewertet. Die Abschreibungen geschehen sonach individuell, ohne jedoch als solche selbständig erkennbar zu werden. Wenigstens ist dies die Regel.

Summarische Abschreibungen auf Waren und Rohstoffe. Dagegen kommen summarische und als solche bilanztechnisch meist selbständig erkennbar werdende Abschreibungen an Waren in Frage, wenn ganze Waren-Gruppen oder Waren-Lager von allgemein auf sie wirkenden Entwertungen getroffen werden. Ursachen für Entwertungen solcher Art sind z. B.:

---

[1]) Abschreibungen auf Substanz-Verluste bei Bergwerken gehören nicht zum Thema dieses Buchs (vgl. über die Abgrenzung des Stoffs S. 6). Abschreibungen auf Damno, Agio, Disagio und transitorische Vortrags-Posten sind S. 234ff. und S. 96ff. bereits besprochen.

1. in bezug auf bestimmte Waren-Gruppen: Saison-Ablauf, Modewechsel, Herauskommen billigerer, qualitativ nicht schlechterer Typen usw.;

2. in bezug auf ganze Waren-Lager: mangelnder Absatz als Folge fehlender geeigneter Käuferschichten, zunehmende Verschlechterung der allgemeinen Geschäftslage u. dgl. —

Auch auf Rohstoffe, die infolge Wechsels in der Fabrikations-Methode an Gebrauchswert für den Betrieb verlieren, ferner als bilanzmäßiger Ausdruck durch zu großes Lager hervorgerufener Zinsen-Verluste können summarische Abschreibungen vom Warenlager-Gesamtwert in Abzug gebracht werden. Selbstverständlich wären auch individuelle Abschreibungen an jedem einzelnen Stück möglich. Bei Entwertungs-Ursachen so allgemeiner Natur wird man sich jene Mehrarbeit jedoch nicht machen und deswegen der summarischen Abschreibung den Vorzug geben.

Darstellungs-Methoden der summarischen Abschreibungen. Statt des Abzugs auf der Aktiva-Seite kann man die summarische Abschreibung auch durch ein Korrektiv-Konto auf der Passiva-Seite zum bilanziellen Ausdruck bringen.

Deren Feststellungs-Methoden. Setzt man die summarische Abschreibung nicht in selbständigen (absoluten) Beträgen fest, sondern bestimmt man sie nach Prozentsätzen (relativ) vom Warenlager- oder Warengruppen-Bruttowert, so ist darauf zu achten, daß der Prozentsatz nicht alle Jahre der gleiche bleiben darf, wenn entweder der Bruttowert des Waren-Lagers oder der Waren-Gruppen sich nennenswert geändert hat, oder wenn die Ursachen für die summarische Abschreibung deren Vergrößerung oder Verkleinerung bedingen. Insoweit man nach festen Prozentsätzen (schematisch) abschreibt, wird man, je nach der Gestaltung vorstehend genannter beider Momente, in einem Jahr zugunsten des folgenden entweder unterbewerten (eine „stille Reserve" schaffen), oder zu des folgenden Jahrs Lasten überbewerten, wenn nicht Lager-Bruttowert und Abschreibungs-Ursachen zufällig unverändert geblieben sind. Deshalb ist zu empfehlen statt der Anwendung feststehender prozentualer Abzüge die gesonderte Ermittlung der etwa erforderlichen summarischen Abschreibung von Jahr zu Jahr.

Effekten-Korrektivkonten. Auch auf Effekten-Bestände wird zuweilen summarisch abgeschrieben. Ist für solche summarische Abschreibung der Modus des Korrektiv-Kontos auf der Passiva-Seite gewählt worden, so begegnet man dafür Bezeichnungen wie Effekten-Delkrederekonto, Effekten-Kursreservekonto oder verwandten Konten-Namen.

II. Abschreibungen auf Forderungen.

Abschreibungs-Ursachen. Aus zweierlei Gründen können Forderungen bilanzieller Wertminderung bedürftig werden: entweder bei drohender Zweifelhaftigkeit oder infolge eingetretener Uneinbringlichkeit. Dies steht im Einklang mit der (streng genommen überflüssigen, weil in § 40 Abs. 2 implizite bereits ausgesprochenen) Vorschrift des § 40 Abs. 3 H.G.B., wonach zweifelhafte Forderungen nach ihrem wahrscheinlichen Werte anzusetzen, uneinbringliche abzuschreiben sind.

Rückstellung und Abschreibung. Buch- und bilanztechnisch wird Zweifelhaftigkeit durch Rückstellung des vermutlich uneinbringlich werdenden Betrags, Uneinbringlichkeit dagegen durch endgültige Abschreibung zur Geltung gebracht. Die Wirkung auf die Erfolgs-Rechnung ist beidemal die gleiche. Beidemal handelt es sich um Kürzungen des Reinerfolgs (Minderungen des positiven, Mehrungen des negativen) der Unternehmung.

Zur Besprechung kommen folgende Fälle, über deren Ursachen ich Näheres auf S. 229 bis 231 ausgeführt habe:

A. Abschreibungen im Abschreibungsjahr uneinbringlich gewordener Forderungen.

Wird eine Forderung im Lauf eines Geschäftsjahrs uneinbringlich, ohne in einem Vorjahr Anlaß zur Zweifelhaftigkeit gegeben zu haben, so ist sie zu Lasten des Verlustjahrs sogleich endgültig abzuschreiben.

Einzel-Abschreibungen. Derartige Abschreibungen können durchgeführt werden unmittelbar zu Lasten der Erfolgs-Rechnung (etwa: Unkosten-Konto an Kontokorrent-Konto, Abschreibung des Debet-Saldos Hermann Hinze). Dieser Weg ist nicht empfehlenswert, weil dabei der Betrag der abgeschriebenen Forderung in der Erfolgs-Rechnung nicht gesondert bilanziert, mithin als solcher auch nicht ohne weiteres erkennbar wird.

Sammel-Abschreibungsmethode: das Delkredere- (Dubio-) Konto als Erfolgs-Konto. Das Ziel, die Abschreibungen auf uneinbringliche Forderungen in der Erfolgs-Rechnung gesondert auszuweisen, wird dagegen erreicht, wenn man die abzuschreibenden Posten auf einem besondern Konto sammelt und dessen Saldo am Jahresschluß auf Gewinn- und Verlust-Konto überträgt. Auf diese Weise kommt in der Erfolgs-Rechnung nicht allein der Gesamtbetrag der Abschreibungen als selbständiger Posten zum Ausdruck, sondern außerdem gestattet das eingeschaltete Sammelkonto jederzeit die Feststellung, welche Konten und mit welchen Beträgen an den Abschreibungen jedes Jahrs beteiligt waren. Solches Sammelkonto für Verluste an Debitoren nennt man meist Dubio-Konto. Auch Bezeichnungen wie: Delkredere-Konto, Insolventen-Konto, Ausfälle-Konto u. a. kommen vor.

B. Rückstellungen auf Dubiosen bei geschlossenen Debitoren-Konten.

Werden Forderungen zweifelhaft (dubios), so kann man solche Konten entweder schließen, ihre Salden mithin auf ein Sonderkonto (Delkredere- oder Dubiosen-Konto) übertragen und dort durch Rückstellungen oder Abschreibungen mindern; oder man kann die dubiosen Konten offen lassen.

Komplement-Charakter des Delkredere-Aktivkontos. Schließt man die Konten, so übernimmt das Delkredere-Konto die Salden der zu schließenden Konten. Das Delkredere-Konto tritt dann in der Bilanz als Komplement des Debitoren-Kontos in Erscheinung; also als aktives Bestand- (Vermögensteil-) Konto.

Buchungs-Beispiel. Angenommen, Otto Olbrich schulde 713,80 M; er gerate in Konkurs; der Konkurs-Verwalter stelle 40 % Deckung in Aussicht. Dann schließen wir zunächst das Konto Olbrich und übertragen dessen Saldo auf Delkredere- (Dubiosen- oder dgl.-) Konto durch die Buchung: Delkredere-Konto an Debitoren- (Kontokorrent-) Konto, Übertrag des Debet-Saldos Otto Olbrich = 713,80 M. Sodann buchen wir, da 40 % „in der Masse liegen" sollen, (100 % ./. 40 % =) 60 % Rückstellung auf voraussichtlichen Ausfall: Gewinn- und Verlust-Konto an Delkredere-Konto, Rückstellung auf 60 % Ausfall am Konto Otto Olbrich = 428,28 M. Danach erscheint als vermutlich einbringlicher Olbrich-Saldo auf dem Bilanz-Konto ein Delkrederekonto-Betrag von (713,80 M ./. 428,28 M =) 285,52 M.

Zusammenfassung der Abbuchungen. Regelmäßig wird es sich in der Praxis natürlich um mehr oder minder zahlreiche dubiose Konten handeln, die durch das Delkredere-Konto zu schließen und zu übernehmen sind. Schließung und Übernahme können jedesmal erfolgen, sobald die Zweifelhaftigkeit bekannt wird. Gewiß hindert nichts, die Tatsache der Zweifelhaftigkeit zunächst auf den Debitoren-Konten zu vermerken und die Übernahme der dubiosen Salden auf Delkredere-Konto erst zum Bücherabschluß mit einer zusammenfassenden Buchung zu bewirken. Unbedingt empfehlenswert ist das letztgenannte Verfahren der Zusammenfassung für die Abbuchung der Rückstellungs-Beträge vom Delkredere-Konto auf Gewinn- und Verlust-Konto, weil die Inanspruchnahme dieses Kontos durchweg fast nur zum Zweck des Bücherabschlusses geschieht. Inzwischen notiert man die Höhe der zum Jahresschluß auszuführenden Rückstellungen auf den Kontenköpfen oder (für den Fall bereits geschehener Kontenschließung) auf dem Delkredere-Konto hinter den Namen oder Beträgen der dubiosen Schuldner.

Abbuchungs-Überschüsse. Kehren wir nun zum Fall Otto Olbrich zurück, und nehmen wir weiterhin an, der Konkurs-Verwalter habe die

Quote mit 40 % zu niedrig geschätzt; das Verfahren sei Mitte des nächsten Jahrs vielmehr mit einer Gesamtausschüttung von 50 % beendet worden (von Abschlags-Dividenden sei der Einfachheit halber hier abgesehen; nur die Schlußverteilung komme als Regulierung in Betracht). Es seien statt der nur erwarteten 285,52 M also 71,38 M mehr, oder insgesamt 356,90 M auf unsere Forderung entfallen. Dann wäre zu buchen gewesen:

Kasse- (Bank- oder dgl.-) Konto
an zwei Gläubiger:

— Gesamtquote aus dem Konkurse Otto Olbrich —

,, Delkredere-Konto	285,52 M,
,, Unkosten-Konto	71,38 ,, .

Damit käme der Fall Olbrich auf dem Delkredere-Konto zum Ausgleich und der Erfolgs-Rechnung des Nachjahrs würden über Unkostenkonto-Haben zufließen 71,38 M, um die der Reinerfolg des Vorjahrs infolge der zu hoch angenommenen Rückstellung zu Unrecht gekürzt worden war.

Stille Reserven aus Abbuchungs-Überschüssen. Würde man das unerwartete Plus von 71,38 M nicht über ein Erfolgs-Konto, sondern über Delkredere-Konto verbuchen, so könnte man den Betrag dort für andere Rückstellungen mit heranziehen. Täte man dies nicht, blieben die 71,38 M auf dem Delkredere-Konto demnach unverrechnet, so würden sie dort eine stille Reserve bilden. Wer das hier in Rede stehende Delkredere-Konto mit stillen Reserven bewußt nicht zu verquicken wünscht (unbewußte stille Reserven sind bei dem für die Rückstellungen meist nur möglichen Schätzungsmodus unvermeidbar), muß demnach die Abbuchung unerwarteter Überschüsse aus Rückstellungen über ein Erfolgs-Konto laufen lassen.

Abbuchungs-Mankos. Stellt sich dagegen statt des Überschusses ein Manko heraus, weil die Rückstellung sich als zu klein bemessen erweist, wären beispielsweise im obigen Fall Olbrich statt 50 % nur 25 % zur Verteilung gekommen, so würden die zu wenig zurückgestellten (75 % ./. 60 % =) 15 % zweckmäßig der Erfolgs-Rechnung anzulasten gewesen sein, um die auf dem Delkredere-Konto sonst noch bestehenden Rückstellungen bewußt nicht zu mindern; es sei denn, daß man von deren zu hohen Veranschlagung überzeugt sein durfte.

Nachteile des Delkredere-Aktivkontos. Bei der vorstehend geschilderten Verwendung des Delkredere-Kontos als aktives Bilanz-Konto wird jenes Konto seiner eigentlichen Aufgabe, die Rückstellungen auf dubiose Forderungen auszuweisen, nur unvollkommen gerecht. Denn ohne weiteres läßt das aktive Delkredere-Konto in der Bilanz immer nur den jeweiligen Gesamt-Nettosaldo der dubiosen Forderungen erkennen. Die jenen Nettosaldo herbeiführenden Rückstellungen eines Jahrs erscheinen dagegen im Soll der Erfolgs-Rechnung dieses Jahrs. Der Gesamtbetrag aller bis zu einem bestimmten Bilanztermin nach dem Abzug der Eingänge verbleibenden Rückstellungen auf Dubiosen kann demnach nur durch Auszüge aus den Erfolgs-Rechnungen ermittelt werden. Erst durch den Zuschlag des Rückstellungs-Gesamtbetrags zu den Debitoren- und Delkrederekonto-Salden ist außerdem der Brutto-Gesamtsaldo aller Forderungen feststellbar. Zu diesen Nachteilen treten noch andere: der einbringliche Forderungs-Gesamtbetrag kommt teils auf dem Debitoren-Konto, teils auf dem Delkredere-Konto zum Ausdruck, und die dubiosen Debitoren-Konten müssen geschlossen werden, um jene nicht einmal wünschenswerte Wirkung herbeizuführen.

Vorteile des Delkredere-Passivkontos. Alle diese Nachteile werden vermieden, wenn man das Delkredere-Konto als passives Bilanz-(Korrektur-) Konto führt und es damit dienstbar macht der ihm in erster Linie zukommenden Funktion, als reines Rückstellungs-Konto wirksam zu werden.

C. Rückstellungen auf Dubiosen bei offenen Debitoren-Konten.

Korrektiv-Charakter des Delkredere-Passivkontos. Läßt man im Interesse ungestörter Übersicht über den Gesamtwert aller Forderungen an Debitoren deren Konten in den Kontokorrentbüchern auch bei eingetretener Zweifelhaftigkeit offen, so entfällt die Möglichkeit, die Rückstellungen auf dubiose Forderungen von der Aktiva-Bilanzseite unmittelbar in Abzug zu bringen. Infolgedessen bekommt das Delkredere-Konto dann als reines Abzugs- (Korrektiv-) Konto Passivcharakter.

Buchtechnische Bildung des Delkredere-Passivkontos. Die auf solchem Delkredere- (Dubiosen-) Passivkonto zu verbuchenden Rückstellungen auf Dubiosen geschehen mittelst des Buchungssatzes: Gewinn- und Verlust-Konto an Delkredere-Konto. Die materielle Wirkung auf die Erfolgs-Rechnung ist hier die gleiche wie bei der unter B beschriebenen Verwendung des Delkredere-Kontos als aktives Bilanz-Konto. Denn bei der dort auf 713,80 M Forderung an Otto Olbrich vorgenommenen Rückstellung von 428,28 M hat ebenfalls gebucht werden müssen: Gewinn- und Verlust-Konto an Delkredere-Konto. Die in jenem Fall voraufgegangene Buchung: Delkredere-Konto an Debitoren- (Kontokorrent-) Konto Olbrich bedeutet nur eine rein kontenmäßige Verschiebung des Brutto-Saldos Olbrich, bleibt sonach auf die Erfolgs-Rechnung ohne Einfluß.

Dessen Wirkung auf die Bilanz-Klarheit. Dagegen ist die Wirkung auf die Bilanz-Klarheit eine verschiedene, weil aus dem Delkredere-Passivkonto der Gesamtbetrag aller Rückstellungen auf Debitoren jederzeit ohne weiteres voll ablesbar ist, während der Debitoren-Gesamtsaldo auf der Bilanz-Aktivaseite brutto erscheint. Beide Vorteile entfallen bei der Verwendung des Delkredere-Kontos als Aktivkonto, was unter B näher ausgeführt ist.

Aufbau des Delkredere-Passivkontos. Folgende Posten setzen das Delkredere-Passivkonto zusammen:

Im Haben: Sämtliche für dubiose Debitoren-Konten in Betracht kommenden Rückstellungen einschließlich der nachträglich zur Auffüllung als unzureichend erkannter Rückstellungen benötigten Beträge (Gewinn- und Verlust-Konto an Delkredere-Konto).

Im Soll: a. Die zur definitiven Abschreibung auf den dubiosen Debitoren-Konten benötigten Rückstellungs-Beträge (Delkredere-Konto an Debitoren-Konto).

b. Abbuchungen der nachträglich als nicht erforderlich erwiesenen Rückstellungs-Überschüsse (Delkredere-Konto an Gewinn- und Verlust-Konto).

Tabellarische Spezifikation der Delkredere-Kontoposten. Um den Überblick über die dubiosen Debitoren-Konten und die Prüfung der Zusammensetzung des Delkredere-Kontos bequem und sicher zu gestalten, schafft man sich bei einigermaßen umfangreichem Delkredere-Verkehr zweckmäßig eine tabellarische Übersicht.

Etwa so:

	Dotierung Ende 1912	Zu Konten-Schließungen 1913 benötigt	Zugunsten von 1913 abzubuchende Rückstellungs-Überschüsse	Zu Lasten von 1913 nachzuholende Rückstellungen	Neue Rückstellungen pro 1913	Delkredere-Kontosaldo Ende 1913
Max Mahler	256,80					
Wilhelm Wald	170,15					
Karl Kraft	84,60					
Max Mahler		196,80	60,00			
Wilhelm Wald		200,00		29,85		
Karl Kraft		84,60				
Herm. Heier					53,00	
Emil Enke					98,40	
Otto Orth					171,10	322,50

Nutzen solcher Tabelle. Aus der vorstehenden Tabelle ist zu entnehmen:

Das Delkredere-Konto ist mit Ende 1912 gebildet worden durch Zuweisungen auf die in 1912 dubios gewordenen Konten Mahler, Wald und Kraft. Im Lauf von 1913 hat sich herausgestellt, daß auf Konto Mahler 60,— M mehr, auf Konto Wald 29,85 M weniger, als 1912 vermutet worden war, eingegangen sind. Dagegen hat die für das Konto Kraft in Höhe von 84,60 M Ende 1912 gemachte Rückstellung sich als richtig bemessen erwiesen.

Demnach wäre für Ende 1913 zu buchen gewesen für:

Mahler:

Delkredere-Konto an Debitoren-Konto: in Anspruch genommene Rückstellung . . . . 196,80 M.
Delkredere-Konto an Gewinn- und Verlust-Konto: Rückbuchung des nicht beanspruchten Teils der Rückstellung . . . . 60,— „.

Damit wäre die Ende 1912 für Mahler vorgesehene Rückstellung von 256,80 M auf dem Delkredere-Konto beglichen und das Konto Mahler geschlossen.

Wald:

Delkredere-Konto an Debitoren-Konto: in Anspruch genommene Rückstellung . . . . 200,— M.
Gewinn- und Verlust-Konto an Delkredere-Konto: nachträglich nötig gewordene weitere Rückstellung . . . 29,85 „.

Auch das Konto Wald ist nunmehr, in Übereinstimmung mit den Delkredere-Buchungen, geschlossen.

Kraft:

Delkredere-Konto an Debitoren-Konto: in Anspruch genommene Rückstellung . . . . 84,60 M.

Kontoschluß wie bei Mahler und Wald.

Außerdem wäre für die neuen Rückstellungen auf den Konten Heier, Enke und Orth zu buchen gewesen:

Gewinn- und Verlust-Konto an Delkredere-Konto: Rückstellungen pro 1913 . . . . 322,50 M.

(Selbstverständlich würden auch die vorstehenden, Mahler, Wald und Kraft angehenden Buchungen im Grundbuch nach Buchungssätzen zusammengefaßt werden.)

Das Delkredere-Konto würde dann (unter Fortlassung der Grundbücher-Seitenangaben) für Ende 1913 aussehen: (Siehe nächste Seite.)

Addiert man die erste, vierte und fünfte Spalte der Tabelle, und subtrahiert man von deren Gesamtbetrag die Gesamtsummen der zweiten und dritten Spalte, so muß sich der pro Ende 1913 mit 322,50 M kontomäßig nachgewiesene Haben-Saldo ergeben. Ein Blick auf die

Soll		Delkredere-Konto		Haben
1912 Dezbr. 31.	An Saldo . . . . 511,55 M		1912 Dezbr. 31.	Per Gewinn- u. Verlust-Kto., Rückstellungen pro 1912 . . . . . 511,55 M
	511,55 M			511,55 M
1913 Dezbr. 31.	An Gewinn- u. Verlust-Kto., Rückstellungs-Überschuß aus 1912 60,00 M		1913 Januar 1.	Per Saldo-Vortrag 511,55 M
„ 31.	„ Debitoren-Kto., aus 1912 beanspruchte Rückstellungen . . 481,40 „		Dezbr. 31.	„ Gewinn- u. Verlust-Kto., Rückstellgs.-Manko aus 1912 . . . 29,85 „
„ 31.	„ Saldo . . . . 322,50 „		„ 31.	„ Gewinn- u. Verlust-Kto., Neu-Rückstellungen pro 1913 . . . 322,50 „
	863,90 M			863,90 M

Tabelle lehrt die Richtigkeit. Der Saldo wird nun in der letzten Spalte der Tabelle vermerkt. Zu seiner Zahl sind die Ergebnisse der Spalten des folgenden Jahrs in Beziehung zu setzen. Und so fort. Die Spalten jedes Jahrs geben dann immer eine spezifizierte Übersicht über die Zusammensetzung der auf dem Delkredere-Konto summarisch verbuchten Posten und erleichtern die Kontrolle der dubiosen Debitoren-Konten.

Echte Reserven auf dem Delkredere-Passivkonto. Bei strikter Durchführung des vorstehend geschilderten Delkredere-Passivkontos behält dieses ständig den Charakter eines Korrektiv-Kontos, also einer sogenannten unechten Reserve. Denn es ist immer nur Subtrahend des Debitoren-Kontos der Aktiva-Seite. Dieser Zustand ändert sich jedoch, wenn man nicht beanspruchte Rückstellungs-Beträge (z. B. oben Rückstellungs-Überschuß im Fall Mahler) im Haben des Delkredere-Kontos stehen läßt, anstatt sie abzubuchen. Bei diesem Verfahren erhält das Delkredere-Konto neben seinem Korrektiv-Charakter denjenigen einer echten Reserve. Dieser Fall führt uns zur Besprechung der echten Debitoren-Reserven.

D. Echte Debitoren-Reserven.

Wesen der echten Reserven. Als „echt" ist (wie jede Reserve) auch eine Debitoren-Reserve anzusprechen, wenn sie aus dem Reingewinn, mithin ohne Rücksicht auf die Zweifelhaftigkeit bestimmter Forderungen, gebildet wird. Dabei ist an sich selbstverständliche Voraussetzung, daß in bezug auf als zweifelhaft bereits erkannte Debitoren-Konten die erforderlichen Rückstellungen vorweg vorgenommen worden sind. Denn vordem gibt es keinen Reingewinn.

In Rücksicht auf diesen, auch materiell bedeutsamen fundamentalen Unterschied zwischen echten und unechten Reserven für Verluste an Debitoren muß eine scharfe Scheidung der Begriffe gefordert werden. Gegen diese Forderung wird in der Bilanz-Praxis leider noch immer vielfach gefehlt.

Scheidung der Bezeichnungen für Delkredere-Konten. So begegnen für Delkredere-Rückstellungen beispielsweise folgende Bezeichnungen: Delkredere-Reserve, Delkrederefonds, Delkredere-Reservefonds, Dubiosen-Reserve, Kontokorrent-Reserve, Spezial-Reserve, Debitoren-Reserve, Debitoren-Rücklage, Zweifelhafte Forderungen, Unsichere Außenstände, Verlust-Reserve usw. Mit Sicherheit ist meist nicht erkennbar, ob eine echte Reserve oder eine unechte in Form eines Korrektiv-Kontos gemeint ist. Für die Beurteilung der finanziellen Position einer Unternehmung und der Qualität ihrer Debitoren ist unzweideutige Erkennbarkeit aber unerläßlich. Deshalb wäre eine prinzipielle (nötigenfalls bilanzrechtliche) Festlegung der Begriffe sehr wünschenswert. Vor allem wird angebracht sein, den Reserve-Begriff von den Delkredere-Korrektivkonten ein für allemal getrennt zu halten. Dagegen ist dessen Verwendung ratsam für echte Debitoren-Reserven, wobei er zuweilen durch den Zusatz „Fonds" als echte Reserve noch besonders gekennzeichnet wird. Demgemäß wäre dem „Delkredere"- (oder Dubiosen-) Konto als dem Korrektiv-Konto das Delkredere- (oder Dubiosen-) Reservefondskonto gegenüberzustellen. Wem diese Bezeichnung zu lang erscheint, mag entweder Delkrederereserve-Konto oder Delkrederefonds-Konto [1]) sagen. Wir wählen die Bezeichnung „Delkrederereserve-Konto", weil mit dem „Fonds"-Begriff regelmäßig der Gedanke an eine „Anlage" der Reserve in Effekten oder dgl. verbunden wird, und weil Laien gewöhnt sind, einen „Fonds" auf der Aktiva-Seite der Bilanz zu suchen. Auf jeden Fall haben die Begriffe „Reserve" und „Fonds" aus der Korrektivkonto-Benennung fortzubleiben. Außerdem ist die echte Debitoren-Reserve zweckmäßig im Zusammenhang mit den sonstigen echten Reserve-Konten oder doch im unmittelbaren Anschluß daran zu bilanzieren, um ihre Verwandtschaft mit diesen Bilanzposten anzudeuten.

Dotierung des Delkrederereserve-Kontos. Die Dotierung des Delkrederereserve-Kontos geschieht zu Lasten der Erfolgs-Rechnung (Gewinn- und Verlust-Konto an Delkrederereserve-Konto).

---

[1]) So auch Belohlawek in der Z. f. B. X. S. 173ff. und Schmalenbach in der Z. f. hw. F. II. S. 395. Dagegen Beigel in der Z. f. B. XXIII. S. 21. Beigel übersieht aber, daß echte Delkredere-Reserven von unechten (nur Bewertungs-Korrekturen darstellenden Delkredere-Posten) nicht geschieden werden, wenn man beide Postenarten, wie Beigel will, gemeinsam über Delkredere-Konto ausweist.

Bemessungsgrundlagen für die Dotierung. Als Bemessungsgrundlage für die Höhe der Dotierung des Delkrederereserve-Kontos dienen in der kaufmännischen Praxis vornehmlich: der Gesamtbetrag der jeweiligen bilanzmäßigen Außenstände, oder der Umsatz der letzten Bilanz-Periode, oder der Reingewinn der Unternehmung. Nicht selten wird willkürlich dotiert; oder das Delkrederereserve-Konto wird Jahre hindurch auf derselben Höhe erhalten. Wonach man die echte Delkredere-Reserve auch bemessen mag: immer wird man die pekuniäre Qualität der Kundschaft und die allgemeine Wirtschaftslage zu berücksichtigen haben.

Buchungs-Beispiel für das Delkrederereserve-Konto. Ein Beispiel: Das Delkrederereserve-Konto soll prinzipiell auf 5 % der letzten bilanzmäßigen Außenstände gehalten werden. Diese beliefen sich zur Zeit der ersten Dotierung (Ende 1910) auf rund 40000 M. Sonach sind 2000 M zu reservieren. Ende 1911 sind 1300 M zur Deckung in diesem Jahr eingetretener Verluste an Dubiosen vom Delkrederereserve-Konto herunterzunehmen. Die Außenstände haben Ende 1911 insgesamt rund 48000 M betragen. Demnach sind für Ende 1911 [2400 M ./. (2000 M ./. 1300 M) =] 1700 M aufs neue zurückzustellen. Dann sieht das Delkrederereserve-Konto so aus:

Delkrederereserve-Konto

1910 Dezbr. 31.	An Saldo	2000 M	1910 Dezbr. 31.	Per Gewinn- u. Verlust-Kto. . . .	2000 M
1911 Dezbr. 31.	An Debitoren-Kto. .	1300 M	1911 Januar 1.	Per Saldovortrag . .	2000 M
„ 31.	„ Saldo	2400 „	Dezbr. 31.	„ Gewinn- u. Verlust-Kto. . . .	1700 „
		3700 M			3700 M

usw.

Analog ist bei den anderen prozentualen Bemessungs-Methoden zu verfahren.

Zusammenwirken von Delkredere- und Delkrederereserve-Konten. Führt man neben dem Delkrederereserve-Konto, als dem echten Reserve-Konto, ein Delkredere- (Korrektiv-) Konto, so kann man beide Konten zueinander in Beziehung treten lassen, indem man das Dekredere-Konto nach Maßgabe dessen Bedarfs aus dem Delkrederereserve-Konto auffüllt (Delkrederereserve-Konto an Delkredere-Konto). Auch die vom Delkredere-(Korrektiv-) Konto etwa fortzubuchenden Rückstellungs-Überschüsse kann man dann dem Delkrederereserve-Konto anstatt dem Gewinn- und Verlust-Konto gutschreiben.

Steuer-Entscheidung über Abschreibungen auf Dubiosen. Mit folgender Oberverwaltungs-Gerichtsentscheidung sei dieser Abschnitt geschlossen:

„Eine bei den ausstehenden Forderungen vorgenommene Abschreibung kann, nicht ohne weiteres deshalb für unzulässig erachtet werden, weil die Verluste, die den Grund für die Abschreibung abgegeben haben, aus früheren als den für die Durchschnitts-Berechnung des Einkommens aus Handel und Gewerbe maßgebenden Jahren herrühren. Eine im Verhältnis zu dem Gesamtbetrage der Forderungen auffallend hohe Abschreibung begründet die Vermutung, daß dieselbe eine außerordentliche, unzulässige sei" (E. in St. III. 92).

III. Abschreibungen auf Betriebs-Gegenstände.

A. Allgemeines.

1. Wesen und Arten.

Unterschiede zwischen Abschreibungen auf Forderungen und auf Betriebs-Gegenstände. Zwischen den Abschreibungen auf Forderungen und denjenigen auf Betriebs-Gegenstände[1]) bestehen wesentliche Unterschiede.

Mit den Abschreibungen auf Forderungen bringt man Verluste auf vermögensrechtliche Ansprüche gegen Schuldner der Unternehmung zum buchmäßigen Ausdruck; sie beruhen mithin auf außerhalb der Unternehmung wirksamen Ursachen. Diese Verluste sind sowohl in bezug auf Höhe und Zeit des Eintritts, wie auch auf die Namen der zahlungsunfähig werdenden Schuldner unregelmäßiger und deshalb im voraus nicht bestimmbarer Natur.

Anders die Abschreibungen auf Betriebs-Gegenstände. Diese sind als buchmäßiger Ausdruck für die durch den Betrieb herbeigeführten Wertminderungen an den im Betriebe gebundenen Gebrauchsgütern rein interner Natur; ihre Ursachen sind nicht in rechtlichen, sondern in technischen Vorgängen begründet. Diese Abschreibungen werden deshalb regelmäßig nach Maßgabe der Verwertbarkeit der Betriebs-Gegenstände für die Unternehmung periodisch berechnet und sind insoweit meist auch im voraus bestimmbar.

Entwertungs-Ursachen. Die Entwertung der Betriebs-Gegenstände herbeiführende Hauptursachen gruppiere ich wie folgt:

Normale betriebliche Abnutzung [Folge: reguläre (ordentliche) Abschreibung für die dadurch herbeigeführte Gebrauchs- und Tauschwert-Minderung].

Verschleiß durch natürliches Altern (mindert meist mehr

---

[1]) Als Betriebs-Gegenstände sind hierbei nur der körperlichen Abnutzung unterliegende Gebrauchsgüter gedacht. Anlage-Effekten (vgl. S. 272 bis 273) kommen in diesem Zusammenhang als Betriebs-Gegenstände demnach nicht in Betracht. Die im weitern Sinne auch zu den Betriebs-Gegenständen zu rechnenden Immaterialgüter werden, unabhängig von den körperlichen Betriebs-Gegenständen, als selbständige Gruppe behandelt.

den Tauschwert als den Gebrauchswert und wird mit der vorstehend begründeten regulären Abschreibung erfaßt).

Anormaler betrieblicher Verschleiß und sonstige anormale betriebliche Entwertungs-Ursachen; beispielsweise durch Bruch, Feuerschaden, Änderung der Fabrikations-Methode oder dgl. (Folge: außerordentliche oder Sonder-Abschreibung für die dadurch verursachte Gebrauchs- und Tauschwert-Minderung).

Außerbetrieblich entstandene Entwertungs-Ursachen; z. B. Veralten maschineller Konstruktionen infolge anderweitig erfundener Verbesserungen, Verschlechterung der Grundstückslage durch Verkehrsverschiebung, Konjunktur- und Modewechsel usw. (Folge: Sonder-Abschreibung für die dadurch hervorgerufene Tauschwert-Minderung).

Reguläre und Sonder-Abschreibungen. Demnach scheide ich zwischen regulären und Sonder-Abschreibungen, wobei auf Grund der vorstehenden Gruppierung ausdrücklich betont sei, daß auch die Sonder-Abschreibungen echte Abschreibungen sind und als solche — im Gegensatz zu den aus dem Reingewinn zu bildenden echten Reserven — vorgenommen werden müssen, bevor von einem Reinerfolg der Unternehmung gesprochen werden darf. Inwieweit außerbetrieblich entstandene Entwertungen bilanzrechtlich berücksichtigt werden müssen oder dürfen, ist auf S. 178ff. dargelegt worden.

Zum Wesen der Sonder-Abschreibungen gehört, daß sie einen bestimmten Betriebs-Gegenstand meist nur einmal, nämlich nach erfolgtem Eintritt anormaler betrieblicher oder außerbetrieblicher Entwertungen treffen, und daß ihre Höhe nach Maßgabe jener Entwertungen zahlenmäßig genau feststellbar ist oder doch annähernd geschätzt werden kann.

Zuweilen entstehen übrigens auch Sonder-Abschreibungen, weil zu Lasten eines bestimmten Jahrs früher unterlassene Abschreibungen nachgeholt werden müssen, oder weil infolge andauernd ungünstiger Rentabilität der Unternehmung Abschreibungen vorweggenommen werden, um die Erfolgs-Rechnungen künftiger Jahre im Interesse günstigerer Ergebnisse zu entlasten. Im letztgenannten Fall bekommt die Sonder-Abschreibung den Charakter einer echten Reserve, soweit und solange sie vorweggenommene Abschreibungen einschließt.

Im Gegensatz zur Sonder-Abschreibung ist die auf einen Betriebs-Gegenstand zu beziehende reguläre Abschreibung im Normalfall keine einmalige, vielmehr eine während der Gesamtdauer der betrieblichen Ausnutzung des Gegenstands von Bilanz-Periode zu Bilanz-Periode zu wiederholende. Nach wie verschiedenen Bemessungs-Grundlagen dabei verfahren werden kann, wird unter B gezeigt werden.

2. Abschreibungs-Höhe.

a. Im großen und ganzen.

Mannigfaltigkeit der Abschreibungs-Faktoren. Für die Höhe der regulären Abschreibungen auf Betriebs-Gegenstände vornehmlich bestimmend ist die für einen Betrieb vermutlich zu erwartende Nutzungs- oder Gebrauchsdauer des Gegenstands. Nach Maßgabe der Schätzung dieser Dauer ist die Höhe der jährlichen regulären Abschreibungen in erster Linie zu bemessen. Versuche, die Höhe der regulären Jahresabschreibungen für bestimmte Betriebs-Gegenstände prozentual allgemeingültig festzulegen, können nur führen zu Durchschnitts- oder zu Grenz-Resultaten, die im großen und ganzen zwar mehr oder minder oft zur praktischen Anwendung kommen, die jedoch den Eigenarten der Branche oder des Betriebs naturgemäß nicht gerecht werden können, eben weil sie nur Durchschnitts-Ergebnisse allgemeiner Beobachtungen sind oder auf Grund solcher Beobachtungen Höchst- und Mindestgrenzen angeben, innerhalb deren der individuellen Bemessung weiter Spielraum gelassen ist. In der Tat können die bei der Bemessung der Höhe regulärer Abschreibungs-Prozentsätze in Rechnung zu ziehenden individuellen Momente von derart verschiedener Bedeutung sein, daß man kaum zwei Betriebe finden wird, die hierbei in jeder Beziehung ganz gleichen Verhältnissen unterworfen sind.

Wichtigkeit für Gesellschafts-Verträge. Daß aus diesem Grunde sorgfältige Bestimmungen über die Abschreibungs-Höhe in jedem Gesellschafts-Vertrage getroffen werden sollten, leuchtet ein.

b. Im einzelnen.

Gebäude. So sind bei der Bemessung von Abschreibungen auf Gebäudewerte zu beachten: der Verwendungszweck (Fabrik-, Speicher-, Wohn-Gebäude); die Art der Bauausführung (ob massiver, Fachwerk- oder Holzbau); die Qualität des verwendeten Baumaterials; mit der in den Gebäuden betriebenen Produktion verbundene, dem Mauerwerk schädliche Einflüsse (wie Feuchtigkeit, ätzende Dämpfe, Erschütterungen u. dgl.); Witterungs-Einflüsse usw. In einem Fall können 1 %, im andern 10 % Abschreibung vom Neuwert nicht zu hoch bemessen sein. So findet man vielfach vom Neuwert der Wohngebäude 1 %, der Fabrik- und Speicher-Gebäude 2 bis 4 %, der Schuppen 10 % oder mehr abgeschrieben. Selbstverständlich sind dies nur ganz rohe, von Fall zu Fall u. U. wesentlich abzuändernde Durchschnittssätze.

Umbau-Kosten als Verlust-Posten. In welcher Weise man Abschreibungen, die durch Änderungen des Verwendungszwecks (Gebrauchswechsel) und damit verbundene bauliche Veränderungen des Gebäudes bedingt sind, durch bilanzmäßigen Ansatz des nach der Veränderung zu erwartenden Verkehrswerts vorweg zum Ausdruck bringen kann, ist auf S. 286 gezeigt, wo für einen Speicher dessen Verkehrswert als Wohnhaus berechnet ist. Soweit die aus dem Gebrauchswechsel des Gebäudes resultierenden Abschreibungen nicht vorweggenommen sind, wird man die durch den Gebrauchswechsel verursachten Umbau-Kosten meist nicht als Wertzuwachs, sondern, um Überbewertung solcher Gebäude zu verhindern, als Unkosten behandeln. Ebenfalls als Unkosten wird man buchen alle unbedeutenden Umbauten (wie Herausnehmen oder Umstellen von Wänden), die keine den Gebäude-Ertrag erhöhende Verbesserung zur Folge haben.

Baulichkeiten auf gepachtetem Boden und Umbau gemieteter Räume. Kosten der auf gepachtetem Grund und Boden errichteten Gebäude u. dgl. sind innerhalb der Pachtzeit bis auf den Altmaterialwert abzüglich der Abbruchs-Kosten abzuschreiben, falls man nach dem Ablauf der Pachtzeit zum Abbruch der Gebäude verpflichtet ist. Ist man dagegen verpflichtet, die errichteten Baulichkeiten stehen zu lassen, so hat man die gesamten Baukosten innerhalb der Pachtzeit abzuschreiben. Ist man zum Abbruch berechtigt, aber nicht verpflichtet, so wird man ebenfalls die gesamten Baukosten innerhalb der Pachtzeit abschreiben, wenn die Abbruchskosten den Altmaterialwert vermutlich übersteigen, den Abbruch mithin unrentabel machen würden. Analoges gilt für Umbau-Kosten, die durch Verwandlung gemieteter Räume in geeignete Geschäftsräume entstanden sind. In allen diesen Fällen handelt es sich um transitorische Aktivierung der Kosten und deren Abschreibung innerhalb der Miet- oder Pachtperiode. Wird der Pacht- oder Mietvertrag über die ursprünglich vereinbarte Zeit hinaus verlängert, so kommen die zu Lasten der ersten Vertrags-Dauer abgeschriebenen Kosten der folgenden Periode negativ zugute, weil diese daran nicht mehr zu tragen hat.

Bebauter Boden. Keiner Begründung bedarf, daß bebauter Boden als solcher infolge seiner Unzerstörbarkeit nicht Gegenstand regulärer Abschreibungen sein kann. Dagegen können Sonder-Abschreiungen für den Fall von Minderungen des Boden-Verkehrswerts in Frage kommen. Dann wird die Boden-Entwertung regelmäßig auch im geminderten Mietwert der Gebäude, mithin im gesunkenen Verkehrswert des gesamten Grundstücks erkennbar.

Pflaster- und Wege-Kosten. Im Zusammenhang mit dem Boden können Abschreibungen auch insofern vorkommen, als für die Herrichtung des Bodens beispielsweise verausgabte Pflaster- oder Wegekosten der Abschreibung unterworfen werden können. Jedoch trifft die Abschreibung dann nicht den Bodenwert als solchen, sondern den zur Erhöhung seines Gebrauchswerts entstandenen Materialien- und Löhne-Aufwand.

Abraum- und sonstige Regulierungs-Kosten. Auf die Erfolgs-Rechnung wie Abschreibungen wirkende Unkosten-Buchungen können in bezug auf den bebauten Boden vorkommen, wenn beispielsweise dessen Verschlammung, Versandung oder dgl. eintritt, oder wenn die industrielle Benutzung des Grundstücks etwa Schlacken-Anhäufung zur Folge hat. Dann sind als Unkosten zu buchen die Kosten, die zur Beseitigung solcher, die Benutzung des davon betroffenen Bodens vereitelnden Hindernisse verausgabt werden müssen. Diese Kosten sind aber trotz ihrer gleichartigen Wirkung auf die Erfolgs-Rechnung keine Abschreibungen auf den Bodenwert, weil die volle Gebrauchsfähigkeit des Bodens durch die Beseitigung der genannten Hindernisse wiederhergestellt wird.

Maschinen. Besondre Aufmerksamkeit erfordert die zutreffende Bemessung der Höhe von Abschreibungen auf Maschinen.

Sonderstellung der Spezial-Maschinen. Einheitliche Abschreibungs-Prozentsätze sind bei Maschinen nur zu verantworten, soweit es sich um gleichartige Typen und um dieselbe Art der Betriebsausnutzung handelt. Das wird für sämtliche Betriebs-Maschinen meist in nur einfachen und kleinen oder in hochspezialisierten Betrieben zutreffen. Wo dagegen neben konstruktiv bereits gut durchgebildeten normalen Werkzeug-Maschinen von allgemeiner Anwendbarkeit (wie etwa gewöhnlichen Drehbänken und Bohrmaschinen) Spezialmaschinen von oft sehr begrenzter Verwertbarkeit im Betriebe arbeiten, muß man statt der summarischen Abschreibungs-Methode sich der individuellen bedienen. Man stellt dann die Abschreibungs-Beträge für die einzelnen Maschinen fest und setzt deren Gesamtbetrag zum Gesamtwert aller Maschinen in Beziehung. Die Abschreibungssätze sind für Spezialmaschinen um so höher zu bemessen, je größer die Gefahr ihrer Überholung durch neue Typen erscheint, oder je kürzer ihre Verwertbarkeit für den Betrieb eingeschätzt werden muß. In letztgedachter Hinsicht können hohe Abschreibungen erforderlich werden, wenn die durch die Spezialmaschinen hergestellten Gegenstände sich schnell „überleben“ und infolgedessen „aufgegeben“ werden müssen; oder wenn die Spezialmaschine nur für die einmalige Herstellung eines besonders wichtigen Gegenstands (beispielsweise bei Neuerungen an Geschützen) zur Benutzung gekommen ist und für die Zukunft womöglich jeden Gebrauchswert eingebüßt hat; oder wenn schließlich Änderungen der Fabrikations-Methode die Spezialmaschinen überflüssig machen. Aus allen diesen Entwertungs-Möglichkeiten folgt die Notwendigkeit, für derartige Fälle Sonder-Abschreibungen vorzunehmen. Im Gegensatz zu normalen Maschinen-Typen, bei denen man mit regulären Abschreibungen auszukommen pflegt.

Kraft- und Werkzeug-Maschinen. Alle vorgenannten Entwertungs-

Ursachen bestehen naturgemäß in ungleich höherm Maße für Werkzeug-Maschinen als für Kraftmaschinen, woraus die verschiedene Bemessung der Abschreibungssätze auch bezüglich dieser beiden Maschinen-Gruppen herzuleiten ist. Bei Kraftmaschinen-Anlagen wird zwischen Abschreibungen auf Dampfmaschinen und dazu gehörigen Kessel-Anlagen einerseits, auf Motoren und Transmissionen anderseits zu unterscheiden sein. Jene werden regelmäßig niedriger, diese höherer Abschreibungen bedürfen.

Deren Behandlung und Ausnutzung als Abschreibungsfaktoren. Von nicht zu unterschätzendem Einfluß auf die Höhe der für Maschinen vorzunehmenden Abschreibungen ist die Art ihrer Behandlung (Bedienung und Instandhaltung).

Last but not least ist für die Höhe der regulären Abschreibung entscheidend, ob die Maschinen ausschließlich für den Tagbetrieb oder auch für den Nachtbetrieb dienstbar gemacht werden, oder ob nur periodischer (Saison-) Betrieb (wie bei Zucker-Fabriken und Brennereien) vorliegt. Je kürzer die Gebrauchs-Dauer innerhalb einer Bilanz-Periode, um so niedriger normalerweise auch der Abschreibungssatz. Dementsprechend sind auch Reserve- und sonstige unterdurchschnittlich selten gebrauchte Maschinen mit niedrigeren Abschreibungen im Werte zu mindern.

Spannungen zwischen den Abschreibungssätzen. Nach allem kann nicht überraschen, daß die Abschreibungssätze für Maschinen sich im großen und ganzen zwischen 5% und 30% vom Neuwert bewegen, also eine Gesamtspannung von 25% erkennen lassen. Natürlich können besondere Verhältnisse noch größere Spannungen bedingen.

Werkzeuge. Im wesentlichen gilt das über die Abschreibungs-Faktoren für Maschinen Gesagte auch für Werkzeuge. Jedoch mit der Einschränkung, daß individuelle Abschreibungen infolge der meist sehr bedeutenden Anzahl betrieblich benutzter Werkzeuge nicht leicht durchführbar sind. Man begnügt sich deshalb mit summarischen Abschreibungen, wobei man nur bedingt verwertbare, leicht veraltende oder sehr empfindliche Spezialwerkzeuge mit höheren Sätzen heranzieht. Die für Werkzeuge bilanzierten Durchschnitts-Abschreibungen schwanken demzufolge außerordentlich. Die am meisten zu beobachtenden Sätze liegen zwischen 10 und 50%. Drei Möglichkeiten, Abschreibungen auf Werkzeuge bilanzmäßig zu bewirken, habe ich auf S. 288ff. dargestellt.

Instandhaltungs-Methode. Dem ist noch hinzuzufügen, daß man hin und wieder Abschreibungen auf den ursprünglichen Werkzeuge-Bestandwert überhaupt unterläßt oder sie nur sehr bescheiden bemißt, dagegen aber sämtliche, für die Instandhaltung und Ergänzung des Werkzeuge-Bestands entstandenen Kosten zu Lasten der Anschaffungsjahre sogleich der Erfolgs-Rechnung (Betriebskosten- oder Fabrikations-Konto) im ganzen Umfange zur Last schreibt.

Bedeutung richtiger Abschreibungs-Verteilung für Maschinen und Werkzeuge. Eine nach Möglichkeit zutreffende Verteilung der Abschreibungen über die einzelnen Bilanz-Perioden ist gerade für Maschinen und Werkzeuge wichtig. Denn diese Betriebs-Gegenstände haben (im Gegensatz zu den nur passiv beteiligten Werkgeräten[1]) und Utensilien) an der Fabrikation unmittelbar aktiven (be- oder verarbeitenden[2])) Anteil. Außerdem sind die Maschinen am Gesamtwert der Betriebs-Gegenstände und demgemäß auch an den auf diese entfallenden Gesamt-Abschreibungen meist hervorragend beteiligt.

Mobilien und Utensilien. Für Mobilien, Utensilien u. dgl. würden sich bei individueller Bemessung der Abschreibungssätze sehr verschiedene Ergebnisse herausstellen. In Rücksicht auf die regelmäßig bedeutende Stückzahl dieser Betriebs-Gegenstände bedient man sich deshalb auch hierbei der summarischen Abschreibungs-Methode.

Deren buchmäßige Zusammenfassung. Um die außerordentliche Verschiedenheit der Nutzungs-Dauer der unter Mobilien, Utensilien und dgl. begriffenen Betriebs-Gegenstände für die Bemessung der Abschreibungen wenigstens einigermaßen abzuschwächen, gruppiert man jene Gegenstände nach Ort und Art ihrer Verwendung beispielshalber in: Kontor-Utensilien, Werkstätten-Utensilien, Fabrik-Einrichtung, Fuhrwerk usw. In bezug auf Höhe der Anschaffungs- oder Herstellungs-Kosten, Gebundenheit an die Örtlichkeit, Gefahr des Veraltens u. dgl. besonders bemerkenswerte Vermögensteile (z. B. Automobile, Beleuchtungs-Anlagen, Schaufenster-Einrichtungen) wird man im Rahmen der für sie in Frage kommenden Gruppe auf den für diese anzunehmenden Durchschnitts-Abschreibungssatz gebührend einwirken lassen, wenn man jene Vermögens-Gegenstände nicht gesondert bilanziert und abschreibt.

Modelle. Wo, wie bei Modellen, große Gefahr der Entwertung sich mit relativ bedeutenden Kosten paart, bilanziert man gesondert und schreibt nach Lage der Sache mehr oder weniger überdurchschnittlich schnell ab.

Verschiedene Bemessung der Abschreibungen auf Mobilien, Utensilien und Modelle. Bei der großen Mannigfaltigkeit der Verhältnisse lassen sich Maximal- und Minimalgrenzen oder Durchschnittssätze für Abschreibungen auf Mobilien, Utensilien und dgl. kaum angeben. Höchstens kann man sagen, daß Neigung zum Durchschnittssatze von 10% besteht.

---

[1]) und [2]) Vgl. über diese Unterscheidungen des Verfassers Buch: Handwerkzeug und Handwerksmaschine. Ein wirtschaftswissenschaftlicher Vergleich (1906) S. 145ff., 164ff.

Große und rentable Unternehmungen pflegen gewisse Gruppen dieser Betriebs-Gegenstände (mit Vorliebe Kontor-Utensilien und der Repräsentation dienende Einrichtungs-Gegenstände) schnell, wenn nicht gar gleich zu Lasten des Anschaffungsjahrs, auf 1 Mk. abzuschreiben. Kleine und billige Utensilien werden oft sogleich über Unkosten-Konten verrechnet. Doch auch kostspielige Betriebs-Gegenstände schreibt man, ohne sie in der Bilanz erst sichtbar werden zu lassen, über Unkosten-Konto zu Lasten des Anschaffungs- oder Herstellungsjahrs ab. Und zwar geschieht dies nicht selten aus steuerpolitischen Gründen. Zur Anwendung kommt solches Verfahren zuweilen bei Holzmodellen.

Die Abschreibungs-Höhe betreffende Reichsgerichts- und Oberverwaltungsgerichts-Entscheidungen. Im Anschluß an die vorstehenden Ausführungen sind folgende Entscheidungen von Interesse:

„Über den infolge der Abnutzung gemäß H.G.B. § 261 Nr. 3 abzuschreibenden Betrag entscheidet die Generalversammlung oder der Gesellschafts-Vertrag. Wenn in grundsätzlicher Anerkennung der Vorschrift des § 261 Nr. 3 die Abschreibungen zu gering vorgenommen werden, also die Vermögensstücke zu hoch bewertet werden, so liegt darin keine Verletzung eines Rechtsgrundsatzes. Eine Anfechtung eines solchen Generalversammlungs-Beschlusses kann daher — z. B. bei Festsetzung übermäßiger Abschreibungen (R.G. 32, 52; 40, 33; 43, 127; 64, 258; 68, 263) — lediglich dann zugelassen werden, wenn eine Arglist nachzuweisen ist, oder wenn die Bilanz als eine willkürliche, nach kaufmännischen Grundsätzen offenbar irrtümliche erscheint. **R.G.** 15. 10. 09. Recht 09 Nr. 3851; D.J.Z. 09, 1498; Bank-Archiv 9, 201; J.W. 09, 733; Z.A.G. 17, 103; R.G. 72, 33; Hans. G.Z. 10, 28 Hptbl.; L.Z. 10, 139.“[1])

„Maßgebend für die Beurteilung sind nicht die von den Gesellschafts-Vorständen entworfenen, sondern die von den Generalversammlungen festgestellten Bilanzen. Abschreibungen, die erst von den letzteren beschlossen werden, sind daher, falls sie überhaupt zulässig sind, bei der Veranlagung zu berücksichtigen.“ (E. in St. IX. 242.)

„Für die Bemessung der Abschreibungsprozente in bestimmter Höhe gibt es keine allgemein gültigen Grundsätze, und wenn die Berufungskommission sich selbst bestimmte Sätze gebildet hat, so darf sie sich hierauf als auf allgemein bestehende Grundsätze zur Rechtfertigung der Versagung höherer Abschreibungen nicht beziehen. Für die Bemessung der Höhe der Abschreibungen kommt es vielmehr ausschließlich auf die individuellen Verhältnisse des einzelnen Hauses an, insbesondere auf seine Beschaffenheit und Standdauer, sein Alter und die besonderen, den Substanzverbrauch beschleunigenden oder aufschiebenden Umstände“. (U. XI. c. 28 vom 31. Mai 1902; vgl. E. in St. IX. 90.) „Insbesondere gibt es keine allgemeine Regel für die Bemessung der Abnutzungsquote auf $\frac{1}{4}$ %. Da ein solcher Satz bei gleichmäßiger Anwendung eine Standdauer der Gebäude von 400 Jahren voraussetzt, so könnte es sich höchstens um einen seltenen Ausnahmefall handeln, und die tatsächlichen Voraussetzungen hierfür würden von der Steuerbehörde darzutun sein“. (U. XIII. d. 141 vom 3. April 1901.)

„Die Abschreibung bei Gebäuden hat die Bedeutung der Aussonderung der

---

1) Kaufmann XI. S. 92.

in dem Ertrage enthaltenen, der fortschreitenden Abnutzung infolge natürlicher Vorgänge entsprechenden Aufwendung aus der Substanz der Quelle: Steigen und Fallen des Wertes der Gebäude oder Grundstücke infolge wirtschaftlicher (Verkehrs-) Vorgänge berührt die Zulässigkeit und Höhe der Abschreibungen nicht; derartige Vorgänge betreffen ausschließlich das Vermögen, nicht den Ertrag". (U. XIII. b. 191 vom 8. November 1900.)

„Die Wertminderungen der Anlagen infolge des Betriebs werden durch die Abschreibungen ausgeglichen. Dagegen berühren die nicht als unmittelbare Folge des Betriebs erscheinenden Änderungen in den Werten des Anlage-Kapitals nur das Vermögen. Dies gilt sowohl für den Verlust, als auch für den Zuwachs an Werten des Anlagekapitals. Der Verlust darf als Minderung des Ertrags nur soweit in Betracht kommen, als die Vermögens-Substanz infolge der bestimmungsmäßigen Verwendung der Anlagen im Betriebe eine Wertverminderung erfahren hat; dies geschieht mittelst der Abschreibungen. Der Zuwachs muß dagegen bei Berechnung des Ertrags ganz unberücksichtigt bleiben (vgl. Fuisting IV. §§ 69ff.). Dies wird auch in der handelsrechtlichen Literatur anerkannt (Rehm § 159. Reisch und Kreibig I. S. 291)."

„Jedem Kaufmann sind die Eigenarten seines Geschäfts und die Voraussetzungen für die richtige Bemessung prozentualer Abschreibungen selbst am besten bekannt, und da er handelsrechtlich zur Ansetzung der richtigen Werte in Inventar und Bilanz verpflichtet ist, so dürfen die Steuer-Behörden den von ihm für angemessen erachteten Prozentsatz nicht nach freiem Belieben, sondern nur nach vorheriger Untersuchung und Verhandlung auf Grund bestimmter Tatsachen herabsetzen. Die Berufungs-Kommission muß die von ihr im Widerspruch mit dem Steuerpflichtigen bewirkte Herabsetzung unter Würdigung seines Vorbringens und Angabe der von ihr für maßgebend erachteten Tatsachen begründen". (E. in St. VIII. 80.)

„Die Bilanz ist nicht mangelhaft, wenn in ihr Angaben über die Höhe der Abschreibungen fehlen. Biberfeld in Zeitschr. f. d. ges. Aktienwesen Bd. 12 S. 12ff. Ebenso Handelsr. R. Bd. 2 S. 68 zu § 260."[1])

Echte Abschreibungen und echte Reserven. Wie bereits hervorgehoben ist, sind reguläre und Sonder-Abschreibungen echte Abschreibungen, soweit ihnen die oben mitgeteilten Ursachen (betriebliche Normal-Abnutzung, Alters-Verschleiß, anormale betriebliche und außerbetriebliche Entwertung) zugrunde liegen; als solche sind sie reine Verlust-Posten, jedoch trotzdem, wie die vorstehenden Entscheidungen teilweise erkennen lassen, steuerlich im ganzen Umfang nicht abzugsfähig. Soweit die regulären und Sonder-Abschreibungen dagegen nachweislich noch nicht realisierte Verlust-Elemente (Verlust-Möglichkeiten) einschließen, sind sie echte („stille" oder „versteckte") Reserven und werden als solche steuerlich nicht „passiert".

Gründe für zu hohe Abschreibungen. Regelmäßig geschehen zu hohe Abschreibungen (Unterbewertungen) im Interesse wirtschaftlicher Stärkung der Unternehmung. Besonders bei Gewinn verteilenden Kapital-Gesellschaften haben derartig begründete zu hohe Abschreibungen unmittelbar geldwirtschaftliche Bedeutung, weil

---

[1]) Kaufmann IV. S. 90.

nach Maßgabe ihres Umfangs Bargeld, Bankguthaben oder dgl. von der Verteilung an die Gesellschafter zurückgehalten wird. Nicht immer aber ist die Ursache zu hoher Abschreibungen Vorsorge für die Zukunft, also ein Zeichen solider Geschäftsführung. So liegen ungünstige Symptome vor, wenn zu hohe Abschreibungen vorgenommen werden, weil genügend flüssige Mittel zur Dividenden-Auszahlung fehlen, und weil deshalb ein kleinerer Reingewinn ausgewiesen oder weil infolge bisheriger schlechter Erfolgs-Resultate für deren künftige Besserung insgeheim vorgesorgt werden soll.

3. Reparaturen als Abschreibungs-Faktoren.

Reparatur-Begriff. Über das Wesen der Reparatur (als Gegensatz zur Verbesserung, Erweiterung und Ergänzung) ist auf S. 281 bis 282 schon gesprochen worden.

Reparatur-Kosten als unmittelbare Erfolgs-Posten. Im allgemeinen neigt die buchhalterische Praxis dazu, Reparatur-Kosten zu Lasten des Reparaturjahrs über Unkosten-Konto zu verbuchen. Dieser Buchungsmodus ist unbedenklich für unbedeutende, im Vergleich zum Gesamtwert des reparierten Objekts billige Reparaturen. Dagegen kann die Verbuchung bedeutender Reparatur-Kosten zu Lasten der Erfolgs-Rechnung des Reparaturjahrs zu ungerechter Erfolgs-Verteilung führen.

Reparatur-Kosten als abzuschreibende Bestand-Posten. Angenommen der Anstrich eines großstädtischen Geschäftshauses koste tausend Mark. Die Nutzungs-Dauer des Anstrichs werde nach der Erfahrung auf fünf Jahre veranschlagt. Würde man die gesamten Anstrich-Kosten dem Reparaturjahr über Unkosten- (Hausertrags-) Konto belasten, so würde dieses für den Kosten-Anteil der folgenden vier bis fünf Jahre zu deren Gunsten vorweg getroffen. Solche Wirkung ist, besonders für den Fall der Gewinn-Beteiligung oder der gesellschaftlichen Erfolgs-Verteilung, nicht wünschenswert. Richtig wäre vielmehr, dem Reparaturjahr nur den auf ihn entfallenden Kosten-Anteil von (1000 M : 5 =) 200 M zu belasten, oder dieses Jahr etwa ganz frei zu lassen und die Reparatur-Kosten transitorisch erst auf die folgenden fünf Jahre zu verteilen, falls der Anstrich erst gegen Ende des Reparaturjahrs stattfand. Steuerlich sind die Reparatur-Kosten jedoch trotzdem bereits für das Entstehungsjahr voll abzugsfähig.

Deren buchmäßige Darstellung. Zwei Möglichkeiten, die Anstrich-Kosten auf die Erfolgs-Rechnungen der in Frage kommenden Jahre richtig zu verteilen, sind buchtechnisch gegeben. Entweder bucht man die tausend Mark zu Lasten des Gebäude-Kontos und bringt die auf jedes Jahr der Anstrich-Nutzungsdauer entfallende Kosten-Abschreibung durch Zuschlag zur Abschreibung auf den Gebäude-Bestandwert zum bilanzmäßigen Ausdruck; oder man bucht zu Lasten des Reparatur-Kontos, belastet von diesem aus die Erfolgs-Rechnung des Reparaturjahrs mit dem auf dieses entfallenden Kosten-Anteil und trägt den auf dem Reparatur-Konto danach verbleibenden Kosten-Betrag transitorisch vor, um anteilige Abschreibung und Vortrag während der Nutzungs-Dauer Jahr für Jahr bis zur völligen Abschreibung zu wiederholen.

Gesichtspunkte für Reparaturkosten-Abschreibungen. Oft (z. B. nicht selten bei Reparaturen an Maschinen) ist nicht möglich, die Nutzungs-Dauer der Reparatur annähernd zu bestimmen. Dann werden bei sich zur Buchung auf dem Bestand-Konto eignenden größeren Reparaturen die Abschreibungen auf den Bestandwert derart zu erhöhen sein, daß die Reparatur-Kosten mindestens mit abgeschrieben sind, wenn der Wert des von der Reparatur betroffenen Betriebs-Gegenstands auf Null oder doch auf den Altmaterialwert heruntergeschrieben ist. Denn andernfalls wäre der Rest der Reparatur-Kosten noch unabgeschrieben, obgleich der Gegenstand zufolge der darauf zu Ende geführten Abschreibungen buchmäßig als bereits verschlissen dargestellt wird. Reicht die Nutzungs-Dauer der Reparatur vermutlich nicht bis zur völligen Abschreibung des Bestandwerts, ist vielmehr mit zu wiederholender Reparatur zu rechnen, so hat man diesem Umstand bei Verbuchung der Reparatur-Kosten auf dem Bestand-Konto dadurch Rechnung zu tragen, daß man den jährlichen Reparaturkosten-Anteil an der Bestandwert-Abschreibung eher zu hoch als zu niedrig bemißt, weil sonst Überbewertung des Betriebs-Gegenstands die Folge wäre.

Bringt man prinzipiell alle, also auch die unbedeutenden Reparatur-Kosten auf die Bestand-Konten der reparierten Betriebs-Gegenstände, so sind die darauf vorzunehmenden Abschreibungen selbstverständlich um jene Kosten zu erhöhen.

Vorteile der Reparatur-Bestandkontierung. Jedenfalls bietet die Verbuchung einigermaßen bedeutender Reparaturen auf den Bestand-Konten der davon betroffenen Betriebs-Gegenstände oder ihre transitorische Behandlung auf einem besondern Reparatur- (Instandhaltungs- oder Erhaltungs-) Konto im Vergleich zur unmittelbaren Fortbuchung zu Lasten der Erfolgs-Rechnung des Reparaturjahrs den Vorteil gerechter Kosten-Verteilung; daneben aber außerdem den andern leichter Übersicht über die an bestimmten Betriebs-Gegenständen vorgekommenen größeren Reparaturen. Denn aus dem allgemeinen Betriebsunkosten-Konto müßten solche Posten erst besonders herausgesucht werden.

Reparatur-Reservekonten. Von praktischer Bedeutung ist der Gedanke, daß Reparaturen regelmäßig zurückzuführen sind auf Verschleiß des Betriebs-Gegenstands durch Leistungen, die bereits früheren Jahren zugute gekommen sind. Als praktisch berechtigte Folge dieses Gedankens sind anzusehen Reparatur-Reservekonten. Diese Konten pflegt man zu Lasten eines Jahrs um so höher zu dotieren, je stärker bestimmte, reparaturbedürftig werdende Betriebs-Gegenstände in jenem Jahr durch die Fabrikation beansprucht worden sind. Später entstehende Reparatur-Kosten werden dann zu Lasten des Reparatur-Reservekontos beglichen. Auf diese Weise können bei sachgemäßer Reserve-Bemessung auch die Jahre, während derer noch neue Betriebs-Gegenstände wenig oder gar nicht reparaturbedürftig sind, an den später entstehenden Reparatur-Kosten beteiligt werden.

Deren buchmäßige Behandlung. Für die Methode der Reparatur-Reserven kommen folgende Buchungen in Betracht:

1. für Bildung und fortlaufende Dotierung der Reparatur-Reserve: Fabrikations- (oder verwandtes) Konto an Reparatur-Reservekonto;

2. für die Inanspruchnahme der Reserve als Gegenposten der effektiven Reparatur-Kosten: Reparatur-Reservekonto an Kasse- (Lieferanten- oder dgl.-) Konto; je nachdem, ob die Reparatur-Kosten über das Konto des Reparateurs geführt oder, nach erfolgter Bezahlung unter Ausschaltung jenes Kontos, zugunsten der Kasse (Bank oder dgl.) direkt gebucht werden.

Reparatur-Reservekonten als antizipierte Unkosten- und als echte Reserve-Konten. In Anbetracht der Tatsache, daß Reparaturen nach der Erfahrung sicher zu erwarten sind, kann die Reparatur-Reserve an sich nicht als echte Reserve, sondern muß als antizipierter Unkosten-Posten gelten. Echte, mithin steuerlich nicht abzugsfähige Reserve wird die Reparatur-Reserve insofern, als ihre Höhe über den Kosten-Betrag der zu ihren Lasten vermutlich zu erwartenden Reparaturen hinausgeht. Praktisch wird diese Grenze meist ungewiß sein. Auch wenn man Reparatur-Kosten im Sinne der obigen Darlegungen über Unkosten- oder über Bestand-Konten führt, steht nichts im Wege, daneben Reparatur-Reserven (die dann echte Reserven sind) für außerordentliche Fälle zu bilden. Man wird dies zweckmäßig tun zu Lasten der Jahre, die bei besonders intensiver Inanspruchnahme gewisser Betriebs-Gegenstände entsprechend günstige Betriebs-Ergebnisse geliefert haben.

Eine solcher echten Reparatur-Reserve ähnliche Wirkung wird erzielt, wenn man die reguläre Abschreibung auf den Bestandwert des reparierten Betriebs-Gegenstands, selbst im Fall bedeutender Reparatur-Kosten, unverändert hoch bilanziert, obgleich diese Kosten sogleich zu Lasten der Erfolgs-Rechnung des Reparaturjahrs voll abgeschrieben worden sind.

Wesen und Gesetzwidrigkeit der Instandhaltungs-Methode. Schließlich ist noch zu gedenken der zuweilen praktisch verwirklichten Ansicht, Abschreibungen auf Betriebs-Gegenstände könnten unterbleiben, wenn diese Gegenstände stets in gleicher Betriebsfähigkeit erhalten und alle zu diesem Zweck entstehenden Reparatur-, Ergänzungs- und Erneuerungs-Kosten (Instandhaltungs-Kosten) den Erfolgs-Rechnungen der Kostenjahre voll belastet werden. Diese Ansicht ist, theoretisch genommen, plausibel; praktisch angesehen, ist sie dagegen nicht haltbar. Denn neben dem Umstand sehr ungleicher Verteilung der Instandhaltungs-Kosten über die Erfolgs-Rechnungen der einzelnen Jahre fällt gegen sie vor allem ins Gewicht, daß schon infolge unaufhaltsam fortschreitenden natürlichen Alterns eine dauernde volle Betriebsfähigkeit der Betriebs-Gegenstände nicht zu erreichen ist, und daß außerdem außerbetriebliche Entwertungsursachen (Überholen durch neue Konstruktionen, Konjunktur-, Mode-Einflüsse u. dgl.) bei dieser Methode nicht zur Geltung gebracht werden können. Allein der Gedanke an das natürliche Altern schließt die Vorstellung aus, ein trotz ständiger Instandhaltung dennoch verschleißender Betriebs-Gegenstand könne mit seinen Anschaffungs- oder Herstellungs-Kosten zu Recht ununterbrochen voll zu Buch stehen dürfen. Diese, die Abschreibungen unterlassende Instandhaltungs-Methode muß demnach als unzureichend und gesetzlich unzulässig bezeichnet werden.

4. Zinsen als Abschreibungs-Faktor.

Grundlegendes. Zuweilen begegnet man der Ansicht, bei der Berechnung der Abschreibungen auf Betriebs-Gegenstände seien Zinsen und Zinseszinsen mit in Anschlag zu bringen. Denn die Abschreibung diene dazu, Teile des Rohertrags der Unternehmung bei dieser zurückzuhalten, um die so gebundenen Beträge zur Instandhaltung und spätern Neuanschaffung des Betriebs-Gegenstands verwenden zu können. Da nun zurückgelegte (gesparte) Gelder Zinsen und Zinseszinsen zu bringen pflegen, so sei dieser Umstand auch bei der Berechnung der Abschreibungen zu berücksichtigen. Die reinen Abschreibungen seien deshalb für die einzelnen Jahre so zu verkleinern, daß sie — trotz des Zuschlags der (jährlich nach Maßgabe der voraufgegangenen Gesamtabschreibungen in stetiger Proportion zunehmenden) Zinsen und Zinseszinsen — am Schluß der Nutzungs-Dauer des Gegenstands dennoch übrig lassen den Restwert, der sich auch bei der gewöhnlichen Art jährlich gleichbleibender Abschreibungen vom Neuwert ohne Zinsenzuschläge ergeben würde.

Reine Abschreibung und Zinsenzuschläge. Mithin ist die Zinsen und Zinseszinsen einschließende Gesamt-Abschreibung zu trennen in die reine Abschreibung als solche und in die Zinsen- und Zinseszinsenzuschläge. Die Gesamtsumme aller während der Nutzungs-Dauer vorzunehmenden reinen Abschreibungen muß um den Gesamtbetrag sämtlicher während dieser Dauer geschehenden Zinsenzuschläge kleiner als die Gesamtsumme aller während derselben Zeit andernfalls nötigen zinslosen Abschreibungen vom Neuwert sein. Denn: reine Abschreibungen + Zinsenzuschläge = zinslose Abschreibungen vom Neuwert.

Rechnerische Konsequenzen. Da nun die Zinsen- und Zinseszinsenzuschläge von Jahr zu Jahr in stetigem Verhältnis zu den, eben durch diese Zuschläge gesteigerten Gesamt-Abschreibungen wachsen, die reine Abschreibung jedoch immer die gleiche bleibt, so ist ohne weiteres klar, daß die zu verzinsende reine Abschreibung zuzüglich der Zinsenzuschläge, also die verzinste Gesamt-Abschreibung, im Vergleich zur zinslosen Abschreibung vom Neuwert zuerst hinter dieser zurückbleibt, ihr bei abgelaufener halber Nutzungs-Dauer ungefähr gleicht, sie von da an infolge der stets zunehmenden Zinsenzuschläge jedoch ständig mehr übertrifft, um den aus der ersten Hälfte der Nutzungs-Dauer resultierenden Rückstand bis zu deren Ablauf vollständig auszugleichen. Auf die Berechnungsweise und deren Ergebnisse kann hier näher nicht eingegangen werden. Es sei verwiesen auf Schiff (S. 63 ff.), der dieser Frage eingehende Beachtung geschenkt hat, und auf die bezügliche Auseinandersetzung Schiff-Passow-Beck in der Z. f. Hw. u. Hp. III. S. 275 ff., 345 ff., IV. S. 385 ff. — Nur soviel sei noch erwähnt, daß die reine, zu verzinsende Abschreibung zu berechnen ist nach folgender Formel, in der A = Abschreibung, N = Neuwert (Anschaffungs- oder Herstellungs-Kosten), R = Restwert (Altmaterialwert), z = 1% des Zinsfußes, n = die Zahl der Nutzungsjahre bedeutet:

$$A = \frac{(N \,./.\, R) \cdot z}{(1 + z)^n \,./.\, 1} \quad .$$

Vorteil der Verzinsungs-Methode. Zugunsten der Verzinsung von Abschreibungen muß gesagt werden, daß sie ein geeignetes Mittel ist, die Tatsache des während der ersten Nutzungsjahre regelmäßig geringern Verbrauchs der Betriebs-Gegenstände rechnungsmäßig zum Ausdruck zu bringen. Infolgedessen würde die Verzinsung der Abschreibungen besonders in Verbindung mit der unter B 2 dieses Abschnitts noch zu besprechenden degressiven Abschreibungs-Methode nützlich wirken, weil bei dieser die Abschreibungen mit den Jahren ständig sinken, welcher Umstand eben durch die Verzinsung der Abschreibungs-Quoten in der oben dargelegten Weise zum Teil kompensiert werden würde. Die zu solcher Berechnung erforderliche Formel würde aber noch wesentlich komplizierter als die vorstehende werden.

Gegengründe und Nachteile. Im übrigen aber ist gegen die Verzinsung der Abschreibungen zu sagen: die Zinsen und Zinseszinsen der reinen Abschreibungs-Beträge neben diesen Beträgen selbst bilanziell (entweder als gesonderte Passivposten oder mit den reinen Abschreibungen zusammen in einem Posten) auszuweisen, würde der wirklichen Sachlage nur entsprechen, wenn die Abschreibungen (wie oft bei konzessionierten Bahnen) tatsächlich in Effekten- oder sonst geeigneten zinsbringenden Anlagen verkörpert wären. Solche Voraussetzung ist bei kaufmännischen Unternehmungen jedoch nur sehr selten erfüllt. Bei Einzelunternehmungen und Personal-Gesellschaften zweifellos noch ungleich seltener, als bei Kapital-Gesellschaften. Bei Kapital-Gesellschaften läge, auch wenn die zinsbringende Anlage der Abschreibungen als effektiver Erneuerungsfonds nicht vorliegt, eine (wenn auch nur schwache) Rechtfertigung der Abschreibungs-Verzinsung wenigstens darin, daß die Abschreibungen als von der Gewinn-Verteilung ausgeschlossene Posten die Liquidität des Unternehmens kräftigen und insoweit den Betriebs-Erfolg mehren, wobei man die Erfolgsmehrung als Zinsgewinn ansprechen mag. Allerdings ist solche Erfolgsmehrung zahlenmäßig mit Sicherheit kaum jemals feststellbar.

Gegen die Verzinsung der Abschreibungen ist außerdem anzuführen, daß sie — logisch genommen — nur anwendbar ist, wenn mindestens die zu verzinsenden Abschreibungen verdient sind. Das ist aber bekanntermaßen keineswegs immer der Fall. Gegen die Verzinsungs-Methode spricht ferner, daß der überwiegenden Mehrzahl der Kaufleute und kaufmännischen Angestellten die Berechnung der Abschreibung nach der dazu notwendigen (oben mitgeteilten) Formel, die im Interesse genauer Resultate oft siebenstellige Logarithmen erfordert, als umständliches und gekünsteltes Verfahren unsympathisch sein würde; und daß schließlich die Höhe des in Ansatz zu bringenden Zinsfußes nicht immer zutreffend bestimmbar wäre.

Für die kaufmännische Praxis kann ich der Verzinsung der Abschreibungen nach allem darüber Ausgeführten kein günstiges Prognostikon stellen.

5. Kontinuität der Abschreibungen.

Hierüber ist mit den Ausführungen über die direkte Bewertung auf S. 222 bis 226 bereits gesprochen worden.

B. Bemessungs-Grundlagen.

Anschaffungs- oder Herstellungs-Kosten als Ausgangspunkt. Ausgangspunkt für die buchmäßigen Minderungen der Werte (Abschreibungen) von Betriebs-Gegenständen sind deren Anschaffungs- oder Herstellungs-Kosten.

Abschreibungen für das Anschaffungsjahr. Normalerweise geschehen die Abschreibungen im Interesse richtiger Erfolgs-Ermittlung für jede Bilanz-Periode gesondert. Dabei wird in der Bilanz-Praxis meist nicht beachtet, wann der abzuschreibende Betriebs-Gegenstand im Lauf der Abschreibungs-Periode angeschafft oder in welchem Maße er für diese bereits ausgenutzt oder abgenutzt worden ist. Regelmäßig wird vom Wert des neu angeschafften oder hergestellten Betriebs-Gegenstands auch schon zu Lasten des Anschaffungs- oder Herstellungsjahrs der auf eine volle Bilanz-Periode entfallende Betrag abgeschrieben; unabhängig davon, ob Anschaffung oder Herstellung bereits zu Beginn, oder erst gegen Mitte oder Ende der Periode vollendet waren. Zuweilen läßt man dagegen das Anschaffungs- oder Herstellungsjahr abschreibungsfrei. Beide Methoden sind, prinzipiell genommen, falsch. Richtig ist, die Erfolgs-Rechnung des Anschaffungs- oder Herstellungsjahrs nur nach Maßgabe der darauf entfallenden Besitz- oder Benutzungs-Dauer mit Abschreibungen zu belasten. Nur bei überdurchschnittlich starker Ausnutzung schon im Anschaffungs- oder Herstellungsjahr könnte, genau genommen, die Abschreibungs-Quote für ein ganzes Geschäftsjahr berechtigt sein, obgleich der Betriebs-Gegenstand erst im Lauf dieser Periode gebrauchsfertiger Teil des Geschäfts-Vermögens geworden ist. Dagegen dürfte das Anschaffungs- oder Herstellungsjahr, streng genommen, von der Abschreibung gänzlich überhaupt nicht freigelassen werden; selbst dann nicht, wenn der Betriebs-Gegenstand erst am Schluß der Betriebs-Periode Besitzteil der Unternehmung geworden wäre, weil eine Minderung des Verkehrswerts des Gegenstands bekanntermaßen fast immer schon durch die Tatsache seiner Aufstellung im Betriebe gegeben zu sein pflegt. Vom rein praktischen Standpunkt wird man sich daran genügen lassen können, wenn die dem Anschaffungs- oder Herstellungsjahr anzulastenden Abschreibungen auf Betriebs-Gegenstände unter Würdigung der Dauer oder auch der Intensität der Inanspruchnahme wenigstens einigermaßen zutreffend normiert werden.

Steuer-Entscheidung darüber. Hierzu ist von Interesse nachstehende Entscheidung des Preußischen Oberverwaltungs-Gerichts:

„Bei Neuanlagen und Neuanschaffungen von Betriebs-Gegenständen im Lauf eines Geschäftsjahrs kommt es darauf an, welches Verfahren die Gesellschaft dabei einschlägt. Macht sie von dem ihr nach § 261 Nr. 3 H.G.B. zustehenden Recht Gebrauch, den höhern Anschaffungspreis einzustellen und davon einen der Abnutzung gleichkommenden Betrag abzuziehen, so ist die Höhe der Abnutzungsquote nach dem Zeitraum, innerhalb dessen der Gegenstand in dem Geschäftsjahr dem Betriebe gewidmet gewesen ist, zu bemessen.

Wählt die Gesellschaft die Einstellung des wirklichen Wertes, der niedriger ist als der Anschaffungspreis, so kann im ersten Betriebsjahr unbedingt der Wert von Betriebs-Gegenständen auf den wirklichen Wert heruntergeschrieben werden. Die Differenz zwischen dem Anschaffungspreise und dem wirklichen

Werte ist effektiver Verlust der Gesellschaft, den sie dadurch berücksichtigen kann, daß sie entweder den wirklichen Wert von vornherein als Zugang im Aktivum einstellt oder den Anschaffungspreis, vermindert durch eine der Differenz zwischen Anschaffungspreis und wirklichem Werte gleichkommende Abschreibung. Hierbei wird im allgemeinen davon auszugehen sein, daß die Vermutung dafür spricht, daß der Anschaffungspreis den wirklichen Wert darstellt, und daher die Beweislast für einen geringern wirklichen Wert der Gesellschaft im vollen Umfange zufällt" (vgl. E. in St. XII. 315).

Arten der Bemessungs-Grundlagen. Als Bemessungs-Grundlagen für die regulären Abschreibungen auf Betriebs-Gegenstände nenne ich:

1. Anschaffungs- oder Herstellungs-Kosten (konstante Abschreibung).
2. Jeweilige Buchwerte (degressive Abschreibung).
3. Betriebliche Ausnutzung.
4. Gewinn der Unternehmung.
5. Rentabilität des Betriebs-Gegenstands.

Die nach 1 und 2 bemessenen Abschreibungen könnte man prozentuale, die nach 3, 4 und 5 bemessenen proportionierte nennen

Im einzelnen ist darüber zu sagen:

1. Konstante Abschreibungen.

Als nächstliegende Methode, reguläre Abschreibungen zu berechnen, ist unzweifelhaft anzusehen diejenige, wonach der auf die gesamte Nutzungs- (Gebrauchs-) Dauer des Gegenstands entfallende Entwertungs-Betrag durch die Zahl der Nutzungsjahre geteilt wird.

Formeln für Quoten und jeweilige Restwerte. Demnach ist bei der Annahme folgender Zeichen: N = Neuwert (Anschaffungs- oder Herstellungs-Kosten), R = Restwert (Altmaterialwert oder sonstiger Altwert), n = Anzahl der Nutzungsjahre, die jährlich vorzunehmende reguläre Abschreibung (A):

$$A = \frac{N \cdot/. R}{n}.$$

Der jeweilige Gesamtbetrag der vom Neuwert geschehenen regulären Abschreibungen (At) ist, wenn t die Zahl der bereits abgelaufenen Abschreibungsjahre bedeutet:

$$At = \frac{(N \cdot/. R) \cdot t}{n}.$$

Setzt man den am Schluß irgend eines der Abschreibungsjahre vorhandenen Buchwert = B, so ist:

$$B = N \cdot/. \frac{(N \cdot/. R) \cdot t}{n} \text{ oder } B = N \cdot/. At.$$

Bei 3000 M Neuwert, 200 M Restwert und zehnjähriger Nutzungs-Dauer beträgt die jährlich vorzunehmende reguläre Abschreibung mithin (3000 M ·/. 200 M): 10 = 280 M. Bei jährlich (auch vom Anschaffungsjahr) in dieser Höhe durchgeführten Abschreibungen steht der Betriebs-Gegenstand — wie im Gegenstaz zur degressiven Abschreibung unter 2 zahlenmäßig noch erwiesen werden wird — für das Ende des zehnten (als letzten angenommenen) Nutzungsjahrs mit noch 200 M Restwert zu Buch. Nicht selten verzichtet man auf Berücksichtigung des Restwerts, wenn man seinen Betrag zur Deckung der Abbruchs- oder dgl.- Kosten verwenden zu müssen glaubt.

Selbstverständlich ist vorausgesetzt, daß nicht etwa Sonder-Abschreibungen infolge anormaler betrieblicher oder außerbetrieblicher Entwertungen schnellere Herabschreibung auf den Restwert herbeigeführt haben, oder daß nicht gar Teile des Reingewinns in Gestalt von echten Reserven zu außerordentlichen Wertminderungen benutzt worden sind.

Vorteil konstanter Abschreibungen. Unverkennbar liegt der Hauptvorteil der Abschreibungen vom Neuwert in den für alle Jahre der Nutzungs-Dauer gleich bleibenden Abschreibungs-Beträgen, weshalb die Bezeichnung „konstante“ Abschreibung für diesen Modus kennzeichnend ist. Dieser Vorteil ist im Hinblick auf die gleichmäßige Belastung der Erfolgs-Rechnungen aller Nutzungsjahre hoch zu veranschlagen und rechtfertigt den Wunsch, der konstanten Abschreibung in der Bilanz-Praxis, wo irgend angebracht, den Vorzug vor anderen Abschreibungs-Methoden zu geben.

Überbewertung der Zugänge. Allerdings können konstante Abschreibungen zu Überbewertungen führen, sobald sie auf Konto-Zugangswerte („Zugänge“) bezogen werden, deren Nutzungs-Dauer hinter derjenigen der sonst auf dem Konto gebuchten Neuwerte zurückbleibt. Um solchen Überbewertungen vorzubeugen, hat man für derartige Zugänge einen deren Nutzungs-Dauer angepaßten Prozentsatz für die konstante Abschreibung zur Anwendung zu bringen, worüber unter C noch Näheres ausgeführt werden wird. Diese Unbequemlichkeit ändert nichts an der prinzipiellen Bedeutung, die der konstanten Abschreibungs-Methode als gerechtem Erfolgs-Verteilungsfaktor zukommt. Denn eine alle Mannigfaltigkeiten der Wertbewegungen auf den Konten der Betriebs-Gegenstände berücksichtigende Abschreibungs-Methode gibt es nicht und kann es eben wegen der zahlreichen, jeder Formel spottenden Sonder-Ursachen für die Entwertung nicht geben.

Angebliche Mängel konstanter Abschreibungen. Nicht stichhaltig sind auch andere, der konstanten Abschreibungs-Methode vielfach zugeschriebene Nachteile: Das Zurückgehen auf die Anschaffungs- oder Herstellungs-Kosten sei umständlich und zeitraubend, weil dazu häufiges Nachschlagen in abgelegten Geschäftsbüchern erforderlich sei. Außerdem seien für den Bilanzleser degressive Abschreibungen leichter als konstante verständlich, weil bei der degressiven Abschreibung der Abschreibungs-Betrag ohne weiteres als nach dem dabei vermerkten Prozentsatz berechnet erkennbar sei, während die konstante Abschreibung, die trotz sinkender Buchwerte immer gleiche Abschreibungs-Quoten bei gleichen Prozentsätzen aufweise, in dieser Hinsicht naturgemäß irritiere. Beide Bedenken sind praktisch gegenstandslos. Denn die konstante Abschreibungs-Quote als solche ist Jahr für Jahr auf dem Konto des Betriebs-Gegenstands ersichtlich, und soweit sie mit Sonder-Abschreibungen oder mit echten Reserve-Beträgen verquickt ist, wird man im eigenen Interesse im Inventarium oder auf dem Konto vor der Linie kurz andeuten, welcher Betrag der Gesamt-Abschreibung als konstanter zu gelten hat. In der Bilanz kann Mißdeutungen der bei konstanten Abschreibungen angegebenen Prozentsätze dadurch vorgebeugt werden, daß man den Betrag des Neuwerts, auf den die konstante Abschreibung sich bezieht, in der Vorkolonne auf der Abzugszeile mit angibt. Außerdem ist (mindestens für die Buchführung, falls geschäftliche Interessen dies für die Bilanz verbieten) empfehlenswert, die reguläre konstante Abschreibung von etwa vorgenommenen Sonder-Abschreibungen und bezüglichen echten Reserven getrennt zu buchen und auszuweisen, wie es (mit dem Zusatz: „Extra"-Abschreibung) nicht selten geschieht.

2. Degressive Abschreibungen.

Wesen degressiver Abschreibungen. Obgleich für reguläre Abschreibungen kaum einfacher verfahren werden kann, als jährlich konstant bleibende Beträge in Abzug zu bringen, lehrt dennoch die Erfahrung, daß der andern prozentualen Methode der Abschreibungen vom jeweiligen Restwert vom Kaufmann der Vorzug gegeben wird. Schon flüchtige Betrachtung des Wesens der Abschreibung vom Restwert lehrt, daß die derart berechneten Abschreibungs-Quoten von Jahr zu Jahr im prozentualen Verhältnis zur Verkleinerung der Restwerte abnehmen müssen. Im Gegensatz zur konstanten Abschreibung vom Neuwert ist die Abschreibung vom jeweiligen Restwert mithin eine degressive.

Folgen abnehmender Quoten. Die beständige Abnahme degressiv berechneter Abschreibungs-Quoten hat zwei, praktisch sehr bedeutsame Folgen. Erstens wird dadurch unmöglich gemacht, einen bestimmten Betrag mit dem bei konstanter Abschreibung in Betracht kommenden Prozentsatz innerhalb derselben Zeit wie bei dieser auch nur annähernd abzuschreiben; sodann werden die Erfolgs-Rechnungen voraufgegangener Jahre zugunsten späterer ungleich stärker belastet.

Deshalb Notwendigkeit höherer Prozentsätze. Aus der erstgenannten Folge ergibt sich die Notwendigkeit, bei degressiver Abschreibungs-Methode den Berechnungen wesentlich höhere Prozentsätze als bei konstanter Methode zugrunde zu legen, um bei jener Methode innerhalb derselben Zeit zu gleichen Restwerten wie bei dieser zu kommen. Von der durch degressive Abschreibungen herbeigeführten, außerordentlich ungleichen Beeinflussung der Erfolgs-Rechnungen ganz abgesehen, darf der Kaufmann demnach nicht einfach fragen: konstante **oder** degressive Abschreibung? Sondern die Frage muß dahin gestellt werden: konstante Abschreibung auf Grund eines, durch das Verhältnis der Gesamt-Entwertung zur gesamten Nutzungs-Dauer bedingten Prozentsatzes, oder **degressive** Abschreibung auf Grund eines derartig **erhöhten** Prozentsatzes, daß dieselbe buchmäßige Gesamt-Entwertung im selben Zeitraum wie bei der konstanten Abschreibung erreicht wird?

Formeln für Prozentsätze konstanter und degressiver Abschreibungen. Die uns (von S. 337) bekannte Formel für die Berechnung der absoluten Jahresquoten konstanter Abschreibungen (A) lautet:

$$A = \frac{N \cdot/. R}{n}.$$

Daraus folgt für den Prozentsatz konstanter Abschreibungen (Pk):

$$Pk = \frac{A}{\frac{N}{100}} \text{ oder } \frac{100 \cdot A}{N}.$$

Dagegen ist der für zureichende degressive Abschreibungen im Einzelfall anzuwendende Prozentsatz (Pd) mittelst nachstehender Formel zu berechnen:

$$Pd = 100 \cdot \left(1 \cdot/. \sqrt[n]{\frac{R}{N}}\right).$$

Bei 3000 M Neuwert, 200 M Restwert und zehnjähriger Nutzungs-Dauer hatte sich (vgl. S. 338) eine jährliche konstante Abschreibungs-Quote von 280 M ergeben. Das entspricht nach der mittleren der vorstehenden drei Formeln einem konstanten Abschreibungssatze von:

$$\frac{100 \cdot 280}{3000} = 9{,}33\ldots\,\% = 9^{1}/_{3}\,\%.$$

Dieselben Zahlen für Neuwert, Restwert und Nutzungs-Dauer auf die degressive Abschreibung bezogen, würden nach der letztgenannten der vorstehenden Formeln eine jährliche prozentuale Minderung des jeweilen Restwerts in Höhe von annähernd 24 % (im Interesse bequemer Rechnung rund 25%) bedingen, um zum gleichen

Resultat wie die jährlich nur $9^1/_3$ % betragende konstante Abschreibung zu führen.

Tabellarische Übersicht über die Entwicklung konstanter und degressiver Quoten. Um die Einflüsse der prozentualen Abschreibungs-Methoden auf die Bewertung vergleichend zu zeigen, berechne ich in bezug auf das oben erwähnte Beispiel (3000 M Neuwert, 200 M Restwert, 10 Jahre Nutzung) die Abschreibungen als

konstante mit $9^1/_3$ % Jahressatz;
degressive „ $9^1/_3$ %, also zu niedrigem Jahressatz;
degressive „ 25 %, dem für die gesamte Nutzungs-Dauer $9^1/_3$ %-iger konstanter Abschreibung entsprechenden Jahressatz.

Resultate:

Jahr	$9^1/_3$ %ige konstante Abschreibungen		$9^1/_3$ %ige degressive Abschreibungen		25 %ige degressive Abschreibungen	
Neuwert:	3000	—	3000	—	3000	—
1.	·/. 280	—	·/. 280	—	·/. 750	—
	2720	—	2720	—	2250	—
2.	·/. 280	—	·/. 253	85	·/. 562	50
	2440	—	2466	15	1687	50
3.	·/. 280	—	·/. 230	15	·/. 421	90
	2160	—	2236	—	1265	60
4.	·/. 280	—	·/. 208	70	·/. 316	40
	1880	—	2027	30	949	20
5.	·/. 280	—	·/. 189	20	·/. 237	30
	1600	—	1838	10	711	90
6.	·/. 280	—	·/. 171	55	·/. 178	—
	1320	—	1666	55	533	90
7.	·/. 280	—	·/. 155	55	·/. 133	50
	1040	—	1511	—	400	40
8.	·/. 280	—	·/. 141	05	·/. 100	10
	760	—	1369	95	300	30
9.	·/. 280	—	·/. 127	85	·/. 75	10
	480	—	1242	10	225	20
10.	·/. 280	—	·/. 115	95	·/. 56	30
Restwert:	200	—	1126	15	168	90

Hiernach ergibt den Restwert von 200 M nur die $9^1/_3$ %ige konstante Abschreibung; die 25 %ige degressive führt dagegen zu nur 168,90 M, während die $9^1/_3$ %ige degressive einen Rest von nicht weniger als 1126,15 M übrig läßt.

Gefahren degressiver Abschreibungen mit zu niedrigen Sätzen der konstanten Methode. Mit dem letztgenannten Resultat ist die Gewohnheit, für konstante Abschreibungen gültige Prozentsätze ohne weiteres auch für degressive anzuwenden, als in hohem Maße bedenklich erwiesen. Denn anstatt am Ende des zehnten, als letzten geschätzten Nutzungsjahrs bei 200 M Restwert angekommen zu sein, sieht man sich noch einem Buchwert von 1126,15 M gegenüber! Bedenkt man außerdem, daß der auf die jeweiligen Buchwerte bezogene Satz von $9^1/_3$% zu kontinuierlich sinkenden (im Beispiel schon innerhalb der zehn Jahre von 280 M auf 115,95 M gesunkenen) Abschreibungs-Quoten führt, so kann man leicht selbst ermessen, wie lange es dauert, bis der (im Beispiel nach zehnjähriger Nutzungs-Dauer mit 200 M angenommene) Restwert endlich erreicht wird.

Diese von Grund aus völlig verfehlte Abschreibungs-Methode kann nur anwenden, wer über ihre Wirkungen nicht nachdenkt. Die Wirkungen sind nun aber nicht allein rechnerischer, sondern in sehr erheblichem Maße auch wirtschaftlicher Natur. Man denke nur an die der Unternehmung daraus erwachsenden steuerlichen Nachteile; an die bei der Gewinn-Beteiligung einzelner oder bei der gesellschaftlichen Gewinn-Verteilung notwendigerweise sich aus solcher Abschreibungs-Methode ergebende Auszahlung in Wirklichkeit nicht verdienter Beträge, die bei hochwertigen Betriebs-Anlagen früher oder später zu einer katastrophal endenden Schwächung der Liquidität des Unternehmens führen können. Denn tatsächlich werden in allen solchen Fällen die zur Erneuerung der Betriebs-Gegenstände notwendigen flüssigen Mittel dem laufenden Betriebe großenteils entzogen, anstatt von der Gewinn-Verteilung ausgeschlossen und dem Betriebe zum Zweck der Erneuerung erhalten zu werden.

Daneben aber vollzieht sich meist eine gänzliche Entwertung der buchmäßigen Kontierung aller von solcher verfehlten Abschreibungs-Methode betroffenen Betriebs-Gegenstände. Jeder Erfahrene kennt den Gang dieser Entwicklung: infolge der viel zu niedrigen Abschreibungssätze wird die Überbewertung des Betriebs-Gegenstands von Jahr zu Jahr größer. Erneuerungen, Ergänzungen usw. nehmen an dem verfehlten Abschreibungs-Modus teil. Ersatz wird gebucht und in gleicher Weise abgeschrieben, während der ersetzte Gegenstand dem bezüglichen Konto im günstigsten Fall zum erlösten Restwert gutgebracht wird; ohne Rücksicht darauf, ob oder inwieweit der auf diesen Gegenstand entfallende buchmäßige Restwert über den Erlös noch hinausgeht, inwieweit also auf dem Konto eine Überbewertung eines aus dem Betriebe geschiedenen Gegenstands bestehen bleibt. Das sind die Fälle, die schließlich gebieterisch zwingen, die Abschreibungssünden der Vorjahre durch (oft exorbitant hohe) „Extra"-Abschreibungen wettzumachen, woraus dann unerwartete Unterbilanzen resultieren, die zu den voraufgegangenen „Reingewinnen" gar seltsam kontrastieren.

Degressive Abschreibungen mit hinreichend erhöhten Sätzen. Im Vergleich zu der vorstehend beleuchteten degressiven Abschreibungs-Methode, bei der verfehlterweise die Prozentsätze der konstanten Methode zur Anwendung gebracht werden, ist die degressive Abschreibungs-Methode mit hinreichend erhöhten Prozentsätzen weit eher am Platze. Insofern, als bei dieser Methode der Betriebs-Gegenstand während der präsumtiven Nutzungs-Dauer wenigstens annähernd auf den zu erwartenden Restwert abgeschrieben werden kann. Daß im obigen Beispiel sich statt 200 M nur 168,90 M Restwert ergeben, liegt an der, im Interesse bequemern Rechnens von mir vorgenommenen Abrundung auf 25 %. Da sich nach der oben für diese Art degressiver Abschreibung mitgeteilten Formel fast immer Prozentsätze mit Bruchteilen herausstellen, diese jedoch von jedem Praktiker auf volle Prozente abgerundet zu werden pflegen, so wird eine Abschreibung auf den genauen Betrag des präsumtiven Restwerts mittels dieser Methode nicht erreicht. Dieser Umstand ist aber praktisch belanglos, weil dadurch schließlich entstehende relativ unbedeutende Über- oder Unterbewertungen ohne Schwierigkeiten zum Ausgleich mit verrechnet werden können.

Deren stark abnehmende Belastung der Nutzungsjahre. Ein bedenklicher Nachteil der degressiven Abschreibungs-Methode mit erhöhten Prozentsätzen wird, wie ein Blick auf die obige Zusammenstellung lehrt, herbeigeführt durch die im Wesen degressiver Abschreibungen überhaupt begründete perpetuierliche Verkleinerung der Abschreibungs-Quoten. Diese Verkleinerung macht sich naturgemäß um so mehr bemerkbar, je höher der Abschreibungs-Prozentsatz ist. So zeigt sich bei der auf 25 % erhöhten degressiven Abschreibung auf 3000 M Neuwert für das erste Jahr der Nutzungs-Dauer eine Quote von 750 M, für das zehnte hingegen nur eine solche von 56,30 M, während die für die konstante Abschreibung während der gesamten Nutzungs-Dauer gleichbleibende Quote von 280 M bei der 25 %igen degressiven Abschreibung zwischen der von 316,40 M für das vierte und der andern von 237,30 M für das fünfte Nutzungsjahr zu denken ist.

Der darin liegende Widerspruch. Diese rapid abnehmende Belastung der Erfolgs-Rechnungen der einzelnen Nutzungsjahre durch die degressiven Abschreibungen steht im Widerspruch zu dem Regelfall ungefähr gleicher Ausnutzung der Betriebs-Gegenstände während der Nutzungsjahre; sie bewirkt außerdem eine vollkommen umgekehrte buchmäßige Darstellung der wirtschaftlichen Tatsache, wonach viele Betriebs-Gegenstände (z. B. Maschinen, die zunächst nicht nur nicht abgenutzt, sondern durch allmähliches Einlaufen sogar immer leistungsfähiger werden) während der ersten Nutzungsjahre kaum merklich, jedenfalls nicht entfernt in dem Maße, wie in den späteren Jahren, verbraucht und deshalb abschreibungsbedürftig werden. Dieser Widerspruch wird vielfach allerdings dadurch gemildert, daß ein mehr oder minder großer Teil der anfänglich zu hohen Abschreibungs-Quoten zweckmäßig angesehen werden kann als Amortisation der Montage-Kosten, soweit diese über Bestand-Konto verbucht sind.

Stille Reserven als Folgen der erhöhten Sätze. Demnach ist festzustellen, daß degressive Abschreibungen mit im Vergleich zu konstanten erhöhten Prozentsätzen besonders während der ersten Nutzungsjahre mehr oder minder erhebliche stille Reserven zur Folge haben.

Nutzanwendung daraus. Von diesem Gesichtspunkt aus können die auf erhöhten Prozentsätzen beruhenden degressiven Abschreibungen im Gegensatz zu konstanten Abschreibungen besonders dann nützlich wirken, wenn mit anormalen betrieblichen oder mit außerbetrieblichen Entwertungen gerechnet und solchen Möglichkeiten durch beschleunigte Abschreibungen begegnet werden muß.

Verzinsung als Kompensation der Quoten-Abnahme. Den Nachteil der durch die letzt besprochene Art degressiver Abschreibungen bewirkten, ständig abnehmenden Belastung der einander folgenden Erfolgs-Rechnungen kann man durch die auf S. 333 bis 335 geschilderte Verzinsung der degressiven Abschreibungen teilweise aufheben. Die auf S. 340 angeführte Formel für degressive Abschreibungen, die für den praktischen Gebrauch ohnehin schon zu kompliziert ist, würde in Verbindung mit der Zinsen- und Zinseszinsen-Rechnung aber derartig verwickelt, daß sie — wie Schiff S. 67 mit Recht bemerkt — keine Aussicht auf Berücksichtigung hätte.

Nachteiliger Einfluß des Restwerts auf den degressiven Abschreibungssatz. Schließlich liegt ein bemerkenswerter weiterer Nachteil degressiver Abschreibungen der letztbesprochenen Art darin, daß die Höhe des anzuwendenden Prozentsatzes durch den Betrag des für den Schluß der Nutzungs-Dauer angenommenen Restwerts außerordentlich stark beeinflußt wird. Hierfür folgende Beispiele (deren Zahlen vgl. bei Schiff S. 46, der nach Blum zitiert):

Beispiele dafür. Ein Gebäude im Neuwert von 20 000 M soll in 125 Jahren auf 1400 M abgeschrieben sein. Dann sind jährlich abzuschreiben bei konstanter Abschreibung = 0,745 %, bei degressiver = 2,1 %. Wird dagegen völlige Abschreibung (ohne Restwert bis auf 0) beabsichtigt, so kommen jährlich in Frage für die konstante Abschreibung = 0,8 %, für die degressive dagegen 7,6 %. Also eine Vergrößerung der Gesamt-Abschreibung um 1400 M hat, auf 125 Jahre verteilt, bei der konstanten Methode eine Steigerung des Satzes von nur (0,745 % auf 0,8 % =) 0,055 %, bei der degressiven dagegen eine solche von (2,1 % auf 7,6 % =) 5 $^1/_2$ %, sonach eine im Vergleich zur konstanten Abschreibung genau 100fache Steigerung, zur Folge! Man vergegenwärtige sich hiernach die Verschiedenheit der Abschreibungs-Quoten in beiden Fällen und für beide Methoden!

Wesen und Nutzen der Abschreibungs-Tabellen. Hat man, wie dies regelmäßig geschieht, auf einem Anlage-Konto (z. B. Maschinen-Konto, Utensilien-Konto) mehrere Betriebs-Gegenstände verwandter Art zusammen verbucht und nach einheitlichem Prozentsatz abgeschrieben, so wird die Ermittlung des jeweiligen Werts eines bestimmten Gegenstands keine Schwierigkeiten machen, falls nur nach der konstanten Methode abgeschrieben worden ist. Denn dann braucht nur der Neuwert des Gegenstands festgestellt und die Gesamtsumme der anteilig darauf entfallenen, jährlich gleich großen Abschreibungs-Quoten bis zum in Frage kommenden Nutzungsjahr subtrahiert zu werden, um zum jeweiligen Wert zu gelangen. Wesentlich mehr Zeit würde solche Wertermittlung bei degressiver Abschreibungs-Methode beanspruchen, weil man in diesem Fall gezwungen wäre, vom Neuwert des einzelnen Gegenstands ausgehend, Abschreibung und verbleibenden Wert Jahr für Jahr in Form der oben für zehn Jahre gegebenen Aufstellung gesondert zu berechnen. Solcher u. U. sehr zeitraubenden Arbeit kann man vorbeugen, indem man Tabellen benutzt. Jede Tabelle ist für einen bestimmten, auf die degressive Abschreibung zu beziehenden Prozentsatz berechnet. Ausgegangen wird bei der Berechnung von 100 M Neuwert. Die Tabelle läßt mithin sofort erkennen, mit welchem Betrage 100 M Neuwert bei degressiver Abschreibung nach dem der Tabelle zugrunde liegenden Prozentsatz in einem bestimmten Nutzungsjahr noch zu Buch stehend gedacht werden müssen. Von der 100-Einheit aus ist der jeweilige Buchwert irgend eines degressiv behandelten Neuwerts dann durch Multiplikation (1 % des Neuwerts mal Tabellen-Betrag) leicht feststellbar. Obgleich die Anlage der Tabelle sich im Bedarfsfall von selbst ergibt, will ich nicht unerwähnt lassen, daß in Sterns Buchhaltungs-Lexikon (S. 84 der erscheinenden II. Aufl.) und in der Z. f. Hw. u. Hp. IV. S. 10 von C. M. Lewin dargestellte Muster derartiger Tabellen zu finden sind. Die Tabellen können für große Betriebe beispielsweise dann nützlich wirken, wenn festzustellen ist, welche Restwerte entfallen auf bestimmte, mit anderen auf einem Konto zusammen verbuchte und abgeschriebene Betriebs-Gegenstände, die aus dem Betriebe ausscheiden sollen, und welche Beträge für solche Gegenstände demnach unter Würdigung des Erlöses als Abgang zu verbuchen sind.

Notwendigkeit vertraglicher Bestimmungen über anzuwendende Abschreibungs-Methoden. Im Hinblick auf die zwischen der degressiven und der konstanten Abschreibungs-Methode bestehenden wesentlichen Unterschiede ist empfehlenswert, in Gesellschafts-Verträgen und Statuten stets eindeutig und ausdrücklich zu bestimmen, ob die für Betriebs-Gegenstände festgelegten Abschreibungs-Prozentsätze für konstante oder für degressive Abschreibungen gelten sollen. Wo nicht die oben angeführten besonderen Gründe die degressive Methode ausnahmsweise empfehlenswert erscheinen lassen, sollte man immer der konstanten den Vorzug geben.

3. Abschreibungen nach Maßgabe der betrieblichen Ausnutzung.

Richtig gehandhabt, kann diese Abschreibungs-Methode den wirtschaftlichen Verlauf der Entwertung besonders zutreffend darstellen.

In bezug auf den während der Nutzungs-Dauer abzuschreibenden Gesamtbetrag unterscheidet die Abschreibung nach Maßgabe der betrieblichen Ausnutzung sich naturgemäß nicht von den oben besprochenen prozentualen Abschreibungen. Denn auch bei der in Rede stehenden Methode ist N ·/. R während n Jahre abzuschreiben.

Voraussetzungen für Anwendbarkeit dieser Methode. Daraus können sich aber zwei Notwendigkeiten ergeben. Entweder: man muß das mit Hilfe des Betriebs-Gegenstands überhaupt hervorbringbare Gesamtquantum des in Frage kommenden Veräußerungs-Gegenstands von vornherein wenigstens einigermaßen zutreffend schätzen, also beispielsweise vorweg wissen, wieviele Stücke eines Massen-Artikels von einer zu dessen Pressung dienenden Stanze ungefähr hervorgebracht werden können, bevor völliger Verschleiß der Stanze anzunehmen sein wird. Oder: man muß, wie bei den prozentualen Abschreibungen, von einer präsumtiven Nutzungs-Dauer ausgehen, diese aber kürzen oder verlängern; je nachdem, ob, im Vergleich zu den der präsumtiven Nutzungs-Dauer zugrunde gelegten Zahlen für Arbeits-Tage und Stunden, länger oder kürzer gearbeitet worden ist.

Unterschiede im Vergleich zu prozentualen Abschreibungen. Ein wesentlicher Unterschied zwischen prozentualen und nach Maßgabe der betrieblichen Ausnutzung proportionierten Abschreibungen besteht somit darin:

Bei den prozentualen Abschreibungen wird der sich aus dem Neuwert und dem präsumtiven letzten Restwert ergebende Gesamtbetrag der Entwertung auf sämtliche Nutzungsjahre prozentual verteilt. Die Verteilung der Gesamt-Entwertung wird demnach von einer bestimmten Nutzungs-Dauer abhängig. Und zwar ohne Rücksicht darauf, ob jene Nutzungs-Dauer durch überdurchschnittliche betriebliche Ausnutzung des Betriebs-Gegenstands in bestimmten Jahren verkürzt oder ob sie durch unterdurchschnittliche verlängert wird, ob die prozentualen Abschreibungen sonach infolge beschleunigten oder verzögerten Total-Verschleißes zu Überbewertungen oder zu Unterbewertungen führen. Zu Überbewertungen, weil der präsumtive Restwert buchmäßig noch nicht erreicht ist, obgleich der Betriebs-Gegenstand für den Betrieb bereits als unbrauchbar angesehen werden muß und nur noch Altmaterialwert hat, der außerdem nicht selten noch durch Abbruch-, Demontage- u. dgl.- Kosten aufgezehrt werden wird. Zu Unterbewertungen, weil Abschreibung bis auf den präsumtiven Restwert buchmäßig schon stattgefunden hat, obgleich der Betriebs-Gegenstand dem Betriebe noch mehr oder minder lange zu dienen vermag.

Dagegen können bei der Abschreibung nach Maßgabe der betrieblichen Ausnutzung Über- oder Unterbewertungen eher vermieden werden, wenn es gelingt, entweder die gesamte Produktionsfähigkeit des Betriebs-Gegenstands nach der Erfahrung vorweg zu bestimmen, oder seine Nutzungs-Gesamtdauer auf der Grundlage einer bestimmten Zahl jährlicher Arbeitsstunden im voraus zutreffend zu schätzen. In beiden Fällen ist die für die Abschreibung letzten Endes wirksame Nutzungs-Gesamtdauer — im Gegensatz zu den prozentualen Abschreibungen — keine im voraus feststehende, vielmehr eine, vom produzierten Quantum oder von der Zahl wirklich geleisteter Arbeitsstunden abhängige Größe.

Quantitative und zeitliche Bemessung der Ausnutzungs-Quoten. Hiernach kann die Abschreibung nach Maßgabe der betrieblichen Ausnutzung vorkommen als:

Abschreibung im Verhältnis zum Anteil des Betriebs-Gegenstands an der Produktion (quantitative Bemessung);

Abschreibung nach dem Verhältnis der für die präsumtive Nutzungs-Gesamtdauer angenommenen jährlichen Nutzungsstunden zur wirklichen Zahl der jährlichen Nutzungsstunden (zeitliche Bemessung).

Zahlenmäßige Beispiele für derartige Bemessungen. Beispiel für die quantitative Bemessung: eine Stanze bleibt voraussichtlich für die Herstellung rund einer Million Exemplare eines Artikels brauchbar. Entfällt dann auf ein Geschäftsjahr die Fabrikation von etwa 75 000 Stück, so sind

$$\left[75\,000 : \left(\frac{1\,000\,000}{100}\right)\right] = 7^1/_2\ \%$$

vom Anschaffungswert der Stanze zu Lasten dieses Betriebsjahrs abzuschreiben.

Beispiel für die zeitliche Bemessung: einer Maschine wird unter der Voraussetzung einer jährlich 300 Arbeitstage zu je 10 Stunden betragenden Inanspruchnahme eine zwanzigjährige Nutzungs-Dauer zugemessen. Dann ist die Gesamt-Entwertung dieser Maschine in bezug auf ($20 \times 300 \times 10 =$) 60 000 Arbeitsstunden abzuschreiben. Bei einer jährlichen Ausnutzung von 1200 Stunden sind demnach $\left(\frac{1200 \times 100}{60\,000} =\right)$ 2 %, bei einer jährlichen Ausnutzung von etwa 5400 Stunden dagegen $\left(\frac{5400 \times 100}{60\,000} =\right)$ 9 % allein für die betriebliche Ausnutzung (also unabhängig vom Verschleiß durch natürliches Altern) abzuschreiben. (Eine an sich interessante, für die kaufmännische Praxis aber wohl zu subtil ausgestaltete Art der Berechnung von Abschreibungen nach der faktischen Inanspruchnahme schlägt Ingenieur West in „Technik und Wirtschaft“ III. Heft 6 vor.)

Vorteile und Bedingtheiten der Abschreibungen nach Maßgabe der Ausnutzung. Hiernach wird zugegeben werden müssen, daß die Abschreibungen nach Maßgabe der betrieblichen Ausnutzung der Betriebs-Gegenstände dem wirtschaftlichen Verlauf der Entwertung in geradezu vorbildlicher Weise gerecht zu werden vermögen, wenn quantitative oder zeitliche Bemessung im voraus möglich sind. Jedoch eben immer nur unter dieser Voraussetzung. Ist diese Voraussetzung erfüllt, so gewährleistet diese Abschreibungs-Methode am besten nicht allein eine zutreffende Bemessung der Nutzungs-Dauer, sondern ebenso auch eine absolut gerechte Verteilung der Abschreibungs-Quoten über die einzelnen Geschäftsjahre. Nur kurzer Erwähnung bedarf, daß auch mit dieser Methode Sonder-Abschreibungen gepaart, die regulären Abschreibungen also beschleunigt werden müssen, insoweit anormale betriebliche oder gar außerbetriebliche Entwertungen dies bedingen. Ausdrücklich möge betont werden, daß an Stelle der Abschreibungen nach Maßgabe der betrieblichen Ausnutzung als Aequivalent für das natürliche Altern der Abschreibungs-Gegenstände zureichende andere Abschreibungen vorzunehmen sind für Jahre, in denen der Betrieb etwa geruht und infolgedessen zu Abschreibungen nach Maßgabe der betrieblichen Ausnutzung keine Veranlassung gegeben hat.

Als bedeutendstes Beispiel der quantitativen Bemessung von Abschreibungen nach Maßgabe der betrieblichen Ausnutzung ist die Abschreibung auf Substanz-Verluste (Verbrauch der Bodenschätze) hauptsächlich bei Bergwerken anzusehen. Im übrigen können Abschreibungen nach Maßgabe der betrieblichen Ausnutzung naturgemäß nur auf aktiv wirkende Betriebs-Gegenstände (Maschinen), hingegen nicht auf passiv dienstbare Geräte und Utensilien bezogen werden. Denn bei diesen Gegenständen ist weder quantitative, noch zeitliche Bemessung der Abschreibungs-Quoten im Sinne obiger Darlegungen möglich.

Deren Anwendungsgebiet. Demnach ist diese Art Abschreibung von Bedeutung nur für die Urproduktion und die industrielle Stoffveredlung, nicht aber auch für reine Handels- und Bank-Unternehmungen. Angewendet werden sollte sie nur, wenn hinreichende spezielle Erfahrung genaue quantitative oder zeitliche Bemessung der Abschreibungen ermöglicht, und wenn dem Betriebe durch Konjunktur-Schwankungen eine ebenmäßig schwankende Ausnutzung der bezüglichen Betriebs-Gegenstände auferlegt wird.

4. Abschreibungen nach Maßgabe des Gewinns der Unternehmung.

Abschreibungen „aus“ dem Gewinn. Sehr oft liest man in der Erfolgsverteilungs-Übersicht der Geschäfts-Berichte von Industrie- und Bank-Unternehmungen, der so oder so hohe „Gewinn“ (zuweilen sogar: „Reingewinn“!) solle zu „Abschreibungen“ „Verwendung finden“ („für Abschreibungen zurückgestellt werden“ oder ähnliche Wendungen).

Wirtschaftliche und bilanzrechtliche Unhaltbarkeit dieser Gewohnheit. Dieser leider sehr verbreitete Modus kann nicht genug bekämpft werden, weil mit ihm nicht allein das Wesen des Reingewinns (Netto-Gewinns), sondern ebenso dasjenige der Abschreibungen verkannt wird. Denn Reingewinn kann nicht vorhanden sein, bevor nicht sämtliche notwendigen (echten) Abschreibungen durchgeführt sind. Infolgedessen können aus dem Reingewinn nur echte Reserven (unechte Abschreibungen) gebildet werden. Vor der Verbuchung echter Abschreibungen kann somit nur von Rohgewinn (Brutto-Gewinn) gesprochen werden.

Schon vom rein praktischen Gesichtspunkt aus betrachtet, wird man kaum behaupten wollen, daß es empfehlenswert sei, in der Verteilungs-Übersicht vom Rohgewinn auszugehen, um dann (wie nicht selten bei Industrie-Unternehmungen) den zunächst hoffnungsfreudigen Aktionär bei näherer Prüfung zu der Erkenntnis kommen zu lassen, daß jener „Gewinn“ vom Standpunkt des Aktionär-Portemonnaies nur ein Phantom bedeutet, das nach der Durchführung der bilanzrechtlich notwendigen Abschreibungen von einem (oft recht stark) ernüchternden Wirklichkeitsbild abgelöst wird.

Doch auch gesetzwidrig ist solche Art, den Gewinn auszuweisen. Wenigstens nach § 261 Ziff. 6 H.G.B. für A.G.'en und K.A.G.'en, sowie nach § 42 Ziff. 5 Ges.-Ges. für G.'en m.b.H. Mit beiden Vorschriften wird gefordert, daß „der aus der Vergleichung sämtlicher Aktiva und sämtlicher Passiva sich ergebende Gewinn oder Verlust am Schlusse der Bilanz besonders angegeben werde.“ Da die Aktiva aber zu hoch dargestellt sind, solange die Werte der Betriebs-Gegenstände ohne Abschreibungen, also brutto, bilanziert sind, muß als Gesetzwidrigkeit bezeichnet werden, die Abschreibungen erst in der Erfolgs-Verteilung vom Rohgewinn zu kürzen (im Fall eines Rohverlustes diesem zuzuschlagen), anstatt sie bereits im Rahmen der Bilanz zum Abzug zu bringen und demgemäß schon mit dieser den Reinerfolg im Sinne der Gesetzes-Vorschrift auszuweisen.

Bezügliche Steuer-Entscheidungen. Der steuerliche Standpunkt zu der vorstehend behandelten Frage kommt (nach Fuisting S. 290 und 278) mit folgenden Entscheidungen des Preußischen Oberverwaltungs-Gerichts treffend zum Ausdruck:

„Überschüsse können nicht zu Abschreibungen verwendet werden; erst nach Abrechnung der letzteren sind Überschüsse vorhanden“ (E. in St. VII. 154).

„Wenn eine Aktien-Gesellschaft einen Teil ihres bilanzmäßigen Gewinns zu Abschreibungen verwendet, so liegt hierin das Anerkenntnis, daß die Vermögensstücke bilanzmäßig bewertet waren und der zu den sogenannten Abschreibungen verwendete Teil des Gewinns in Wirklichkeit die Bildung eines Reservefonds darstellt“ (vgl. E. in St. VII. 156; XI. 266).

Abschreibungen „nach Maßgabe“ des Gewinns. Von der Abschreibung „aus“ dem Gewinn ist zu scheiden die Abschreibung „nach Maßgabe“ des Gewinns. Nur mit dieser letztgenannten haben wir hier zu tun; nur bei ihr ist der Gewinn in erster Linie als Bemessungs-Grundlage anzusehen. Dagegen handelt es sich bei der sogenannten Abschreibung „aus“ dem Gewinn weniger um die Frage nach der Bemessung der Abschreibungs-Höhe, als vielmehr um diejenige nach der bilanztechnischen Darstellung der Abschreibung. Teils, um auf ihre Gesetzwidrigkeit und Unhaltbarkeit hinzuweisen, teils, um sie als von der Abschreibung „nach Maßgabe“ des Gewinns gesonderten Begriff schärfer, als gewöhnlich geschieht, zu scheiden, habe ich die sogenannte Abschreibung „aus“ dem Gewinn in diesem Zusammenhang mit erörtert.

Deren Anfechtbarkeit vom wirtschaftlichen Standpunkt. Über die Abschreibung „nach Maßgabe“ des Gewinns ist vorweg zu bemerken, daß sie aus mancherlei Gründen anfechtbar ist.

Prinzipiell ist gegen diese Abschreibungs-Methode festzustellen, daß der aus einer Betriebs-Periode resultierende Gewinn mit den für die Abschreibungen auf Betriebs-Gegenstände maßgebenden Faktoren ursächlich keineswegs zusammenzuhängen braucht. Man denke nur an den Einfluß von Konjunkturen, an verschärfte Konkurrenzkämpfe, an Verluste bei Debitoren u. a. m., um sich bewußt zu werden, in wie großem Umfang der Betriebs-Erfolg einer Unternehmung von der Inanspruchnahme der Betriebs-Gegenstände unabhängig sein kann. Die sich auf solchem Mißverhältnis zwischen Abschreibungs-Ursache und Bemessungs-Grundlage aufbauende Abschreibungs-Methode muß notwendigerweise zu wirtschaftlich und bilanzrechtlich gleichermaßen unhaltbaren Ergebnissen führen. Man vergegenwärtige sich nur, daß Gewinnjahre mit mehr oder minder hohen regulären Abschreibungen belastet, Verlustjahre dagegen von Abschreibungen gänzlich frei gehalten werden müßten und stelle sich danach vor die Überbewertung, die sich bei mehreren aufeinanderfolgenden Verlustjahren herausstellen würde, und die dann später zu Lasten etwaiger Gewinnjahre in beschleunigtem Tempo wettgemacht werden müßte!

Ebenso vom handels- und steuerrechtlichen Standpunkt. Hiernach kann keinem Zweifel unterliegen, daß die Abschreibungs-Methode „nach Maßgabe" des Gewinns zu den Vorschriften der §§ 40 Abs. 2, 261 Ziff. 3 H.G.B. und § 42 Ziff. 1 Ges.-Ges. in Widerspruch steht. Unbedingter Gegner dieser Methode ist natürlich in erster Linie die Steuer-Behörde, die bei der Nachholung der für Verlustjahre unterlassenen Abschreibungen auf Betriebs-Gegenstände zu Lasten der Gewinnjahre oft empfindlich geschädigt werden könnte.

Stille Reserven nach Maßgabe des Gewinns. Kann sonach der bilanzmäßige Rohgewinn einer Unternehmung als geeignete Bemessungs-Grundlage für reguläre Abschreibungen nicht anerkannt werden, so darf doch nicht unbemerkt bleiben, daß die Höhe des nach der Durchführung aller notwendigen Abschreibungen verbleibenden Reingewinns sehr wohl entscheidend zu werden vermag für die Frage, ob und in welchem Umfang außer den notwendigen echten (ordentlichen) Abschreibungen noch unechte (außerordentliche) Abschreibungen in Gestalt stiller (versteckter) Reserven vorgenommen werden sollen. Besonders bei Gewinn verteilenden Kapital-Gesellschaften werden zu Lasten überdurchschnittlich hoher Reingewinne oft stille Reserven „gelegt", die wieder aufleben, wenn etwa eintretende weniger günstige Ergebnisse im Interesse stabiler Dividenden dazu Veranlassung geben. Diese Reservebildung ist ihrem Wesen nach regelmäßig eine geheime „stille"; sie wird meist durch die bilanzielle Unterbewertung gewisser Vermögens-Gegenstände schon vorweggenommen und ist demnach mit dem vor der Öffentlichkeit ausgewiesenen bilanzmäßigen Reingewinn schon zum Ausdruck gebracht, in diesem „versteckt". Welche Vermögensteile im Interesse stiller Reserven unterbewertet werden sollen, bestimmt bei Kapital-Gesellschaften der Vorstand mit oder (wie nicht selten) ohne Wissen des Aufsichtsrats. Welchen Umfang solche Unterbewertungen zu Lasten eines Geschäftsjahrs annehmen sollen, richtet sich überwiegend nach dem Verhältnis des bei normaler Bewertung für jenes Jahr zu erwartenden Reingewinns zu dem in Rücksicht auf bisherige Dividenden anzustrebenden. Objekte derartiger stiller Reserven sind bei Industrie-Unternehmungen vornehmlich Fabrikations-Vorräte und Betriebs-

Gegenstände; jene im Normalfall nur mit Wirkung von einer Betriebs-Periode zur folgenden, diese mit auf Jahre hinaus reichenden Wirkungen. Bei Bankunternehmungen eignen sich vorzugsweise eigene Effekten und Beteiligungen zur Bildung weitreichender, oft sehr bedeutender stiller Reserven. Daß auch Mobilien und Immobilien bei Bankunternehmungen in hohem Maße Träger stiller Reserven sind, lassen viele Bankbilanzen ohne weiteres erkennen. Die letztgenannten Bilanz-Posten stehen infolge ihrer leichten Vergleichbarkeit mit den bezüglichen Posten der Vorperioden unauffälliger Reaktivierung stiller Reserven im Bedarfsfall entgegen. Dagegen können Reaktivierungen in Effekten oder Beteiligungen ruhender stiller Reserven nach außen eher verschleiert werden.

Hiernach muß die Bildung stiller Reserven nach Maßgabe des Gewinns als mit den Grundsätzen solider Bilanz-Politik durchaus vereinbar, die Bemessung von Abschreibungen nach derselben Grundlage hingegen als wirtschaftlich und bilanzrechtlich unhaltbar bezeichnet werden.

5. Abschreibungen nach Maßgabe der Rentabilität des Betriebs-Gegenstands.

Deren Objekte. Für diese Abschreibungsart können, wie leicht einzusehen ist, nur der Be- oder Verarbeitung aktiv dienende Betriebs-Gegenstände in Betracht kommen. Solche Betriebs-Gegenstände sind Maschinen und Werkzeuge. Werkzeuge eignen sich jedoch kaum für diese Abschreibungs-Methode, weil ihre Betriebs-Rentabilität zahlenmäßig nicht feststellbar zu sein pflegt. Dagegen sind die Betriebs-Leistungen von Maschinen, insbesondere von Werkzeug-Maschinen, derartigen Berechnungen zugänglich. Über die Berechnung der Rentabilität von Maschinen im allgemeinen enthält wertvolle Gesichtspunkte ein von Prof. Dr. Andreas Voigt (Frankfurt a/Main) vor dem Frankfurter Bezirks-Verein Deutscher Ingenieure am 16. Mai 1906 (vgl. die bezügliche Mitteilung dieses Vereins) gehaltener Vortrag über: „Die Rentabilität einer Maschine, insbesondere die Frage, wann eine alte Maschine durch eine solche neuerer Konstruktion zu ersetzen ist.“ Wie man die Betriebs-Rentabilität von Hilfsmaschinen zu berechnen vermag, habe ich in meinem (S. 327 zitierten) Buch über „Handwerkzeug und Handwerksmaschine“ gezeigt.

Zu der hin und wieder vorkommenden Bemessung der Abschreibungen auf Maschinen nach deren Betriebs-Rentabilität führt den Fabrikanten die Erwägung, daß die Anschaffungs- oder Herstellungs-Kosten einer Maschine abzuschreiben seien zu Lasten derjenigen Betriebszeit, innerhalb deren jene Kosten durch die Benutzung der Maschine nachweislich verdient worden sind.

Voraussetzungen dieser Methode. Hiernach kann diese Abschreibungs-Methode nur am Platze sein, wo die Maschine für den Betrieb gerade wertlos wird, nachdem ihre Anschaffungs- oder Herstellungs-Kosten durch sie verdient sind. Diese Voraussetzung kann zufällig erfüllt sein bei Maschinen, die der Gefahr der Überholung durch bessere Typen in besonders hohem Maße ausgesetzt sind; oder bei solchen, die unvermutet schneller Entwertung durch Wechsel der Fabrikations-Methode, „Aufgabe" des Artikels u. dgl. unterliegen können. In allen diesen Fällen werden durch die in Rede stehende Methode berechtigte Sonder-Abschreibungen vorweggenommen.

Unterbewertungen als Folge dieser Methode. Solche Fälle sind aber nur Ausnahmefälle. Im großen und ganzen werden Maschinen dem Betriebe naturgemäß wesentlich über den Zeitpunkt der Amortisation ihrer Kosten durch eigene Rentabilität hinaus dienstbar bleiben. Denn andernfalls könnte kein Fabrikant an der Benutzung von Maschinen wirtschaftliches (kaufmännisches) Interesse haben. Insoweit nun der Gebrauchswert einer Maschine eine längere Nutzungs-Dauer ermöglicht, als die Zeitspanne beträgt, innerhalb deren die Maschine sich bezahlt macht, muß die Methode der Abschreibung nach der Rentabilität der Maschine früher oder später zu Unterbewertungen führen. Diese Unterbewertungen können in größtem Umfang, nämlich in Gestalt völliger Abschreibung der Anschaffungs- oder Herstellungs-Kosten u. U. sogar schon für das erste Betriebsjahr, gegeben sein. So habe ich in meinem oben (S. 327) erwähnten Buche für eine größere Zahl von Hilfsmaschinen auf Grund besonderer Versuche erwiesen, daß diese Maschinen sich im Vergleich zu der Leistungsfähigkeit der ihnen voraufgegangenen (teilweise noch heute neben ihnen bestehen gebliebenen) Handwerkzeuge schon nach wenigen Wochen oder Monaten bezahlt machen können, während sie im Betriebe als technisch vollwertige Hilfsmittel Jahre oder Jahrzehnte hindurch verwendbar bleiben.

Steuerliche Unzulässigkeit. Nach allem zeigt die Abschreibung nach Maßgabe der Rentabilität der Maschinen sich unter den erwähnten Voraussetzungen nur berechtigt in den oben angedeuteten Fällen besonders gebotener wirtschaftlicher Vorsorge. Im übrigen führt diese Methode zu oft geradezu enormen Unterbewertungen, die von der Steuer-Behörde natürlich nicht „passiert" werden können. An sich sind Unterbewertungen privatrechtlich jedoch bekanntlich erlaubt.

Lediglich der Vollständigkeit wegen mag noch erwähnt werden, daß nicht zulässig wäre, aus der Abschreibungs-Methode nach Maßgabe der Rentabilität ein Recht auf Abschreibungsfreiheit für als unrentabel erwiesene Maschinen herzuleiten. Denn solches Unterlassen notwendiger Abschreibungen würde Überbewertung bedeuten und deshalb öffentlichrechtlich und privatrechtlich unstatthaft sein.

Verschiedene Abschreibungs-Methoden innerhalb derselben Unternehmung. Aus allen bezüglichen vorstehenden Ausführungen wird verständlich, daß innerhalb derselben Unternehmung bei den Abschreibungen auf die verschiedenen Betriebs-Gegenstände von verschiedenen Bemessungs-Grundlagen ausgegangen werden kann. So kann zweckmäßig sein, der Gefahr anormaler betrieblicher oder außerbetrieblicher Entwertung ausgesetzte Maschinen durch degressive Abschreibungen mit hinreichend erhöhten Prozentsätzen gleich zu Lasten der ersten Betriebsjahre überdurchschnittlich stark im Werte zu mindern. Andere Maschinen werden bei besonders intensiver betrieblicher Ausnutzung vielleicht im Verhältnis zu dieser mit Abschreibungen belegt. Die Werte in nur begrenztem Umfang ausnutzbarer, von vornherein rentabler Maschinen glaubt man etwa nach Maßgabe ihrer Rentabilität für den Betrieb recht schnell abschreiben zu sollen. Die Abschreibungen für die sonstigen Betriebs-Gegenstände bemißt man dann wohl nach der konstanten Methode.

Prinzipienloses Abschreiben. Nicht wenige Unternehmer befolgen in der Abschreibungs-Politik überhaupt keine feststehenden Grundsätze, sondern lassen sich im Augenblick der Bemessung der Abschreibungs-Höhe von irgendwelchen, ihnen gerade besonders wichtig erscheinenden Interessen leiten. Solche Interessen können beispielsweise darin liegen, am Gewinn beteiligte Dritte durch einen sich etwa herausstellenden, zu hohen Gewinn nicht zu verwöhnen und deshalb die Abschreibungs-Quoten für geeignete Betriebs-Gegenstände zu erhöhen, soweit diese Wirkung nicht schon bei der direkten Bewertung der Bestände erreicht ist. Umgekehrt wird dann bei ungünstigen Betriebs-Ergebnissen verfahren, um die Interessenten gegen die Rentabilität des Geschäfts nicht mißtrauisch zu machen. Oft greifen gleichartige Erwägungen auch der Steuer-Behörde gegenüber Platz, um dieser nach Möglichkeit keine Gelegenheit zu Beanstandungen des deklarierten Betriebs-Erfolgs zu geben und damit die Frage der Vorlegung der Geschäftsbücher ein für allemal auszuschließen. Vornehmlich die Werte der Mobilien und Utensilien reiner Handels-Unternehmungen werden oft mehr oder minder willkürlich abgeschrieben. Bei gut fundierten Unternehmungen besteht im großen und ganzen die Neigung, diese Gegenstände so bald wie möglich auf einen bloßen Erinnerungs-Betrag abzuschreiben, obgleich der Gebrauchswert gerade dieser Objekte dem Betriebe am längsten erhalten zu bleiben pflegt. Derartige prinzipienlose (so auch von Schmalenbach in der Z. f. hw. F. III. S. 88 genannte) Abschreibungen kommen in der geschäftlichen Praxis in großem Umfang zur Anwendung. Trotz ihrer scheinbaren Willkür beruhen sie dennoch auf geschäftspolitischen Erwägungen; wie denn in bezug auf bilanzielle Abschreibungen überhaupt kaum etwas ohne zureichenden Grund geschieht.

Ganz allgemein gesprochen kann man sagen, daß bei gut geleiteten, rentablen Betrieben das Abschreibungs-Prinzip in beschleunigter Erreichung des Restwerts erblickt werden wird, daß dagegen bei minder gut geleiteten, unrentablen Unternehmungen prinzipielle Neigung zu unzureichenden Abschreibungen zu bestehen pflegt; ganz gleich, nach welcher Abschreibungs-Methode diese Neigung am besten zu verwirklichen ist. Der Betriebs-Erfolg wird eben von der Höhe der Abschreibungen auf Betriebs-Gegenstände ebenso beeinflußt, wie er diese selbst beeinflußt. Um Mißverständnissen vorzubeugen: nicht soll hiermit gesagt sein, daß die Bemessung der Abschreibungen etwa immer unmittelbar nach Maßgabe des Betriebs-Erfolgs geschehe; vielmehr ist dies meist (zuweilen vielleicht mehr oder minder unbewußt) nur mittelbar insofern der Fall, als die Prozentsätze bei prozentualen, oder die Quoten bei proportionierten Abschreibungen von der Rentabilität der Unternehmung unverkennbar abhängig sind.

Abrundung der Quoten. Schließlich sei noch bemerkt, daß man die (besonders bei prozentualer Bemessung meist auf krumme Zahlen lautenden) Abschreibungs-Quoten nach Maßgabe der zu kürzenden Buchwerte im Interesse der Erlangung runder Bilanzwerte in erforderlichem Umfang zu erhöhen oder herabzusetzen pflegt. So wird man, wenn 10 % von 46567,90 M abzuschreiben sind, oft nicht 4656,79 M, sondern etwa 4656,90 M oder 4667,90 M oder gar 4567,90 M abschreiben; je nachdem, wie weit die Abrundung des Restwerts gehen soll.

C. Zugang und Abgang.

„Zugänge“ kommen als Wertzuwachs-Posten im Soll der Bestand (Vermögensteil-) Konten, „Abgänge“ dagegen als Wertminderungs-Posten in deren Haben zum buchmäßigen Ausdruck.

Was in den Bilanzen (besonders der industriellen Unternehmungen) unter der Bezeichnung „Zugang“ oder „Zuwachs“ erscheint, kann sehr verschiedenen Charakters sein.

Betriebs-Erweiterungen als Zugangs-Posten. Am nächsten liegt der Gedanke, unter „Zugang“ zu verstehen Neuanschaffungen von Betriebs-Gegenständen, die vordem in der Unternehmung durch ein andres Exemplar noch nicht vertreten waren, oder die — falls dies doch schon der Fall war — den oder die Vorgänger nicht ersetzen, sondern sich mit ihnen in die offenbar ständig wachsende Inanspruchnahme teilen sollen, die mithin nicht Ersatz, sondern Erweiterung bedeuten. In bezug auf die an den Erweiterungen vorzunehmenden Abschreibungen ist nur zu sagen, daß sie auf den neu angeschafften (oder etwa im eigenen Betriebe hergestellten) Gegenstand nach Maßgabe der für ihn in Betracht kommenden Bemessungs-Grundlage selbständig durchzuführen sind, was nicht hindert, sie zu buchen und bilanziell auszuweisen im Verein mit sonstigen Abschreibungen, die auf die demselben Konto belasteten Gegenstände entfallen.

Ersatz als Zugangs-Posten. Weniger einfach liegt die Abschreibungsfrage, wenn der Zugang für den Betrieb nicht Erweiterung (absolute Neuanschaffung), sondern nur Ersatz (relative Neuanschaffung) bedeutet.

Dabei vorkommende Fälle. Ist der neu angeschaffte oder hergestellte Betriebs-Gegenstand nur als Ersatz eines an seiner Stelle vorher betrieblich ausgenutzten, nunmehr ausrangierten Exemplars anzusehen, so dürfen die Anschaffungs- oder Herstellungs-Kosten des Ersatzstücks dem in Betracht kommenden Bestand-Konto in voller Höhe nur angelastet werden, wenn der für das auszurangierende Stück auf dem Konto noch vorhandene Restwert voll abgeschrieben ist. Andernfalls würde der Konto-Saldo zu hoch sein. Denn für das Konto maßgebend sind an Stelle des ausrangierten Gegenstands im Moment der Neueinstellung des Ersatzstücks höchstens dessen Anschaffungs- oder Herstellungs-Kosten. Nun sind verschiedene Fälle von praktischer Bedeutung in Betracht zu ziehen. Am einfachsten liegt die Sache, wenn der auszurangierende Gegenstand bei seinem Verkauf einen Erlös bringt, der gerade ausreicht, die Abbruchs- oder Demontage-Kosten und den noch zu Buch stehenden Restwert zu decken. Der erlöste Betrag ist dann in den Restwert und die Abbruchs- oder Demontage-Kosten zu zerlegen. Der den letztgenannten Kosten entsprechende Betrag ist dem Erfolgs-Konto, dem jene Kosten vorher belastet worden sind, gutzubringen; für den auf den Altwert entfallenden Erlös-Betrag ist das Konto des ausrangierten Gegenstands zum Ausgleich des darauf noch stehenden Restwerts zu erkennen. Der gesamte Erlös-Betrag ist (Barzahlung angenommen) dem Kasse-Konto zu belasten. Geht der Erlös aus dem Altwert über Abbruchs- oder Demontage-Kosten und buchmäßigen Restwert hinaus, so ist der überschießende Erlös-Betrag dem Fabrikations- (Unkosten-, Betriebskosten- oder dgl.-) Konto gutzubringen. Eine statt dessen auf dem Bestand-Konto erfolgende Gutschrift auch jenes Erlös-Überschusses würde insoweit eine Unterbewertung dieses Kontos zur Folge haben. Dagegen würde dessen Überbewertung eintreten, wenn und insoweit infolge unzureichenden Erlöses nur ein Teil des buchmäßigen Restwerts auf dem Bestand-Konto zur Abschreibung käme. In solchem

Fall ist der im Soll des Bestand-Kontos offen bleibende Rest des Restwerts diesem Konto zu Lasten der Erfolgs-Rechnung (Fabrikations-, Betriebskosten- oder dgl.- Konto) des Jahrs der Ausrangierung zum Ausgleich gutzubringen.

Überbewertungen durch zu Unrecht offen bleibende Restwerte. Unbedingt verwerflich ist dagegen die vielfach geübte Methode, Neuwerte von Ersatz-Gegenständen dem Bestand-Konto zu belasten ohne Rücksicht auf den auf dem Konto nach der Gutschrift des Erlös-Anteils aus dem Altwert noch offen bleibenden Restwert des ausrangierten Gegenstands. Die dadurch herbeigeführten Überbewertungen können bei häufigem (etwa auch durch schnelles Veralten von Maschinen-Konstruktionen beschleunigten) Ersatz großen Umfang annehmen und den Konto-Saldo dadurch zu einem gesetzwidrigen Element der Bilanz werden lassen.

Instandhaltungs-Kosten als Zugangs-Posten. Am schwierigsten zu beantworten ist die Frage nach der buchmäßigen Behandlung der Zugänge auf den Konten der Betriebs-Gegenstände, wenn diese Zugänge nicht zum Zweck der Betriebs-Erweiterung oder als Ersatz angeschaffte oder hergestellte komplette Gegenstände, sondern nur Verbesserungen und Ergänzungen oder sonstige Instandhaltungs-Kosten betreffen. Im großen und ganzen neigen solide Unternehmer dazu, solche Kosten sogleich zu Lasten des Entstehungsjahrs voll abzubuchen. Nichtsdestoweniger kann aber in Fällen verhältnismäßig bedeutender derartiger Ausgaben oder nennenswerter Erhöhung der präsumtiven Nutzungs-Dauer des Gegenstandes im Interesse gerechter Erfolgs-Verteilung sehr wohl angebracht sein, sie über Bestand-Konto laufen und dort zur periodischen Abschreibung kommen zu lassen, oder sie — was materiell auf dasselbe hinausläuft — transitorisch zu behandeln. Im wesentlichen gilt für solche Fälle das auf S. 330 bis 333 über die buchmäßige und bilanzielle Behandlung von Reparatur-Kosten Gesagte. Jenen Ausführungen sei in diesem Zusammenhang noch ein zahlenmäßiges Beispiel für den Einfluß über durchschnittlicher Verbesserungen auf Buchwerte und Abschreibungen hinzugefügt. Das Beispiel entstammt einem in der Z. f. Hw. u. Hp. II. S. 193 ff. veröffentlichten Aufsatz Lewins, der es der Langhansschen Broschüre über: „Die Privat-Feuerassekuranz und das Reichsversicherungs-Gesetz" entnommen hat.

In jenem Beispiel handelt es sich um folgendes:

Eine Dampfmaschine, deren Neuwert 22 000 M beträgt, und deren Altmaterialwert mit 1000 M angenommen wird, während ihre Nutzungs-Dauer auf 35 Jahre zu schätzen ist, erleidet nach 15 Jahren eine außerordentliche Verbesserung dadurch, daß ihr Zylinder neu ausgebohrt und die Steuerung durch eine neue verbesserten Systems ersetzt wird, was eine Werterhöhung von 6000 M zur Folge hat und die Nutzungs-Dauer voraussichtlich auf 50 Jahre verlängert.

Wie viel ist die Maschine nun beispielsweise nach dem 27. Lebensjahre wert?

Nach 15 Jahren, gerade vor der großen Reparatur, war ihr Wert

$$21\,000 \text{ M} \cdot \frac{35 \cdot /. 15}{35} + 1000 \text{ M} = 13\,000 \text{ M}.$$

Infolge der bedeutenden Erneuerung und Verbesserung erhöhte sich dann im 16. Dienstjahre, nach Durchführung der angeführten Arbeiten, ihr Wert auf 19 000 M, und ihre fernere Gebrauchsfähigkeit dauerte danach voraussichtlich nochmals 35 Jahre bis zum vollendeten 50. Nutzungsjahr, in welchem Zeitraum 18 000 M (19 000,— M minus 1000,— M Erlös) der gänzlichen Abnutzung anheimfallen. Nach dem 27. Lebensjahr, also 12 Jahre nach der Erneuerung, ist dann ihr Wert:

$$= 18\,000 \text{ M} \cdot \frac{35 \cdot /. 12}{35} + 1000 \text{ M} =$$

$$12\,828 \text{ M (rund)},$$

während, wenn die Erneuerung nicht stattgehabt hätte, der Wert nur sein würde:

$$= 21\,000 \text{ M} \cdot \frac{35 \cdot /. 27}{35} + 1000 \text{ M} = 5800 \text{ M}.$$

Aus den vorstehenden Darlegungen über den „Zugang" zu den Konten der Betriebs-Gegenstände läßt sich über den auf diesen Konten vorkommenden „Abgang" entnehmen:

Ursachen der Abgangs-Posten. Abgangs-Posten auf den in Rede stehenden Bestand-Konten können verursacht werden durch die vorstehend besprochenen Abbuchungen der Restwerte ausrangierter Betriebs-Gegenstände oder durch Abbuchungen zunächst auf Bestand-Konten verbuchter Instandhaltungs-Kosten aller Art, die infolge ihres unbedeutenden Betrags oder auch ihrer Bedeutungslosigkeit für die Nutzungs-Dauer des davon betroffenen Gegenstands der Erfolgs-Rechnung des Entstehungsjahrs voll zur Last zu schreiben sind, und die beim Bücher-Abschluß deshalb im Haben des Bestand-Kontos als Abgang erscheinen. Schließlich können Abgangs-Buchungen sich auch beziehen auf bedeutende, des Zugangs- (Bestand-) Charakters fähige Instandhaltungs-Kosten, die vorerst auf dem Bestand-Konto des Betriebs-Gegenstands verbucht, von dort jedoch im Interesse besserer Übersicht auf ein transitorisches Konto (z. B. Maschinen-Erhaltungskonto) übertragen werden sollen. Man darf annehmen, daß ein bedeutendes Kontingent der in Industrie-Bilanzen auf den Konten der Betriebs-Gegenstände erscheinenden Abgänge von den Abbuchungen der auf jenen Konten verbuchten Instandhaltungs-Kosten gestellt wird.

Verschleierte Abgangsposten. Allerdings besteht für diese, wie auch für die anderen beiden Arten der Abgänge die Möglichkeit, sie in der Bilanz nicht sichtbar werden zu lassen, indem man die Zugänge, die dann allerdings mindestens die Höhe der Abgänge erreichen müssen, um die den Abgängen entsprechenden Beträge kleiner ausweist. Zu empfehlen ist dies jedoch nicht, weil dadurch die Vermögens- und Kosten-Bewegung auf den Konten der Betriebs-Gegenstände verschleiert wird.

Bilanzmäßiger Normal-Ausweis von Zugang, Abgang und Abschreibung. Normalerweise ist der bilanzmäßige Ausweis der Bewegungen auf den Konten der Betriebs-Gegenstände so darzustellen:

Buchwert aus 1912	M
+ Zugang 1913	,,
. . . . . .	M
·/. Abgang 1913	,,
. . . . . .	M
·/. Abschreibung.	,,
Buchwert Ende 1913	M.

Abweichende Darstellungsarten. Doch nicht selten kann man Abweichungen von dieser, aus dem Wesen der Zugänge, Abgänge und Abschreibungen folgenden Anordnung beobachten. So erscheint beispielsweise, wenn nur Zugang und Abschreibung in Frage kommen, die Abschreibung zuerst als Abzugs-Posten des Vorjahrs-Saldos; und der Zugang wird demgemäß erst dem verbleibenden Differenz-Betrag zugeschlagen. Das kann einigermaßen gerechtfertigt sein, falls der Zugang sich bezieht auf Erweiterungs-Anschaffungen, die erst im folgenden Jahr voll betriebsfähig werden. Zuweilen wird auch, wenn neben dem Zugang noch Abgang in Frage kommt, die Abschreibung dennoch vorweggenommen, so daß dann die Anordnung ist: Vorjähriger Buchwert ·/. Abschreibung + Zugang ·/. Abgang. Hiernach müßte man annehmen, der Zugang umschließe in Höhe des Abgangs Instandhaltungs-Kosten, die von der Bestand-Abschreibung unabhängig zu halten sind und demzufolge durch die Abgangs-Buchung dem Soll der Erfolgs-Rechnung zugeführt werden sollen. Für den über den Abgang hinausgehenden Betrag des abschreibungslosen Zugangs wäre dann gültig die bei der voraufgegangenen Abweichung bereits geäußerte Vermutung, es könne sich handeln um Erweiterungs-Anschaffungen, die erst im folgenden Jahr voll betriebsfähig werden. Mit Sicherheit zu beurteilen, ob normwidrige bilanzmäßige Anordnungen der Zugänge, Abgänge und Abschreibungen durch die Verhältnisse tatsächlich gerechtfertigt sind, oder ob sie mittelst zu niedriger

Abschreibungen etwa Überbewertungen kaschieren sollen (was manchmal auch durch Zusammenfassung von Abschreibung und Abgang in einer Zahl erreicht wird), ist nicht auf Grund der Bilanz, vielmehr nur durch Prüfung der zugrunde liegenden Vorgänge möglich.

D. Bilanztechnische Darstellung der Abschreibungen.

Zwei Hauptarten. In der Hauptsache sind zwei Arten bilanztechnischer Darstellung der Abschreibungen auf Betriebs-Gegenstände zu unterscheiden: unmittelbare Wertabzüge auf der Aktiva-Seite und mittelbare durch Korrektiv-Konten auf der Passiva-Seite. Über beide Wege ist im einzelnen zu sagen:

1. Unmittelbare Wertabzüge auf der Aktiva-Seite.

Angenommen, die Maschinen einer Industrie-Unternehmung sind aus dem Vorjahr ins abgelaufene letzte Geschäftsjahr in einer Gesamtwert-Höhe von 123 000 M übernommen worden. Die Abschreibung soll nach degressiver Methode 20 % betragen (Zugänge und Abgänge mögen für das letzte Geschäftsjahr nicht in Frage kommen). Dann beläuft die Abschreibungs-Quote für das Ende des letzten Geschäftsjahrs sich auf 24 600 M, wodurch der Buchwert auf (123 000 M ./. 24 600 M =) 98 400 M sinkt.

Nur Nettowert-Ausweis in der Bilanz. Am einfachsten wäre der bilanzmäßige Ausweis dann dadurch zu gestalten, daß es auf der Aktiva-Seite in bezug auf den vorliegenden Posten nur heißen würde:

Maschinen 98 400,— M.

Hieraus vermag der Bilanzleser ohne weiteres weder den Vorjahrswert, noch die darauf vorgenommene Abschreibung zu erkennen. Die Abschreibung braucht auch aus dem Gewinn- und Verlust-Konto (Erfolgs-Ausweis) nicht feststellbar zu sein, wenn sie nämlich vom Maschinen-Konto nicht direkt auf jenes Konto, sondern vorerst auf eines seiner Unterkonten (etwa auf Fabrikations-Konto, Betriebskosten-Konto oder dgl.) übertragen wurde, so daß sie im Erfolgs-Ausweis nicht als gesonderter Posten erscheint, sondern im Saldo des Erfolgs-Unterkontos enthalten ist.

Dieses abgekürzte Verfahren kommt oft selbst dann zur Anwendung, wenn Zugänge und Abgänge zu berücksichtigen sind. Diese Wertbewegungen sind dann, wie die Abschreibungen, als in dem bilanzmäßig ausgewiesenen Nettowert (Restwert) bereits verrechnet zu denken.

Individuelle oder summarische Darstellung im Erfolgs-Ausweis. Soweit man bei dieser sehr verschwiegenen Art der Bilanzierung von Betriebs-Gegenständen die Abschreibungen in der Gewinn- und Verlust-

Rechnung ausweist, geschieht dies nicht immer *individuell*, also derart, daß zu *jedem* Nettowert der in der Bilanz angeführten Betriebs-Gegenstände im Erfolgs-Ausweis auch die darauf in Abzug gebrachte *Abschreibung* erkennbar wird; sondern gar nicht selten erscheint im Erfolgs-Ausweis eine nur *summarische* Abschreibung auf *sämtliche* bilanzierten Betriebs-Gegenstände. Damit weiß ein dem Unternehmen fernstehender Bilanzleser naturgemäß nicht viel anzufangen, weil ihm für die Aufteilung des summarischen Abschreibungs-Postens auf die bilanzierten Werte der einzelnen Betriebs-Gegenstände der sichere Maßstab fehlt.

Summarische Darstellung in der Bilanz. Zuweilen bringt man das *summarische* Verfahren nicht allein in der Gewinn- und Verlust-Rechnung, sondern auch in der *Bilanz* zur Anwendung. So sind sämtliche Betriebs-Gegenstände in der Bilanz einer industriellen Unternehmung zum 31. Dezember 1912 wie folgt ausgewiesen:

Anlage-Konto:

Wert der Gesamt-Anlage laut Kaufvertrags vom 17. September 1872:		2 250 000,— M
Gesamte Neubauten und Neuanschaffungen zu den Selbstkosten bis Ende 1911:		9 200 703,38 ,,
Desgleichen pro 1912:		319 789,87 ,,
Hierzu das in voriger Jahresbilanz besonders geführte Haus-Konto Gr.:		40 000,— ,,
		11 810 493,25 M
·/. Abschreibungen:		
bis Ende 1911:	5 516 643,33 M	
desgl. pro 1912:	600 000,— ,,	6 116 643,33 ,,
		5 693 849,92 M.

Im Soll der Gewinn- und Verlust-Rechnung ist die summarische Abschreibung auf Anlagen mit 600 000 M als besondrer Posten aufgeführt.

Normal-Ausweis in der Bilanz. Dieser in jeder Hinsicht *summarischen* Art der Bilanzierung stelle ich die *normale* Methode des bilanzmäßigen Ausweises der Abschreibungen auf Betriebs-Gegenstände gegenüber. Danach würden die oben bei 20 % Abschreibung mit 123 000 M Vortragswert und 98 400 M Schlußwert angenommenen Maschinen so darzustellen sein:

Maschinen:

Buchwert am 1. I. 1912:	123 000,— M	
·/. Abschreibung für 1912:	24 600,— ,,	98 400,— M.

Vorteile dieser Ausweis-Methode. Diese Art der Darstellung ist klar und zeigt ohne weiteres alles, was man normalerweise verlangen kann, schon in der Bilanz: den Restwert aus dem Vorjahr, die letztjährige Abschreibung und den Vortragswert für das folgende Jahr. Infolgedessen kann dem Bilanzleser gleichgültig sein, ob die Abschreibungen bei dieser Ausweis-Methode in der Gewinn- und Verlust-Rechnung individuell oder nur summarisch erkennbar gemacht werden, oder ob sie dort etwa überhaupt nicht gesondert erscheinen, weil sie vorweg zu Lasten von Unterkonten des Gewinn- und Verlust-Kontos (Fabrikations-, Betriebskosten- oder dgl.- Konto) verbucht, also im Erfolgs-Ausweis in deren Salden versteckt sind.

Normal-Ausweis in tabellarischer Anordnung. Manche Bilanzen zeigen eine tabellarische Anordnung. In deren Rahmen würde der vorstehend beschriebene Normal-Ausweis der Abschreibungen auf Betriebs-Gegenstände folgendes Aussehen haben (von Zugängen, denen eine Sonderspalte eingeräumt werden könnte, abgesehen):

	Buchwert am 31. XII. 1911 M	Abschreibungen für 1912 M	Vortrag nach 1913 M		
Maschinen .	123 000,—	24 600,—	98 400,—		

usw. (In der letzten, hier zahlenfreien Kolonne wird nur der Gesamtbetrag der Buchwerte sämtlicher bilanzierten Betriebs-Gegenstände ausgeworfen.)

Aufschlußreichste Ausweismethode. Als die vollständigste, über das Normalmaß bilanzieller Klarheit hinausgehende Art bilanztechnischer Darstellung der Abschreibungen auf Betriebs-Gegenstände ist die im nachstehenden Beispiel veranschaulichte zu betrachten. Das Beispiel entstammt der Bilanz einer Portland-Zementfabrik (siehe nächste Seite):

2. Mittelbare Wertabzüge auf der Passiva-Seite.

Bezügliche Gesetzes-Bestimmungen. Nach §§ 261 Ziff. 3 H.G.B. und 42 Ziff. 1 Ges.-Ges. ist den A.G.'en, K.A.G.'en und G.'en m.b.H. gestattet, Betriebs-Gegenstände in der Bilanz mit den Anschaffungs- oder Herstellungs-Kosten „anzusetzen", sofern ein der Abnutzung entsprechender „Erneuerungsfonds in Ansatz gebracht wird."

Deren irritierende Ausdrucksweise. Diese Ausdrucksweise ist in mehrfacher Beziehung unglücklich gewählt. Denn weder wird durch die sprachliche Gegenüberstellung von „ansetzen" und in „Ansatz bringen" die bilanzmäßige Gegenüberstellung der Anschaffungs- oder Herstellungs-Kosten einerseits, des „Erneuerungsfonds"

	Bisherige Buchwerte und Zugänge aus 1912 M	Abschreibungen M	Jetzige Buchwerte M	Pf.
I. Grundstücks-Konto				
bis 1912	174 522,87	66 789,66		
in 1912	4 240,46	4 703,67		
	178 763,33	71 493,33	107 270	—
II. Bauten-Konten				
bis 1912	1 257 431,74	427 343,63		
in 1912	96 918,67	38 925,78		
	1 354 350,41	466 269,41	888 081	—
III. Maschinen-Konto				
bis 1912	1 259 963,07	654 912,55		
in 1912	123 861,10	76 511,62		
	1 383 824,17	731 424,17	652 400	—
IV. Drehofenanlage-Konto				
bis 1912	429 275,57	229 275,57		
in 1912	2 115,83	21 091,23		
	431 391,40	250 366,80	181 024	60
V. Neubau-Konto			95 311	96

usw.

anderseits deutlich bezeichnet; noch ist der Begriff „Erneuerungsfonds“ mit dem hierbei in Frage kommenden Charakter eines Abzugs-(Passiv-)Postens vereinbar. Daß er den „Erneuerungsfonds“ aber als Passiv-Posten verstanden wissen will, sagt der Gesetzgeber in §§ 261 Ziff. 5 H.G.B. und 42 Ziff. 4 Ges.-Ges. ausdrücklich mit der Vorschrift, der „Betrag eines jeden Erneuerungsfonds sei unter die Passiva aufzunehmen.“

Aktiv-Charakter des Erneuerungsfonds. Ein Erneuerungsfonds ist nur vorhanden, wenn und insoweit die für die Erneuerung von den bezüglichen Aktivawerten rechnungsmäßig gekürzten Beträge in bestimmten, dem Zweck verzinslicher Anlage dienenden Aktivawerten gebunden sind. Solche Bindung ist für die meisten privatwirtschaftlichen Unternehmungen nicht empfehlenswert, weil dadurch Betriebs-Vermögen festgelegt wird, dessen unmittelbare Verwendung für betriebliche Zwecke regelmäßig rentabler zu sein pflegt.

Erneuerungs- und Erneuerungsreserve-Konto. Ist der Begriff „Erneuerungsfonds“ demnach zutreffend nur zu beziehen auf Aktivawerte, die als verzinsliche Anlage der zum Zweck der Erneuerung zurückgestellten Beträge dienen, so folgt daraus, daß jener Begriff nicht auch diese Beträge als solche zu kennzeichnen vermag. Vielmehr ist angebracht, aus der kontomäßigen Benennung dieser, als passive Wertkorrekturen wirkenden Erneuerungs-Beträge den „Fonds"-Begriff ein für allemal herauszulassen, das Konto für diese Beträge somit einfach Erneuerungs-Konto zu nennen. Dies gilt, soweit die Erneuerungs-Beträge echte Abschreibungen sind und als solche, bilanztechnisch genommen, Wertabzugs-(Korrektur-) Posten der Passiva-Seite bedeuten. Hingegen ist die Konto-Bezeichnung: Erneuerungsreserve-Konto oder Erneuerungsfonds-Konto (vgl. über die Bevorzugung des „Reserve"-Begriffs gegenüber dem „Fonds"-Begriff S. 319) am Platze, wenn und soweit die Erneuerungs-Beträge nicht mehr echte Abschreibungen, sondern bereits echte Reserven einschließen. Praktisch wird diese Grenze allerdings oft unsicher sein.

Verwandtschaft der Erneuerungs- mit den Delkredere-Konten. Hiernach ist übrigens die Analogie des Erneuerungs-Kontos mit dem Delkredere-Konto und des Erneuerungsreserve-Kontos mit dem Delkrederereserve-Konto (vgl. S. 315 bis 321) unverkennbar. Jedoch sei bemerkt, daß Delkredere-Konten — im Gegensatz zu Erneuerungs-Konten der §§ 261 Ziff. 3 H.G.B. und 42 Ziff. 1 Ges.-Ges. — gesetzlich nicht sanktioniert sind. Dennoch wird man auch diesen Konten ihre Existenzberechtigung aus praktischen Gründen nicht absprechen wollen. [Rehm (S. 52) hebt, formellrechtlich berechtigt, hervor, das Delkredere-Konto widerspreche der Vorschrift des § 40 H.G.B., weil ein Wertansatz nur auf einer Bilanz-Seite geschehen, ein Korrektiv-Konto auf der Gegenseite deshalb nach § 40 H.GB. nicht in Frage kommen könne. Materielle Bedeutung kommt diesem Widerspruch jedoch nicht zu.]

Gesetzliche Erneuerungs-Konten nur Abnutzungs-Aequivalente. Für den „Erneuerungsfonds" der §§ 261 H.G.B. und 42 Ges.-Ges. folgt aus jenen Gesetzes-Vorschriften als wesentliches Merkmal, daß er nur als Aequivalent für einen der Abnutzung der Betriebs-Gegenstände gleichkommenden Betrag „in Ansatz gebracht" werden soll.

Unhaltbarkeit dieser Beschränkung. Diese gesetzliche Beschränkung ist praktisch unhaltbar. Erstens, weil als Entwertungsursachen für Betriebs-Gegenstände außer der durch normale und anormale betriebliche Ausnutzung, wie auch durch natürliches Altern herbeigeführten Abnutzung noch andere betriebliche und außerbetriebliche Entwertungsursachen (vgl. darüber S. 322) vorkommen, diese aber nach dem Wortlaut des Gesetzes mit dem „Erneuerungsfonds" nicht verquickt werden dürfen, sondern auf der Aktiva-Seite als sozusagen „gewöhnliche" Abschreibungen den gesetzlichen „Erneuerungsfonds" der Passiva-Seite zu ergänzen hätten. Zweitens, weil das Aequivalent der „Abnutzung" naturgemäß nur eine echte

Abschreibung, niemals dagegen eine echte Reserve sein kann. Denn die echte Reserve kann sich nur auf erst in der Zukunft vielleicht zu erwartende, nicht jedoch auf bereits geschehene Abnutzung beziehen. Der gesetzliche „Erneuerungsfonds" könnte somit nur auf einem Erneuerungs-Konto, niemals hingegen auf einem Erneuerungsreserve-Konto zur Darstellung kommen. In der Bilanz-Praxis wären demnach neben den Erneuerungs-Konten gegebenenfalls noch gewöhnliche Abschreibungen in Gestalt unmittelbarer Wertabzüge auf der Aktiva-Seite und im Fall echter Erneuerungs-Reserven noch besondere Erneuerungsreserve-Konten erforderlich.

Praktische Ausgestaltung der Erneuerungs-Konten. Derartige Umständlichkeiten vermeidet man in der Praxis der Bilanzierung. Man verfährt da meist in der Weise, daß man, wenn für Abschreibungen auf Betriebs-Gegenstände ein Erneuerungs-Konto besteht, dieses Konto nicht allein mit Rückstellungen für geschehene Abnutzungen aller Art, sondern außerdem mit solchen für alle möglichen anderen betrieblichen und außerbetrieblichen Entwertungen dotiert. Dabei stellt man oft über die geschehenen Entwertungen hinaus noch Beträge für vielleicht erst zu erwartende Entwertungen irgend welcher Art vorweg zurück, wodurch das Erneuerungs-Konto insoweit gleichzeitig Erneuerungsreserve-Konto wird, mithin ,,gemischten" Charakter bekommt.

An einigen Beispielen seien buchmäßige Bildung und Verwendung des Erneuerungs-Kontos erläutert.

Bildung und Verwendung der Erneuerungs-Konten. Angenommen, wir wollen unsere, mit 168 000 M zu Buch stehenden Maschinen künftig durch 10 %ige konstante Jahresabschreibungen über Erneuerungs-Konto im Werte mindern. Dann ist dieses Konto zunächst durch folgende Buchung zu bilden: Gewinn- und Verlust-Konto an Maschinen-Erneuerungskonto: 10 % Rückstellung auf 168 000 M Maschinen = 16 800 M.

Beide Posten erscheinen in der Bilanz:

Maschinen 168 000,— M. || Maschinen-Erneuerungskonto 16 800,— M.

Im Soll der Gewinn- und Verlust-Rechnung steht: an Maschinen-Erneuerungskonto = 16 800,— M.

Am Ende des nächsten Jahrs ist vorstehende Buchung zu wiederholen. Danach lauten die beiden bezüglichen Bilanz-Posten:

Maschinen 168 000,— M. || Maschinen-Erneuerungskonto 33 600,— M.

Im folgenden Jahr wird eine (unter Berücksichtigung der früheren unmittelbaren und der letztjährigen mittelbaren Abschreibungen über Erneuerungs-Konto) noch mit 14 250 M zu Buch stehende Maschine mit 9 300 M Erlös verkauft und durch eine neue verbesserten Systems mit 19 000 M Kosten-Aufwand ersetzt. Daraus ergeben sich zur Zeit der Maschinen-Auswechslung folgende Buchungen:

Maschinen-Konto an N. N. (Maschinen-Lieferanten), Gutschrift für gelieferte Maschine .	19 000.— M.
Kasse-Konto an Maschinen-Konto, Barerlös aus dem Verkauf der alten Maschine .	9 300,— M.
Erneuerungs-Konto an Maschinen-Konto, Abbuchung des Erlös-Mankos aus dem Verkauf der alten Maschine (14 250,—M ·/. 9 300,— M =)	4 950,— M.

Zur Deckung des Erlös-Mankos wird dem Erneuerungs-Konto gutgebracht ein Betrag von rund 5000 M und als 10 %ige Abschreibung für das in Frage kommende Jahr (weil Auswechslung erst zum Jahresende, der Einfachheit halber noch von 168 000 M) der bekannte Betrag von 16 800 M, sonach ein Gesamtbetrag von 21 800 M, zu Lasten des Gewinn- und Verlust-Kontos.

Danach zeigt die Bilanz in bezug auf beide Posten folgendes Aussehen:

Maschinen:		Erneuerungs-Konto:	
Vorjähriger Brutto-Buchwert:	168 000,— M	Vorjähriger Saldo:	33 600,— M
+ Zugang:	19 000,— ,,	+ Diesjährige Zuführung:	21 800,— ,,
	187 000,— M		55 400,— M
·/. Abgang:	14 250,— ,,	·/. Erlös-Manko:	4 950,— ,,
	172 750,— M.		50 450,— M.

Demnach beträgt der Buchwert der Maschine nunmehr (172 750 M ·/. 50 450 M =) 122 300 M. Probe auf die Richtigkeit:

	168 000,— M	Brutto-Buchwert.
+	19 000,— ,,	Neuanschaffung.
	187 000,— M	
·/.	14 250,— ,,	(9300 M Erlös aus alter Maschine + 4 950 M abgebuchtes Erlös-Manko.)
	172 750,— M	
·/.	33 600,— ,,	Bisherige Rückstellungen.
	139 150,— M	
·/.	21 800,— ,,	(16 800 M reguläre + 5000 M Sonder-Rückstellung.)
	117 350,— M	
+	4 950,— ,,	Kürzung der Gesamt-Rückstellung um das Erlös-Manko.
	122 300,— M.	

Wie oben.

Überbewertung durch falsche Verwendung des Erneuerungs-Kontos. Nicht selten wird gegen diese richtige Art der Verwendung des Erneuerungs-Kontos verstoßen. Dadurch, daß man, unbekümmert um den Restwert des ausrangierten Gegenstands und den aus dessen Veräußerung fließenden Erlös, die Anschaffungs-Kosten des neuen Gegenstands dem Maschinen-Konto zu Lasten des Erneuerungs-Kontos gutschreibt. Wirkung: diese Buchung hebt die Zugangs-Belastung des Neuwerts auf dem Maschinen-Konto auf, mindert in entsprechender Höhe aber auch die Rückstellung auf dem Erneuerungs-Konto; sie wirkt deshalb auf den endgültigen Netto-Buchsaldo dahin, daß neben dem neu hinzugekommenen Anschaffungswert auch der Restwert des ausrangierten Gegenstands voll belastet bleibt. Im vorstehenden Beispiel würde sich aus dieser verfehlten Buchungsweise eine Überbewertung in Höhe des Erlös-Mankos von 4950,— M auf dem Maschinen-Konto ergeben, wie der Leser leicht nachprüfen kann. Die Ursache liegt eben darin, daß die Belastung des Neuwerts auf dem Erneuerungs-Konto und dessen Gutschrift auf dem Maschinen-Konto nur Spiegelfechterei ist, weil die materielle Wirkung dieser Buchung in sich selbst aufgehoben wird.

Dessen Verwendung nur bei Ersatz-Anschaffungen. Wie schon der Name andeutet, sollte das Erneuerungs-Konto nur in Anspruch genommen werden durch Erfolgs-Posten, die sich (wie z. B. oben das Erlös-Manko) gelegentlich des Ersatzes (der Erneuerung) ergeben. Ganz berechtigt fordert hiernach Simon (S. 399), das Erneuerungs-Konto sollte niemals herabgesetzt werden, solange der zu bewertende Gegenstand in den Aktiven stehe.

Verfehlte Verwendung bei Ergänzungen und Erweiterungen. Gegen diese Grundforderung wird in der Bilanz-Praxis oft gefehlt, indem auch Ergänzungs- oder Erweiterungs-Anschaffungen, die keine Außerdienststellung anderer Gegenstände zur Folge haben, dem Erneuerungs-Konto, nicht dagegen dem Konto des bezüglichen Betriebs-Gegenstands belastet werden. Hätten wir im obigen Fall die neue Maschine im Anschaffungswert von 19 000 M zur Erweiterung des Betriebs eingestellt, ohne an ihrer Statt eine andre Maschine auszurangieren, so wären die 19 000 M nicht dem Erneuerungs-Konto, sondern natürlich dem Maschinen-Konto zu belasten gewesen.. Wer hingegen die 19 000 M dem Erneuerungs-Konto belastet, kommt zwar im Hinblick auf den Netto-Saldo des Maschinen-Kontos zum selben Resultat, weil die Abschreibung auf dem Erneuerungs-Konto zu Unrecht um denselben Betrag gemindert wird, um den der Brutto-Saldo auf dem Maschinen-Konto infolgedessen zu niedrig erscheint. Trotzdem ist solche Buchung falsch. Denn die Kosten einer reinen Erweiterungs-Neuanschaffung gehören als Entgelt für den dem Betriebs-Vermögen zugewachsenen Gegenstand auf das in Betracht kommende Bestand-Konto, dürfen dagegen, schon ihrem Wesen nach, nicht zur Minderung der für Erneuerungen vorgesehenen Rückstellungs-Beträge verwendet werden.

Auflösung von Erneuerungs-Konten. Die Auflösung des Erneuerungs-Kontos zugunsten der unmittelbaren (gewöhnlichen) Abschreibungs-Methode geschieht entweder durch Ausschüttung des Erneuerungskonto-Saldos ins Haben der in Betracht kommenden Betriebsanlage-Konten, oder durch Ausgleich des Erneuerungs-Kontos zugunsten des Gewinn- und Verlust-Kontos und Neuvornahme entsprechend hoher unmittelbarer Abschreibungen auf den Betriebsanlage-Konten zu Lasten des Gewinn- und Verlust-Kontos. Der letztgenannte Weg ist der umständlichere. Nichtsdestoweniger scheint er bevorzugt zu werden, um die Auflösung des Erneuerungs-Kontos im Erfolgs-Ausweis klar hervortreten zu lassen.

Verschiedene Stellung der Erneuerungs-Konten zur Bilanz-Klarheit. Vom Standpunkt der Bilanz-Klarheit angesehen, müssen Erneuerungs-Konten verschieden beurteilt werden. Zunächst spricht zugunsten dieser Konten, daß sie dem Bilanzleser ermöglichen, die Brutto-Buchwerte der Betriebs-Gegenstände aus der Aktiva-Seite der Bilanz und die Gesamtsumme der bisher aufgelaufenen Abschreibungen aus deren Passiva-Seite ohne weiteres abzulesen. Jeweiliger und ursprünglicher Buchwert der Betriebs-Gegenstände sind somit aus der Bilanz klar ersichtlich. Auf S. 362 und 363 habe ich gezeigt, daß dieses Ziel auch bei unmittelbaren Abschreibungen auf der Aktiva-Seite durch tabellarische Anordnung erreichbar ist. Während nun die unmittelbare Abschreibung auf der Aktiva-Seite regelmäßig individuell, d. h. zu jeder in der Bilanz erscheinenden Kategorie von Betriebs-Gegenständen gesondert, geschieht, werden die Abschreibungen bei mittelbarer Buchungs-Methode oft auf nur einem Erneuerungs-Konto zusammengefaßt. Mit solchem summarischen Ausweis wird dem Bilanzleser die Verteilung der gesamten Erneuerungs-Rückstellung auf die einzelnen Brutto-Buchwerte der Betriebs-Gegenstände natürlich unmöglich gemacht.

Individuelle Erneuerungs-Konten — ein gesetzliches Erfordernis. Jedenfalls wäre wünschenswert, die Vorschrift der §§ 261 Ziff. 3 H.G.B. und 42 Ziff. 1 Ges.-Ges. zu erweitern durch den Zusatz, daß die Erneuerungs-Konten nicht summarisch geführt werden dürfen, sondern nach Kategorien der Betriebs-Gegenstände von einander zu scheiden sind.

Verschiedene Benennung der Erneuerungs-Konten. Erwähnt sei noch, daß Erneuerungs-Konten sehr verschieden benannt werden. So begegnen u. a. folgende Bezeichnungen: Erneuerungs-Konto, Erneuerungsfonds-Konto, Abschreibungs-Konto, Amortisations-Konto, Abnutzungs-Konto, Ersatz-Konto usw.

Steuer-Entscheidungen über „Erneuerungsfonds". Schließlich noch zwei Entscheidungen des Preußischen Oberverwaltungs-Gerichts über die steuerliche Behandlung von Erneuerungs-„Fonds":

„Sind in der Bilanz Abschreibungen vorweggenommen, daneben aber auch Rücklagen in einen Erneuerungsfonds bewirkt, so bedarf es allemal einer speziellen Erörterung und Feststellung, ob und inwieweit durch die Abschreibungs-Quoten und durch die auf Erneuerungsfonds überwiesenen Beträge zusammen die betreffenden Objekte unter ihrem wirklichen Werte, der ihnen zur Zeit der Bilanzziehung beizulegen ist, zu Buche stehen. Nur die darüber hinausgehenden Abschreibungen und Überweisungen sind als den steuerpflichtigen Überschüssen entnommene Rücklagen im Sinne des § 16 anzusehen und der Besteuerung unterworfen" (E. in St. VI. 190; VII. 333ff.).

„Diejenigen Beträge der Überschüsse, die einem Erneuerungsfonds zum Zweck des Ersatzes von daraus bestrittenen Betriebs-Kosten überwiesen werden, sind nicht steuerpflichtig" (E. in St. IX. 247).

IV. Abschreibungen auf Immaterialgüter.

A. Bei gesetzlich begrenztem Zeitablauf.

Als wichtigste Vertreter der Immaterialgüter mit gesetzlich begrenztem Zeitablauf seien im Hinblick auf die Abschreibungsfrage Patent-, Gebrauchsmuster- und Verlagsrechte besprochen.

An sich können die zur Erlangung eines Patentrechts (vgl. S. 295.) aufgewendeten Kosten (nicht also die jährlich fälligen Gebühren, die zu Lasten des Entstehungsjahrs sogleich voll abzuschreiben sind!) über die gesetzliche Schutzdauer verteilt, somit transitorisch vorgetragen werden.

Gründe für schnelles Abschreiben von Patent- und Gebrauchsmusterrechten. Hierbei darf jedoch nicht übersehen werden, daß die weitaus größte Zahl aller für Deutschland erteilten Patentrechte die (hier 15 Jahre betragende) Schutzdauer nicht entfernt durchlebt. Vielmehr haben unsere, besonders im Vergleich zu den englischen und amerikanischen Verhältnissen viel zu hohen Gebühren zur Folge, daß für Deutschland erteilte Patentrechte durchschnittlich ungefähr fünf Jahre nach der Anmeldung verfallen, weil dann nicht mehr oder noch nicht lohnt, die ständig wachsenden Patentgebühren weiter zu bezahlen. Außer der, die Nutzungs-Dauer des Schutzrechts stark einschränkenden Gebühren-Kalamität, mit der übrigens in nicht mehr ferner Zeit durch Änderung des Patent-Gesetzes aufgeräumt werden soll, drohen einem Patent weitere Gefahren durch berechtigte Nichtigkeits-Klagen der Konkurrenz oder sonstiger Interessenten;

nicht zuletzt auch durch Überholung des patentierten Gegenstands durch bessere Erfindungen.

Aus allen diesen und im Einzelfall noch anderen denkbaren Gründen sollte man für lebensfähige Patentrechte bestehende Buchwerte innerhalb der ersten fünf Jahre der Schutzfrist abzuschreiben bemüht sein. Offenbar nicht lebensfähige Patentrechte sind nach Maßgabe der Erkenntnis ihrer wirtschaftlichen Wertlosigkeit entsprechend früher abzuschreiben. Das gilt auch für etwa zu hohen Preisen derivativ erworbene Patentrechte. Denn wenn deren Rentabilität dem für sie gezahlten Preise entspricht, verträgt das Objekt auch die beschleunigte Abschreibung; steht diese zu der Rentabilität im Widerspruch, so ist das beschleunigte Verfahren erst recht angebracht, weil dann bewiesen ist, daß dem Betriebsrecht ein zu hoher wirtschaftlicher Wert beigelegt worden ist. Besonders Gewinn verteilende Kapital-Gesellschaften müssen in solchen Fällen energisch abschreiben, um zum Fehler des zu teuern Erwerbs des Rechts nicht noch den der Schwächung ihrer Liquidität durch Verteilung unverdienter Dividenden zu fügen.

Das über die Abschreibungen auf Patente Gesagte gilt auch für Gebrauchsmuster. Jedoch mit der Einschränkung, daß diese Schutzrechte im Vergleich zu Patentrechten meist nur untergeordnete materielle Bedeutung haben. Denn ihre sowohl originären, wie derivativen Erwerbs-Kosten sind regelmäßig bescheiden; sie dürfen dies auch nur sein; nicht allein im Hinblick auf die nur sechs Jahre währende Schutzfrist, sondern vor allem auch unter Würdigung der Tatsache, daß ein Gebrauchsmusterschutz infolge der fehlenden Vorprüfung auf Neuheit der Erfindung der Gefahr berechtigter Anfechtung weit mehr als ein Patentschutz ausgesetzt ist. Deshalb wird man die beim Erwerb des Gebrauchsmusterschutzes entstandenen Ausgaben mit besondrer Beschleunigung abzuschreiben haben; auch wenn hohe Versuchs- und Modelle-Kosten entstanden sind.

Abschreibungen auf Verlagsrechte. Auch die Nutzungs-Dauer von Verlagsrechten (vgl. über deren Bewertung S. 296 bis 298ff.) pflegt nur verhältnismäßig selten sich mit der gesetzlichen (hier 30 Jahre betragenden) Schutzdauer zu decken. Soweit es sich um Werke mit einer vermutlich derartig lange währenden und immer wenigstens normal bleibenden Absatzfähigkeit handelt, mag man die für den Erwerb solcher Verlagsrechte verausgabten Kosten auf die Schutzdauer verteilen. Soweit man sonst für den Erwerb von Verlagsrechten entstandene Kosten transitorisch vorträgt, hat man sie mindestens im Rahmen der voraussichtlichen Nutzungs-Dauer abzuschreiben, wobei etwaigem Rückgang der Zugkraft Rechnung zu tragen ist.

B. Bei vertraglich begrenztem oder unbegrenztem Zeitablauf.

Hierunter bespreche ich die Frage nach den Abschreibungen vom (S. 299 bis 309 erörterten) Geschäftswert.

Kein Abschreiben originär entstandener Geschäftswerte. Dabei ist ohne weiteres klar, daß diese Frage für den originär entstandenen Geschäftswert von keiner Bedeutung sein kann. Denn wollte man die Berechtigung von Abschreibungen auf den Geschäftswert in erster Hand zugestehen, so könnte mancher auf den Gedanken kommen, flugs den Wert seiner Firma, Kundschaft u. dgl. zu bilanzieren, um diesen Wert zur Quelle für Abschreibungen im Interesse verminderter Steuerpflichten zu machen und ihn zu gleichem Zweck immer wieder aufleben zu lassen, sobald er heruntergeschrieben ist. (Einem ähnlich gearteten Fall bin ich begegnet.)

Abschreibungen auf derivativ erworbene Geschäftswerte. Dagegen wird man die Berechtigung von Abschreibungen auf den derivativ erworbenen Geschäftswert zugestehen müssen. Und zwar zunächst ohne jeden Zweifel bei vertraglich begrenzter Nutzungs-Dauer. Denn wenn der Erwerber einer Unternehmung deren Firma nur eine vertraglich bestimmte Zeit hindurch benutzen darf (vielleicht auch nicht länger benutzen will), wird man ihm nicht verwehren können, den dafür besonders vergüteten Geschäftswert innerhalb dieser Zeit zur Abschreibung zu bringen. Doch auch beim Erwerb des Geschäftswerts mit unbegrenzter Nutzungs-Dauer muß dessen allmähliche Abschreibung als berechtigt anerkannt werden, wenn man den Standpunkt einnimmt, daß dieser Wert an sich, je nach der Stärke seiner wirtschaftlichen Kraftäußerung nach außen, früher oder später zu existieren aufhören würde, wenn der Erwerber nicht bemüht wäre, ihn durch geschäftliche Tüchtigkeit ständig zu erhalten, oder ihn durch Ausdehnung des Abnehmerkreises, Stärkung des Kredits u. dgl. womöglich noch zu steigern. Der Zeitpunkt, bis zu dem die Abschreibung erfolgt sein müßte, kann von sehr subjektiven Erwägungen bestimmt sein. So kann der Nachfolger den Geschäftswert abschreiben wollen innerhalb der Zeit, während deren er nach seiner Ansicht das Geschäft im Fall der Neugründung zu der bei der käuflichen Übernahme vorhanden gewesenen Rentabilität und Beständigkeit gebracht haben würde. Mit Recht sagt Berliner (S. 139), die Abschreibung auf den Geschäftswert ergebe sich auch, wenn man ihn als eine dem Vorbesitzer gewährte Gewinn-Beteiligung auffasse. Dann wird man — im Fall der Bezahlung des gesamten Geschäftswerts schon bei der Geschäfts-Übernahme — seinen Betrag etwa innerhalb des vorstehend begründeten Zeitraums abschreiben wollen. Bezahlt man den Geschäftswert in einer bestimmten

Anzahl Jahresraten, so wird man diese Raten-Beträge der Erfolgs-Rechnung zugunsten des Geschäftswert-Kontos belasten, sie auf diese mithin wie Abschreibungen wirken lassen. Bei diesem Verfahren kommt zur Geltung der Gedanke, daß der Nachfolger bilanzmäßigen Reingewinn erst erzielt hat, nachdem dem Vorbesitzer die für die Überlassung des Geschäftswerts jeweilig fällige Rate bezahlt worden ist.

Reichsgerichts- und Oberverwaltungsgerichts-Entscheidungen darüber. Folgende Steuer- und Reichsgerichts-Entscheidungen sind zu dem vorstehend besprochenen Thema von Interesse:

„Abschreibungen können überhaupt nur auf die nach den handelsrechtlichen Vorschriften in den Bilanzen aufzuführenden Aktivposten des gewerblichen Vermögens erfolgen. Hierzu gehören aber nur materielle wirtschaftliche Güter, jedoch weder das Recht der Firma, noch rein tatsächliche Verhältnisse, wie Kundschaft u. dgl., welche der selbständigen Veräußerung und der Bewertung nach einem objektiven oder gemeinen Werte entzogen sind. Selbst unter dem Gesichtspunkt von Abschreibungen würden daher die jährlichen Abtragungen für die Überlassung der Firma und der Kundschaft nicht zugelassen werden können (U. XII. b. 85 vom 7. Februar 1901). Dagegen sind immaterielle Rechte und Gegenstände, wie Firma, Kundschaft usw., bei entgeltlicher Erwerbung bilanzfähig und deshalb auch Gegenstand zulässiger Abschreibungen (E. in St. XI. 422).“ (Vgl. Fuisting S. 241.)

Diese Ausführungen des Preußischen Oberverwaltungs-Gerichts widersprechen einander. Denn am Schluß des voranstehenden Urteils wird gesagt, daß selbst Abschreibungen auf überlassene Geschäftswerte, womit entgeltlicher oder unentgeltlicher Erwerb gemeint sein kann, steuerlich nicht abzugsfähig sind. Mit der dem Urteil folgenden Entscheidung dagegen wird die Zulässigkeit von Abschreibungen auf entgeltlich erworbene Geschäftswerte für statthaft erklärt. Die letztgenannte Ansicht ist richtig. Unterm 28. II. 07 hat ferner dasselbe Gericht (nach Kaufmann IX. S. 32) ausgesprochen, daß der Geschäftswert sogar bei unentgeltlichem Erwerb sowohl handels-, wie auch steuerrechtlich bilanzfähig und abschreibungsfähig sei.

„Nicht allein körperliche Sachen, sondern überhaupt alle Objekte, welche einen Gegenstand des Rechtsverkehrs bilden, sind in die Bilanz aufzunehmen. Auch ein Firmenwert kann an sich bei der Bilanzaufstellung in Frage kommen, ebenso können Abschreibungen auf rein wirtschaftliche Werte, insbesondere einen Firmenwert, zulässig sein; im Einzelfall sind die Umstände entscheidend. Ist die Firma nicht gegen Entgelt erworben, so ist die Einsetzung eines Firmenwertes als Aktivum allerdings ausgeschlossen; aber auch beim entgeltlichen Erwerb darf nur, insoweit ein nachweisbarer Betrag für die Firma angelegt ist, mit einem Firmenwert gerechnet werden. Was die Zulässigkeit einer Abschreibung angeht, so ist beim Firmenwert von vornherein nicht anzunehmen, daß überhaupt eine Wertminderung stattfindet. Braunschw. Verwaltungsgerichtshof 19. 2. 1902. Braunschw. Z. Bd. 49 Beil. S. 57.“[1])

Hierbei wird verkannt, daß auch ein unentgeltlich erwor-

[1]) Kaufmann III. S. 35—36.

bener Firmawert an sich als Aktivum durchaus bilanzfähig sein kann, soweit er als solcher schätzbar ist. Außerdem ist unzutreffend die Behauptung, es sei beim Firmawert von vornherein nicht anzunehmen, daß überhaupt eine Wertminderung stattfindet. Denn ganz abgesehen von der oben schon gemachten Bemerkung, daß ein vom Vorbesitzer übernommener Geschäfts-(Firma-) Wert an sich allmählich verschwindet, wenn nichts für seine Erhaltung getan wird, passiert nicht allzu selten, daß solcher Wert infolge mangelnder Geschäftstüchtigkeit des Nachfolgers oder sonstiger ungünstiger Umstände (verschärfte Konkurrenz, Verkehrs-, Bedarfsverschiebung usw.) oft in überraschend kurzer Zeit teilweise oder gar ganz verschwindet.

„Willkürliche Abschreibungen an dem einmal angenommenen Werte der Firma sind insoweit unzulässig, als es sich um Feststellung des Reingewinns Dritten gegenüber handelt, die nicht als Inhaber an der Firma beteiligt sind. R.G. 9. 7. 1901. J.W. 1901 S. 653[12]."[1])

„Bei Handel- und Gewerbetreibenden, deren Buchführung den Vorschriften des H.G.B. entspricht, gehören auch sog. ideelle Werte, falls sie entgeltlich erworben sind, zu den Aktiven der Bilanz. Jährliche Abschreibungen auf diese Aktivposten sind aber steuerrechtlich nur dann zulässig, wenn eine allmähliche Wertverminderung derselben denkbar ist (was z. B. bei dem Amtsblattcharakter einer Zeitschrift im Zweifel ausgeschlossen sein wird). Andernfalls sind Abschreibungen als steuerpflichtige Reservestellungen zu behandeln. Sächs. O.V.G. 25. 4. 04. D.J.Z. 05, 1070."[2])

---

1) Kaufmann II. S. 28—29.
2) Kaufmann VII. S. 41.

IV. Kapitel.

Erfolgs-Verteilung.

Die Erfolgs-Verteilung kann zur Ursache haben:

Reine Gewinn-Beteiligung ohne Kapital-Risiko. (Regel beim commis interessé.)

Gewinn- und Verlust-Beteiligung mit vertraglich statthaftem Ausschluß der Verlust-Beteiligung. Kapital-Risiko auf eine bestimmte Einlage beschränkt. („Stiller" Gesellschafter.)

Gewinn- und Verlust-Beteiligung vertraglich nicht ausschließbar. Risiko auf eine bestimmte Einlage (einschließlich etwaiger Nachschüsse bei der G.m.b.H.) beschränkt. (Kommanditisten, Aktionäre, G.m.b.H.-Gesellschafter, Genossen bei Genossenschaften m.b.H.)

Gewinn- und Verlust-Beteiligung vertraglich nicht ausschließbar. Kapital-Risiko infolge der persönlichen (solidarischen) Haftung nur durch absolute Zahlungsunfähigkeit begrenzt. (Persönlich haftende Gesellschafter der Offenen Handelsgesellschaften, der Kommandit- und der Kommandit-Aktiengesellschaften, Genossen bei Genossenschaften m.u.H. und m. u. Nachschußpflicht.)

A. Gewinn-Beteiligung des commis interessé.

Nur Provisions-Anteil gesetzlich geregelt. Im § 65 H.G.B. heißt es:

Ist bedungen, daß der Handlungsgehilfe für Geschäfte, die von ihm geschlossen oder vermittelt werden, Provision erhalten solle, so finden die für die Handlungs-Agenten geltenden Vorschriften des § 88 und § 91 Satz 1 Anwendung.

Die Vorschrift des § 65 H.G.B. bezieht sich nicht auf den Anteil des Handlungsgehilfen am hier allein interessierenden bilanzmäßigen Gesamtgewinn der Unternehmung, sondern kommt für ihn nur in Frage, soweit er Provisions-Gehilfe und als solcher dem Agenten gleichzuachten ist. Insofern ist § 65 H.G.B. übrigens unvollständig, als darin nicht gedacht ist der Möglichkeit, daß der Handlungsgehilfe für einen räumlich abgegrenzten Bezirk angestellt sein und dann —

wie der Bezirks-Agent nach § 89 H.G.B. — Provisions-Ansprüche auch in bezug auf direkte Geschäfte (vgl. darüber S. 153) haben kann.

Gerichts-Entscheidung über Unterschied zwischen Provision und Tantieme. Im Zusammenhang hiermit sei (nach Kaufmann XII. S. 30) folgende Entscheidung angeführt:

„Unter Tantieme versteht man den Anspruch auf einen Teil des Reingewinns, wobei die Berechnung des Reingewinns nach den Grundsätzen der Gesellschaften erfolgt (R.O.H.G. 17, 276; Staub H.G.B. zu § 65 Anm. 4). Bezieht der Angestellte keine Vergütung von dem Reingewinn der von ihm verwalteten Unternehmungen, sondern nur von dem Inseraten-Umsatz, erhält er ferner nicht nur für die Inseraten-Aufträge, die er selbst vermittelt hat, sondern für alle bei ihm eingegangenen Aufträge die Vergütung, so ist er dem Handlungs-Agenten nach H.G.B. § 89 gleichgestellt, der für einen bestimmten Bezirk bestellt ist und auch für Geschäfte, die in dem Bezirk ohne seine Mitwirkung geschlossen sind, seine Vergütung erhält. Diese Vergütung ist nicht Tantieme, sondern Provision, worunter man einen Anteil am Geschäfts-Gewinn versteht, und zwar entweder an dem Gewinne des einzelnen Geschäfts oder an einer Reihe von Geschäften, die zu einem bestimmten Geschäftskreise gehören. Eine Umsatz-Tantieme gibt es begrifflich nicht. K.G. Charlottenburg 13. 1. 11. (Nicht veröffentlicht.)"

Die Rechtsprechung als commis-Tantiemerecht. Wenn auch über den oft vorkommenden Fall der Beteiligung des Handlungsgehilfen am bilanzmäßigen Geschäfts-Gewinn (commis interessé) besondere gesetzliche Bestimmungen nicht vorliegen, so hat doch die Rechtsprechung dieser Art Gewinn-Beteiligung bereits eine beachtenswerte Grundlage gegeben. Bevor ich die hauptsächlich in Betracht kommenden Entscheidungen mitteile, sei über die rechtliche Stellung des commis interessé noch gesagt:

Tantieme als alleiniges oder als Neben-Einkommen. Die Gewinn-Beteiligung (Tantieme) des commis interessé bildet entweder dessen alleiniges Einkommen aus der Geschäfts-Tätigkeit, oder ist nur als Zuschlag zu seinem festen Gehalt anzusehen.

Tantieme als Gläubiger-Anspruch in gesellschaftlicher Form. Obgleich in Rücksicht auf den Ausschluß des Kapital-Risikos keine gesellschaftliche Beteiligung des commis interessé gegeben ist, nimmt dieser am tantiemepflichtigen Reingewinn dennoch wie ein Handels-Gesellschafter teil. Jedoch muß, wie auch Staub (S. 305) in Anmerkg. 4 zu § 65 bemerkt, sein Tantieme-Anspruch selbst als reiner Gläubiger-Anspruch, nicht dagegen als gesellschaftlicher Anspruch angesehen werden, weil der commis interessé eben kein Handels-Gesellschafter ist. Deshalb kann dem commis interessé gegenüber weder die nach § 121 Abs. 1 H.G.B. an sich gestattete Verzinsung der Kapital-Anteile der Gesellschafter, noch das Verbot des § 122 Abs. 1 H.G.B. in Betracht kommen, wonach das Recht auf Tantieme-Auszahlung ruhen müßte, soweit diese Auszahlung dem Geschäft zum offenbaren Schaden gereichen würde. In der Z. f. Hw. u. Hp. IV. (S. 100 bis 101) meint zwar Rehm,

Einzelkaufleute und Gesellschafter der Personal-Gesellschaften seien berechtigt, zu Lasten des commis interessé die Kapitalzinsen vom Geschäftsgewinn in Abzug zu bringen und demnach nur den um jene Beträge gekürzten Reingewinn der Tantieme-Berechnung zugrunde zu legen. Rehm gibt aber selbst zu, daß für Aktien-Gesellschaften (also auch für die sonstigen Kapital-Gesellschaften) solche Benachteiligung der tantiemeberechtigten Angestellten nicht stattfinde. Denn dort gilt der bilanzmäßig ausgewiesene, um Kapitalzinsen bekanntlich nicht gekürzte Gewinn als Reingewinn der Unternehmung. Mit Recht würde der commis interessé gegen die Kürzung seiner Tantieme-Ansprüche durch Abzug der Kapitalzinsen vom bilanzmäßigen Reingewinn geltend machen können, daß die Tantieme-Berechnung von dem ungekürzten Betriebs-Erfolg der Unternehmung vorzunehmen sei. Demnach muß ich die unbedingte Berechtigung der Kapital-Verzinsung zu Lasten des commis interessé verneinen. Will man dennoch darauf bestehen, so wird man dies mit dem Genannten vorher ausdrücklich vereinbaren müssen, was denn auch nicht selten geschieht.

Vereinbarungen über Anteil an irregulären Erfolgen. Dringend zu raten ist ferner, mit dem commis interessé von vornherein darüber einig zu werden, ob oder inwieweit er auch an irregulären Gewinnen teilnehmen, oder inwieweit er etwa irreguläre Verluste gegen sich gelten lassen soll (vgl. über solche Posten S. 53ff.). Zwar wird ohne weiteres anzunehmen sein, daß nur die den Geschäfts-Betrieb als solchen angehenden Vermögens-Vorgänge für und wider den Gewinn-Anspruch des Angestellten wirken (vgl. darüber auch die letzte der nachstehenden Gerichts-Entscheidungen). Trotzdem wird man für alle Fälle gut daran tun, derartige Vereinbarungen ausdrücklich zu treffen, um späteren Streitfragen nach Möglichkeit vorzubeugen.

Ausschluß des commis interessé von der Geschäftsführung. Als Angestellter hat der commis interessé keinen Einfluß auf geschäftspolitische Maßnahmen des Geschäftsinhabers; selbst dann nicht, wenn diese den tantiemepflichtigen Reingewinn schmälern. So steht dem Prinzipal frei, Teilhaber oder Darlehen für geschäftliche Zwecke gegen Gewinn-Beteiligung oder feste Verzinsung zuungunsten der Tantieme des commis interessé aufzunehmen; ebenso kann er aus eigenen privaten Mitteln Einlagen machen und damit die Geschäfts-Rentabilität verwässern; er kann den Betrieb einschränken, kann risikoreiche Geschäfte eingehen u. dgl. m. — Alles bis zu dem Umfang, der die Maßnahmen nicht als absichtliche Benachteiligungen des commis interessé erkennen läßt. Privat-Entnahmen darf der Prinzipal, um den buchmäßigen Reingewinn nicht zu Unrecht zu drücken, nicht dem Unkosten-Konto, muß sie vielmehr dem Privat-Konto belasten. Dies ist übrigens auch im Interesse ungestörter Übersicht über die Rentabilität und im Sinne des Steuerrechts geboten.

Bilanzmäßiger Jahresgewinn als Grundlage für die Tantieme-Berechnung auch bei Eintritt oder Ausscheiden während des Bilanzjahrs. Wenn nicht andres ausgemacht ist, wird der Jahresgewinn Grundlage für die Tantieme-Berechnung auch für den Fall, daß der commis interessé erst im Lauf des Geschäftsjahrs eingetreten ist, oder daß er seine Stellung bereits vor dessen Beendigung aufgegeben hat (so auch Staub; Anmerkg. 6 zu § 65 und Cosack S. 107). Angenommen, eine zum 30. Juni aufgestellte Zwischenbilanz habe 16 000 M Reingewinn, die Jahresbilanz für das ganze Geschäftsjahr dagegen 50 000 M ergeben. Der commis interessé sei am 1. Juli eingetreten. Die Tantieme betrage 10 % des Reingewinns. Dann beläuft für jenes halbe Jahr der Tantieme-Anspruch sich auf 10 % von $\frac{50\,000 \text{ M}}{2} = 2500$ M, nicht also etwa auf 10 % von (50 000 M ·/. 16 000 M) 34 000 M = 3400 M. Dasselbe würde gelten, wenn der Anteilsberechtigte am 30. Juni aus dem Geschäfte geschieden wäre, obgleich auf das erste Halbjahr nach Maßgabe der Zwischenbilanz nur 10 % von 16 000 M = 1600 M entfallen würden. Der Ausgeschiedene käme demnach verhältnismäßig gut, der Eingetretene dementsprechend schlecht fort. Würden Aus- und Eintrittt schon zum 31. März beziehungsweise 1. April geschehen, und würde der Zwischengewinn von 16 000 M schon für diesen Termin, für das ganze Jahr jedoch wieder der Gewinn von 50 000 M gültig sein, so würde sich als Tantieme für den Ausgeschiedenen 10 % von $\frac{50\,000 \text{ M}}{4} = 1250$ M, für den Eingetretenen 10 % von $\frac{50\,000 \text{ M} \times 3}{4} = 3\,750$ M ergeben haben. In dem Fall wäre der Eingetretene nicht nur absolut, sondern auch relativ besser als der Ausgeschiedene daran. Im Fall des Ausscheidens vor dem Jahresende oder vor der Berechnung des Reingewinns muß der Ausgeschiedene auf die Tantieme-Zahlung natürlich bis zur bilanzmäßigen Feststellung der Gewinnzahl warten. Diese Feststellung darf aber nicht absichtlich verschleppt werden.

Tantieme-Entschädigung bei vorzeitigem Geschäfts-Verkauf, aber kein Anteil an dem dabei erzielten Gewinn. Verkauft der Prinzipal das Geschäft während des Geschäftsjahrs oder gibt er es in dieser Zeit auf, so hat er dem commis interessé auf die noch rückständige Vertrags-Dauer eine Tantieme-Entschädigung zu gewähren. Diese Entschädigung wird zu bemessen sein nach dem Reingewinn, der während der in Frage kommenden Zeit nach der bisherigen Erfahrung vermutlich verdient worden wäre. Für solchen Fall von vornherein Tantieme auf die rückständige Vertrags-Dauer vertraglich auszuschließen, oder sie doch auf ein Maximum zu beschränken, kann sehr empfehlenswert sein. Daß der commis interessé übrigens an dem beim Geschäfts-Verkauf etwa erzielten Gewinn, als einem nicht betrieblich erwirtschafteten Ertrage, keinen Anteil hat, liegt auf der Hand.

Keine Tantieme von nicht ausgeführten, durch den commis interessé vermittelten Geschäften. Falls keine anderslautende Vereinbarung entgegensteht, hat der commis interessé auf Gewinne aus von ihm vermittelten Geschäften nur Anspruch, wenn deren Ausführung zwanglos noch möglich ist im Lauf des Geschäftsjahrs, während dessen er seine Stellung aufgibt; wenn jene Gewinne somit in der für die letzte Tantieme-Berechnung in Frage kommenden Jahresbilanz noch mit zur Verrechnung gelangt sind.

Folge vorbehaltloser Tantieme-Annahme. Vorbehaltlose Annahme der Tantieme nach erfolgter Kenntnis der Bilanz nimmt dem commis interessé die Möglichkeit späterer Anfechtung (so auch Staub; Anmerkg. 9 zu § 65).

Tantieme-Verjährung. Nach § 196 Ziff. 8 B.G.B. verjährt der Tantieme-Anspruch in zwei Jahren.

Gerichts-Entscheidungen über den commis interessé.

Recht auf Tantieme nach deren wiederholter Gewährung. „Durch die fünf Jahre lang regelmäßig erfolgte Zahlung der Tantieme ist der Tantiemebezug ein vertragsmäßiger geworden, auch wenn sie vertraglich nicht zugestanden ist. In solchem Fall muß die Gewährung der Tantieme als stillschweigend vereinbart gelten. K.G. Breslau 24. 5. 11. Gew.G. 17, 65; Z.A.G. 19, 77; H.K. Oppeln 12, 24. Ebenso: K.G. Lichtenberg 23. 3. 11. Gew.G. 17, 16.“ (Kaufmann XIII. S. 20.)

„Der im Lauf des Jahrs ausscheidende Angestellte hat einen Anspruch auf anteilige Zahlung der Jahresgratifikation auch dann, wenn sie vorher nicht vereinbart, aber mehrere Jahre lang regelmäßig gezahlt ist. Bezüglich der Abschlußgratifikation kommt es darauf an, ob sie im einzelnen Fall sich als eine Vergütung für die Leistungen während des gesamten Geschäftsjahrs darstellt oder ausschließlich für die besonderen Arbeiten bei Feststellung des Jahresabschlusses und der Bilanz gewährt wird. K.G. Posen 16. 4. 09. Gew.G. 16. 316.“ (Kaufmann XII. S. 30.)

„Eine Tantieme, die der Aufsichtsrat einer Aktien-Gesellschaft ihren kaufmännischen Beamten aussetzt, ist keine freiwillige Zuwendung, sondern begründet einen klagbaren Anspruch, wenn sie, ohne daß die Höhe selbst bestimmt ist, durchschnittlich $^1/_3$ bis $^1/_4$ des Grundgehalts ausmacht. Bei einer solchen außergewöhnlichen Höhe der Tantieme kann es sich kaum noch um einen Nebenbezug, sondern nur um einen Teil der Vergütung handeln (vgl. auch Staub, 8. Aufl. Anm. 34 zu § 59, § 282 Anm. 33 Abs. 6, § 65 Anm. 4).“ (Kaufmann XII. S. 29—30.)

Tantieme pro rata temporis. „Ein allgemeiner Geschäftsgebrauch, daß dann, wenn in einem langjährigen Dienstvertrage dem Angestellten neben dem Gehalt eine jährliche Extra-Gratifikation von bestimmter Höhe fest zugesagt ist, die Extra-Gratifikation immer nur für das vollendete Dienstjahr zu gewähren ist, hingegen bei vorzeitiger Endigung des Dienstverhältnisses im Laufe eines Vertragsjahrs für dieses Vertragsjahr überhaupt wegfällt und nicht pro rata temporis zu gewähren ist, besteht nicht. Kaufmannsch. Berlin. Sped.- u. Schiff.-Ztg. 11, 191.“ (Kaufmann XII. S. 30.)

Umfang der Freiheit des Prinzipals in der Bilanzierung und Geschäftsführung. „Ein commis interessé kann die Tantiemen von abgeschriebenen, aber nachträglich eingegangenen Forderungen nicht nachfordern. Die Feststellung der Höhe der Abschreibung steht dem Prinzipal ausschließlich zu; nur bei offenbarer Unbilligkeit, Willkür oder Böswilligkeit des Prinzipals könnte der am Gewinn beteiligte Kommis die Höhe der Abschreibung anfechten. O.L.G. Hamburg 2. 2. 1901. R.O.L.G. 1901 S. 248.“ (Kaufmann I. S. 11.)

„Dem am Gewinn beteiligten Angestellten steht ein Anspruch auf Mitteilung der Geschäfts-Bilanz zu. Gegen die vom Prinzipal für sein Geschäft aufgestellte Bilanz stehen ihm Einwendungen nur insoweit zu, als er eine Nichtübereinstimmung mit den Handelsbüchern oder eine auf Unredlichkeit oder grobem Verschulden beruhende Unrichtigkeit der Bilanz zu behaupten in der Lage ist. Im übrigen ändert die Beteiligung am Gewinn an der Natur des Dienstverhältnisses nichts, er kann also nicht Maßnahmen seines Prinzipals hinsichtlich der Leitung und Handhabung des Geschäfts beanstanden und nicht geltend machen, daß der Prinzipal durch eine den Geschäftsverhältnissen nicht entsprechende Geschäftsführung den sonst zu erzielenden Gewinn verringert habe. O.L.G. Hamburg 17. 2. 05. R.O.L.G. 10, 248.“ (Kaufmann VI. S. 35.)

„Der Reingewinn, an dem der Kläger nach dem Vertrage mit 5 % beteiligt ist, besteht in dem Nettogewinn, der nach den Grundsätzen, die für die Gesellschaften gelten, berechnet wird (R.O.L.G. 17, 276). Für die Tantieme ist danach die nach kaufmännischen Grundsätzen aufgestellte Bilanz des betreffenden Jahrs maßgebend (H.G.B. § 120). Nach H.G.B. § 40 sind zweifelhafte Forderungen in der Bilanz nach ihrem wahrscheinlichen Werte anzusetzen, uneinbringliche Forderungen abzuschreiben. Diese Abzüge und Abschreibungen muß der am Gewinn beteiligte Handlungsgehilfe so lange gegen sich gelten lassen, als nicht offenbare Unbilligkeit, Willkür oder Böswilligkeit des Prinzipals zugrunde liegen. Bei der Ansetzung der Werte sowohl auf der Aktiv-, wie auf der Passivseite muß dem Prinzipal ein gewisser Spielraum gelassen werden; seinem billigen Ermessen unterliegt zunächst die Beurteilung. Nur festgestellte offenbare Unbilligkeit, Willkür oder Böswilligkeit des Prinzipals können zu einer Änderung der Gewinn-Berechnung durch den Richter führen. Ist der Handlungsgehilfe nicht am Reingewinn des ganzen Geschäfts, sondern nur an einer Zweigabteilung beteiligt, so hängt es von der Auslegung des Anstellungs-Vertrags ab, ob und inwieweit Abschreibungen (Reserven für erwartete Verluste) in die Sonderbilanz der Zweigabteilung aufzunehmen sind. **R.G.** 7. 12. 09. L.Z. 10, 213; Recht 10 Nr. 383; Bank-Archiv 9, 172.“ (Kaufmann XI. S. 30—31.)

Bilanz-Kontrollrecht des commis interessé. „Dem commis interessé steht ein Anspruch auf Rechnungslegung nicht zu, wohl aber hat er ein Recht auf Vorlegung der Bilanz und Einsichtnahme der Geschäftsbücher zum Zweck der Nachprüfung dieser Bilanz (vgl. R.O.H.G. Bd. 1 Nr. 58. Bd. 17 Nr. 59. Bd. 19 Nr. 41).

Die Kosten der Bilanzziehung hat aber der Prinzipal zu tragen, und hieran ändert der Umstand nichts, daß es zu den dienstlichen Obliegenheiten des commis interessé gehört hätte, die zur Anfertigung der Bilanz nötigen Arbeiten zu verrichten. K.G. 24. 11. 1900. R.O.L.G. Bd. 1 S. 94. Seuff. A. Bd. 56 S. 282. A. f. gew. R. Bd. 2 S. 286.“ (Kaufmann II. S. 37.)

„Das zwischen einem sogenannten commis interessé und dem Geschäftsherrn bestehende Rechtsverhältnis ist, soweit es die Beteiligung am Geschäfts-Gewinn betrifft, nach den Grundsätzen von der Gesellschaft zu beurteilen und danach der Gewinn zu berechnen. Deshalb ist nach den insoweit bestehenden Gesellschaftspflichten und nach den hieraus sich ergebenden Grundsätzen von Treu und Glauben mit Rücksicht auf die Verkehrssitte der Geschäftsherr verpflichtet, dem Handlungsgehilfen die Möglichkeit zu geben, sich über die Höhe der ihm zustehenden Tantieme zu vergewissern; hierzu gehört mindestens, daß er ihm nicht nur eine Bilanz vorlegt, sondern auch die Einsicht in seine Geschäftsbücher und seine Geschäftspapiere gewährt, soweit dies zur Prüfung der Richtigkeit des Ergebnisses der Bilanz erforderlich ist (R.O.H.G. Bd. 1 S. 195, Bd. 17 S. 276. Bolze Bd. 4 Nr. 677, Bd. 10 Nr. 226. J.W. 1894 S. 317[18]. R.O.L.G. Bd. 2 S. 94. Seuff. A. Bd. 3 Folge 1 S. 282).

Diesem Anspruch steht weder entgegen, daß der commis interessé ein Konkurrenz-Geschäft gegründet oder sich sonst vertragswidrig verhalten hat, noch daß die Tantieme geringfügig ist. O.L.G. Dresden 29. 10. 1901. Sächs. A. Bd. 11 S. 745.“ (Kaufmann III. S. 45—46.)

„Der am Reingewinn beteiligte Handlungsgehilfe hat einen Anspruch auf Mitteilung der Reingewinn-Berechnung, soweit sein Tantieme-Anspruch davon abhängt. Der Umfang dieser Mitteilungspflicht ist aus ihrem Zweck zu bestimmen. Der Handlungsgehilfe soll in den Stand gesetzt werden, seine Ansprüche auf Tantieme zu prüfen und geltend zu machen. Dem entspricht es, wenn ihm eine Abschrift der summarischen Zusammen- und Gegenüberstellung des Aktiv- und Passivbestandes mitgeteilt wird, aus deren Vergleichung sich die Gewinnziffer ergibt. In dieser Zusammenstellung hat er die Unterlage für die Prüfung, ob der Prinzipal bei der Aufmachung der Gewinn-Berechnung vertragstreu verfahren ist. Dem Handlungs-Gehilfen zwar den Anspruch auf Vorlegung, nicht aber den auf Abschrift dieser Zusammenstellung zu gewähren, dafür besteht kein ausreichender Grund. Der billige Ausgleich der Interessen des Prinzipals und des Gehilfen erfordert vielmehr, auch den Anspruch auf Abschrifterteilung zuzulassen. Der Prinzipal wird dadurch nicht nennenswert beschwert und dem Handlungsgehilfen wird die Prüfung sachgemäß erleichtert. **R.G.** 7. 12. 09; L.Z. 10, 212; Bank-Archiv 9, 172.“ (Kaufmann XI. S. 30.)

„Der commis interessé darf die Handelsbücher nur in Person einsehen; einen Sachverständigen darf er nur insoweit zuziehen, als er ohne dessen Hilfe seinen Anteil nicht festzustellen vermag (R.G. Bd. 25 S. 88). Die Stellung eines Gehilfen, dem ein Gewinn-Anteil eingeräumt ist, beruht auf dem besondern Vertrauen des Geschäftsherrn zu seiner Person, auf der Annahme, er werde mit den aus der Einsicht der Geschäftsbücher erlangten Kenntnissen keinen Mißbrauch treiben. Es ist deshalb als Vertragsabsicht anzusehen, daß der Geschäftsherr im allgemeinen die Einsicht nur ihm und nicht dritten Personen gestatten will. O.L.G. Posen 7. 12. 1903. R.O.L.G. Bd. 8 S. 35. Recht 1904 S. 256. Z.A.G. Bd. 11 S. 161. Pos. M. Schr. 1903 S. 192 (hier als 13. 11. 1903 zitiert).“ (Kaufmann V. S. 53—54.)

Dessen Bilanz-Anfechtungsrecht. „Der auf Tantieme angestellte Handlungsgehilfe kann die Bilanz des Prinzipals nur dann anfechten, wenn Arglist, offenbare Unbilligkeit oder schrankenlose Willkür in der Wertansetzung vorliegt (Staub § 65 Anm. 8). Dagegen ist die Behauptung, daß der Prinzipal sein Vermögen objektiv unrichtig abgeschätzt habe, unerheblich. K.G. 23. 4. 1902. Bl. f.R.i. B.d.K. 1903 S. 6.“ (Kaufmann IV. S. 43.)

Schließlich ist von Interesse noch folgende Entscheidung:

„Der Ingenieur K. war als technischer Leiter in einer Fabrik mit einem festen Gehalt und einer steigenden Tantieme vom Reingewinn, sobald derselbe 100000 M übersteigt, engagiert. Die Jahresbilanz für 1909 schloß mit einem Geschäfts-

Gewinn von etwa 250000 M. Hiervon verlangte K. 10 % als seine Tantieme. Die Geschäfts-Inhaberin behauptete dagegen, im Jahre 1909 sei mit Verlust gearbeitet, der bilanzmäßige Geschäftsgewinn erkläre sich daraus, daß die Lagerbestände, die sich seit dem Jahre 1904 nicht wesentlich und seit dem Eintritt des K. in das Geschäft gar nicht vergrößert hätten, im Geschäftsjahr 1909 genau abgeschätzt worden seien, wodurch das Lagerkonto, das bisher nur oberflächlich taxiert worden sei, einen Wertzuwachs von 350000 M erhalten habe. Dem K. stehe aber nur am Betriebs-Gewinn Tantieme zu. Der Klage wurde vom Landgericht Hagen stattgegeben. Dagegen wies das Oberlandesgericht Hamm die Klage ab. Derselben Ansicht war das Reichsgericht, dessen 3. Zivilsenat ausführte:

In Übereinstimmung mit der herrschenden Ansicht nimmt das Berufungs-Gericht an, daß, wenn dem Angestellten vom Prinzipal Anteil am Gewinn zugesichert ist, der durch den eigentlichen Betrieb erzielte Geschäfts-Gewinn und nicht der bilanzmäßige Vermögens-Gewinn in Frage kommt. Mit Recht! Denn in der Zusicherung des Anteils am Gewinn soll der Angestellte zu einer besondern Anspannung seiner Kräfte veranlaßt werden. Der Erfolg seiner Tätigkeit aber besteht in dem Betriebs-Ergebnis. Dagegen beeinflussen den Vermögens-Gewinn und Vermögens-Verlust eine Reihe von Umständen, auf die der Angestellte keinen Einfluß auszuüben vermag. Selbstverständlich nimmt der tantiemeberechtigte Angestellte, wenn er es sich hat gefallen lassen, daß in früheren Geschäftsjahren stille Reserven gebildet wurden, bei dem Gewinn-Anteil späterer Jahre an den wieder in die Erscheinung tretenden stillen Reserven teil. Denn es untersteht der freien Vereinbarung der Parteien, ob ein Teil des Gewinns nicht sofort verteilt, sondern für künftige Jahre aufgespart werden und erst später zur Verteilung gelangen soll. Um eine derartige stille Reserve, an der der Kläger Anteil hätte, handelt es sich hier überhaupt nicht. Auch den § 120 des Handelsgesetzbuchs kann der Kläger nicht für seine Ansicht ins Feld führen. Denn er schreibt nur vor, daß die Jahresbilanz die Grundlage für die Gewinn- und Verlustrechnung bildet. Daraus folgt aber keineswegs, daß der Saldo dieser Rechnung unter allen Umständen denjenigen Gewinn darstellt, von dem dem Angestellten Tantieme zusteht. Vielmehr bildet die Bilanz nur die Grundlage, aus der der Betriebsgewinn ermittelt werden kann.“ (Urteil vom 4. Februar 1913. Aktenzeichen: III. 333/12.) (Der „Berliner Abendpost“ entnommen.)

B. Erfolgs-Beteiligung des stillen Gesellschafters.

Ob jemand an der Unternehmung eines andern nur als Darlehns-Gläubiger oder als stiller Gesellschafter beteiligt ist, erscheint zuweilen zweifelhaft.

Unterschiede zwischen Darlehn und stiller Beteiligung. So wäre als Fehlschluß anzusehen, wollte man allein aus der Tatsache, daß entweder feste Verzinsung im Verein mit Anteil am Gewinn, oder daß nur Gewinn-Anteil als Vergütung für die Kapital-Hergabe bestimmt ist, folgern, ein Darlehn könne nicht in Frage kommen. Denn die Gewinn-Beteiligung neben oder statt der festen Verzinsung steht nicht im Widerspruch zum Darlehns-Charakter eines für wirtschaftliche Zwecke geliehenen Kapitals. Dagegen liegt meist (jedoch nicht immer und unbedingt!) ein Darlehn vor, wenn nur feste Verzinsung vereinbart, Gewinn- und Verlust-Beteiligung aber ausgeschlossen ist. Nach § 336 Abs. 2 H.G.B. kann außerdem die Gewinn-Beteiligung des stillen Gesellschafters überhaupt nicht ausgeschlossen werden. Im übrigen wird man den Kapital-Gläubiger als stillen Gesellschafter um so mehr anzusehen haben, je mehr Kontrollrechte ihm vom schuldenden Unternehmer in bezug auf dessen Geschäft eingeräumt sind. In nicht letzter Linie sind zugunsten eines stillen Gesellschaftsverhältnisses zu veranschlagen: bezügliche vertragliche Bestimmungen oder sonstige darauf gerichtete Willensäußerungen, die etwa aus der Buchhaltung, der Korrespondenz oder aus geschäftlichen Vorgängen irgend welcher Art erkennbar werden.

Gerichts-Entscheidungen darüber. Nachstehende Gerichts-Entscheidungen mögen die Frage nach dem Wesen des stillen Gesellschaftsverhältnisses weiter beleuchten:

„Die Frage, ob jemand im Verhältnis zu dem Geschäft eines andern stiller Gesellschafter oder nur Darlehns-Gläubiger sei, ist unter Umständen schwierig zu entscheiden. Denn das von Lehmann-Ring (H.G.B. § 335 Bem. II) hervorgehobene Unterscheidungs-Merkmal, wonach es darauf ankommen soll, ob das Geld von dem Geber als Gläubiger gezahlt ist oder nicht, wird in den meisten Fällen und so auch hier gerade den Streitpunkt bilden. Ebenso kann der Umstand, inwieweit eine vereinbarte Gewinn-Beteiligung auf ein stilles Gesellschafts-Verhältnis oder nur auf ein partiarisches Darlehn schließen läßt, im vorliegenden Fall nicht von Bedeutung sein, da unbestrittenermaßen über eine solche Gewinn-Beteiligung keine ausdrückliche Abrede getroffen ist. Anderseits steht aber nicht etwa eine Beschränkung der Vereinbarung auf Verzinsung des Kapitals der Annahme eines stillen Gesellschaftsverhältnisses von vornherein entgegen. Denn der Beklagte hat nicht behaupten können, daß eine solche Vereinbarung oder überhaupt eine Vereinbarung über Verzinsung und Rückzahlung des Kapitals getroffen sei. Als bedeutsames, wenn auch keineswegs entscheidendes Anzeichen für ein stilles Gesellschaftsverhältnis (vgl. R.G. 57, 176) ist dagegen der Umstand anzusehen, daß der Beklagte selbst die vom Kläger hergegebenen Gelder in seinen Büchern regelmäßig nicht als Darlehn oder in ähnlicher Weise, sondern als „eingezahltes Kapital“ oder sogar als „Einlage“ bezeichnet hat. Von Belang sind ferner die Geschäftsbriefe des Beklagten, in denen er von „unseren Außenständen“, „unserm Kredit“, „unserm Kapital“ und „unseren Gewinnchancen“ spricht. Nach der Beweisaufnahme war auch dem Kläger ein weitgehendes Kontrollrecht eingeräumt, indem ihm wöchentlich genaue Geschäfts-Berichte zugesandt sind, die er mit Prüfungs-Bemerkungen zurückgeschickt hat. Zu wichtigeren Geschäften ist seine Genehmigung eingeholt; wo sie versagt ist, sind die Geschäfte unterblieben. Alle diese Umstände sprechen in ihrer Gesamtheit gegen die Annahme eines partiarischen Darlehns und für eine stille Gesellschaft. O.L.G. Braunschweig 12. 12. 10. Seuff. A. 66, 285.“ (Vgl. Kaufmann XII. S. 111—112.)

„Durch die Bestimmung in einem Vertrage, daß jemand als stiller Gesellschafter mit einem Kapital in eine Firma eintritt, wird nicht ausgeschlossen, daß es sich lediglich um ein Darlehnsverhältnis handelt. Ein Gesellschaftsverhältnis kann nicht angenommen werden, wenn nicht eine Gewinn-Beteiligung als solche besteht. **R.G.** 8. 7. 1904. Recht 1904 S. 485.“ (Vgl. Kaufmann V. S. 119.)

Dafür, daß anderseits eine Gewinn-Beteiligung allein eine stille Gesellschaft noch nicht bedingt:

„Die Beteiligung bei dem Handels-Gewerbe eines andern mit einer Einlage gegen einen Gewinn-Anteil macht das Abkommen nicht zu einem Gesellschafts-Vertrage; sie gibt nur dem Geschäft das Gepräge des sogenannten partiarischen Darlehns (R.G. Bd. 20 S. 163, Bd. 31 S. 33. Crome, Partiarische Rechtsgeschäfte § 54 S. 374ff.). **R.G.** 11. 3. 1904. J.W. 1904 S. 197[6]. Recht 1904 S. 282." (Vgl. Kaufmann V. S. 119.)

„Eine stille Gesellschaft kann angesichts der Bedingungen einer Geldhingabe auch vorliegen, wenn sich der Vertrag nicht als Gesellschafts-Vertrag bezeichnet.

Der Umstand, daß der Vertrag sich nicht selbst als Gesellschafts-Vertrag bezeichnet, steht einer derartigen Annahme nicht entgegen. Daß aber die Parteien anscheinend eine stille Gesellschaft haben errichten wollen, darauf deutet schon der Umstand hin, daß das Darlehn dem Kläger nicht schlechthin, sondern „für" ein zu gründendes Möbel- und Antiquitäten-Geschäft, d. h. also als „Einlage" in dieses Geschäft, gewährt werden soll. Für diese Annahme spricht ferner, daß der Kläger die Verpflichtung übernommen hat, den Sohn der Frau M. in sein Geschäft aufzunehmen; daß Frau M. nicht etwa bloß eine Verzinsung des Darlehns mit 5%, sondern auch eine Gewinn-Beteiligung bis zu 15% erhält; daß ihr eine Kontrolle über den Geschäfts-Betrieb durch einen Bücherrevisor eingeräumt ist, und daß sie endlich das Recht hat, sich jederzeit von dem Gang und Stand des Geschäfts persönlich zu überzeugen, sowie daß sie Anspruch auf Erteilung einer Abschrift der jährlichen Gewinn- und Verlustrechnung und der Bilanz hat. Dadurch sind der Frau M. vertraglich noch weitergehende Rechte eingeräumt, als das Gesetz im § 338 dem stillen Gesellschafter gewährt. **R.G.** 19. 2. 12. Recht 12. Nr. 1542." (Vgl. Kaufmann XIII. S. 59—60.)

„Der Kläger, der bei dem Beklagten bis Ende 1904 tätig war, hat im Sommer 1904 zur Bezahlung von Schulden des Geschäfts 500 M aufgewendet. Er will dadurch Darlehn dem Beklagten gewährt haben, deren Rückzahlung dieser bei Auflösung ihrer Geschäftsverbindung ausdrücklich versprochen habe, wurde jedoch abgewiesen. Der vom L.G. geforderte Nachweis des Inhalts des zwischen den Parteien geschlossenen Gesellschafts-Vertrags ist für die Begründung der Klage nicht ausreichend. Der Kläger hat zu beweisen, daß er mit seinen Zahlungen darlehnsweise geschäftliche Vorschüsse geleistet habe, und er kann, da die Absicht einer unentgeltlichen Zuwendung nicht in Frage kommt, nach Lage der Sache diesen Beweis indirekt dadurch führen, daß er dartut, er habe mit jenen Zahlungen eine Verbindlichkeit nicht erfüllen wollen und nicht erfüllt, und er habe auch in dem Fall, daß er sich zur Einbringung einer Kapital-Einlage nicht verbunden hatte, auch nicht zu dem Zweck die Zahlungen geleistet, um sich dessenungeachtet mit den gezahlten Beiträgen als stiller Gesellschafter an dem Geschäfte des Beklagten zu beteiligen. Daß in den Zahlungen nicht die Leistung einer Kapital-Einlage zu erblicken ist, kann nicht bereits aus dem Fehlen einer Verpflichtung des Klägers zu solcher Einlage gefolgert werden. Denn auch ohne diese Verpflichtung konnten die Parteien die gezahlten Beiträge als eine Geschäfts-Einlage des Klägers betrachten, nämlich in der Erwartung und Voraussetzung, daß demnächst in Hinsicht der Einlage eine bindende Vereinbarung getroffen werden und an die Stelle des bestehenden vorläufigen Abkommens ein auf die Dauer berechneter endgültiger Gesellschafts-Vertrag treten würde, welchenfalls diese vorschußweise geleistete Einlage auf die dann vom Kläger wirklich geschuldete zu verrechnen war. Diese Voraussetzung ist zwar nicht verwirklicht worden. Dadurch hat aber die Einlage, wenn sie ursprünglich überhaupt als solche gewollt war, diese Eigenschaft nicht wieder eingebüßt, so daß dem Kläger ein Anspruch aus ungerechtfertigter Bereicherung erwachsen wäre. Diese Rechtsfolge konnte vielmehr nur dann eintreten, wenn die Parteien die genannte Voraussetzung zum

Inhalt des über die Leistung der Einlage unter ihnen zustande gekommenen Vertrags erhoben hatten; dergestalt, daß sie eine Bedingung für die Kapital-Beteiligung des Klägers überhaupt bildete (R.G. 62, 267; 66, 132; R.O.L.G. 2, 383). Hierfür liegt aber nichts vor. Es kommt daher lediglich darauf an, daß eine Kapital-Einlage nicht gewollt ist. O.L.G. Braunschweig 12. 2. 09. R.O.L.G. 20, 213." (Vgl. Kaufmann XI. S. 102—103.)

„Gewinn-Beteiligung macht ein Darlehnsverhältnis noch nicht zu einer stillen Gesellschaft. K.G. 27. 10. 09. R.O.L.G. 19, 390; Recht 10 Nr. 386." (Vgl. Kaufmann XI. S. 102.)

„Stellt sich die Einräumung eines Gewinn-Anteils als Gegenleistung für die in der Vergangenheit liegenden Leistungen des Gewinn-Berechtigten dar, bei denen es sich für diesen nicht um Erreichung eines Gesellschaftszwecks handelte, so ist mangels einer Vermögens-Einlage eine stille Gesellschaft nicht vorhanden. Zwischen den Parteien besteht dann ein durch einen gegenseitigen Vertrag eigener Art begründetes Rechtsverhältnis, für dessen Auflösung lediglich der Vertrag maßgebend ist. **R.G.** 30. 10. 07. Sächs. Arch. Rpfl. 08, 84. Z.A.G. 15, 160. L.Z. 08, 158." (Vgl. Kaufmann IX. S. 156.)

„Wird bei der Gründung einer Handelsgesellschaft einem Dritten für ein der Gesellschaft zur Verfügung gestelltes Verfahren und die von ihm versprochene weitere Unterstützung der Gesellschaft ein Anteil am Gewinn bis zu einer gewissen Höhe versprochen, so kann darin der Abschluß eines Gesellschafts-Vertrags (stille Gesellschaft der A.D.H.G.B.) liegen, insbesondere gewährt der Dritte mit seinen Leistungen der Gesellschaft wirtschaftliche Güter, die im Verkehr einer Bewertung unterliegen und deshalb zur Bewirkung einer Einlage geeignet sind (R.G. 8. 2. 05. Holdheim 14, 214. A. A. Staub 14 zu 335). O.L.G. Dresden 8. 11. 06. Sächs. O.L.G. 28, 193." (Vgl. Kaufmann IX. S. 156.)

„Die Einlage des stillen Gesellschafters kann auch in dem Versprechen von Diensten und in der Erwirkung eines von Dritten zu gewährenden Darlehns oder einer von Dritten zu übernehmenden Bürgschaft bestehen. **R.G.** 8. 2. 05. Holdheim 05, 214. Z.A.G. 12, 283. Recht 05, 622." (Vgl. Kaufmann VI. S. 91.)

Die Erfolgs-Beteiligung des Stillen betreffende Gesetzes-Vorschriften. Ist nun eine stille Gesellschaft gegeben, so kommen für die Erfolgs-Beteiligung des stillen Gesellschafters („Stillen") die §§ 336 bis 338 H.G.B. in Betracht.

§ 336 H.G.B.:

Ist der Anteil des stillen Gesellschafters am Gewinn und Verlust nicht bestimmt, so gilt ein den Umständen nach angemessener Anteil als bedungen.

Im Gesellschafts-Vertrage kann bestimmt werden, daß der stille Gesellschafter nicht am Verluste beteiligt sein soll; seine Beteiligung am Gewinne kann nicht ausgeschlossen werden.

Daß weder über die Höhe der Beteiligung des Stillen am Gewinn, noch am Verlust Bestimmungen getroffen sind, ist äußerst selten. Liegt solcher Fall vor, so wird bei der Erfolgs-Verteilung zu berücksichtigen sein das Verhältnis des in der Unternehmung arbeitenden eigenen Kapitals des persönlich haftenden Geschäfts-Inhabers (Komplementars) zu der Einlage des Stillen, ferner der Wert der Arbeitskraft des Komplementars u.a.m.

Arten der Beteiligung. Regel ist vielmehr, daß Gesellschafts-Verträge oder ähnliche Abmachungen wenigstens die Frage nach der

Höhe der Gewinn-Beteiligung beantworten. Diese wird in verschiedener Weise geregelt. Überwiegend wird als Maßstab ein bestimmter Prozentsatz des bilanzmäßigen Reingewinns festgesetzt. Manchmal wird ein Maximal-Betrag vereinbart. Zuweilen auch ein Minimal-Betrag, womit die Beteiligung des Stillen am Verlust dann implicite verneint ist. Ist solche Mindestgrenze nicht festgesetzt, so schließt die Tatsache der Gewinn-Beteiligung allein und ohne weiteres die Verlust-Beteiligung nicht aus, weil nach § 722 Abs. 2 B.G.B. eine nur den Anteil am Gewinn oder am Verlust betreffende Bestimmung im Zweifel für Gewinn und Verlust zu gelten hätte. Soll der Stille am Verlust nicht teilnehmen, ist demnach — um Streitfragen vorzubeugen — unbedingt empfehlenswert, dies ausdrücklich schriftlich, und zwar (nach dem Wortlaut des Gesetzes) im Gesellschafts-Vertrage, zum Ausdruck zu bringen. Nicht immer bezieht die Gewinn-Beteiligung sich nur auf den bilanzmäßigen Gewinn, sondern ab und zu bildet deren Grundlage eine feste Verzinsung, zu der der überschießende Gewinn-Anteil sich als schwankendes Element gesellt.

§ 337 H.G.B.:

Am Schlusse jedes Geschäftsjahrs wird der Gewinn und Verlust berechnet und der auf den stillen Gesellschafter fallende Gewinn ihm ausbezahlt.

Der stille Gesellschafter nimmt an dem Verluste nur bis zum Betrage seiner eingezahlten oder rückständigen Einlage teil. Er ist nicht verpflichtet, den bezogenen Gewinn wegen späterer Verluste zurückzuzahlen; jedoch wird, solange seine Einlage durch Verlust vermindert ist, der jährliche Gewinn zur Deckung des Verlustes verwendet.

Der Gewinn, der von dem stillen Gesellschafter nicht erhoben wird, vermehrt dessen Einlage nicht, sofern nicht ein Andres vereinbart ist.

Frist für die Erfolgs-Feststellung und bezügliche Klagerechte des Stillen. Der Ausdruck: „am Schlusse“ ist schief. Gemeint ist: „für den Schluß“ jedes Geschäftsjahrs. Der Stille hat Anspruch darauf, den Betrag des bilanzmäßigen Erfolgs für jedes Jahr so schnell festgestellt zu sehen, wie dies bei ordnungsmäßiger Geschäftsführung möglich ist. Je nach dem Umfang, der Vielseitigkeit und der sonstigen Art des Geschäfts wird die dem Komplementar für die Erfolgs-Feststellung zu gewährende Frist verschieden zu bemessen und nur von Fall zu Fall zutreffend bestimmbar sein. Läßt der Komplementar diese Frist verstreichen, ohne dem Stillen die fällige Bilanz vorzulegen und (falls Gewinn-Auszahlung vertraglich nicht ausgeschlossen ist) den sich für diesen daraus etwa ergebenden Gewinn auszuzahlen, so kann der Stille auf die ihm mit § 338 H.G.B. zuegstandene Rechnungslegung klagen. Die Klage kann statt dessen gleich auf die Auszahlung des Gewinn-Anteils gerichtet werden, wenn dieser vom Stillen selbst zahlenmäßig festgestellt zu werden vermag; sei es, weil einfache Verhältnisse dies ermöglichen, oder weil der Stille an der Geschäftsführung tätigen Anteil hat.

Gewinn-Auszahlung und nicht ausgezahlte Gewinn-Anteile. Der auf den Stillen entfallende Gewinn-Anteil ist ihm auszuzahlen, mithin nicht nur buchmäßig gutzuschreiben. So will es nach § 337 Abs. 1 H.G.B. der Gesetzgeber. Dieser gesetzgeberische Wille kann aber vom Parteiwillen durchbrochen werden, indem der Stille seinen Gewinn-Anteil nicht erhebt. Auch diese Möglichkeit ist gesetzlich berücksichtigt. Denn mit § 337 Abs. 3 ist bestimmt, daß vom Stillen nicht erhobene (ihm nicht ausbezahlte) Gewinne seine Einlage nicht vermehren. Jedoch auch diese Bestimmung ist nur dispositives (kein zwingendes) Recht, weil entgegenstehende Vereinbarungen gültig sein sollen. Demnach können Komplementar und Stiller dahin einig werden, daß vom Letztgenannten nicht abgehobene Gewinn-Anteile ihm in seiner Eigenschaft als Gesellschafter auf seinem Einlage-(Kapital-)Konto, nicht dagegen als einem einfachen Buchgläubiger auf einem gewöhnlichen Darlehns-(Kontokorrent-)Konto gutgebracht werden. (Vgl. über die Stellung vom Stillen nicht erhobener Gewinn-Anteile im Konkurs die bezügliche Gerichts-Entscheidung auf S. 394.) Im Fall der buchhalterischen Behandlung als Darlehn würde es sich, wenn andere Bestimmungen nicht getroffen sind, nur handeln um feste Verzinsung nach § 352 H.G.B. (5 %) oder nach §§ 246 und 288 Abs. 1 B.G.B. (4 %); je nachdem, ob der Stille sich als Kaufmann (gleichgültig, ob als Voll- oder Minderkaufmann) oder als Privatmann beteiligt. Dagegen würden nicht erhobene Gewinn-Anteile für den Stillen nach Maßgabe der Vereinbarungen über seine Gewinn-Beteiligung rentieren, falls sie als Kapital-Einlagen angesehen werden sollen. Der zwischen der Normal-Verzinsung und der Gewinn-Beteiligung regelmäßig vorhandene materielle Unterschied läßt sehr ratsam erscheinen, auch die Frage, ob vom Stillen nicht erhobene Gewinn-Anteile zu dessen Gunsten als bloßes Darlehn oder als Zuwachs zur Kapital-Einlage behandelt werden sollen, von vornherein vertraglich klarzustellen. Aber noch aus einem andern Grunde ist solche Klarstellung notwendig: sollen nämlich, im Sinne des § 337 Abs. 3 H.G.B., vom Stillen nicht abgehobene Gewinn-Anteile dessen Kapital-Einlage nicht vermehren, sondern als bloße Darlehns-Forderungen gelten, so darf der Komplementar deren spätere Auszahlung an den Stillen auch dann nicht verweigern, wenn dessen Kapital-Einlage inzwischen durch Verluste vermindert worden ist. Besteht jedoch die Abmachung, daß vom Stillen nicht erhobene Gewinn-Anteile seiner Kapital-Einlage zugerechnet werden sollen, so dürfen derartig verrechnete Gewinn-Anteile diesem nach § 337 Abs. 2 Satz 2 H.G.B. später auf keinen Fall herausgezahlt werden, solange seine vertraglich festgesetzte Einlage inzwischen durch Verluste vermindert ist. Denn da jährliche Gewinne nach jener Gesetzesstelle zur Deckung der Verluste verwendet, mit anderen Worten: zugunsten des Kapitaleinlage-Kontos verbucht werden müssen, sind dieser Vorschrift auch aus früheren Jahren noch unerhobene, dem Kapitaleinlage-Konto des Stillen gutgeschriebene Gewinn-Anteile unterworfen.

Beispiel für verschiedene Stellung und Verwertung nicht ausgezahlter Gewinn-Anteile. Beispiel in runden Zahlen: Vertragliche Höhe der Einlage des Stillen = 25 000 M. Bis Ende 1910 insgesamt unerhobene Gewinn-Anteile = 8000 M, die die Einlage nicht vermehren sollen und deshalb über ein Darlehns-(Kontokorrent-)Konto des Stillen verbucht sind. Pro 1910 stellt sich für den Stillen ein Verlust-Anteil von 4500 M heraus; pro 1911 ein Gewinn-Anteil von 3200 M. Diese 3200 M kann der Stille weder erheben, noch seinem Darlehns-Konto gutbringen lassen. Denn nach § 337 Abs. 2 Satz 2 H.G.B. sind die 3200 M seinem Kapitaleinlage-Konto zur Minderung des Verlustes gutzuschreiben. Die Einlage von 25 000 M, die durch den Verlust auf (25 000 M ·/. 4500 M =) 20 500 M gesunken war, erholt sich nun auf (20 500 M + 3200 M =) 23 700 M pro Ende 1911. Hierauf vereinbaren Komplementar und Stiller, daß von nun an sich ergebende Gewinn-Anteile des Stillen dessen Kapital-Einlage bis auf Widerruf eines oder beider Interessenten zugerechnet werden sollen. Die auf dem Darlehns-Konto stehenden 8000 M sollen dort bis auf weiteres verbleiben. Pro 1912 wird für den Stillen ein Gewinn-Anteil von 3000 M festgestellt, wodurch dessen Kapital-Einlage über den vertraglich festgesetzten Betrag von 25 000 M hinaus auf 26 700 M anwächst. Pro 1913 entfällt auf diesen Einlage-Betrag ein Verlust-Anteil von 800 M. Der Stille will hierauf seine über die Einlage von 25 000 M hinausgehenden Ansprüche gegen den Komplementar zu Geld machen, soweit dieser zur Herauszahlung verpflichtet ist. In erster Linie hat der Komplementar dann nach den vorstehenden Ausführungen zu zahlen die auf dem Darlehns-Konto stehenden 8000 M unerhobene Gewinn-Anteile samt aufgelaufenen Zinsen. Dies hat ohne Rücksicht auf den Stand des Kapitaleinlage-Kontos zu geschehen. Sodann hat der Stille den über den Einlage-Betrag von 25 000 M hinausgehenden Haben-Saldobetrag seines Kapital-Kontos zu fordern, weil dieses Plus als Kapital-Einlage nur bis zum Widerruf eines oder beider Interessenten angesehen werden sollte. Das Plus beläuft sich auf [(23 700 M + 3000 M ·/. 800 M) ·/. 25 000 M =] 900 M. Insgesamt hat der Stille im Jahre 1914 demnach Anspruch auf sofortige Herauszahlung von (8000 M + 900 M =) 8900 M samt Zinsen. Diesen Betrag muß der Komplementar anschaffen; selbst wenn ihm dies nur mit geschäftlichen oder privaten Opfern möglich wäre; es sei denn, daß der Stille seinen Auszahlungs-Anspruch vorläufig mildert, um nicht etwa durch geschäftliche Zwangs-Realisationen auch seine Einlage von 25 000 M zu gefährden.

Gewinn-Berechnung für stille Beteiligungen bei Personal-Gesellschaften. Im Gegensatz zur Off. Hges. und zur Komm.-Ges., bei denen (nach §§ 121 Abs. 1 und 168 Abs. 1 H.G.B.) jedem Gesellschafter vom Jahresgewinn zunächst ein Anteil in Höhe von 4 % seines Kapital-Anteils oder bei unzureichendem Gewinn ein entsprechend niedrigerer Anteil zusteht, ist im Recht der stillen Gesellschaft von solcher Art der Berechnung der Gewinn-Anteile nicht die Rede. Dieser Unterschied ist an sich allerdings gleichgültig; er erlangt jedoch materielle Bedeutung für den Fall, daß jemand an einer Off. Hges. oder an einer Komm.-Ges. als stiller Gesellschafter teilnimmt. Denn dann hat der Stille Anspruch auf Berechnung seines Anteils von dem durch Zinsenabzüge der Gesellschafter noch nicht gekürzten Gesamtgewinn der Unternehmung, und erst nach der Vorwegnahme des dem Stillen zukommenden Gewinn-Anteils sind die Gesellschafter der Off. Hges. oder der Komm.-Ges. berechtigt, ihre Anteile vom danach verbliebenen Gewinn zu berechnen. Jedoch steht nichts entgegen, im vorliegenden Fall mit dem Stillen zu vereinbaren, daß auch er sich dem für die persönlich haftenden Gesellschafter und Kommanditisten gültigen Modus der Erfolgs-Verteilung unterwirft. Damit entfällt dann die Notwendigkeit, für den Stillen eine gesonderte Gewinn-Berechnung vorweg durchzuführen. Natürlich kann auch der Geschäfts-Inhaber bei der Einzel-Unternehmung in bezug auf sein Geschäfts-Vermögen solche Vorwegverzinsung mit dem Stillen vereinbaren. Ein geschäftsgewandter stiller Gesellschafter wird jenem Verteilungs-Modus aber nur zustimmen, wenn Rentabilität der Unternehmung und absolute, wie auch relative Höhe aller in Betracht kommenden Kapital-Einlagen ihm für seine Beteiligung nicht zu ungünstige Aussichten eröffnen.

Vereinbarungen über Entnahmen. Über die im Lauf des Geschäftsjahrs etwa geschehenden Barentnahmen des Komplementars oder des Stillen schweigt das Recht über die stille Gesellschaft. Deshalb liegt im Interesse der Parteien, über den Umfang solcher Entnahmen durch den Komplementar oder auch durch den Stillen und außerdem über deren Verzinsung vertragliche Vereinbarungen zu treffen. Hierzu sei (nach Kaufmann X. S. 105) folgende bezügliche Auffassung mitgeteilt:

„Es ist nicht handelsüblich, daß, wenn bei einer stillen Gesellschaft vereinbart ist, es solle sowohl der stille, als auch der andre Gesellschafter am Schlusse eines jeden Monats für Privatzwecke 300 M aus der Gesellschaftskasse entnehmen, diese Entnahme nur dann erfolgen darf, wenn ein monatlicher Geschäfts-Gewinn von mindestens 600 M erzielt worden ist. Handelsgebrauch ohne nähere Angabe. Sped. u. Schiff.Ztg. 09, 197."

Ebenso über Gehalts-Vergütung. Besondrer Abmachung bedarf es ferner, wenn der Komplementar zu Lasten der Erfolgs-Rechnung etwa eine Vergütung für seine dem Geschäft gewidmete Arbeit beansprucht. Fehlt solche ausdrückliche Bestimmung im Gesellschafts-Vertrage, so kann der Komplementar solchen Anspruch nicht geltend machen, weil er nicht handelsüblich ist.

Variationen der Verlust-Beteiligung. Nach § 337 Abs. 2 Satz 1 H.G.B. „nimmt der Stille an dem Verluste nur bis zum Betrage seiner eingezahlten oder [gemeint ist statt „oder" offenbar: „und" (!) Der Verfasser] rückständigen Einlage teil." Diese Gesetzes-Vorschrift ist eine zwingende Maximal-Vorschrift. Darüber hinausgehende vertragliche Vereinbarungen wären somit nichtig. Dagegen kann der Verlust-Anteil des Stillen beliebig herabgesetzt, ja, nach § 336 Abs. 2 H.G.B. kann seine Beteiligung am Verlust bekanntlich gänzlich ausgeschlossen werden.

Notwendigkeit vertraglicher Bestimmungen für den Fall die Einlage übersteigender Verluste. Ist der Stille am Verlust bis zum Betrage seiner eingezahlten und etwa noch rückständigen Einlage beteiligt, so kann zweifelhaft sein, ob dies dahin zu verstehen ist, daß ihm Verlust-Anteile eben nur bis zur Höhe der bedungenen Einlage belastet werden dürfen, daß mithin ein Passiv- (Debet-) Saldo auf seinem Kapital-Konto durch Belastung von Verlust-Anteilen ausgeschlossen sein soll; oder ob damit gemeint ist, daß der Stille bei der Auseinandersetzung oder im Konkurse zwar ebenfalls nur bis zur Höhe seiner eingezahlten und etwa noch rückständigen Einlage für Verluste der Gesellschaft hafte, für Verlust-Anteile jedoch dennoch über den beregten Einlage-Betrag hinaus zu belasten sei, so daß durch spätere Gutschriften von Gewinn-Anteilen erst diese Mehrbelastungen auszugleichen sind, bevor weitere Gewinn-Gutschriften dem Neu-Heranwachsen der durch Verluste aufgezehrten Einlage zugute kommen dürfen. Nach dem Wortlaut des Gesetzes wird man geneigt sein, das erste anzunehmen. Will man dem Stillen dem Komplementar gegenüber jedoch keine Vorzugsstellung einräumen, wird man das zweite für richtig halten. Staub (vgl. Anmerkg. 6 zu § 337 im Zusammenhang mit Anmerkg. 4 zu § 169, wo auch die zustimmenden und die auf dem entgegengesetzten Standpunkt stehenden Kommentatoren genannt sind) hält diese Gleichstellung des Stillen mit dem Komplementar für richtig. Dieser Ansicht kann man, als der gerechtern, sich anschließen. Immerhin wird sehr ratsam sein, auch dieser, praktisch u. U. recht bedeutsamen Frage durch vertragliche Vereinbarung von vornherein den streitigen Charakter zu nehmen.

Pflicht zur Herausgabe zu hoher Gewinn-Anteile. Nach § 337 Abs. 2 Satz 2 ist der Stille „nicht verpflichtet, den bezogenen Gewinn wegen späterer Verluste zurückzuzahlen." Während aber der Aktionär (nach § 217 Abs. 1 Satz 2 H.G.B.) in keinem Fall zurückzuzahlen verpflichtet ist, was er in gutem Glauben als Gewinn-Anteil oder als Zinsen bezogen hat, ist für den Stillen die Herausgabepflicht anerkannt, wenn der Komplementar sich bei der Gewinn-Feststellung zu seinem Nachteil geirrt hat.

Reichsgerichts-Entscheidung darüber. Darüber folgende Reichsgerichts-Entscheidung:

„Die jährliche Gewinn-Verteilung ist keine provisorische, sondern eine endgültige, die eine fällige Forderung des stillen Gesellschafters gegen den Geschäfts-Inhaber begründet, die durch den spätern Gang der Geschäfte nicht mehr beeinflußt wird. Hat freilich der Geschäfts-Inhaber bei der Bilanzziehung und der Gewinn-Berechnung sich in einem Irrtum befunden, insofern er ein Aktivum als noch bestehend annahm, während dieses in dem Zeitpunkt, für den die Bilanz gezogen wurde, bereits untergegangen war, so kann er die Herausgabe desjenigen Betrags fordern, um den nach entdecktem Irrtum der dem stillen Gesellschafter zustehende Gewinn-Anteil sich mindert. Anders würde die Sache nur liegen, wenn Geschäfts-Inhaber und stiller Gesellschafter darüber einverstanden waren, daß die von ersterm aufgestellten Gewinn-Berechnungen nicht endgültige, sondern nur provisorische sein sollten, die je nach dem Ergebnis der weitern Geschäftsentwicklung späterer Berichtigung unterworfen blieben; alsdann würde der nicht erhobene Gewinn für spätere Verluste haften. Das gedachte Einverständnis der Parteien kann auch stillschweigend getroffen werden. **R.G.** 20. 3. 1901. R.G. Bd. 48. S. 77. Z.f.A. Bd. 9. S. 138." (Vgl. Kaufmann III. S. 102.)

Schließlich kommt noch in Betracht § 338 H.G.B.:

Der stille Gesellschafter ist berechtigt, die abschriftliche Mitteilung der jährlichen Bilanz zu verlangen und ihre Richtigkeit unter Einsicht der Bücher und Papiere zu prüfen.

Die im § 716 des Bürgerlichen Gesetzbuchs dem von der Geschäftsführung ausgeschlossenen Gesellschafter eingeräumten weiteren Rechte stehen dem stillen Gesellschafter nicht zu.

Auf Antrag des stillen Gesellschafters kann das Gericht, wenn wichtige Gründe vorliegen, die Mitteilung einer Bilanz oder sonstiger Aufklärungen sowie die Vorlegung der Bücher und Papiere jederzeit anordnen.

Im Zusammenhang hiermit § 716 B.G.B.:

Ein Gesellschafter kann, auch wenn er von der Geschäftsführung ausgeschlossen ist, sich von den Angelegenheiten der Gesellschaft persönlich unterrichten, die Geschäftsbücher und die Papiere der Gesellschaft einsehen und sich aus ihnen eine Übersicht über den Stand des Gesellschaftsvermögens anfertigen.

Eine dieses Recht ausschließende oder beschränkende Vereinbarung steht der Geltendmachung des Rechtes nicht entgegen, wenn Grund zu der Annahme unredlicher Geschäftsführung besteht.

Reguläre Kontrollrechte des Stillen. Hiernach ist dem Gesellschafter des Bürgerlichen Rechts ein weitergreifendes Kontrollrecht als dem Stillen eingeräumt. Der Erstgenannte darf die Bilanz auf Grund der Geschäftsbücher und Papiere der Gesellschaft selbst aufstellen; sein Kontrollrecht hat somit einen ausgesprochen aktiven Charakter. Anders der Stille. Der hat nur Anspruch auf abschriftliche Mitteilung der jährlichen Bilanz (also nicht auf deren Herausgabe im Original!) und muß sich darauf beschränken, ihre Richtigkeit unter Einsicht der Bücher und Papiere zu prüfen; sein Kontrollrecht ist mithin mehr passiver Natur. Der Gesellschafter des Bürgerlichen Rechts darf sich von den Angelegenheiten der Gesellschaft persönlich unterrichten. Dem Stillen hingegen ist dies versagt.

Deren vertragliche Erweiterung. Will der Stille weitergehende Kontrollrechte für sich erwirken, so muß er mit dem Komplementar vertragliche Bestimmungen darüber treffen.

Gesetzliche Erweiterung bei wichtigen Gründen. Aber auch wenn derartige Bestimmungen fehlen, kann der Stille weitere Kontrollrechte sich beim Vorliegen wichtiger Gründe dadurch verschaffen, daß er (nach Abs. 3 des § 338 H.G.B.) beim Gericht beantragt, es möge Mitteilung einer Bilanz, Vorlegung der Bücher und Papiere oder sonstige Aufklärungen vom Komplementar verlangen. Und zwar kann, worauf besondrer Nachdruck zu legen ist, der Stille unter der gedachten Voraussetzung (Vorliegen wichtiger Gründe) solche Anträge jederzeit stellen. Er kann somit, unabhängig von der ordentlichen Jahresbilanz, außerordentliche (Zwischen-) Bilanzen zu irgend einer Zeit im Geschäftsjahr einfordern lassen. Er kann außerdem die „sonstigen Aufklärungen“ nach Maßgabe seiner wichtigen Gründe anwachsen lassen zu einem Umfang, der schließlich einer Kontrolle der gesamten Geschäftsführung gleichkommt. Jedoch ist immer zu beachten, daß solche Erweiterung des Kontrollrechts, wenn nicht vertragliche Abmachungen darüber vorliegen, dem Stillen eben nur für den Fall wichtiger Gründe und nur mit Hilfe des Gerichts gestattet und ermöglicht ist. Solche wichtigen Gründe können sein: Weigerung des Komplementars, dem Stillen die ihm nach § 338 Abs. 1 zustehenden und die darüber etwa hinausgehenden vertraglichen Kontrollrechte zu gewähren, Ordnungswidrigkeit der Buchführung des Geschäfts, Unrichtigkeit der Bilanzierung des Komplementars, Mißtrauen gegen dessen Geschäftsführung, Bedenklichkeit der finanziellen Lage der Unternehmung u. dgl. Der beim zuständigen Amtsgericht zu stellende Antrag ist nur bei bestehender Gesellschaft statthaft; nach deren Auflösung muß der Stille klagen.

Kontrollrechte des Stillen auch bei dessen vertragswidrigem Verhalten. Die Kontrollrechte nach § 338 Abs. 1 H.G.B. stehen dem

Stillen auch dann zu, wenn er irgend welche, ihm vertraglich obliegende Pflichten nicht erfüllt hat (so auch Staub; Anmerkg. 3 zu § 338). Dies gilt auch für vertraglich vereinbarte Kontrollrechte des Stillen, sofern dabei nicht zur Bedingung gemacht ist, daß diese Rechte ruhen sollen, solange der Stille seinerseits mit der Erfüllung ihm vertraglich auferlegter Pflichten im Verzuge ist. Hat der Stille von den ihm zustehenden Kontrollrechten selten oder überhaupt noch nicht Gebrauch gemacht, so schließt dies keineswegs aus, daß er sich ihrer später von neuem oder zum ersten Mal bedient.

Vertragliche Einschränkung der Kontrollrechte. Sind die gesetzlichen Kontrollrechte des Stillen vertraglich eingeschränkt worden, so kann er auf jene nur zurückgreifen, wenn er nachzuweisen vermag, daß er durch unredliche Geschäftsführung des Komplementars geschädigt ist.

Anspruch des Stillen auf ordnungsmäßige Buchführung. Ohne weiteres folgt aus § 338 H.G.B., daß der Stille dem Komplementar gegenüber Anspruch hat auf ordnungsmäßige Buchführung im Sinne der Vorschriften der §§ 38 ff. H.G.B.

Stille bei minderkaufmännischen Unternehmungen. Nun ist mit § 4 Abs. 2 H.G.B. implicite ausgesprochen, daß auch Minderkaufleute einen stillen Gesellschafter an ihrem Geschäfts-Betriebe teilnehmen lassen können.

Reichsgerichts-Entscheidung darüber. Als Ergänzung hierzu folgende Reichsgerichts-Entscheidung:

„Auch ein Minderkaufmann kann durch den Gebrauch einer Firma, welche sein nachweislich bestehendes Gesellschaftsverhältnis andeutet, nach außen hin erkennbar machen, daß ein Teilnehmer hinter ihm steht, für den er mitkontrahieren will. Namentliche Bezeichnung desselben ist nicht notwendig. R.G. 8. 2. 1901. J.W. 1901 S. 164.“ (Vgl. Kaufmann I. S. 30—31.)

Buchführungs-Anspruch bei solcher Beteiligung. Minderkaufleute sind aber nach § 4 Abs. 1 H.G.B. zur ordnungsmäßigen Buchführung und Bilanzierung nicht verpflichtet. Der an einem minderkaufmännischen Betriebe teilnehmende Stille wird demnach gut daran tun, wenn er mit dem Komplementar einen Mindestumfang der Buchführungspflicht und des Erfolgs-Nachweises vereinbart. Wenigstens wird die Buchführung so zu organisieren sein, daß sie mit Sicherheit spezialisierte Auszüge über Einnahmen und Ausgaben ermöglicht. Von wie bedingtem Wert die Erfolgs-Ermittlung nach Einnahmen und Ausgaben jedoch sein kann, habe ich auf S. 9 bis 13 gezeigt. Im Interesse des an einer minderkaufmännisch geführten Unternehmung beteiligten Stillen wird deshalb liegen, auch dort die Erfolgs-Ermittlung auf bilanzmäßiger Grundlage zur Bedingung zu machen und sich weitreichenden Einfluß auf deren Zustandekommen zu sichern.

Gerichts-Entscheidungen über Kontrollrechte des Stillen. Schließlich sind nachstehende Gerichts-Entscheidungen über die Kontrollrechte des Stillen noch von Interesse:

„An und für sich ist es Sache des Geschäfts-Inhabers, die Bilanz und die Berechnung von Gewinn und Verlust aufzumachen, und folglich auch, die buchführungstechnischen Grundsätze für diese Aufstellung zu bestimmen. Der stille Gesellschafter hat das Recht der Prüfung; soweit er die Bilanz und die Gewinn-Berechnung nicht beanstandet, ist sie für das Gesellschaftsverhältnis maßgebend und insbesondere auch gegen den Geschäfts-Inhaber entscheidend. **R.G.** 3. 3. 1904. Holdheim 1904 S. 159. Z.f.A. Bd. 11 S. 261." (Vgl. Kaufmann V. S. 119—120.)

„Der stille Gesellschafter darf die Einsicht der Gesellschaftsbücher nur dann verlangen, wenn er tatsächlich ein Interesse daran hat, und wenn nicht seit seinem Ausscheiden eine unverhältnismäßig lange Zeit verflossen ist, so daß ein stillschweigender Verzicht (Unzutreffend! D.V.) anzunehmen ist. Abgesehen von dieser Einschränkung ist er aber auch nach seinem Ausscheiden zur Büchereinsicht befugt. Mangels besonderer gesetzlicher Vorschriften ist nach der Natur der Sache zu entscheiden, daß sämtliche Beteiligte bis zur endgültigen Auseinandersetzung berechtigt sind, die Bücher, soweit sie das gegenseitige Verhältnis betreffen, also für die Zeit des Bestehens der Gesellschaft, einzusehen und zu benutzen, da ihnen die Mittel und Grundlagen für die Auseinandersetzung zugänglich sein und bleiben müssen (R.G. 15, 82). O.L.G. Marienwerder 1. 12. 06. Recht 07, 980. R.O.L.G. 14, 459." (Vgl. Kaufmann IX. S. 157.)

„Der stille Gesellschafter kann zur Büchereinsicht einen Sachverständigen zuziehen. K.G. 6. 11. 09. R.O.L.G. 19, 390; Recht 10 Nr. 387." (Vgl. Kaufmann XI. S. 103.)

„Der Kläger als stiller Gesellschafter konnte bei Auflösung der Gesellschaft von den bisherigen Teilhabern der offenen Handelsgesellschaft Rechnungslegung über den Bestand seiner Einlage verlangen. Er war aber auch berechtigt, wie er es getan hat, die Rechnung aufzustellen. Diese Aufstellung entspricht dem Inhalt der Bücher der frühern Gesellschaft, und es kann, namentlich auch mit Rücksicht auf die Rechnungspflicht des Beklagten, nicht als rechtlich unzutreffend erachtet werden, wenn das O.L.G. ausführt, daß dem Beklagten gegenüber jener Berechnung der Beweis der Minderung oder Aufzehrung der Einlage obgelegen habe. **R.G.** 9. 4. 07. L.Z. 07, 428." (Vgl. Kaufmann VIII. S. 114.)

Sonstige, das Recht des stillen Gesellschafters betreffende Entscheidungen sind beispielsweise:

Reichsgerichts-Entscheidungen über wucherische Beteiligungen des Stillen. „Daß der stille Gesellschafter an dem Verluste nicht teilnimmt, daß er am Gewinn mit 60% beteiligt wird, erscheint nicht als ein im auffälligen Mißverhältnis zu seiner Leistung stehender Vorteil, wenn gleichzeitig dem Geschäfts-Inhaber für seine Arbeit ein als Geschäfts-Unkosten zu behandelnder fester Bezug für das Jahr zugesichert wird. Im übrigen ist der Gesamt-Inhalt des Vertrags in Berücksichtigung zu ziehen, insbesondere, daß das Kapital ohne jede Sicherheit gewährt und nur mit 4% zu verzinsen ist. Auch das Recht, das Geschäft jeder Zeit mit Firma käuflich zu übernehmen, ist um deswillen unbedenklich, weil kein fester Preis bestimmt, vielmehr der sich aus den Büchern ergebende Preis vorgesehen ist. **R.G.** 6. 10. 06. L.Z. 07, 54. Z.A.G. 15, 166." (Vgl. Kaufmann VIII. S. 113.)

„Wenn ein stiller Gesellschafter bei seiner Beteiligung sich außer der üblichen Verzinsung seiner Kapital-Einlage auch noch einen und zwar unverhältnismäßig hohen jährlichen Mindest-Gewinnanteil — für 12000 M Einlage einen Mindest-Gewinnanteil von 2500 M — zusichern läßt, so ist darin ein wucherisches Geschäft zu erblicken. Daß der Gesellschafter durch die Beteiligung ein Risiko eingeht, ändert hieran nichts. **R.G.** 6. 5. 09. Recht 09 Nr. 1839. Bank-Archiv 9, 9." (Vgl. Kaufmann X. S. 105.)

Gerichts-Entscheidung über Behandlung vom Stillen nicht erhobener Gewinn-Anteile im Konkurs. „Das Recht des stillen Gesellschafters auf den ihm vertragsmäßig gebührenden, bisher noch nicht erhobenen Gewinn unterliegt der gleichen Beschränkung wie seine Einlage im Konkurse des Komplementars; er hat daher insoweit nur einen Anspruch als Konkurs-Gläubiger. Auch diesen Anspruch hat der stille Gesellschafter aber nur, wenn er bereits zur Zeit der Konkurs-Eröffnung begründet gewesen ist; dies ist nicht der Fall, wenn erst der Konkurs-Verwalter durch Verwertung des in Frage kommenden Vermögensstücks den s. Z. bei Gründung der stillen Gesellschaft in Aussicht genommenen Gewinn erzielt hat; dieser Verkauf ist lediglich für Rechnung der Konkursmasse erfolgt; die stille Gesellschaft war durch die Eröffnung des Konkurses bereits aufgelöst. O.L.G. Dresden 29. 11. 1900. A. d. O.L.G. Dr. Bd. 23 S. 322. Z.f.A. Bd. 9 S. 236." (Vgl. Kaufmann III. S. 103.)

Kammergerichts-Entscheidung über Ausschluß des Stillen von der Beteiligung am Erlös aus dem Geschäfts-Verkauf. „Der Erlös aus dem Verkauf des Geschäfts ist kein Betriebs-Gewinn, der dem stillen Gesellschafter mit zukäme. K.G. 15. 11. 1900. D.J.Z. 1901 S. 50." (Vgl. Kaufmann I. S. 31.)

Entscheidungen über steuerliche Behandlung des Stillen. „Nur der dem stillen Gesellschafter nach § 337 Abs. 1 H.G.B. auszuzahlende Gewinn ist ihm anzurechnen." Der frühere Rechtsgrundsatz, daß der Verlust eines stillen Gesellschafters einen nicht abzugsfähigen Kapital-Verlust bilde (E. in St. VII. 174), also auch der zur Deckung des Verlustes bis zur Höhe seiner Einlage verwendete Gewinn (§ 337 Abs. 2 H.G.B.) ihm als Eigentum anzurechnen sei, ist verlassen worden:

„Der dort (E. in St. VII. 174) aufgestellte Rechtsgrundsatz läßt sich nach erneuter Prüfung nicht aufrecht erhalten. Schon nach der ältern Rechtsprechung gilt für die Berücksichtigung von Verlusten aus Quellen des Kapital-Vermögens der allgemeine Grundsatz: „Ein Geschäft, das bei günstigem Verlauf mit seinen Ergebnissen das Gesamt-Einkommen (nicht das Vermögen) steigert, muß bei ungünstigem Ausfall auch das Einkommen beeinflussen und darf nicht etwa als Vermögens-Minderung ausgeschieden werden" (E. in St. III. 52). Wenn aus diesem Grundsatze die Abzugsfähigkeit eines bei Spekulations-Geschäften erlittenen Verlustes hergeleitet wird, so muß die gleiche Schlußfolgerung für die Quelle der stillen Gesellschaft gezogen werden. Ebenso wie der Gewinn-Anteil des stillen Gesellschafters als Einkommen gilt, muß auch ein Verlust aus dieser Quelle zunächst als Minderung des quellenmäßigen Ertrags und weiter, sofern sich ein Fehlbetrag ergibt, als Abzug vom Roheinkommen berücksichtigt werden (U. XI. c. 202 vom 6. April 1905)." (Vgl. Fuisting S. 171—172.)

C. Erfolgs-Verteilung bei der Offenen Handels-Gesellschaft.

Gesetzliche Vorschriften. Gesetzlich ist die Erfolgs-Verteilung bei der Off. Hges. durch die §§ 120—122 H.G.B. geregelt. Diese Vorschriften lauten:

§ 120: Am Schlusse jedes Geschäftsjahrs wird auf Grund der Bilanz der Gewinn oder der Verlust des Jahrs ermittelt und für jeden Gesellschafter sein Anteil daran berechnet.

Der einem Gesellschafter zukommende Gewinn wird dem Kapital-Anteile des Gesellschafters zugeschrieben; der auf einen Gesellschafter entfallende Verlust, sowie das während des Geschäftsjahrs auf den Kapital-Anteil entnommene Geld wird davon abgeschrieben.

§ 121: Von dem Jahresgewinne gebührt jedem Gesellschafter zunächst ein Anteil in Höhe von vier vom Hundert seines Kapital-Anteils. Reicht der Jahresgewinn hierzu nicht aus, so bestimmen sich die Anteile nach einem entsprechend niedrigern Satze.

Bei der Berechnung des nach Absatz 1 einem Gesellschafter zukommenden Gewinn-Anteils werden Leistungen, die der Gesellschafter im Laufe des Geschäftsjahrs als Einlage gemacht hat, nach dem Verhältnisse der seit der Leistung abgelaufenen Zeit berücksichtigt. Hat der Gesellschafter im Laufe des Geschäftsjahrs Geld auf seinen Kapital-Anteil entnommen, so werden die entnommenen Beträge nach dem Verhältnis der bis zur Entnahme abgelaufenen Zeit berücksichtigt.

Derjenige Teil des Jahresgewinns, der die nach den Absätzen 1, 2 zu berechnenden Gewinn-Anteile übersteigt, sowie der Verlust eines Geschäftsjahrs wird unter die Gesellschafter nach Köpfen verteilt.

§ 122: Jeder Gesellschafter ist berechtigt, aus der Gesellschaftskasse Geld bis zum Betrage von vier vom Hundert seines für das letzte Geschäftsjahr festgestellten Kapital-Anteils zu seinen Lasten zu erheben und, soweit es nicht zum offenbaren Schaden der Gesellschaft gereicht, auch die Auszahlung seines den bezeichneten Betrag übersteigenden Anteils am Gewinne des letzten Jahrs zu verlangen.

Im übrigen ist ein Gesellschafter nicht befugt, ohne Einwilligung der anderen Gesellschafter seinen Kapital-Anteil zu vermindern.

Daß diesen Bestimmungen vertragliche Vereinbarungen vorgehen, sagt § 109 H.G.B.:

Das Rechtsverhältnis der Gesellschafter unter einander richtet sich zunächst nach dem Gesellschafts-Vertrage; die Vorschriften der §§ 110 bis 122 finden nur insoweit Anwendung, als nicht durch den Gesellschafts-Vertrag ein andres bestimmt ist.

Selbstverständlicher Inhalt des § 120 H.G.B. Der Inhalt des § 120 H.G.B. enthält, handelstechnisch angesehen, nur Selbstverständlichkeiten. Denn nach § 4 Abs. 2 H.G.B. kann die Off. Hges. nur auf der Grundlage eines vollkaufmännischen Betriebs begründet werden. Daraus ergibt sich ohne weiteres die gesetzliche Forderung auf ordnungsmäßige Buchführung im Sinne der §§ 38 ff. H.G.B. Daß Gewinn oder Verlust auf Grund der Bilanz (mittelst der Erfolgs-Berechnung) zu ermitteln sind, und daß diese Ermittlungen für den Schluß jedes Geschäftsjahrs (nicht, wie es irrtümlich im Gesetz heißt: „am“ Schluß) stattfinden müssen, folgt aus der Pflicht zur ordnungsmäßigen Buchführung. Nicht minder überflüssig erscheint auch die Vorschrift, wonach für jeden Gesellschafter der Anteil am Gewinn oder Verlust berechnet werden soll.

Vom Standpunkt ordnungsmäßiger Buchführung selbstverständlich sind auch die im zweiten Absatz des hier beregten Paragraphen enthaltenen Vorschriften, wonach der einem Gesellschafter zukommende Gewinn seinem Kapital-Anteil zuzuschreiben ist, während der auf ihn entfallende Verlust und die auf den Kapital-Anteil geschehenen Entnahmen des Gesellschafters davon abzuschreiben sind. Als Ergänzung der letztgenannten Vorschrift ist anzuführen, daß Entnahmen, die entweder in gesetzlich oder vertraglich unerlaubtem Umfang oder ausdrücklich als vom Kapital-Anteil unabhängige, also etwa als Darlehen gedachte, geschehen sind, nicht auf dem Anteil-Konto, sondern auf einem gewöhnlichen Schuld- (Kontokorrent-) Konto zu verbuchen sind.

Dagegen sind die Vorschriften des § 121 H.G.B. für die Erfolgs-Verteilung bei der Off. Hges. praktisch sehr bedeutsam.

Allerdings sind diese Vorschriften — wie schon § 109 H.G.B. sagt — nur dispositiver Natur. Nicht selten werden sie deshalb durch den Gesellschafts-Vertrag aus Zweckmäßigkeitsgründen oder kraft kapitalistischer Überlegenheit abgeändert. Darüber wird noch gesprochen werden.

Arten der Anteile-Verzinsung. Im Vordergrunde der Gewinn-Verteilung steht bei der Off. Hges. die Verzinsung der Kapital-Anteile der Gesellschafter. Als Maximal-Zinsfuß gelten nach § 121 Abs. 1 H.G.B. 4%. Jedoch soll zu niedrigerm Satze verzinst werden, wenn und insoweit der Jahresgewinn hinter dem bei 4%iger Verzinsung der Kapital-Anteile herauskommenden Betrage zurückbleibt. Demnach entfällt die gesetzliche Verzinsung der Kapital-Anteile, wenn kein Jahresgewinn vorhanden ist. Insofern hat diese Art Verzinsung nur bedingten Charakter. Im neuen H.G.B. ist aus diesem Grunde nicht von „Zinsen", sondern von „Anteil" in Höhe von 4% die Rede. Im alten H.G.B. (Artikel 106) stand dagegen die Bezeichnung „Zinsen"; und zwar dort mit Recht, weil mit jener Vorschrift für jeden Gesellschafter eine Gutschrift in Höhe von 4% seines Kapital-Anteils angeordnet war; ohne Rücksicht darauf, ob der Jahresgewinn zu solcher Verzinsung ausreichte.

Nutzen und Schaden bei fester Vorwegverzinsung im Verlustfall und bei Verlust-Verteilung nach Köpfen. Es liegt auf der Hand, daß die Vorschrift der festen Verzinsung des alten H.G.B. einem Gesellschafter für den Fall bilanzmäßiger Verluste und deren Verteilung nach Köpfen um so größere Nachteile bringt, je kleiner sein Kapital-Anteil im Vergleich zu den Anteilen der Mitgesellschafter ist. Angenommen: Horst habe 10000,— M, Kraft 30000,— M, Muth 60000,— M Kapital-Anteil. Der Verlust vor der Verzinsung der Kapital-Anteile betrage 9500,— M und sei nach Köpfen zu verteilen. Die Zinsen für die drei Anteile belaufen sich auf (400,— M + 1200,— M + 2400,— M =) 4000,— M. Der Verlust wächst dadurch an auf (9500,— M + 4000,— M =) 13500,— M. Auf jeden der drei Gesellschafter kommt sonach ein Brutto-Verlustanteil von 4500,— M. Das sind (in Prozenten der Kapital-Anteile) für Horst = 45 %, für Kraft = 15 %, für Muth = 7 1/2 % Verlust. Nach Abzug der in jedem Verlust-Anteil enthaltenen Zinsengutschrift stellen sich als Nettoverlust-Prozentsätze heraus: für Horst = 41%, für Kraft = 11%, für Muth = 3 1/2 %. Hiernach ist nicht zu verwundern, wenn ihrer Kapitalkraft halber unentbehrliche Gesellschafter statt der von der Gewinnhöhe abhängigen, bei Verlusten ausgeschlossenen Verzinsung des § 121 Abs. 1 H.G.B. die feste, vom Geschäfts-Ergebnis unabhängige Vorweg-Verzinsung der Kapital-Einlage und die Verteilung bilanzmäßiger Gesamtverluste nach Köpfen zur vertraglichen Bedingung machen. Denn dadurch vermögen sie sich zu Lasten der geringer Beteiligten vom Verlust-Risiko recht nennenswert zu befreien. Diese Benachteiligung der schwächer Beteiligten zugunsten der stärker Beteiligten beginnt — wie leicht einzusehen ist — bei fester Verzinsung, sobald die Zinsen-Gesamtsumme über den Betrag des Gesamt-Gewinns hinausgeht, sobald also die Zinsen als Verlust-Element von den Kapital-Anteilen nach Köpfen abgeschrieben werden. Denn dann werden die den stärker Beteiligten zugute kommenden Zinsengutschriften auf die schwächer Beteiligten in mehr oder minder bedeutendem Umfang als Verlust-Quoten abgewälzt.

Verlust-Verteilung nach Maßgabe der Kapital-Anteile im Vergleich zur Verlust-Verteilung nach Köpfen. Für die kapitalistisch geringer Beteiligten ist deshalb von Vorteil, wenn die Verlust-Verteilung nicht nach Köpfen, sondern nach Maßgabe der Kapital-Anteile geschieht. Im vorgenannten Beispiel würden dann entfallen auf Horst $^1/_{10}$, auf Kraft $^3/_{10}$ und auf Muth $^6/_{10}$ des Gesamtverlustes. Das ergibt — wiederum 13500,— M Gesamtverlust einschließlich der festen Verzinsung zu Grunde gelegt — für Horst = 1350,— M, für Kraft = 4050,— M und für Muth = 8100,— M Brutto-Verlustanteil oder 13 1/2 % der Kapital-Beteiligung für jeden der drei Gesellschafter. Nach Abzug der in den Verlust-Anteilen steckenden Zinsengutschriften kämen als Netto-Verlustanteile heraus: für Horst = 950,— M, für Kraft = 2850,— M, für Muth 5700,— M, was 9 1/2 % der Kapital-Beteiligung für jeden Gesellschafter ausmachen würde. Die Spannung zwischen den für Brutto- und Netto-Verlustanteile im Vergleich zur Kapital-Beteiligung festgestellten Prozentsätzen beträgt somit bei der Verlust-Verteilung nach Köpfen ebenso 4%, wie bei der nach Maßgabe der Kapital-Anteile. Im letzten Fall zeigt sich jedoch für alle drei Gesellschafter eine im Verhältnis zu den Kapital-Anteilen gleiche Verlust-Beteiligung von 13 1/2 % (brutto) oder 9 1/2 % (netto), während bei der Verlust-Verteilung nach Köpfen sich für den kapitalistisch am geringsten Beteiligten 45% (brutto) oder 41% (netto), für den stärker Beteiligten 15% (brutto) oder 11% (netto), für den am meisten Beteiligten $7^1/_2$% (brutto) oder $3^1/_2$% (netto) ergeben. Diese Zahlen sprechen für sich selbst.

Derselbe Vergleich in bezug auf die Gewinn-Verteilung. Dagegen kommt die Erfolgs-Verteilung nach Maßgabe der Kapital-Anteile anstatt nach Köpfen den kapitalistisch stärker beteiligten Gesellschaftern zugute, wenn die Unternehmung nicht Verlust, sondern Gewinn gebracht hat. Beweis (Gesamtgewinn im Geschäftsjahr = 12500,— M; Kapital-Anteile der drei Gesellschafter wie oben):

a) Feste Vorwegverzinsung zu 5%. Überschießender Gewinn (Gewinnrest) nach Köpfen. (NB.: in diesen vier Beispielen ist der Einfachheit halber von Entnahmen und Neueinlagen nach § 121 Abs. 2 H.G.B. abgesehen worden.)

Dann:

Horst = 500,— M Zinsen + 2500,— M Gewinnrest.
Kraft = 1500,— „ Zinsen + 2500,— „ Gewinnrest.
Muth = 3000,— „ Zinsen + 2500,— „ Gewinnrest.

b) Feste Vorwegverzinsung zu 5%. Gewinnrest nach Maßgabe der Kapital-Anteile.

Dann:

Horst = 500,— M Zinsen + 750,— M Gewinnrest.
Kraft = 1500,— „ Zinsen + 2250,— „ Gewinnrest.
Muth = 3000,— „ Zinsen + 4500,— „ Gewinnrest.

c) Gesetzliche Verzinsung nach § 121 Abs. 1 H.G.B. Gewinnrest nach Köpfen.

Dann:

Horst = 400,— M Zinsen + 2833,33 M Gewinnrest.
Kraft = 1200,— „ Zinsen + 2833,33 „ Gewinnrest.
Muth = 2400,— „ Zinsen + 2833,34 „ Gewinnrest.

d) Gesetzliche Verzinsung. Gewinnrest nach Maßgabe der Kapital-Anteile.

Dann:

Horst = 400,— M Zinsen + 850,— M Gewinnrest.
Kraft = 1200,— „ Zinsen + 2550,— „ Gewinnrest.
Muth = 2400,— „ Zinsen + 5100,— „ Gewinnrest.

Auch diese Zahlen bedürfen für die praktische Nutzanwendung keines Kommentars.

Vertragliche Verteilungs-Modi. Hiernach leuchtet ohne weiteres ein, von wie erheblicher materieller Bedeutung vertragliche, die dispositiven Gesetzes-Vorschriften ausschließende oder ergänzende Vereinbarungen über die Erfolgs-Verteilung bei der offenen Handels-Gesellschaft zu werden vermögen.

Solche Vereinbarungen können in bezug auf das vorstehend behandelte Thema beispielsweise hinauslaufen auf folgende Besonderheiten.

Sondervergütungen. Im Gesellschafts-Vertrage kann vereinbart sein, daß ein bestimmter oder mehrere Gesellschafter für besondere Arbeitsleistungen Sondervergütungen erhalten sollen. Diese Sondervergütungen können im wesentlichen auf dreifache Weise normiert und verbucht werden: entweder als feste (fixe) Vergütungen zu Lasten des Unkosten-Kontos der Gesellschaft, so daß sie den Reingewinn von vornherein schmälern; oder als zwar gleichfalls feste, jedoch erst aus dem Reingewinn zu gewährende Vergütungen; oder schließlich als nach Maßgabe eines bestimmten Prozentsatzes vom Reingewinn festzustellende Tantiemen. Sozusagen selbstverständlich ist, daß die feste Vergütung zu Lasten des Unkosten-Kontos im Interesse kapitalschwacher, vorwiegend oder nur mit Arbeit beteiligter Gesellschafter liegt, weil bei diesem Modus das Verlust-Risiko in erster Linie auf die Kapitalstärkeren abgewälzt wird. Dagegen bietet die Gewährung der Sondervergütung aus dem Reingewinn in fester oder prozentualer Form geringere Sicherheit insofern, als hierbei die Höhe des Reingewinns von ausschlaggebender Bedeutung wird. Dabei ist außerdem wichtig, ob die Sondervergütung vom ungekürzten Reingewinn oder etwa erst nach erfolgter Verzinsung der Anteile berechnet werden soll. Im letztgedachten Fall würde die Sondervergütung nur insoweit in Betracht kommen können, als der über den Betrag der Anteile-Verzinsung hinausgehende Reingewinn dazu ausreicht.

Diese Frage nach der bei der Berechnung der Vergütung einzuhaltenden Reihenfolge kann übrigens auch bedeutungsvoll werden, wenn jemand an einer offenen Handels-Gesellschaft als stiller Gesellschafter beteiligt ist. Denn auch dem Stillen kann nicht gleichgültig sein, ob sein Gewinn-Anteil aus dem vollen, oder erst aus dem durch die Verzinsung der Anteile der Komplementare oder durch sonstige Vorwegvergütungen gekürzten Reingewinn berechnet wird, oder ob er in bezug auf die Verzinsung des Anteils und auf die sonstige Erfolgs-Verteilung den Komplementaren gleichgestellt ist (vgl. hierüber im übrigen S. 338 unter: „Gewinn-Berechnung für stille Beteiligungen bei Personal-Gesellschaften“). Von Wichtigkeit ist derselbe Umstand auch für die Komplementare, die zum Bilanztage keinen Aktivsaldo aufweisen können. Auch sie würden im Vergleich zu den über Aktivsalden verfügenden Komplementaren im Nachteil sein, weil diese, wenn nicht andres vereinbart ist, zu Lasten des Reingewinns vorweg Anspruch auf die Verzinsung ihrer Anteile (Aktivsalden) haben, während die Gesellschafter mit Passivsalden entsprechend weniger oder nichts erhalten, wenn der Reingewinn gerade nur zur Verzinsung der Anteile ausgereicht hat.

Sonst mögliche Verteilungs-Maßstäbe. Warum vertragliche Bestimmungen darüber, ob die Erfolgs-Verteilung letzten Endes nach Köpfen oder nach Maßgabe der Beteiligungshöhe geschehen soll, von großer praktischer Bedeutung sind, ist zahlenmäßig schon erwiesen worden. Dem ist noch hinzuzufügen, daß die Erfolgs-Verteilung zuweilen weder nach Köpfen, noch nach Maßgabe der Beteiligungshöhe, sondern nach ein für allemal als maßgebend angenommenen festen Verhältniszahlen geschieht, wobei dann bestimmte Umstände (Vergütung für besondere Arbeitsleistungen, Bevorzugung unentbehrlicher Gesellschafter und dgl.) Berücksichtigung finden können. Solche Bevorzugungen können vertraglich auch auf die Verzinsung bezogen werden. Etwa derart, daß die Anteile gewisser (vielleicht besonders hoch beteiligter) Gesellschafter zu höherm Satze als die der anderen verzinst werden sollen; oder daß jenen Gesellschaftern eine Mindestverzinsung garantiert wird, während diese gegebenenfalls leer ausgehen. Zuweilen wird bestimmten Gesellschaftern, unabhängig von der Kapital-Verzinsung, ein Mindestgewinn überhaupt garantiert. Diese Garantie geht dann zu Lasten der Kapital-Konten aller übrigen Gesellschafter, soweit der erzielte Gesamtgewinn zur Deckung der Garantiesumme nicht ausreicht. Zugunsten der schwächer beteiligten Gesellschafter kann vertraglich bestimmt werden, daß bilanzmäßige Verluste zunächst durch Abschreibung aller Einlagen, also auch derjenigen der stärker Beteiligten, gedeckt werden sollen, daß mithin Passiv- (Debet-) Salden aus darüber hinausgehenden bilanziellen Verlusten auf den Kapital-Konten der schwächer Beteiligten erst entstehen können, nachdem die Einlagen der stärker Beteiligten zur Verlust-Deckung in voller Höhe herangezogen worden sind. Auch insofern kann einem Gesellschafter vertraglich ein Vorteil gewährt werden, als er berechtigt sein soll, nach innen (denn nach außen, d. h. den Gesellschafts-Gläubigern gegenüber, ist dies bei solidarischer Haftung nicht möglich!) für bilanzmäßige Verluste nur bis zur Höhe seiner Einlage zu haften, so daß ein Passiv- (Debet-) Saldo auf seinem Kapital-Konto auf Grund jener Verluste während bestehender Gesellschaft unmöglich ist, er mithin an späteren Gewinnen aktiv bereits wieder teilnehmen darf, während die anderen Gesellschafter die Anteile an diesen Gewinnen zunächst zur Minderung und Erledigung ihrer Passivsalden zu verwenden gezwungen sind.

Verzinsungs-Möglichkeiten. In nicht letzter Linie bedeutsam sind natürlich vertragliche Abmachungen darüber, welche Art der Anteile-Verzinsung Platz greifen soll: die mit § 121 Abs. 1 H.G.B. gesetzlich freigestellte oder die unbedingte Vorwegverzinsung, wie sie nach Artikel 106 des alten H.G.B. früher gesetzliche Vorschrift war. Auch die Höhe des anzuwendenden Zinsfußes ist im Gesellschafts-Vertrage besonders anzugeben, wenn ein andrer als der 4%ige landesübliche Zinsfuß des § 246 B.G.B. in Frage kommen soll.

Abschreibungshöhe. Nur der Andeutung bedarf, daß ebenfalls wichtig werden können besondere vertragliche Vereinbarungen über die Höhe der bilanzmäßigen Abschreibungen, über an Angestellte etwa zu gewährende Gewinn-Anteile und darüber, in welcher Reihenfolge deren Berechnung im Rahmen der Erfolgs-Verteilung erfolgen soll.

Von den gesetzlichen Dispositivvorschriften abweichende, die Erfolgs-Verteilung betreffende Bestimmungen müssen, wenn sie schriftlich nicht vereinbart sind, von dem bewiesen werden, der sie behauptet.

Verteilungs-Vorschriften des B.G.B. Auch für die offene Handels-Gesellschaft gilt § 722 B.G.B., wonach, wenn die Anteile der Gesellschafter am Gewinn und Verlust nicht bestimmt sind, jeder Gesellschafter ohne Rücksicht auf Art und Größe seines Beitrags am Gewinn und Verlust (in Übereinstimmung mit § 121 Abs. 3 H.G.B.) gleichen Anteil haben und wonach, wenn nur der Anteil am Gewinn oder am Verlust bestimmt ist, diese Bestimmung im Zweifel für Gewinn und Verlust gelten soll. Die Fälle, in denen die Art der Erfolgs-Verteilung durch einen oder mehrere Gesellschafter selbst oder durch außerhalb der Gesellschaft stehende Dritte bestimmt werden soll, sind durch §§ 315 bis 319 B.G.B. geregelt.

Von wesentlichem Einfluß auf die Höhe der zu verzinsenden und der sonstigen Erfolgs-Verteilung zugrunde zu legenden Kapital-Anteile der Gesellschafter sind die im § 121 Abs. 2 und § 122 H.G.B. behandelten Kapital-Zuführungen und Entnahmen.

Einlagen. Aus dem auf S. 395 mitgeteilten Text des § 121 Abs. 2 H.G.B. ist bereits bekannt, daß von einem Gesellschafter im Lauf eines Geschäftsjahrs als Einlage gemachte Leistungen „nach dem Verhältnis der seit der Leistung abgelaufenen Zeit berücksichtigt" werden sollen. Mit anderen Worten: die Einlagen sind pro rata temporis zu verzinsen.

Entnahmen. Solche Verzinsungs--Vorschrift gibt das Gesetz an genannter Stelle auch für die im Lauf des Geschäftsjahrs geschehenen Entnahmen auf den Kapital-Anteil mit den Worten: „die entnommenen Beträge werden nach dem Verhältnis der bis zur Entnahme abgelaufenen Zeit berücksichtigt."

Diese beiden Verzinsungs-Vorschriften bedürfen keines Kommentars. Dagegen ist ein solcher erforderlich in bezug auf § 122 H.G.B., wonach jeder Gesellschafter der Gesellschafts-Kasse Geld bis zum Betrage von 4% seines für das letzte Geschäftsjahr festgestellten Kapital-Anteils zu seinen Lasten erheben darf.

Grenzen des Entnahmerechts. Hieraus folgt, daß jeder Gesellschafter ohne weiteres berechtigt ist, bis zur Höhe von 4% seines letztjährigen Kapital-Saldos der Geschäfts-Kasse bar zu entnehmen. Und zwar ohne Rücksicht darauf, ob diese Entnahme während des Entnahmejahrs verdient werden, oder ob statt dessen nicht vielleicht gar ein bilanzmäßiger Verlust entstehen wird, durch den allein bereits, oder doch im Verein mit den Entnahmen, der aktive Kapital-Saldo in einen Passiv- (Schuld-) Saldo verkehrt wird. Selbst wenn, beispielsweise bei bereits bestehender Überschuldung, die Entnahmen der Gesellschaft zum offenbaren Schaden gereichen würden, brauchte kein Gesellschafter auf die Ausübung seines Entnahmerechts zu verzichten. Dieses weitgehende Entnahmerecht ist begründet in der bei den Gesellschaftern oft vorliegenden Notwendigkeit, aus der Rentabilität der Gesellschafts-Einlage die Kosten des Existenz-Bedarfs zu decken. Nur wenn die Entnahmen, mangels sonstiger begründeter Veranlassung, ausschließlich zu dem Zweck erfolgen, der Gesellschaft Schaden zuzufügen, kann die Ausübung des Entnahmerechts nach § 226 B.G.B. unzulässig sein.

Der Vorjahrs-Anteil als Entnahme-Grundlage. Als Grundlage für die Berechnung der 4%igen Barentnahmen soll „der für das letzte Geschäftsjahr festgestellte Kapital-Anteil" dienen. Damit kann naturgemäß nur der für den Schluß des dem jeweiligen Entnahmejahr voraufgegangenen Geschäftsjahrs buchmäßig ausgewiesene Anteils-Betrag gemeint sein. Denn die Höhe des Kapital-Anteils am Schluß des jeweiligen Entnahmejahrs kann man während dieses Jahrs selbst unmöglich schon kennen. Deshalb würde es im Gesetzestext statt „für das letzte Geschäftsjahr" besser „für das voraufgegangene Geschäftsjahr" heißen. (Nach seinen Ausführungen in Anmerkg. 3 zu § 122 scheint Staub hierin falscher Ansicht zu sein.) Da nach dem Sinne des Gesetzestextes mindestens ein Geschäftsjahr abgelaufen sein muß, dürfen Entnahmen auf den Kapital-Anteil während des ersten Geschäftsjahrs einer offenen Handels-Gesellschaft nicht stattfinden. [Derselben Ansicht ist Staub (Anmerkg. 4 zu § 122) gegen Makower.]

Zeitliche Begrenzung des Entnahmerechts. Unerläßliche Voraussetzung für die Entnahmebefugnis eines Gesellschafters ist das für den Schluß des Vorjahrs buchmäßig festgestellte Vorhandensein eines Kapital-Anteils zu seinen Gunsten. Ob der Kapital-Anteil in früheren Jahren etwa höher gewesen ist, bleibt auf das Entnahmerecht ohne Einfluß. Die Entnahmen dürfen nur während des dem Vorjahr jeweilig folgenden Jahrs geschehen. Vorschüsse darauf oder Aufschub und Verteilung der jeweiligen Entnahme-Befugnis auf spätere Jahre ist also nicht statthaft. Mit Recht, weil andernfalls vorkommen könnte, daß der Gesellschafts-Kasse zu Lasten eines früher festgestellten Kapital-Anteils in späteren Jahren Gelder entzogen werden, obgleich jener Anteil inzwischen vielleicht stark gemindert oder womöglich gar in einen

Passivsaldo verwandelt worden ist, und obwohl auch die Liquidität der Unternehmung inzwischen bedenklich gelitten haben kann.

Kapital-Entnahmen und Darlehen. Daß in gesetzlich oder vertraglich unerlaubtem Umfang oder als vom Kapital-Anteil unabhängig geschehene, etwa als Darlehen gedachte Barentnahmen eines Gesellschafters nicht auf seinem Kapital-Konto, sondern auf einem gewöhnlichen Schuld- (Kontokorrent-) Konto zu verbuchen sind, ist auf S. **396** bereits betont worden.

Gewinnreste. Geht der auf einen Gesellschafter entfallende Gewinn-Anteil eines Jahrs über die (nach § 122 Abs. 1 H.G.B.) während dieses Jahrs gemachten Entnahmen hinaus, so hat der Gesellschafter nach § 122 Abs. 1 H.G.B. das Recht, solchen Gewinnrest sich auszahlen zu lassen. Zum Unterschied von den Entnahmen auf den Kapital-Anteil darf jedoch die Auszahlung des Gewinnrestes nur erfolgen, soweit sie der Gesellschaft nicht zum Schaden gereicht, soweit sie also mit dem Gedeihen, vor allem aber mit wichtigen Lebensinteressen der Gesellschaft vereinbar ist. Entnimmt der Gesellschafter den Gewinnrest nicht, so wächst dieser seinem Kapital-Konto zu. Dort begründet er im Konkursfall keinen Gläubiger-Anspruch gegen die Gesellschaft.

Nicht erhobene Gewinnreste mit Darlehnscharakter. Dagegen könnte der nicht entnommene Gewinnrest im Konkursfall als Konkursforderung geltend gemacht werden, falls er (wenn auch nur der Form wegen) vom Gesellschafter zu Lasten seines Kapital-Anteilkontos zunächst bar entnommen, dann zugunsten eines für ihn zu errichtenden Darlehn-Kontos aber sogleich wieder eingezahlt werden würde. Selbstverständlich brauchten Entnahme und Wiedereinzahlung tatsächlich nicht einmal zu geschehen, sondern es würde genügen, wenn diese beiden Vorgänge nur buchmäßig (Kapital an Kasse und Kasse an Darlehn) zum Ausdruck kämen. Der Wunsch des Gesellschafters, den Gewinnrest als echten Gläubiger-Anspruch aufgefaßt zu sehen, wäre mit jenen beiden, bei Ausscheidung des Kasse-Kontos einem Übertrag (Kapital an Darlehn) gleichkommenden Buchungen deutlich erkennbar geworden.

Anspruch auf Gewinnrest-Auszahlung. Wie die Entnahmen nach § 122 Abs. 1 H.G.B. dürfen auch die Gewinnreste nur in Geld (nicht also etwa in Waren, Wertpapieren oder dgl.) verlangt werden. Allerdings hindert auch hier nichts, durch Einschaltung der vorstehend schon beregten Kasse-Buchungen (Kapital an Kasse und Kasse an Waren oder Wertpapiere oder dgl.) die Entnahme in Waren, Wertpapieren oder sonst für den Gesellschafter brauchbaren Vermögensteilen der Gesellschaft herbeizuführen, wenn derartigen Entnahmen wichtige Interessen der Gesellschaft nicht entgegenstehen. Unter dieser

Voraussetzung kann der zur Entnahme berechtigte Gesellschafter von der Gesellschaft sogar (nötigenfalls im Klagewege) verlangen, daß durch Veräußerung geeigneter Vermögensteile (etwa von Waren oder Wertpapieren, oder durch Aufnahme einer Hypothek, eines Darlehns oder dgl.) Geld für ihn flüssig gemacht werde.

Einschränkung des Anspruchs. Das Recht auf Auszahlung des letztjährigen Gewinnrestes steht dem Gesellschafter auch dann zu, wenn sein Kapital-Anteil infolge voraufgegangener bilanzmäßiger Verluste aufgezehrt und an dessen Stelle womöglich gar ein Passivsaldo entstanden ist. Immer aber nur unter der erwähnten Voraussetzung, daß die Interessen der Gesellschaft (z. B. deren Liquidität, ihre Zahlungsbereitschaft für notwendige Barkäufe usw.) infolge der Auszahlung des Gewinnrestes nicht geschädigt werden. Lediglich diese Einschränkung besteht in bezug auf die den Gewinnrest betreffende Entnahmebefugnis gegenüber der auf die reinen Kapital-Entnahmen bezüglichen. Im übrigen gilt das über die letztgenannten Entnahmen oben außerdem noch Gesagte auch für die Entnahmen der Gewinnreste.

Vertragliche Vereinbarungen über Entnahmen und Gewinnreste. Da auch die Vorschriften des § 122 H.G.B. dispositiver Natur sind, können sie durch vertragliche Bestimmungen abgeändert werden. So können die Gesellschafter die Entnahmen auf die Kapital-Anteile (reinen Kapital-Entnahmen), unabhängig von deren Höhe und von einem bestimmten Prozentsatz, in festen Monats-, Vierteljahrs-, Halbjahrs- oder Jahres-Raten unter einander vereinbaren. Außerdem kann vereinbart werden, daß die Gewinnreste den Kapital-Anteilen der Gesellschafter zuwachsen sollen, wobei weiterhin bestimmt werden kann, daß die Gewinnreste entnommen werden dürfen oder etwa müssen, sobald die Kapital-Anteile die oder die Höhe erreicht haben. Bei allen solchen vertraglichen Vereinbarungen können einzelne Gesellschafter vorteilhafter als andere gestellt werden.

Schließlich ist in diesem Zusammenhang noch zu erwähnen, daß nach § 122 Abs. 2 H.G.B. ein Gesellschafter nicht befugt ist, seinen Kapital-Anteil ohne Einwilligung der anderen Gesellschafter über die durch § 122 Abs. 1 H.G.B. oder durch davon abweichende vertragliche Bestimmungen gezogenen Grenzen hinaus zu vermindern.

Wesen und Bedeutung der Kapital-Salden. Aus allem bisher darüber Gesagten folgt, daß die Kapital-Konten der Gesellschafter (Komplementare) einer offenen Handels-Gesellschaft nicht unbedingt Aktiv- (Kredit-) Salden zeigen müssen, sondern daß sie statt deren auch Passiv- (Debet-) Salden aufweisen können. Aktiv-Salden können durch Einlagen des Gesellschafters, ebensowohl aber auch durch Gutschriften nicht erhobener Gewinn-Anteile herbeigeführt werden. Passiv-Salden hingegen können durch Entnahmen oder auch durch belastete Verlust-Anteile entstehen. Passiv-Salden können durch Einlagen oder durch Gewinn-Gutschriften zum Verschwinden gebracht oder in Aktiv-Salden verwandelt werden. Hieraus folgt, daß die Salden auf den Kapital-Konten der Komplementare während des Bestehens der Gesellschaft nur interne und zwar rechnerische Bedeutung haben; denn so lange sind sie vornehmlich als Maßstab für die Zinsen-Gutschriften und für die Entnahme-Befugnisse zu dienen bestimmt. Daneben lassen sie fortlaufend erkennen, in welchem Umfang die einzelnen Gesellschafter an der Gesellschaft vermögensrechtlich interessiert sind. Während bestehender Gesellschaft darf kein Gesellschafter seinen Aktiv-Saldo zurückverlangen, und außerhalb des Konkurses oder der Liquidation kann kein Gesellschafter gezwungen werden, seinen Passiv-Saldo bei der Gesellschaft zu decken. Erst im Konkurs- oder Liquidationsfall kann solche Deckung auf Grund der persönlichen Haftung verlangt werden. Welche rechnerische und rechtliche Bedeutung die Kapitalkonten-Salden bei der Auseinandersetzung infolge Ausscheidens von Gesellschaftern notwendigerweise bekommen müssen, liegt auf der Hand. Für die Auseinandersetzung gelten, wenn nicht Sonder-Vereinbarungen vorliegen, die Vorschriften der §§ 732 bis 735 B.G.B.

Beispiel für Gewinn-Verteilung. Nunmehr soll die Erfolgs-Verteilung bei der offenen Handels-Gesellschaft zusammenhängend an einem zahlenmäßig belegten und auf den Kapital-Konten durchgeführten Beispiel dargestellt werden:

Stark, Schwarz und Weiß sind Komplementare einer offenen Handels-Gesellschaft, an der Klein seit dem 1. Januar 1913 mit 25000,—M Einlage als stiller Gesellschafter beteiligt ist.

Die vertraglichen Bestimmungen über die Erfolgs-Verteilung lauten: aus dem bilanzmäßig ausgewiesenen Reingewinn werden vorweg gutgeschrieben: dem Klein 6% Zinsen auf seine Einlage, dem Stark, als dem durch die Geschäftsführung weitaus am meisten beanspruchten Komplementar, 20% Tantieme vom ebenfalls ungekürzten (durch die Verzinsung an Klein mithin als noch nicht gemindert zu denkenden) Reingewinn. Darauf werden die vorjährigen Kapital-Salden von Stark, Schwarz und Weiß aus dem noch verbliebenen Reingewinn verzinst. Und zwar die Salden für Stark und Schwarz mit 5%, der Saldo für Weiß mit nur 4%; soweit der Reingewinn dazu nicht ausreicht, zu verhältnismäßig niedrigeren Sätzen. Aus dem danach etwa verbliebenen Gewinnrest erhält Klein $^1/_{10}$, der dann noch übrige Gewinnrest wird unter Stark, Schwarz und Weiß nach Köpfen verteilt. Insoweit der bilanzmäßige Reingewinn schon zur Deckung der 6% Zinsen für Klein nicht ausreicht, haben Schwarz und Weiß die bezügliche Gutschrift für Klein zu Lasten ihrer Kapital-Konten je zur Hälfte zu übernehmen. Ergibt sich im übrigen ein bilanzmäßiger Verlust, so entfällt davon auf Stark ein Anteil von 25%, während Schwarz und Weiß die übrigen 75% je zur Hälfte zu tragen haben. Die Entnahmebefugnisse sind so verteilt: Stark darf bis zu 200,— M für jeden Monat zinsfrei entnehmen. Schwarz und Weiß dürfen dagegen nur bis zu 4% ihrer für den Schluß des Vorjahrs festgestellten Kapital-Salden entnehmen und haben ihre Entnahmen mit 4% zu verzinsen.

Zum 31. Dezember 1912 hatten die Kapitalkonten-Salden betragen für Stark 45418,70 M, für Schwarz 9713,50 M, für Weiß 7243,60 M.

Die für das Jahr 1913 über die Privat-Konten dieser drei Gesellschafter verbuchten Entnahmen belaufen sich, einschließlich der für Schwarz und Weiß darauf zu berechnenden Zinsen, für Stark auf 2400,— M, für Schwarz auf 374,95 M, für Weiß auf 263,35 M.

Für das Jahr 1913 hat sich ein Reingewinn von 11742,80 M ergeben. Dieser Betrag ist nach den vorstehend gemachten Mitteilungen wie folgt zu verteilen:

6% Zinsen an Klein auf dessen Einlage von 25000,— M	=	1500,— M
20% Tantieme vom noch ungekürzt zu denkenden Reingewinn an Stark	=	2348,56 ,,
5% Zinsen auf 45418,70 M vorjährigen Kapital-Saldo an Stark	=	2270,93 ,,
5% Zinsen auf 9713,50 M vorjährigen Kapital-Saldo an Schwarz	=	485,67 ,,
4% Zinsen auf 7243,60 M vorjährigen Kapital-Saldo an Weiß	=	289,74 ,,
		6894,90 M.

Hiernach Gewinnrest =
(11742,80 M ·/. 6894,90 M =) 4847,90 M.

$^1/_{10}$ des Gewinnrestes an Klein . . . . = 484,79 M.

Danach verbleibt zur Verteilung nach Köpfen für Stark, Schwarz und Weiß ein Gewinnrest von (4847,90 M ·/. 484,79 M =) 4363,11 M.

Davon:

$^1/_3$ an Stark	= 1454,37 ,,		
$^1/_3$ an Schwarz	= 1454,37 ,,		
$^1/_3$ an Weiß	= 1454,37 ,,		4847,90 ,,.
Gesamtbetrag des verteilten Reingewinns:			11742,80 M.

Die Kapital-Konten zeigen danach für 1913 folgendes Aussehen:

Klein

1913			1913		
Dezbr. 31.	An Saldo . .	26 984,79 M	Januar 1.	Per Einlage . .	25 000,— M
			Dezbr. 31.	„ 6% Zinsen	1500,— „
			„ „	„ 1/10 Gewinnrest . . .	484,79 „
		26 984,79 M			26 984,79 M

Stark

1913			1913		
Dezbr. 31.	An Übertrag der Entnahmen vom Privat-Konto . . .	2 400,— M	Januar 1.	Per Saldo-Vortrag . . .	45 418,70 M
„ „	„ Saldo	49 092,56 „	Dezbr. 31.	„ 20% Tantieme. . .	2 348,56 „
			„ „	„ 5% Kapitalzinsen . .	2 270,93 „
			„ „	„ 1/3 Gewinnrest . . .	1 454,37 „
		51 492,56 M			51 492,56 M

Schwarz

1913			1913		
Dezbr. 31.	An Übertrag der Entnahmen vom Privat-Konto .	374,95 M	Januar 1.	Per Saldo-Vortrag . . .	9 713,50 M
„ „	„ Saldo . . .	11 278,59 „	Dezbr. 31.	„ 5% Kapitalzinsen . .	485,67 „
			„ „	„ 1/3 Gewinnrest . . .	1 454,37 „
		11 653,54 M			11 653,54 M

Weiß

1913			1913		
Dezbr. 31.	An Übertrag der Entnahmen vom Privat-Konto. . .	263,35 M	Januar 1.	Per Saldo-Vortrag . . .	7 243,60 M
„ „	„ Saldo . . .	8724,36 „	Dezbr. 31.	„ 4% Kapitalzinsen . .	289,74 „
			„ „	„ 1/3 Gewinnrest . . .	1 454,37 „
		8987,71 M			8 987,71 M

Hieraus ist die Rentabilität der Kapital-Anlagen in jedem Fall leicht ersichtlich.

Beispiel für Verlust-Verteilung. Würde das Jahr 1913 nicht mit einem Gewinn, sondern mit einem Verlust abgeschlossen haben, und würde dieser 4376,80 M betragen, so käme man zu nachstehender Erfolgs-Verteilung:

6% Zinsen an Klein auf dessen Einlage von 25 000,— M zu Lasten von Schwarz und Weiß = 1500,— M.
25% Anteil des Stark am Verlust von 4376,80 M = 1094,20 „.
37½% Anteil des Schwarz am Verlust von 4376,80 „ = 1641,30 „.
37½% Anteil des Weiß am Verlust von 4376,80 „ = 1641,30 „.

Die Kapital-Konten würden dann wie folgt aussehen:

Klein

1913			1913		
Dezbr. 31.	An Saldo . . .	26 500,— M	Januar 1.	Per Einlage . .	25 000,— M
			Dezbr. 31.	„ 6% Zinsen .	1 500,— „
		26 500,— M			26 500,— M

Stark

1913			1913		
Dezbr. 31.	An Übertrag der Entnahmen vom Privat-Konto . .	2 400,— M	Januar 1.	Per Saldo-Vortrag . . .	45 418,70 M
„ „	„ Verlust-Anteil	1 094,20 „			
„ „	„ Saldo . . .	41 924,50 „			
		45 418,70 M			45 418,70 M

Schwarz

1913			1913		
Dezbr. 31.	An Übertrag der Entnahmen vom Privat-Konto . . .	374,95 M	Januar 1.	Per Saldo-Vortrag . . .	9713,50 M
„ „	„ ½ Zinsenanteil-Klein	750,— „			
„ „	„ Verlust-Anteil	1641,30 „			
„ „	„ Saldo . . .	6947,25 „			
		9713,50 M			9713,50 M

Weiß

1913			1913		
Dezbr. 31.	An Übertrag der Entnahmen vom Privat-Konto . . .	263,35 M	Januar 1.	Per Saldo-Vortrag . . .	7243,60 M
„ „	„ ½ Zinsenanteil-Klein .	750,— „			
„ „	„ Verlust-Anteil	1641,30 „			
„ „	„ Saldo . . .	4588,95 „			
		7243,60 M			7243,60 M

Entscheidungen über Abtretung der Ansprüche auf Gewinn-Anteile. Mit folgenden Entscheidungen sei dieser Abschnitt geschlossen:

„Das Recht auf Einsicht in die Bilanz einer offenen Handels-Gesellschaft kann an einen Dritten nicht abgetreten werden. Der Anspruch auf Gewinn-Anteil ist zwar abtretungsfähig, doch hängt die Geltendmachung von der vorherigen Feststellung der Höhe durch die Gesellschafter ab. **R.G.** 12. 5. 1901. J.W. 1902 S. 397[31]. Z.f.A. Bd. 9 S. 276. Holdheim 1902 S. 202." (Vgl. Kaufmann III. S. 65.)

„Die Abtretung der Ansprüche auf einen Gewinn-Anteil ist dann unwirksam, wenn die Abtretung nur unter der Bedingung, daß vorher Rechnung gelegt werde und nur insoweit gewollt ist, als sich aus dieser Rechnungslegung ein Anspruch ergebe, und wenn die Abtretung des Anspruchs auf Rechnungslegung unzulässig ist (B.G.B. § 717). **R.G.** 30. 4. 04. Holdheim 04, 300." (Vgl. Kaufmann VI. S. 56.)

D. Erfolgs-Verteilung bei der Kommandit-Gesellschaft.

Gesetzliche Vorschriften. Die auf die Erfolgs-Verteilung bei Kommandit-Gesellschaften bezüglichen Vorschriften des H.G.B. lauten:

§ 167. Die Vorschriften des § 120 über die Berechnung des Gewinns oder Verlustes gelten auch für den Kommanditisten.

Jedoch wird der einem Kommanditisten zukommende Gewinn seinem Kapital-Anteile nur so lange zugeschrieben, als dieser den Betrag der bedungenen Einlage nicht erreicht.

An dem Verluste nimmt der Kommanditist nur bis zum Betrage seines Kapital-Anteils und seiner noch rückständigen Einlage teil.

§ 168. Die Anteile der Gesellschafter am Gewinne bestimmen sich, soweit der Gewinn den Betrag von vier vom Hundert der Kapital-Anteile nicht übersteigt, nach den Vorschriften des § 121 Absatz 1, 2.

In Ansehung des Gewinns, welcher diesen Betrag übersteigt, sowie in Ansehung des Verlustes gilt, soweit nicht ein andres vereinbart ist, ein den Umständen nach angemessenes Verhältnis der Anteile als bedungen.

§ 169. Der § 122 findet auf den Kommanditisten keine Anwendung. Dieser hat nur Anspruch auf Auszahlung des ihm zukommenden Gewinns; er kann auch die Auszahlung des Gewinns nicht fordern, solange sein Kapital-Anteil durch Verlust unter den auf die bedungene Einlage geleisteten Betrag herabgemindert ist oder durch die Auszahlung unter diesen Betrag herabgemindert werden würde.

Der Kommanditist ist nicht verpflichtet, den bezogenen Gewinn wegen späterer Verluste zurückzuzahlen.

Vergleich mit der Off. Hges. und der stillen Gesellschaft. Hieraus folgt zunächst, daß alles über die Erfolgs-Beteiligung der Komplementare einer Off. Hges. im vorigen Abschnitt Gesagte auch für die Komplementare der Komm.-Ges. gilt. Und außerdem wird dem ersten Blick erkennbar, daß die Stellung der Kommanditisten bei der Erfolgs-Verteilung im wesentlichen gleich oder doch verwandt ist derjenigen der stillen Gesellschafter (vgl. darüber unter B dieses Kapitels S. 381 ff.).

Da über die Erfolgs-Beteiligung der Komplementare das Nötige bereits im voraufgegangenen Abschnitt über die Erfolgs-Verteilung bei der Off. Hges. mitgeteilt ist, sei darauf verwiesen. Hier braucht demnach in der Hauptsache nur die Sonderstellung der Kommanditisten gewürdigt zu werden. Und zwar soll dies im Vergleich zur Erfolgs-Beteiligung des stillen Gesellschafters und erforderlichenfalls auch zu derjenigen der Komplementare geschehen.

Maximal-Charakter der Kommanditisten-Einlage. Für den stillen Gesellschafter ist mit § 337 Abs. 3 bestimmt, daß von ihm nicht erhobene Gewinne seine Einlage nicht vermehren sollen, sofern nicht andres vereinbart ist. Auf dieselbe Wirkung läuft die mit § 167 Abs. 2 für den Kommanditisten gegebene Vorschrift hinaus, wonach der ihm zukommende Gewinn seinem Kapital-Anteil nur so lange zugeschrieben wird, als dieser den Betrag der (unter den Komplementaren und Kommanditisten, also intern) bedungenen Einlage (also nicht den Betrag der nach außen bekannt gegebenen und dahin allein wirksamen, vielleicht höhern oder niedrigern Haftsumme) nicht erreicht.

Der Wunsch des Gesetzgebers geht somit dahin, die durch die Einlage charakterisierte beschränkte Haftung des Kommanditisten (ebenso diejenige des stillen Gesellschafters) ohne weiteres auch buchmäßig dadurch ausgedrückt zu sehen, daß auf dem Kapital-Konto im Höchstfall lediglich der Betrag der Einlage erscheint. Nicht erhobene Gewinn-Anteile, deren Gutschriften auf dem Kapital-Konto dessen Aktiv-Saldo über den Betrag der bedungenen Einlage hinaus vermehren würden, gehören deshalb nicht auf dieses, sondern auf ein gewöhnliches Kontokorrent- (Darlehns-) Konto, mit dem der Kommanditist einfacher Buchgläubiger seiner Gesellschaft wird. Daß nicht erhobene, als bloße Kontokorrent-Guthaben verbuchte Gewinn-Anteile der Kommanditisten bei der noch zu besprechenden Verzinsung der Kapital-Anteile nicht zu berücksichtigen sind, leuchtet ein.

Vertragliche Ausschaltung des Maximal-Charakters. Wie die Vorschrift des § 337 Abs. 3 H.G.B. für den stillen Gesellschafter, so ist auch die des § 167 Abs. 2 H.G.B. für den Kommanditisten nur dispositiver Natur. Deshalb können die Komplementare und Kommanditisten einer Kommandit-Gesellschaft (allerdings nur einstimmig) beschließen, daß über die Kommanditisten-Einlagen hinausgehende, nicht erhobene Gewinn-Anteile nicht als gewöhnliche Buchforderungen, sondern als Vergrößerungen der Kapital-Einlagen angesehen werden sollen. Welcher Wille auch Platz greifen mag: im übrigen gilt zu diesem Thema, was auf S. 386 bis 388 unter „Gewinn-Auszahlung und nicht ausgezahlte Gewinn-Anteile“ und unter „Beispiel für verschiedene Stellung und Verwertung nicht ausgezahlter Gewinn-Anteile“ über die Erfolgs-Beteiligung des stillen Gesellschafters gesagt worden ist.

Gesetzliche Begrenzung der Verlust-Beteiligung des Kommandi-

tisten. Sodann ist nach § 167 Abs. 3 H.G.B. vorgeschrieben, daß der Kommanditist an dem Verlust nur bis zum Betrage seines Kapital-Anteils und seiner noch rückständigen Einlage teilnimmt. Auch diese Vorschrift kehrt im Recht der stillen Gesellschaft wieder, wonach (§ 337 Abs. 2 Satz 1) der Stille an dem Verlust nur bis zum Betrage seiner eingezahlten oder [statt „oder" besser: „und" (!) der Verfasser] rückständigen Einlage teilnimmt. Diese Gesetzes-Vorschrift ist eine zwingende Maximal-Vorschrift. Darüber hinausgehende vertragliche Vereinbarungen wären mithin nichtig. Die Frage, ob der Kommanditist an den Verlusten der Jahre, während derer seine Einlage durch voraufgegangene Verlust-Abschreibungen schon aufgebraucht ist, teilnehmen, ob er infolgedessen damit einverstanden sein muß, daß später etwa wieder erzielte Gewinne zunächst zur Deckung jener, ihm über den Betrag seiner Einlage hinaus belasteten Verlust-Anteile, d. h. seines Passiv- (Debet-) Saldos, verwendet werden, bevor sein Anteil an den späteren Gewinnen ihm wieder einen Aktiv- (Kredit-) Saldo auf seinem Kapital-Konto bringt ..... diese Frage ist unter „Notwendigkeit vertraglicher Bestimmungen für den Fall die Einlage übersteigender Verluste" schon auf S. 389 bis 390 bejahend entschieden worden. Was dort über die bezügliche Stellung des stillen Gesellschafters gesagt ist, gilt mutatis mutandis auch für den Kommanditisten.

Kapital-Verzinsung. Nach § 168 Abs. 1 H.G.B. gilt § 121 Abs. 1 und 2 H.G.B. auch für die Kommandit-Gesellschaft. Demnach haben alle über die Kapital-Verzinsung aus dem Reingewinn und über die Verzinsung der Einlagen im vorigen Abschnitt für die Komplementare der Off. Hges. gegebenen Ausführungen auch für die Komplementare und Kommanditisten der Kommandit-Gesellschaft Gültigkeit.

Verteilungs-Maßstab für Gewinnreste. Dagegen enthält § 168 Abs. 2 H.G.B. eine von § 121 Abs. 3 H.G.B. abweichende Vorschrift insofern, als die Gewinnreste bei der Kommandit-Gesellschaft nicht — wie bei der Off. Hges. — nach Köpfen, sondern auf Grund eines den Umständen nach angemessenen Verhältnisses der Anteile (etwa nach Maßgabe der Beteiligungshöhe, der persönlichen Bedeutung des Gesellschafters für die Unternehmung, seiner positiven Arbeitsleistung u. dgl.) zur Verteilung kommen. Da diese Vorschrift für Komplementare und Kommanditisten gleichermaßen gilt, liegt hierin für die Komplementare der Kommandit-Gesellschaften eine (und zwar die einzige) von den Erfolgsverteilungs-Vorschriften für die Komplementare der Off. Hges. abweichende Bestimmung. Diese Bestimmung ist aber, da andres, beispielsweise ebenfalls Verteilung nach Köpfen, vereinbart werden darf, wiederum nur dispositiver Natur. Ist andres nicht vereinbart worden, so werden Sachverständige sich über das den

Umständen nach angemessene Verhältnis bei der Gewinn-Verteilung zu äußern haben.

Ist der Verteilungsmodus nur für den Gewinnfall oder für den Verlustfall bestimmt, so gilt auch für die Kommandit-Gesellschaft § 722 Abs. 2 B.G.B., wonach die Bestimmung im Zweifel auf Gewinn und Verlust zu beziehen ist.

Kapital-Entnahmerecht als Vorzug der Komplementare. Nach § 169 Abs. 1 Satz 1 H.G.B. findet § 122 H.G.B. auf den Kommanditisten keine Anwendung. Das heißt: das Recht auf Barentnahmen zu Lasten ihrer Kapital-Anteile steht nur den Komplementaren der Kommandit-Gesellschaft zu. Für diese gilt das darüber im vorigen Abschnitt für die Komplementare der Off. Hges. Gesagte.

Im übrigen ist mit § 169 H.G.B. folgendes bestimmt:

Begrenzter Auszahlungs-Anspruch des Kommanditisten. Der Kommanditist kann nur die Auszahlung des ihm zukommenden Gewinns beanspruchen. Der Komplementar der Kommandit-Gesellschaft hingegen kann — da nach § 169 Abs. 1 H.G.B. das auf S. 401 bis 403 für die Off. Hges. bereits besprochene Entnahmerecht des § 122 Abs. 1 H.G.B. auch für ihn gilt — Auszahlung bis zu 4% seines für den Schluß des Vorjahrs festgestellten Kapital-Anteils auch dann verlangen, wenn kein Gewinn erzielt, ja, selbst dann, wenn statt dessen Verlust entstanden ist. Diese Verschiedenheit liegt darin begründet, daß der Kommanditist nur bis zur Höhe seiner Einlage, der Komplementar dagegen mit seinem gesamten (auch dem privaten) Vermögen den Gesellschafts-Gläubigern haftet.

Der Kommanditist kann die Auszahlung seines Gewinn-Anteils nur fordern, solange sein Kapital-Anteil sich mit dem auf die bedungene Einlage geleisteten Betrage deckt. Solange sein Kapital-Anteil durch Belastung von Verlust-Anteilen oder unberechtigter Entnahmen aber unter den auf die bedungene Einlage geleisteten Betrag herabgemindert ist oder durch die Auszahlung unter diesen Betrag herabgemindert werden würde, hat der Kommanditist demnach auf die Auszahlung des auf ihn entfallenden Gewinn-Anteils keinen Anspruch, weil dieser seinem Kapital-Konto zur Auffüllung bis zur Höhe des auf die bedungene Einlage geleisteten Betrags gutgebracht werden muß. Die Komplementare der Kommandit-Gesellschaft dagegen haben — wie auf S. 404 für die Off. Hges. bereits ausgeführt ist — auf die Entnahmen der über die Kapital-Verzinsung hinausgehenden Gewinn-Anteile (Gewinnreste) auch dann Anspruch, wenn ihre Einlage durch Verluste früherer Jahre vermindert oder gar aufgezehrt ist. Allerdings dürfen nach § 122 Abs. 1 H.G.B. wichtige Interessen der Gesellschaft dadurch nicht geschädigt werden.

Barauszahlungspflicht der Gesellschaft. Soweit dem Kommanditisten ein Recht auf die Auszahlung des Gewinn-Anteils zusteht, kann er die Gesellschaft darauf verklagen (die Klage ist gegen die Gesellschaft als solche, nicht also gegen bestimmte, der Auszahlung etwa widerstrebende Gesellschafter zu richten). Die Gesellschaft muß das zur Auszahlung erforderliche Geld beschaffen; unabhängig davon, ob dies im Wege des normalen Geschäfts-Betriebs oder vielleicht nur aus dem Erlös von Verkäufen dazu geeigneter Vermögens-Gegenstände oder aus der Aufnahme eines Darlehns, einer Hypothek oder dgl. möglich ist. Die mit der Auszahlung hiernach möglicherweise verbundene Schädigung der Gesellschaftszwecke hebt den Auszahlungs-Anspruch mithin nicht auf.

Vertragliche Erweiterung der Auszahlungs-Ansprüche des Kommanditisten. Hervorzuheben ist aber, daß auch die Vorschriften des § 169 H.G.B. nur dispositiver Natur sind. Infolgedessen kann, allerdings nur mit Zustimmung aller Gesellschafter, beispielsweise beschlossen werden, daß bestimmte oder alle Kommanditisten Anspruch auf Auszahlung der auf ihren Kapital-Anteil sich rechnungsmäßig ergebenden Zinsen haben sollen; unabhängig davon, ob diese Zinsen in dem in Betracht kommenden Geschäftsjahr überhaupt verdient worden sind, und ob der Kapital-Anteil etwa gar durch bilanzmäßigen Verlust gedrückt worden ist. Immerhin werden derartige Auszahlungen nicht geschehen dürfen, wenn sie der Gesellschaft zum offenbaren Schaden gereichen. Nach § 172 Abs. 4 H.G.B. gelten gegenüber den Gläubigern der Kommandit-Gesellschaft die Einlagen der Kommanditisten als nicht geleistet, soweit diese Gewinn-Anteile entnehmen, während ihre Kapital-Anteile durch Verlust unter den Betrag der geleisteten Einlage herabgemindert sind oder herabgemindert werden würden.

Ursachen für Rückzahlung bezogener Gewinne. Wie für den stillen Gesellschafter mit § 337 Abs. 2 H.G.B., so ist für den Kommanditisten mit § 169 Abs. 2 H.G.B. bestimmt, daß auch er nicht verpflichtet sein soll, den bezogenen Gewinn wegen späterer Verluste zurückzuzahlen. Diese Bestimmung schließt aber nicht aus, daß der Kommanditist empfangene Gewinn-Anteile an die Gesellschaft zurückzahlen muß, wenn sie ihm irrtümlich ausgezahlt worden waren; sei es, weil sie einer, aus irgend einem Grunde nachträglich als falsch erkannten Bilanz entstammten; sei es, weil sie zur buchmäßigen Deckung auf dem Kapital-Konto abgeschriebener Verluste zu verwenden gewesen wären. Den Gläubigern der Kommandit-Gesellschaft gegenüber ist der Kommanditist nach § 172 Abs. 5 H.G.B. in keinem Fall zurückzuzahlen verpflichtet, was er auf Grund einer in gutem Glauben errichteten Bilanz in gutem Glauben als

Gewinn bezogen hat. Der gute Glaube (vgl. über dessen rechtliche Voraussetzung § 932 Abs. 2 B.G.B.) muß in diesem Fall also sowohl bei dem eventuell bereicherten Kommanditisten, wie auch schon bei der Aufstellung der Bilanz vorgelegen haben; hat er nachweislich auf nur einer Seite gefehlt, so haftet der Kommanditist den Gesellschafts-Gläubigern für den gesetzwidrig empfangenen Betrag.

Verteilungs-Beispiel. Im Anschluß an die vorstehenden Darlegungen noch ein zahlenmäßig und auf den Kapital-Konten auch buchmäßig durchgeführtes, praktischer Erfahrung entstammendes Beispiel über die Erfolgs-Verteilung bei der Kommandit-Gesellschaft.

Frau Matz, die Witwe des Ende 1907 verstorbenen Kaufmanns Karl Matz, hat als nunmehrige Inhaberin der Firma ihres Mannes mit dessen Prokuristen, Herrn Keck, mit Wirkung vom 1. Januar 1908 an einen Vertrag dahin geschlossen, daß beide Parteien die erwähnte Firma in Form einer Kommandit-Gesellschaft fortführen. Frau Matz bringt von dem für den 31. Dezember 1907 in Höhe von 273498,60 M bilanzmäßig ausgewiesenen Geschäfts-Vermögen der bisherigen Einzelunternehmung 200 000,— M als Kommanditistin in die Gesellschaft ein. Dieser Betrag ist ihr auf einem für sie zu errichtenden Kapital-Konto gutzubringen. Mit den übrigen 73498,60 M wird Frau Matz einfache Darlehns-Gläubigerin auf einem neben ihrem Kapital-Konto für sie zu eröffnenden Kontokorrent-Konto. Die von ihr privatim benötigten Gelder entnimmt Frau Matz zu Lasten dieses Darlehns-Kontos, das ihr mit 5% zu verzinsen ist. Herr Keck beteiligt sich als Komplementar; jedoch zunächst lediglich mit seiner Arbeitskraft, was seine persönliche Haftung den Gläubigern der Kommandit-Gesellschaft gegenüber aber bekanntermaßen nicht ausschließt. Daß Herr Keck die praktische Bedeutung solcher Haftungs-Gefahr im vorliegenden Fall für absolut unwahrscheinlich erachtet, sei nur angedeutet. Auf Herrn Keck entfallende Gewinn-Anteile werden einem, zu diesem Zweck für ihn zu errichtenden Kapital-Konto gutgeschrieben. Dieses Kapital-Konto wird für den Schluß jedes Jahrs außerdem mit 6000,— M Gehalt zu Lasten des Unkosten-Kontos der Gesellschaft erkannt. Das Kapital-Konto des Herrn Keck wird dagegen für den Schluß jedes Jahrs belastet mit dem Debet-Saldo seines Privat-Kontos, zu dessen Lasten Herr Keck für jedes Jahr bis zu 6000,— M aus der Gesellschafts-Kasse zinsfrei erheben darf.

Über die Erfolgs-Verteilung selbst enthält der Gesellschafts-Vertrag folgende Bestimmungen:

Zunächst werden die Kapital-Anteile der Frau Matz und des Herrn Keck mit 5% pro anno verzinst. Soweit der Reingewinn zu solcher Verzinsung nicht ausreicht, hat diese zu einem entsprechend niedrigern Satze zu geschehen. Von dem über die Verzinsung hinaus sich ergebenden Gewinnrest erhält Herr Keck 20%. Geht der Gewinnrest über 20 000,— M hinaus, so erhält Herr Keck 25% des überschießenden Betrags, geht der Gewinnrest über 30 000,— M hinaus, so erhält er $33^1/_3$% des über 30 000,—M hinausgehenden Betrags. Den danach verbleibenden Rest erhält Frau Matz.

Am Verlust nimmt Herr Keck nicht teil.

Ist die Einlage der Frau Matz durch ihren Anteil am Verluste erschöpft, so werden ihr zwar weitere Verluste belastet, die durch ihr später etwa zufallende Gewinn-Anteile wieder ausgeglichen werden. Jedoch ist Frau Matz zur Leistung von Zuschüssen nicht verpflichtet.

Das erste, mit dem 31. Dezember 1908 schließende Geschäftsjahr der Kommandit-Gesellschaft hatte, dank sehr günstiger Branche-Konjunktur, einen Reingewinn von 43 977,10 M gebracht. Dessen Verteilung hatte sich nach den vorstehend mitgeteilten vertraglichen Bestimmungen folgendermaßen zu gestalten:

5% Zinsen auf 200 000,— M Kommandit-Einlage der Frau Matz . . . . =	10 000,— M
20% Anteil auf die ersten 20 000,— M des noch (43977,10 M ·/. 10000,— M =) 33977,10 M betragenden Gewinnrestes an Herrn Keck . . . . =	4 000,— „
25% Anteil auf die folgenden 10 000,— M desgl. . . =	2 500,— „
33⅓% Anteil auf die noch verbleibenden 3977,10 M desgl. . . . . =	1 325,70 „
Übriger Gewinnrest für Frau Matz . . . . =	26 151,40 „
Reingewinn (wie oben):	43 977,10 M.

Die beiden Kapital-Konten zeigten danach für 1908, da die Privat-Entnahmen des Herrn Keck für jenes Jahr 5100,— M betragen hatten, folgendes Aussehen (das Darlehns-Konto der Frau Matz ist in diesem Zusammenhang von keinem Interesse):

Kapital-Konto Keck

1908			1908		
Dezbr. 31.	An Übertrag der Entnahmen vom Privat-Konto . . .	5100,— M	Dezbr. 31.	Per Gehalt pro 1908 . . .	6000,— M
„ „	„ Saldo . . .	8725,70 „	„ „	„ Gewinn-Anteil pro 1908 (M 4000,— + 2500,— + 1325,70 =)	7825,70 „
		13 825,70 M			13 825,70 M

Kapital-Konto Frau Matz

1908			1908		
Dezbr. 31.	An Saldo . . .	236 151,40 M	Januar 1.	Per Kommandit-Einlage	200 000,— M
			Dezbr. 31.	„ Einlage-Zinsen pro 1908 . . .	10 000,— „
			„ „	„ Gewinn-Anteil . . .	26 151,40 „
		236 151,40 M			236 151,40 M

Kontrollrechte des Kommanditisten. Schließlich sei noch des dem Kommanditisten gesetzlich zustehenden Kontrollrechts gedacht. Dieses Recht regelt § 166 H.G.B. Der Inhalt dieses Paragraphen deckt sich wörtlich mit demjenigen des § 338 H.G.B., womit das Kontrollrecht des stillen Gesellschafters gesetzlichen Ausdruck gefunden hat. Wenn im § 166 H.G.B. auf § 118 H.G.B., im § 338 H.G.B. an derselben Stelle hingegen auf § 716 B.G.B. verwiesen ist, so ist dies darin begründet, daß die stille Gesellschaft keine Handels-Gesellschaft ist, weshalb für sie — im Gegensatz zur Kommandit-Gesellschaft, die zu den Handels-Gesellschaften zu zählen ist — subsidiär die Bestimmungen des bürgerlichen Rechts über die Gesellschaft anzuwenden sind. Da der Wortlaut des § 118 H.G.B. mit dem des § 716 B.G.B. übereinstimmt, besteht zwischen den Vorschriften der §§ 166 und 338 H.G.B. tatsächlich kein Unterschied. Deshalb gelten die auf S. 390 bis 393 über das Kontrollrecht des Stillen gemachten Ausführungen sinngemäß auch für das Kontrollrecht des Kommanditisten. Nur der Bemerkung bedarf es an dieser Stelle, daß die dem von der Geschäftsführung ausgeschlossenen Komplementar mit § 118 H.G.B. zugestandenen, in dessen persönlicher Haftung begründeten weiteren Kontrollrechte dem Kommanditisten selbst dann nicht zukommen, wenn er etwa zur aktiven Teilnahme an der Geschäftsführung berufen ist. Zwar wird eine gewisse Erweiterung des gesetzlichen Kontrollrechts sich für den Kommanditisten, je nach dem Umfang seiner Teilnahme an der Geschäftsführung, mehr oder weniger von selbst ergeben. Daraus folgt aber nicht, daß der Kommanditist seine Teilnahme an der Geschäftsführung dazu benutzen darf, sein Kontrollrecht über die ihm durch § 166 H.G.B. gezogenen Grenzen hinaus zu erweitern, wenn er zu solcher Erweiterung seiner Befugnis nicht etwa auf Grund vertraglicher Vereinbarungen berechtigt ist.

E. Gewinn-Verteilung bei der Aktien-Gesellschaft.

Vergleich der Gewinn- mit der Verlust-Verteilung bei der A.G. In der Überschrift zu diesem Abschnitt sage ich absichtlich nicht „Erfolgs"-, sondern nur „Gewinn-"Verteilung. Und zwar aus dem Gedanken heraus, daß — im Gegensatz zur Erfolgs-Verteilung bei der Off. Hges. und bei der Komm.-Ges. —bei der Aktien-Gesellschaft nur die Gewinn-Verteilung individuellen Charakter hat, daß dagegen von einer Verteilung des Verlustes während des (hier nur in Frage kommenden) Bestehens der Gesellschaft nicht gesprochen werden kann. Denn bilanzmäßige Verluste kommen bei der Aktien-Gesellschaft, als einer reinen Kapital-Gesellschaft, bekanntermaßen lediglich durch buchmässigen Vortrag im Soll des Gewinn- und Verlust-Kontos zum Ausdruck, also ausschließlich sachlich und summarisch, d. h. ohne irgend welche Beziehung zu den Beteiligungs-Quoten (Aktien) der einzelnen Aktionäre. Die Tatsache, daß bilanzmäßige Verluste seiner Gesellschaft dem einzelnen Aktionär bei der Veräußerung seiner Aktien oder im Fall der Liquidation oder des Konkurses der Aktien-Gesellschaft unmittelbar fühlbar werden, ändert nichts an dem vorstehend begründeten, für die Zwecke dieser Arbeit allein maßgebenden Gedanken.

Welche Beziehungen bilanzmäßige Verluste der Aktien-Gesellschaft zu deren Reserven bekommen können, wird bei der Besprechung der Bildung und Verwendung echter Reserven noch gezeigt werden.

Disposition. Im übrigen handeln die folgenden Ausführungen demnach nur von der Gewinn-Verteilung bei Aktien-Gesellschaften. Die Darstellung wird sich beziehen auf:

I. Reserven.
II. Tantiemen.
III. Dividenden.

Inhalt des Begriffs „Gewinn-Verteilung" bei der A. G. Hiermit soll gleichzeitig gesagt sein, daß der Begriff der „Gewinn-Verteilung" bei der Aktien-Gesellschaft seinem Inhalt nach im Normalfall (also unter Ausschluß außerordentlicher Gewinn-Verwendung) drei verschiedenartige Vorgänge umfaßt:

1. die Bestimmung und rein buchmäßige Verwendung von Teilen des bilanzmäßigen Reingewinns zur Bildung oder Stärkung echter Reserven;

2. die Feststellung und Gutschrift oder Auszahlung weiterer Teile des bilanzmäßigen Reingewinns als Tantiemen zum Zweck der Vergütung für geleistete Arbeit an Aufsichtsrat, Vorstand und Beamte [für die Mitglieder des Aufsichtsrats bedeutet die Tantieme vielfach mehr eine Vergütung für das Haftungs-Risiko nach §§ 246 und 249 H.G.B. (nicht selten auch für Repräsentation und dekorativ wirkende

Namen), als für positive, im Interesse der Gesellschaft geleistete Kleinarbeit];

3. die Festsetzung und Gutschrift oder Auszahlung sonstiger freier Teile des bilanzmäßigen Reingewinns zugunsten der Gesellschafter (Aktionäre) als Entgelt (Dividende) für Kapital-Verzinsung und Risiko-Prämie.

Die Gewinn-Verteilung bei der Aktien-Gesellschaft vollzieht sich — auch zeitlich genommen — vermöge dreier, verschiedenartiger Vorgänge, von denen der eine immer die Folge des voraufgegangenen ist. Diese drei Vorgänge sind:

1. Vorschläge des Vorstands und des Aufsichtsrats über die Gewinn-Verteilung an die Generalversammlung;

2. Beschlußfassung der Generalversammlung darüber;

3. Ausführung dieser Beschlüsse durch die bei der Gesellschaft zu diesem Zweck vorzunehmenden Buchungen und Auszahlungen.

Demnach sind die auf die Gewinn-Verteilung bezüglichen Vorgänge teils vorbereitender, teils ausführender Natur.

Soweit diese Vorgänge im Rahmen der folgenden Ausführungen von Bedeutung sind, wird darauf eingegangen werden.

Gewinn und Verlust als besondere Bilanzzahlen. Vorweg sei hervorgehoben, daß nach § 261 Ziff. 6 H.G.B. Gewinn oder Verlust der Aktien-Gesellschaft „am Schluß der Bilanz besonders angegeben werden muß".

Diese gesetzliche Zwangsvorschrift ist unbedingt berechtigt. Denn die am Gedeihen einer Aktien-Gesellschaft interessierten Personen (Aktionäre, Gesellschafts-Gläubiger, Obligationäre, Bilanz-Kritiker u. a.) müssen der Bilanz (ebenso auch der Gewinn- und Verlust-Rechnung) die Gewinn- oder Verlustzahl ohne weiteres entnehmen können. Das ist aber nur möglich, wenn jene Zahl in der Bilanz (und — in Übereinstimmung damit — auch in der Gewinn- und Verlust-Rechnung) als solche gesondert angegeben wird. Streng genommen müßte eine auf solchen gesonderten Erfolgs-Ausweis gerichtete gesetzliche Vorschrift überflüssig sein. Denn der Saldo der Erfolgs-Rechnung (des Gewinn- und Verlust-Kontos), also der bilanzmäßige Gewinn oder Verlust, hat bei der Aktien-Gesellschaft ohnehin als besondre Größe zum buchmäßigen und demzufolge auch bilanziellen Ausdruck zu kommen, weil er auf dem, lediglich die statutarische Höhe des Aktien-Kapitals ausweisenden Kapital-Konto nicht Platz finden kann. Daß die beregte Gesetzes-Vorschrift dennoch einem sehr realen praktischen Bedürfnis entspringt, beweisen die noch immer nicht ausgerotteten Verstöße gegen die bilanzklare Darstellung des Reinerfolgs bei der Aktien-Gesellschaft.

Verstöße dagegen. Diese Verstöße können mehrfacher Art sein.

So findet beispielsweise nicht allzu selten eine Aufrechnung des letztjährigen bilanzmäßigen Verlustes gegen einen aus der Vorperiode übernommenen bilanzmäßigen Gewinn-Vortrag statt, so daß in der Bilanz und in der Erfolgs-Rechnung nur der noch verbleibende Rest des Verlustes sichtbar gemacht wird, während (durch Subtraktion in der Vorkolonne) richtigerweise doch sowohl die Verlust-, wie auch die Gewinnzahl zur Erscheinung zu kommen haben. Hin und wieder bringt man einen etwa entstandenen bilanzmäßigen Verlust sogleich und ohne weiteres von einer geeigneten echten Reserve in Abzug. Oder man läßt den bilanzmäßigen Gewinn auf einem zu diesem Zweck geschaffenen echten Reserve-Konto unter den Kreditoren verschwinden (wenn man ihn als „stille“ Reserve vorerst nicht gar gänzlich untertauchen läßt). Im letztgenannten Fall schaltet man das der Generalversammlung mit § 260 Abs. 1 H.G.B. gegebene Recht auf Gewinn-Verteilung aus, weil der zur Beschlußfassung durch die Generalversammlung auszuweisende Reingewinn auf die angedeutete Weise widerrechtlich bereits vorher verborgen worden ist. Anders läge dieser Fall jedoch dann, wenn die Rückstellung des Reingewinns, bei gleichzeitiger Angabe seiner Höhe und der Art seiner buchmäßigen Verwendung, im Geschäfts-Bericht erwähnt worden wäre. Ein unbedingt abzulehnendes, nicht selten auf Verschleierung eines bilanzmäßigen Verlustes hinauslaufendes Verfahren, das besonders in Bilanzen von Industrie-Unternehmungen vorkommt, besteht darin, bilanzmäßig als „Gewinn“ nur den Bruttogewinn auszuweisen und die meist sehr bedeutenden Abschreibungen auf Betriebs-Gegenstände, die den „Gewinn“ oft in einen Verlust verkehren, der Generalversammlung durch eine, von der Bilanz getrennte Aufstellung im Geschäfts-Bericht zur Beschlußfassung zu unterbreiten. Nicht selten wird gegen die Forderung, den bilanzmäßigen Reingewinn als Sonderposten auszuweisen, auch dadurch verstoßen, daß die der Generalversammlung zur Beschlußfassung zu unterbreitenden Vorschläge zur Gewinn-Verteilung buchmäßig schon vorweg durchgeführt werden. Dann erscheint eben nicht der Reingewinn als solcher in der Bilanz, sondern an seiner Stelle tritt (für den Fall einer Dividenden-Verteilung) das Dividenden-Konto auf, und außerdem erscheinen neu oder mit verstärkten Beträgen alle Konten, die aus dem Reingewinn dotiert werden sollen (vgl. über die buchmäßig durchgeführte Gewinn-Verteilung die beiden Bilanz-Beispiele auf S. 52 und 53). Erteilt die Generalversammlung jenen Verteilungs-Vorschlägen ihre Zustimmung, so bleibt die buchmäßige Vorwegverteilung des Reingewinns zwar als nunmehr berechtigt bestehen; doch wird dadurch nichts geändert an der Tatsache, daß sie vorher nach § 261 Ziff. 6 gesetzwidrig war. Die Überschreitung dieser Vorschrift in irgend einer Richtung ist auch dann unstatthaft, wenn Direktion und Aufsichtsrat im unbedingten Besitz der Aktien-Majorität sind, von den anderen, in der Generalversammlung vertretenen Aktionären somit eine erfolgreiche Bekämpfung ihrer Gewinnverteilungs-Vorschläge nicht zu fürchten haben. Denn die Generalversammlung hat Anspruch auf Beobachtung der gesetzlichen Vorschriften ohne Rücksicht darauf, ob ihr daran ein nur noch formales Interesse verbleibt.

Die buchmäßige Durchführung der Gewinn-Verteilung ist demnach von der Bilanz selbst getrennt zu halten. Das geht übrigens auch aus § 246 Abs. 1 Satz 3 H.G.B. hervor, wo die Bilanzen und die Vorschläge zur Gewinn-Verteilung als getrennte Begriffe behandelt sind. Allerdings steht nichts entgegen, neben der ordentlichen Jahresbilanz mit eindeutig ausgewiesener Reingewinn- oder Reinverlustzahl noch eine zweite Bilanz mit bereits verrechneter Gewinn-Verteilung aufzustellen und zu veröffentlichen. Dies tut man jedoch meist nicht; sondern man beschränkt sich darauf, den Gewinnverteilungs-Vorschlag im Geschäfts-Bericht mitzuteilen und (oder) ihn am Fuß der Bilanz oder vor deren Strich zu vermerken.

Unzureichende Formulierung von § 261 Ziff. 6 H.G.B. Aber selbst, wenn man nach dem Wortlaut der Vorschrift des § 261 Ziff. 6 H.G.B. bilanziert, kann der bilanzmäßige Erfolgs-Ausweis unklar bleiben oder zu falschen Schlüssen verleiten.

Beispiele dafür. Der Beweis hierfür soll erbracht werden an nachstehenden vier Hauptfällen, bei deren bilanztechnischen Durchführung (in runden Zahlen) ich mich auf die nur summarische Wiedergabe der Aktiva- und Passiva-Posten beschränke:

1. Der Verlust für das letzte Geschäftsjahr hat 16 500 M, der Verlust-Vortrag aus den Vorjahren 31 300 M betragen. Daraus ergäbe sich ein Gesamtverlust von 47 800 M, der nach dem Wortlaut des § 261 Ziff. 6 H.G.B. bilanzmäßig so auszuweisen wäre:

Aktiva	421 300,— M	Aktien-Kapital . .	300 000,— M
Verlust	47 800,— „	Schulden	169 100,— „

Die dazu gehörige Erfolgs-Rechnung könnte lauten:

Verlust-Vortrag .	31 300,— M	Rohgewinn an Waren	81 900,— M
Unkosten	98 400,— „	Gesamtverlust . .	47 800,— „

Obgleich der vorstehende Bilanz-Ausweis der gesetzlichen Vorschrift entspricht, kann nicht zweifelhaft sein, daß die Angabe des Verlustes mit 47 800,— M in einer Zahl unvollständig und *irreführend* ist. Unvollständig, weil aus der Bilanz allein nicht ersichtlich ist, daß die Zahl von 47 800,— M neben dem letztjährigen Verlust von 16 500,— M noch einen Verlust-Vortrag von 31 300,— M einschließt und infolgedessen irreführend, weil nicht sachverständige Bilanzleser und solche, denen die Vorjahrs-Bilanz zum Vergleich nicht zur Verfügung steht, leicht meinen können, der *gesamte* Betrag von 47 800,— M sei im *letzten* Geschäftsjahr verloren worden.

Zweckmäßig wäre demgegenüber folgender Bilanz-Ausweis:

Aktiva	421 300,— M	Aktien-Kapital . .	300 000,— M
Verlust-Vortrag 31 300,— M + Diesjähriger Verlust 16 500,— „	47 800,— „	Schulden	169 100,— „.

Im Einklang hiermit würde die Erfolgs-Rechnung auszusehen haben:

Verlust-Vortrag . .	31 300,— M	Rohgewinn an Waren	81 900,— M
Unkosten	98 400,— „	Verlust-Vortrag 31 300,— M + Diesjähriger Verlust 16 500,— „	47 800,— „.

2. Der Verlust für das letzte Geschäftsjahr hat 16 500,— M, der Gewinn-Vortrag aus dem *Vorjahr* 5300,— M betragen. Dann Bilanz-Ausweis nach dem Wortlaut des § 261 Ziff. 6 H.G.B.:

Aktiva	421 300,— M	Aktien-Kapital . .	300 000,— M
Verlust	11 200,— „	Schulden	132 500,— „.

Und die Erfolgs-Rechnung:

Unkosten	98 400,— M	Gewinn-Vortrag . .	5 300,— M
		Rohgewinn an Waren	81 900,— „
		Verlust	11 200,— „.

Auch hier würde der Wortlaut des Gesetzes eine unvollständige und irreführende bilanzielle Darstellung des Verlustes nicht hindern. *Denn aus der Bilanz würde weder der Gewinn-Vortrag, noch der letztjährige Verlust erkennbar,* und aus der Erfolgs-Rechnung könnten nicht sachkundige Interessenten auf einen letztjährigen Verlust von 11 200,— M schließen, obgleich dieser doch 16 500,— M beträgt.

Diese Nachteile würden entfallen bei folgender Art des Bilanz- und Erfolgs-Ausweises:

Aktiva . . . . . . 421 300,— M	Aktien-Kapital . . 300 000,— M
Diesjähriger Verlust 16 500,— M ·/. Gewinn-Vortrag 5 300,— „ 11 200,— „	Schulden . . . . . 132 500,— „.

Und:

Unkosten . . . . . 98 400,— M	Gewinn-Vortrag . . 5 300,— M
	Rohgewinn an Waren 81 900,— „
	Diesjähriger Verlust 16 500,— M ·/. Gewinn-Vortrag 5 300,— „ 11 200,— „.

3. Der Gewinn für das letzte Geschäftsjahr hat 24 700,— M, der Verlust-Vortrag aus dem Vorjahr 9500,— M betragen.

Dann Bilanz-Ausweis nach § 261 Ziff. 6 H.G.B.:

Aktiva . . . . . . 421 300,— M	Aktien-Kapital . . 300 000,— M
	Schulden . . . . . 106 100,— „
	Gewinn . . . . . . 15 200,— „.

Und der Erfolgs-Ausweis:

Verlust-Vortrag . . 9 500,— M	Rohgewinn an Waren 123 100,— M.
Unkosten . . . . . 98 400,— „	
Gewinn . . . . . . 15 200,— „	

Nach den oben zu 1 und 2 gemachten, sinngemäß auch hierzu gültigen Ausführungen wären nachstehende Darstellungsformen vorzuziehen:

Aktiva . . . . . . 421 300,— M	Aktien-Kapital . . 300 000,— M
	Schulden . . . . . 106 100,— „
	Diesjähriger Gewinn 24 700,— M ·/. Verlust-Vortrag 9 500,— „ 15 200,— „.

Und:

Verlust-Vortrag . . 9 500,— M	Rohgewinn an Waren 123 100,— M.
Unkosten . . . . . 98 400,— ,,	
Dies-jähriger Gewinn 24 700,— M ·/. Verlust-Vortrag 9 500,— ,, 15 200,— ,,	

4. Der Gewinn für das letzte Geschäftsjahr hat 24 700,— M, der Gewinn-Vortrag aus dem Vorjahr 3100,— M betragen.

Nach § 261 Ziff. 6 H.G.B. dann Bilanz-Ausweis:

Aktiva . . . . . . 421 300,— M	Aktien-Kapital . . 300 000,— M
	Schulden . . . . . 93 500,— ,,
	Gewinn . . . . . . 27 800,— ,,.

Und der Erfolgs-Ausweis:

Unkosten . . . . . 98 400,— M	Gewinn-Vortrag . . 3 100,— M
Gewinn . . . . . . 27 800,— ,,	Rohgewinn an Waren 123 100,— ,,.

Vorzuziehen wären:

Bilanz-Ausweis:

Aktiva . . . . . . 421 300,— M	Aktien-Kapital . . 300 000,— M
	Schulden . . . . . 93 500,— ,,
	Gewinn-Vortrag 3 100,— M + Dies-jähriger Gewinn 24 700,— ,, 27 800,— ,,.

Erfolgs-Ausweis:

Unkosten . . . . . 98 400,— M	Gewinn-Vortrag . . 3 100,— M
Gewinn-Vortrag 3 100,— M + Dies-jähriger Gewinn 24 700,— ,, 27 800,— ,,	Rohgewinn an Waren 123 100,— ,,.

Vorschlag zur Änderung von § 261 Ziff. 6 H.G.B. Nach diesen Darlegungen würde ich im Interesse bilanzklarer Erfolgs-Ausweise in den Bilanzen und Erfolgs-Rechnungen der

Kapital-Gesellschaften an Stelle der jetzigen Fassung des § 261 Ziff. 6 H.G.B. folgenden Wortlaut für zweckmäßig halten:

Der sich bilanzmäßig*) ergebende Reingewinn oder Reinverlust ist am Schluß der Bilanz und der Gewinn- und Verlust-Rechnung als besondrer Posten anzugeben. Sofern Gewinn- oder Verlust-Vorträge aus den Vorjahren vorhanden sind, ist jene Angabe so zu gestalten, daß der Reinerfolg des letzten Bilanzjahrs neben dem Vortrag aus dem Vorjahr gesondert erkennbar wird.

Mit solcher Vorschrift würde den an zahlenmäßigen Beispielen vorstehend erwiesenen Mängeln der jetzigen bezüglichen Gesetzesbestimmung abgeholfen und diese nicht allein auf den Erfolgs-Ausweis in der Bilanz (Vermögens-Rechnung), sondern außerdem auch bezogen auf denjenigen in der Gewinn- und Verlust-Rechnung (Erfolgs-Rechnung), die für Aktien-Gesellschaften nach § 260 Abs. 2 H.G.B. ebenfalls eine unerläßliche Rechnung ist.

I. Reserven.

Wesen und Aufgabe der echten Reserve-Konten. Wie die Kapital-Konten haben auch die echten Reserve-Konten bei Gewinne verteilenden Unternehmungen die Aufgabe, Teile des Geschäfts-Vermögens in der ihnen entsprechenden Werthöhe von der Gewinn-Verteilung zurückzuhalten. Darin liegt gleichzeitig auch die eminent praktische Wirkung der Kapital- und echten Reserve-Konten. Warum diese Konten (wie auch die Kontierung der Unterbilanz auf der Aktiva-Seite) nicht auf materieller Grundlage beruhen, sondern, buchtechnisch genommen, nur rechnerische Bedeutung (allerdings mit der vorstehend erwähnten praktischen Wirkung) haben, und daß sie deshalb nur Quasi- oder Pseudo-Passiva oder (wie der Unterbilanz-Posten) solche Aktiva sind, ist auf S. 23, 36 und 51—52 bereits dargelegt worden.

Offene und versteckte oder stille echte Reserven. Echte Reserven brauchen buchtechnisch und bilanzmäßig nicht immer offen ausgewiesen zu werden, sondern sie können bekanntlich auch „stiller“ (geheimer) oder „versteckter“ Natur sein. Als stille oder versteckte Reserven sind die echten Reserven für die Gewinn-Verteilung von gleicher praktischer Bedeutung wie die buchmäßig, also „offen“, ausgewiesenen: denn auch durch die mit

*) Mit dieser Formulierung würde auch ausgeschaltet die (auf S. 36 und 51 bereits für unhaltbar erklärte) Auffassung des Gesetzgebers, wonach Gewinn oder Verlust sich „aus der Vergleichung sämtlicher Aktiva und sämtlicher Passiva ergeben“ sollen. Nach dieser Auffassung wäre auch das Gesellschafts-Kapital als echtes Passivum (echte Schuld) anzusehen!

stillen oder versteckten Reserven identischen Unterbewertungen der Aktiva oder Überbewertungen der Passiva wird Gesellschafts-Vermögen im selben Maße wie durch die offen ausgewiesenen Reserven von der Verteilung zurückgehalten, weil es auf das gleiche hinausläuft, ob richtig bewertete Vermögensteile durch offene echte Reserven rechnungsmäßig gekürzt werden, oder ob die Vermögensteile von vornherein im Wege der Bildung stiller oder versteckter Reserven der Unterbewertung verfallen.

Buchmäßig offene, bilanzmäßig versteckte echte Reserven. Daneben ist ferner zu bemerken, daß aus den Büchern der Gesellschaft offen erkennbare echte Reserven nicht immer auch aus der Bilanz heraus ersichtlich werden müssen. Nehmen wir an, eine Bankunternehmung habe (wie dies z. B. bei dem dauernd hohen Bankdiskont im Jahr 1913 oft der Fall war) auf dem Zinsenkonto einen überdurchschnittlich hohen Gewinn erzielt. Vorstand und Aufsichtsrat kommen überein, einen Teil, sagen wir 300000,— M, dieses Zinsengewinns in Reserve zu stellen, ohne dies jedoch bilanzmäßig sichtbar werden zu lassen und ohne im Geschäfts-Bericht darüber etwas anzudeuten. Dann wird vom Buchhalterei-Vorsteher im Abschluß-Memorial gebucht: Zinsen-Konto an Zinsenvortrags- (Zinsenreserve- oder dgl.-) Konto, für Rückstellung aus dem Zinsenüberschuß = 300000,— M. Aus der Buchhaltung selbst ist diese Reserve mithin unschwer ersichtlich. Nicht dagegen aus der Bilanz, weil das Zinsenreserve-Konto unter den Kreditoren bilanziert werden soll und nach außen infolgedessen nicht erkennbar werden kann.

Offen bilanzierte Reserven nicht unbedingter Soliditäts-Beweis. Aus allen vorgenannten Gründen ist weder ratsam, noch möglich, allein aus der Höhe offen bilanzierter echter Reserven Schlüsse auf die innere Stärke einer Aktien-Gesellschaft zu ziehen. Denn: offen bilanzierte, hohe echte Reserve-Beträge können in Wirklichkeit durch unzulässige Überbewertungen der Aktiva oder durch ebensolche Unterbewertungen der Passiva mehr oder weniger bereits aufgebraucht sein; in anderen Fällen können dagegen neben den offen bilanzierten echten Reserven noch bedeutende stille Reserven in der Unterbewertung aktiver Besitzteile oder in der Überbewertung der Schulden versteckt sein; aus der Buchhaltung heraus können große echte Reserven feststellbar sein, ohne daß die veröffentlichte Bilanz irgend einen Anhalt dafür zu bieten braucht, weil diese Reserven in der Kreditoren-Summe enthalten sind. Und so fort. Im großen und ganzen lehrt die Erfahrung: bei normal rentierenden und geleiteten Aktien-Gesellschaften sind die offen bilanzierten echten Reserven, dank richtiger Bewertung der Vermögensteile, als im Eventualfall auch wirklich zu realisierende Größen anzusehen; bei überdurchschnittlich gut rentierenden und geleiteten Gesellschaften wird außer der vorgenannten Annahme die andre berechtigt sein, daß neben den offen bilanzierten echten Reserven mehr oder minder starke stille Rücklagen in der Bewertung der Vermögensteile versteckt sind; dagegen kann man bei ungünstig arbeitenden Aktien-Unternehmungen nicht selten feststellen, daß die offen bilanzierten echten Reserven teilweise oder gar gänzlich nur papierene Größen sind, die ihre Existenz lediglich der bei der Liquidation offenbar werdenden Überbewertung der Vermögensteile verdanken.

Bei der Aktien-Gesellschaft können die echten Reserven gesetzlicher oder freiwilliger Natur sein.

Gesetzliche Reserven.

Über die aktienrechtlich vorgeschriebenen echten Reserven bestimmt

§ 262 H.G.B. Zur Deckung eines aus der Bilanz sich ergebenden Verlustes ist ein Reservefonds zu bilden. In diesen ist einzustellen:

1. von dem jährlichen Reingewinne mindestens der zwanzigste Teil so lange, als der Reservefonds den zehnten oder den im Gesellschafts-Vertrage bestimmten höhern Teil des Grundkapitals nicht überschreitet;

2. der Betrag, welcher bei der Errichtung der Gesellschaft oder bei einer Erhöhung des Grundkapitals durch Ausgabe der Aktien für einen höhern als den Nennbetrag über diesen und über den Betrag der durch die Ausgabe der Aktien entstehenden Kosten hinaus erzielt wird;

3. der Betrag von Zuzahlungen, die ohne Erhöhung des Grundkapitals von Aktionären gegen Gewährung von Vorzugsrechten für ihre Aktien geleistet werden, soweit nicht eine Verwendung dieser Zahlungen zu außerordentlichen Abschreibungen, oder zur Deckung außerordentlicher Verluste beschlossen wird.

Für die Zwecke dieses Buchs kommt die Besprechung der außerordentlichen, aus Überpari-Emissionen und Zuzahlungen gegen Vorzugsrechte entstehenden echten Reserven nicht in Betracht. Wir haben hier nur mit den, aus den bilanzmäßig ausgewiesenen Jahresgewinnen zu bildenden echten Reserven der Ziffer 1 des vorstehenden Paragraphen zu tun.

Gesetzlich beschränkte Verwendbarkeit der Zwangsreserve. Danach darf die gesetzlich geforderte Zwangsreserve nur „zur Deckung eines aus der Bilanz sich ergebenden Verlustes" verwendet werden. Mit der „Bilanz" ist hier ausschließlich die ordentliche Jahresbilanz der Gesellschaft gemeint. Aus Zwischenbilanzen resultierende Verluste dürfen auf dem gesetzlichen Reserve-Konto demnach nicht zur Abschreibung gelangen. Dieses Hindernis kann im Bedarfsfall dadurch umgangen werden, daß die Zwischenbilanz als ordentliche Jahres-Schlußbilanz erklärt, das Geschäftsjahr also dementsprechend verlegt wird. Auch einzelne Betriebs-Verluste, beispielsweise solche außerordentlicher Art, wie Maschinenbruch, Diebstahl, Unterschlagung, dürfen zu Lasten des gesetzlichen Reserve-Kontos nicht beglichen werden.

Der Reingewinn-Begriff in bezug auf die Reserve-Dotierung. Insbesondere die Behandlung des Gewinn-Vortrags. Nach dem Wortlaut des Gesetzes ist das Zwangsreserve-Konto aus dem „jährlichen Reingewinne" zu bilden. Nach § 261 Ziff. 6 H.G.B. umschließt der bilanzmäßige Gewinn oder Verlust eines Geschäftsjahrs auch den etwaigen Gewinn- oder Verlust-Vortrag aus dem Vorjahr (vgl. darüber S. 420 bis 423). Infolgedessen könnte vom formellen Standpunkt richtig erscheinen die (von Staub; Anmerkg. 9 zu § 262, S. 904; Rehm, S. 651 und 664 ff. und anderen vertretene) Ansicht, das Zwangsreserve-Konto sei auch aus dem Gewinn-Vortrag des Vorjahrs zu dotieren. Folgt man dieser Ansicht in der Praxis, so wird man darauf zu achten haben, daß der Gewinn-Vortrag nicht auch schon als Teil des vorjährigen Reingewinns zur Stärkung des Zwangsreserve-Kontos herangezogen worden ist, daß mithin nicht eine doppelte Verwertung des Gewinn-Vortrags bei der Reservebildung (dagegen auch Makower; Anmerkg. IIa 1 zu § 262) stattfindet. Solche doppelte Stärkung der Reserven würde einerseits zwar der wirtschaftlichen Entwicklung der Gesellschaft nützlich sein; anderseits würde sie jedoch den Dividenden-Anspruch der Aktionäre kürzen. Aber auch wenn man bei der vorstehend zunächst als richtig angenommenen Auffassung der Worte: „von dem jährlichen Reingewinne" den Gewinn-Vortrag nur einmal, nämlich erst in dem seiner Entstehung folgenden Jahr, zur Dotierung der Zwangsreserve benutzt, ist gegen dieses Verfahren doch einzuwenden, daß dann der als Gewinn-Vortrag ins Nachjahr übernommene Teil des bilanzmäßigen Reingewinns des Vorjahrs erst im Nachjahr zur Stärkung der Zwangsreserve herangezogen wird, obgleich er im Vorjahr bereits verdient worden ist. Noch schwerer fällt gegen dieses Verfahren der Reserve-Dotierung ins Gewicht, daß die Dotierung aus dem Gewinn-Vortrag des Vorjahrs teilweise oder sogar ganz zu unterbleiben hätte, insoweit jener Vortrag durch einen im Nachjahr etwa entstandenen bilanzmäßigen Verlust aufgezehrt werden würde. Schließlich würde — wie Simon (S. 271) gegen Staub (a. a. O.), dessen Ansicht auch Rehm (S. 651 zu B 1b) ist, richtig hervorhebt — die Methode, die Zwangsreserve aus dem Gewinn-Vortrag erst im Nachjahr zu dotieren, folgerichtig dazu führen, daß eine Gesellschaft, die Jahre hindurch weder nennenswert verdient, noch verliert, jedoch einen großen Gewinn-Vortrag immer wieder vorträgt . . . . . daß solche Gesellschaft von diesem Gewinn-Vortrag jährlich mindestens 5 % dem gesetzlichen Reserve-Konto zuzuführen hätte!

Nach allem vorstehend darüber Gesagten wird man der von Staub, Rehm und anderen vertretenen Ansicht, den Gewinn-Vortrag erst im

Nachjahr (oder wohl außerdem auch schon für das Entstehungsjahr) zur Dotierung der Zwangsreserve heranzuziehen, nicht beitreten können. Ohne weiteres wird man dagegen geneigt sein, anzunehmen, daß unter dem Ausdruck „jährlicher Reingewinn" des § 262 Ziff. 1 der in jedem Geschäftsjahr als solchem ausschließlich (also unabhängig von einem etwaigen Gewinn- oder Verlust-Vortrag aus dem Vorjahr) erzielte Reingewinn zu verstehen ist (so auch Pinner; Anmerkg. III 6a zu § 262), daß mithin nur dieser Reingewinn zur Dotierung des Zwangsreserve-Kontos herangezogen werden soll. Bei dieser, dem Wesen des Begriffs „jährlicher Reingewinn" offenbar am nächsten kommenden Auffassung würde der Gewinn-Vortrag bereits und lediglich für das Entstehungsjahr zur Dotierung der Zwangsreserve heranzuziehen sein; der aus dem Vorjahr stammende Gewinn-Vortrag hingegen würde als für das Vorjahr zur Reserve-Dotierung bereits verwerteter Posten außer Betracht zu bleiben haben, vom bilanzmäßigen Gesamtgewinn mithin abgezogen werden müssen. Und ferner würde der in einem Jahr gemachte Reingewinn als solcher die Grundlage für die Berechnung der Zwangsreserve-Dotierung unabhängig davon zu bilden haben, ob ein Verlust-Vortrag aus dem Vorjahr jenen Reingewinn rechnerisch ganz oder teilweise aufhebt (so auch Makower; Anmerkg. IIa 1 zu § 262; dagegen außer Staub und Rehm auch Lehmann-Ring; Anmerkg. 3 zu § 262).

In der Praxis der Bilanzierung betrachtet man für die Berechnung der dem Zwangsreserve-Konto zu überweisenden Quote als „jährlichen" Reingewinn vorwiegend den bilanzmäßig nachgewiesenen, für den Zweck dieser Berechnung um den Gewinn-Vortrag aus dem Vorjahr gekürzten Reingewinn. Die Praxis bevorzugt sonach den oben an letzter Stelle besprochenen Dotierungs-Modus.

Um dem Streit der Meinungen ein Ende zu machen, wäre eine prinzipielle oberstgerichtliche Entscheidung oder eine unzweideutige Ausdrucksweise des Gesetzes erwünscht.

Gesetzlich und statutarisch bestimmter Umfang der Dotierung. Nach dem Wortlaut des § 262 Ziff. 1 sind dem Zwangsreserve-Konto mindestens 5 % (der zwanzigste Teil) des jährlichen Reingewinns so lange zuzuführen, als der Gesamtbetrag der Zwangsreserve den zehnten oder den im Gesellschafts-Vertrage bestimmten höhern Teil des Grundkapitals nicht überschreitet. Diese Vorschrift ist eine Minimal-Vorschrift in doppelter Beziehung. Denn einmal müssen mindestens 5 % des jährlichen Reingewinns zur Zwangsreserve gebracht werden, solange diese nicht auf mindestens 10 % des Grundkapitals (und zwar des gezeichneten, nicht nur des noch nicht voll eingezahlten!*) an-

*) Anders Knappe (S. 79), der nur das eingezahlte Aktien-Kapital als Berechnungs-Grundlage angesehen wissen will. Als unerwünschte Folge sol-

gewachsen ist; es darf also statt der 5% ein höherer Prozentsatz, der mit zunehmender Größe der Reingewinne etwa staffelförmig steigen kann, zur Berechnungs-Grundlage erklärt werden. Sodann darf im Statut bestimmt werden, daß die Zwangsreserve sich auf einen höhern als den zehnten Teil des gezeichneten Grundkapitals belaufen soll. Beide Erweiterungen der für die Quotisierung gesetzlich vorgeschriebenen Mindest-Maßstäbe müssen statutarisch geschehen. Ein einfacher Generalversammlungs-Beschluß würde unzureichend und deshalb anfechtbar sein.

Das Emissions-Agio als Dotierungs-Faktor. Aus § 262 Ziff. 1 H.G.B. folgt ferner, daß nicht erforderlich ist, der Zwangsreserve den Betrag von mindestens 10% des gezeichneten Grundkapitals allein zu Lasten der jährlichen Reingewinne gutzubringen. Sondern es ist zu beachten, daß auch (der Zwangsreserve nach § 262 Ziff. 2 H.G.B. zu überweisende) Agio-Gewinne aus Überpari-Emissionen bei der Frage nach der jeweiligen Reservehöhe vollgültig zur Anrechnung zu kommen haben, so daß (wenn statutarisch nicht andres bestimmt ist) die gesetzlich vorgeschriebene Mindesthöhe der Reserve bereits durch einen Agio-Gewinn erreicht sein kann. ohne daß es demnach weiterer Zuführungen aus jährlichen Reingewinnen bedarf.

Obligatorische Verwendung der Zwangsreserve. Zwingenden Charakters ist die weitere Vorschrift des § 262 H.G.B., wonach die Zwangsreserve zur Deckung eines aus der Bilanz sich ergebenden Verlustes zu bilden ist.

Deren Bedeutung für die Aktionäre. Demzufolge haben die Aktionäre ein Recht auf diese Art der Verwendung der Zwangsreserve. Dieses Recht kann, je nach den Rentabilitäts-Aussichten der Gesellschaft, für Aktionäre, die ihren Aktien-Besitz öfter wechseln, von mehr oder minder großer praktischer Bedeutung sein. Denn es liegt klar, daß die Aktien-Gesellschaft bei guten wirtschaftlichen Aussichten um so schneller wieder bilanzmäßige Gewinne ausweisen kann, je mehr der Betrag des Zwangsreserve-Kontos dazu ausreicht, den bestehenden bilanzmäßigen Verlust zu Lasten jenes Reserve-Kontos aufzuheben. Verstößt die Generalversammlung nun gegen die hier beregte Vorschrift, indem sie entweder die Unterbilanz bestehen lassen oder indem sie deren Betrag etwa zu Lasten freiwilliger, zur vollen Verlust-Deckung unzureichender Reserve-Konten nur teilweise verschwinden lassen will, so ist solcher Beschluß gesetzwidrig und deshalb anfechtbar. Der Beschluß wird aber gültig, wenn (wie Staub; Anmerkg. 8 zu § 262, S. 904, betont)

---

cher Auffassung könnte sich dann aber ergeben, daß die Zwangsreserve um so kleiner bliebe, je weniger die auf das Aktien-Kapital geleisteten Einzahlungen ohnehin nur betragen würden.

die Anfechtung unterblieben ist. Denn ein öffentliches Interesse würde an der Anfechtung nicht bestanden haben.

Pflicht zum öffentlichen Verwendungs-Ausweis. Daß die Deckung eines bilanzmäßigen Verlustes aus dem Zwangsreserve-Konto der Öffentlichkeit erkennbar werden muß, daß also nicht statthaft ist, den Verlust ganz oder teilweise schon vorher buchmäßig auszugleichen, ohne diese Maßnahme der Generalversammlung zur Beschlußfassung zu unterbreiten, ist auf S. **419** bereits dargelegt worden.

Unstatthafte Herabsetzung des Zwangsreserve-Kontos. Aus dem zwingenden Charakter der Zwangsreserve ist weiterhin zu schließen, daß sie unter die gesetzlich geforderte Mindesthöhe weder durch Generalversammlungs-Beschlüsse, noch durch Statuten-Änderungen herabgesetzt werden darf.

Statthafte derartige Herabsetzungen. Dagegen darf solche Herabsetzung des Zwangsreserve-Kontos durch Statuten-Änderung oder durch einfachen Generalversammlungs-Beschluß erfolgen, soweit es auf jene oder auf diesen hin über die gesetzliche Höhe hinaus dotiert worden ist. Solche Herabsetzung kann erfolgen entweder zur Minderung einer Unterbilanz, oder zum Zweck der Überführung auf ein andres (freiwilliges) Reserve-Konto, oder im Interesse beider Zwecke. Im übrigen ist zu bemerken, daß die Wirkungen von Statuten-Änderungen durch bezügliche andere Statuten-Änderungen und diejenigen von einfachen Generalversammlungs-Beschlüssen durch andere derartige Beschlüsse wieder aufgehoben werden können.

„Hätte z. B. eine Generalversammlung ohne Statuten-Änderung beschlossen, einen höhern als den gesetzlichen oder den statutarischen Betrag dem gesetzlichen Reserve-Konto zuzuführen — ein Beschluß, der nur dann zulässig wäre, wenn die Generalversammlung über den Reingewinn nach Gutdünken zu verfügen hätte, der aber auch sonst durch unterlassene Anfechtung gültig würde — so kann eine spätere Generalversammlung durch einfachen Beschluß diesen Betrag dem Reserve-Konto entziehen (vgl. hierfür auch R.G. 28, 43; Neukamp 113)." „Die Rechtsquelle, die eine Anordnung treffen kann, kann sie (mithin) auch aufheben; nicht nur für die Zukunft, sondern auch für die Vergangenheit." (Staub; Anmerkgen. 25 und 26 zu § 262, S. 907.)

Umgehung der Dotierungspflicht durch Bildung stiller Reserven. Trotz des zwingenden Charakters der Dotierungs-Vorschrift des § 262 Ziff. 1 hat die Generalversammlung ein Mittel, diese Vorschrift zu umgehen. Und zwar kann dies geschehen durch Unterbewertung der Aktiva vermöge zu niedrigen direkten Wertansatzes oder zu hoher Abschreibungen, oder durch Überbewertung der Passiva. Mit den dadurch geschaffenen stillen Reserven kann der bilanzmäßige Reingewinn und infolgedessen die dem Zwangsreserve-Konto zu überweisende Quote gedrückt werden. Wird solcher Beschluß nicht oder nicht rechtzeitig angefochten, so werden die stillen oder versteckten Reserven gültig.*)

Reserve-Fonds und Reserve-Konto. In den vorstehenden Ausführungen ist absichtlich vermieden worden, den im § 262 H.G.B. angewendeten Ausdruck „Reservefonds" zu gebrauchen. Denn dieser Ausdruck ist im vorliegenden Fall irreführend, weil er nahelegt den Gedanken an bestimmte, jederzeit greifbare Vermögensteile, die aus irgend einem Grunde getrennter Verwaltung zu unterliegen bestimmt sind. Dieser Gedanke ist mit dem Begriff der Zwangsreserve des § 262 H.G.B. aus noch zu erörternden Gründen aber nicht verbunden, sondern es ist damit lediglich gefordert worden die buchmäßige Übertragung bestimmt bemessener Teile der jährlichen Reingewinne (außerdem der Agio-Gewinne aus Überpari-Emissionen und der Zuzahlungen gegen Vorzugsrechte) in das Haben des Zwangsreserve-Kontos. Daß mit dieser rein buchmäßigen Durchführung der Reservebildung deren praktischer Zweck, Teile des Gesellschafts-Vermögens in der ihr entsprechenden Werthöhe von der Gewinn-Verteilung zurückzuhalten, vollkommen erreicht wird, ist auf S. 424 bereits dargelegt worden. Aus diesem Grunde würde es im Gesetzestext statt „Reservefonds" besser „Reserve-Konto" heißen. Wirtschaftlich und buchmäßig genommen ist außerdem der Fonds-Begriff mit der Bilanzierung auf der Passiva-Seite nicht vereinbar. Wenigstens wird man ohne weiteres geneigt sein, einen „Fonds" auf der Aktiva-Seite zu suchen.

„Angelegte" Reserven. Da nun die Reservebildung ihren Zweck, Gesellschafts-Vermögen in bestimmter Höhe von der Gewinn-Verteilung zurückzuhalten, bereits auf bloßem buchmäßigen Wege zu erfüllen vermag, ist kein Grund ersichtlich, warum gesetzlich, also mehr oder weniger allgemein, die Forderung auf „Anlage" der Zwangsreserve in bestimmten Vermögensteilen der Aktien-Gesellschaft zu er-

---

*) Vorwiegend werden jedoch stille Reserven von der Direktion, mit oder ohne Wissen des Aufsichtsrats, schon bei der bilanziellen Bewertung geschaffen, ohne daß die Generalversammlung, der solche Unterbewertungen meist nicht erkennbar werden können, davon unterrichtet wird. Derartig zustande gekommene stille Reserven dienen allerdings kaum je dem Zweck, die Pflicht zur Dotierung der Zwangsreserve zu umgehen, sondern ihrer Entstehung liegen meist ganz andere Absichten zugrunde. Unter diesen Absichten läuft die am ehesten zu verantwortende darauf hinaus, die finanzielle Lage der Gesellschaft für die Zukunft zu stärken. Dagegen muß als bedenkliche, leider nicht allzu seltene Veranlassung zum „Legen" stiller Reserven angesehen werden, wenn diese dazu nutzbar gemacht werden sollen, schon voraussehbare Sonderverluste zu decken oder eine künftige Unterbilanz durch Auflebenlassen der stillen Reserven in bilanzmäßigen Gewinn zu verwandeln. Denn darin liegt eine Täuschung der Aktionäre zu dem Zweck, Mängel der Geschäftsführung bilanzmäßig nicht erkennbar werden zu lassen. Zuweilen kann solches Verfahren vom geschäftspolitischen Standpunkt allerdings gerechtfertigt sein.

heben sein soll. Gewiß kann in besonderen Fällen (beispielsweise bei Versicherungs-Gesellschaften in bezug auf die Prämien-Reserve, deren Anlage sogar gesetzlicher Vorschrift unterliegt) wünschenswert sein, einen dem Reserve-Betrage der Passiva-Seite entsprechenden Betrag auf der Aktiva-Seite in leicht liquiden Werten, etwa in mündelsicheren Effekten, in erststelligen, unbedingt sicheren Hypotheken oder dgl., auszuweisen und die derartig liquiden Vermögensteile als „Anlage", „Deckung" oder „Bedeckung" des Reserve-Postens der Passiva-Seite zu bezeichnen. Aus der dargelegten Aufgabe der allgemeinen Zwangsreserve des § 262 H.G.B. ist solches Verfahren jedoch nicht abzuleiten. Denn diese Aufgabe darf als erfüllt gelten, wenn durch den Einsatz des Betrags der Zwangsreserve auf der Passiva-Seite der Bilanz (also durch ein an sich rein buchtechnisches, rechnungsmäßiges Verfahren mit praktisch dennoch sehr bedeutsamer finanzieller Wirkung!) Vermögensteile der Aktiva-Seite in gleicher Werthöhe dem Geschäfts-Vermögen der Gesellschaft erhalten bleiben. Welcher Art jene Vermögensteile sind, erscheint praktisch belanglos für alle Gesellschaften, die ihrer sämtlichen Aktiva zur Mitarbeit im Geschäfts-Betriebe bedürfen, oder die sie dafür doch wenigstens jederzeit bereit halten müssen. Diese Gesellschaften, zu denen in erster Linie solche industriellen Charakters gehören, würden an Liquidität und infolgedessen an Rentabilität einbüßen, wenn sie gezwungen werden sollten, in Höhe ihrer Zwangsreserve-Konten Betriebs-Vermögen ausschließlich und ausdrücklich zum Zweck der Bedeckung der Zwangsreserve in Anlage-Vermögen zu verwandeln. Um dies einzusehen, denke man nur daran, welcher Nachteil einer Gesellschaft, die ihre Zwangsreserve im Betrage von einer halben Million Mark in mündelsicheren Effekten oder ganz erstklassigen Hypotheken „angelegt" hat, daraus entstehen würde, wenn sie in Höhe dieser mit nur 4% rentierenden Anlage etwa Bankkredit zum Satze von 6 bis 7% oder darüber in Anspruch nehmen müßte, weil die „Anlage"-Effekten nach dem Statut nicht veräußert werden dürfen, oder weil ihre Veräußerung vielleicht Kursverluste zur Folge hätte, deren Betrag das für den Bankkredit zu vergütende Zinsenmehr noch übersteigen würde.

Schädigungen durch „Anlage" der Reserven. Solche Schädigungen der Betriebs-Rentabilität sind allerdings nur möglich, wenn eine wirkliche Anlage oder Bedeckung der Zwangsreserve vorliegt, wenn also der Verwertung im regulären Geschäfts-Betriebe entzogene Vermögens-Gegenstände (meist Effekten oder Hypotheken) diesem Zweck ausschließlich und dauernd zu dienen bestimmt sind, und wenn deren Beträge außerdem vorteilhafter in andrer Form (z. B. als Bargeld, Bankguthaben, Wechsel, Waren oder dgl.) unmittelbare

Verwendung im Geschäfts-Betriebe finden könnten. Wo dagegen dauernd Überfluß an flüssigen Mitteln vorhanden ist, wird man durch dessen Anlage in geeigneten Vermögensteilen zum Zweck der Bedeckung der Zwangsreserve die Betriebs-Rentabilität ungünstig nicht beeinflussen können, wenn man nicht vorzieht, den Geldüberfluß etwa zur Aktien-Amortisation oder dgl. zu verwenden.

Nach allem wird man die „Anlage" der Zwangsreserve als im großen und ganzen unwirtschaftliche Maßnahme ablehnen müssen.

Mißbrauch mit dem Begriff: „Anlage des Reservefonds." In diesem Zusammenhang sei noch bemerkt, daß jeder rechtlichen Bedeutung entbehrt der bestimmten aktiven Vermögensteilen zuweilen beigefügte Zusatz, der diese Vermögensteile als „Anlagen des Reservefonds" kennzeichnet. Was will es beispielsweise besagen, wenn eine Bankunternehmung den Bestand ihrer eigenen Effekten bilanzmäßig ganz oder teilweise als „Effekten des Reservefonds" ausweist; womöglich noch dazu solche Effekten, die — um den Sitz im Aufsichtsrat befreundeter Industrie-Unternehmungen zu erhalten — ohnehin als dauernde Anlage angesehen werden müssen! Vermögensrechtlich besagt dieser bilanzmäßige Hinweis auf den Anlage-Charakter gar nichts. Denn wenn das Bankinstitut notleidend wird, geschieht mit derartigen Effekten eben, was mit ihnen geschehen würde, auch wenn sie nicht als Effekten des Reservefonds bezeichnet worden wären: sie werden zu Geld gemacht, als Sicherheiten verwendet, oder sonstwie im Interesse der Firma verwertet; auch im Konkurse nehmen sie keine Ausnahmestellung ein. Wenn nun der vorberegte bilanzmäßige Hinweis, vermögensrechtlich genommen, auch bedeutungslos bleibt, so darf doch nicht unbetont bleiben, daß er auf die Mehrzahl der Bilanzleser wie eine vortreffliche Reklame wirkt, weil bei jenen Lesern das Vertrauen zu der Gesellschaft leicht in besonderm Maße gestärkt wird. Wenn es sich hierbei um innerlich gesunde, gut geleitete Unternehmungen mit reichen Mitteln und dauernd guten Rentabilitäts-Aussichten handelt, mag solche Wirkung hingehen. Dagegen muß sie bedenklich stimmen, wenn der Öffentlichkeit Zwangsreserven als „angelegte" gezeigt werden, obgleich diese Reserven tatsächlich nicht bestehen, weil sie auf Kosten gesetzwidriger Überbewertungen, die ihrerseits in der ungünstigen Lage der Gesellschaft begründet sind, nur ein Scheindasein fristen.

Unabhängigkeit der Reservehöhe von der Anlagehöhe. Sollen Zwangsreserven als in bestimmten aktiven Vermögensteilen besonders angelegt gelten, so bleibt die Wertentwicklung der „Anlage" dennoch völlig unabhängig von der Höhe des rechnungsmäßigen Reserve-Betrags auf der Passiva-Seite. Dafür ein Beispiel: sind zum Zweck der Bedeckung eines gerade

100000,— M betragenden Zwangsreserve-Kontos Wertpapiere im Kurswert von 101257,60 M angeschafft worden, so sind die Deckungs-Effekten mit diesem Anschaffungswert zunächst zu buchen. Schon aus dem Unterschied der Beträge folgt dann der selbständige Charakter der Deckung gegenüber dem rechnungsmäßig wirkenden Reserve-Konto. Diese Selbständigkeit der beiden Bilanz-Posten bleibt jedoch auch dann bestehen, wenn der Kurswert der Deckungs-Effekten zur nächsten Bilanz etwa auf 98379,45 M gesunken sein sollte. Denn dann ist nicht etwa auch das Reserve-Konto im Werte zu mindern, vielmehr bleibt dieses auf seiner Höhe von 100000,— M (falls nicht gesetzliche oder freiwillige Zuführungen stattfinden); das Effekten-Deckungskonto hingegen darf nur mit dem jeweilig maßgebenden gesunkenen Kurswert von 98379,45 M zum bilanzmäßigen Ausweis kommen. In der Bilanz steht dann dem passiven Reserve-Konto von 100000,— M das aktive Effekten-Deckungskonto mit 98379,45 M gegenüber, wodurch die buchtechnisch und rechtlich selbständige Bedeutung der beiden Konten auch zahlenmäßig zum Ausdruck kommt.

Voraussetzungen für die Übereinstimmung zwischen Reservehöhe und Kurswert der Deckungs-Effekten. Gewiß steht nichts entgegen, das Zwangsreserve-Konto auf derselben Höhe wie das Effekten-Deckungskonto zu halten, jenes mithin in demselben Umfang herabzusetzen, wie die Deckungs-Effekten an Kurswert eingebüßt haben. Es bedarf jedoch kaum besondrer Betonung, daß solche Minderung des Zwangsreserve-Kontos nur möglich ist, solange sein Betrag noch die mit § 262 Ziff. 1 H.G.B. geforderte Mindesthöhe hat. Sobald durch die Kürzung von Kursverlusten auch am Zwangsreserve-Konto diese Mindestgrenze unterschritten werden würde, hört die Statthaftigkeit solchen Verfahrens auf. Implicite ist hiermit schon gesagt, daß durchaus nichts dagegen spräche, wollte man den Betrag des Effekten-Deckungskontos auch insofern mit demjenigen des Zwangsreserve-Kontos in Übereinstimmung halten, als man diesem die aus den Deckungs-Effekten resultierenden Kurssteigerungen (soweit ihre Bilanzierung mit § 261 H.G.B. vereinbar ist) zugute kommen ließe. Denn dadurch würde das Reserve-Konto erhöht, nicht dagegen unter seine gesetzliche Mindestgrenze herabgemindert werden. Nicht unerwähnt darf hierzu aber bleiben, daß der oben bereits betonte selbständige Charakter der Deckungs-Effekten ohne weiteres als wirtschaftlich und bilanzrechtlich richtig erscheinen läßt, aus diesen Effekten stammende Kurssteigerungen und Kurssenkungen samt Zinsen und Dividenden über Gewinn- und Verlust-Konto zu verrechnen. Deshalb ist erforderlich, im Fall der „Anlage“ des Reserve-Kontos von vornherein statutarisch festzulegen, ob aus der Anlage herrührende Gewinne und Verluste (diese jedoch nur bis zu der für die Zwangsreserve gesetzlich gebotenen Mindesthöhe!) über das Zwangsreserve-Konto oder ob sie über Gewinn- und Verlust-Konto laufen sollen. Letztenfalls würde das Zwangsreserve-Konto bei seiner Dotierung aus jenen Gewinnen nur prozentualen Anteil bekommen können, während ihm bei deren direkter Zuweisung die vollen Gewinn-Beträge zugute kämen.

Entscheidungen. Zum Schluß der Ausführungen über die gesetzlichen Reserven noch folgende Entscheidungen:

Entschädigungs-Reserve ist als unechte Reserve nicht steuerpflichtig. „Die Bildung eines steuerpflichtigen Reservefonds liegt nicht vor, wenn eine Aktien-Gesellschaft eine bereits eingetretene, wenn auch noch nicht ziffermäßig feststellbare Entschädigungs-Verpflichtung mit ihrem zu schätzenden Betrag in die Passiva der Bilanz einstellt. Preuß. O.V.G. 30. 4. 04. Z.A.G. 14, 11." (Kaufmann IX. S. 139.)

Umwandlung der Zwangsreserve in Aktien-Kapital ist statthaft. „Der das gesetzliche Minimum übersteigende Betrag des Reservefonds kann auf Grund einer Statuten-Änderung zur Erhöhung des Aktien-Kapitals verwendet werden. Die Auszahlung an die Aktionäre und die Einzahlung auf die neuen Aktien muß in getrennten Akten tatsächlich vor sich gehen. Geissmar in Holdheim 1902 S. 10 ff." (Kaufmann IV. S. 89.)

Aus Dividenden-Garantien stammende Beträge sind nicht reservepflichtig. „Die auf Grund von Dividenden-Garantien von Dritten gezahlten Beträge gehören nicht zum Reingewinn einer Eisenbahn-Aktiengesellschaft; es ist daher von ihnen auch nicht $^1/_{20}$ in den Bilanz-Reservefonds einzustellen. K.G. 24. 11. 1902. Z. f. A. Bd. 10 S. 176. Recht 1903 S. 296. R.O.L.G. Bd. 6 S. 28." (Kaufmann IV. S. 89.)

Freiwillige Reserven.

Deren Wesen. Mit der durch § 262 H.G.B. vorgeschriebenen Zwangsreserve haben die freiwilligen (fakultativen) Reserven gemein, daß sie, wie jene, echte Reserven sind, als solche mithin im Gegensatz stehen zu den unechten Reserven, den sogenannten Bewertungs-Korrekturen der Bilanz-Passivaseite. Demnach können auch die freiwilligen Reserven nur gebildet werden aus dem bilanzmäßigen Reingewinn, der sich erst ergibt, nachdem sämtliche Bewertungs-Korrekturen zum bilanzmäßigen Abzug gebracht sind.

Freiwillige Reserve-Konten können für allgemeine oder für besondere Zwecke gebildet werden.

Verwendbarkeit freiwilliger Reserven. Sollen freiwillige Reserve-Konten allgemeinen Zwecken dienen, so wird ihre Verwendung im wesentlichen auf diejenige der Zwangsreserve hinauslaufen. Denn wenn besondere Bestimmungen für die Verwendung der freiwilligen Reserven fehlen, werden sie in erster Linie immer für die Deckung bilanzmäßiger Verluste in Frage kommen. Doch ist die Auflösung derartiger freiwilliger Reserven zur Deckung von Sonderverlusten oder zugunsten irgend welcher anderen Zwecke der Gesellschaft nicht ausgeschlossen. Darin liegt der Vorteil, den freiwillige Reserven den Gesellschafts-Organen im Vergleich zur gesetzlichen Zwangsreserve zu bieten vermögen.

Vergleich zwischen den auf Zwangsreserve-Konten und den auf selbständigen Konten verbuchten freiwilligen Reserven. Doch gilt dies nur bis zur gesetzlich vorgeschriebenen Mindesthöhe der Zwangsreserve, weil deren über jene Mindestgrenze hinausgehenden Dotierungen ebenfalls nur freiwilliger Natur sind und deshalb in bezug auf Umwandlung oder Auflösung denselben Bestimmungen oder Beschlüssen wie die von vornherein und ausschließlich freiwillig gebildeten Reserven unterliegen. Wie die freiwilligen Dotierungen des Zwangsreserve-Kontos können mithin auch auf statutarischen Bestimmungen beruhende (freiwillige) Reserve-Konten auf Grund neuer statutarischer Bestimmungen, oder auf Generalversammlungs-Beschlüssen beruhende auf Grund einfacher Generalversammlungs-Beschlüsse, auf irgendwelche andere Reserve-Konten übertragen oder zum Ausgleich irgendwelcher Verluste aufgelöst oder als Gewinn mit ausgeschüttet werden. Hierin liegt eine ganz außerordentliche Freiheit der Verfügung im Gegensatz zur Zwangsreserve, die ihrem Zweck, zur Deckung bilanzmäßiger Verluste zu dienen, bis zur gesetzlich vorgeschriebenen Mindesthöhe unter keinen Umständen entzogen werden darf.

Reklamewert selbständiger freiwilliger Reserve-Konten. Wie vorstehend dargelegt ist, bleibt es rechtlich zwar dasselbe, ob eine freiwillige Reserve auf einem für diese zu errichtenden Sonderkonto, oder ob sie, als außerhalb der gesetzlichen Mindestgrenze liegender Zuwachs, auf dem Zwangsreserve-Konto zum buch- und bilanzmäßigen Ausdruck kommt. Dennoch wird man bei richtiger Würdigung des rein äußerlichen Eindrucks der Bilanz auf oberflächliche oder nicht sachverständige Leser geneigt sein, über den gesetzlichen Mindestbetrag des Zwangsreserve-Kontos hinaus entstehende weitere Reserve-Beträge dem Zwangsreserve-Konto entweder überhaupt nicht oder doch nur teilweise zuzuführen, um sie auf einem Sonderkonto ausdrücklich als freiwillige Reserve ausweisen zu können. Man vermag dann nach außen neben der gesetzlichen eben noch mit einer freiwilligen Reserve, wenn nicht gar mit mehreren freiwilligen Reserven aufzuwarten. Dies wird nicht allzu selten für praktisch wichtiger gehalten, als die Frage nach der absoluten Höhe der verschiedenen echten Reserve-Konten und deren Größenverhältnis zueinander.

Gliederung der freiwilligen Reserve-Konten. Die in den Bilanzen hauptsächlich vorkommenden Arten freiwilliger Reserve-Konten gliedere ich nach folgenden Gesichtspunkten:

Allgemein verwendbare freiwillige Reserve-Konten.

Bezeichnungen: Reserve II. Reserve B. (I oder A = Zusatz zum Zwangsreserve-Konto.) Extra-Reserve. Neben-Reserve. Spezial-Reserve. Außerordentliche Reserve. Statutarische Reserve. Fakultative Reserve. Sonder-Rücklage. Vorsichtsfonds usw. (Oft mit dem, bereits auf S. 431 als verfehlt gekennzeichneten Zusatz: „Fonds" statt: „Konto".

Bestimmten Verwendungszwecken vorbehaltene freiwillige Reserve-Konten.

a) Zur Deckung etwa vorkommender außerordentlicher Betriebs-Verluste:

1. *Assekuranz-Konto.* (Reserve für Selbstversicherung. Reserve für Schadenfälle. Versicherungsfonds. Konto selbstverdienter Versicherungsprämien u. dgl.) Meist bei den Unternehmungen, die bestimmte, dem Verlust-Risiko besonders ausgesetzte Betriebs-Gegenstände in solcher Anzahl gebrauchen, daß sie gut daran tun, diese Risiken durch Rückstellung der (sonst an die Versicherungs-Gesellschaften zu bezahlenden) Prämien-Beträge innerhalb der eigenen Unternehmung auszugleichen, indem sie etwaige Schadenfälle aus den ersparten Versicherungs-Prämien decken. Beliebtes Verfahren bei Schiffahrts-Unternehmungen für deren Seedampfer; bei Speditions-, Personentransport- und anderen (z. B. Brauerei-)Unternehmungen, für deren besonders großen Pferde-Bestand; schließlich auch für die der Explosions- und Feuers-Gefahr übermäßig ausgesetzten Gebäude der Dynamit- und Pulver-Fabriken, der chemischen Fabriken, der Gasanstalten u. a. m. —

2. *Delkredereresreserve-Konto.* (Vgl. hierüber S. 318 bis 320.)

3. *Erneuerungsreserve-Konto.* (Vgl. hierüber S. 363 bis 364.)

4. *Kursverlust-(Effektenverlust-)Reservekonto.*

N.B.: Soweit die zu 2, 3 und 4 vorgenommenen Rückstellungen infolge etwa stattgefundener Überbewertung der bezüglichen Aktiva schon für den Schluß des Rückstellungsjahrs als in Anspruch genommen zu gelten hätten, lägen nicht echte Reserven, sondern nur Korrektiv-(Bewertungs-)Posten vor.

b) Zur Deckung im betrieblichen Interesse zu erwartender oder in Aussicht genommener Ausgaben für Erweiterung der Betriebs-Anlagen oder des sonstigen Betriebs-Umfangs:

Baufonds, Betriebsfonds, Erweiterungsfonds, Neubau-Reserve oder ähnlich heißende Konten.

c) Zur Deckung künftig fällig werdender gesetzlicher Verpflichtungen: *Talonsteuer-Reserve, Wehrbeitrag-Rücklage oder dgl.*

d) Zum Zweck der Tilgung von Aktien oder Obligationen aus den Reingewinnen:

Aktien-Tilgungsfonds, Obligationen-Tilgungsfonds, Amortisationsfonds usw.

Auch nach erfolgter Amortisation fortdauernder Reservecharakter. Die zum Zweck von Kapital-(Obligationen- oder Aktien-)Amortisationen aus dem bilanzmäßigen Reingewinn (vgl. § 227 Abs. 2 H.G.B.) gebildeten Reserven verschwinden auch nach der materiell vollzogenen Rückzahlung nicht aus der Bilanz, sondern stellen dort eine Kapital-Rücklage der Gesellschaft dar. Angenommen, es handle sich um die Amortisation von Aktien, so schließt solche Kapital-Rücklage „eine dem Betrage der amortisierten Aktien gleichkommende Summe des Reingewinns von künftigen Dividenden-Verteilungen aus. Diese Summe stellt mithin gleichfalls einen Reservefonds dar, und es würde korrekt sein, denselben ausdrücklich als „Reservefonds durch Amortisation von Aktien gebildet" zu bezeichnen und nur den Nennbetrag der effektiv im Umlauf befindlichen Aktien als Aktien-Kapital fernerhin zu buchen. In der Praxis findet sich hierfür vielfach der Ausdruck „Amortisationsfonds"; doch ist dieser Ausdruck wegen seiner Vieldeutigkeit zu vermeiden. Wo Aktien aus dem Reingewinn amortisiert werden, ist jener Betrag ein gesetzlich notwendiger Reservefonds." (Vgl. Simon S. 222.)

Vergegenwärtigt man sich die mit der Kapital-Amortisation aus dem Reingewinn verbundenen Vorgänge näher, so kommt man zur Anerkennung der Richtigkeit vorstehend mitgeteilter Erkenntnis, daß die zu solchem Zweck aus den bilanzmäßigen Reingewinnen geschaffenen Rückstellungen auch nach der erfolgten Amortisation als echte Reserve-Beträge in der Bilanz verbleiben müssen. Denn nachdem die zu amortisierende Zahl der Aktien aus baren Mitteln der Gesellschaft angeschafft (eingezogen) ist, sind deren Barmittel aus diesem Anlaß um denselben Betrag zurückgegangen, um den auch der Nennwert des Grundkapitals (im Fall der Amortisation zu über pari stehenden oder angenommenen Kursen auch der Betrag der um das Aufgeld zu kürzenden bezüglichen Rückstellung) infolge des Ausscheidens der amortisierten Aktien kleiner geworden ist. (Beim Rückkauf der Aktien unter pari wird der im Vergleich zum Nennwert des amortisierten Aktien-Kapitals entstehende buchmäßige Gewinn — in Analogie zu § 262 Ziff. 3 H.G.B. — zur Reservebildung verwendet. So auch Staub; Anmerkg. 9 zu § 227 und Simon S. 216.) Würde man nun die vorher für die Aktien-Amortisation aus dem bilanzmäßigen Reingewinn geschaffene Rückstellung bei der nächsten Gewinn-Verteilung als Dividende mit ausschütten, so würde die Wirkung schließlich dieselbe sein, als hätte die Aktien-Amortisation nicht aus bilanzmäßigen Reingewinnen, sondern, ohne Rücksicht auf diese, unmittelbar aus den Betriebsmitteln der Gesellschaft stattgefunden. Man hätte dann durch die Bildung von Rückstellungen

(Amortisationsfonds) aus den Reingewinnen die mit § 227 Abs. 2 H.G.B. geforderte Bedingung zunächst zwar erfüllt, dann aber durch die Verteilung des „Amortisationsfonds" der Aktien-Amortisation aus dem Jahresgewinn letzten Endes den Charakter einer reinen, nur unter Beobachtung der Bestimmungen des § 288 H.G.B. statthaften Kapital-Herabsetzung gegeben. So liegen die Dinge dann in der Tat: die liquiden Mittel sind durch die Aktien-Amortisation geschwächt, das Grundkapital ist nach Maßgabe der Amortisation verkleinert, und die Amortisations-Reserve ist zur Gewinn-Verteilung mit herangezogen worden. Nach allem kann nicht zweifelhaft sein, daß der Zweck, Aktien lediglich aus dem bilanzmäßigen Reingewinn zu amortisieren, nur dadurch erreicht zu werden vermag, daß die zu diesem Zweck aus den Jahresgewinnen der Gesellschaft geschaffene „Amortisations"-Rücklage nach effektiv durchgeführter Aktien-Amortisation auch fernerhin als echte Reserve erhalten bleibt, um von Jahr zu Jahr erneut einen dem Nennwert des amortisierten Aktien-Kapitals entsprechenden Betrag von der Gewinn-Verteilung auszuschließen. Hierzu ist von Interesse folgende Steuer-Entscheidung:

„Die Amortisation von Aktien aus dem bilanzmäßigen Jahresgewinn einer Aktien-Gesellschaft hat eine Verringerung des Grundkapitals nicht zur Folge und kommt demnach bei der Berechnung des Abzugs von $3^1/_2$ Proz. des eingezahlten Aktienkapitals nicht in Betracht." (E. in St. **10.** 281.)

Verschiedene Beurteilung dieser Frage. Die vorstehend behandelte Frage ist in der Literatur umstritten. Zwar muß man Staub (Anmerkg. 13 zu § 227) gegen Simon darin zustimmen, daß eine gesetzliche Pflicht zu dauernder Rücklage in Höhe des amortisierten Aktien-Kapitals nicht besteht. Doch wird man im Sinne der obigen Darlegungen Simon (S. 196ff., 220ff.) wenigstens prinzipiell darin beipflichten müssen, daß solche Amortisations-Rücklagen mit dem Wesen der Aktien-Amortisation aus dem Reingewinn tatsächlich untrennbar verbunden sind. (Vgl. im übrigen zur vorliegenden Frage noch Passow S. 273 und Berliner S. 249ff.)

e) Zur Deckung im Interesse der Angestellten aller Art freiwillig oder vertraglich zu gewährender Zuwendungen:

Dispositionsfonds, Gratifikationsfonds, Unterstützungsfonds, Pensionsfonds und sonstige Wohlfahrtsfonds.

Arten von Wohlfahrtsfonds und deren verschiedene Rechtsstellung. Sind derartige „Fonds" nur in Form gewöhnlicher echter Reserven von der Gesellschaft errichtet worden, stehen den Angestellten demnach irgend welche vertragliche Rechte daran nicht zu, so kann die Generalversammlung diese Fonds jederzeit in eine andre Zweckbestimmung überführen, sie mithin nicht zuletzt auch für die Gewinn-Verteilung nutzbar machen. Auch im Gesellschafts-Konkurse sind mit derartigen Fonds keinerlei Rechte für die Angestellten verbunden.

An diesem Zustand würde durch die „Anlage“ der Fonds (etwa in Effekten) und durch deren entsprechende Bilanzierung auch auf der Aktiva-Seite nichts geändert. Ein Absonderungsrecht in bezug auf jene Effekten stände den Angestellten im Gesellschafts-Konkurse selbst insoweit nicht zu, als sie auf Grund besonderer Verträge Forderungen auf den Fonds zu erheben berechtigt wären. Denn sie wären insoweit nur einfache (nicht einmal bevorrechtigte) Konkurs-Gläubiger, während die „Fonds“-Effekten zur Konkursmasse gehören.

Dagegen steht den Angestellten im Gesellschafts-Konkurse ein Aussonderungsrecht in bezug auf die Effekten oder sonstigen Gegenstände der „Fonds“-Anlage zu, wenn der Fonds rechtlich selbständigen Charakter hat, weil seine Dotierung aus der Gesellschafts-Kasse von den Angestellten beansprucht werden darf, wenn also eine Stiftung vorliegt, deren Anlage von den Stiftungs-Berechtigten allein oder im Verein mit Organen der Gesellschaft verwaltet wird. Dann gehören allerdings weder der Betrag der Stiftung als solcher unter die Passiven, noch derjenige der Stiftungs-Anlage unter die Aktiven der Gesellschafts-Bilanz, weil mit der Stiftung ein vom Gesellschafts-Vermögen völlig unabhängiger Vermögens-Komplex entstanden ist. Vielmehr genügt dann ein Hinweis auf die Stiftung im Geschäfts-Bericht. Erscheinen die Beträge der Stiftung und deren Anlage dennoch in der Bilanz der Gesellschaft, so steht den Stiftungs-Berechtigten im Gesellschafts-Konkurse das schon erwähnte Recht auf Aussonderung zu.

Steuerliche Abzugsfähigkeit der Zuwendungen an Wohlfahrtsfonds. Hervorgehoben sei noch, daß Zuwendungen der Gesellschaft an Wohlfahrtsfonds nicht echte Reserven, sondern steuerlich abzugsfähige Betriebs-Kosten sind, soweit sie auf rechtlichen Verpflichtungen beruhen. Steuerlich abzugsfähiger Betriebs-Aufwand ist auch dann gegeben, wenn eine Gesellschaft sich ihren Angestellten gegenüber zur Zahlung von Pensionen verpflichtet hat. Dann hat der schätzungsweise kapitalisierte Betrag als echte Schuld der Gesellschaft auf der Passiva-Seite ihrer Bilanz zu erscheinen. Aus der Gesellschafts-Kasse gezahlte Pensionen gelten demnach ohne weiteres als steuerlich abzugsfähige Betriebs-Ausgaben.

Verschiedene Bedeutung des Dispositionsfonds-Kontos. Der Vollständigkeit halber sei noch bemerkt, daß dem Dispositionsfonds-Konto zuweilen eine andre Bedeutung innewohnt als die, im Interesse der Angestellten Verwendung zu finden. So wird ein Dispositionsfonds-Konto manchmal errichtet zu dem Zweck, ihm den zur Verteilung bestimmten Reingewinn zu Lasten des Gewinn- und Verlust-

Kontos zu überweisen und diesen Betrag dort stehen zu lassen, bis die zu seiner Verteilung erforderlichen flüssigen Mittel vorhanden sind.

f) Im Interesse stabiler Dividenden gebildete freiwillige Reserven: *Dividenden-Ergänzungsfonds, Dividenden-Reserve oder ähnlich genannt.*

Soweit diese Reserven nicht vorwiegend oder ausschließlich zugunsten von Vorzugs-Aktionären entstanden sind, dienen sie auch zur Auffüllung der Dividenden für die Stammaktionäre.

Wesen und Arten des Gewinn-Vortrags. Besondrer Würdigung bedarf an dieser Stelle der *Gewinn-Vortrag.* Denn auch er wird nicht selten gebildet in dem Gedanken, die Höhe der bisherigen Dividende sichern zu helfen; und zwar besonders dann, wenn man die Dividendenaussicht für das neue Jahr mehr oder weniger ungünstig beurteilt. Jedoch auch dann bildet man einen Gewinn-Vortrag, wenn es zur Dividenden-Verteilung an flüssigen Mitteln fehlt, oder wenn man den verfügbaren Reingewinn zunächst nicht verteilen will, weil man liquider Mittel zu aussichtsreichen Sondergeschäften in nächster Zeit dringend bedarf.

In allen diesen und in ähnlichen Fällen stellen die Gewinn-Vorträge freiwillige Reserven*) von oft beträchtlicher Höhe, jedoch von meist nur kurzer, über den nächsten Abschluß nicht hinausreichender Dauer dar.

Im Gegensatz zu diesen Gewinn-Vorträgen stehen andere, auf eine rein rechentechnische Veranlassung zurückzuführende. Bekanntlich pflegt man den Prozentsatz der Dividende nach Möglichkeit so zu wählen, daß sich bequeme Zahlen ergeben. Das ist vor allem bei ganzen Prozenten, teilweise auch noch bei halben der Fall. Kleinere Bruchteile werden deshalb verhältnismäßig selten verteilt. Aber auch schon bei der Wahl ganzer Prozente wird kaum je vorkommen, daß der zu verteilende Reingewinn dem Gesamtbetrag der Dividende gerade gleicht. Rechnerisch unverteilbare Gewinnreste größern oder kleinern Umfangs werden immer übrig bleiben. Solche Gewinnreste überführt man als Gewinn-Vorträge ebenfalls in die folgende Bilanz-Periode, wenn man sich nicht entschließt, sie auf irgend ein echtes Reserve-Konto zu übertragen. Im letztgedachten Fall ist die bilanztechnische Wirkung zwar dieselbe wie bei der Bildung des Gewinn-Vortrags. Der auf dem Gewinn-Vortragskonto aber noch erkennbare Gewinnrestcharakter geht indessen bei der Verschmelzung mit einem andern echten Reserve-Konto verloren. Häufiger als die Verschmelzung begegnet die Gewohnheit, den Gewinnrest auf einem Gewinn-Vortragskonto ins Nachjahr zu überführen. Jedoch auch hierbei

*) Auch Staub und die dort in Anmerkg. 15 zu § 237 genannten Autoren sehen im Gewinn-Vortrag eine echte Reserve. Anders Rehm S. 545 und 667.

kommt nicht immer der Gewinnrest allein zum Vortrag, sondern nicht selten paart sich mit ihm aus einem der oben genannten Gründe eine größere Reserve, so daß das Gewinn-Vortragskonto dann zweifachen Ursprungs ist.

Gerichts- und Steuer-Entscheidungen über den Gewinn-Vortrag. Im Anschluß hieran über den Gewinn-Vortrag noch einige Gerichts- und Steuer-Entscheidungen:

„Auch der Vortrag auf neue Rechnung hat wirtschaftlich und juristisch die Bedeutung eines Reservefonds. O.L.G. Colmar 26. 10. 04. Recht 05, 634. R.O.L.G. 10, 241. Z.Bl.F.G. 5, 802. Z.A.G. 12, 182." (Vgl. Kaufmann VI. S. 82.)

„Der Beschluß der General-Versammlung der Aktionäre, Gelder auf neue Rechnung vorzutragen, enthält nicht die Bildung einer Spezialreserve. Man kann den Vortrag auf neue Rechnung als eine Reserve bezeichnen (vgl. J.W. 05, 345), er ist aber keine Spezialreserve. Den Gegensatz zum notwendigen gesetzlichen Reservefonds (H.G.B. § 262) bilden die freiwilligen Reserven, welche nicht Spezialreserven, d. h. einem speziellen Zwecke gewidmet zu sein brauchen. Nach Darstellung der Beklagten ging die Absicht der Majorität bei dem fraglichen Beschlusse dahin, liquide Betriebsmittel zu schaffen und die Inanspruchnahme von Bankkredit zu vermeiden. Es mag sein, daß in solcher Absicht auch eine Spezialreserve hätte geschaffen werden können, nämlich durch Bildung eines dauernden Betriebsfonds. Dies ist aber nicht geschehen; denn der Vortrag auf neue Rechnung widmet die betreffenden Gelder keinem bestimmten Zwecke, insbesondere keinem auf die Dauer berechneten Betriebsfonds, sondern beläßt der Beklagten die Freiheit, sie im folgenden Jahre als Gewinn zu verteilen. **R.G.** 5. 7. 11. L.Z. 11, 771; Z.Bl.F.G. 12, 312." (Vgl. Kaufmann XIII. S. 55—56.)

„Dadurch, daß ein Gewinn-Betrag unverteilt auf neue Rechnung des künftigen Jahres vorgetragen wird, ist ihm der Charakter eines Reservefonds keineswegs ohne weiteres entzogen, sondern es bleibt in jedem Falle zu prüfen, ob nicht eine latente Reservefondsbildung vorliegt. Für Gewinnreste, mit denen etwa im Interesse der Erleichterung des Rechnungswesens in der angegebenen Weise verfahren wird, mag in der Regel die Natur des Reservefonds nicht anzunehmen sein (vgl. Art. 27 Nr. 4 A. vom 6. Juli 1900); die von dem Steuerpflichtigen beliebte formelle Behandlung eines Betrags als Vortrag auf die künftige Rechnung oder die entsprechende formelle Bezeichnung bringt jedoch für sich allein in keinem Falle die Nötigung mit sich, diesen Überschüssen Steuerfreiheit zu gewähren." (U.V.A. 3122 vom 25. September 1894; vgl. auch E. in St. **3**. **33**; **5**. 209.)

„Daß die Gewinn-Vorträge auf neue Rechnung in materieller und formaler Hinsicht steuerpflichtige Reservefonds darstellen, ist nicht zu bezweifeln, da sie aus dem Gewinne des Entstehungsjahrs stammen und in den Gewinn- und Verlustkonten besonders aufzuführen sind (vgl. auch Simon, Eink. S. 118, Bil. S. 248). Daß die vorgetragenen Gewinne, welche im Entstehungsjahr als steuerpflichtige Reservefonds behandelt sind, im folgenden Jahre, in welchem sie als Vortrag erscheinen, vom Gewinne abgezogen werden müssen, ist selbstverständlich (vgl. E. in St. **10**. 249)." (Vgl. Fuisting S. 296.)

„Nach der neuern Rechtsprechung gehört der Gewinn-Vortrag ohne Rücksicht auf die Höhe zu den steuerpflichtigen Überschüssen (E. in St. **10**. 278; vgl. auch Rehm S. 673 f.). Demgemäß ist auch im Art. 28 Nr. 4 die frühere abweichende Bestimmung über Gewinnreste (Art. 27 Nr. 4 A. vom 6. Juli 1900) nicht wiederholt." (Vgl. Fuisting S. 296.)

Steuer-Entscheidung über Aufrechnung des Verlust-Vortrags. Und im Zusammenhang hiermit eine (auch für Aktien-Gesellschaften gültige) Entscheidung über die steuerliche Abzugsfähigkeit des Verlust-Vortrags bei der Einkommensteuer-Deklaration nach dessen Aufrechnung gegen eine freiwillige Reserve:

„Der Umstand, daß eine Kommandit-Gesellschaft auf Aktien den sich aus der Bilanz für ein Geschäftsjahr ergebenden Verlust durch Abschreibung seines Betrags von einem freiwilligen Reservefonds buchmäßig beseitigt hat, steht dem Abzuge dieses Verlustes von dem Gewinn der anderen Jahre der Durchschnitts-Periode bei der Berechnung ihres steuerpflichtigen Einkommens nicht entgegen." (E. in St. **10**. 321, 325.)

Anordnung und Dotierung freiwilliger Reserve-Konten betreffende Rechtsverhältnisse. Über die für die Bildung freiwilliger Reserve-Konten maßgebenden Rechtsverhältnisse sagt Staub (Anmerkgen. 30 bis 33 zu § 262 S. 908—909):

„Regelmäßig kann nur das Statut freiwillige Reservekonten anordnen und dotieren, nicht ein einfacher Generalversammlungsbeschluß, noch weniger andere Organe. Zwar kann die Generalversammlung über die Verteilung des Gewinnes Beschluß fassen, aber wenn ihr dabei nicht freigestellt ist, nach Gutdünken zu verfahren, so muß sie nach gesetzlicher Vorschrift verfahren, sonst verfährt sie ungesetzlich und ihr Beschluß unterliegt der Anfechtung. Ihr ist es daher verwehrt, aus Gründen der Wohlfahrt Reservefonds zu bilden (z. B. einen Arbeiterunterstützungsfonds; Bolze 21 Nr. 561; R.G. 40, 33).

Auch durch Statutenänderung kann die Anlegung freiwilliger Reservefonds angeordnet werden. Der Aktionär hat kein Sonderrecht auf nicht festgestellte Dividende.

Die Generalversammlung kann daher auch einen Gewinnvortrag nicht ohne weiteres beschließen. Denn das wäre eine unzulässige Schmälerung des Dividendenanspruchs. Der Umstand, daß die Gesellschaft bares Geld zur Entfaltung ihrer geschäftlichen Tätigkeit bedarf, und daß es daher verständigen Erwägungen entspricht, wenn ein Teil des Reingewinns zurückbehalten wird, um damit geschäftlich handeln zu können, rechtfertigt den Beschluß auf Bildung eines Gewinnvortrags nicht. Für solche Fälle mag, da das Gesetz nicht genügend Fürsorge trifft, der Gesellschaftsvertrag durch Anordnung von Reservekonten oder durch Ausstattung der Generalversammlung mit diesbezüglicher Bewegungsfreiheit Fürsorge treffen. Mangels statutarischer Fürsorge nach dieser Richtung kann die Generalversammlung aus eigener Machtvollkommenheit einen Teil des Reingewinns nicht mit der Begründung der Verteilung entziehen, daß dies den Zwecken der Gesellschaft förderlich wäre. Solcher Beschluß wäre ungültig, weil über die Gültigkeit der Beschlüsse Gesetz und Statut, nicht die Frage der Zweckmäßigkeit entscheiden. Die entgegenstehende Entscheidung des R.G. vom 26. 1. 98 (mitgeteilt im Sächs. A. 8, 251 und bei Holdheim 7, 143) kann vom Standpunkte des geltenden Aktienrechts nicht gebilligt werden, sondern geht von Grundsätzen aus, die an sich billigungswert wären, aber nur de lege ferenda (ebenso Lehmann-Ring Nr. 9; Pinner 217). In einem Ausnahmefall aber hat die einfache Generalversammlung das Recht zur Bildung des Gewinnvortrags. Es beruht nämlich auf einem allgemeinen Handelsgebrauch, daß die Dividende in Prozenten oder bequemen Bruchteilen von Prozenten festgesetzt und der bei dieser Abrundung überschießende Betrag auf neue Rechnung vorgetragen wird (Behrend § 133; Pinner 216; Simon 248)."

„Durch unterlassene Anfechtung wird übrigens ein Generalversammlungsbeschluß, durch den unzulässigerweise ein Reservekonto angelegt, also auch ein Gewinnvortrag über das Übliche hinaus gebildet wird, gültig, und von diesem Gesichtspunkte aus kann eine Dotierung von freiwilligen Reservekonten auch sonst auf Generalversammlungsbeschluß beruhen. Die Anfechtung eines solchen Beschlusses, der freiwillige Reservekonten anordnet, ist jetzt sogar nach einer gewissen Richtung beschränkt, nämlich an einen bestimmten Minimalbesitz von Aktien geknüpft. Das Gesetz begünstigt auf diese Weise die Bildung von freiwilligen Reservekonten durch bloßen Generalversammlungsbeschluß."

Vermischung freiwilliger Reserven mit passiven Wertkorrekturen. Die Ausführungen über die freiwilligen Reserve-Konten seien geschlossen mit der Bemerkung, daß auf Grund ihrer Bezeichnung in den Bilanzen zuweilen Posten für freiwillige Reserven gehalten werden, obgleich nur passive Wertkorrekturen vorliegen. Solche Wertkorrekturen können auftreten als Rückstellungen auf bereits entstandene, aber zahlenmäßig noch nicht feststehende, oder doch auf bestimmt zu erwartende Ausgaben oder Verluste, die noch das Vorjahr betreffen und deshalb vorweg zu bilanzieren sind. Nur der Andeutung bedarf, daß solche Wertkorrektur-Posten nicht erst aus dem Reingewinn gebildet werden dürfen, sondern daß sie zu Lasten der Erfolgs-Rechnung bereits vorweg gebucht werden müssen, weil vor ihrer Verbuchung als echter Aufwand-Posten eben kein Reingewinn vorliegt. Solche Wertkorrekturen mit dem scheinbaren Charakter freiwilliger (echter) Reserven können beispielsweise sein: *Prozeßkosten-Reservekonto*; *Reservekonto für das Vorjahr betreffende Ausgaben*; *Konjunktur-Reservekonto* (dieses etwa, weil gewisse, der Konjunktur stark unterliegende Veräußerungs-Gegenstände überbewertet sind) u. a. m.

Zuweilen sind auch Wertkorrekturen und freiwillige (echte) Reserven auf einem Konto gemischt. Solche Fälle liegen vor, wenn der Betrag der Wertkorrektur zu hoch angenommen ist. Der darüber hinausgehende Betrag ist dann in jedem Fall eine echte (freiwillige) Reserve. Vielfach kann man die Frage, ob oder inwieweit mit den Wertkorrekturen freiwillige Reserven verbunden sind, erst entscheiden, nachdem der Wertkorrektur-Betrag durch die Erledigung der Angelegenheit endgültig festgestelt ist. Besonders häufig wird dies z. B. vorkommen bei Kosten aus schwebenden Prozessen, bei Abschreibungen auf zweifelhafte Forderungen u. dgl. (Vgl. hierzu auch die Ausführungen über Delkredere- und Delkrederereserve-Konten auf S. 315 bis 320, ferner über Erneuerungs- und Erneuerungsreserve-Konten auf S. 362 bis 369.)

II. Tantiemen.

Gesetzliche Vorschriften. Die über die Berechnung der Vorstands- und Aufsichtsrats-Tantiemen getroffenen handelsgesetzlichen Bestimmungen lauten:

§ 237. Wird den Mitgliedern des Vorstandes ein Anteil am Jahresgewinne gewährt, so ist der Anteil von dem nach Vornahme sämtlicher Abschreibungen und Rücklagen verbleibenden Reingewinne zu berechnen.

§ 245. Erhalten die Mitglieder des Aufsichtsrats für ihre Tätigkeit eine Vergütung, die in einem Anteil am Jahresgewinne besteht, so ist der Anteil von dem Reingewinne zu berechnen, welcher nach Vornahme sämtlicher Abschreibungen und Rücklagen sowie nach Abzug eines für die Aktionäre bestimmten Betrags von mindestens vier vom Hundert des eingezahlten Grundkapitals verbleibt.

Ist die den Mitgliedern des Aufsichtsrats zukommende Vergütung im Gesellschaftsvertrage festgesetzt, so kann eine Abänderung des Gesellschaftsvertrags, durch welche die Vergütung herabgesetzt wird, von der Generalversammlung mit einfacher Stimmenmehrheit beschlossen werden.

Diese Vorschriften sind zwingender Natur. Inwieweit sie durch den Gesellschafts-Vertrag oder etwa durch bloße Generalversammlungs-Beschlüsse abgeändert werden können, und inwieweit neben ihnen oder statt ihrer bezügliche Sondervereinbarungen erlaubt und möglich sind, wird noch erörtert werden.

Zunächst sollen die gesetzlichen Vorschriften selbst besprochen werden.

Der zwischen der Berechnung der Vorstands- und der Aufsichtsrats-Tantieme bestehende Unterschied fällt ohne weiteres auf: die nach der gesetzlichen Vorschrift zu berechnende Aufsichtsrats-Tantieme muß — von etwaiger Verschiedenheit der prozentualen Berechnungssätze in beiden Fällen abgesehen — um mindestens vier Prozent des eingezahlten Grundkapitals niedriger als die Vorstands-Tantieme sein.

Überflüssige Erwähnung der Abschreibungen. Die §§ 237 und 245 sagen Selbstverständliches insofern, als nach ihnen die Tantieme von dem nach Vornahme auch sämtlicher Abschreibungen verbleibenden Reingewinn berechnet werden soll. Da Reingewinn vor der Durchführung sämtlicher Abschreibungen nicht denkbar ist, hätte es eines derartigen, nur irreführenden Hinweises im Gesetzestexte nicht bedurft. (Vgl. über das Wesen der Abschreibungen auch S. 309 bis 310 und 349 bis 350.)

Der Rücklage-Begriff. Dagegen muß die Erwähnung der Rücklagen im Gesetzestexte als berechtigt gelten, um zum Ausdruck zu bringen, daß nicht der volle bilanzmäßige, sondern nur der um sämtliche Rücklagen gekürzte Reingewinn der Tantieme-Berechnung zugrunde zu legen ist.

Das Wort „Rücklagen" steht in den hier beregten beiden Paragraphen, wie auch Staub in Anmerkg. 13 zu § 237 meint, offenbar nur als Verdeutschung des allgemein eingebürgerten Fachausdrucks „Reserven".

Da der Reingewinn bei der Tantieme-Berechnung um sämtliche

Rücklagen zu kürzen ist, kommen nicht allein die gesetzlich vorgeschriebenen, sondern ebenso auch die freiwilligen Reserven (vgl. über beide Arten S. 426 und 435 ff.) für die Kürzung in Frage.

Tantiemepflichtige Postenarten. Jedoch wäre verfehlt, hieraus nun zu schließen, daß der als Grundlage der Tantieme-Berechnung anzunehmende Betrag mit der zu verteilenden Dividende (bei der Aufsichtsrats-Tantieme nach Abzug von mindestens 4% des eingezahlten Grundkapitals!) identisch sei. Solche Annahme würde zur Voraussetzung haben, daß außer den echten Reserven aller Art und außer den Tantiemen selbst den zugunsten der Aktionäre dividendenpflichtigen Reingewinnrest nichts mehr mindern könnte. Diese Voraussetzung trifft nicht zu. Denn nicht selten wird die Dividende gemindert auch durch Rückstellungen oder Barzahlungen, die im Sinne der §§ 237 und 245 H.G.B. bei der Tantieme-Berechnung nicht bzugsfähige Posten sind. Zu solchen tantiemepflichtigen, jedoch die Dividende mindernden Posten gehören beispielsweise:

Vertraglich oder von Fall zu Fall nach freiem Ermessen der Gesellschafts-Organe aus dem bilanzmäßigen Reingewinn an die Beamten der Gesellschaft zu zahlende Gratifikationen oder Tantiemen. Diese Vergütungen sind, wie die Tantiemen für Vorstand und Aufsichtsrat selbst, tantiemepflichtig, weil sie nach dem Reingewinn bemessen und aus diesem bezahlt werden, ohne daß es sich bei ihnen eben um gesetzlich für tantiemefrei erklärte Abschreibungen oder Rücklagen handelt.

Aus dem gleichen Grunde sind tantiemepflichtige, die ordentliche Aktionär-Dividende kürzende Posten alle an Gründer der Gesellschaft nach § 186 H.G.B. aus dem Reingewinn zu gewährende Sondervergütungen (etwa für eingebrachte, besonders wertvolle Patentrechte oder dgl.).

Ebenfalls tantiemepflichtige Posten sind aus dem Reingewinn geschehende Zuwendungen an Wohlfahrtsfonds (vgl. über diese auch S. 439 bis 440) unter der Voraussetzung, daß sie entweder selbständigen Kassen zugute kommen, oder daß sie doch wenigstens auf rechtlicher Verpflichtung Dritten (Angestellten aller Art) gegenüber beruhen. Fehlen diese Voraussetzungen, erfolgen jene Zuwendungen also auf Grund freier Entschließung der Gesellschafts-Organe, die dann jederzeit berechtigt sind, jene Zuwendungen anderen Zwecken der Gesellschaft dienstbar zu machen, so liegen echte Reserven (Rücklagen) im Sinne der §§ 237 und 245 H.G.B. vor. Solche Zuwendungen sind dann bei der Tantieme-Berechnung in Abzug zu bringende Posten.

Als nicht zu den Rücklagen im Sinne der §§ 237 und 245 H.G.B. anzusehende und deshalb tantiemepflichtige Posten haben (in Übereinstimmung mit einer, bei Kaufmann I. S. 25 angeführten Entscheidung des O.L.G. Dresden vom 9. 1. 1900) außerdem alle zum

Zweck der Amortisation von Aktien aus dem Reingewinn gebildeten Reserven zu gelten. (Näheres über die Amortisations-Reserven vgl. S. 438 bis 439.)

Verschiedene Behandlung der Gewinn- und Verlust-Vorträge. Besondrer Erörterung bedarf in diesem Zusammenhang die Frage nach der Behandlung der bilanzmäßigen Gewinn- und Verlust-Vorträge. Zunächst sei auf den Gewinn-Vortrag eingegangen.

Wie auf S. 441 schon dargelegt worden ist, gehört der Gewinn-Vortrag zu den freiwilligen (echten) Reserven der Gesellschaft; demnach ist er nach §§ 237 und 245 H.G.B. „Rücklage" und als solche bei der Tantieme-Berechnung für das Jahr der Entstehung in Abzug zu bringen. Tantiemepflichtig wird der Gewinn-Vortrag dann erst für das Nachjahr, falls und insoweit er durch einen inzwischen entstandenen bilanzmäßigen Verlust nicht gemindert worden ist. Wie auf S. 441 bereits gesagt wurde, erklären auch Staub und die von diesem in Anmerkg. 15 zu § 237 genannten Autoren den Gewinn-Vortrag als echte Reserve, mithin als eine für das Entstehungsjahr tantiemefrei zu behandelnde Rücklage. Bei dieser, auch von uns vertretenen Auffassung wird der Gewinn-Vortrag für das Jahr seiner Entstehung mithin tantiemefreier Bestandteil der freiwilligen Reserven, um diese bei der Tantieme-Berechnung im folgenden Jahr tantiemepflichtig zu verlassen, wenn und soweit er nicht auch weiterhin unverteilt bleibt, oder soweit er durch einen bilanzmäßigen Verlust des Nachjahrs nicht aufgezehrt worden ist.

Der aus dem Reservecharakter für das Entstehungsjahr abzuleitenden Tantiemefreiheit des Gewinn-Vortrags steht entgegen die rein praktische Auffassung, wonach der Gewinn-Vortrag schon für das Jahr seiner Entstehung tantiemepflichtig sein soll, weil es recht und billig sei, die Tantieme-Berechtigten auch am Gewinn-Vortrag sogleich nach seiner Feststellung, nicht dagegen erst nach Jahresfrist, teilnehmen zu lassen. Will man diese Auffassung mit der Vorschrift der §§ 237 und 245 in Einklang bringen, so darf man den Gewinn-Vortrag nicht als „Rücklage" (echte Reserve) im Sinne dieser Paragraphen, sondern man muß ihn dann etwa als von den Aktionären nur gestundete Dividende ansehen. Als Befürworter der Tantiemepflichtigkeit des Gewinn-Vortrags im Entstehungsjahr sind anzuführen: Baumer (S. 2 ff.); Bünger, Vortrag über „Gewinn-Verteilung und Tantieme-Berechnung" vor dem VI. Verbandstage des Verbandes Deutscher Bücherrevisoren; Kommerzienrat Richter im Bankarchiv XII. S. 278 ff.; Scheller (S. 85); Schönwandt (S. 112—113); Seipp in der Z. f. Hw. u. Hp. VI. S. 248.

Ein Vergleich der vorstehend mitgeteilten beiden Hauptansichten über die Behandlung des Gewinn-Vortrags bei der Tantieme-Berechnung ergibt (gleichzeitig auch in bezug auf den bezüglichen Einfluß des Verlust-Vortrags):

Vorzüge und Nachteile der verschiedenen Auffassungen. Folgt man der letztgenannten, dem Praktiker am meisten zusagenden Berechnungs-Methode, den Gewinn-Vortrag sogleich im Jahr seiner Entstehung als tantiemepflichtige Größe zu behandeln, so wird man ihn vom bilanzmäßig ausgewiesenen Gesamtgewinn des Nachjahrs, in dem er enthalten ist, in Abzug zu bringen haben, weil er andernfalls an der Tantieme-Berechnung nochmals teilnehmen würde.*) Nicht der bilanzmäßige, den Vorjahrs-Vortrag einschließende Reingewinn abzüglich des neu beschlossenen Gewinn-Vortrags kommt hierbei also für die Tantieme-Berechnung in Anschlag, sondern nur der im jeweilig abgelaufenen Bilanzjahr gemachte Reingewinn. Vorstands- und Aufsichtsrats-Mitglieder erhalten sonach bei diesem Verfahren Tantieme von dem zum Vortrag ins Nachjahr bestimmten Gewinn schon für das Jahr, in dem sie zum Erwerb dieses Gewinns beigetragen haben. Verfechter dieser Berechnungs-Methode erklären ferner (so z. B. Rehm S. 656 und Baumer S. 12) als deren Folge, daß aus dem jeweiligen Jahresgewinn Tantieme auch dann zu verteilen sei, wenn dieser Gewinn zur Deckung eines Verlust-Vortrags aus dem Vorjahr nicht ausreiche, wenn und obgleich mithin der bilanzmäßige Gesamterfolg Verlust bedeutet. Denn der im bezüglichen Bilanzjahr erzielte Reingewinn sei tantiemepflichtig ohne Rücksicht darauf, ob oder inwieweit ihm ein Verlust-Vortrag aus dem Vorjahr gegenüberstehe.

Anders dagegen bei dem Verfahren, den Gewinn-Vortrag als

---

*) Rehm (S. 655 bis 657) hält solche zweimalige Tantiemepflichtigkeit des Gewinn-Vortrags (im Entstehungsjahr und im Nachjahr) für gesetzlich berechtigt. Deshalb liege in der wiederholten Heranziehung des Gewinn-Vortrags zur Tantieme-Berechnung auch keine strafbare Untreue aus § 312 H.G.B. Nur im Wege satzungs- und vertragsmäßiger Festlegung lasse sich verhindern, daß die Tantieme von demselben Gewinn-Betrage mehrere Male berechnet werde. Rehm kommt zur Erklärung der doppelten Tantiemepflichtigkeit des Gewinn-Vortrags, weil er diesem den Charakter einer Rücklage (echten Reserve) abspricht (vgl. hierüber auch S. 441). Auch seiner buchtechnischen Form nach sei der Gewinn-Vortrag kein Reservefonds, weil er nicht auf Bilanz-, sondern auf Gewinn-Konto übertragen werde; also fehle ihm auch juristisch die Eigenschaft der Reserve. Buchtechnisch genommen trifft dies zu, und formell ist jener Schluß einwandfrei. Die formelle Rechtfertigung des Gewinn-Vortrags als einer echten Reserve würde vom buchtechnischen Standpunkt danach bedingen, das Gewinn-Vortragskonto für den Schluß seines Entstehungsjahrs über Bilanz-Konto abzuschließen und den Vortrags-Saldo erst im Nachjahr nach erfolgtem Verteilungs-Beschluß auf das bis dahin dann nur den Erfolg des bezüglichen Bilanzjahrs ausweisende Gewinn- und Verlust-Konto zu übertragen. Der Erfolgs-Ausweis in der Bilanz würde dann in den Gewinn-Vortrag und den Reinerfolg des Bilanzjahrs zerfallen. Der zu veröffentlichenden Erfolgs-Rechnung aber müßte der Gewinn-Vortrag hinzugesetzt werden, da diese nicht nur den Jahres-Reinerfolg, sondern den gesamten bilanzmäßigen Reinerfolg ausweisen soll.

echte Reserve anzusehen und ihn deshalb nicht schon für das Entstehungsjahr, sondern erst für das Nachjahr zur Tantieme-Berechnung heranzuziehen. Hierbei wird tantiemepflichtig nicht der lediglich im jeweilig abgelaufenen Bilanzjahr erzielte Reingewinn, sondern der bilanzmäßig ausgewiesene, den Vorjahrs-Vortrag einschließende Reingewinn abzüglich des neu beschlossenen Gewinn-Vortrags. Vorstand und Aufsichtsrat stehen bei diesem Verfahren im großen und ganzen schlechter als bei dem andern, den Gewinn-Vortrag schon für dessen Entstehungsjahr als tantiemepflichtige Größe zu behandeln. Denn bei der Tantiemefreiheit des Gewinn-Vortrags für dessen Entstehungsjahr kommen die Tantieme-Berechtigten erst ein Jahr später in den Besitz ihres Anteils; sie sind außerdem der Gefahr ausgesetzt, daß dieser Anteil durch einen im Nachjahr entstandenen Verlust gemindert oder gar ganz aufgezehrt wird, weil bei dieser Methode der Tantieme-Berechnung der Verlust-Vortrag aus dem Vorjahr im bilanziellen Ergebnis des Nachjahrs ebenso wie der Gewinn-Vortrag zur Verrechnung kommen muß. Bei dieser Methode kann deshalb ebensogut vorkommen, daß ein neu eingetretener Direktor vom Gewinn-Vortrag aus dem Vorjahr, den er nicht mit erwerben geholfen hat, Tantieme bezieht, wie sich statt dessen ereignen kann, daß derselbe Direktor, trotz guter Erfolge im ersten Dienstjahr, keine Tantieme erhält, weil zunächst ein von ihm nicht verschuldeter Verlust-Vortrag aus dem Vorjahr durch Gewinne zu decken ist. Der letzterwähnten Möglichkeit werden neu eintretende Leiter der Unternehmung durch zweckentsprechende Forderungen (Tantieme-Garantie, Sanierung oder dergl.) allerdings meist vorzubeugen wissen. Noch einen andern Nachteil könnten die tantiemeberechtigten Parteien in der tantiemefreien Behandlung des Gewinn-Vortrags für sein Entstehungsjahr erblicken: wie leicht einzusehen ist, muß nämlich bei dieser Berechnungs-Methode der tantiemepflichtige Betrag um so kleiner werden, je größer der tantiemefreie Gewinn-Vortrag von der Generalversammlung beschlossen wird. (Ein Umstand, auf den auch Kleinlogel in der Z. f. Hw. u. Hp. V. S. 19 ff. hinweist.) Dabei ist aber zu bedenken, daß auch die Dividende um so mehr sinkt, je höher der Gewinn-Vortrag für das Nachjahr ausfällt. In dem Maße, wie die Generalversammlung mithin durch höhere Bemessung des Gewinn-Vortrags die Tantieme schmälert, kürzt sie sich selbst die Dividende. Nur insoweit die Generalversammlung geneigt und stark genug ist, nötigenfalls die Zukunfts-Interessen ihrer Gesellschaft über ihr Augenblicks-Interesse an höherer Dividende zu stellen, wird sie bei tantiemefreier Behandlung des neu gebildeten Gewinn-Vortrags durch dessen gesteigerte Bemessung der Verwaltung die Tantieme beschneiden. Zunächst ist solche Kürzung der Tantieme-Bezüge jedoch von nur zeitlich verschiebender Bedeutung, weil der für das Entstehungsjahr tantiemefrei gelassene Gewinn-Vortrag im Nachjahr zur Tantieme-Berechnung herangezogen wird, wenn und insoweit er nicht etwa auch weiterhin unverteilt bleibt, oder durch einen im Nachjahr entstandenen Verlust gemindert oder aufgezehrt wird. Analog liegt es mit der Kürzung der Dividende durch den Gewinn-Vortrag.

Tantieme-Berechnung bei Tantiemepflichtigkeit des neuen Gewinn-Vortrags. Nach den vorstehenden Darlegungen wird verständlich, warum die kaufmännische Praxis dazu neigt, den Gewinn-Vortrag zur Tantieme-Berechnung schon für das Entstehungsjahr heranzuziehen und ihn im Nachjahr tantiemefrei zu lassen. Zu den dieser Methode eigenen Vorzügen kommt nun noch der weitere Vorzug bequemerer Berechnungsmöglichkeit. Denn wenn der neu beschlossene Gewinn-Vortrag sogleich für das Entstehungsjahr tantiemepflichtig wird, ergeben die Tantieme-Beträge sich zwanglos nach folgendem Schema, weil alle an der Berechnung beteiligten Verteilungs-Größen (nämlich der bilanzmäßige Gesamtgewinn, der Vortrag aus dem Vorjahr, die Zuführungen zu gesetzlichen und zu freiwilligen Reserve-Konten, die zu verteilende Dividende, wie schließlich auch der für das Nachjahr bestimmte Gewinn-Vortrag) bekannt sind:

Bilanzmäßiger Gesamtgewinn für 1913	431 567,22 M
·/. Gewinn-Vortrag aus 1912	56 118,90 „
	375 448,32 M
·/. 5% Überweisung auf Zwangsreserve-Konto	18 772,42 „
	356 675,90 M
·/. Überweisungen auf freiwillige Reserve-Konten . .	26 000,— „
	330 675,90 M
·/. 4% Vordividende auf 3 000 000,— M Aktien-Kapital	120 000,— „
	210 675,90 M
·/. 10% Vorstands-Tantieme von 330 675,90 M = 33 067,59 M	
·/. $12\frac{1}{2}$% Aufsichtsrats-Tantieme von 210 675,90 M = 26 334,49 „	59 402,08 „
	151 273,82 M
+ Gewinn-Vortrag aus 1912 [dieser muß (weil er bereits für 1912 tantiemepflichtig gewesen und deshalb für 1913 tantiemefrei ist) oben abgezogen, hier dagegen (als Teil der für 1913 auszuschüttenden Dividende) wieder zugesetzt werden]	56 118,90 „
	207 392,72 M
·/. 6% Restdividende	180 000,00 „
Gewinn-Vortrag nach 1914:	27 392,72 M.

Verschiedene Lösungen der bei tantiemefreier Behandlung des neuen Gewinn-Vortrags entstehenden rechnerischen Schwierigkeiten. Weniger einfach gestaltet sich die Berechnung der Vorstands- und Aufsichtsrats-Tantiemen, wenn der Gewinn-Vortrag für das Entstehungsjahr tantiemefrei bleiben und erst für das Nachjahr tantiemepflichtig werden soll. Dann liegt die rechnerische Schwierigkeit darin, daß zwei Größen unbekannt sind: der Gewinn-Vortrag, dessen Höhe von derjenigen der Tantiemen abhängt, und die Tantiemen, die ihrerseits wieder von der Höhe des Gewinn-Vortrags beeinflußt werden. Die vollkommene Überwindung der hierin liegenden rechnerischen Schwierigkeiten ist am sichersten und schnellsten mittelst mathematischer Formeln möglich. Annäherungs-Methoden würden in den meisten Fällen wohl größern Zeitaufwand als die Lösung auf dem Formelwege erfordern. Eine für den vorliegenden Fall brauchbare Formel stammt von Professor Lambert und ist mitgeteilt bei Leitner (S. 112 bis 113). Unter Benutzung der von mir gewählten folgenden Zeichen:

Gr = bilanzmäßiger Reingewinn nach Abzug aller tantiemefreien gesetzlichen und freiwilligen Rücklagen mit Ausnahme des für das Entstehungsjahr ebenfalls tantiemefreien Gewinn-Vortrags (Gewinnrest = Gr);
Gv = für das Entstehungsjahr tantiemefreier Gewinn-Vortrag;
Ak = eingezahltes Aktien-Kapital;
Dp = Prozentsatz der zur Ausschüttung kommenden Gesamtdividende (Vordividende zuzüglich Restdividende);
Vp = Prozentsatz der Vorstands-Tantieme;
Ap = Prozentsatz der Aufsichtsrats-Tantieme
lautet diese Formel:

$$\text{Gr} \cdot/.\ \text{Gv} = \frac{\text{Ak} \times \left(\text{Dp} \cdot/.\ \frac{4 \times \text{Ap}}{100}\right)}{100 \cdot/.\ \text{Vp} \cdot/.\ \text{Ap}}.$$

Das aus der Anwendung dieser Formel sich ergebende Resultat würde demnach nicht schon die Höhe des für das Entstehungsjahr tantiemefreien Gewinn-Vortrags bezeichnen, sondern würde darstellen den Unterschied zwischen dem vorstehend umschriebenen Gewinnrest und dem beregten Gewinn-Vortrag, also den Betrag, von dem nach § 237 H.G.B. die Vorstands-Tantieme zu berechnen ist. Daraus folgt für:

$$\text{Gr} = \frac{\text{Ak} \times \left(\text{Dp} \cdot/.\ \frac{4 \times \text{Ap}}{100}\right)}{100 \cdot/.\ \text{Vp} \cdot/.\ \text{Ap}} + \text{Gv}.$$

Und für:

$$\mathrm{Gv} = \mathrm{Gr} \cdot/. \frac{\mathrm{Ak} \times \left(\mathrm{Dp} \cdot/. \frac{4 \times \mathrm{Ap}}{100}\right)}{100 \cdot/. \mathrm{Vp} \cdot/. \mathrm{Ap}}.$$

Wir machen nun die Probe auf die Richtigkeit der Formel, wobei wir ausgehen von denselben Zahlen, die oben für die Tantieme-Berechnung bei bereits für das Entstehungsjahr tantiemepflichtiger Behandlung des Gewinn-Vortrags zur Anwendung gelangt sind. Danach ist:

Gr = [431 567,22 M ·/. (18 772,42 M + 26 000,— M) =] 386 794,80 M;
Ak = 3 000 000,— M;
Dp = (4 + 6 =) 10;
Vp = 10;
Ap = $12\frac{1}{2}$.

Mithin ist:

$$\mathrm{Gv} = 386\,794{,}80\ \mathrm{M} \cdot/. \left[\frac{3\,000\,000{,}\text{—}\ \mathrm{M} \times \left(10 \cdot/. \frac{4 \times 12\frac{1}{2}}{100}\right)}{100 \cdot/. 10 \cdot/. 12\frac{1}{2}}\right].$$

Die Ausrechnung ergibt für Gv = (386 794,80 M ·/. 367 741,93 M =) 19 052,87 M. Setzt man diesen Betrag für Gv ein, so kommt man zu nachstehender Gewinn-Verteilung:

Bilanzmäßiger Gesamtgewinn für 1913		431 567,22 M
·/. Reserven (18 772,42 M + 26 000,— M =)		44 772,42 „
		386 794,80 M
·/. Für das Entstehungsjahr tantiemefreier Gewinn-Vortrag (lt. vorstehender Berechnung)*)		19 052,87 „
		367 741,93 M
·/. 4% Vordividende auf 3 000 000,— M Aktien-Kapital		120 000,— „
		247 741,93 M
·/. 10% Vorstands-Tantieme von 367 741,93 M =	36 774,19 M	
·/. $12\frac{1}{2}$% Aufsichtsrats-Tantieme von 247 741,93 „ =	30 967,74 „	67 741,93 „
verbleiben für 6% Restdividende		180 000,— M.

*) Im Vergleich zur voraufgegangenen tantiemepflichtigen Behandlung des Gewinn-Vortrags schon für dessen Entstehungsjahr zeigt sich hier bei seiner tantiemefreien Behandlung, daß die Gesamt-Tantieme um denselben Betrag (67 741,93 M gegen 59 402,08 M = 8339,85 M) gewachsen ist, um den der Gewinn-Vortrag (19 052,87 M gegen 27 392,72 M = 8339,85 M) gesunken ist. Erklärlicherweise deshalb, weil der im ersten Fall tantiemefreie Gewinn-Vortrag aus dem Vorjahr entsprechend größer als der im zweiten Fall tantiemefreie Gewinn-Vortrag des Entstehungsjahrs ist.

Die Richtigkeit der Lambertschen Formel ist hiermit erwiesen. Diese Formel bedarf weitern Ausbaus, wenn bei der Tantieme-Berechnung tantiemepflichtige Minderungen des bilanzmäßigen Reingewinns, beispielsweise durch Zuwendungen an selbständige Wohlfahrtsfonds (vgl. darüber S. 439 bis 440) oder dgl., zu berücksichtigen sind. Ohne auf derartige Komplikationen hier selbst eingehen zu können, verweise ich auf eine bezügliche Entwicklung der oben dargestellten Formel durch Werner in der Z. f. Hw. u. Hp. V. S. 117 bis 118, ferner auf deren Bemängelung durch Seipp in derselben Zeitschrift VI. S. 314 und auf die Richtigstellung durch Werner S. 360. Sonstige Formeln vgl. bei Preische.

Wer der Anwendung einer umfangreichen mathematischen Formel nicht geneigt ist, kann die Tantieme-Berechnung bei tantiemefreier Behandlung des Gewinn-Vortrags für dessen Entstehungsjahr auch aus folgendem Gedanken heraus entwickeln. Aus der obigen Darstellung der Gewinn-Verteilung ist ersichtlich, daß der bilanzmäßige Gesamtgewinn für 1913 abzüglich der Rücklagen und abzüglich des tantiemefreien Gewinn-Vortrags aus dem Entstehungsjahr denselben Betrag (nämlich 367 741,93 M) ergibt, wie Vordividende, Vorstands- nebst Aufsichtsrats-Tantiemen und Restdividende [sofern außer der Dividende noch andere tantiemepflichtige Posten (vgl. über diese S. 446 bis 447) in Frage kommen, auch zuzüglich dieser]. In der einen Reihe ist sonach der tantiemefreie Gewinn-Vortrag, in der andern sind die Tantiemen zunächst unbekannt. Wie leicht einzusehen ist, sind die Tantiemen aber durch Zurückrechnen (Prozente im Hundert) feststellbar. Ist diese Feststellung geschehen, so ergibt sich die Zahl für den tantiemefreien Gewinn-Vortrag in der andern Reihe ohne weiteres.

In den oben berechneten beiden Gewinn-Verteilungen ist jedesmal eine Vordividende von 120 000,— M und eine Restdividende von 180 000,— M, also eine Gesamt-Dividende von 300 000,— M, als verteilbar angenommen worden. Als Tantiemen kommen in Frage 10 % für den Vorstand, 12 $^1/_2$ % für den Aufsichtsrat. Da die Aufsichtsrats-Tantieme von der um die Vordividende gekürzten Summe zu berechnen ist, darf sie — im Gegensatz zur Vorstands-Tantieme — nicht auf die Gesamt-Dividende bezogen werden. Denn sonst würde der Aufsichtsrat im vorliegenden Fall 12 $^1/_2$ % auf 120 000,— M Vordividende = 15 000,— M Tantieme zuviel erhalten. Um bei der hier darzustellenden Berechnungs-Methode zum richtigen Resultat zu gelangen, sind diese 15000,— M einmal bei der Prozent-Berechnung (im Hundert!) von der Gesamt-Dividende und sodann nochmals von dem sich aus dieser Berechnung ergebenden Betrag in Abzug zu bringen. Demnach würden die Tantiemen für Vorstand und Aufsichtsrat zusammen betragen:

$$\frac{(300\,000,\!-\ \text{M}\ {}^{\cdot}\!/.\ 15\,000,\!-\ \text{M}) \times (10 + 12^1/_2)}{100\ {}^{\cdot}\!/.\ (10 + 12^1/_2)}\ {}^{\cdot}\!/.\ 15\,000,\!-\ \text{M}.$$

Daraus folgt ein Resultat von: (82 741,93 M ·/. 15000,— M =) 67 741,93 M. Dieses Resultat stimmt mit dem oben auf Grund der Formel gewonnenen überein.

Im Sinne meiner obigen Ausführungen erhalten wir nunmehr als erste Reihe:

Vordividende	120 000,— M
+ Restdividende	180 000,— „
+ Tantiemen für Vorstand und Aufsichtsrat	67 741,93 „
Zusammen:	367 741,93 M.

Mit demselben Betrage muß auch die zweite Reihe schließen. Zur zweiten Reihe gehören, wie oben schon dargelegt ist, der bilanzmäßige Gesamtgewinn und die davon in Abzug zu bringenden Rücklagen samt dem tantiemefreien Gewinn-Vortrag des Entstehungsjahrs. Nun sind zahlenmäßig schon bekannt: der bilanzmäßige Gesamtgewinn, die Rücklagen und die Schlußsumme der Reihe. Daraus ist der tantiemefreie Gewinn-Vortrag des Entstehungsjahrs mühelos abzuleiten. Derart:

Bilanzmäßiger Gesamtgewinn	431 567,22 M	
·/. Rücklagen	44 772,42 „	386 794,80 M.
Da die gleichfalls feststehende Schlußsumme		367 741,93 „
beträgt, so bleiben für den tantiemefreien Gewinn-Vortrag des Entstehungsjahrs		19 052,87 M.

Wir gelangen somit bei diesem Verfahren der Berechnung der Tantiemen und des für das Entstehungsjahr tantiemefreien Gewinn-Vortrags zu den gleichen Zahlen, die sich oben auch bei der Berechnung auf Grund der umfangreichen mathematischen Formel herausgestellt haben. Ich lasse nicht unbemerkt, daß die vorstehend von mir dargestellte Art der Berechnung im wesentlichen hinausläuft auf eine ebenfalls von Lambert ersonnene, von Leitner (S. 114 bis 115) mitgeteilte Berechnungsweise.

Die getrennte Berechnung der für Vorstand und Aufsichtsrat bei der zuletzt dargestellten Methode zunächst in einem Posten ermittelten Tantiemen macht keine Schwierigkeiten. Denn man hat nur nötig, als Tantieme für den Vorstand 10 % der für diesen tantiemepflichtigen Summe von 367 741,93 M = 36 774,19 M zu berechnen und diesen Betrag von der Gesamttantieme in Höhe von 67 741,93 M abzusetzen, um die Tantieme für den Aufsichtsrat mit 30 967,74 M zu erhalten.

Tantiemepflichtigkeit der Vorstands-Tantieme für die Aufsichts-

rats-Tantieme. In allen obigen Berechnungs-Beispielen ist die Tantieme für den Aufsichtsrat (von der gesetzlich geforderten Kürzung des Anteils von mindestens 4% des eingezahlten Grundkapitals und von der von Fall zu Fall verschiedenen prozentualen Bemessung an sich abgesehen) auf gleicher Stufe mit der Vorstands-Tantieme berechnet worden. Nicht selten verfährt man zu ungunsten des Aufsichtsrats anders, indem man die Vorstands-Tantieme sogleich nach den Rücklagen absetzt, dann den Abzug von mindestens 4% des eingezahlten Grundkapitals folgen läßt, um danach erst die Aufsichtsrats-Tantieme, die dann also auch um den Anteil an der Vorstands-Tantieme gekürzt wird, zu berechnen. Dieselbe Kürzung der Aufsichtsrats-Tantieme bewirkt man dadurch, daß man die Vorstands-Tantieme zu Lasten der Erfolgs-Rechnung (etwa des Unkosten-Kontos) verbucht. Aus der gesetzlichen Forderung, die Aufsichtsrats-Tantieme um den Anteil von mindestens 4% des eingezahlten Grundkapitals ungünstiger als die Vorstands-Tantieme zu stellen, kann jedoch nicht geschlossen werden, daß jene Tantieme nun außerdem um den Anteil an dieser zu kürzen sein soll. Die Vorschriften der §§ 237 und 245 H.G.B. lassen eine derartige Absicht des Gesetzgebers nicht erkennen. Die in den obigen Beispielen insoweit durchgeführte Gleichstellung der Aufsichtsrats- mit der Vorstands-Tantieme muß deshalb als berechtigt gelten, falls statutarisch nicht andres bestimmt ist.

Keine Kürzung der Vorstands-Tantieme um den Anteil am eigenen Betrag. Ebenso berechtigt, ja, für den Praktiker nahezu selbstverständlich ist ferner, daß nicht etwa von dem, für die Berechnung der Vorstands-Tantieme zugrunde zu legenden Reingewinnrest der Betrag jener Tantieme selbst gekürzt werden muß.

Reichsgerichts-Entscheidung darüber. Darüber heißt es in einer Entscheidung des Reichsgerichts:

„Die Bestimmung des § 237 setzt voraus, daß den Mitgliedern des Vorstands ein Anteil am Jahresgewinn gewährt wird, d. h. sie behandelt diese sog. Tantieme als eine Zahlung aus dem Jahresgewinn. Dagegen schreibt sie nicht vor, daß bei der Berechnung derjenige Reingewinn zugrunde zu legen ist, der sich erst nach Abzug der Tantieme selbst ergibt." **R.G.** 22. 3. 1902. J.W. 1902 S. 255 [22]. Z.f.A. Bd. 9 S. 217. (Vgl. Kaufmann III. S. 93.)

Im übrigen ist über die Vorstands- und Aufsichtsrats-Tantiemen zu sagen:

Gefahren der Tantiemefreiheit freiwilliger Reserven. Daß nach den zwingenden Vorschriften der §§ 237 und 245 H.G.B. sämtliche echten Reserven, ganz gleich, ob es sich um gesetzlich notwendige oder freiwillige handelt, tantiemefrei zu bleiben haben, ist oben schon hervorgehoben worden. Für unechte Reserven (echte Abschreibungen) ist die Tantiemefreiheit, ungeachtet der bezüglichen Gesetzes-Vorschrift schon aus dem auf S. 445 dargelegten Grunde ohne weiteres geboten,

Werden echte Reserven im Interesse der Verteilung an die Aktionäre aufgelöst, so werden sie tantiemepflichtige Teile des Reingewinns. Mit Recht, weil ihre Beträge bei der Zuführung zur echten Reserve tantiemefrei bleiben mußten. Es fehlt nicht an Stimmen [vgl. z. B. den oben (S. 447) bereits erwähnten Vortrag Büngers über „Gewinn-Verteilung und Tantieme-Berechnung"], welche die Tantiemepflichtigkeit der zur Verstärkung freiwilliger echter Reserven verwendeten Teile des Reingewinns sogleich bei der Zuführung zu der Reserve, nicht dagegen erst bei ihrer Verwandlung in verteilbaren Reingewinn, verlangen. Begründet wird solches Verlangen vor allem mit dem Hinweis darauf, daß Vorstand und Aufsichtsrat im Interesse höherer Tantieme-Bezüge die Bildung freiwilliger Reserven zu sehr beschränken oder gar ganz unterlassen könnten. Daß solche Gefahr besonders dann besteht, wenn ausscheidende Direktoren oder Aufsichtsräte in ihre Tasche, nicht dagegen in die ihrer Amtsnachfolger hinein disponieren wollen, muß anerkannt werden. Im großen und ganzen aber wird man bei gleichbleibender Zusammensetzung der Verwaltungs-Organe jene Gefahr nicht allzu hoch zu veranschlagen brauchen. Außerdem darf man nicht vergessen, daß auch die Generalversammlung in dieser Richtung zum Nutzen der Gesellschaft zu wirken vermag; allerdings nur, wenn ihr eine hohe Dividende nicht wichtiger als das Wohl der Gesellschaft ist, und wenn es den Vertretern so selbstlosen Grundsatzes nicht an der erforderlichen Stimmenzahl gebricht.

Tantieme aus irregulären Erfolgen. An dieser Stelle sei noch gedacht der Frage, ob Vorstand und Aufsichtsrat Anspruch auf Tantieme auch aus irregulären Erfolgen (vgl. darüber S. 53 ff.) haben. Wenn die mit den Direktoren geschlossenen Anstellungs-Verträge oder der Gesellschafts-Vertrag darüber nicht bestimmen, wird über diese Frage auf Grund sorgsamer Prüfung aller einschlägigen Verhältnisse nur von Fall zu Fall entschieden werden können.

Teilung der Gesamt-Tantieme unter den Berechtigten. Fehlen Vereinbarungen darüber, welcher Teil der Gesamt-Tantieme auf jedes Vorstands- und jedes Aufsichtsrats-Mitglied entfallen soll, so wird (nach § 420 B.G.B.) gleichmäßig geteilt. Jedes Mitglied kann seinen Anteil dann unmittelbar gegen die Gesellschaft geltend machen.

Tantieme pro rata temporis. Aus welchem Grunde das Amt eines Vorstands- oder Aufsichtsrats-Mitglieds inmitten des Geschäftsjahrs auch seine Endschaft finden mag: falls (wie meist) seine Bezüge pro rata temporis zu regeln sind, hat es (im Todesfall sein Erbe) auch auf Tantieme aus dem Reingewinn des nur teilweise abgeleisteten Jahrs pro rata temporis Anspruch. Dann gilt das für den commis interessé (S. 377) darüber Gesagte. Nicht der auf den bezüglichen Jahresabschnitt als solchen entfallende Teil des Reingewinns (der übrigens kaum jemals genau feststellbar sein würde) ist somit der Tantieme-Berechnung zugrunde zu legen, sondern der auf den noch abgeleisteten Jahresabschnitt entfallende Teil des aus dem ganzen Jahr resultierenden tantiemepflichtigen Reingewinns; unabhängig davon, ob jener Jahresabschnitt nachweislich weniger rentabel oder womöglich gar verlustbringend verlaufen ist.

§ 237 H.G.B. nur für Vorstands-Mitglieder. Die mit § 237 H.G.B. gegebene Berechnungs-Vorschrift bezieht sich nur auf Vorstands-Mitglieder. Anderen Angestellten (Prokuristen, Buchhaltern, Reisenden usw.) der Gesellschaft zu gewährende Tantiemen unterliegen mithin jenen einengenden Vorschriften nicht. Trotzdem werden die letztgenannten Tantiemen oft mit den Vorstands-Tantiemen zusammen in einer Summe veröffentlicht.

Rechtsgrundlagen der Vorstands-Tantieme. Die Vorstands-Tantieme kann begründet sein im Anstellungs-Vertrage, im Statut oder durch einen Generalversammlungs-Beschluß. Letztgenannter Beschluß kann eine bezügliche statutarische Bestimmung nicht ohne weiteres, sondern nur im Wege einer Statut-Änderung ändern oder aufheben.

Da im § 237 H.G.B. ausdrücklich von „Anteil am Jahresgewinn" gesprochen wird, bezieht jene Berechnungs-Vorschrift sich lediglich auf die Tantieme, nicht dagegen auf andere, statt der Tantieme etwa zu gewährende Vergütungen. Hiermit hat der Gesetzgeber (ob bewußt oder unbewußt, ist fraglich) Möglichkeiten, die Berechnungs-Vorschrift des § 237 zu umgehen, im weitesten Umfang offen gelassen. Solche Möglichkeiten sind beispielsweise folgende:

Umgehungen und Erweiterungen der gesetzlichen Tantieme-Berechnung. Statt oder neben der Tantieme kann mit dem Vorstand außer dem festen Gehalt eine feste andre (Extra-) Vergütung vereinbart werden. Wird diese Vergütung zu irgend einer schwankenden, vom Erfolg der Vorstands-Tätigkeit abhängigen Größe (etwa zur Dividende) in prozentuale Beziehung gesetzt, so kann eine Verquickung der Extra-Vergütung mit dem festen Gehalt oder mit der Tantieme insofern eintreten, als bestimmt wird, daß Gehalt oder Tantieme und Extra-Vergütung zusammen einen vertraglich festzustellenden Betrag nicht überschreiten dürfen, widrigenfalls der Mehrbetrag auf das Gehalt, die Tantieme oder auf die Extra-Vergütung anzurechnen sein soll. Dann tritt an die Stelle der Mindestvergütung die Höchstvergütung. Oder man garantiert dem Vorstands-Mitglied eine Tantieme von bestimmter Mindesthöhe, die zu zahlen ist, falls die Tantieme bei der Berechnung nach § 237 hinter jener Mindesthöhe zurückbleibt. In diesem Fall käme die gesetzliche

Berechnungsweise also nur bedingt zur Anwendung; nämlich nur, wenn sie einen die garantierte Tantieme überschreitenden Betrag ergeben würde. Bei vielen der schon vor 1900 (mithin schon vor dem Inkrafttreten des § 237 H.G.B., dem im alten Handels-Gesetzbuch eine gleiche oder ähnliche Vorschrift nicht gegenüberstand) bestehenden Gesellschaften hat man die durch § 237 verursachten Tantieme-Kürzungen einfach dadurch ausgeglichen, daß man entweder die Gehälter der Vorstands-Mitglieder oder die der Berechnung ihrer Tantiemen zugrunde zu legenden Prozentsätze oder beide Vergütungen im erforderlichen Umfang erhöhte.*)

Hierbei sei übrigens bemerkt, daß die Prozentsätze für die Tantieme-Berechnung zuweilen nach Maßgabe der Höhe der tantiemepflichtigen Reingewinne gestaffelt werden. Da die Gesetzes-Vorschrift über die Höhe des der Tantieme-Berechnung zugrunde zu legenden Prozentsatzes nichts aussagt, hat die Gesellschaft hierin völlig freie Hand.

Auch dadurch wird § 237 H.G.B. manchmal umgangen, daß den Vorstands-Mitgliedern statt der Tantiemen vom Reingewinn Sondervergütungen nach Maßgabe des erzielten Umsatzes oder im Verhältnis zu dem durch Verbesserungen der Betriebs-Organisation ersparten Kosten-Betrage oder dgl. gewährt werden. Dagegen wäre, wie Staub (S. 802 bis 803) in den Anmerkgen. 5 und 9 zu § 237 zutreffend bemerkt, nicht statthaft, die Tantiemen nach den jährlichen Brutto-Gewinnen oder etwa nach den bilanziellen Rücklagen zu bemessen. Denn aus dem Brutto-Gewinn abzüglich Abschreibungen und Rücklagen ergibt sich erst das mit § 237 gesetzlich definierte Tantieme-Maximum.

Beispiele für Verschärfung der gesetzlichen Berechnungs-Vorschrift. Da nun die Berechnungs-Vorschrift des § 237 H.G.B. nur das Maximum der aus dem Reingewinn zu gewährenden Vorstands-Tantieme umschreibt, hindert nichts, unter diesem Maximum zu bleiben. Man kann solche weitergehende Beschränkung des Tantieme-Anspruchs beispielshalber dadurch erreichen, daß man der Berechnung nur die zur Ver-

---

*) **Verhältnis alter Tantieme-Bestimmungen und Vereinbarungen zum neuen Recht.** Aus der Zeit vor 1900 stammende vertragliche oder statutarische Bestimmungen über die Tantieme-Berechnung dürfen in Kraft bleiben, auch wenn sie die durch §§ 237 und 245 gezogenen Grenzen überschreiten. Vertragliche bezügliche Bestimmungen (nach Art. 171 E.G.z.B.G.B.) jedoch nur bis zu dem Termin, an dem ihre Kündigung nach dem Vertrage frühstens zulässig gewesen wäre. Von diesem Termin an gelten demnach im Einzelfall an Stelle der vor 1900 getroffenen Vereinbarungen über die Tantieme-Berechnung, trotz etwa unterbliebener Kündigung des alten Vertrags, die §§ 237 und 245 H.G.B., sofern deren Vorschriften nicht durch die vorstehend dargelegten und noch darzulegenden Vereinbarungen umgangen sind.

teilung kommende Dividende zugrunde legt, sonstige nach § 237 tantiemeberechtigte Posten (vgl. darüber S. 446 bis 447) also tantiemefrei läßt. Hin und wieder kürzt man die Vorstands-Tantieme, indem man auch bei ihrer Berechnung (den nach § 245 Abs. 1 H.G.B. nur für die Aufsichtsrats-Tantieme tantiemefrei zu lassenden Betrag von) mindestens 4% des eingezahlten Grundkapitals tantiemefrei läßt. Man vereinfacht hierdurch die Berechnungen, ohne allerdings auch die Bezüge der Vorstands-Mitglieder verkleinern zu müssen, weil nichts im Wege steht, die beregte Kürzung durch eine entsprechende Erhöhung des Anteil-Prozentsatzes auszugleichen.

Rechtsgrundlagen der Aufsichtsrats-Tantieme. Aufsichtsrats-Mitglieder haben [abgesehen vom ersten Aufsichtsrat, der hier außer Betracht bleibt (vgl. über ihn § 245 Abs. 3 H.G.B.)] auf Tantieme nur Anspruch, wenn dies statutarisch bestimmt oder doch wenigstens von der Generalversammlung beschlossen ist. Verbietet das Statut Tantieme-Gewährung an den Aufsichtsrat, so kann die Generalversammlung diesem Tantieme erst bewilligen, nachdem das statutarische Verbot aufgehoben ist. Nach § 245 Abs. 2 H.G.B. können Herabsetzungen statutarisch normierter Aufsichtsrats-Tantiemen von der Generalversammlung mit einfacher Stimmenmehrheit beschlossen werden. Dieses Recht der Generalversammlung kann statutarisch nicht gemindert, noch aufgehoben werden, weil die Vorschriften des § 245 zwingenden Charakter haben. Mitglieder des Aufsichtsrats, die mit der Herabsetzung ihrer Bezüge nicht einverstanden sind, müssen u. U. damit rechnen, daß die Generalversammlung ihre Bestellung vor dem Ablauf ihrer Wahlperiode widerruft (vgl. § 243 Abs. 4 H.G.B.); sie selbst dürfen der Herabsetzung ihrer Bezüge die sofortige Kündigung nur entgegensetzen, wenn die Herabsetzung als hinreichend wichtiger Grund dafür anzusehen ist, was z. B. gegeben sein kann, wenn ein Aufsichtsrats-Mitglied im Interesse seiner Gesellschaft besondere Leistungen (Revisionen, Prozeßvertretung, Akquisition oder dgl.) ohne spezielles Entgelt vollbringt.

Tantiemefreiheit der Vordividende. Zu dem mit § 245 Abs. 1 H.G.B. für die Berechnung der Aufsichtsrats-Tantieme geforderten Abzug einer Vordividende von mindestens 4% des eingezahlten Grundkapitals ist noch zu sagen:

Da dieser Abzug ein Mindest-Abzug ist, kann die Erhöhung seines Prozentsatzes nach § 245 Abs. 2 H.G.B. von der Generalversammlung im Wege der Statut-Änderung schon mit einfacher Stimmenmehrheit beschlossen werden. Der Abzug ist auf das ganze eingezahlte Aktien-Kapital auch dann zu beziehen, wenn etwa nur auf einen Teil (z. B. auf Vorzugs-Aktien) Dividende entfällt. Denn dann ist der Abzug trotzdem auch von den dividendenlosen (Stamm-) Aktien zu berechnen.

Deren Umgehung. Um die durch den vorerwähnten, gesetzlich zwingenden Abzug den Aufsichtsrats-Tantiemen zugefügte Kürzung wettzumachen, hat man den Aufsichtsrats-Mitgliedern außer der Tantieme vielfach ein, jener Kürzung genau oder annähernd gleichkommendes Fixum gewährt.

Auslagen-Ersatz und Sonder-Vergütungen. Unabhängig davon, ob den Aufsichtsrats-Mitgliedern Tantieme gewährt wird oder nicht, haben sie (nach § 670 B.G.B.) Anspruch auf Ersatz aller Aufwendungen, die sie im Interesse der Gesellschaft für erforderlich halten durften, also auch dann, wenn jene Aufwendungen tatsächlich nicht erforderlich gewesen wären. Aufsichtsrats-Mitglieder, die ihrer Gesellschaft besondere (etwa, wie bei Rechts- oder Patent-Anwälten und Bücherrevisoren, in ihrer Berufstätigkeit begründete) Dienste leisten, zu denen das Amt eines Aufsichtsrats als solches sie nicht nötigt, können dafür Sonder-Vergütungen von der Gesellschaft beanspruchen.

Im wesentlichen kommen, von den letztbesprochenen Sonder-Vergütungen für besondere Dienste abgesehen, für Aufsichtsrats-Mitglieder demnach drei Arten von Bezügen in Betracht: Tantiemen, Ersatz der Barauslagen und feste (fixe) Vergütungen. Im übrigen gilt das auf S. 457 bis 459 unter „Umgehungen und Erweiterungen der gesetzlichen Tantieme-Berechnung" und unter „Beispiele für Verschärfung der gesetzlichen Berechnungs-Vorschrift" für den Vorstand Gesagte sinngemäß auch für den Aufsichtsrat.

Tantieme-Höhe und Betätigungs-Umfang. Bemerkenswert ist ferner, daß jedem Aufsichtsrats-Mitglied Anspruch auf seinen Tantieme-Anteil und etwa auch auf sein Fixum zusteht, auch wenn es sich (ohne jedoch gegen §§ 246 und 249 H.G.B. verstoßen zu haben) im Interesse der Gesellschaft weniger als andere Mitglieder betätigt hat. Statutarisch kann in dieser Hinsicht Verschiedenheit der Bezüge vorgesehen werden. Der Vorsitzende des Aufsichtsrats und dessen Stellvertreter erhalten für ihre Mehrarbeit ein höheres Fixum; und zwar nicht selten doppelt so viel wie jedes andre Mitglied des Kollegiums. Wenn statutarische Bestimmungen darüber fehlen, müssen die Aufsichtsrats-Mitglieder über die Verteilung der Gesamt-Tantieme sich unter einander verständigen. Andernfalls ist nach § 420 B.G.B. gleichmäßig zu teilen.

Tantieme-Fälligkeit. Fällig werden Vorstands- und Aufsichtsrats-Tantiemen, sobald die Generalversammlung den Beschluß auf Dividenden-Verteilung rechtsgültig gefaßt hat. Unterbleibt solcher Beschluß, weil der Gesellschaft die zur Verteilung des dividendenpflichtigen Reingewinns erforderlichen liquiden Mittel fehlen, so ist die Fälligkeit der Tantiemen mit dem rechtsgültigen Bilanzgenehmigungs-Beschluß der Generalversammlung gegeben. Gleiches gilt auch für die Tantiemen der nicht zum Gesellschafts-Vorstand gehörigen Angestellten.

Tantieme-Rückvergütungen. Tantiemen, die zur Verteilung gelangt sind, obgleich ein tantiemepflichtiger Reingewinn nicht oder nicht in der angenommenen Höhe vorhanden war, müssen an die Gesellschaft zurückvergütet werden, auch wenn die Tantieme-Empfänger zur Zeit des Empfangs in gutem Glauben waren. Nach §§ 241 und 249 H.G.B. sind Vorstand und Aufsichtsrat der Gesellschaft außerdem ohnehin zum Ersatz verpflichtet. Im übrigen ist hierbei zu beachten:

„Auch hier kommt die Frage, inwiefern sich der auf Rückforderung Belangte auf die genehmigte Bilanz stützen, beziehungsweise, inwiefern die Gesellschaft Rechte aus der Unrichtigkeit herleiten kann, in Betracht. Die Gesellschaft kann danach die Tantiemen trotz Generalversammlungsbeschlusses und ohne seine Aufhebung zurückfordern, wenn die Bilanz öffentlichrechtliche Grundsätze verletzt, wenn sie zivilrechtlich angefochten werden kann, nicht aber, wenn dispositive Vorschriften verletzt sind und die aktienrechtliche Anfechtungsfrist verstrichen ist (so in letzterem Punkte R.G. 11, 160, das im übrigen auf dem Standpunkt steht, daß die auf Grund festgestellter Bilanz gezahlten Tantiemen nur zurückgefordert werden dürfen, wenn der Generalversammlungsbeschluß, der die Bilanz genehmigt hat, aufgehoben ist).“ [Vgl. Staub (S. 738) Anmerkg. 24 zu § 217.]

In diesem Zusammenhang noch folgende Entscheidung des Kammergerichts:

Kammergerichts-Entscheidung über statutenwidrige Aufsichtsrats-Vergütung. „Auch wenn die Festsetzung der Vergütung für den Aufsichtsrat statutenwidrig ist, besteht ein Anspruch auf Rückzahlung nicht, wenn von der Generalversammlung über Verwendung des Reingewinns und über Decharge-Erteilung des Vorstands und des Aufsichtsrats der Beschluß gefaßt ist, den nach Abzug der streitigen Vergütung erzielten Reingewinn nach Maßgabe des Geschäfts-Berichts zu verwenden und dem Vorstand und Aufsichtsrat vorbehaltlos Entlastung zu erteilen. In diesem Beschluß ist eine Genehmigung zu der dem Aufsichtsrat zu gewährenden Vergütung, eine Ermächtigung zur Auszahlung derselben und ein Verzicht auf alle weiteren Ansprüche wegen dieser Vergütung zu finden. Die Entlastung hat jedenfalls die Bedeutung, daß die aus dem Geschäfts-Bericht, der Bilanz, der Gewinn- und Verlust-Rechnung erkennbaren Pflichtverletzungen gedeckt werden; sie enthält einen Verzicht auf weitere Ansprüche. K.G. 1. 12. 1903. D.J.Z. 1904 S. 316.“ (Vgl. Kaufmann V. S. 108.)

Als Unkosten verbuchte Tantiemen. Soweit die Berechnung der Vorstands- und Aufsichtsrats-Tantiemen nach den Vorschriften der §§ 237 und 245 H.G.B. geschieht, kann sie bekannterweise nur nach Maßgabe des tantiemepflichtigen Reingewinns vorgenommen werden. Das bedingt aber keineswegs, daß die Tantiemen [wie Simon (S. 95 in Fußnote 75) irrtümlich meint] im Rahmen der Vorschläge über die Gewinn-Verteilung berechnet, also auch ausgewiesen werden müssen. Eine dahin gehende Vorschrift enthalten §§ 237 und 245 H.G.B. nicht [so auch Rehm (S. 659) und Staub (S. 805); Anmerkg. 18 zu § 237]. Mithin ist nicht ungesetzlich die vielfach noch anzutreffende Gewohnheit der Praxis, anstatt die Tantiemen (wenigstens die des Vorstands und der sonstigen Angestellten) auf dem Gewinn- und Verlust-Konto des Nachjahrs zur Verteilung vorzutragen, sie dem Handlungsunkosten-Konto zu belasten, nachdem sie aus dem Reingewinn ordnungsmäßig berechnet sind. Das praktische Ergebnis solcher Buchungsweise liegt darin, daß der bilanzmäßige Reingewinn um die über Unkosten-Konto verbuchten Tantiemen niedriger, der Saldo dieses Kontos selbst hingegen entsprechend höher erscheint, und daß die so verbuchten Tantiemen im Gewinn-Verteilungsvorschlag nicht sichtbar werden. Für die Höhe der Tantiemen, wie auch für die der etwa auszuschüttenden Dividende bleibt indessen bedeutungslos, ob der Ausweis im Rahmen der Gewinn-Verteilung oder ob die Buchung über Unkosten-Konto gewählt wird, weil die Berechnungsweise in beiden Fällen dieselbe, verschieden dagegen nur die Art der Buchung ist. Der Betonung bedarf aber, daß bei der Tantiemen-Verbuchung über Unkosten-Konto die Dotierung der echten (vor allem der Zwangs-) Reserven gedrückt wird, weil der reservepflichtige Reingewinn im Fall des Tantieme-Ausweises in der Gewinn-Verteilung um den Betrag der andernfalls dem Unkosten-Konto belasteten Tantiemen höher erscheinen würde. Andere, nicht aus dem bilanzmäßigen Reingewinn berechnete, nur tantiemeähnliche Vergütungen, wie Gratifikationen und sonstige feste Sonder-Vergütungen, werden vom Kaufmann ohne weiteres als Unkosten angesehen und deshalb mit Recht über Unkosten-Konto vorweg verbucht.

Erschwerter Rentabilitäts-Vergleich infolge wechselnder Tantieme-Verbuchung. Nicht unerwähnt darf bleiben, daß ein Wechsel in der Verbuchung der Tantiemen die Übersicht über die bilanzmäßig ausgewiesene Rentabilität der Gesellschaft, je nach der Höhe der Tantiemen, mehr oder weniger zu stören vermag. Denn, wie oben schon hervorgehoben ist, drückt die Buchung über Unkosten-Konto den bilanzmäßig sichtbaren Reingewinn um die dann im Gewinn-Verteilungsvorschlag fehlende Tantieme-Summe.

Reichsgerichts-Entscheidung über Beeinflussung von Tantieme-Ansprüchen durch willkürliche und Scheintransaktionen der Generalversammlung. Die vorstehenden Ausführungen über die Tantiemen möge eine Reichsgerichts-Entscheidung über folgenden interessanten Fall beschließen:

„Dem Kläger als Vorstands-Mitglied der beklagten Aktien-Gesellschaft war eine Tantieme von $1^1/_2\%$ „auf die als Dividende zur Verteilung kommenden Beträge" zugesichert. Nachdem einige wenige Personen alle Aktien in ihre Hände gebracht hatten, wurde in formell nicht anfechtbarer Weise beschlossen, einen Teil des Überschusses des letzten Geschäftsjahrs zu Abschreibungen zu verwenden, einen andern dem Reservefonds und den letzten Teil einem Erneuerungs- und Reparatur-Fonds zu überweisen, so daß zur Verteilung an die

Aktionäre nichts übrig blieb. Ferner wurden sämtliche vorhandene Dampfer der Gesellschaft mit erheblichem Gewinn verkauft und das Grundkapital in der Weise herabgesetzt, daß der Vorstand beauftragt wurde, eine Anzahl Aktien zu einem bestimmten Preise erheblich über pari aus den Mitteln der Gesellschaft zurückzukaufen. Dieser Beschluß wurde ebenfalls ausgeführt, so daß schließlich ein Gewinn überhaupt nicht vorhanden war. Die Klage auf Tantieme ist in den beiden ersten Instanzen durchgedrungen, aus folgenden Gründen:

Tantiemepflichtig ist nach der Absicht der Vertragschließenden nicht, was als Dividende bezeichnet, sondern, was in Wahrheit Dividende ist. Dividende ist nicht gleichbedeutend mit Jahresgewinn. Es können jahrelang Überschüsse erzielt sein, ohne daß eine Dividende verteilt wird; anderseits kann die Jahresbilanz einen Verlust ausweisen und trotzdem — aus früheren Überschüssen — Dividende verteilt werden. Der Rückkauf der Aktien ist lediglich eine Form, zu der die aktienrechtlichen Vorschriften (H.G.B. § 288 ff.) nötigten. Die Bezahlung der Aktien über pari enthält nur eine Form für die tatsächliche Verteilung einer Dividende, da Verkäufer und Käufer vorliegend identisch waren und man nur aus der eigenen Tasche in die eigene Tasche zahlte. In der Zahlung des Agiogewinns konstruierte man also einen scheinbaren Verlust, um den vorhandenen Gewinn zu absorbieren. Demgemäß steht dem Kläger eine Tantieme von dem vorhanden gewesenen Gewinne zu, der infolge des gedachten Beschlusses tatsächlich an die Aktionäre zur Auszahlung gelangt ist. K.f.H.L.G. Hamburg 16. 1. 1903. O.L.G. Hamburg 14. 7. 1903. Hans. G.Z. 1903 Hptbl. S. 277. Z.f.A. Bd. 11 S. 76.

Das Reichsgericht hat aufgehoben und zurückverwiesen:

Es handelt sich um eine außerordentliche, der Liquidation wirtschaftlich sehr nahekommende Transaktion. Die unter solchen Umständen erfolgte Ausschüttung von Gesellschafts-Vermögen unter die Aktionäre läßt sich nicht ohne weiteres aus dem Gesichtspunkt einer Gewinn-Verteilung, wie sie im Verlauf des normalen Geschäfts-Verkehrs als Verteilung von Dividende stattfindet, unterscheidungslos bemessen. Soweit der Kaufpreis für die Schiffe sich mit dem Buchwert des zum Grundstock des Gesellschafts-Vermögens gehörigen Betriebs-Materials deckt, ist er kein als Dividende verteilbarer Reingewinn. Der Übererlös, „der Nutzen", aus den Schiffsverkäufen ist allerdings ein Gewinn, aber nicht ein Geschäfts- oder Betriebsgewinn im eigentlichen Sinne, vielmehr ein Teil des Verkaufswerts des Betriebs-Materials, also ein Gewinn, der bei regulärem Betrieb und Fortbestand der Gesellschaft sicher nicht als Dividende verteilt worden wäre. Im Zweifel ist nicht zu unterstellen, daß nach Sinn und Absicht des Anstellungs-Vertrags ein derartiger, auf ganz ungewöhnliche Weise entstandener Überschuß Gegenstand einer Tantieme der Vorstands-Mitglieder sein sollte.

Auch die Hereinziehung des zur Verteilung gekommenen Reservefonds in die Tantieme-Berechnung ist nicht ohne weiteres zulässig. Gegenüber den Aktionären ist verteilungsfähiger Reingewinn nur, was sich nach einer treuen Bilanz als Überschuß der Aktiva über die Passiva, eingerechnet in letztere das volle Grundkapital und die gesetzlichen und satzungsmäßigen Reserven, ergibt (§ 261 [5]. R.G. Bd. 11 S. 161, Bd. 22 S. 158 ff. Cosack, Lehrb. d. Handelsr. 6. Aufl. § 118 S. 603 Ziffer 2). Die Tantieme der Angestellten kann nach Umständen hinsichtlich des Abzugs von Reserven abweichend hiervon zu berechnen sein; das ist Tatfrage. Jedenfalls ist weder nach altem, noch nach neuem Recht anzunehmen, daß, mangels besonderer Abrede, bei der Tantieme-Berechnung der bisher angesammelte gesetzliche Reservefonds mitzuberechnen sei; es ist also zu prüfen, ob eine gegenteilige Annahme im Sinne des Anstellungs-Vertrages geboten ist. Geht man davon aus, daß nach diesem Sinne die Tantieme vom Reingewinn zu beanspruchen ist, der bilanz- und verfassungsmäßig als Dividende an die Aktionäre zu verteilen war, so ist unter Absehen von den zum Schein oder willkürlich vorgenommenen Transaktionen und Rechnungs-Aufstellungen der wirkliche Vermögensstand der Gesellschaft aus den Bilanzen, deren Zahlen sie gegen sich insoweit gelten lassen muß, herauszuschälen und unter Berücksichtigung der etwaigen satzungsmäßigen und zwingenden gesetzlichen Normen das Gewinn-Ergebnis jener Jahre, welches als Dividende zu verteilen gewesen wäre, zu berechnen. **R.G.** 9. 6. 1904. J.W. 1904 S. 418[37]. Z.f.A. Bd. 12 S. 4." (Vgl. Kaufmann V. S. 98—100.)

III. Dividenden.

Grundlegende Gesetzes-Vorschrift. Als für das Dividendenrecht der Aktionäre grundlegende Bestimmung ist § 213 H.G.B. anzuführen:

§ 213. Die Aktionäre können ihre Einlagen nicht zurückfordern; sie haben, solange die Gesellschaft besteht, nur Anspruch auf den Reingewinn, soweit dieser nicht nach dem Gesetz oder dem Gesellschafts-Vertrage von der Verteilung ausgeschlossen ist.

Gesetzliche und statutarische Beschränkungen der Verteilung. Soweit die Verteilung des bilanzmäßigen Reingewinns nicht bereits gesetzlich (z. B. durch die Bewertungs-Vorschriften des § 261 H.G.B. oder durch die Bestimmungen über die Dotierung der Zwangsreserve) ausgeschlossen ist, kann das Statut diese Verteilung beliebig beschränken. Nicht nur dem Betrage nach, sondern auch für bestimmte Zeiträume. Ja, die Verteilung kann statutarisch überhaupt ausgeschlossen werden. Beschneidet das bisherige Statut die Dividende noch nicht genügend, so können weitergehende Wünsche durch Statut-Änderung verwirklicht werden. Doch finden derartige Beschränkungen des Dividenden-Anspruchs ihre Grenze dort, wo sie als bewußte Ausbeutung der Minderheit durch die Mehrheit der Aktionäre aufzutreten beginnen. Denn dann sind sie nach § 138 B.G.B. als gegen die guten Sitten verstoßend nichtig.

Das Anfechtungsrecht. Die Generalversammlung kann den Reingewinn nur im Rahmen der gesetzlichen oder statutarischen Beschränkungen unverteilt lassen. Geht sie über diese Beschränkungen hinaus, so begründet sie ein Anfechtungsrecht der damit nicht einverstandenen Aktionäre. Nach § 271 Abs. 3 Satz 2 müssen die Anteile der anfechtenden Minderheit mindestens den zwanzigsten Teil des Grundkapitals erreichen, wenn die Anfechtung darauf gegründet wird, daß durch den Beschluß Abschreibungen oder Rücklagen über das nach dem Gesetz oder nach dem Gesellschafts-Vertrage statthafte Maß hinaus angeordnet sind. Über das mit der Anfechtung verbundene Klage-Verfahren, sowie über die Wirkungen des gerichtlichen Urteils handeln §§ 272, 273 H.G.B. Bestehen statutarische Bestimmungen über die Gewinn-Verteilung nicht, ist diese vielmehr der Generalversammlung überlassen, so kann ein Anfechtungsrecht insoweit nicht in Frage kommen.

Auszahlungs-Anspruch auf beschlossene Dividende und dessen Folgen. Steht der von der Generalversammlung nach § 260 Abs. 1 auf Grund eines rechtsgültigen Beschlusses zur Verteilung bestimmte Reingewinn mit den bezüglichen gesetzlichen und statutarischen Vorschriften im Einklang, so ist der Dividende-Anspruch des Aktionärs für diesen ein reines, von der Mitgliedschaft bei der Gesellschaft getrenntes Gläubigerrecht geworden. Hieraus ergeben sich wichtige Folgen. Denn nunmehr kann die Gesellschaft die Dividende nicht mehr zurückbehalten, noch nach bereits geschehener Auszahlung zurückfordern, weil vielleicht bedeutende Verluste inzwischen entstanden oder voraussichtlich zu erwarten sind. Auch wenn die zur Dividenden-Auszahlung beim Bankier oder in der Gesellschafts-Kasse bereitliegenden Gelder beim unvermuteten Zusammenbruch des Bankhauses oder durch Unterschlagungen des Kassierers nach dem Ablauf des dividendenpflichtigen Geschäftsjahrs*) verloren gehen, behält der Aktionär sein Gläubigerrecht auf die Dividende. Dieses Recht geht auch nicht unter, wenn die zur Ausschüttung der Dividende von der Gesellschaft benötigten flüssigen Mittel bei dieser weder am Bilanztage vorhanden waren, noch zur Zeit der Dividenden-Fälligkeit vorhanden sind. Diese Mittel müssen auf Wunsch der Aktionäre dann eben beschafft werden; sei es durch Aufnahme oder durch Veräußerung einer Hypothek, durch Aufnahme eines Darlehns oder im Wege des Bankkredits, durch Erhöhung des Aktien-Kapitals oder durch Aufnahme einer Obligationen-Anleihe oder dgl. — Statutarisch können für derartige Fälle andere Bestimmungen getroffen sein. Aus dem Charakter des Dividende-Anspruchs als eines Gläubigerrechts folgt schließlich noch, daß der Aktionär Dividenden-Ansprüche auch im Gesellschafts-Konkurse geltend machen kann.

Rückerstattungspflicht im Fall gesetzwidriger Auszahlungen. Doch ist zu beachten, daß der Aktionär empfangene Dividenden (und die noch zu besprechenden Bauzinsen) zurückzahlen muß, wenn deren Zahlung aus irgend einem Grunde gesetzwidrig war, und wenn der Aktionär beim Empfange nicht in gutem Glauben gewesen ist. Denn nach § 217 Abs. 1 Satz 2 ist ein Aktionär in keinem Fall zurückzuzahlen verpflichtet, was er in gutem Glauben als Gewinn-Anteil oder als Zinsen bezogen hat. Im Sinne des § 932 Abs. 2 B.G.B. ist der Aktionär nicht in gutem Glauben, wenn ihm zur Zeit des Empfanges bekannt oder infolge grober Fahrlässigkeit unbekannt ist, daß die Zahlung zu Unrecht geschieht.

Für das Dividendenrecht des Aktionärs ist ferner von Interesse § 215 H.G.B., der lautet:

*) Würde solcher Verlust noch im Lauf jenes Jahrs eingetreten sein, so wäre er zu dessen Lasten abzuschreiben, was eine Dividende ausschließen würde.

§ 215. Zinsen von bestimmter Höhe dürfen für die Aktionäre weder bedungen noch ausbezahlt werden, es darf nur dasjenige unter sie verteilt werden, was sich nach der jährlichen Bilanz als Reingewinn ergibt.

Für den Zeitraum, welchen die Vorbereitung des Unternehmens bis zum Anfange des vollen Betriebs erfordert, können den Aktionären Zinsen von bestimmter Höhe bedungen werden; der Gesellschafts-Vertrag muß den Zeitpunkt bezeichnen, in welchem die Entrichtung von Zinsen spätestens aufhört.

Dividenden-Verteilung für mindestens zwölfmonatige, Bilanzierung für kürzere Perioden statthaft. Hierzu sei vorweg bemerkt, daß als Dividende nur verteilt werden darf, was sich „nach der jährlichen Bilanz" als Reingewinn ergibt. Daraus ist zu schließen, daß für sich auf weniger als zwölf Monate belaufende Geschäftsjahre Dividende nicht ausgeschüttet werden darf. [So auch Staub (S. 729 bis 730); Anmerkgen. 2 und 3 zu § 215. Dagegen Rehm (S. 798), Hachenburg in Staub-Hachenburg (S. 355—356); Anmerkg. 14 zu § 29 und Parisius-Crüger (Ges.-Ges.) S. 180; Anmerkg. 1 zu § 29.] Hachenburg meint, daß die Interessen der Gesellschafts-Gläubiger durch die Gewinn-Verteilung in kürzeren als jährlichen Perioden nicht berührt werden. Dieser Ansicht kann in so allgemeiner Fassung nicht zugestimmt werden. Zum Beweise denke man an folgenden Fall: die erste Hälfte des Geschäftsjahrs ist besonders rentabel verlaufen. Infolge starken Sinkens der Konjunktur und zu hohen Preisen noch laufender Schlüsse ist für die zweite Jahreshälfte mit bilanzmäßigem Verlust zu rechnen. Aus irgend einem plausiblen Grunde wird das bisher mit dem Kalenderjahr übereinstimmende Geschäftsjahr so verlegt, daß für die ertragreiche Periode eine hohe Dividende ausgeschüttet werden kann. Dagegen wäre bei unterbliebener Verlegung des Geschäftsjahrs jener Gewinn durch den in Aussicht stehenden Verlust aufgezehrt worden, eine Dividende für das volle Normaljahr mithin nicht in Frage gekommen. Daß eine derartig ermöglichte Dividenden-Verteilung die Liquidität schwächen und Gläubiger-Interessen schädigen kann, leuchtet ein. Deshalb: zwar Freiheit in der Kürzung des Geschäftsjahrs, aber Dividenden-Verteilung nur für Zeiträume von mindestens einem Kalenderjahr, um im Interesse solider Dividenden-Politik Kompensationen zwischen ertrag- und verlustreichen Zeitabschnitten wenigstens einigermaßen zu ermöglichen!

Keine Abschlags-Dividenden. Da Dividende nur „nach" und deshalb „aus" dem bilanzmäßigen Reingewinn verteilt werden darf, so folgt daraus, daß Abschlagszahlungen auf Dividenden schon im Lauf des bezüglichen Bilanzjahrs unzulässig sind. Denn vor dem Ablauf des Bilanzjahrs steht der bilanzmäßige Reingewinn noch nicht fest.

Verbot fester Verzinsung des Grundkapitals. Da nur bilanzmäßiger Reingewinn verteilungsfähig sein soll, hätte es — streng genommen —

des Zinsenverbots nicht bedurft. Denn „Zinsen“ von bestimmter Höhe und „Reingewinn nach der jährlichen Bilanz“ sind verschiedene Begriffe, weil Zinsen den Charakter einer Ertrags-Garantie haben, während der Begriff des bilanzmäßigen Reingewinns seinem Wesen nach ein Ertrags-Risiko einschließt.

Bauzinsen als Ausnahme. Deren Wesen. Nur Bauzinsen dürfen den Aktionären gewährt werden. Diese Einschränkung des Zinsenverbots ist vom wirtschaftlichen Standpunkt berechtigt, weil anzunehmen ist, daß die Beteiligung an Aktien-Unternehmungen, die erst nach längerer Vorbereitung (Bauzeit) aktionsfähig werden, stark leiden würde, wenn den Aktionären für diese ertraglose Periode nicht irgend eine feste Vergütung in Aussicht stände. Zu solcher Vergütung eignet sich die Kapital-Verzinsung, durch die zum Ausdruck kommt der Gedanke, dem Aktionär vor dem Beginn der vollen Erwerbstätigkeit der Gesellschaft eine gewisse Rentabilität seiner Kapital-Einlage zu garantieren. Wie Staub (S. 731); Anmerkg. 7 zu § 215 mit Recht hervorhebt, sind die Bauzinsen nicht wirkliche Zinsen. Denn es fehlt am geschuldeten Kapital, da der Aktien-Betrag nicht zurückgefordert werden darf. Trotzdem werden die Bauzinsen aktienrechtlich als Zinsen angesehen. Wie der Anspruch auf die von der Generalversammlung beschlossene Dividende, begründet auch der Anspruch auf Bauzinsen gegen die Gesellschaft eine Forderung, die — wie jene — im Konkurse geltend gemacht werden kann.

Rechtliche Voraussetzungen der Bauzinsen. Aus § 215 Abs. 2 H.G.B. geht hervor, daß die Bauzinsen statutarisch bedungen sein müssen. Da es sich bei den Bauzinsen um eine Vergütung nur für die „bis zum Anfang des vollen Betriebs“ währende Vorbereitungszeit handelt, kann lediglich das erste Statut der Gesellschaft, nicht dagegen eine spätere Statut-Änderung Bestimmungen darüber treffen. Mit der beregten Gesetzesstelle ist außerdem gefordert, daß die Bauzinsen in bestimmter Höhe bedungen werden müssen, und daß statutarisch bestimmt werden muß, wann die Entrichtung von Bauzinsen spätestens aufhört. Da diese Vorschriften zwingenden Charakter haben, wird ein Bauzinsenversprechen nichtig, wenn sie nicht sämtlich erfüllt sind. Der Termin, mit dem die Entrichtung der Bauzinsen spätestens aufhört, muß im Statut kalendermäßig bezeichnet sein. Allgemeine Angaben, wie z. B. „während der Bauzeit“ sind deshalb unzureichend. Geht die Bau- oder Vorbereitungszeit über den für die Bauzinsen-Vergütung statutarisch bestimmten Endtermin hinaus, so hört diese Vergütung mit jenem Termin dennoch auf. Endet hingegen die Bau- oder Vorbereitungszeit vor jenem Termin, so findet die Bauzinsen-Vergütung nach § 215 Abs. 2 H.G.B. mit dem Ablauf der Bau- oder Vorbereitungszeit trotzdem ihren Abschluß.

Dividenden-Garantie. Eine Ausnahme von der gesetzlichen Vorschrift, daß Dividende nur aus dem bilanzmäßigen Reingewinn verteilt werden darf, bedeuten die Bauzinsen insofern nicht, als sie nur bezogen werden können auf einen Zeitraum, der dem wirtschaftlichen Zweck der Aktien-Gesellschaft: der Erzielung von Reingewinn, unmittelbar noch gar nicht gewidmet sein kann. Solche Ausnahme liegt scheinbar vor bei der Dividenden-Garantie. Jedoch eben nur scheinbar. Denn tatsächlich werden die für den Fall der Ertraglosigkeit oder unzureichender Gewinne der Gesellschaft von Dritten (Staat, Gemeinde, Körperschaft) garantierten Dividenden im gegebenen Fall nicht aus dem Vermögen der Gesellschaft, sondern aus dem der Garanten gezahlt, wobei die Gesellschaft nur als vermittelnde Zahlstelle zu dienen hat.

Über die Art der Gewinn-Verteilung bestimmt Näheres § 214 H.G.B.

§ 214. Die Anteile am Gewinne bestimmen sich nach dem Verhältnisse der Aktien-Beträge.

Sind die Einzahlungen nicht auf alle Aktien in demselben Verhältnisse geleistet, so erhalten die Aktionäre aus dem verteilbaren Gewinne vorweg einen Betrag von vier vom Hundert der geleisteten Einzahlungen; reicht der Jahresgewinn hierzu nicht aus, so bestimmt sich der Betrag nach einem entsprechend niedrigeren Satze. Einzahlungen, die im Laufe des Geschäftsjahrs zu leisten waren, werden nach dem Verhältnisse der Zeit berücksichtigt, welche seit dem für die Leistung bestimmten Zeitpunkte verstrichen ist.

Im Gesellschafts-Vertrage kann eine andre Art der Gewinn-Verteilung vorgesehen werden.

Diese Vorschriften sind nur dispositiver Natur. Wenn also das Statut nicht andres bestimmt, hat für die Gewinn-Verteilung zu gelten:

Aktien-Beträge als Verteilungs-Maßstab. Sind die Einzahlungen auf alle Aktien gleichmäßig geleistet, so soll die Gewinn-Verteilung nach Maßgabe des Verhältnisses der Aktien-Beträge geschehen. Unter „Aktien-Betrag“ ist hier der Nennwert der Aktien, nicht dagegen die Höhe der jeweilig darauf geleisteten Einzahlungen zu verstehen.

Einzahlungen als Verteilungs-Maßstab für die Vordividende. Sind die Einzahlungen auf die Aktien in verschiedener Höhe geleistet, hat auch nur ein Aktionär verhältnismäßig mehr oder weniger als die anderen Aktionäre eingezahlt, so entfällt auf jede Aktie zunächst eine Vordividende in Höhe von 4% der darauf geleisteten Einzahlung. Der darüber hinausgehende Reingewinn wird nach Maßgabe des Verhältnisses der Aktien-Beträge verteilt. Bei schon zu den 4% nicht ausreichendem verteilbaren Reingewinn ist die Vordividende entsprechend niedriger zu bemessen. Dabei sind Einzahlungen, die im Lauf des bezüglichen Geschäftsjahrs zu leisten waren, zu berücksichtigen nach dem Verhältnis der Zeit, die seit dem für die Leistung bestimmten Zeitpunkt verstrichen ist. Der „für die Leistung bestimmte Zeitpunkt" ist gleichbedeutend mit deren Fälligkeit. Wer also vor der Fälligkeit einzahlt, hat keinen Anspruch auf Zinsengutschrift für die Zeit vom Einzahlungs- bis zum Fälligkeitstage. Hingegen muß (im Einklang mit § 214 Abs. 2 Satz 2) nach § 218 Abs. 1 H.G.B. ein Aktionär, der den auf die Aktie eingeforderten Betrag nicht rechtzeitig einzahlt, Zinsen vom Fälligkeitstage an entrichten. Daneben ist die Geltendmachung eines weitern Schadens nicht ausgeschlossen.

Als Einzahlungen im Sinne des § 214 Abs. 2 H.G.B. haben sowohl Bareinlagen, wie auch Sacheinlagen (Apports, Illaten, Illationen) zu gelten. Jedoch nur, soweit die Einzahlungen auf den Nennwert der Aktien, nicht dagegen, soweit sie auf etwaiges Agio geleistet sind [vgl. auch Staub (S. 728); Anmerkg. 2 zu § 214].

Abweichende Verteilungs-Modi. Mit § 214 Abs. 3 H.G.B. ist eindeutig ausgesprochen, daß die Vorschriften der ersten beiden Absätze dieses Paragraphen nur dispositiven Charakter haben, weil sie statutarisch durch andere Bestimmungen über die Gewinn-Verteilung ersetzt werden können. So kann beispielsweise bestimmt werden, daß nur vollbezahlte Aktien dividendenberechtigt sein sollen, oder daß die Vordividende nach Maßgabe der Einzahlungen fortfallen und daß statt dessen eine einheitliche Verteilung, ohne Rücksicht auf die Höhe der Einzahlungen, stattfinden soll. Auch wenn sämtliche Aktien entweder voll oder doch wenigstens in gleicher Höhe eingezahlt sind, können statt der Gewinn-Verteilung nach dem Verhältnis der Aktien-Beträge nach § 185 H.G.B. bestimmten Gattungen von Aktien statutarisch besondere Dividendenrechte (Vorzugs-Dividenden) gewährt werden. [Da auf das Wesen der Vorzugs- (Prioritäts-) Aktien an dieser Stelle näher nicht eingegangen werden kann, (vgl. darüber z. B. den Artikel von Schmalenbach in der Z. f. hw. F. II. S. 241 ff. und außerdem in den Werken über Sanierung) sei im folgenden nur das Wichtigste über die Vorzugs-Dividende gesagt.]

Wesen der Vorzugs-Aktien. Ob Vorzugs-Aktien auf Grund bloßer Zuzahlungen unter Ausschluß einer Erhöhung des Aktien-Kapitals entstanden sind, oder ob sie einer Erhöhung des Aktien-Kapitals in Verbindung mit dessen gleichzeitiger (nur buchmäßiger) Herabsetzung oder lediglich einer Erhöhung des Aktien-Kapitals ihre Entstehung verdanken: immer müssen die Vorzugsrechte nach § 185 H.G.B. im Statut festgesetzt sein. Soweit die Vorrechte nicht schon im ersten Statut der Gesellschaft präzisiert sind, können und werden sie, beispielsweise gelegentlich einer mit Vorzugsrechten verbundenen Erhöhung des Aktien-Kapitals, auch zum Gegenstand von Statuten-Änderungen gemacht werden.

Die Vorzugsrechte kommen im wesentlichen zur Geltung entweder bei der Gewinn-Verteilung oder bei der Liquidation. Bei der Liquidation werden sie erkennbar z. B. in der Einlösung der Vorzugs-Aktien vor den Stammaktien zum Parikurse oder gar mit einem Aufgeld (Agio), daneben auch wohl in der Verzinsung der Vorzugs-Aktien während der Liquidation oder auf ähnliche Weise. Bei der Gewinn-Verteilung sind die Möglichkeiten, Vorzugsrechte zu schaffen, besonders zahlreich. Da manche dieser Möglichkeiten einander sehr ähnlich sind, ist notwendig, den gewählten Modus statutarisch klar und vollständig zum Ausdruck zu bringen.

Arten der Bemessung von Vorzugs-Dividenden. Eine beliebte Art des Vorrechts der Vorzugs-Aktien besteht darin, diesen nicht allein Anspruch auf Vordividende vor den Stammaktien zu geben, sondern die Vordividende auch höher als die Dividende für die Stammaktien zu bemessen (Beispiel: zunächst 6% für die Vorzugs-Aktien. Dann 4% für die Stammaktien; falls der Gewinnrest dazu nicht ausreicht, entsprechend weniger; etwa noch verbliebenen Rest in gleichen Quoten. Oder: zunächst 6% für die Vorzugs-Aktien; Rest für Vorzugs- und Stamm-Aktien in gleichen Quoten). Hierbei liegt das Vorrecht demnach teils in der Rangordnung, teils in der Quote. Hin und wieder kommt vor, daß der Quoten-Vorzug teils vor der Stammdividende, teils nach ihr verrechnet wird (Beispiel: 5% für die Vorzugs-Aktien; 4% für die Stammaktien; 1% für die Vorzugs-Aktien; Rest in gleichen Quoten. Soweit Reingewinn unzureichend, Fortfall oder Kürzung nach Maßgabe der Rangordnung). Früher lag das Vorrecht meist ausschließlich in der Rangordnung; die Quoten waren bei ausreichendem Reingewinn somit die gleichen (Beispiel: $4\frac{1}{2}$% für die Vorzugs-Aktien; $4\frac{1}{2}$% für die Stammaktien; etwaigen Rest im Verhältnis der Gesamtbeträge beider Aktien-Gattungen). Der Erwähnung bedarf ferner eine andre Art des Vorrechts, wonach die Vorzugs-Aktien an erster Stelle eine feste Dividende (z. B. 7%) erhalten, damit dann aber abgefunden sind, so daß der gesamte übrige Dividendenrest den Stammaktionären zufällt, die sich nach guten Jahren infolgedessen nicht selten besser stehen als die Vorzugs-Aktionäre. Dieses Dividenden-Vorrecht erinnert stark an feste Verzinsung, ist solcher rechtlich jedoch nicht gleichzuachten, weil es nur aus dem bilanzmäßigen Reingewinn erfüllbar ist, während feste Verzinsung bekanntlich eine von diesem unabhängige Verbindlichkeit darstellt.

Sicherung der Vorzugs-Dividenden durch freiwillige Reserven. Um die Möglichkeit der Auszahlung fester Vorzugs-Dividenden (oder auch diejenige der anderen vorstehend angeführten Arten) einigermaßen sicherzustellen, schafft man freiwillige Reserven [Dividendenreserve-Konten (vgl. über diese auch S. 441)], die man bei unzureichenden Reingewinnen im Interesse der Vorzugs-Dividenden auflöst. Sehr empfehlenswert ist, statutarisch ausdrücklich anzuordnen, welchen Platz die Dotierung des Dividenden-Reservekontos im Rahmen des Gewinn-Verteilungsplans einnehmen, ob sie beispielsweise vor oder erst nach dem Abzug der Vorzugs-Dividende erfolgen soll.

Nachzahlung ausgefallener Vorzugs-Dividenden. Von besondrer Wichtigkeit ist außerdem, statutarisch zu bestimmen, ob nach schlechten Jahren ausgefallene, auch durch freiwillige Reserven ungedeckt gebliebene Vorzugs-Dividenden aus den Reingewinnen späterer Jahre nachzuzahlen sind. Im Zusammenhang damit bedarf es dann weiterer statutarischer Bestimmungen darüber, ob solche Nachzahlung vor der Vorzugs-Dividende des jeweilig abgelaufenen Jahrs, oder nach dieser, oder etwa sogar erst nach der Dividende für die Stammaktionäre geschehen soll. Im Anschluß hieran sei noch bemerkt, daß nach reichsgerichtlicher Entscheidung der Vorzugs-Aktionär das ihm statutarisch zugebilligte, auf dem Dividendenschein vermerkte Recht auf Nachzahlung von Vorzugs-Dividenden aus dem ersten, nach längerer oder kürzerer Dividendenlosigkeit wieder verteilbaren Reingewinn selbst dann noch behalten hat, wenn die bezüglichen Vorzugs-Aktien inzwischen statutarisch sogar schon beseitigt sind. Doch ist als gleichfalls reichsgerichtlicher Standpunkt anzusehen, daß der „laufende" Dividendenschein vor dem das Nachbezugsrecht der Vorzugs-Dividende verbriefenden eingelöst werden muß.

Genußscheine als Vorzugs-Dividendenscheine. Rechtlich zulässig und nicht selten angewendet ist das Verfahren, das Recht auf Vorzugs-Dividende in Form sogenannter Genußscheine zu dokumentieren. Diese Art von Genußscheinen sind mit Talon und Dividendenscheinen versehen und, wie jeder gewöhnliche Dividendenschein, Zubehör zur Aktie, mit der sie auch gemeinsam untergehen.

Wesen der Gratis-Aktien. Ein in Deutschland bisher selten vorgekommenes Verfahren der Gewinn-Verteilung bei der Aktien-Gesellschaft besteht darin, den Aktionären die Dividende in Gestalt von Gratis-Aktien zukommen zu lassen. Dabei handelt es sich um folgendes: die im Lauf längerer oder kürzerer Zeit angesammelten freiwilligen Reserven werden zum Zweck der Verteilung als Dividende aufgelöst; der buchmäßig dergestalt bereitgestellte Dividende-Betrag kommt nun aber nicht zur Auszahlung, sondern er wird ins Haben des Aktienkapital-Kontos übertragen. Nach Maßgabe dieser buchmäßigen Erhöhung des Grundkapitals werden den Aktionären Aktien ausgehändigt. Und zwar gratis, weil diese neuen Aktien als Entgelt für die unterbliebene Dividende-Zahlung anzusehen sind. Dabei entfällt naturgemäß je eine Gratis-Aktie auf so viele alte Aktien, wie der Betrag der Kapital-Erhöhung in dem bisherigen Betrage des Grundkapitals enthalten ist. Ein bedeutendes Beispiel für die Ausgabe von Gratis-Aktien hat 1913 die Deutsche Gasglühlicht- (Auer-) Gesellschaft geboten. Diese hatte aus ihrem Gewinn einen Spezialfonds von 3,30 Millionen gebildet, um diesen zur Erhöhung des Grundkapitals von 6,6 auf 9,9 Millionen benutzen zu können. Auf je zwei alte Stammaktien war mithin eine Gratis-Aktie zu gewähren.

Deren Zweck und Wirkung. Der Zweck solcher Transaktion liegt klar: er ist auf die Verkleinerung der Dividende gerichtet. Veranlassung zu solcher Absicht pflegt ein durch dauernd hohe Dividenden allzusehr gesteigerter Aktienkurs zu geben, weil dieser schon auf geringfügige, zudem oft unbegründete Ursachen mit ungesunden Schwankungen zu reagieren pflegt. Indem man die aus unverteilten Reingewinnresten angesammelten freiwilligen Reserven, gegebenenfalls wohl auch nur den Gesamtgewinn eines Jahrs, anstatt zur Ausschüttung an die Aktionäre zur Erhöhung des Aktien-Kapitals gegen Ausgabe von Gratis-Aktien verwendet, kürzt man verhältnismäßig den Prozentsatz künftiger Dividenden und drückt damit den Kurs. Das Äquivalent für die Kurssenkung besitzen die Aktionäre dann in den Gratis-Aktien. Eine ähnliche Wirkung wird erzielt, wenn man die Kapital-Erhöhung zwar nicht auf Grund von Gratis-Aktien, jedoch wenigstens auf Grund besonders billiger Ausgabe der jungen Aktien durchführt. Bei diesem Verfahren liegt der Ausgleich für die zu erwartende Kursreduktion in der Höhe des Bezugsrechts. Bedeutende Beispiele für diesen Weg der Dividenden-Verwässerung boten im Frühjahr 1914 die zum Anilin-Konzern gehörigen chemischen Fabriken. Inwieweit solche Dividenden-Reduktionen von Dauer sind, hängt nicht allein ab von der künftigen Rentabilität des erhöhten Aktien-Kapitals, sondern auch davon, ob es gelingt, über den reduzierten Satz hinaus verdiente Beträge als stille oder als offene freiwillige Reserven bei der Gesellschaft zurückzuhalten.

Rentabilität und Kapitalkraft als Voraussetzungen für Gratis-Aktien. Nach dem vorstehend darüber Gesagten braucht nicht mehr begründet zu werden, daß Gratis-Aktien nur für hervorragend rentable, finanziell bestens fundierte Unternehmungen in Frage kommen können, oder doch wenigstens nur in Frage kommen sollten. Denn wenn eine Unternehmung, deren hohe Reingewinne infolge vorhandener Überbewertungen womöglich nur auf dem Papier stehen, Gratis-Aktien ausgeben würde, so wäre dies ungesetzlich insofern, als der bilanzmäßig wie eine voll bezahlte Erhöhung des Aktien-Kapitals ausgewiesene Betrag der Gratis-Aktien im wirklichen Werte der Aktiven nach Maßgabe der vorhandenen Überbewertungen gar nicht gedeckt sein würde. Ist diese Deckung jedoch vorhanden, so ist gegen die buch-

und bilanzmäßige Umwandlung von Reingewinn oder von Reserven in Aktien-Kapital auf Grund der Ausgabe von Gratis-Aktien nichts einzuwenden. Denn prinzipiell zulässig ist nach § 279 Abs. 1 H.G.B., daß fällige (mithin von der Generalversammlung als bereits beschlossen zu denkende) Dividenden-Forderungen als Einlage auf die neuen Aktien eingebracht werden [so auch Staub (S. 954); Anmerkg. 2 zu § 279].

Wiederkehrende Leistungen (Lieferungen) der Aktionäre. Bei der Besprechung der Aktien-Dividenden darf § 216 H.G.B. nicht außer Betracht bleiben. Darin heißt es:

§ 216. Für wiederkehrende Leistungen, zu denen die Aktionäre nach dem Gesellschafts-Vertrage neben den Kapital-Einlagen verpflichtet sind, darf eine den Wert der Leistungen nicht übersteigende Vergütung ohne Rücksicht darauf bezahlt werden, ob die jährliche Bilanz einen Reingewinn ergibt.

Praktische Bedeutung bekommt § 216 für alle Aktien-Gesellschaften, an deren Betrieb mehr oder minder zahlreiche Aktionäre mit Lieferungen beteiligt sind. Meist handelt es sich (wie vornehmlich bei der Konserven- und bei der Zucker-Fabrikation) um die Lieferung auf eigenem landwirtschaftlichen Boden gewonnener Erzeugnisse (Obst, Gemüse, Rüben u. dgl.). Doch auch andere Leistungen (z. B. Überlassung gewerblicher Schutzrechte gegen Lizenz, Leistung persönlicher Dienste, wie Anwalts-, Revisions- oder ähnliche Tätigkeit) kommen vor. Wir legen den folgenden Betrachtungen die Lieferungen von Waren, Rohstoffen u. dgl. zugrunde.

Die Vorschrift des § 216 stellt sich dem Wortlaut nach als Ausnahme des § 215 dar, wonach unter die Aktionäre bekanntlich nur verteilt werden darf, was sich nach der jährlichen Bilanz als Reingewinn ergibt (vgl. darüber S. 466 bis 467). Wirtschaftlich genommen ist diese Ausnahme eine Selbstverständlichkeit, weil keinem Lieferanten (auch der liefernde Aktionär ist — wirtschaftlich genommen — ein solcher) zugemutet werden kann, die Bezahlung seiner Lieferungen von der Erzielung eines Reingewinns bei der empfangenden Unternehmung abhängig zu machen. Insofern aber nimmt der an seine Gesellschaft liefernde Aktionär eine Sonderstellung ein, als deren bilanzmäßiger Reingewinn in dem Maße sinkt, wie er für seine Lieferungen von der Gesellschaft zu hoch bezahlt wird. Dieser Umstand wäre vom Standpunkt der Aktionär-Interessen praktisch belanglos, wenn sämtliche Aktionäre mit gleichen Quantitäten und zu gleichen Preisen an den Lieferungen beteiligt sein würden. Dies wird jedoch kaum jemals zutreffen. Vielmehr werden in erster Linie die Lieferungs-Quanten von einander abweichen. Und daraus würde sich eine Bereicherung aller für ihre Lieferungen etwa überdurchschnittlich hoch bezahlter Aktionäre auf Kosten der Gesamt-Dividende ergeben. Schon aus diesem Grunde ist die Vorschrift des § 216 H.G.B. auch wirtschaftlich gerechtfertigt; daneben aber auch aus der andern, die Interessen der Gesellschafts-Gläubiger schädigenden Möglichkeit heraus, daß, bei ohnehin schon zu erwartenden bilanzmäßigen Verlusten, infolge zu hoher Vergütungen für die Lieferungen der Aktionäre das Grundkapital unzulässigerweise zur verschleierten Rückzahlung gebracht werden könnte.

Höhe der Vergütung für solche Lieferungen. Die den Aktionären für ihre Lieferungen zu bezahlenden Vergütungen dürfen deren Wert nicht übersteigen. Gemeint ist der zur Zeit der Lieferung maßgebende Wert. Dieser Wert kann sein ein etwa bestehender Marktpreis oder, wenn solcher fehlt, der jedem andern, nicht zu den Aktionären gehörenden Lieferanten zu zahlende Preis. Dieser Preis ist der spätern Auszahlung zugrunde zu legen; unabhängig davon, ob der Preis inzwischen gestiegen oder gesunken ist. Selbstverständlich sind niedrigere Zahlungen erlaubt, wenn der liefernde Aktionär mit ihnen einverstanden ist. Dagegen haftet der Aktionär den Gesellschafts-Gläubigern nach § 217 H.G.B. für rechtswidrige höhere Bezahlung, falls mit dieser von dem in Betracht kommenden Normalpreise in außerordentlichem Umfang abgewichen wird. Mäßige Erhöhungen können solche Haftpflicht nicht begründen. Für denselben Fall haften Vorstand und Aufsichtsrat nach §§ 241 Nr. 1 und 249 H.G.B. Jedoch ist die Vereinbarung von Überpreisen zulässig, sofern diese aus dem bilanzmäßigen Reingewinn, also nicht zu dessen Lasten, gezahlt werden, und soweit statutarische Bestimmungen nicht entgegenstehen.

Gewinn-Feststellungsrecht der Generalversammlung. Von Wichtigkeit ist in diesem Zusammenhang noch § 260 H.G.B.:

§ 260. Die Generalversammlung beschließt über die Genehmigung der Jahresbilanz und die Gewinn-Verteilung sowie über die Entlastung des Vorstands und des Aufsichtsrats.

Der Vorstand hat in den ersten drei Monaten des Geschäftsjahrs für das verflossene Geschäftsjahr eine Bilanz, eine Gewinn- und Verlust-Rechnung sowie einen den Vermögensstand und die Verhältnisse der Gesellschaft entwickelnden Bericht dem Aufsichtsrat und mit dessen Bemerkungen der Generalversammlung vorzulegen. Im Gesellschafts-Vertrage kann eine andre Frist, jedoch nicht über die Dauer von sechs Monaten hinaus, bestimmt werden.

Der zweite Absatz des vorstehenden Paragraphen bedarf keines Kommentars. Unter Bezugnahme auf die S. 18 bis 19 gemachten Ausführungen sei nur nochmals betont, daß der gesetzliche Zwang zur Vorlage auch der Gewinn- und Verlust-Rechnung die Anwendung der Doppelbuchhaltung nicht unbedingt voraussetzt.

Zum ersten Absatz des § 260 ist zu sagen:

Die Generalversammlung hat nicht allein — wie es im Gesetzestext irrtümlich heißt — Bilanz und Gewinn-Verteilung zu genehmigen, sondern auch festzustellen; sie ist mithin durchaus berechtigt, die ihr vom Vorstand und vom Aufsichtsrat unterbreitete Bilanz nebst den Gewinnverteilungs-Vorschlägen abzuändern. In dieser Hinsicht gilt dann das auf S. 464 unter „Gesetzliche und statutarische Beschränkungen der Verteilung" und unter „Anfechtungsrecht" Gesagte.

Genehmigt die Generalversammlung Bilanz und Gewinn-Verteilung nicht, so ist streitig, ob der einzelne Aktionär solche Genehmigung oder Feststellung durch Klage erzwingen kann [Rehm S. 798 II bejaht, Staub (S. 883), Anmerkg. 3 zu § 260, verneint dies].

Nachträgliche Aufhebung von Feststellungs-Beschlüssen. Eine andre wichtige Frage geht dahin, ob die Generalversammlung einen Bilanz-Genehmigungsbeschluß nachträglich wieder aufheben kann. Diese Frage ist zu bejahen, soweit jener Beschluß auf falschen Voraussetzungen, etwa auf unrichtiger bilanzieller Bewertung, auf Betrug oder Irrtum, beruht und daraufhin inzwischen angefochten worden ist. Dann ist sogar die Pflicht zur Aufhebung des Beschlusses gegeben. [So auch: Staub (S. 883); Anmerkg. 4 zu § 260; Simon, der in Sterns Buchhaltungs-Lexikon (II. Aufl.) S. 3 bis 4 den in seinen „Bilanzen" S. 26 vertretenen gegenteiligen Standpunkt aufgibt; Knappe (S. 65 bis 66), der im wesentlichen gleicher Meinung ist.] Dabei ist aber, in Übereinstimmung mit Staub und Simon, zu beachten: Dividenden, die auf Grund eines rechtsgültigen, nicht angefochtenen Generalversammlungs-Beschlusses festgestellt oder schon ausgezahlt sind, müssen trotz inzwischen geschehener Aufhebung des Beschlusses ausgezahlt und können nach inzwischen schon erfolgter Auszahlung nicht mehr zurückgefordert werden, wenn die Aufhebung des Beschlusses mehr oder weniger willkürlich geschehen ist. Anders aber, wenn dem ersten Beschluß Betrug der Verwaltungs-Organe oder rechtserheblicher Irrtum der Generalversammlung zugrunde lag, und wenn Anfechtung und Aufhebung des Beschlusses daraufhin durchgedrungen sind. Dann können die Aktionäre eine derartig beschlossene Dividende nicht fordern. Hingegen werden sie in gutem Glauben bereits empfangene Dividende nach § 217 Abs. 1 Satz 2 H.G.B. nicht zurückzuzahlen brauchen.

Schließlich sei zu § 260 H.G.B. noch bemerkt:

Zusammensetzung der Generalversammlung. Die über die Gewinn-Verteilung beschließende Generalversammlung umschließt alle zur Zeit der Beschlußfassung vorhandenen Aktionäre, also auch solche, die erst im Lauf des neuen Geschäftsjahrs Aktionäre geworden sind. Im Hinblick auf diesen Rechtszustand kann u. U. wichtig werden die seit Anfang 1913 bestehende Börsen-Usance, Dividenden-Effekten bis zum zweiten Tage nach der Generalversammlung noch mit dem Dividendenschein für das Vorjahr zu handeln, weil nunmehr — im Gegensatz zur frühern Usance der Trennung des Dividendenscheins schon mit dem Schluß des Geschäftsjahrs — die über die Gewinn-Verteilung abstimmenden Aktionäre an deren Gestaltung sämtlich und unmittelbar selbst interessiert sind.

Dividenden-Verjährung. Dividenden-Ansprüche, die durch Dividendenscheine nicht dokumentiert sind, verjähren nach § 801 Abs. 1 Satz 1 B.G.B., vom Schluß des Fälligkeitsjahrs an gerechnet, in 30 Jahren. Sind Dividendenscheine ausgegeben worden, so müssen sie, wiederum vom Schluß des Fälligkeitsjahrs an gerechnet, nach § 801 Abs. 2 B.G.B. innerhalb vier Jahre zur Einlösung vorgelegt werden, widrigenfalls die Dividenden-Ansprüche erlöschen. Der Vorlegung steht nach § 801 Abs. 1 Satz 3 B.G.B. die gerichtliche Geltendmachung des Anspruchs aus der Urkunde gleich. Nach geschehener Vorlegung der Dividendenscheine verjähren die Dividenden-Ansprüche nach § 801 Abs. 1 Satz 2 B.G.B., vom Ende der Vorlegungsfrist an gerechnet, in zwei Jahren. Nach § 801 Abs. 3 B.G.B. können Dauer und Beginn der Vorlegungsfrist anders festgesetzt werden. Vielfach wird bestimmt, daß Dividenden, die nicht innerhalb vier Jahre, vom Schluß des Fälligkeitsjahrs an gerechnet, erhoben sind, zugunsten des Reservefonds verfallen sollen. Solche Abweichungen vom dispositiven Recht müssen jedoch statutarisch zum Ausdruck kommen.

Verjährung von Ansprüchen auf Dividenden-Rückerstattung. Nach § 217 Abs. 3 H.G.B. verjähren Ansprüche der Gesellschaft und der Gesellschafts-Gläubiger auf Rückerstattung rechtswidrig ausgezahlter, vom Aktionär nicht in gutem Glauben empfangener Dividenden und Bauzinsen in fünf Jahren vom Empfang der Zahlung an. Im übrigen sind die Vorschriften des B.G.B. über die Verjährung anzuwenden.

F. Gewinn-Verteilung bei der Kommandit-Aktiengesellschaft.

Recht der Komm.-Ges. für Komplementare, Aktienrecht für Kommanditisten-Aktionäre. Nach § 320 Abs. 2 H.G.B. gelten für die persönlich haftenden Gesellschafter (Komplementare) der Kommandit-Aktiengesellschaft die für die Kommandit-Gesellschaft bestehenden bezüglichen Vorschriften, also auch die für diese gegebenen Vorschriften über die Gewinn-Verteilung. Nach dem dritten Absatz desselben

Paragraphen gelten für die Kommandit-Aktiengesellschaft im übrigen, soweit sich aus sonstigen, für diese Gesellschaftsform erlassenen Vorschriften oder aus dem Fehlen eines Vorstands nicht andres ergibt, die Vorschriften über die Aktien-Gesellschaft. Demnach soll die Gewinn-Verteilung für die Kommanditisten der K.A.G., die hier Kommanditisten-Aktionäre genannt werden, nach aktienrechtlichen Regeln behandelt werden.

Daraus folgt zunächst für die Komplementare:

Alle über die Beteiligung der Komplementare am Gewinn und Verlust bei Kommandit-Gesellschaften gemachten Ausführungen sind auch auf die Komplementare der Kommandit-Aktiengesellschaften zu beziehen. In Rücksicht darauf, daß die Komplementare der Kommandit-Gesellschaft bezüglich der Erfolgs-Beteiligung denen der offenen Handels-Gesellschaft im wesentlichen gleichgestellt sind, darf auf die in Betracht kommenden Darlegungen über die Erfolgs-Verteilung bei der Off. Hges. (S. **394** ff.) und bei der Komm.-Ges. (S. **409** ff.) verwiesen werden.

Danach ist über die Verzinsung der Kapital-Anteile der Komplementare aus dem Reingewinn nach §§ 168 Abs. 1 und 121 Abs. 1 und 2 H.G.B., ferner über die Verteilung der Gewinnreste und der Verluste nach § 168 Abs. 2 H.G.B., schließlich auch über das Entnahmerecht der Komplementare nach §§ 169 Abs. 1 und 122 H.G.B. in bezug auf die Komplementare der Kommandit-Aktiengesellschaften weiteres nicht mitzuteilen. Nur einer durch § 329 H.G.B. gemachten Einschränkung folgenden Inhalts ist zu gedenken:

§ 329. Ergibt sich für die persönlich haftenden Gesellschafter nach dem Jahresertrăgnis ein Gewinn-Anteil, der nicht auf ihre Aktien fällt, so hat die Auszahlung zu unterbleiben, falls eine Unterbilanz vorhanden ist, die ihre nicht in Aktien bestehenden Kapital-Anteile übersteigt. Solange eine solche Unterbilanz besteht, ist auch eine sonstige Entnahme von Geld auf den Kapital-Anteil ausgeschlossen.

Auf den Gewinn, der sich für die persönlich haftenden Gesellschafter ergibt, findet die Vorschrift des § 262 Nr. 1 über den Reservefonds Anwendung.

Erlaubte Doppelstellung der Komplementare. Daraus geht in erster Linie hervor, daß die Komplementare an der Kommandit-Aktiengesellschaft nicht nur beteiligt sein können als persönlich haftende Gesellschafter mit schwankenden Kapital-Anteilen, sondern außerdem auch als Kommanditisten-Aktionäre mit einem auf ihren Aktien-Besitz beschränkten Risiko. In der Bilanz erscheinen demnach etwaige Kommandit-Einlagen (Aktien) der Komplementare im Verein mit denen der Kommanditisten-Aktionäre auf dem (auch Aktienkapital- oder Kommanditaktienkapital-Konto genannten) Kommanditkapital-Konto. Und außerdem liegen in der Bilanz die der persönlichen Haftung unterstehenden Kapital-Anteile der Komplementare, die als solche in den veröffentlichten Bilanzen meist nicht erkennbar werden, weil sie unter den Kreditoren verrechnet sind, was ihrem Wesen widerspricht, da sie als Schuld der Gesellschaft natürlich nicht angesehen werden können. Übrigens besteht für die Komplementare Zwang zu Kapital-Einlagen nur, soweit sie nach § 322 Abs. 2 H.G.B. statutarisch gefordert sind. Andernfalls ergibt solcher Zwang sich dann erst im Konkurse oder bei der Liquidation nach Maßgabe der Inanspruchnahme ihrer solidarischen Haftung.

Gesetzliche Kürzungen der Komplementarrechte zugunsten des Kommandit-Kapitals. Mit § 329 Abs. 1 H.G.B. ist nun zwingend bestimmt: solange ein Verlust-Saldo in der Bilanz (Unterbilanz in der Vermögens-Bilanz! Vgl. darüber S. 36) besteht, und solange dieser bilanzmäßige Verlust größer ist, als der jeweilige Gesamtbetrag der Salden auf den Kapital-Konten der Komplementare, solange also das Kommandit-Kapital der Kommanditisten-Aktionäre durch die Unterbilanz gemindert ist .... so lange dürfen den Komplementaren etwa auf ihre persönlichen Kapital-Konten entfallene Gewinn-Anteile weder ausgezahlt werden, noch dürfen Barentnahmen zu Lasten dieser Kapital-Konten geschehen.

Reservepflichtigkeit auch der Komplementar-Gewinne. Daneben ist mit § 329 Abs. 2 H.G.B. bestimmt, daß die Dotierung der Zwangsreserve (vgl. darüber S. 426 ff.) zu erfolgen habe auch aus den sich für die Komplementare in ihrer spezifischen Eigenschaft als persönlich haftende Gesellschafter (also für deren Kapital-Konten) ergebenden Gewinn-Anteilen. Diese Vorschrift ist nötig, weil die Komplementare, wie oben dargelegt, dem Recht der Kommandit-Gesellschaft unterstehen, wonach die vorberegten Gewinn-Anteile als reservepflichtig nicht zu erachten sind.

Gültigkeit der aktienrechtlichen Tantieme-Vorschriften nur für den Aufsichtsrat, nicht auch für die Komplementare. Aus der Tatsache der Zugehörigkeit zum Recht der Kommandit-Gesellschaft folgt für die Komplementare, daß sie in ihrer gleichzeitigen Eigenschaft als Vorstands-Mitglieder der aktienrechtlichen Vorschrift des § 237 H.G.B. über die Tantieme-Berechnung nicht unterstehen, weil das Recht der Kommandit-Gesellschaft solche Vorschrift nicht kennt. Dagegen gilt für die Aufsichtsrats-Mitglieder der Kommandit-Aktiengesellschaft die aktienrechtliche Vorschrift des § 245 H.G.B. über die Tantieme-Berechnung. Denn Aufsichtsrats-Mitglieder können bei der K.A.G. nur Kommanditisten sein. Für diese gelten aber, wie wir wissen, die aktienrechtlichen Vorschriften. Von der Generalversammlung in bezug auf die Aufsichtsrats-Vergütung gefaßte Beschlüsse bedürfen jedoch auch der Zustimmung der Komplementare.

Zustimmungsrecht, nicht Stimmrecht der Komplementare. Es liegt nämlich im Vergleich zur A.G. bei der K.A.G. insofern eine aus ihrer Konstruktion herauswachsende Besonderheit vor, als die Beschlüsse der Generalversammlung der Kommanditisten-Aktionäre nach § 327 Abs. 2 H.G.B. der Zustimmung der persönlich haftenden Gesellschafter bedürfen, soweit sie Angelegenheiten betreffen, für die bei der Kommandit-Gesellschaft das Einverständnis der persönlich haftenden Gesellschafter und der Kommanditisten erforderlich ist. Nach § 327 Abs. 1 H.G.B. haben die Komplementare, auch wenn sie Aktien besitzen, in der Generalversammlung kein Stimmrecht.

Bilanztechnische Behandlung des Kommandit-Kapitals. Die für die Kommanditisten-Aktionäre gesetzlich vorgeschriebene aktienrechtliche Behandlung der Erfolgs-Verteilung hat zur Folge, daß deren mit dem Kommandit-Kapital identische Einlagen buchführungs- und bilanztechnisch eine feste Größe bilden und bleiben müssen, solange nicht Erhöhungen, noch Herabsetzungen des Kommandit-Kapitals stattgefunden haben (vgl. darüber S. 418ff. unter „Gewinn und Verlust als besondere Bilanzzahlen" im vorigen Abschnitt über die Gewinn-Verteilung bei der A.G.). Der auf das Kommandit-Kapital entfallende bilanzmäßige Verlust ist mithin auf der Aktiva-Seite der Bilanz als selbständiger Posten anzuführen; der bilanzmäßige Reingewinn ist an die Kommanditisten-Aktionäre auszuschütten, soweit er nicht zur Bildung oder Verstärkung gesetzlicher oder freiwilliger Reserve-Konten benutzt wird. Der bilanzmäßige Verlust trifft buchmäßig demnach nicht den einzelnen Kommanditisten-Aktionär, sondern er ist lediglich eine, während bestehender Gesellschaft wie ein Abzugs-Posten auf das Kommandit-Kapital wirkende rechnerische Größe, die dem einzelnen Kommanditisten-Aktionär erst bei der Liquidation oder im Konkurse der Gesellschaft und dann in dem Maße fühlbar wird, wie die auf das Kommandit-Kapital entfallende Quote sich infolge des bilanzmäßigen Verlustes verringert. Daß bilanzmäßige Verluste im Aktienkurse zum Ausdruck kommen und deshalb den ihres Aktien-Besitz abstoßenden Kommanditisten-Aktionären schon während bestehender Gesellschaft Schaden bringen können, ist selbstverständlich, sei als ein die vorstehende Bemerkung einschränkendes Moment jedoch erwähnt. Zinsen stehen dem Kommanditisten-Aktionär — im Gegensatz zum Kommanditisten der Komm.-Ges. — nicht zu. Wie der Aktionär bei der A.G. hat der Kommanditist-Aktionär ausschließlich Anspruch auf den als verteilbar festgestellten Reingewinn. Für dessen Feststellung, für die Reservebildung und für alle sonst damit zusammenhängenden Fragen gelten die im vorigen Abschnitt über die Gewinn-Verteilung bei Aktien-Gesellschaften gemachten bezüglichen Ausführungen, denen in diesem Zusammenhang nichts mehr hinzugefügt zu werden braucht.

Statutarische Vereinfachungen der Gewinn-Verteilung bei der K.A.G. Um bei der Gewinn-Verteilung nicht mit zwei, in ihrem Wesen verschiedenen Gruppen von Verteilungs-Vorschriften zu tun zu haben, vereinfacht man bei der Kommandit-Aktiengesellschaft die Gewinn-Verteilung nach der aktienrechtlichen Seite hin, indem man die dispositiven, für die Komplementare geltenden Verteilungs-Vorschriften der einfachen Kommandit-Gesellschaft mehr oder weniger außer acht läßt. Solche Vereinbarungen bedürfen statutarischer Festlegung.

Beispiele dafür. Zwei Beispiele für derartige Vereinfachungen sollen mitgeteilt werden.

Im Statut der Diskonto-Gesellschaft in Berlin vom 7. April 1902 (übrigens der bedeutendsten Vertreterin der heute verhältnismäßig seltenen Unternehmungsform der Kommandit-Aktiengesellschaft) ist im Artikel 7 über die Gewinn-Verteilung bestimmt:

„Der nach der Jahresbilanz sich ergebende Gewinn wird folgendermaßen verteilt:

a) Je fünf bis zehn Prozent des Gewinns werden in den nach § 262 H.G.B. vorgeschriebenen allgemeinen Reservefonds (Artikel 8 dieses Statuts) und in die nach Artikel 9 dieses Statuts gebildete besondere Reserve so lange zurückgelegt, bis der erstere die Höhe von zehn Prozent und die letztere die Höhe von fünfzehn Prozent des Kommandit-Kapitals erreicht hat. Von Rücklagen in die besondere Reserve kann abgesehen werden, solange der allgemeine Reservefonds und die besondere Reserve zusammen ein Drittel des Kommandit-Kapitals betragen.
b) Hierauf erhalten die Kommanditisten bis zu vier Prozent Dividende von dem eingezahlten Kommandit-Kapital.
c) Sodann beziehen die Geschäfts-Inhaber die nach Artikel 15 vereinbarte Gewinnbeteiligung, und der Aufsichtsrat die durch Artikel 29 festgesetzte Tantieme.
d) Der Rest wird als weitere Dividende unter die Kommanditisten verteilt, soweit nicht die Generalversammlung mit Zustimmung der Geschäfts-Inhaber und des Aufsichtsrats etwas andres beschließt."

Artikel 15 lautet:

„Die Geschäfts-Inhaber beziehen in dieser ihrer Eigenschaft vertragsmäßig eine Gewinn-Beteiligung von insgesamt zwanzig Prozent der Summe des nach der Jahresbilanz sich ergebenden Reingewinns, nachdem von dieser Summe vier Prozent des eingezahlten Kommandit-Kapitals als der Gewinn-Beteiligung nicht unterliegend gekürzt worden sind.

Die Geschäfts-Inhaber können unter sich eine zur Kenntnis des Aufsichtsrats zu bringende Übereinkunft über die Verteilung dieses Gewinn-Anteils schließen.

Ist eine solche Übereinkunft nicht geschlossen, so wird der Gewinn-Anteil gleichmäßig unter die Geschäfts-Inhaber verteilt."

Unter den Geschäfts-Inhabern sind die Komplementare zu verstehen.

Und im Gesellschafts-Vertrage des Kredit-Vereins in Cönnern vom April 1908 heißt es über die Gewinn-Verteilung im § 20:

„Von dem Gewinn werden zunächst auf das Aktien-Kapital den Gesellschafts-Mitgliedern bis vier Prozent Dividende berechnet. Von dem Überschuß werden alsdann zirka fünf Prozent zu dem Reservefonds genommen, falls derselbe unter zehn Prozent des Aktien-Kapitals herabsinken sollte, und von dem dann noch verbleibenden Überschusse erhalten:

a) die persönlich haftenden Gesellschafter gemeinsam eine Tantieme von fünfundzwanzig Prozent,
b) der Aufsichtsrat eine Tantieme von fünf Prozent nach den Bestimmungen des § 13,
c) der Überrest wird auf die Aktien der Kommanditisten verteilt und als Dividende ausgezahlt, soweit die Generalversammlung nicht anders beschließt.“

G. Gewinn-Verteilung bei der Gesellschaft mit beschränkter Haftung.

Distributiv-Bilanz. Wie die Aktien-Gesellschaft ist auch die Gesellschaft mit beschränkter Haftung zu den Kapital-Gesellschaften zu rechnen. Wie bei jener ist, infolge der beschränkten Haftung der Gesellschafter und infolge des kapitalistischen Charakters der Gesellschaft, auch bei dieser die Bilanz eine Gewinnverteilungs- (Distributiv-) Bilanz. Deshalb ist auch in der Bilanz der Gesellschaft mit beschränkter Haftung das (bei dieser Stammkapital heißende) Gesellschafts-Kapital als feste Größe auszuweisen, zu der bilanzmäßige Verluste als Pseudo-Aktiva im Verhältnis rein rechnungsmäßiger Abzugsposten stehen, während bilanzmäßige Gewinne an die Gesellschafter zu verteilen sind, soweit sie nicht zur Bildung oder Verstärkung echter Reserven Verwendung finden sollen. Infolgedessen wird — im Einklang mit § 261 Ziff. 6 H.G.B. — durch § 42 Ziff. 5 Ges.-Ges. mit Recht gefordert, daß bilanzmäßige Gewinne oder Verluste am Schlusse der Bilanz besonders angegeben werden müssen. Auf die bilanztechnische Durchführung dieser Vorschrift, ferner auf die Arten der gegen diese Vorschrift praktisch vorkommenden Verstöße und deren Wirkungen braucht in diesem Zusammenhang nicht eingegangen zu werden. Denn in bezug auf diese Fragen gelten sinngemäß die für die A.G. (S. 418 bis 424) gebrachten Ausführungen auch für die G.m.b.H.

Verlust-Beseitigung durch Nachschüsse. Auf eine Besonderheit der G. m. b. H. im Vergleich zur A.G. ist in diesem Zusammenhang hinzuweisen: bilanzmäßige Verluste sind nämlich bei der G. m. b. H. nicht allein vortragbar oder zu Lasten echter Reserve-Konten tilgbar, sondern sie können auch durch Nachschüsse der Gesellschafter (vgl. über diese §§ 26 bis 28 Ges.-Ges.) beseitigt werden.

Nur Aufstellung, nicht Veröffentlichung der Erfolgs-Rechnung. Außerdem ist nach § 41 Abs. 2 und 3 Ges.-Ges. — ebenfalls in Übereinstimmung mit dem Aktienrecht (vgl. § 260 Abs. 2 H.G.B.) — auch für die G. m. b. H. die Aufstellung einer Gewinn- und Verlust-Rechnung (Erfolgs-Rechnung) neben der Bilanz zur Pflicht gemacht. Die mit § 265 Abs. 1 H.G.B. für die A.G. stipulierte Pflicht zur Veröffentlichung der Bilanz und der Gewinn- und Verlust-Rechnung ist nach § 41 Abs. 4 Ges.-Ges. für die G. m. b. H. auf die Bilanz und zwar auf die Bilanz lediglich der Bankunternehmungen beschränkt.

Oberlandesgerichts-Entscheidung über Kostenpflichtigkeit von Bilanz-Abschriften. Im Anschluß hieran folgende Gerichts-Entscheidung:

„Ein Gesellschafter hat Anspruch auf Mitteilung einer Abschrift der Bilanz nebst Gewinn- und Verlust-Rechnung nur gegen Erstattung der Kosten dieser Abschriften. Denn Bilanz nebst Gewinn- und Verlust-Rechnung werden in der Generalversammlung ausgelegt. Hat der Gesellschafter dieser Generalversammlung durch sein Verschulden (mangelnde Anzeige der Adresse) nicht beigewohnt, so hat er diese in seinem Sonderinteresse nötig werdenden Kosten zu erstatten. O.L.G. Jena 20. 3. 05. R.O.L.G. 14, 369.“ (Vgl. Kaufmann VIII. S. 575—576.)

Über die Gewinn-Verteilung bei der Gesellschaft mit beschränkter Haftung bestimmt § 29 Ges.-Ges.:

Die Gesellschafter haben Anspruch auf den nach der jährlichen Bilanz sich ergebenden Reingewinn, soweit nicht im Gesellschafts-Vertrage ein Andres bestimmt ist.

DieVerteilung erfolgt nach Verhältnis der Geschäfts-Anteile. Im Gesellschafts-Vertrage kann ein andrer Maßstab der Verteilung festgesetzt werden.

Mindestens zwölfmonatige Verteilungs-Perioden. Keine Abschlags-Dividenden. Also auch hier, wie im Aktienrecht, die Vorschrift, daß der nach der jährlichen Bilanz sich ergebende Reingewinn der Verteilung zugrunde zu legen sei. Über die Auslegung des Begriffs „jährlich“ ist auf S. 466 unter: „Dividenden-Verteilung für mindestens zwölfmonatige, Bilanzierung für kürzere Perioden statthaft“ bereits gesprochen worden. Im Anschluß daran ist dort auch bereits hervorgehoben, daß Abschlagszahlungen auf Dividenden schon im Lauf des bezüglichen Bilanzjahrs unzulässig sind.

Keine feste Kapital-Verzinsung. Feste Verzinsung der Geschäfts-Anteile ist, wie bei der A.G., auch bei der G. m. b. H. als mit dem Wesen dieser Art kapitalistischer Beteiligung unvereinbar ausgeschlossen. (Vgl. hierzu im übrigen auch das unter „Verbot fester Verzinsung des Grundkapitals“ auf S. 466 bis 467 Gesagte.)

Beschränkung des Rechts auf Dividende. Da die Gesellschafter auf den nach der jährlichen Bilanz sich ergebenden Reingewinn nur Anspruch haben, soweit im Gesellschafts-Vertrage nicht andres bestimmt ist, kann der Anspruch auf Dividende statutarisch mehr oder minder beschnitten werden. Hierzu gilt das auf S. 464 unter „Gesetzliche und statutarische Beschränkungen der Verteilung“ für die A.G. Ausgeführte wiederum auch für die G. m. b. H. Nur ist an Stelle des § 261 H.G.B. zu lesen: § 40 H.G.B. und § 42 Ges.-Ges., und außerdem kommen die aktienrechtlichen Bestimmungen über die Dotierung der Zwangsreserve für die G. m. b. H. in Fortfall.

Verschiedenheit der Verteilungs-Maßstäbe. Die gesetzliche Vorschrift, daß die Gewinn-Verteilung „nach Verhältnis der Geschäfts-Anteile", und zwar nach Maßgabe ihrer Nennbeträge (Stammeinlagen), nicht also der darauf jeweilig geleisteten Einzahlungen, zu erfolgen habe, ist dispositiver Natur. Statutarisch können die Gesellschafter bei der Gewinn-Verteilung mithin verschieden behandelt werden. So erfolgt beispielsweise bei Zuckerfabriken die Gewinn-Verteilung regelmäßig nach dem Verhältnis des Zuckergehalts, der in den von den Gesellschaftern gelieferten Rüben vorhanden war. Die Verschiedenheit der Behandlung der Gesellschafter bei der Gewinn-Verteilung kann soweit gehen, daß bestimmte Gesellschafter von der Teilnahme am Reingewinn überhaupt ausgeschlossen werden. Im übrigen gelten bezüglich der bei der Gewinn-Verteilung sonst noch möglichen Verteilungs-Maßstäbe auch für die G. m. b. H. die auf S. **468** bis **469** unter: „Aktien-Beträge als Verteilungs-Maßstab" — „Einzahlungen als Verteilungs-Maßstab für die Vordividende" — „Abweichende Verteilungs-Modi" für die A. G. gegebenen Darlegungen, wobei an Stelle der Aktie der Geschäfts-Anteil zu denken ist.

Vorzugs-Dividenden. Auch Geschäfts-Anteile mit Vorzugsrechten können geschaffen werden. Der dazu notwendige, gerichtlich oder notariell zu beurkundende Beschluß der Gesellschafter bedarf im Sinne des § 53 Abs. 2 Ges.-Ges. einer Mehrheit von mindestens drei Vierteln der abgegebenen Stimmen, falls der Gesellschafts-Vertrag nicht noch andere Erfordernisse aufstellt. Auf derselben Grundlage können die Vorzugsrechte wieder abgeschafft werden. Ausdrücklicher Betonung bedarf aber, daß (in Analogie zur aktienrechtlichen Vorschrift des § 275 Abs. 3 H.G.B., die im Ges.-Ges. fehlt) im Fall der Schaffung von Vorzugs-Geschäftsanteilen neben dem erwähnten allgemeinen Gesellschafter-Beschluß noch ein besondrer Beschluß der durch die Vorzugsrechte benachteiligten Gesellschafter notwendig ist. Auch dieser Beschluß bedarf der Dreiviertel-Mehrheit aller abgegebenen Stimmen der bei der Beschlußfassung vertretenen Gesellschafter. Das Statut kann über die erforderliche Stimmenzahl noch andres bestimmen. Außerdem gilt über Vorzugs-Geschäftsanteile das für die A.G. auf S. **470** bis **471** unter: „Arten der Bemessung von Vorzugs-Dividenden" — „Sicherung der Vorzugs-Dividenden durch freiwillige Reserven" — „Nachzahlung ausgefallener Vorzugs-Dividenden" Gesagte.

Kammergerichts-Entscheidung über mündliche Vereinbarung der Gewinn-Verteilung unter den Gesellschaftern. Von Interesse zu vorstehendem Thema ist folgende Entscheidung des Kammer-Gerichts:

„Eine mündliche Abrede der Gesellschafter über Gewinn-Verteilung ist im Verhältnisse der Gesellschafter untereinander, ungeachtet der Bestimmungen der §§ 2, 29, 53 Ges.-Ges., formlos gültig. Denn sie soll kein Recht gegenüber der Gesellschaft begründen, sondern nur ein Rechtsverhältnis der Gesellschafter untereinander regeln. K.G. 4. 5. 10. R.O.L.G. 24, 153." (Vgl. Kaufmann XIII. S. 406.)

Entstehung des Dividende-Anspruchs. Nach § 46 Ziff. 1 Ges.-Ges. unterliegt die Feststellung der Jahresbilanz und die Verteilung des bilanzmäßigen Reingewinns der Bestimmung der Gesellschafter, und nach § 29 Abs. 1 Ges.-Ges. haben die Gesellschafter Anspruch auf den nach der jährlichen Bilanz sich ergebenden Reingewinn, soweit im Gesellschafts-Vertrage nicht andres bestimmt ist.

Daraus folgt:

Bestehen statutarische Bestimmungen über die Gewinn-Verteilung nicht, so entsteht der Anspruch auf Dividende bereits mit der Feststellung der Jahresbilanz durch die Gesellschafter. Ein besondrer Beschluß auf Verteilung des Reingewinns kann dann nur bestätigende Bedeutung haben, muß somit als überflüssig erachtet werden, weil der klagbare Anspruch des Gesellschafters auf Dividende bereits mit der Bilanz-Feststellung gegeben ist. Die bloße Feststellung der Bilanz genügt für die Entstehung des Dividende-Anspruchs auch dann, wenn das Statut für die Verteilung bindende Vorschriften enthält. Dagegen entsteht der klagbare Dividende-Anspruch erst auf Grund des Verteilungs-Beschlusses, wenn und insoweit das Statut den Gesellschaftern in bezug auf die Gewinn-Verteilung mehr oder weniger freie Hand läßt. [So auch Parisius-Crüger (Ges.-Ges.) S. 243; Anmerkg. 2 zu § 46 und S. 181; Anmerkg. 1 zu § 29.] Mutatis mutandis gilt außerdem über die Entstehung des Dividende-Anspruchs bei der G. m. b. H. das auf S. 465 unter „Auszahlungs-Anspruch auf beschlossene Dividende und dessen Folgen" für die A.G. Gesagte.

Anfechtungsrecht. Bilanzfeststellungs- und Gewinnverteilungs-Beschluß können von jedem (also von jedem einzelnen!) Gesellschafter im Klagewege angefochten werden. Für die Klage sind hier — im Gegensatz zur aktienrechtlichen Bestimmung des § 272 H.G.B. — keine Formvorschriften gegeben.

Reichsgerichts-Entscheidungen über Bilanz-Feststellungsrecht und Auskunftsrecht. In diesem Zusammenhang noch folgende Entscheidungen:

„Nach § 46 Nr. 1 ist die Feststellung der Bilanz und des Reingewinns der Bestimmung der Gesellschafter durch Beschluß in ihrer Versammlung übertragen; die Geschäftsführer haben deshalb so wenig wie der Vorstand einer Aktien-Gesellschaft ein klagbares Recht auf Feststellung einer bestimmten Bilanz und eines bestimmten Reingewinns. Dessen bedarf es aber auch nicht, wenn die Geschäftsführer zugleich Gesellschafter sind; alsdann haben sie das Recht, in der

Generalversammlung über die Bilanz mit abzustimmen. **R.G.** 28. 10. 1901. J.W. 1902 S. 32[30]. D.J.Z. 1902 S. 77. Z.f.A. Bd. 9 S. 132. R.G. Bd. 49 S. 141. Holdheim 1902 S. 36 (hier als 24. 10. 1901 zitiert)." (Vgl. Kaufmann III. S. 360—361.)

„Der einzelne Gesellschafter hat nicht ein allgemeines und absolutes Recht, ihm persönlich zur Erledigung von Zweifeln und Bedenken erforderlich erscheinende Auskünfte und Nachweisungen zu fordern; vielmehr hat grundsätzlich darüber, ob die vorgelegte Bilanz nebst Gewinn- und Verlust-Rechnung in Verbindung mit dem Geschäfts-Bericht und Revisions-Bericht genügt, um sich über die Gegenstände der Beschlußfassung der Gesellschafter schlüssig zu machen, die Mehrheit der Gesellschafter in der Generalversammlung zu entscheiden. Nur die besondere Sachlage des einzelnen Falls kann ein Mehr rechtfertigen. Es muß daher festgestellt werden, ob eine solche besondere Sachlage gegeben ist, z. B. ob der Rückgang der Geschäfts-Ergebnisse in den bereits gegebenen Berichten seine genügende Aufklärung findet, und ob der betreffende Gesellschafter die Aufklärung, welche er fordert, als verständiger und unbefangener Geschäftsmann nach Treu und Glauben und ohne Schikane fordern kann; erst in zweiter Linie ist dann zu prüfen, ob seinem Verlangen etwa die wahren Interessen der Gesellschaft, d. h. aller Gesellschafter entgegenstehen. Es genügt nicht, festzustellen, daß der Standpunkt der Mehrheit keine Schikane, keinen Mißbrauch ihres Rechts enthalte. **R.G.** 30. 10. 1901. Sächs. A. Bd. 11 S. 720. Z.f.A. Bd. 9 S. 133." (Vgl. Kaufmann III. S. 361.)

Reichsgerichts-Entscheidung über Verpfändung von Geschäfts-Anteilen und Gewinnscheinen. „Auch die Verpfändung von Geschäfts-Anteilen bedarf der gerichtlichen oder notariellen Form. Die mit einer formlosen Verpfändung von Geschäfts-Anteilen gleichzeitig vorgenommene Verpfändung von Gewinn-Anteilscheinen, die mit den Anteilscheinen verbunden sind und auf den Inhaber lauten, ist gleichfalls nichtig, wenn nicht nach den Absichten beider Vertragschließenden die Verpfändung der Gewinnscheine selbständige Bedeutung haben sollte (B.G.B. § 139). Nur im letztern Falle könnte eine nach den Vorschriften über das Pfandrecht an beweglichen Sachen gültige Verpfändung der Gewinnscheine in Frage kommen. **R.G.** 28. 4. 1903. J.W. 1903 Beil. S. 74. Recht 1903 S. 318. Centralbl. Bd. 4 S. 120." (Vgl. Kaufmann IV. S. 344.)

Oberlandesgerichts-Entscheidung über Abtretung von Reingewinn-Ansprüchen. „Wenn ein Gesellschafter seinen Anspruch auf Reingewinn an einen neu für ihn eintretenden Gesellschafter, dem er gleichzeitig seinen Geschäfts-Anteil übertragen hatte, abgetreten hat, nachdem der Reingewinn auf neue Rechnung der Gesellschaft vorgetragen war, so kann der neu eingetretene Gesellschafter den Gegenwert für die Abtretung des Reingewinns nicht zurückfordern, wenn die Parteien sich darüber einig gewesen sind, daß der ganze Anteil des austretenden Gesellschafters am Vermögen der G.m.b.H. auf den neu eintretenden übertragen werden sollte. O.L.G. Darmstadt 21. 12. 06. Hess. Rspr. 7, 33." (Vgl. Kaufmann VIII. S. 574.)

Rückerstattungspflicht der Gesellschafter. In bezug auf die Pflicht zur Rückzahlung unrechtmäßig ausgezahlter Dividenden heißt es (gleichzeitig auch für sonstige gesetzwidrige Auszahlungen) in §§ 30 bis 32 Ges.-Ges.:

§ 30. Abs. 1. Das zur Erhaltung des Stammkapitals erforderliche Vermögen der Gesellschaft darf an die Gesellschafter nicht ausgezahlt werden.

§ 31. Zahlungen, welche den Vorschriften des § 30 zuwider geleistet sind, müssen der Gesellschaft erstattet werden.

War der Empfänger in gutem Glauben, so kann die Erstattung nur insoweit verlangt werden, als sie zur Befriedigung der Gesellschafts-Gläubiger erforderlich ist.

Ist die Erstattung von dem Empfänger nicht zu erlangen, so haften für den zu erstattenden Betrag, soweit er zur Befriedigung der Gesellschafts-Gläubiger erforderlich ist, die übrigen Gesellschafter (auch solche, die zur Zeit der Rückforderung nicht mehr Gesellschafter sind! Der Verfasser) nach Verhältnis ihrer Geschäfts-Anteile. Beiträge, welche von einzelnen Gesellschaftern nicht zu erlangen sind, werden nach dem bezeichneten Verhältnis auf die übrigen verteilt.

Zahlungen, welche auf Grund der vorstehenden Bestimmungen zu leisten sind, können den Verpflichteten nicht erlassen werden.

Die Ansprüche der Gesellschaft verjähren in fünf Jahren; die Verjährung beginnt mit dem Ablauf des Tages, an welchem die Zahlung, deren Erstattung beansprucht wird, geleistet ist. Fällt dem Verpflichteten eine bösliche Handlungsweise zur Last, so findet die Bestimmung keine Anwendung.

Für die in den Fällen des Absatz 3 geleistete Erstattung einer Zahlung sind den Gesellschaftern die Geschäftsführer, welchen in betreff der geleisteten Zahlung ein Verschulden zur Last fällt, solidarisch zum Ersatz verpflichtet.

§ 32. Liegt die im § 31 Absatz 1 bezeichnete Voraussetzung nicht vor, so sind die Gesellschafter in keinem Fall verpflichtet, Beträge, welche sie in gutem Glauben als Gewinn-Anteile bezogen haben, zurückzuzahlen.

Im Vergleich zu dem über dieses Thema für die A.G. unter: „Rückerstattungspflicht im Fall gesetzwidriger Auszahlungen“ — „Nachträgliche Aufhebung von Feststellungs-Beschlüssen“ auf S. 465 und 475 Mitgeteilten kommen für die G.m.b.H. Verschärfungen der gesetzlichen Vorschriften in folgenden Richtungen zum Ausdruck:

Eingeschränkte Wirkung des guten Glaubens. Der gute Glaube schützt den G.m.b.H.-Gesellschafter vor der Pflicht zur Rückzahlung unrechtmäßig ausgezahlter Dividenden im Gegensatz zum Aktionär nur insoweit, als durch die Auszahlung nicht das Stammkapital gemindert oder als, falls solche Minderung stattgefunden hat, die Rückzahlung nicht zur Befriedigung der Gesellschafts-Gläubiger erforderlich ist.

Auf das Stammkapital wirkungslose unrechtmäßige Auszahlungen. Der Erwähnung bedarf noch, daß durch unrechtmäßige Dividende-Auszahlungen das Stammkapital im Sinne des § 32 Ges.-Ges. beispielsweise dann nicht angegriffen wird, wenn Gewinn-Beträge, die nach dem Statut zur Reservebildung zu benutzen wären, zur Auszahlung kommen, oder wenn auf Grund gesetzwidriger oder (vielleicht durch zu niedrige Abschreibungen herbeigeführter) statutenwidriger Bilanzierung unrechtmäßige Verteilung höchstens in Höhe etwa vorhandener Reserven stattfindet, so daß die sich bei richtiger Bilanzierung im Vergleich zur gesetz- oder statutenwidrigen Bilanzierung ergebende Unterbilanz gegen die Reserven aufgerechnet werden könnte, ohne eine Minderung des Stammkapitals zu bedingen.

Kollektivhaftung der Gesellschafter. Eine weitere Gesetzes-Verschärfung liegt im Vergleich zur A.G. bei der G.m.b.H. in der mit

§ 31 Abs. 3 und 4 Ges.-Ges. ausgesprochenen Kollektivhaftung aller übrigen Gesellschafter für nicht zurückerstattete Dividenden-Beträge.

Haftung der Geschäftsführer. Die Haftung der Geschäftsführer für unzulässige Dividenden-Auszahlungen gegenüber den nach § 31 Abs. 3 Ges.-Ges. zur Rückerstattung gezwungenen, doch durch die unzulässige Auszahlung nicht bereicherten Gesellschaftern ist durch § 31 Abs. 6 Ges.-Ges. (siehe S. 486) geregelt. Zur Haftung der Geschäftsführer der Gesellschaft gegenüber sagt § 43 Ges.-Ges.:

Die Geschäftsführer haben in den Angelegenheiten der Gesellschaft die Sorgfalt eines ordentlichen Geschäftsmanns anzuwenden.

Geschäftsführer, welche ihre Obliegenheiten verletzen, haften der Gesellschaft solidarisch für den entstandenen Schaden.

Insbesondere sind sie zum Ersatze verpflichtet, wenn den Bestimmungen des § 30 zuwider Zahlungen aus dem zur Erhaltung des Stammkapitals erforderlichen Vermögen der Gesellschaft gemacht oder den Bestimmungen des § 33 zuwider eigene Geschäfts-Anteile der Gesellschaft erworben worden sind. Auf den Ersatz-Anspruch finden die Bestimmungen im § 9 Absatz 2 entsprechende Anwendung. Soweit der Ersatz zur Befriedigung der Gläubiger der Gesellschaft erforderlich ist, wird die Verpflichtung der Geschäftsführer dadurch nicht aufgehoben, daß dieselben in Befolgung eines Beschlusses der Gesellschafter gehandelt haben.

Die Ansprüche auf Grund der vorstehenden Bestimmungen verjähren in fünf Jahren.

Verjährung der Ansprüche auf Rückerstattung. Nach § 31 Abs. 5 Ges.-Ges. verjähren Ansprüche der Gesellschaft gegen die Gesellschafter auf Rückzahlung unrechtmäßig ausgezahlter Dividenden in fünf Jahren vom Tage der erstattungspflichtigen Zahlung an. Dagegen gilt bei böswilliger Handlungsweise (worunter Nichtwissen infolge grober Fahrlässigkeit nicht fällt) die dreißigjährige Verjährungsfrist des bürgerlichen Rechts. (Vgl. auch das für die A.G. auf S. 476 unter „Verjährung von Ansprüchen auf Dividenden-Rückerstattung" Gesagte.)

Bildung und Verwendung echter Reserven. Die Bildung von echten Reserven (vgl. über deren Wesen S. 424 und über in Frage kommende Arten S. 426 und 435ff.) ist bei der G. m. b. H., da für diese gesetzliche Bestimmungen darüber fehlen, statutarisch zu regeln. Bestehen bezügliche statutarische Bestimmungen nicht, so sind die Gesellschafter nicht verpflichtet, ihren Anspruch auf Dividende durch Bildung echter Reserven zu kürzen. Auf dem Statut beruhende echte Reserven dürfen als Dividende nur ausgeschüttet werden, soweit solche Ausschüttung nicht statutenwidrig ist; sonst bedarf es einer Statut-Änderung nach Maßgabe der beabsichtigten Ausschüttung. Damit ist implicite gesagt, daß über den statutarischen Höchstbetrag hinausgehende echte Reserven von den Gesellschaftern auf dem Beschlußwege beliebig verwendet werden können.

Soweit die Statuten von Gesellschaften mit beschränkter Haftung

Bestimmungen über die Bildung echter Reserven enthalten, sind diese in bezug auf die Höhe der Dotierung vielfach den aktienrechtlichen Bestimmungen über die Zwangsreserve nachgebildet: wenigstens 5% des Reingewinns als Dotierungs-Quote und 10% des nominellen (d. h. des gezeichneten; nicht des jeweilig nur eingezahlten) Stammkapitals als Mindestbetrag der Reserve-Gesamthöhe. Über diesen Mindestbetrag wird nicht selten noch hinausgegangen. Bei Zuckerfabriken werden Spezialreserven oft gebildet aus Beträgen, die andernfalls für die Lieferung von Pflichtrüben an die Gesellschafter mit auszuzahlen gewesen wären. Diese Spezialreserven werden dazu benutzt, die Dividenden im Bedarfsfall so zu erhöhen, daß sie einer bestimmten Gesamtvergütung für den Zentner Pflichtrüben entsprechen. In derartigen Spezialreserven liegen demnach Dividenden-Ergänzungs- (oder Ausgleichs-) Reserven vor.

Aufsichtsrats- und Geschäftsführer-Tantiemen. Über Tantieme-Vergütung und über deren Berechnung enthält das Ges.-Ges. keine besonderen Bestimmungen. Für Aufsichtsrats-Mitglieder ist mit § 52 Ges.-Ges. allerdings gesagt, daß, falls ein Aufsichtsrat statutarisch vorgesehen ist, auf diesen die aktienrechtlichen Bestimmungen der §§ 243 Abs. 1, 2, 4, 244 bis 248 und 249 Abs. 1, 2 H.G.B. entsprechende Anwendung finden sollen. Jedoch nur, soweit statutarisch nicht andres bestimmt ist. Enthält mithin das Statut über die Tantieme-Vergütung für den Aufsichtsrat keine Bestimmung, so gilt, wenn Tantieme zu gewähren ist, für deren Berechnung sinngemäß § 245 H.G.B. Für diesen Fall sei auf die S. 444 bis 464 gebrachten Darlegungen über die Aufsichtsrats-Tantieme bei der A. G. verwiesen. Soweit die weiteren Darlegungen an jener Stelle sich auf den Vorstand der A. G. beziehen, werden sie sinngemäß auch für die Geschäftsführer der G.m.b.H. Geltung beanspruchen können, falls diesen nach dem Statut oder nach dem Anstellungs-Vertrage Anteil am Reingewinn zusteht, ohne daß über den Berechnungs-Modus nähere Bestimmungen vorgesehen sind.

Oberlandesgerichts-Entscheidung über Tantieme-Berechnung für ausgeschiedene Aufsichtsrats-Mitglieder. Hierzu folgende Gerichts-Entscheidung:

„Sind Mitglieder des Aufsichtsrats im Laufe eines Jahrs infolge Ablebens oder Ausscheidens aus dem Amte weggefallen, und daher von der Beschlußfassung des zur Zeit der Tantieme-Verteilung vorhandenen Aufsichtsrats ausgeschlossen, so ist ein ohne ihre Zustimmung gefaßter Beschluß über eine andre Verteilung als die nach Kopfteilen für sie und die G.m.b.H. unverbindlich. Letztere ist daher, ungeachtet der abweichenden Anweisung ihres Aufsichtsrats, verpflichtet, dem ausgeschiedenen Mitgliede seinen satzungsgemäßen Anteil an der Tantieme zu gewähren, ohne daß auf den Umfang der von ihm entwickelten Tätigkeit etwas ankommt. O.L.G. Dresden 22. 2. 11. Z.A.G. 19, 156.“ (Vgl. Kaufmann XIII. S. 416.)

Wiederkehrende Leistungen der Gesellschafter. Schließlich sei noch bemerkt, daß nach § 3 Abs. 2 Ges.-Ges. — wie den Aktionären nach §§ 212 und 216 H.G.B. — auch den Gesellschaftern der G.m.b.H. außer der Leistung von Kapital-Einlagen statutarisch noch andere Verpflichtungen gegenüber der Gesellschaft auferlegt werden können. Die von der Gesellschaft für derartige (wiederkehrende) Leistungen zu gewährenden Vergütungen sind (wenigstens im wesentlichen) statutarisch festzusetzen. Nach § 315 B.G.B. kann das „billige Ermessen" für die Vergütung maßgebend sein, wenn andres nicht ausdrücklich bestimmt ist.. [Vgl. im übrigen auch unter „Wiederkehrende Leistungen (Lieferungen) der Aktionäre" und „Höhe der Vergütung für solche Lieferungen" auf S. 473 bis 474.]

Dividenden-Verjährung. Über die Verjährung der Dividenden-Ansprüche der G.m.b.H.-Gesellschafter gilt das auf S. 476 unter „Dividenden-Verjährung" für die A.G. Ausgeführte.

H. Erfolgs-Verteilung bei den eingetragenen Genossenschaften.

Grundlegend für diesen Abschnitt ist § 19 Gen.-Ges.:

Der bei Genehmigung der Bilanz für die Genossen sich ergebende Gewinn oder Verlust des Geschäftsjahrs ist auf diese zu verteilen. Die Verteilung geschieht für das erste Geschäftsjahr nach dem Verhältnis ihrer auf den Geschäfts-Anteil geleisteten Einzahlungen, für jedes folgende nach dem Verhältnis ihrer durch die Zuschreibung von Gewinn oder die Abschreibung von Verlust zum Schluß des vorhergegangenen Geschäftsjahrs ermittelten Geschäftsguthaben. Die Zuschreibung des Gewinns erfolgt so lange, als nicht der Geschäfts-Anteil erreicht ist.

Das Statut kann einen andern Maßstab für die Verteilung von Gewinn und Verlust aufstellen, sowie Bestimmung darüber treffen, inwieweit der Gewinn vor Erreichung des Geschäfts-Anteils an die Genossen auszuzahlen ist. Bis zur Wiederergänzung eines durch Verlust verminderten Guthabens findet eine Auszahlung des Gewinns nicht statt.

Hiernach handelt es sich bei den Genossenschaften — im Gegensatz zu den Kapital-Gesellschaften, dagegen in Übereinstimmung mit den Personal-Gesellschaften — neben der Gewinn-Verteilung auch um individuelle Verlust-Verteilung. Um beide Arten der Verteilung begrifflich zu decken, heißt es in der Überschrift zu diesem Abschnitt statt Gewinn-Verteilung wieder „Erfolgs"-Verteilung.

Die Verteilungs-Vorschriften des § 19 Abs. 1 Gen.-Ges. sind nach dem zweiten Absatz dieses Paragraphen keine zwingenden und können infolgedessen statutarisch durch abweichende Bestimmungen ersetzt werden. Ergänzend sei hinzugefügt:

Geschäftsanteil-Konten. Als buchtechnische Folge des § 19 ergibt sich ohne weiteres die Notwendigkeit, den einzelnen Genossen Geschäftsanteil-Konten in den Büchern der Genossenschaft zu errichten, um die infolge des demokratischen Prinzips der Kapitalbildung nur sukzessive und individuell erfolgende Entwicklung der Mitglieder-Guthaben buchmäßig darstellen zu können. Die Geschäftsanteil-Konten haben den Charakter von Kapital-Konten. Dem „laufenden" Geschäfts-Verkehr mit den Genossen entstammende Buchungen sind deshalb, von den Geschäfts-Anteil-Konten getrennt, auf gewöhnlichen Kontokorrent- (Lieferanten-, Darlehen- oder ähnlichen) Konten vorzunehmen. [Über die für diesen Abschnitt wichtigen Begriffe: Geschäfts- (Mitglieder-) Guthaben, Geschäfts-Anteil und Haftsumme vgl. die bezüglichen Ausführungen auf S. 44 bis 46.]

Einzahlungen auf den Geschäfts-Anteil bei der Gewinn-Verteilung. Aus § 19 Abs. 1 folgt, daß die Gewinn-Verteilung für das erste Geschäftsjahr der Genossenschaft nach Maßgabe der bis zum Schluß dieses Jahrs auf die Geschäfts-Anteile geleisteten Einzahlungen geschehen soll. Dagegen sollen den Gewinn-Verteilungen für die folgenden Jahre immer nur die auf den Geschäftsanteil-Konten am Schluß des Vorjahrs vorhandenen Salden zugrunde gelegt werden. Danach bleiben, abgesehen vom ersten Geschäftsjahr, für alle folgenden Jahre die im Lauf dieser Jahre selbst auf die Geschäfts-Anteile geleisteten Einzahlungen bei der Gewinn-Verteilung außer Betracht. Demzufolge haben nach dem ersten Geschäftsjahr neu beigetretene Genossen für das Beitrittsjahr keinen Anspruch auf Gewinn-Anteil (Dividende). Die Vorschrift, Einzahlungen auf den Geschäfts-Anteil für alle dem ersten Geschäftsjahr folgenden Einzahlungsjahre dividendefrei zu lassen, ist im genossenschaftlich-demokratischen Sinne vor allem insofern berechtigt, als sie hindert, daß im Hinblick auf ein voraussichtlich besonders günstig verlaufendes Jahr von einzelnen Genossen noch in diesem Jahr gemachte, besonders hohe Einzahlungen an dem Ergebnis dieses Jahrs zu Lasten der zu solchen Einzahlungen nicht fähigen Genossen teilnehmen. Um die Genossen jedoch zu nach Möglichkeit schnellen Einzahlungen zu veranlassen, wird statutarisch oft bestimmt, daß Einzahlungen bei der Gewinn-Verteilung auch schon für das Einzahlungsjahr anteilsmäßig berücksichtigt werden sollen. Hierbei ist zu beachten, daß nach § 19 Abs. 1 Gen.-Ges. die Einzahlungen auch bei der Verlust-Verteilung für das Einzahlungsjahr nur in Betracht kommen, wenn dies statutarisch bestimmt ist.

Statutarische Gewinnverteilungs-Modi. Abweichungen von den dispositiven Verteilungs-Vorschriften des § 19 Abs. 1 Gen.-Ges. können nach dem zweiten Absatz dieses Paragraphen nur statutarisch bestimmt werden. Nach § 16 Abs. 2 Satz 3 Gen.-Ges. bedürfen Statut-Änderungen dieser Art einer Mehrheit von drei Vierteln der erschienenen Genossen, falls das Statut selbst nicht andere Erfordernisse aufstellt. Die Statut-Änderung wird nach § 16 Abs. 4 Gen.-Ges. mit der Eintragung in das Genossenschafts-Register des Sitzes der Genossenschaft rechtlich wirksam.

Da die Verteilungs-Vorschriften des § 19 Abs. 1 Gen.-Ges. vornehmlich den Bedürfnissen der Kredit-Genossenschaften (Vorschuß-Vereinen) entsprechen, Genossenschaften andrer Art (Konsumvereine, Magazin-Genossenschaften, Produktiv-Genossenschaften usw.) aber Interesse an der Gewinn-Verteilung nach verschiedenen, teilweise ganz anderen Gesichtspunkten haben, so erklärt sich, weshalb diese Genossenschaften von den gesetzlichen Dispositiv-Vorschriften über die Gewinn-Verteilung durch statutarische Vorschriften oft abweichen. Meist laufen derartige Abweichungen darauf hinaus, den Anteil am Reingewinn zu bemessen nach dem Nutzen, den der einzelne Genosse der Genossenschaft während des Bilanzjahrs gebracht hat. So verteilen Konsum-Vereine und Rohstoff-Vereine Dividenden nach Maßgabe der mit den einzelnen Genossen gemachten Umsätze: Produktiv-Genossenschaften bemessen nach Gewährung einer 4%igen Vordividende (Kapital-Dividende) auf die Geschäfts-Guthaben die Verteilung des Reingewinnrestes nicht selten nach den eingelieferten Produkten; Baugenossenschaften tun dies zuweilen im Verhältnis zu den Mieten. Manche Vorschuß-Vereine legen (im Gegensatz zu den meisten Kredit-Genossenschaften) der Gewinn-Verteilung die aus dem Geschäftsverkehr mit dem einzelnen Genossen erzielten Zinsen und Provisionen zugrunde. Magazin-Genossenschaften bemessen die Dividende auch wohl nach den von den Mitgliedern vereinnahmten Lagergeldern und Verkaufs-Prozenten. Und so fort. Nach welchen Gesichtspunkten die Dividenden auch verteilt werden: immer ist darauf zu achten, daß die Verteilung für alle Genossen nach den gleichen Grundsätzen geschieht. Bei der Berechnung der Dividende nach dem Geschäfts-Guthaben wird dieses meist nur soweit berücksichtigt, als es volle Mark beträgt.

Buchmäßige Verlust-Verteilung nach Maßgabe der Geschäfts-Guthaben. Während für die genossenschaftliche Verteilung bilanzmäßiger Reingewinne demnach sehr verschiedene Bemessungs-Grundlagen denkbar und in Übung sind, kann die Verteilung bilanzmäßiger Verluste mit vernünftiger Wirkung tatsächlich nur nach Maßgabe der jeweiligen Geschäfts-Guthaben, also im Sinne des § 19 Abs. 1 Gen.-Ges. geschehen. Denn statutarische Abweichungen von diesem Modus würden in den oben für die Gewinn-Verteilung angeführten Fällen den Genossen ermöglichen, durch Einschränkung oder periodische Einstellung ihres Geschäfts-Verkehrs mit der Genossenschaft ihren Anteil am Verlust zu verringern oder auszuschließen. Abweichungen andrer Art, wie beispielsweise buchmäßige Verlust-Verteilung nach dem Verhältnis der Geschäfts-Anteile oder der Haftsummen, würden teils zweckwidrig, teils ungerecht sein. Zweckwidrig, weil der Betrag des Geschäfts-Anteils und derjenige der bei Genossenschaften mit beschränkter Haftpflicht mit jedem Anteil zusammenhängenden Haftsumme für jedes Mitglied einer Genossenschaft derselbe ist. Ungerecht, weil infolge dieser Gleichheit der Verhältnisse die verschiedene jeweilige Höhe der Mitglieder (Geschäfts-) Guthaben bei der Verlust-Verteilung keine Berücksichtigung fände. Dies gilt jedoch nur, soweit es sich um die nur buchmäßige Beseitigung einer Unterbilanz oder einer Überschuldung (vgl. S. 36 ff.) handelt. Denn in solchem Fall wird die Verteilung des die Gesamtsumme aller jeweiligen echten Reserven übersteigenden Verlustes nach dem Verhältnis der jeweiligen Höhe der Geschäfts-Guthaben vorzunehmen sein. Das heißt: der nach der Aufzehrung der echten Reserven noch verbleibende Verlust ist im prozentualen Verhältnis seines Betrags zu dem aller jeweiligen Geschäfts-Guthaben von den einzelnen Geschäfts-Guthaben abzuschreiben. Diese Regelung würde der Vorschrift des § 19 Abs. 1 Gen.-Ges. entsprechen.

Verteilung effektiver Nachschüsse nach Haftsummen oder nach Köpfen. Soweit jedoch, wie regelmäßig im Konkurse und möglicherweise auch bei der Liquidation, zur Deckung des auch die Geschäfts-Guthaben überschießenden Verlustes Nachschüsse erforderlich sind, werden diese bei Genossenschaften mit beschränkter Haftpflicht zweckmäßig nach Maßgabe der auf die einzelnen Genossen entfallenden Haftsummen, bei Genossenschaften mit unbeschränkter Haftpflicht und bei solchen mit unbeschränkter Nachschußpflicht nach Köpfen zu erheben sein. (Vgl. hierzu Gen.-Ges. §§ 97 Abs. 3, 105 Abs. 2, 119, 126, 134, 135, 136 und 141; im übrigen auch für den Fall der Auseinandersetzung mit ausgeschiedenen Genossen § 73 Abs. 2 Satz 3.)

Gewinn-Zuschreibung bis zur Höhe des Geschäfts-Anteils als Maximal-Vorschrift. Nach § 19 Abs. 1 Satz 3 Gen.-Ges. sind Gewinn-Anteile den Geschäfts-Guthaben so lange zuzuschreiben, bis diese die für den Geschäfts-Anteil statutarisch festgesetzte Höhe erreicht haben. Darüber hinaus haben diese Zuschreibungen demnach zu unterbleiben. Vielmehr hat dann Auszahlung zu erfolgen, wenn nicht Verwendung zur Reservebildung beschlossen ist. Jene Zurückhaltung an sich verteilbarer Dividenden beschleunigt die Zunahme des Genossenschafts-Vermögens und liegt insofern im Interesse der Genossen und der Genossenschafts-Gläubiger zugleich. Nach § 19 Abs. 2 Satz 1 Gen.-Ges. kann an Stelle dieser Vorschrift statutarisch bestimmt werden, inwieweit der Gewinn vor Erreichung des Geschäfts-Anteils an die Genossen auszuzahlen ist. Bei beschränkter

Haftpflicht wird solche statutarische Abweichung den Interessen der Genossenschafts-Gläubiger u. U. allerdings nachteilig werden können. Unter folgender Voraussetzung wäre solche statutarische Abweichung außerdem nichtig: um nämlich die Gläubiger-Interessen schon während bestehender Genossenschaft wenigstens in Höhe der einmal erreichten Mitglieder-Guthaben zu sichern, ist mit § 19 Abs. 2 Satz 2 Gen.-Ges. zwingend bestimmt, daß bis zur Wiederergänzung eines durch Verlust verminderten Guthabens Gewinn-Auszahlungen nicht stattfinden dürfen.

Verrechnung nicht verteilter Dividenden nur auf den Geschäfts-Anteil. Solange Dividenden nach gesetzlicher oder statutarischer Vorschrift dem Geschäfts-Guthaben zugeschrieben werden müssen, dürfen sie weder auf die daneben zum Geschäfts-Anteil zu leistenden Einzahlungen, noch auf sonstige, der Genossenschaft gegenüber dem Genossen zustehende Ansprüche verrechnet werden.

Statutarischer Ausschluß der Gewinn-Verteilung. Mit § 20 Gen.-Ges. ist den eingetragenen Genossenschaften erlaubt, statutarisch zu bestimmen, daß der Gewinn nicht verteilt, sondern dem Reservefonds zugeschrieben werden soll. Diese Bestimmung kann ebensowohl schon im ersten Statut, wie auch im Wege der Statut-Änderung getroffen werden. Lautet die bezügliche statutarische Bestimmung dahin, daß nicht nur prozentual zu bestimmende Teile der bilanzmäßigen Reingewinne, sondern deren Gesamtbeträge zugunsten der Reservebildung von der Verteilung ausgeschlossen und daß jene Beträge dauernd und ausschließlich der nach § 7 Ziff. 4 Gen.-Ges. geforderten Zwangsreserve zugeführt werden sollen, so ist jener Vorschrift über die Zwangsreserve dadurch genügt. Wird die Verteilung der bilanzmäßigen Reingewinne durch Statut-Änderung jedoch wieder eingeführt, so werden dann die gesetzlich geforderten statutarischen Sonder-Bestimmungen über die Zwangsreserve unerläßlich. [Vgl. auch Parisius-Crüger (Gen.-Ges.) S. 210.]

Verbot fester Verzinsung der Geschäfts-Guthaben. Insofern decken die Bestimmungen über die Gewinn-Verteilung bei den eingetragenen Genossenschaften sich mit den für die Kapital-Gesellschaften (A.G., K.A.G., G.m.b.H.) geltenden bezüglichen Verteilungs-Bestimmungen, als nach § 21 Gen.-Ges. den Genossen für die Geschäfts-Guthaben Zinsen von bestimmter Höhe nicht vergütet werden dürfen; auch dann nicht, wenn der Genosse Einzahlungen in höheren als den geschuldeten Beträgen geleistet hat. Nach § 21 Abs. 2 können außerdem Genossen, die mehr als die geschuldeten Einzahlungen gemacht haben, im Fall eines Verlustes andere Genossen nicht deshalb in Anspruch nehmen, weil von diesen nur die geschuldeten Einzahlungen geleistet sind. Die oben (S. 490 bis 491) unter „Statutarische Gewinn verteilungs-Modi" erwähnte 4%ige Vordividende (Kapital-Dividende), die im Statut irrtümlich nicht selten als „Verzinsung" bezeichnet wird, ist eine solche nicht, weil sie nur aus dem bilanzmäßigen Reingewinn gewährt werden darf und infolgedessen niedriger bemessen werden oder fortfallen muß, soweit verteilbarer Reingewinn nicht ausreichend oder überhaupt nicht erzielt worden ist.

Gesetzliche Regelung der Zwangsreserve. Wie für Aktien-Gesellschaften und Kommandit-Aktiengesellschaften ist eine Zwangsreserve auch für die eingetragenen Genossenschaften gesetzlich angeordnet. Darüber heißt es in § 7 Ziff. 4 Gen.-Ges., das Statut müsse ferner bestimmen:

Die Bildung eines Reservefonds, welcher zur Deckung eines aus der Bilanz sich ergebenden Verlustes zu dienen hat, sowie die Art dieser Bildung, insbesondere den Teil des jährlichen Reingewinns, welcher in den Reservefonds einzustellen ist, und den Mindestbetrag des letzteren, bis zu dessen Erreichung die Einstellung zu erfolgen hat.

Also eine der aktienrechtlichen des § 262 Ziff. 1 H.G.B. (vgl. darüber S. 426 ff.) ganz ähnliche Vorschrift. Nur mit dem Unterschied, daß Mindesthöhe sowohl der Dotierung, wie der aktienrechtlichen Zwangsreserve selbst sogleich gesetzlich normiert sind, während den eingetragenen Genossenschaften nach dem Genossenschafts-Gesetz freigestellt ist, Höhe der Dotierung und der Zwangsreserve als solcher statutarisch nach ihrem Ermessen zu bestimmen.

Dotierung der Zwangsreserve. Dotiert wird die Zwangsreserve in erster Linie aus den bilanzmäßigen Reingewinnen. Und zwar vielfach in Höhe von 10% des jeweiligen Reingewinns. Daneben werden der Zwangsreserve häufig auch überwiesen die von neu beigetretenen Genossen gezahlten Eintrittsgelder (zuweilen nach Abzug eines zur Deckung der Gründungs-Kosten dienenden Teils).

Bemessungs-Grundlagen für die Mindesthöhe der Zwangsreserve. Der durch die Dotierungen zu erreichende Mindestbetrag der Zwangsreserve wird durchaus nicht immer nach dem zunächst liegenden Verhältnis zur Gesamtsumme der Geschäfts-Anteile bestimmt. Vielmehr wird die Mindesthöhe nicht selten in Beziehung gesetzt zu irgend einem, für die Genossenschaft wichtigen Vermögensteil oder zu einer Gesamtheit von Vermögensteilen. Je nach dem Gegenstand des genossenschaftlichen Betriebs, ferner nach der Art der Haftpflicht und nach sonstigen Faktoren wird die Wahl der Bemessungs-Grundlage verschieden ausfallen. So begegnen: 10% des Betriebs-Kapitals; 3% der Gesamtsumme aller Aktiva; 5% des Aktiva-Gesamtbetrags; 10% der Mitglieder-Guthaben; 33⅓% der Geschäfts-Anteile; 10% des Gesamtbetrags aller Ausleihungen; 5% aller Aussenstände u. dgl. m.

Welche Art der Bemessung vorzuziehen ist, kann natürlich nur von Fall zu Fall auf Grund genauer Prüfung aller in Betracht kommenden Umstände entschieden werden. Im allgemeinen wird die Zwangsreserve bei Genossenschaften m.b.H. höher als bei solchen m.u.H. oder mit unbeschränkter Nachschußpflicht sein müssen. Bei beschränkter Haftpflicht wird sie außerdem im umgekehrten Verhältnis zur Höhe der Haftsumme zu normieren sein. Daß statutarische Bestimmungen über die Zwangsreserve entbehrlich sind, wenn die bilanzmäßigen Reingewinne zugunsten der Reservebildung dauernd und ausschließlich unverteilt bleiben sollen, ist oben (S. **493**) unter: „Statutarischer Ausschluß der Gewinn-Verteilung" schon dargelegt worden.

Veränderungen der Mindesthöhe der Zwangsreserve. Solange die statutarisch normierte Mindesthöhe der Zwangsreserve nicht erreicht ist, steht nichts im Wege, jene Mindesthöhe mittelst einer Statut-Änderung herabzusetzen; allerdings nur bis zu dem bisher bereits erreichten Betrage. Denn dieser darf willkürlich nicht mehr herabgesetzt werden, weil er andernfalls insoweit direkt oder über ein freiwilliges Reserve-Konto hinweg als Gewinn zur Verteilung kommen könnte. Der über die statutarische Mindesthöhe hinausgehende Betrag der Zwangsreserve darf zu anderen Zwecken, als zur Deckung bilanzmäßiger Verluste Verwendung finden. Beispielsweise kann er zur Verstärkung der Abschreibungen, zur Neubildung oder Stärkung freiwilliger Reserve-Konten, oder gar zur Gewinn-Verteilung benutzt werden. Da eine Statut-Änderung nicht in Frage kommt, würde für solche Verwendung des überschießenden Reserve-Betrags ein einfacher Beschluß der Generalversammlung ausreichen.

Verwendung der Zwangsreserve. Wenn das Statut keine gegenteilige Vorschrift enthält, steht es im Belieben der Generalversammlung, ob sie einen bilanzmäßigen Verlust zunächst von den Geschäfts-Guthaben und, sofern diese zur vollen Verlust-Deckung nicht ausreichen, dann erst von der Zwangsreserve abschreiben oder ob sie umgekehrt verfahren will. Im Fall der Auseinandersetzung mit ausgeschiedenen Genossen wird man die Zwangsreserve zur Verlust-Deckung erst heranziehen, falls die Geschäfts-Guthaben dazu nicht ausreichen, weil die Ausgeschiedenen nach § 73 Abs. 2 Satz 2 Gen.-Ges. an die Zwangsreserve ohnehin keinen Anspruch haben.

Anlage der Zwangsreserve. Oft ist statutarisch bestimmt, daß die (meist in der Sprache des Gesetzes als „Reservefonds", zuweilen, im Gegensatz zu den freiwilligen Reserven, als „Hauptreservefonds" bezeichnete) Zwangsreserve mündelsicher anzulegen und besonders zu verwalten sei. (Vgl. zu dieser Bestimmung die für die Zwangsreserve der A.G. auf S. **431** bis **435** gegebenen bezüglichen Darlegungen.)

Freiwillige Reserven. Neben der Zwangsreserve begegnen in den Bilanzen der eingetragenen Genossenschaften auch freiwillige (Spezial-, Extra- oder ähnlich genannte) Reserven. Sofern für ihre Bildung und Verwendung nicht statutarische Vorschriften bestehen, oder soweit nicht Vorstand oder Aufsichtsrat darüber zu befinden haben, kann die Generalversammlung über diese Reserven beschließen. Verstoßen die Beschlüsse gegen etwa vorhandene statutarische Vorschriften, so bedarf es entsprechender Statut-Änderungen. Unter den Spezial-Reserven sind besonders bemerkenswert die Kursverlust-Reserven und die Dividenden-Ergänzungsreserven („Dividendenfonds"). Jene werden meist aus Kursgewinnen gebildet; ihr Verwendungszweck liegt schon im Namen. Die „Dividendenfonds" werden nach der Dotierung der Zwangsreserve, der sonstigen Spezial-Reserven und nach der Dividende-Verteilung aus überschießenden Reingewinnresten dotiert; sie dienen, um ein Beispiel anzuführen, zur Auffüllung etwa unter 5% bleibender Dividenden oder zur Ergänzung der Zwangsreserve, falls diese zur Deckung eines bilanzmäßigen Verlustes nicht ausreicht.

Aufsichtsrats-Besoldungen. Tantieme darf den Aufsichtsrats-Mitgliedern eingetragener Genossenschaften nach § 36 Abs. 2 Gen.-Ges. nicht gewährt werden. Damit ist jedoch nicht ausgeschlossen, daß Aufsichtsrats-Mitglieder feste Besoldung, Sitzungs- oder Versäumnisgelder, Remunerationen bei besonders befriedigenden Reingewinnen, Ersatz ihrer Barauslagen u. dgl. zugebilligt erhalten. Art und Höhe der zu den Handlungs-Unkosten zu rechnenden Vergütung für die Aufsichtsrats-Mitglieder bestimmt die Generalversammlung, der nach § 36 Abs. 1 Gen.-Ges. auch die Wahl der Mitglieder obliegt.

Vorstands-Besoldungen. Die Vorstands-Mitglieder der eingetragenen Genossenschaften können nach § 24 Abs. 3 Gen.-Ges. besoldet oder unbesoldet sein. Bei den Raiffeisenschen Darlehnskassen sind die Vorstands-Mitglieder meist unbesoldet; bei nur einigermaßen bedeutenden Schulze-Delitzschschen Genossenschaften hingegen im Verhältnis zu ihrer Beanspruchung besoldet. Die Besoldung besteht außer dem festen Gehalt regelmäßig in einer bescheidenen Tantieme vom bilanzmäßigen Reingewinn oder vom Umsatz. Für die Berechnung der Tantieme aus dem Reingewinn kann das auf S. 444 bis 464 über die Tantieme der Vorstands-Mitglieder bei der A.G. Gesagte gelten, falls statutarisch nicht andres bestimmt ist. Tantiemen und feste Besoldungen der Vorstands-Mitglieder werden, wie die Vergütungen an den Aufsichtsrat, über Unkosten-Konto verbucht.

Haftpflicht und Strafbarkeit des Vorstands und des Aufsichtsrats

in bezug auf gesetzwidrige Erfolgs-Verteilung. Soweit Gewinne entgegen den Vorschriften des oben besprochenen § 19 Gen.-Ges. an die Genossen ausgezahlt werden, sind die Mitglieder des Vorstands der Genossenschaft nach § 34 Abs. 3 Gen.-Ges. solidarisch zum Schadenersatz verpflichtet. Gleiches gilt nach § 41 Abs. 3 Gen.-Ges. für die Mitglieder des Aufsichtsrats, wenn jene Zahlungen mit ihrem Wissen und ohne ihr Einschreiten erfolgt sind. Nach § 147 Gen.-Ges. machen die Mitglieder beider Verwaltungs-Organe sich außerdem strafbar, wenn sie „den Stand der Verhältnisse der Genossenschaft wissentlich unwahr darstellen". Das wird in der Mehrzahl der Fälle mit Bilanz-Fälschung gleichbedeutend sein. Strafbarkeit ist aus § 147 Gen.-Ges. auch dann gegeben, wenn die Täuschung Dritter mit der Fälschung nicht beabsichtigt war. Im Vergleich zur aktienrechtlichen Vorschrift des § 314 H.G.B. ist § 147 Gen.-Ges. weniger streng gehalten, weil hier nur Fälschung, nicht aber auch Verschleierung unter Strafe gestellt wird.

Beschluß- und Ermittlungsrechte der Generalversammlung. Mit § 48 Abs. 1 Gen.-Ges. ist angeordnet, daß über die Genehmigung der Bilanz und über die Erfolgs-Verteilung die Generalversammlung zu beschließen hat. Sind statutarische Vorschriften über die Erfolgs-Verteilung nicht vorhanden, so steht der Generalversammlung frei, inwieweit sie den nach der Dotierung der Zwangsreserve verbleibenden Reingewinn verteilen oder zur Bildung oder Stärkung freiwilliger (Spezial-) Reserven benutzen will (vgl. hierüber auf S. 496 unter „Freiwillige Reserven"). Denn ein gesetzlicher Anspruch auf Anteil am Reingewinn ist den Genossen — im Gegensatz zu den Aktionären und G.m.b.H.-Gesellschaftern — nicht gegeben.

Die Genehmigung der Bilanz muß von der Generalversammlung ausdrücklich beschlossen werden. Da dieser Beschluß selbstverständlich zur Voraussetzung hat, daß die Generalversammlung von der materiellen Richtigkeit der Bilanz überzeugt ist, so steht ihr im Fall von Bedenken oder Beweisen gegen die Richtigkeit das Recht zu, bezügliche Ermittlungen anzustellen oder durch Sachverständige anstellen zu lassen. Genehmigungs- und Verteilungs-Beschluß sind dann bis zur erfolgten Richtigstellung zu vertagen. Das für diese Beschlüsse in Frage kommende Stimmrecht der Genossen ist durch § 43 Gen.-Ges. geregelt.

Der Dividende-Anspruch. Nach erfolgter Genehmigung der Bilanz und nach beschlossener Gewinn-Verteilung haben die Genossen Anspruch auf Gutschrift oder gegebenenfalls auf Auszahlung der Dividende. Jedoch nur, wenn die Bilanz materiell richtig, ihre Genehmigung nach § 51 Gen.-Ges. mithin nicht anfechtbar ist. Hierzu hat das Reichsgericht entschieden:

Reichsgerichts-Entscheidung über Beanstandung genehmigter Bilanzen. „Eine Beanstandung der in der Generalversammlung genehmigten Bilanz steht den ausgeschiedenen Genossen nicht zu; eine Ausnahme ist jedoch soweit zugelassen, als die Einstellung bestimmter Posten in die Bilanz nach kaufmännischen Grundsätzen als eine offenbar irrtümliche erachtet und einem Rechnungsfehler gleich geachtet werden müßte. R.G. 5. 12. 1900. J. W. 1901 S. 26." (Vgl. Kaufmann I. S. 136.)

Pflicht zur Dividende-Rückzahlung auch bei gutem Glauben. Im Gegensatz zum Aktienrecht (§ 217 H.G.B.) und zum Gesellschafts-Gesetz (§§ 31 und 32 Ges.-Ges.) fehlen im Genossenschafts-Gesetz Bestimmungen zugunsten gutgläubiger Empfänger zu Unrecht ausgezahlter Dividenden. Deshalb werden auch gutgläubige Genossen empfangene Dividenden an die Genossenschaft zurückgeben müssen, wenn der Bilanz-Genehmigung und Auszahlung eine nachweislich falsche Bilanz zugrunde lag. Dabei ist eine Entscheidung des Reichsgerichts vom 24. 5. 05 (vgl. über diese bei Holdheim 05, 242 und im Recht 05, 436) zu beachten, woraus zu schließen ist, daß Rückzahlung vom Genossen nicht gefordert werden kann, wenn der Genossenschafts-Vorstand die Auszahlung schon in Kenntnis der Unrichtigkeit der Bilanz vorgenommen hat.

Unzulässigkeit von Abschlags-Dividenden. Sowohl den Vorschriften des § 19, wie auch denen des § 48 Gen.-Ges. würden Abschlags-Dividenden an die Genossen widersprechen, weil Ansprüche der Genossen auf Dividende erst mit den Generalversammlungs-Beschlüssen über Bilanzgenehmigung und Gewinn-Verteilung entstehen können. Auch etwa statutarisch vorgesehene Abschlags-Dividenden wären deshalb unzulässig. Die von manchen großen Konsum-Vereinen gewährten Abschlags-Dividenden sind solche nur vom wirtschaftlichen Standpunkt; rechtlich sollen sie dagegen angesehen werden als Entgelt für den Ankauf von Forderungen, die von den Genossen durch Abnahme bestimmter Warenmengen gegen die Genossenschaft erworben worden sind.

Dividenden-Verjährung. Zur Auszahlung bestimmte, jedoch nicht abgehobene Genossenschafts-Dividenden unterliegen der ordentlichen (30 jährigen) Verjährung. Statutarisch kann für die Abhebung eine Präklusivfrist gesetzt werden. Nicht selten wird im Statut bestimmt, daß Dividenden, die innerhalb zweier, vom Schluß des Dividende-Beschlußjahrs zu rechnenden Jahre nicht abgehoben sind, den Genossen gutgeschrieben werden sollen.

Veröffentlichung der Bilanz. Nur Auslegung der Erfolgs-Rechnung. Außer der Bilanz, die nach § 33 Abs. 2 Gen.-Ges. binnen sechs Monaten nach dem Ablauf jedes Geschäftsjahrs zu veröffentlichen ist, soll nach § 48 Abs. 2 Gen.-Ges. „eine den Gewinn und Verlust des Jahrs zusammenstellende Berechnung (Jahresrechnung)" mindestens eine Woche vor der Generalversammlung im Geschäfts-Lokal der Genossenschaft oder an einer andern, durch den Vorstand bekannt zu machenden, geeigneten Stelle zur Einsicht der Genossen ausgelegt oder diesen sonst zur Kenntnis gebracht werden. Daß die „Jahresrechnung" die Anwendung der Doppelbuchhaltung nicht bedingt, ist auf S. 16 bis 20 erwiesen worden. Übrigens wird mit dem auf S. 272 (Fußnote) erwähnten Antrag an den Reichstag von den eingetragenen Genossenschaften für die Zukunft auch die Veröffentlichung der Gewinn- und Verlust-Rechnung gewünscht.

Sachregister.